www.ingramcontent.com/pod-product-compliance
Lightning Source LLC
LaVergne TN
LVHW070754051026
849558LV00013B/354
* 9 7 8 1 7 3 9 5 2 2 8 5 8 *

الاحتراس
عن نار النبراس
(3)

بسم الله الرحمن الرحيم

الاحتراس عن نار النبراس

(المقدمات وقسم التوحيد)

المجلد الثالث

تأليف

إسحاق بن محمد بن قاسم العبدي

(1050-1115هـ)

دراسة وتحقيق

رائد السمهوري

دار النضيري للدراسات والنشر

Dar Al-Nadhiri for Studies & Publications

دار النضيري للدراسات والنشر
Dar Al-Nadhiri for Studies & Publications
المالك والمدير العام
أسامة بن أبي بكر النضيري باعلوي
الموقع الإلكتروني:
https://www.daralnadhiri.com
البريد الإلكتروني:
daralnadhiri@gmail.com
هاتف: 911682 7961 44+
لندن- المملكة المتحدة

الاحتراس مج3
إسحاق العبدي (مؤلف)
رائد السمهوري (محقق)
456 صفحة، (تحقيقات تراثية 9)
17×24

ISBN: 978-1-7395228-5-8

«الآراء التي يتضمنها الكتاب لا تعبر بالضرورة عن وجهة نظر الدار».

الطبعة الأولى: 1446هـ-2024م

المحتويات

[تتمة المقدمات]

«ما شاء الله كان وما لم يشأ لم يكن»، ليس عند البعض إلا من كلام السلف، لا سيّما «ما لم يشأ لم يكن»

وأما حديث: «ما شاء الله كان وما لم يشأ لم يكن»؛ فكثير من علماء المجبرة إنما أوردوه من كلام السلف، لا من الحديث الشريف. وقد جرى على ذلك الجلال الدواني، والسعد التفتازاني، وغيرهما، وأبو داود ولم يرفعه. وأما الديلمي وابن عساكر؛ فهما وإن رفعاه -على ما قال-؛ فلنا في ذلك مقال.

وقد اتفق الحفاظ على أن الديلمي قد أورد في كتابه الغثّ والسمين. وقريبٌ منه ابن عساكر. ولو أورد المعترض السنَدَ؛ لأوردنا الكلام على رجاله.

نعم، لا شك أن ما شاء الله من أفعاله = كان. كيف وهو -تعالى- فعّال لما يريد فعلَه وإيجادَه؟ وما لم يشأ -من أفعاله تعالى-؛ لم يكن قطعًا؛ لأنه قادر مختار. وأما «ما لم يشأ لم يكن» على الإطلاق = فممنوع الثبوت ما دام على ظاهره. كيف والمجبرة أنفسهم إذا خلوا عن مواطن الكفاح بالجدال الباطل؛ اعترفوا بأن الله تعالى يريد بنا اليسر، ولا يريد بنا العسر؟

قال الجلال الأسيوطي في كتابه **الأشباه والنظائر الفقهية** ما لفظه: «إن الشيء إذا كان فيه مشقة؛ فالباري تعالى لا يريد فيه إلا التيسير ﴿يُرِيدُ ٱللَّهُ بِكُمُ ٱلۡيُسۡرَ وَلَا يُرِيدُ بِكُمُ ٱلۡعُسۡرَ﴾»[1]. انتهى. ومعلوم أن كثيرًا من العسر قد وقع وكان، وكثيرًا من اليسر لم يقع قطعًا وإجماعًا. لا يُنكر ذلك إلا جاهل أو مكابر.

ثم نقول: إن قوله تعالى: ﴿يُرِيدُ ٱللَّهُ لِيُبَيِّنَ لَكُمۡ وَيَهۡدِيَكُمۡ﴾[النساء:26]. الآية = جاريةٌ هذا المجرى وزيادة. فهي من الأدلة على أن شيئًا مما يشاؤه -تعالى- لم

---

(1) بتصرف، ينظر: جلال الدين عبد الرحمن السيوطي، **الأشباه والنظائر في قواعد وفروع فقه الشافعية** (بيروت: دار الكتب العلمية، 1983)، ص 76.

يكن، لا سيما على مذهب المجبرة القائلين بأن الهداية عبارة عن: «خلق الطاعة في العبد المهدي». هذا بالنظر إلى المناظرة. [وبهذا يندفع عنه ما يقال: إن في قولنا: 'ما شاء الله تعالى من أفعاله كان، وما لم يشأ منها لم يكن' = ذهابًا إلى تخصيص العام، وهو لفظ «ما»، ولفظ «ما» الثانية، والأصل عموم ذلك لأفعاله تعالى، وأفعال العباد، ولا دليل على التخصيص. هذا، وقوله تعالى: ﴿سَيَقُولُ ٱلَّذِينَ أَشْرَكُواْ لَوْ شَآءَ ٱللَّهُ مَآ أَشْرَكْنَا﴾ [الأنعام: 148]. الآية = يدل على ما قلناه أيضًا، كالذي ذكرناه أوّلًا].

وأما إذا رجعنا إلى التحقيق فإنا نقول للخصم: إن قوله: «ما لم يشأ [135 ب] لم يكن»؛ إن كان المراد به: ما لم يشأ من أفعال نفسه تعالى = فمسلَّمٌ لا نزاع فيه -كما مر-؛ لأنه عز وجل قادر مختار، وكلما كان كذلك؛ امتنع أن يفعل فعلًا لا يريده، فالحديث ليس إلا مدحًا لله بأنه قادر مختار، لا أنه يشاء المعاصي ويوقعها، ويخلقها، ولا كلام في اختياره تعالى.

وإن قد لزم نفي الاختيار على مذهب المجبرة -وهو مذهب الفلاسفة كما مر-؛ فلازم المذهب ليس بمذهب -على ما قيل-.

وإن كان المراد به: ما هو أعمُّ من أفعال نفسه تعالى = فممنوع، فإنه عين دعوى المجبرة.

وقد نطق الكتاب والسنة بأن ما يقع من معاصي العباد وفواحشهم = مكروهة لله تعالى. ولا معنى لكونها مكروهةً، حال كونها مرادةً. بل إنما هو تناقض ظاهر. فما أورده المعترض وغيره من المجبرة في هذا المعنى = فـ﴿كُلُّ ذَٰلِكَ كَانَ سَيِّئُهُۥ عِندَ رَبِّكَ مَكْرُوهًا﴾ [الإسراء: 38]. فافهم.

وأنت تعلم أنهم إنما قالوا بمقتضى هذه المقدمة القائلة: «ما لم يشأ لم يكن»؛ لجزمهم بأن الموجِد للقبائح والمعاصي جميعها هو الله تعالى. وقد عرفت أن القادر المختار لا يوجد شيئًا بغير مشيئة، فصدق هذه المقدمة -عندهم- مبنيٌّ على مذهبهم في خلق الله تعالى لأفعال العباد.

وبهذا يظهر لك: أن قولهم: «مالم يشأ لم يكن»؛ إن أرادوا به: «ما لم يشأ من أفعال

نفسه تعالى»؛ بناء على أن أفعال العباد أفعال له عز وجل، كما هي قاعدة الجبر = فمصادرة ظاهرة. وإن أرادوا به: ما هو أعمّ من ذلك؛ بناءً على أن العباد هم المؤثّرون في أفعالهم، كما هي قاعدة العدل = فاعترافٌ بمذهب خصومهم في أن العباد هم الموجِدون لأفعالهم. ويبقى دعواهم أن الله تعالى يريد معاصيهم وقبائحهم = في حيّز المنع. ولا يكفي في إثبات هذه الدعوى تسليمُ هذه المقدّمة؛ لجواز أن قائلًا يقول: «إن الله تعالى إنما شاء تمكين العباد من أفعالهم الاختيارية». وذلك كافٍ في صدق المقدّمة، لا بمعنى: أنه -سبحانه- قد يشاء المعاصي، بل بمعنى أنه لو شاء أنه لا يُعصى لما عُصي. وهذا مسلّم لا نزاع فيه.

وإنما قلنا: إنه لا بمعنى: أنه تعالى يشاء المعاصي؛ لأن في ذلك مناقضةً لآيات أُخَر، كما أشرنا إليه بتلاوة قوله تعالى: ﴿كُلُّ ذَٰلِكَ كَانَ سَيِّئُهُۥ عِندَ رَبِّكَ مَكۡرُوهٗا﴾ [الإسراء: 38]، فتدبّر. وسيأتي لهذا المقام، مزيد بسط وتمام.

نكتة: [هل عدم العلة علةٌ لعدم المعلول؟]

وهاهنا نكتة، وهي: أن هذه المقدّمة -أعني: «ما لم يشأ لم يكن»-؛ مبنية على قاعدة فلسفية، وهي: أن عدمَ العِلَّة = عِلَّةٌ لعدم المعلول؛ نظرًا إلى أن مقتضاها: أن عدم المشيئة علةٌ لعدم ما لم يشأه تعالى. لكن القول بأن عدم العلة علةٌ لعدم المعلول = مما لا يرضاه المتكلمون أجمعون، إلا ما نسبه الإمام الرازي في **المحصل** إلى الأستاذ أبي إسحاق الإسفراييني فقط. وقد احتج الإمام الرازي لمذهب المتكلمين بما لا مدفع له عند التحقيق.

وأما الفلاسفة؛ فإنما استدلوا بما يرجع إلى المصادرة، فمن شاء فليراجع **المحصل** وشرحه **المفصل**.

وأما الكلام في الأعدام الأزلية؛ فيستدعي مجالًا فوق مجالنا. وإنما أردنا هنا: أن ابتناء هذه المقدمة على قاعدة فلسفية = محلُّ ريبة، ومنزلُ وحشة. وقد صرح بعض أهل التحقيق من الحُفّاظ، أن الريبة في الحديث الموضوع في العقل -وهو: «أول ما خلق الله العقل»، كما مر ذكره-؛ إنما زادت واستحكمت لمطابقته مذهب الفلاسفة،

من أن العقل الأول من العشرة المجردات = أولُ الكائنات، ورأس الممكنات. فما نحن فيه = من هذا القبيل، أي: إن هذه المقدمة لا تجري إلا على مذهب الفلاسفة.

وأيضًا، فإنا لا نسلم أن المستنِد إلىٰ عدم المشيئة يكون اختياريًا للباري تعالىٰ، بل لا ينبغي أن يجري في هذا خلاف؛ لأن الاختياريّ هو: ما استند إلىٰ نفس المشيئة، لا ما استند عدمُه إلىٰ عدمِها. وعلىٰ هذا؛ يلزم أن الأعدام مطلقًا ليست اختيارية للباري تعالىٰ ولا لغيره؛ لأنها لم تستند إلىٰ المشيئة بل إلىٰ عدمها. لكن اللازم باطل؛ فالملزوم مثله. [فظهر: أن قوله: «ومالم يشأ لم يكن» = لا يصح معناه]، بل الصحيح: «ما شاء الله كان، وما شاء عدم كونه لم يكن».

وأما قوله: «وذلك لأن العقل بنظره الفكري لا وصول له... إلخ»؛ فتخليط ظاهر.

أما أولًا؛ فلأن العقل قد تحقق برهانه، ونطق سلطانه، بأن العباد متمكنون من تحصيل أفعالهم -كما عرفتَه مرارًا-. ومع ذلك علمنا علمًا يقينيًا أن علمه -تعالىٰ- إنما تعلق بها علىٰ هذا الوجه لا غيره؛ إذ لا قدح في العقل بالنقل لو فرضناه -كما تقرر وتكرر-.

وأما ثانيًا؛ فلأنا لو سلمنا أنه لا سبيل إلىٰ ذلك من جهة العقل، وإنما السبيل إليه من جهة الوحي، والرجوع إلىٰ ما جاء به النبي -عليه الصلاة والسلام-؛ فلنا أن نقول: إن من جملة الوحي الذي جاء به -عليه الصلاة والسلام- قوله تعالىٰ: ﴿ٱعۡمَلُواْ مَا شِئۡتُمۡ﴾، وسائر الآيات والأحاديث الدالة علىٰ أن العباد متمكنون من تحصيل أعمالهم. بل لولا تمكنُهم لبطل الأمر والنهي، وإنه بُطلان للوحي والخطاب التكليفي. وكلما كان كذلك؛ بطل القول بأن العلم إنما سبق بالجبرِ وخلقِ الأعمال وعدمِ تمكن العباد منها.

وأما ثالثًا؛ فلأن مؤدّىٰ هذا الكلام من المعترض: أن العقل لو وجد سبيلًا بنظره الفكري؛ لكان الحكم له. وهذا مع أنه مُشعِرٌ بتحكيم العقل، وهو رافع صوته بالبراءة من ذلك = ممنوعٌ عند الموالف والمخالف؛ لأنا نرىٰ العقل قد وجد السبيل مهْيَعًا، حتىٰ اعترف بذلك المعترض، حيث اضطُرّ إلىٰ الإقرار بالفرق بين حركة المختار والمرتعش، فقد أكذب نفسه هنا بنفسه.

كلام في معنى جفاف الأقلام وجري المقادير

وأما رابعًا؛ فلأن جفاف الأقلام وجريَ المقادير = مجازٌ -كما ستعرفه الآن-. والمرجع بالحقيقة = إلى العلم السابق. فالمعترض يستدل على الشيء بنفسه، أي: نفس ذلك الشيء؛ لأن مقتضى كلامه هذا: أنه عَلِم أن العلم السابق إنما تعلق بأفعال العباد على نهج الجبر وخَلْقِ الأعمال؛ لأن الأقلام قد جفت، والمقادير قد جرت بما يكون منهم. فكأنه قال: «إن العلم إنما سبق بالجبر؛ لأنه سبق بالجبر»، فإن ما جفت به الأقلام وجرت به المقادير = ليس هو إلا ما سبق به العلم. وقد جاء في الحديث: «أن الله تعالى لما خلق القلم، وقال له: اكتب، قال: ما أكتب؟ قال: علمي في خلقي». وسيأتي الحديث إن شاء الله. وقد اعترف جمهور الأشاعرة أن الرجوع بالمقادير = إلى العلم الأزلي على وجه التحديد.

واعلم أن جفاف القلم = من باب التمثيل؛ لأن الكاتب إذا فرغ من كتابته فترك قلمه؛ جفّ. ولك أن تقول: إنه من قبيل الكناية، وهذا أظهر، والأوّل ألطف. وأما جري المقادير، فلعله استعارة بالكناية، كأنه شبّه المقدور بالماء الجاري، بما فيه من الأشياء التي يسحبها بحيث لا يردّه رادٌّ، ولا يصدُّه صاد. ولمثل هذا يقال: سال به السيل، وسال به الوادي. أو إنه من باب التمثيل أيضًا، على أنها شبهت المقادير بالأفلاك الجارية، بما اشتملت عليه، أو بالمياه الجارية. وعلى كل تقدير، فالمجاز ظاهر. فظهر بطلان قوله: «وكلما كان كذلك = بطل القول بأنه تعالى عالمٌ... إلخ» -باعترافه كما ذكرناه-. هذا مع قباحة هذه العبارة التي له عنها مندوحة.

وأما قوله: «وإنما العبد يتوهم... إلخ»؛ فهو ما عرفتَه من فضائحه التي انفرد بها عن الأولين والآخرين من المجبرة، فضلًا عن غيرهم من المنصفين.

تعلق قدرة العبد وإرادته؛ مخلوق عند المجبرة المعطِّلين

وأما قوله: «فكان تعلق إرادة العبد... إلخ» = فتلبيس؛ لأنه سيصرح -في ما سيأتي- أن هذا التعلق مخلوق لله تعالى. فالرجل جهمي صِرف، وجبري معطل. وإنما

يلاوذ بالعبارات التي ليس وراءها شيء أصلًا. ألا ترى أنك لو قلت له هنا: إن قولك: «إنه سبب مؤثر في توهم العبد» = تصريحٌ بنسبة التأثير إلى غير الله تعالى -وهو التعلق المذكور-؟ فإنه لا بد أن يرجع على حافرته ويقول لك: «إن التعلق مخلوق لله»؛ فرارًا من أن ينسب التأثير إلى غيره تعالى. وإن كان هذا في الحقيقة لا يجديه نفعًا؛ لأنه يجري مثله في نفس القدرة. فإن العدلية قائلون بأنها مخلوقة لله تعالى، فإذا كان الملاذ بأن التعلق المذكور مخلوق لله كافيًا في رفع الشناعة -بزعمه-؛ كان القول بأن نفس القدرة -أي: قدرة العبد- مخلوقة لله تعالى كافيًا كذلك. فلا بد من لزوم التحكم أو الاعتراف بمذهب العدلية.

واعلم أن من أقرب ما يبطل به قوله: «فكان تعلق إرادة العبد»، إلى قوله: «سببًا عاديًا»؛ هو: أنه يقال له: أنتم لا تنازعون في أن أفعال العباد قد تكون معللة بالأغراض -أي: أغراضهم-، ولا تنازعون في أنه لا معنى للعلة الغائية في أفعالهم إلا الباعثة المؤثرة. ولا خفاء في أن قولكم: «إن التعلق المذكور سبب عادي» = يقتضي أنه واجب الوقوع بمجرد خلق الله له في العبد. ولا نزاع لكم في أن الإيجاب ينافي العلة الغائية، وأنها لا تُتصوَّر في الأفعال الصادرة وجوبًا -كما اعترف به المعترض في كتابه هذا، وهو أمر لا خلاف فيه-. فظهر من هذا: أن الأغراض والعلل الغائيّة = لا تجري في أفعال العباد أيضًا؛ فلا يبقى ما زعموه في حق الله من التنزيه عنها -بزعمهم- تنزيهًا حقيقةً؛ لجريانه -عندهم- في حق العباد. فاحفظ هذه النكتة، وسنذكرها في موضع آخر. وقد ظهر لك من هذا: أن المعترض لم يقع في ملاوذته على غير المناقضة لكلامهم.

ولمّا ظهر على الأستاذ [136 أ] أبي إسحاق الإسفراييني وإمام الحرمين، والإمام الرازي وغيرهم من رؤساء الأشاعرة: أن إسناد أعمال العباد إليهم في الآيات القرآنية والأحاديث النبوية = لا معنى له سوى إسناد التحصيل أو الإيجاد؛ آثروا الحق على الخلق، وأعلنوا بتأثير قدرة العبد في أفعاله. فقول المعترض: «وإسناد الفعل إليه» = باطلٌ بشهادة رؤساء أهل مذهبه وانتحاله، فإياك من الاغترار بأمثاله، وعليك بتدبر أقواله، وقد كفاك في بيان ضلاله، تصريحُه بابتناء التكاليف على توهمه وخياله، أعاذنا الله وإياك من شؤم حاله وسوء مآله.

وهاهنا مناقشة لفظية، وهي: أن قوله: «فدار التكليف على هذا الاختيار الموهوم... إلخ» = يشعر بأن التكليف قد يكون واقعًا وإن لم يحصل توهم الاختيار. وذلك لأن هذه العبارة تشعر بعدم الانحصار.

ولهذا قال سعد الدين في **شرح التلخيص** على قول ابن القزويني: «ومدار قرينتها في الأولَين على الفاعل»، ما لفظه: «وإنما قال: 'ومدار قرينتها على كذا'؛ لأن القرينة لا تنحصر في ما ذكر... إلخ». يعني أن التعبير بلفظ «الدوران» = يُشعِر بعدم الانحصار؛ لأنه -أي: الدوران- لا يستلزم العِلِّية. ولهذا كان الاستدلال به ضعيفًا كما تقرر في أصول الفقه، حتى صرحوا بأنه لا يُثمِر إلا الظن الضعيف. وممن صرح بذلك الرازي في **المحصل**. ما ذاك إلا لأنه لا يفيد الكلية جزمًا، ولا يدل على العِلِّية إلا ظنًا. وقد خبط من خبط في توجيه مراد السعد في هذا الكلام، وهو كما ذكرناه.

وقد ظهر مما ذكرناه: أنه يلزم على كلام المعترض خالصُ الجبر، ومحضُ التجهُّم، أعني حيث يلزمه جواز التكليف مع عدم الاختيار الموهوم. وهو باطل باعترافه، وذلك معلوم.

قف على التصريح بأن العبد ليس إلا محلًا للأفعال وظرفًا لآثار الباري تعالى [عند الأشاعرة]

قال: «فظهر: أن إسناد الفعلين إلى ضمير 'مَن' -أعني في قوله تعالى: ﴿قَدْ أَفْلَحَ مَن زَكَّىٰهَا ۝٩ وَقَدْ خَابَ مَن دَسَّىٰهَا﴾-؛ لا يستلزم أن يكون العبد خالقًا لأفعاله بقدرته استقلالًا، فلم تقم حجةٌ على أن إلهام الفجور والتقوى: إفهامُها وإعقالُها، وأن أحدهما حسن والآخر قبيح، وتمكينه من اختيار ما شاء منهما اختيارًا استقلاليًا، بل يكفي لصحة الإسناد، كونُ العبد محلًا لظهور التزكية والتدسية، وكونُه متوهِّمًا أن له قدرة واختيارًا».

أقول: تعجَّبْ ما شئت ممن يقول: إن معنى قوله تعالى: ﴿قَدْ أَفْلَحَ مَن زَكَّىٰهَا ۝٩ وَقَدْ خَابَ مَن دَسَّىٰهَا﴾ [الشمس: 9، 10]= هكذا: «قد أفلح من توهم أنه زكاها، وقد خاب من توهم أنه دساها». هذا وأنت قد عرفت -في ما سبق لنا- أن مقتضى أصول

المجبرة: أن الله تعالى هو المزكِّي والمدَسِّي، ولا دخل للكسب في ذلك. ولهذا تكلف صاحب **الكشف** في حاشية **الكشاف** ما تكلف. وصرح الرازي في **مفاتيح الغيب** بأن التزكية: «تحصيل الزكاء» -كما سلف-. وعرفتَ أن من ادعى المجاز في قوله: ﴿قَدْ أَفْلَحَ مَن زَكَّىٰهَا﴾؛ فعليه بيانه، وعرفت أن قوله تعالى: ﴿وَلَٰكِنَّ ٱللَّهَ يُزَكِّي مَن يَشَآءُ﴾ [النور: 21]= مجازٌ عن قبول أعمال الزكاء، أو عن التوفيق إلى أسبابه، وإلا لناقض قولَه تعالى: ﴿وَلَوْلَا فَضْلُ ٱللَّهِ عَلَيْكُمْ وَرَحْمَتُهُۥ لَٱتَّبَعْتُمُ ٱلشَّيْطَٰنَ إِلَّا قَلِيلًا﴾ [النساء: 83]. فهذا الاستثناء دليل على ما ذكرناه. وقد قالوا في تعريف علم التصوف: «إنه علم يُعرَف به أحوال تزكية النفوس، وتصفية الأخلاق، وتعمير الظاهر والباطن؛ لنيل السعادة الأبدية». صرح بذلك القاضي زكريا في **شرح رسالة القشيري**(2). وعلى هذا؛ فالتزكية: فعلٌ اختياري يُطلَبُ به غايةٌ حميدةٌ، وهي نيل السعادة. ولا خفاء في أن الكسب راجع إلى مجرد المحلية، ولا دخل لاختيار العبد في كونه محلًا لما يخلقه الله فيه، بل يكون محلًا للفعل بالضرورة عند أن يخلقه الله فيه، شاء أم أبى، كما قد صرح به المعترض. فلا يُتصوَّر أن يطلب بالتزكية التي يخلقها الله فيه غايةً حميدةً، وهي السعادة الأبدية؛ لأن ذلك يستلزم الإرادة والقصد في تحصيل الفعل، وليس ذلك إليه، بل إلى الله تعالى -كما سلف-.

ولنوضحه هنا فنقول: إن الغاية والغرض = لا تترتب على الكسب، وإنما تترتب على التحصيل؛ لأنه هو الذي يتعدى عن المحل، دون الكسب. ولذا؛ أمكن لنا أن ندعي أن قول الأشاعرة بالغاية والغرض في أفعال العباد = اعترافٌ في الحقيقة بأنهم محصِّلون لأفعالهم، وإلا لزمهم الاعتراف بالأغراض في أفعاله تعالى.

وحينئذ، فبطلان قول المعترض: «فظهر أن إسناد الفعلين... إلخ» = ظاهر؛ إذ لا كسبَ. وحيث لا كسب؛ فالإسناد -على أصولهم- مشكل جدًا.

على أنك قد عرفت ما في كلامه الذي رتب عليه دعواه للظهور. وبالجملة، فأمر هذه الأباطيل لا يحتاج إلى تطويل. كيف وهي مدافَعَةٌ في وجه التنزيل؛ ابتغاء الفتنة بالتأويل؟

---

(2) زكريا الأنصاري، **إحكام الدلالة**، ج 1، ص 74-75.

وقوله: «اختيارًا استقلاليًا» = تلبيسٌ كما عرفتَه؛ لأنه لا يُثبت للعبد اختيارًا رأسًا، وإنما يزعم أن توهم الاختيار = اختيارٌ غير مستقل، وتوهم القدرة = قدرةٌ غير مستقلة، إلى غير ذلك مما هو من فضائح التأليف، وقبائح العقل السخيف.

ومع ذلك، فقد عرفت أنه يقول: «إنه لا يكمُل إيمان العبد حتى يرفع هذا التوهم». وعرفت أنه يقول: «إن مدار التكليف على ثبوت هذا الوهم الفاسد» -باعترافه الصريح-. فلا يدري الناظر ممَّا يتعجب! هل من مخالفة اللغة في تسميته للاختيار والقدرة؟ أو من لزوم سقوط التكاليف عن أمثاله من المؤمنين بمقاله؟ أو من لزوم أنه لا يُكلَّف إلا من توهم أنه شريك لله في ملكه؟ أو من غير ذلك من اللوازم على هذه المقالة الفاسدة؟! نسأل الله العافية.

وقوله: «بل يكفي لصحة الإسناد كونُ العبد محلًا»؛ هو ما جرى عليه جمهور الأشاعرة، حيث صرحوا بأن القيام[3] كافٍ لكون الإسناد حقيقةً، ثم فسروا القيام بالمحَلّية، فلم يكن للعبد من أفعاله إلا ما للمكان والزمان، فاعتبروا يا أولي الألباب والأذهان.

وقد كان المعترض أشار في القولة الأولى إلى هذا الشأن، وذلك في قوله: «بخلقه تعالى الفعلَ في العبد... إلخ»؛ فإن إتيانه بـ«في» = منادٍ بأن العبد ليس إلا ظرفًا لما يوجده الله تعالى، ويؤثر فيه تعالى من الأفعال التي هو محلٌّ لها، كسائر الظروف.

ثم صرّح هنا بالمقصود كشفًا للقناع، ووصفًا للنزاع. وعلى هذا، فالكسب الذي ذكره -في ما مرّ- لا يتجاوز الأفواه والأسماع.

[استدلال المعترض بالنصوص ليثبت عقيدته في شبهة العلم[4]]

قال: «ومما يؤيد ما قررناه: ما رُويناه في صحيح مسلم، قال: حدثنا: إسحاق بن إبراهيم الحنظلي، أنا عثمان بن عمر، ثنا عروة بن ثابت[5]، عن يحيى بن عقيل، عن

---

(3) أي: قيام الفعل بالفاعل.

(4) أي: عدم استطاعة العباد مخالفة ما علمه الله منهم أزلًا، وهو ما يفيد الجبر وعدم الاختيار. كما سبق بيانه.

(5) جاء في هامش النسخة: «قوله: «عروة بن ثابت»، كذا في هذا الكتاب، وهو غلط؛ فإنه عزرة -بالزاي ثم =

يحيى بن يعمر، عن أبي الأسود الدؤلي، قال: قال لي عمران بن الحصين: أرأيت ما يعمل الناس اليوم ويكدحون فيه، أشيءٌ قُضِيَ عليهم ومضى عليهم من قدَرٍ قد سبق؟ أو في ما يستقبلون به مما أتاهم به نبيهم، وثبتت الحجة عليهم؟ فقلت: بل شيء قُضيَ عليهم ومضى عليهم.

قال: أفلا يكون ذلك ظلمًا؟ ففزعت من ذلك فزعًا شديدًا، وقلت: كل شيء خَلقُ الله وملك يده ﴿لَا يُسْـَٔلُ عَمَّا يَفْعَلُ وَهُمْ يُسْـَٔلُونَ﴾. فقال لي: يرحمك الله، إني لم أرد بما سألتك إلا لأحرز عقلك. إن رجلين من مزينة، أتيا رسول الله -صلى الله عليه وسلم-، فقالا: يا رسول الله، أرأيت ما يعمل الناس اليوم ويكدحون فيه، أشيء قُضيَ عليهم ومضى فيهم من قدَرٍ قد سبَق؟ أو في ما يستقبلون مما أتاهم به نبيهم، وثبتت الحجة عليهم؟ فقال: "لا، بل شيء قُضِيَ عليهم ومضى فيهم. وتصديق ذلك في كتاب الله تعالى ﴿وَنَفْسٍ وَمَا سَوَّىٰهَا ۝٧ فَأَلْهَمَهَا فُجُورَهَا وَتَقْوَىٰهَا﴾"[6]. انتهى.

أقول: قد أكثر المعترض من الاستدلال بالأحاديث على تصحيح الجبر الخالص، ودحض حجة العقل الصّرف، فحاصلُ كلامه قدحٌ في اليقين بالظن، كأنه لم يعلم ما أطبق عليه الفريقان، وما نطق به الفُرقان، من أن الظن لا يغني من الحق شيئًا.

وإنما قلنا: «إنه قدح في اليقين بالظن»؛ لأن هذه الأحاديث التي يعتمدها في تصحيح الجبر الخالص = آحاديةٌ إجماعًا. وكلما كانت كذلك؛ كانت ظنية، من دون تصور خلاف. وهي إنما تدل على الجبر الخالص الباطل بضرورة العقل والشرع والإجماع. وعلى فرض أنها متواترة أو متلقّاة بالقبول؛ بناءً على أن ذلك يوجب كونها قطعيةً لا ظنية = فغاية الاستدلال بها -في ما نحن فيه-: قدحٌ في العقل بالنقل -كما عرفت مرارًا-. وقد أجمع الفريقان على تضليل سالك هذه الطريقة؛ إذ القدح في العقل بالنقل = قدحٌ بالأَخَرَةِ فيهما معًا. وقد ذكرنا عن جمهور الأشاعرة -نقلًا عن الرازي، وشارح **التجريد** وغيرهما- أن الدليل النقلي لا يفيد اليقين. واحتج على ذلك الرازي بأنه إنما يفيد اليقين إذا اقترن بأمور عشرة، قد ذكرها في **المحصّل**، وهي -أعني تلك

راء- وهو مفتوح أوله، ساكن الزاي، والراء آخره مفتوحة أيضًا».

(6) **صحيح مسلم**، ج 4، ص 2041، حديث 10 (2650).

الأمور- مظنونةٌ، والموقوف على المظنون أولى منه بأن يكون مظنونًا؛ فهو بمعزل عن أن يفيد اليقين.

وقال نجم الدين الكاتبي في **المفصل** [136 ب] ما نصه: «وعاشرُها -أي: عاشر تلك الأمور العشرة-: عدمُ المعارض من العقل، حتى لو قام دليل عقلي على نقض ما دل اللفظ عليه؛ امتنع الرجوع إلى تقديم اللفظ؛ لامتناع تقديم النقل على العقل؛ إذ تقديمه يفضي إلى القدح فيه. مثال ذلك قوله تعالى: ﴿ٱلرَّحۡمَٰنُ عَلَى ٱلۡعَرۡشِ ٱسۡتَوَىٰ﴾ [طه: 5]. ظاهرُ الآية يدل على كونه مستقرًا على العرش، والدليل العقلي ينفيه؛ لامتناع كونه مماسًا للأجسام، ومحاذيًا لها، فلو اعتقدنا مدلول كل واحد منهما؛ يلزم اعتقاد النقيضين، أو ترجيح مدلول اللفظ على العقل. وهو محال -لما عرفت-، فتعيَّن العكسُ»(7). انتهى.

فإن قلت: وأين الدليل العقلي القائم على تمكن العبد واختياره؟

قلت: هو أوضح من الشمس في رابعة النهار، حتى اضطُرَّ المعترض إلى الإقرار به -في ما سيأتي من الفرق بين حركة المرتعش والمختار-، وصرح -في ما سيأتي أيضًا على قول المؤلف: «ويلزم بطلان الأوامر والنواهي، وإرسال الرسل...إلخ»(8)- بأن «كل عاقل يجد من نفسه عند التردد في فعل شيء، أنه متمكن من فعله وتركه... إلخ»، حتى قال: «والجبر باطل بالضرورة»، هذه عبارته. والمراد بهذه الضرورة، هي: الضرورة العقلية، ولا عطر بعد عروس، إلا أن للمعترض أُنسًا بتقديم النقل على العقل؛ فإنه صرّح -في ما سيأتي من الكلام على العرش- بخلاف ما ذكره نجم الدين الكاتبي، في الكلام المنقول عنه آنفًا، بل خلاف ما قاله الفريقان، من العدلية والأشاعرة؛ مستندًا إلى ابن عربي صاحب **الفصوص**، واهمًا أنه ليس قدحًا في العقل، بل استقصارًا له -أي: للعقل-، عن إدراك ذلك -على ما سيأتي-.

فهاهنا؛ إما أن يزعم أن العقل قاصر عن إدراك تمكن العبد واختياره، أو لا.

---

(7) الكاتبي، **المفصل**، ورقة 28 أ؛ قارن بـ: الكاتبي، **شرح المحصل**، ص 184-185.

(8) المنصور بالله، **الأساس**، ص 76.

إن كان الأول؛ انتقض كلامه في ما سيأتي -أعني هذا المنقول الآن-. وإن كان الثاني؛ فقد آثر النقليَّ على العقلي وأبطله، وفي ذلك إبطال للنقلي أيضًا؛ لابتناء النقل بأسره على العقل. وهو ظاهر. وسيأتي التذكير به في مواضع مع زيادة بسط.

ثم إن كثيرًا من محققي الأشاعرة قد أعلنوا بالبراءة من الاحتجاج بالأحاديث الواردة في القضاء والقدر على الجبر وخلق الأعمال؛ لِما أن ذلك كالاستدلال بالعلم السابق، بل هو هو.

من قال بأن الأمر أُنُفٌ وأثبت العلمَ السابق، فقد حجّ نفسه، كما قاله الشافعي رحمه الله

ولهذا قال الإمام الشافعي -رضي الله عنه- في القدرية القائلين بأن الأمر أُنُفٌ: «إنهم إن أثبتوا العلم فقد حجُّوا أنفسهم؛ لأنه والعلمَ من وادٍ واحد، بل هو علم خاص».

ونقل اللقاني في بحث «الأجل» من **شرح الجوهرة**، عن بعض المحققين منهم: أن المعتزلة إذا قالوا بالقضاء والقدر، وبأن الله تعالى يعلم الحوادث قبل وقوعها؛ لم يبق بينهم وبين غيرهم خلاف إلا في اللفظ.

قال: «وإن قالوا: إن الله تعالى لا يعلم الحوادث قبل وقوعها؛ فالنزاع حقيقي»[9]. انتهى.

فهذا هو قد عرَّفك أن القضاء والقدر = من باب العلم، لا شيء آخر.

فإن قلتَ: إن قوله: «لم يبق بينهم وبين غيرهم خلاف... إلخ» = يدل على أنه أراد بالقضاء والقدر ما يرادف الخلق والإيجاد بالإرادة الأزلية، وإلا لم يُتصوَّر. والاستدلال بالعلم على الجبر؛ قد عرفت حاله فلا نُعيد مجالَه.

ثم إن لنا في هذا الحديث كلامًا من وجوه:

الأول: أنا رأينا في **صحيح مسلم** حديثًا آخر، عن يحيى بن يعمر أيضًا؛ فإذا هو على

(9) اللقاني، **عمدة المريد**، ج 3، ص 1298.

نحو هذه الألفاظ التي في هذا الحديث، وهو أيضًا عند مالك والترمذي، والنسائي باللفظ الذي عند مسلم، وفي سنن أبي داود مثل ما عندهم مع زيادة، والحديث طويل.

وصدره: قال: «أول من قال في القدر بالبصرة؛ معبد الجهني»(10)، والزيادة التي عند أبي داود هي قوله: «وسأله رجل من مزينة أو جهينة، فقال: يا رسول الله، ففيم نعمل؟ في شيء خلا ومضى؟ أو شيء يستأنف الآن؟ فقال: «في شيء خلا ومضى»، فقال الرجل أو بعض القوم: ففيم العمل؟

قال: «إن أهل الجنة يُيَسَّرون لعمل أهل الجنة، وإن أهل النار يُيَسَّرون لعمل أهل النار»(11). انتهى.

وأنت إذا تأملت الحديثين، وأحطت بألفاظ المتنين، ونظرت إلى أن راوي كل منهما هو يحيى بن يعمر، مع ملاحظة هذه الزيادة التي أخرجها أبو داود؛ فقد يلوح لك أن الحديث حديث واحد، وقع فيه اضطرابٌ وتلوُّن، لا سيما مع التردد بين مزينة وجهينة، وعند جهينة الخبر اليقين، والله أعلم.

هذا، وأنت تعلم ما في هذا الحديث من المناقضة لمذهبهم، فإن قوله: «أشيء قُضِيَ عليهم، ومضى من قدَرٍ قد سبق» = مناقِضٌ لما ذهبوا إليه من أن القضاء عبارة عن إرادته تعالى، وأنها -أي: إرادة الأفعال من العباد- لا تسبق على الأفعال؛ لأن معناها -أي: الإرادة- عندهم، هو: أنه -عز وجل- يريد أن يخلق الأفعال منهم ويوجِدَها فيهم، لا أنه -سبحانه وتعالى- يريد أنهم يحصلونها باختيارهم -كما نقول-. وعلى هذا الذي ذهبوا إليه؛ يمتنع سبق القضاء الذي هو عندهم عبارة عن هذه الإرادة المقارنة، فافهمه.

وأما ما يقال من أن أفعال العباد ليست مستندة في تخصيص وقوعها إلى مجرد الإرادة فإن ذلك ظاهر البطلان، وإنما هي مستندة إلى تعلق الإرادة، وهو حادث مقارِنٌ للأفعال، دون الإرادة الأزلية = ففاسد. لأن الذي في هذا الحديث = بصيغة «فُعِلَ»، أعني قوله: «قُضِيَ عليهم»، لا بصيغة المصدر الذي هو لفظ «القضاء». ولا

---

(10) **صحيح مسلم**، ج 1، ص 36، حديث 1 (8).

(11) **سنن أبي داود**، ج 7، ص 82، حديث 4696.

يُتصوَّر أن يعبر عن الإرادة -التي هي معنى من المعاني- بصيغة «فُعِل»، وإنما يعبر عنها بالمصدر وهو «القضاء». وحينئذ، فلا شك في أن الذي في هذا الحديث إنما يصح عبارةً عن التعلق، فيلزم مناقضة مذهبهم لا محالة.

ولأمثالِ هذه النكتة؛ ذهب كثيرٌ منهم إلى أن للإرادة تعلقاتٍ أزليةً، وتعلقاتٍ حادثةً لحدوث متعلَّقاتها. وهذا مجرد دعوى لا دليل عليها من العقل ولا من النقل. وسيأتي لهذا مزيد توضيح قريبًا إن شاء الله.

ثم لا يخفاك أنه لو كان المراد بهذا الذي وقع في الحديث المذكور: نفس القضاء، لا التعلق، وكان المراد بالقضاء: نفس الإرادة -كما ذهبوا إليه-؛ لما احتاج المعترض وأمثاله إلى أن يستدلوا على أن الإرادة تسمَّى «شيئًا» في الأزل، كسائر المعاني التي أثبتوها؛ لأن قوله: «أشيءٌ قُضِيَ عليهم... إلخ» = كافٍ لهم عن تلك التمحلات التي جاؤوا بها، وسيجيء بها المعترض في ما سيأتي من الكلام على صفات المعاني. فهذه هفوة أخرى لو صح لهم السؤال المذكور هنا. فتدبر.

وشيء آخر، وهو: أن قوله -في آخر هذا الحديث-: «وتصديق ذلك في كتاب الله عز وجل ﴿وَنَفْسٍ وَمَا سَوَّىٰهَا ۝٧ فَأَلْهَمَهَا فُجُورَهَا وَتَقْوَىٰهَا﴾» = بمعزل عن أن يكون تصديقًا لسبق القضاء، على الوجه الذي يزعمه المعترض وسائر مشايخه المجبرة.

أما أولًا؛ فلأن تسويته -تعالى- للنفس، وخلْقَه للإنسان في أحسن تقويم؛ عالمًا، قادرًا، مريدًا، مختارًا، متمكنًا من طاعته تعالى، وجعلَه أهلًا لأن يلهمه الفجور والتقوى، وقُبْح الأوَّل وحُسن الثاني = لا يلائم ما يزعمه المعترض، من أن القضاء عبارة عن إرادة الله تعالى لأن يخلق أفعال العباد ويؤثر فيها دونهم؛ فإن هذا يستلزم أن الإنسان العالم القادر المختار المتمكن من أفعاله = في حكم الجماد. بل يستلزم أن الله تعالى ما سوّاه ولا خلقه في أحسن تقويم، ولا مكّنه كما قال تعالى: ﴿وَلَقَدْ مَكَّنَّٰكُمْ﴾ [الأعراف: 10]. الآية. وقال: ﴿ثُمَّ جَعَلَ مِنۢ بَعْدِ ضَعْفٍ قُوَّةً﴾ [الروم: 54].

وأما ثانيًا؛ فلأن الإلهام يضيع إذا كان الإنسان بهذه المثابة التي يزعمها المعترض وسائر المجبرة.

لا يقال: إن معنى هذا الإلهام -على ما دل عليه الحديث المذكور- هو: خلق الله تعالى للفجور والتقوى في الإنسان، ولذا؛ كان ذلك مصداقًا لثبوت القضاء السابق، وبطلان تأثير الكدح وانتفاء الحجة.

لأنا نقول: لا يخفى على أحدٍ بطلانُ هذا، مع أنه هو الذي يقتضيه كلام المعترض هنا في مواضع. وإنما قلنا: «إن بطلانه غيرُ خافٍ»؛ لأنه عدول عن الأصل والحقيقة في الإلهام، بلا دليلٍ إلا الأوهام، ولأن الله تعالى في هذه الآية، قد بيّن ما هو الذي خلقه -سبحانه وتعالى- وما هو الذي جعله إلى الإنسان، إذ قال تعالى: ﴿وَمَا سَوَّىٰهَا﴾، فبين بهذا ما هو الذي خلقه، وهي النفس التي سواها، وقال: ﴿فَأَلْهَمَهَا فُجُورَهَا وَتَقْوَىٰهَا﴾، فبيّن بهذا ما هو الذي جعله من قِبَل الإنسان، وهو فجوره وتقواه. ولو كان فجوره وتقواه من الله، وبخلقه وإيجاده تعالى؛ لقال: «ونفس وما سواها، وسوى فجورها وتقواها»، ولقال: «وخلق فجورها وتقواها».

فظهر بهذا: أن هذه الآية لا تصح أن تكون مصداقًا لما في الحديث، على الوجه الذي يزعمه المعترض وأمثاله. وإنما تكون مصداقًا لما يقوله العدلية، من أن القضاء والقدر السابق = لا ينافي أن يكون العبد فاعلًا لأفعاله، مؤثرًا فيها بقدرته واختياره، وأن الله تعالى قد أقام عليه الحجة، وألهمه الفجور والتقوى، وحُسن هذا وقُبح هذا، وعلم ما هو الذي يختاره منهما. فلا منافاة بين كونه تعالى عالمًا بالأشياء، ومقدِّرًا لها في علمه، وبين كون العبد قادرًا فاعلًا مختارًا.

فإن تمت دلالة هذا الحديث على هذا، وإلا وجب تأويله أو ردُّه؛ لئلا يخالف القواطع من العقل والنقل كما أشرنا إليه أولًا. والله أعلم.

نكتٌ فاجعة، نسأل الله العافية

الثاني: أن أبا الأسود الدؤلي ممّن ذَكَروا عنه القدر -بزعمهم- وهو: «العدل والتوحيد»، والقول بمثل مذهبنا. ونسبه إلى ذلك غيرُ واحدٍ من المجبرة المتكلمين في رجال [137 أ] الحديث والأثر. فكيف يُحكَم بصحة هذه الرواية عنه، ومسارعته إلى الجواب على عمران بن الحصين بقوله: «بل شيء قُضي عليهم، ومضى... إلخ»؟

ويحيى بن يعمر تلميذ أبي الأسود، وكان على طريقته متظاهرًا بالتشيع جدًا، وقصته مع الحجاج بن يوسف في ذلك مشهورة مذكورة في تاريخ ابن خلكان وغيره.

الثالث: أن إسحاق المذكور، هو الذي روى عن ابن المبارك أنه قال: «رأس المنارة أقرب إلى الله تعالى من أسفلها». رواه عنه الدارمي في كتابه **الرد على الجهمية**(12).

وقال الدارمي بعد روايته لهذا ما لفظه: «وصدق ابن المبارك؛ لأن كل ما كان إلى السماء أقرب = كان إلى الله أقرب»(13). إلى آخر ما قال من الضلال. ونحن ننزه عبد الله بن المبارك عن أمثاله هذا المقال، فالحط فيه على إسحاق، والله أعلم بحقيقة الحال. وحينئذ، فقد ارتبنا في ما رواه هنا.

الرابع: أن مسلم بن الحجاج نفسَه = داعٍ إلى مذهبِه -مذهبِ الجبر-. فكيف يُقبَل ما جاء به في تقويته؟

الخامس: أنه وقع في هذا الحديث ترديدٌ بين ثبوت الحجة على العباد، وبين ثبوت القضاء والقدر، حتى كأنه إذا ثبت القضاء والقدر؛ لم تثبت الحجة، وإذا ثبتت الحجة؛ لم يثبت القضاء والقدر. ألا ترى إلى قوله: «أشيءٌ قُضي عليهم... إلخ»، «أو في ما يستقبلون»، إلى قوله: «وثبتت الحجة»؟ وهذا باطل وخلاف لمذهبي الفريقين؛ فإنهم مجمعون على أن الحجة لازمة للعباد قطعًا وإن كانت أعمالهم مقدّرة محدّدة في علمه تعالى. حتى قال العلامة ابن تيمية الحنبلي: «إن من احتج بالقدر فهو كالمشركين الذي ذمهم الله تعالى بقوله: ﴿سَيَقُولُ ٱلَّذِينَ أَشۡرَكُواْ لَوۡ شَآءَ ٱللَّهُ مَآ أَشۡرَكۡنَا﴾، وأمثالها»(14). وإنما نفى بعض المعتزلة القضاء والقدر في أفعال العباد؛ نظرًا إلى أن في معناهما ما يشعر بالإيجاد والتأثير، ونظرًا إلى أن الله تعالى لم يذكر أفعال العباد بأنها مقدّرة، وأما العمومات فلا يتمسك بها عارف؛ نظرًا إلى أنه لا يُتصوَّر تقديرُ الفعل المستند إلى

(12) أبو سعيد عثمان بن سعيد الدارمي، **نقض الإمام أبي سعيد عثمان بن سعيد على المريسي الجهمي العنيد فيما افترى على الله عز وجل من التوحيد**، تحقيق رشيد بن حسن الألمعي (الرياض: مكتبة الرشد، 1998)، ج 1، ص 504.

(13) المرجع نفسه.

(14) سبق توثيقه.

الغير، ولا كونُه مقضيًا لغير المستند إليه. وفيه نظر؛ لأنه لا مانع من التحديد العلمي، كما هو معنى القدر عند أهل التحقيق؛ ونظرًا إلى أنه لا تصحّ إرادته أيضًا -أي: الفعل المستند إلى الغير-، وقد اعترف بهذا رئيس الأشاعرة صاحب **نهاية الأقدام**(15)، واستدل على ذلك بما لا خلاف في صحته عندهم، وهو: أن الإرادة هي المخصصة للفعل بوقت دون وقت، ووجه دون وجه، وقدْر دون قدْر، ويستحيل أن يجري هذا التخصيص في الفعل الاختياري المستند إلى الغير؛ لأن الذي يخصصه كذلك هي إرادة ذلك الغير الذي هو مختار في فعله، ولا يتصور هذا المعنى إلا في حقها لا في حق إرادة أخرى. فلو تعلقت تلك الإرادة الأخرى بفعل الغير؛ لزم أحد محذورين: إما كونُها غير مخصِّصة، وفي ذلك خروج لها عن صفتها الذاتية، أو كونها مخصصة للفعل الاختياري المستند إلى قدرة الغير وإرادته. وكلاهما محال. هذا معنى ما ذكره الشهرستاني. وهو حق لا ريب فيه -على مذهبهم-(16).

هذا، وكثير من المحققين منهم قد قالوا بأن القضاء عبارة عن الإرادة -كما مر-. وعلى هذا الذي ذكره الشهرستاني = لا تكون أفعال العباد القبيحة المكروهة عند الله تعالى؛ مقضيَّة له عز وجل، إلا على تقدير أنها أفعال له تعالى. وهو عين مذهب المجبرة. ففي القول بذلك مصادرةٌ ظاهرةٌ.

فاتضح: أنه لا خلاف إلا في قاعدة الجبر في الحقيقة، لا في نفس القضاء والقدر، فلا خلاف في الحقيقة؛ إذ لو أثبت المجبرة تأثيرًا للعبد في أفعاله، ولم يعترفوا بأن القضاء والقدر من باب العلم = لم يثبتوهما في أفعال العباد أصلًا. ولو ذهب أولئك المعتزلة ومن يجري مجراهم إلى أن القضاء والقدر لا يزيدان على معنى العلم = لم يمنعوهما في أفعال العباد، ولا قالوا بأن في تعلقهما بأفعال العباد إبطالًا للحجة.

السادس: أن قوله: «أفلا يكون ظلمًا؟» = غيرُ صحيحٍ على مذهبَي الفريقين. أما

---

(15) الشهرستاني.

(16) ينظر: «القاعدة الثانية: في حدوث الكائنات بأسرها بإحداث له سبحانه»، في: محمد بن عبد الكريم الشهرستاني، **نهاية الأقدام في علم الكلام**، تحقيق ألفرد جيوم (القاهرة: مكتبة الثقافة الدينية، 2009)، ص 49 وما بعدها.

عند المجبرة؛ فلنفي الحسن والقبح عقلًا. ولهذا أورد المعترض في أول «كتاب العدل» ما سيأتي له من الهذيان، ونفَى تصور الظلم في حق الله تعالى؛ فهو في الحقيقة في هذا الحديث مناقض لنفسه بنفسه، فاعتبروا يا أولي الألباب.

وأما عند العدلية؛ فلأن الظلم إنما يكون على تقدير خلق الباري تعالى للمعصية من العبد، ثم تعذيبه عليها. وما نحن فيه = ليس كذلك، فإنه جعل العمل في ما قُضيَ عليهم = ظلمًا، أعمَّ من أن يكون العمل طاعة أو معصية. وعلى تقدير المعصية؛ فهو أعمُّ من أن يعاقب عليها، أو يعفوَ عنها، ولا ظلم مع العفو قطعًا، كما أنه لا ظلم مع الطاعة؛ إذ لا خفاء في أن إدخال الجنة لا يكون ظلمًا، سواء كان العمل مخلوقًا للباري أو لا. وهو واضح جدًا.

ذكر القضاء، والكلام في القدر؛ ما هو أيضًا؟

واعلم أنه قد وقع في هذا الحديث تفسير القضاء بالقدر. وهو يلائم ما ذكره الجوهري، من أن القضاء هو: القدر. وذكر التفتازاني في **شرح العقائد**، أن القضاء عبارة عن «الفعل مع زيادة إحكام»[17]، وحكى الفاكهاني عن بعضهم، أنه: «صَرْف القضاء إلى فعله تعالى المقدّر»، وهو قريب مما في **القاموس** أنه يقال للصنع، وقريب منه ما نقل بعضهم عن الإمام الراغب أنه قال في تفسيره: «وقد ذكر بعض العلماء أن القدر بمنزلة المُعِدّ للكيل، والقضاء بمنزلة الكَيْل». انتهى.

وعلى هذا = فنحن نمنع أن يكون ذلك في غير أفعال الباري تعالى، وننكر أن يجري في أفعال العبيد، وإلا لوجب الرضى بمعاصيهم؛ لوجوب الرضى بالقضاء. ولم تقدر المجبرة على دفع لهذا الإلزام، بعد كمال اضطرابهم في جوابهم -كما مر طرف من سرابهم-. وقد روينا [بالإسناد المتصل]، إلى مولانا السيد الإمام أبي طالب[18] -قدس الله روحه-، قال: حدثنا أبو أحمد محمد بن علي العبدكي، قال: حدثنا إسحاق بن العباس بن إسحاق بن موسى بن جعفر، قال: حدثنا أبي، عن أبيه، عن موسى، عن أبيه

(17) التفتازاني، **شرح العقائد النسفية**، ص 56.
(18) سبقت ترجمته.

جعفر، عن أبيه محمد، عن أبيه علي بن الحسين، عن أبيه الحسين بن علي، عن أبيه علي أمير المؤمنين -كرم الله وجهه في الجنة-، قال: استقبل رسولَ الله -صلى الله عليه وآله وسلم- قومٌ، فقال: «من القوم؟» قالوا: مؤمنون يا رسول الله، قال: «وما بلغ من إيمانكم؟» قالوا: الصبر عند البلاء، والشكر عند الرخاء، والرضى بالقضاء.

فقال رسول الله -صلى الله عليه وآله وسلم-: «حكماء علماء، كادوا من الفقه أن يكونوا أنبياء». الحديث بكماله(19).

فانظر قوله -عليه السلام- في وصفهم: «حكماء علماء». مع أنه -صلى الله عليه وآله وسلم- [ما سألهم من أي حيثية يرضون بالقضاء، بل صار رضاهم بالقضاء، وصبرهم على البلاء، وشكرهم في الرخاء = مستدعيًا لوصفه لهم بالحكمة والعلم. فدل ذلك على أن الرضى من فعله تعالى لا غير، وهكذا القدر إذا كان بمعنى القضاء، ولا يجري في أفعال العباد المشتملة على القبائح] المستندة إليهم مع كونها مشحونةً بالشرور والفواحش، وقد نزه نفسه -عز وجل- عن الأمر بها والرضى بإيجادها، والمحبة لوقوعها، كما ذم الإرادة القبيحة ﴿ أَلَمْ تَرَ إِلَى ٱلَّذِينَ أُوتُواْ نَصِيبًا مِّنَ ٱلْكِتَٰبِ يَشْتَرُونَ ٱلضَّلَٰلَةَ وَيُرِيدُونَ أَن تَضِلُّواْ ٱلسَّبِيلَ ﴾ [النساء: 44]. وليس عن كلامه الذي هو تنزيل من حكيم حميد = تنزيل. وقد جاء على يد رسولٍ لا ينطق عن الهوى ولا يميل، وهو -عليه الصلاة والسلام- القائل: «الخير بيديك والشر ليس إليك»(20). وكفى بهذا التنزيه المطابق للتنزيل. وهو تعالى قد نزه نفسه عن بعض ما تقول المجبرة: «إنه بقضائه وقدره»، كما قال تعالى: ﴿أَرَءَيْتُم مَّآ أَنزَلَ ٱللَّهُ لَكُم مِّن رِّزْقٍ فَجَعَلْتُم مِّنْهُ حَرَامًا وَحَلَٰلًا قُلْ ءَآللَّهُ أَذِنَ لَكُمْ أَمْ عَلَى ٱللَّهِ تَفْتَرُونَ ﴾[يونس: 59]. فالمجبرة شركاؤهم في الافتراء على الله؛ لأنهم يقولون: «إن جعْلَهم لهذا حرامًا، وجعْلَهم لهذا حلالًا = بإذن الله تعالى؛ لأن كل ما قضى به وقدره فقد فعله وأوجده، وكلما كان كذلك = كان بإذنه وإرادته تعالى». وحينئذ، فتفسير القضاء بـ«القدر» = مما يزيدنا ريبةً في هذا الحديث، قاضيةً بالتعليل(21).

(19) أبو طالب الهاروني، **تيسير المطالب**، ص 239، حديث 214.

(20) سبق توثيقه.

(21) أي: برد الحديث بالعلة القادحة في متنه؛ للأسباب التي أفاض المؤلف في ذكرها.

ولئن نزلنا عن هذا كله قلنا: إما أن تقولوا: إن هذا الحديث نصٌّ في الجبر وخلْقِ الأعمال، أو أن تعترفوا بأن غاية ما فيه: الدلالةُ على سبق العلم.

إن كان الأول؛ فغير مقبول؛ لِما ذكرناه آنفًا، وفي ما مضى لنا أولَ الكتاب.

وإن كان الثاني = لم يبق لكم فيه متشبَّثٌ؛ لأنكم قد اعترفتم بأن العلم تابع للعلم(22)؛ فلا يدل -من حيث هو هو- على الجبر، فضلًا عن خلق الأعمال.

وإنما ادعيتم أنه إنما سبق العلمُ بالجبر؛ لدلالة مثل هذا الحديث. فإذا كان مثل هذا لا دلالة فيه على أكثر من سبق العلم بالأفعال على جهة التحديد والتقدير؛ فقد لزم الدور لزومًا ظاهرًا.

ثم إن في هذا الحديث مما لا يجري على مذهبكم أشياء:

منها: إثباتُ الكدْح. فإن معناه -على ما في **الكشاف**، وشرح العلامة المطرِّزي على **المقامات**(23)، وغيرهما- [137 ب] يُشعِر بالتأثير والاجتهاد في التحصيل.

ومنها: ما مر من أن قوله: «من قدرٍ قد سبق» = ينافي ما زعمتم، كما ذكره السيد في **شرح المواقف** عن الأشاعرة، حيث قال فيه ما نصُّه: «واعلم أن قضاء الله عند الأشاعرة هو: إرادته الأزلية المتعلقة بالأشياء على ما هي عليه في ما لا يزال، وقدَرُه: إيجادُه إياها على قدرٍ مخصوص، وتقديرٍ معين في ذواتها وأحوالها»(24). انتهى.

وإنما قلنا: «إنه ينافيه»؛ لأنه لا يُتصوَّر سبق القدر للمقدور على هذا التفسير، وإنما يجري على القول بأن القدر من قبيل العلم، كما تدل غير هذا من الآثار.

لا يقال: لو سلَّمنا هذا اللازم في القدر؛ لما سلمناه في القضاء؛ لأن سبق الإرادة الأزلية لا ينافي حدوث تعلقِها المقارِنِ للأفعال المقدَّرة المخلوقة.

لأنا نقول: قد سبق لنا أن القدر وقع في هذا الحديث تفسيرًا للقضاء، فلا يُتصوَّر -

(22) كذا، ولعله خطأ أثناء النسخ، والصواب: «المعلوم».

(23) المقصود به كتاب: **الإيضاح في شرح مقامات الحريري**، لأبي الفتح برهان الدين ناصر بن أبي المكارم المطرّزي (ت. 610هـ).

(24) الجرجاني، **شرح المواقف**، ج 8، ص 180.

حينئذ- اختلافهما بالتقدم والتأخر.

ثم إن حدوث التعلق يستدعي مخصِّصًا. وذلك ممتنع، وإلا لزم للإرادة إرادةٌ. وبهذا يُعلَم أنه لا دليل على دعوى قِدَمِ الإرادة وحدوث التعلق، إلا مجرد المذهب المناقض لما دل عليه هذا الحديث الذي تشبثتم به؛ لأنه يستلزم إما قِدَمَ أفعال العباد أو حدوثَ القضاء والقدر، فانظروا بعين الإنصاف.

ومنها: ذِكرُ الحجة. فإن في إثباتها إثباتًا للحسن والقبح عقلًا، وأنتم = في خلال إبطال ذلك -بزعمكم-.

ومنها: قولُه: «أفلا يكون ذلك ظلمًا؟»؛ فإنه -أيضًا- مبنيٌّ على إثبات الحسن والقبح العقليين، ولا يدفع ذلك قولُه: «كل شيءٍ خلْقُ اللهِ ومِلْكُ يدِه»؛ لِـما ذكرناه في مواضع: أن إثبات الفرق بين المالك وغيره = عينُ إثبات الحسن والقبح عقلًا؛ لِـما عرفتَ من أن قبح التصرف في مِلْك الغير، وحُسنَه في مِلْك النفس = عينُ الحسن والقبح. وليس المرادُ أن عدم قبح تصرف الباري تعالى في ملكه = شرعيٌّ. كما لا يخفى على مميِّز، فلم يبق إلا الحسن والقبح عقلًا. فاحفظه.

كلام في الإلهام [وهل له علاقة بالجبر؟]

ومنها: قولُه: «وتصديق ذلك في كتاب الله تعالى: ﴿وَنَفْسٍ وَمَا سَوَّىٰهَا﴾»؛ فإنه لا يصح معنى الإلهام، إلا إذا كان العبد مؤثِّرًا في فعله؛ فإن الإلهام -على ما ذكره سعد الدين في **شرح العقائد**- يفسَّر بـ«إلقاء معنًى في القلب بطريق الفيض»(25). وقال القشيري -كما نقله عنه ابن أبي شريف في **حاشيته**-: «إن الخطاب الوارد على الضمير، قد يكون بإلقاء المَلَك، وقد يكون بإلقاء الشيطان، وقد يكون من حديث النفس، وقد يكون من قِبَل الحقّ سبحانه وتعالى. فإذا كان من قِبَل المَلَك يُسمَّى 'الإلهام'، وإذا كان من قِبَلِ الشيطان يسمى 'الوسواس'، وإذا كان من قِبَلِ النفس فهو 'الهاجس'، وإذا كان من قِبَل الله تعالى فهو 'خاطر حق'»(26). انتهى.

---

(25) التفتازاني، **شرح العقائد النسفية**، ص 22.
(26) ابن أبي شريف، **الفرائد**، ص 149.

ثم إني راجعت كلام القشيري في **الرسالة** فوجدت اللفظ غير اللفظ الذي نقله عنه ابن أبي شريف، إلا أن المعنى متحد، والاختلاف في اللفظ يسير أيضًا. وقد عقب ابن القشيري ما نقله عنه ابن أبي شريف بقوله: «وجملة ذلك = من قبيل الكلام»(27). انتهى. يعني الكلام النفسي، كما ذكره القاضي زكريا في **شرح الرسالة**(28) المشار إليها، وهي المشهورة.

وقال القشيري أولًا ما نصه: «والخواطر: خطابٌ يرِد على الضمائر». إلى آخره = منادٍ أيضًا بأنه -أي: الإلهام-؛ من قبيل الكلام، وأنه يكون من المَلَك، كما يكون الوسواس من الشيطان. فكيف يقول عاقل: إنه -أي: الإلهام- يقتضي الجبر ويستلزم القضاء بالمعنى الذي يريده المعترض وأمثاله؟ لأنهم يزعمون أن الله قضى بالجبر، بمعنى: أنه -تعالى- أوجد أفعال العباد، وأثَّر فيها بقدرته واختياره تعالى. وليت شعري، أي فائدة للإلهام على هذا المذهب؟ وما معناه إذا كان العباد كالخُشُب المسنّدة؟

فظهر: أن الإلهام بمعزل عن التأثير والإيجاد الذي هو لازم الجبر وخلق الأعمال. بل لا يتم الإلهام إلا إذا كان العبد مؤثرًا في فعله متمكنًا منه، وإلا فأي معنى لإلهامه الفجور والتقوى؟

وإذا عرفت هذا؛ لاح لك أنه لو كان المراد من قوله: «قُضِيَ عليهم، ومضى فيهم»: معنى التأثير والتحصيل -كما هو مقتضى قاعدة الجبر وخلق الأعمال-؛ لم يناسبه قوله: «وتصديق ذلك في كتاب الله عز وجل ﴿وَنَفْسٍ وَمَا سَوَّىٰهَا ۝٧ فَأَلْهَمَهَا﴾». وإنما يناسب أن يكون المراد: ما هو بمعنى العلم السابق، حتى يكون قوله: ﴿وَنَفْسٍ وَمَا سَوَّىٰهَا﴾ = بيانًا لعموم العلم والتقدير، وأن إلهام العبد وتمكينه = من جملة المعلوم.

ويؤيده أن مسلم بن الحجاج، أخرج في صحيحه قبل هذا الحديث، عن عمران بن

---

(27) قال القشيري: «والخواطر خطاب يرد على الضمائر، فقد يكون بإلقاء الشيطان، ويكون أحاديث النفس، ويكون من قبل الحق سبحانه. فإذا كان من المَلَك فهو الإلهام، وإذا كان من قبل النفس قيل له: 'الهواجس'، وإذا كان من قبل الشيطان فهو الوسواس، وإذا كان من قبل الله سبحانه وتعالى وإلقائه في القلب فهو خاطر حق. وجملة ذلك من قبيل الكلام». ينظر: القشيري، **الرسالة القشيرية**، ص 169.

(28) زكريا الأنصاري، **إحكام الدلالة**، ج 1، ص 323.

حصين، قال: قيل: يا رسول الله، أعُلِم أهل الجنة من أهل النار؟[29] فقال: «نعم». قال: فقيل: ففيم يعمل العاملون؟ قال: «كل ميسّر لما خلق له»[30]. انتهى.

فتبيّن: أن العلم السابق هو منشأ الشبهة، وعنه وقع السؤال. ولا خفاء في أن مجرد الالتفات إلى سبق العلم بكل واقع = قد يوقِع في الشبهة، ويدعو إلى الفتور في العمل الصالح؛ اتكاءً على ما سبق به العلم. وقد جرى ذلك مع كثير من المخذولين الذين لم يروّضوا أفهامهم في ميادين العلوم الإلهية والمعارف الشرعية، ولم ترسخ أقدامهم في القواعد العقلية.

وقد أشار -صلى الله عليه وآله وسلم- في هذا الحديث المذكور، إلى أن العمل = في أيدي المكلفين، لا يمنعهم عنه مانع ﴿فَأَمَّا مَنْ أَعْطَىٰ وَٱتَّقَىٰ ۝٥ وَصَدَّقَ بِٱلْحُسْنَىٰ ۝٦ فَسَنُيَسِّرُهُۥ لِلْيُسْرَىٰ ۝٧ وَأَمَّا مَنۢ بَخِلَ وَٱسْتَغْنَىٰ ۝٨ وَكَذَّبَ بِٱلْحُسْنَىٰ ۝٩ فَسَنُيَسِّرُهُۥ لِلْعُسْرَىٰ﴾ [الليل: 5-10]. فالميسَّرون لليسرى، والميسَّرون للعسرى = صاروا كأنهم مخلوقون لذلك.

ويؤيد هذا ما في **صحيح مسلم**، من حديث أمير المؤمنين علي بن أبي طالب -كرّم الله وجهه في الجنة-، من حديث طويل قال فيه: «ما من نفس منفوسة، إلا وقد كتب مكانها من الجنة والنار، ألا وقد كتبت شقية أو سعيدة». قال: فقال رجل: يا رسول الله، أفلا نمكث على كتابنا وندع العمل؟ قال: «من كان من أهل السعادة فسيصير إلى عمل أهل السعادة، ومن كان من أهل الشقاوة فسيصير إلى عمل أهل الشقاوة». وقال: «اعملوا فكل ميسر لما يُسِّر له. أما أهل السعادة فسيُيسَّرون لعمل أهل السعادة، وأما أهل الشقاوة فسييسرون لعمل أهل الشقاوة». ثم قال: ﴿فَأَمَّا مَنْ أَعْطَىٰ وَٱتَّقَىٰ ۝٥ وَصَدَّقَ بِٱلْحُسْنَىٰ ۝٦ فَسَنُيَسِّرُهُۥ لِلْيُسْرَىٰ ۝٧ وَأَمَّا مَنۢ بَخِلَ وَٱسْتَغْنَىٰ ۝٨ وَكَذَّبَ بِٱلْحُسْنَىٰ ۝٩ فَسَنُيَسِّرُهُۥ لِلْعُسْرَىٰ﴾»[31]. انتهى. فقوله -عليه وعلى آله الصلاة والسلام-: «اعملوا فكل ميسر لما يسر له» = أمرٌ منه -عليه السلام- بالطاعة لا بالمعصية ولا بأعم منهما، وهو ظاهر.

---

(29) جاء في النسخة: «قوله: 'من أهل النار'؛ 'مِن' هنا، كـ'مِن' = في قوله تعالى: ﴿وَٱللَّهُ يَعْلَمُ ٱلْمُفْسِدَ مِنَ ٱلْمُصْلِحِ﴾ [البقرة: 220]. فافهم».

(30) **صحيح مسلم**، ج 4، ص 2041، حديث 9 (2649).

(31) **صحيح مسلم**، ج 4، ص 2039، حديث 6 (2647).

وقوله: «لما يُسِّر له» = إرشادٌ إلى أن التيسير وراء العمل. فإن كان صالحًا؛ كان تيسيرًا له ولما بعده من الأعمال الصالحة، [وإن كان طالحًا؛ كان التيسير -الذي هو تعسير في الحقيقة- له] ولما بعده من أمثاله. فالأمر بالعمل أدلُّ الأدلة على أنه في أيدي العباد، وأن سابِقِيَّة الكتابة والعلم، لا تقتضي خروج العلم من أيديهم واختيارهم، بل إنما تطابق ما سيقع منهم خيرًا كان أو شرًا.

[وإن تخيل من تخيل أن العلم والكتابة يجُرّان] إلى ما سبقا به؛ فإنما هي أوهام وخيالات فاسدة، [كما نبه على ذلك صلى الله عليه وآله وسلم].

وفي **صحيح مسلم** من هذا الباب عدة أحاديث، لا يشك العاقل أنها بمعزل عن مراد المعترض وأمثاله. كذلك ما نحن فيه؛ فإن في ذكر الآية بيانًا لكون إلهام العبدِ الفجورَ والتقوى، وتمكينَه منهما = من جملة المعلوم المقدّر في العلم، فيكون ذلك -إن صح الحديث منه عليه الصلاة والسلام-؛ ردًا خفيًا لتوهم عدم الاختيار، ولزوم الحجة، على نهج ما سبق من المعارضة، لا سيّما وما بعد هذه الآية هو قوله تعالى: ﴿قَدْ أَفْلَحَ مَن زَكَّىٰهَا﴾، فكأنه قال: ﴿فَأَلْهَمَهَا فُجُورَهَا﴾. الآية. أي: أتم الآية. بل يكون هذا من أبلغ مسالك التنبيه، وألطف وجوه الرد الذي ليس له شبيه.

فإن قلت: إذا كان الأمر كما ذكرت؛ فعلى أي منهجٍ وقع سؤالُ ذينك الرجلين؟ وكيف يتلاءم الكلام ويتطابق السؤال والجواب؟

قلتُ: الظاهر أن سؤالَهما سؤالُ من تردد: هل الأمر أُنُفٌ، أو لا؟ -كما يُشعِر بذلك قولهما: «أو في ما يستقبلون به»-، وكأنهما توهما أن سبق العلم بأعمال العباد مقدّرةً محدّدةً على ما ستكون عليه = لا يبقى معه للحجة قيام، ولا للكدح جدوى؛ نظرًا إلى عدم تأتّي التحويل والتبديل. ولاشك أن مجرد النظر إلى أن سابق العلم الأزلي لا يتحول ولا يتبدل = يوقع في الشبهة، ويجلب الحيرة مع بعض الناس، حتى ربما رأيتَ بعضَ الأذكياء من أهل العدل، المصمِّمين على القول بتمكن العبد من التأثير في أفعاله، إذا جاء الكلام في العلم السابق، وعدم جواز انقلابه جهلًا = اضطرب، واكترب، وابتعد، واقترب، حتى يُراجَعَ وينبَّه على الحق وحقيقته، فينتبه من غفلته.

ولمثل هذا؛ وقع النهي في الحديث الشريف عن الخوض في القدر؛ لقلة من يعقل أن العلم تابعٌ للمعلوم، وأن الممكن لذاته لا يخرج عن إمكانه باعتبار سبق العلم، ولا بألف اعتبار. فالجواب في الحديث المذكور [138 أ] أولًا = رافعٌ لتوهُّم كونِ سبق العلم منافيًا للاختيار، وأن الباري تعالى، كما علم الأعمال = فقد ألهم العباد الفجور والتقوى، وأزاح العلل، حتى يفلح من زكّى نفسه، ويخيب من دسّاها. وحينئذ، فيكون بيانًا لكون الأمر ليس أُنُفًا، بل مسبوقًا بالعلم، ورفعًا للشبهة في كون سَبْقِه ينافي سلوك الفجور بالاختيار، والتقوى كذلك، فيفلح من يفلح، ويخيب من يخيب. هذا ما أمكنني، والله حسبي، عليه توكلت وإليه أنيب. وهو أولى من الذهاب إلى ما ذهب إليه من لزمه سلبُ الاختيار عن العبد، وإيثارُ النقل على العقل. وكل من تكلم من المجبرة في أحاديث القدر؛ فقد وقع في الاحتجاج بالقدر. وهو باطل اتفاقًا. فلأمرٍ ما؛ نهى -عليه الصلاة والسلام- عن الخوض في القدر.

حديث النهي عن التكلم في القدَر والولِدان

فمما جاء في ذلك، ما أخرجه الطبراني في **معجمه الكبير**، المصنف في أسماء الصحابة -رضي الله عنهم-، والبزّار، كلاهما عن ابن عباس -رضي الله عنهما-، ورجاله رجال الصحيح -كما قاله جماعة، منهم: المناوي في **شرح الجامع الصغير**-، وهو: «إن أمر هذه الأمة لا يزال مقاربًا حتى يتكلموا في الوِلدان والقدر»(32). انتهى. قال المناوي: «أي: في أولاد المشركين هل هم في النار مع آبائهم؟ أو في الجنة؟ أو هو كناية عن اللواط؟»(33). قلت: المعنى الأول هو اللائق الأوفق -كما سيأتي إن شاء الله في الكلام على أطفال المشركين-.

خاتمة

مثلُ هذا الخوض في هذا الحديث، ليس المراد منه إلا دفع الأوهام الفاسدة المفضية إلى نفي حكمة الله وعدله تعالى؛ فإن كل من خاض في هذا المعنى من الأشاعرة

(32) المناوي، **التيسير بشرح الجامع الصغير**، ج 1، ص 313.

(33) المرجع نفسه.

وغيرهم من الجبرية = لا تجد محطّ كلامه ومرمى مرامه، إلا بيان خالص الجبر، ورفع حجة الله تعالى على عباده، ولزوم جوره، تعالى عما يقول الظالمون علوًا كبيرًا. وأنت إذا فكرت في صنيعهم وجعلهم للخوض في أولاد المشركين، عقب الخوض في القدر - كما في **صحيح مسلم** وغيره-، وعلمت أنها معجزة من معجزات النبي -عليه الصلاة والسلام-، وعرفت ما يؤول إليه كلامُهم؛ عرفتَ سرًا من أسرار نهيه -عليه الصلاة والسلام- عن الخوض في القدر، وقول علي -كرم الله وجهه في الجنة-: «بحرٌ مظلم فلا تلجوه»(34).

نعم، ذكر صاحب **الإيثار** -رحمه الله- أنه ورد النهي عن الخوض في القدر في عشرة أحاديث، ليس فيها شيء متفق على صحته.

قال: «لكن أخرج أحمد بن حنبل حديثًا، من طريق عمرو بن شعيب، بطريق مختلَفٍ فيها، وأخرج الترمذي حديثًا عن أبي هريرة وقال: 'غريب، وفي سنده صالح المري'، وأخرج البزار له إسنادين آخرين. قال الهيثمي: 'رجالهما رجال الصحيح'، عن عمرو بن أبي خليفة -وهو ثقة، وإن لم يكن من رجال الصحيح-، وخرجه الطبراني في معجميه، والحاكم من حديث ابن عباس. وقال الحاكم: 'على شرطهما، ولا يعرف له علة'». قال: «ومعناه التحذير من مجاراة المبتدعة في القدر»، ثم قال: «فأما الخوض فيه على جهة التعلم والتعرف لما جاءت به الشريعة، ثم الإيمان به بعد معرفته على الوجه المشروع؛ فهذا مما تواتر أن أصحاب رسول الله -صلى الله عليه وآله وسلم- سألوا عنه، وخاضوا في معرفته، فلم يزجرهم»(35). انتهى.

قلت: أما دعوى تواتر هذا؛ ففيها نظر. وأما الخوض في القدر لذلك الغرض الصحيح؛ فحق. وقد استدل على ذلك ابن عبد البر، بما وقع من محاجة آدم وموسى - على نبينا وعليهما الصلاة والسلام-(36). واحتج بذلك الفاضل أحمد بن كمال باشا في

(34) في **شرح النهج** لابن أبي الحديد، ورد أن عليًا قال: «طريق مظلم فلا تسلكوه»، وقال: «بحر عميق فلا تلجوه»، وقال: «سر الله فلا تتكلفوه». ينظر: ابن أبي الحديد، **شرح نهج البلاغة**، ج 19، ص 181.

(35) ليس النقل حرفيًا، ولكن بتصرف، ينظر: ابن الوزير اليماني، **العواصم والقواصم**، ج 6، ص 172-176.

(36) ينظر مثلًا: أبو عمر يوسف بن عبد الله بن عبد البر، **الاستذكار الجامع لمذاهب فقهاء الأمثار وعلماء** =

رسالته التي ألفها في هذا المعنى. ومما يستدل به على ذلك: محاجة أبي بكر وعمر، وما ورد في ذلك الأثر من أن المحاجّة فيه قد وقعت بين الملائكة.

وبالجملة، فالنهي عن الخوض فيه -على تقدير صحته- إنما يكون بصدد أمثال هؤلاء الذين يرومون بإثباته إبطالَ حجة الله تعالى على عباده، وإسقاط التكاليف، وبطلان الشرائع، وفساد الأوامر والنواهي، إلى غير ذلك من الآراء المضلة. فإذا تأمل الناظر صنيعهم؛ عرف سر النهي عن الخوض في القدر.

وقد وقعت المراجعة بيني وبين كثير من الأذكياء في أن القدر من قبيل العلم، وإنما غايته: أنه على سبيل التحديد والتفصيل؛ فهو علم خاص، وليس أثرًا من الآثار قطعًا وإجماعًا. فإذا كان من قبيل العلم السابق الأزلي؛ كان تابعًا لا متبوعًا -كما قرره المحققون من الفريقين-. وأكثرُ من راجعتُه في هذه التبعية والمتبوعية = لم يتعقلها على وجهها، وما يعقلها إلا العالمون من الأذكياء.

فالنهي عن الخوض في القدر مع حقِّيَّته = لدقة مسلك العلم بحقيقته، فالخوض فيه يفضي بالقاصرين إما إلى جحده ونفيه، وإما إلى الجبر المستلزم لبطلان الشرائع برمتها. وهذا أعظم الأمرين وأشنع القبيحين. والمعترض قد اغترف منه باليدين، وباع الحاضرَ بالدَّيْن.

ثم إن انتظام الحديث لذكر القدر والأولاد = مرشدٌ إلى قبح صنيعهم الذي سلكوه في الخوض في القدر والأولاد. فراجع ما سيأتي من الكلام على أطفال المشركين، والله الهادي إلى الحق المبين.

[بناء المعترض الجبْر والاضطرار على ما قرره في سبق العلم، ورد المؤلف عليه]

قال: «فظهر أن أفعال العباد مقدَّرةٌ عليهم، بشهادة رسول الله. وكلما كان كذلك؛ لم

الأقطار، تحقيق سالم محمد عطا ومحمد علي معوض، ط 2 (بيروت: دار الكتب العلمية، 2002)، ج 8، ص 259-260.

يكونوا مختارين في أفعالهم اختيارًا حقيقيًا مستقلًا. فلم يبق إلا الاختيار الغير المستقل، المعلق بمشيئة الله تعالى في قوله تعالى: ﴿وَمَا تَشَآءُونَ إِلَّآ أَن يَشَآءَ ٱللَّهُ﴾ [الإنسان: 30]، فيكونون مضطرين في عين اختيارهم الغير المستقل. فقد ظهر أن الآية حجة عليهم، حيث استدل رسول الله -صلى الله عليه وسلم- على أن أفعال العباد مقدَّرةٌ عليهم. وهو مستلزم لئلا يكون لهم اختيار حقيقي مستقل. فما ظنوه حجةً لهم = قد انقلب عليهم بشهادة رسول الله -صلى الله عليه وسلم-. وليس بعد بيان رسول الله -صلى الله عليه وسلم- بيان».

أقول: هنا يصدق المثل بلا استرابة: «ساء سمعًا فأساء إجابة». فإن هذا الرجل = ما فهم كلام الله، ولا كلام رسول الله، ولا كلام جار الله(37). أو أنه فهم الكلام وأحاط بالمرام، وعدل عن مقتضاه؛ لسبق الاعتداء في الاعتقاد، لا لسوء الانتقاد، من باب ﴿فَمَا كَانُواْ لِيُؤْمِنُواْ بِمَا كَذَّبُواْ بِهِۦ مِن قَبْلُ﴾ [يونس: 74].

يا هذا، أتعبت نفسك بالاستدلال على خلق الله للأعمال بأحاديث القدر. وكبار أصحابك يكذبونك في صنيعك هذا؛ [الخطّابي(38)، والقاضي عياض في شرحه لصحيح مسلم]، وابن بطال في شرحه لصحيح البخاري، والنووي في شرحه لصحيح مسلم، وغيرهم قد صرحوا بتفسير القضاء والقدر بـ«علم الغيب»؛ فأرجعوهما إلى العلم السابق. فكيف تستدل بالقضاء والقدر، على أن العلم إنما سبق بخلق الله لأعمال العباد؟ وهل هذا إلا استدلال على ثبوت الشيء بنفس ذلك؟ بل هو مستلزم للدور المحال.

فظهر لك: أن قوله: «فظهر أن أفعال العباد مقدورة عليهم... إلخ» = ممنوعُ المقدمتين معًا.

أما الصغرى؛ فلأنه إن أراد بكون أفعال العباد مقدورةً: ما ينافي الاختيار = فهذا التقدير الذي أشار إليه ممنوع، وليس في الأحاديث -على فرض صحتها جميعًا- إلا التقدير والتحديد للمعلوم -كما اعترف به جماعة من الخصوم-.

(37) الزمخشري.

(38) لعله يقصد أبو سليمان الخطابي، حمد بن محمد بن إبراهيم (ت. 388هـ) صاحب الكتاب الشهير **معالم السنن**.

ولهذا فسَّر سعد الدين القَدَرَ بـ«تحديد صفات المخلوق»[39]. واعترضه الكمال الشريفي بأنه لا يشمل تحديد نفس الذات[40]. والأمر فيه سهل. إنما المراد: أن التقدير ليس إلا عبارةً عن «التحديد العلمي التابع للمعلوم المحدد». بل ليس في شيء من الكتاب والسنة ما يدل على أن أفعال العباد مقدَّرةٌ أصلًا. والمجبرة لا يخالفون في هذا، وإنما يرون أن أفعال العباد أفعالُ الله تعالى، فيصرفون ما ورد من الآيات والأحاديث الدالة على أن أفعال الله تعالى = بِقَدَرٍ، إلى أفعال العباد؛ بناءً على هذه المصادرة الباطلة.

والزمخشري وأمثاله قد جزموا بأن القدر مخصوصٌ بأفعال الله تعالى، ولا دخل فيه لأفعال العباد. فكلام المعترض لا يتم هنا على مذهب الزمخشري، ولا على ما حققناه من كون القدر والتقدير عبارةً عن «التحديد العلمي» -كما هو قول جمهور المحققين من الفريقين-. فظهر من سَنَد المنع للصغرى منعُ الكبرى أيضًا، أي: قوله: «وكلما كان كذلك... إلخ».

واعلم أن مؤدّى كلام المعترض في هذا المقام؛ احتجاجٌ بالقدر، وهو عين المخالفة لنهي الشارع عن التعرض للقدر، وخروجٌ عما أجمع عليه الفريقان.

كلام ابن عبد السلام في حال من قال: «لا حاجة بنا إلى الدعاء»، وهو عين الاعتذار بالأقدار

وقد سئل العز بن عبد السلام في **الفتاوى الموصلية**: هل يعصي من يقول: «لا حاجة بنا إلى الدعاء، لأنه لا يردّ ما قُضِيَ»؟

فأجاب: «إن من زعم أنه لا يحتاج إلى الدعاء؛ فقد كذّب وعصى، ويلزمه أن يقول: 'لا حاجة بنا إلى الطاعة والإيمان'؛ لأن ما قضاه الله من الثواب والعقاب = لا بد منه.

(39) قال التفتازاني: «وتقديره: وهو تحديد كل مخلوق بحدّه الذي يوجَد من حسن وقبح، ونفع وضر، وما يحويه من زمان ومكان، وما يترتب عليه من ثواب وعقاب». إلى آخر ما قال. ينظر: التفتازاني، **شرح العقائد النسفية**، ص 56.

(40) ابن أبي شريف، **الفرائد**، ص 308.

ولا يدري [138 ب] هذا الأخرق الأحمق أن الله قد رتب مصالح الدنيا والآخرة على الأسباب، ومن ترك الأسباب بناءً على أن ما سبق به القضاء لا يُغيَّر = لزمه أن لا يأكل إذا جاع، ولا يشرب إذا عطش، ولا يلبس إذا برد، ولا يتداوى إذا مرض، وأن يلقى الكفار بلا سلاح، ويقول في ذلك ما يقوله، وهو: 'ما قدّره الله لا يُرَد'، وهذا لا يقوله مسلم، ولا عاقل»[41]. انتهى. كما نقله عنه اللقاني في **شرح الجوهرة**. وقد ذكر مثله الشيخ داود الأنطاكي صاحب **تذكرة الطب**[42] في مؤلف له سماه **تشحيذ الأذهان**[43]. وقد كرر رؤساء الأشاعرة التحذير من التعلل بالقدر، وقال بعضهم: «إنه علامة الخذلان». ولا أعظم ولا أطم من صنيع أمثال هذا المعترض، فتدبره.

وقد جاء في حديث أبي هريرة -رضي الله عنه- أنه -صلى الله عليه وسلم-، قال: «آخر الكلام في القدر لشرار أمتي»[44]. وفي الأحاديث التي رواها الحاكم وغيره؛ التحذير من الخوض في القدر والمراء فيه، على وجه يؤدي إلى الحيرة والشك. وهذا هو صنيع المعترض. فاندفع ما ذكره ابن عبد البرّ من الاحتجاج بمحاجّة آدم وموسى على جواز الخوض في ذلك؛ لأن تلك المحاجّة ليست على ما يعطيه ظاهرها قطعًا وإجماعًا -كما سيأتي-. فالمنهي عنه مثل فعل المعترض، واحتجاجه بالقدر المفضي إلى التعطيل بالكلية.

قوله: «فلم يبق إلا الاختيار الغير المستقل المعلّق... إلخ» = متناقض في نفسه.

أما أولًا؛ فلأن الاختيار الغير المستقل -على طريقة المعترض- هو: «توهم الاختيار» -كما عرفت في ما مر وسيأتي أيضًا-. وقد قال هنا: «إنه معلق بمشيئة الله تعالى»، فيكون مؤدّاه: أنه لا يتوهم الاختيار إلا أن يشاء الله، ويصير معنى الآية هكذا: «وما يتوهمون الاختيار إلا أن يشاء الله». وحينئذ، فلا تنفعه الآية الكريمة في مطلوبه، بل تضره؛ لأنا نقول: إنما تعرضت الآية لتعليق توهم العبد للاختيار -على زعمك-.

---

(41) عز الدين بن عبد السلام، **كتاب الفتاوى**، خرج أحاديثه وعلق عليه عبد الرحمن بن عبد الفتاح (بيروت: دار المعرفة، 1986)، ص 98.

(42) معروف بـ: **تذكرة أولي الألباب والجامع للعجب العجاب**.

(43) مطبوع بعنوان: **النزهة المبهجة في تشحيذ الأذهان وتعديل الأمزجة**.

(44) الهيثمي، **مجمع الزوائد**، ج 7، ص 202، حديث 11855.

لكنا إنما ندعي الاختيار المحقق والمشيئة المتيقَّنة، لا الاختيار المتوهم الذي تعرضت الآية لتعليقة بمشيئة الله -كما قررتم-.

وبالجملة، فما أثبتناه نحن من الاختيار = غيرُ ما تعرضَت الآية لتعليقه بمشيئة الله -كما اعترفتم به-. وما تعرضت له الآية ليس مما نثبته نحن، بل ننفيه كمال النفي، ونقول: إن اعترافكم بأنه ليس إلا من تصرفات الوهم الفاسد = أكبرُ شاهد على أنه ليس بشيء أصلًا. فتسميتكم له «اختيارًا غير مستقل» = تلاعبٌ، وتسترٌ لسوْأة الجبر وخالص التجهم. لكن الألفاظ والعبارات الخالية عن التحصيل؛ لا تنفعكم في نصرة الأباطيل. وهل تنفعكم في مجادلة من يطالبكم بالبرهان والدليل؟

وأما ثانيًا؛ فلأنه أورد الآية لبيان أن اختيار العبد معلق بمشيئة الله؛ فلا يكون حينئذٍ اختيارًا مستقلًا -بزعمه-، بل غير مستقل. لكن هذا الكلام الذي زخرفَه يقتضي أن المتعلق هو الاختيار الغير المستقل -كما صرّح به في قوله: «فلم يبق إلا الاختيار الغير المستقل المعلق»-. فقد تناقض الكلام عليه، وسقط الاستدلال بالآية من يديه.

وأيضًا، فهو لا يثبت من الاختيار إلا غير المستقل، وهو الذي فسره بـ«توهم الاختيار». وعلى هذا، فالتعليق في هذه الآية ليس للاختيار الحقيقي، وإنما هو تعليق لتوهم الاختيار، مع أنه لا يقول أحد من المجبرة ولا من غيرهم بامتناع تقدم التوهم للاختيار، ولا يقول أحد أيضًا: إن لتعليقه بمشيئة الله تعالى معنًى صحيحًا أصلًا، ولا يقول أحد: إن الآية إذا كانت بصدد تعليق الاختيار الموهوم؛ كانت دليلًا على ثبوته. بل يجب أن يكون ثبوته مستندًا إلى غيرها، ويمتنع أن يثبت بدلالتها عليه، وإنما تكون دليلًا على اختيار غير مستقل، لا على الوجه الذي يزعمه المعترض لو أنها جاءت لتعليق الاختيار الحقيقي المستقل. فقد يُدَّعى أنها تكون دليلًا على اختيار غير مستقل، ولا يقول أحد من العقلاء المنصفين: إن توهم الاختيار -مع كونه توهمًا فاسدًا- يكون اختيارًا غير مستقل -كما زعمه المعترض-.

وأما ثالثًا؛ فلأنه قال -في ما يأتي إن شاء الله على قول المؤلف: «قالوا: لو كان

الكافر يقدر على الإيمان... إلخ»[45]- ما نصه: «وحاصله: أن من علم الله منه الكفر = لا يصدر منه إلا ما علم منه تعالى بخلقه تعالى فيه عند اختياره إياه، وتعلق قدرته وإرادته. فلا يكون قادرًا على الإيمان قدرة كاسبة حقيقية في علم الله، وإن كان قادرًا عليه قدرةً كاسبةً في وهم الكافر. فإن المكلف يتوهم أنه قادر على فعل الشيء بدل ضده، وفِعْل ضِدِّه بدله». هذا كلامه هنالك. وفيه تصريح بأن توهم العبد سابقٌ على الإقدام في فعل المأمور به والمنهي عنه، وأن توهم العبد للاختيار كائن في ما لم يشأ الله وقوعه، كالإيمان من الكافر المذكور، وهو خلاف كلامه هذا كما لا يخفى.

وأما رابعًا؛ فلأن مقتضى هذا الكلام من المعترض: نفيُ اختيار العبد رأسًا -كما عرفت-. لكن هذه الآية التي استدل بها؛ دالَّةٌ على أن للعباد اختيارًا. وإلا فأي معنى لتعليق مشيئتهم بمشيئة الله تعالى؟ فإن المعدوم في نفسه غيرُ أهلٍ أن يُعلَّق ثبوتُه بثبوتِ غيره؛ إذ هو معدوم -على تقدير ثبوت المعلق عليه وعلى عدمه-.

وأما خامسًا؛ فلأنه قد قرر -في ما مضى وسيأتي-: أن الله تعالى هو الموجِد لأفعال العباد كلِّها، وهو المؤثر فيها بقدرته وإرادته. وإذا كان كذلك؛ فأي حاجة له إلى الاستدلال على نفي الاختيار من العباد؟ وما ذلك إلا بمثابة قوله: «السماء فوقنا والأرض تحتنا»؛ إذ يستحيل أن يكون العبد مختارًا متمكنًا مما يفعله غيره شاء أم أبى. ولا يُتصوَّرُ وقوع[46] بين مختارين بالاختيار الحقيقي. وبهذا يُعلَم انتفاءُ اختيار العبد بالكلية على مذهب المجبرة، وأنه لا اختيار عندهم أصلًا، وأن ذكر هذا المعترض للاستقلال وعدمِه = مجردُ تلبيس.

وأما سادسًا؛ فلأنه قد تقرر عند الكل: أن من معجزات النبي -صلى الله عليه وآله وسلم-؛ إخباره بالمغيبات الواقعة من العباد في المستقبل. فلو كان الله تعالى هو الموقِع لأفعال العباد، والمؤثر فيها بدون تأثيرهم، ولا اختيار فيها أصلًا = سقط الإعجاز من هذه الجهة. ألا ترى أنه لو قال لنا عمرو: «إن زيدًا سيُقتل غدًا»، وأخبر بهذا الخبر؛ ليدل بهذا على اطّلاعه على ما سبق، ثم جاء الغد وقتل عمرو زيدًا؛ فإن كل أحد يعلم كذب

(45) المنصور بالله، **الأساس**، ص 79.

(46) كذا. ولعل الصواب: «وقوعه»، أي: وقوع الفعل.

عمرو في دعواه، وجهله في مغزى مرامه ومرماه؟ وهكذا إخبار الباري تعالى على يدي رسوله -صلى الله عليه وآله وسلم- بأنه سيقع ويكون من العباد كذا وكذا في المستقبل؛ لا يكون إخبارًا بالغيب إذا كان الله تعالى هو الفاعل لما أخبر به. وهو ظاهر.

وأما سابعًا؛ فلأن هذه الآية أيضًا -أي: قوله تعالى: ﴿وَمَا تَشَآءُونَ إِلَّآ أَن يَشَآءَ ٱللَّهُ﴾ وأمثالها- مما يفيد أن العباد هم الذين يُحدِثون قصدَهم ومشيئتَهم؛ إذ لو كان الباري تعالى هو الذي يحدثها؛ لم يبق للتعليق المذكور معنًى يُعتدُّ به؛ إذ يصير معنى الآية -على ذلك- هكذا: «وما يخلق الله مشيئةً لكم إلا أن يشاء الله». وإذا كانت الآية مفيدةً كونَ العباد هم الذين يوجدون مشيئاتهم؛ كانت أفعالهم الخارجية = من بابِ أولى وأحرى. وقد زعم في **المواقف** و**شرحه** في مسألة الحسن والقبح، أن إرادات العباد ومشيئاتهم واقعةٌ بفعل الله تعالى ابتداءً بلا واسطةِ كسب(47). وهذا باطل باعتراف الأشاعرة في غير موطن الجدال. وذلك لأنهم قد استدلوا بقوله تعالى: ﴿أَتُرِيدُونَ أَن تَهْدُواْ مَنْ أَضَلَّ ٱللَّهُ﴾ [النساء: 88]. الآية. وهي إنكار للإرادة. ولا يُنكَر الفعلُ الذي لا دخل للعبد فيه اتفاقًا -كما مر-. وأيضًا، فقوله تعالى: ﴿وَمَن يُرِدْ فِيهِ بِإِلْحَادٍۭ بِظُلْمٍ﴾ [الحج: 25]. الآية = وعيدٌ على الإرادة، ولا وعيد على ما كان فعلًا لله تعالى بلا واسطةِ كسبٍ للعبد.

وأيضًا، فأمثال قوله تعالى: ﴿يُرِيدُونَ لِيُطْفِـُٔواْ نُورَ ٱللَّهِ بِأَفْوَٰهِهِمْ﴾ [الصف: 8]. الآية = لا يتم لها معنى صحيح على تقدير أن إرادتهم فعلٌ لله ابتداءً بلا كسب منهم. وأيضًا، فقوله تعالى: ﴿يُرِيدُونَ أَن يَتَحَاكَمُوٓاْ إِلَى ٱلطَّٰغُوتِ﴾ [النساء: 60]. الآية = ذمٌّ لهذه الإرادة. وفعلُ الله الذي لا واسطة لكسب العبد(48) = يمتنع ذمُّه اتفاقًا.

وبالجملة، فالكتاب والسنّة يدلّان في غير موضع على أن إرادات العباد ومشيئاتهم = من أفعالهم. فالخلاف في هذا لا ينبغي لأحد من الأشاعرة، وإنما يكون الخلاف في

---

(47) جاء في **المواقف** و**شرحه**: «'إذ هو تعالى فاعل لجميع الأشياء كما بينّاه' في ما سلف، 'فلا يكون شيء من الكائنات' والحوادث، 'إلا فعلًا له'، صادرًا عنه بتأثير قدرته فيه ابتداءً بلا وسطة». ينظر: الجرجاني، **شرح المواقف**، ج 8، ص 203-204.

(48) كذا، ولعل الأصوب أن يقال: «فعل الله الذي لا واسطة لكسب العبد فيه... إلخ»

الأفعال. فهم -أي: الأشاعرة- يقولون بالكسب -كما هو معروف-، والعدلية بالتأثير والتحصيل. وسيأتي لهذا تتميم وتكميل.

كلام في قوله تعالى: ﴿وَمَا تَشَاءُونَ إِلَّا أَنْ يَشَاءَ اللَّهُ﴾، وإفادتها لخلاف مذهب المجبرة

وبهذا يظهر فساد ما توهمه الدواني -كما سيجيء إن شاء الله-، والسّراج في **حاشية الكشاف**، حيث اعترض على جار الله -رحمه الله- في تفسيره لقوله تعالى: ﴿وَمَا تَشَآءُونَ إِلَّآ أَن يَشَآءَ ٱللَّهُ﴾، بقوله: «إلا أن يشاء الله أن يقسرهم»، فقال -أي: السراج- ما ملخصه: «إن المفعول المحذوف هو مشيئتهم؛ لأنها المذكور أولًا [139 أ]، وليست من الأفعال الاختيارية لهم حتى يقال: إنهم لا يحدثونها إلا أن يقسرهم الله على إحداثها». هذا معنى كلامه؛ ظنًا منه أنه لا منازع من المعتزلة في أن المشيئة ليست من أفعال العباد الاختيارية. بل صرّح هو أيضًا بأنه لا منازع في ذلك. وهذا منه غلط عليهم ظاهر؛ فإنهم معلنون كل الإعلان بأنها من الأفعال الاختيارية. فلو عرف مذهبهم على وجهه؛ لما اعترض على الزمخشري، ولعلم أن قوله: «إلا أن يقسرهم» = صحيحٌ؛ بناء على أن المشيئة -عنده- من أفعالهم الاختيارية. كيف وقد ورد الوعيد عليها؟ ﴿وَأَرَادُواْ بِهِۦ كَيۡدٗا فَجَعَلۡنَٰهُمُ ٱلۡأَخۡسَرِينَ﴾ [الأنبياء: 70]، ﴿يُرِيدُونَ لِيُطۡفِـُٔواْ نُورَ ٱللَّهِ بِأَفۡوَٰهِهِمۡ﴾ [الصف: 8]، ﴿وَمَن يُرِدۡ فِيهِ بِإِلۡحَادِۭ بِظُلۡمٖ﴾ [الحج: 25]، ﴿وَيُرِيدُ ٱلَّذِينَ يَتَّبِعُونَ ٱلشَّهَوَٰتِ أَن تَمِيلُواْ مَيۡلًا عَظِيمٗا﴾ [النساء: 27]، ﴿ٱلَّذِينَ يَصُدُّونَ عَن سَبِيلِ ٱللَّهِ وَيَبۡغُونَهَا عِوَجٗا وَهُم بِٱلۡأٓخِرَةِ كَٰفِرُونَ﴾ [الأعراف: 45]، ﴿تِلۡكَ ٱلدَّارُ ٱلۡأٓخِرَةُ نَجۡعَلُهَا لِلَّذِينَ لَا يُرِيدُونَ عُلُوّٗا فِي ٱلۡأَرۡضِ وَلَا فَسَادٗا﴾ [القصص: 83]، ﴿وَيُرِيدُونَ أَن يُفَرِّقُواْ بَيۡنَ ٱللَّهِ وَرُسُلِهِۦ﴾ [النساء: 150]، ﴿وَيُرِيدُونَ أَن يَتَّخِذُواْ بَيۡنَ ذَٰلِكَ سَبِيلًا﴾ [النساء: 150]، ﴿إِنۡ أُرِيدُ إِلَّا ٱلۡإِصۡلَٰحَ مَا ٱسۡتَطَعۡتُۚ﴾ [هود: 88]، ﴿يُرِيدُونَ أَن يَتَحَاكَمُوٓاْ إِلَى ٱلطَّٰغُوتِ وَقَدۡ أُمِرُوٓاْ أَن يَكۡفُرُواْ بِهِۦ﴾ [النساء: 60]، ﴿أَتُرِيدُونَ أَن تَهۡدُواْ مَنۡ أَضَلَّ ٱللَّهُۖ﴾ [النساء: 88]، ﴿وَيُرِيدُ ٱلَّذِينَ يَتَّبِعُونَ ٱلشَّهَوَٰتِ أَن تَمِيلُواْ مَيۡلًا عَظِيمٗا﴾ [النساء: 27]، ﴿وَيُرِيدُونَ أَن تَضِلُّواْ ٱلسَّبِيلَ﴾ [النساء: 44]، فافهم. وكثير من ذلك مما في التنزيل.

بل لو لم يدل على أن المشيئة من الأفعال الاختيارية إلا هذه الآية -أعني قوله تعالى: ﴿وَمَا تَشَآءُونَ إِلَّآ أَن يَشَآءَ ٱللَّهُ﴾-؛ لِما عرفت أولًا[49]. وحينئذ، تبيَّن أن هذه الآية حجةٌ على المعترض، وهو يظن أنها شبهة له. ومع ذلك، فلم يسلم من التناقض في كلامه، والخبط في أوهامه.

تحقيق الكلام في دفع استدلال المجبرة بقوله تعالى: ﴿وَمَا تَشَاءُونَ إِلَّا أَنْ يَشَاءَ اللَّهُ﴾

واعلم أن تحقيق المقام هو أن يقال: إنما جاء التعليق والاستثناء في هذه الآية وأمثالها = في سياق مشيئة الخير لا مشيئة الشر ﴿فَمَن شَآءَ ٱتَّخَذَ إِلَىٰ رَبِّهِۦ سَبِيلًا﴾ [المزمل: 19].

وقد صرح أهل البيان بأنه يجب -في مثل هذا المقام- تقديرُ المفعول المحذوف، بحسب القرائن الدالة على تعيينه؛ إن عامًا فعامٌّ، وإن خاصًا فخاصٌّ. وأي قرينة على خصوصه أوضحُ من قوله تعالى: ﴿فَمَن شَآءَ ٱتَّخَذَ إِلَىٰ رَبِّهِۦ سَبِيلًا﴾ [المزمّل: 19]، ﴿لِمَن شَآءَ مِنكُمْ أَن يَسْتَقِيمَ ﴿٢٨﴾ وَمَا تَشَآءُونَ إِلَّآ أَن يَشَآءَ ٱللَّهُ﴾ [التكوير: 28، 29]، ونحوها؟

وأما ما يقال من أن الفعل المتعدي إذا حُذِف مفعولُه كان عامًا، وفعل المشيئة هنا كذلك، فيعم الشر والخير = فليس بشيء.

أما أولًا؛ فالمسألة خلافية. فمن الفريقين من قال بالعموم، ومنهم من قال بعدمه -كما عُرِفَ في أصول الفقه-.

وأما ثانيًا؛ فلأنه لا يضرنا تسليمُنا العموم؛ إذ هو في جانب الخير، واتخاذِ السبيل إليه تعالى. وأما الشر فلا دليل عليه. وكيف يعم العام ما ليس من مدلوله؟ ألا ترى أنك لو قلت: «قطعت كل الأشجار» = لم يعم الأحجار؛ لأنها خارجة عن مدلول العام؟ كما أن الشر والقبيح خارج عن مدلول الآية الواقعة في سياق الخير، وله في بعض رسائلنا مزيد توضيح.

---

(49) كذا. فجواب «لو» في قوله: «لو لم يدل... إلخ» = محذوف، وتقديره: لكفى أو نحو ذلك.

فاندفع بهذا ما يقال: إن أهل المعاني والبيان قد صرّحوا بأنه إذا حُذِف المفعول ونُزِّل الفعل المتعدي منزلة اللازم -بناءً على أن الغرض هو إثبات الفعل للفاعل أو نفيه عنه، كما هو كذلك في ما نحن فيه-؛ أفاد العموم؛ دفعًا للتحكم اللازم من الحمل على فرد [دون فرد آخر]، ووجه الدفع ظاهر.

وأيضًا، فإن أهل المعاني والبيان مصرحون بأن ذلك إنما يكون في المقامات الخطابية لا في المقامات الاستدلالية. وأيضًا، فإن قولهم بإفادته العموم = مشكل.

أما أولًا؛ فلأنهم مصرّحون بأن معنى قولهم: «إن كان الغرض إثباته للفاعل أو نفيه عنه مطلقًا»: أن ذلك من غير اعتبار تعميمٍ في الفعل. فكيف يكون مُفادًا وهو غير مقصود؟

وقول سعد الدين: «إن عدم كون الشيء معتبَرًا في الغرض = لا يستلزم عدم كونه مُفادًا من الكلام»(50) = غيرُ مرضي؛ لأنه مبني على الفرق بين الفائدة والغرض في هذا الموضع، ولا فرق بينهما في مثل هذا؛ لأن الفوائد التي يشتمل عليها الكلام = مقصودةٌ عند أرباب البلاغة، ولا معنى للغرض إلا ما كان مقصودًا من الكلام. وإنما قلنا: «إنها مقصودة»؛ لأن عدم قصدها يصيّرها اتفاقية؛ فلا يكون المتكلم بالكلام الذي يفيدها بليغًا؛ لعدم اختياره وقصده لها، وإنما هي رمية من غير رامٍ.

ولمثل هذا زيَّف السيد المحقق في **حاشية المطول** كلام السعد، وقال: «إن المعتبر عند أرباب البلاغة؛ هي المعاني المقصودة»(51)، ثم إنه ادّعى قصد التعميم تبعًا، وفيه نظر.

وأما ثانيًا؛ فلأنهم قالوا: إن في ذلك -أي: التعميم- دفعًا للتحكّم. وهو لازم لهم على تقدير التعميم؛ لأنه لا معنى للتحكم إلا «الترجيح لأحد المحتملات بلا مرجِّح». ولا يخفى أن احتمال عدم التعميم قائم. فترجيح التعميم عليه = تحكُّم؛ إذ هو ترجيح بلا مرجح.

---

(50) التفتازاني، **مختصر المعاني**، ص 107.

(51) الجرجاني، **الحاشية على المطول**، ص 228.

هذا، والآية جاءت لبيان أن العباد لا يشاؤون اتخاذ السبيل إليه تعالىٰ إلا أن يشاء الله. وحينئذ؛ فلا شبهة في الآية للمجبرة. بل هي حجة عليهم واضحة؛ لأن الله تعالىٰ ما علق نفس اتخاذ السبيل، وإنما علق مشيئتَهم اتخاذَه، وذلك مُشعِرٌ بأن اتخاذهم لا يتوقف علىٰ غير مشيئتهم المعلقة بمشيئته تعالىٰ. وهذا يقتضي أنهم هم المؤثِّرون في تحصيل اتخاذ السبيل بقُدَرِهم الحادثة؛ إذ لو توقف اتخاذهم السبيلَ علىٰ غير مشيئتهم وقدرتهم؛ لم يبق للتعليق معنًى، فليُفهَم.

ثم إنا لا نمنع أن الله مريد للخير منا، وأنه لولا مشيئته للخير لنا؛ لما وقع منا؛ نظرًا إلىٰ أنه -تعالىٰ- حين أراد منا الخير؛ أرسل الرسل إلينا رسلًا مبشرين ومنذرين، بكتب ساطعة، وآيات قاطعة، ثم أجرىٰ علينا ألطافه المتتابعة، وأنواع هدايته البالغة النافعة. وعلىٰ مثل هذا جرىٰ قول راجز الصحابة -رضي الله عنهم-: «والله لولا اللهُ ما اهتدينا... إلخ».

ولولا أن المراد من الاستثناء والتعليق في هذه الآية: هو هذا المعنىٰ؛ لم يكن التعليق والاستثناء في جميع الآيات؛ ليس إلا في سياق الخير ﴿كَلَّآ إِنَّهُۥ تَذۡكِرَةٌ ٥٤ فَمَن شَآءَ ذَكَرَهُۥ ٥٥ وَمَا يَذۡكُرُونَ إِلَّآ أَن يَشَآءَ ٱللَّهُۚ هُوَ أَهۡلُ ٱلتَّقۡوَىٰ وَأَهۡلُ ٱلۡمَغۡفِرَةِ﴾ [المدثر: 54-56]، ﴿إِنَّ هَٰذِهِۦ تَذۡكِرَةٌۖ فَمَن شَآءَ ٱتَّخَذَ إِلَىٰ رَبِّهِۦ سَبِيلًا ٢٩ وَمَا تَشَآءُونَ إِلَّآ أَن يَشَآءَ ٱللَّهُۚ إِنَّ ٱللَّهَ كَانَ عَلِيمًا حَكِيمًا﴾ [الإنسان: 29، 30]، ﴿لِمَن شَآءَ مِنكُمۡ أَن يَسۡتَقِيمَ﴾ [التكوير: 28]. الآية. ولن تجد في القرآن الكريم من أوله إلىٰ آخره آيةً واحدةً جاء التعليق والاستثناء فيها في سياق الشر أصلًا. ما ذاك إلا أن مشيئةَ الشر القبيح = شرٌّ قبيحٌ، كما أن مشيئة الخير الحسن = خيرٌ حسن. والله تعالىٰ لا يريد ولا يفعل إلا الخير الحسن، كما وصف نفسه عزّ وجلّ، ووصفه نبيه الأمين، وسائر أنبيائه المرسلين -عليهم الصلاة والسلام أجمعين-. وكذا لن تجد في السنة الشريفة حديثًا صحيحًا في هذا المعنىٰ، وكفىٰ بذلك زاجرًا عن نسبة الشر القبيح إلىٰ الله تعالىٰ إيجادًا وتأثيرًا وتحصيلًا له؛ فإنه بيده الخير، وهو علىٰ كل شيء قدير. ليس اختصاصُ يده بالخير دون الشر لعجزه تعالىٰ عن الشر؛ فإنه علىٰ كل شيء قدير. بل لحكمته البالغة المقتضية كونَ الخير كلِّه بيديه، والشر ليس إليه ﴿فَمَن شَآءَ فَلۡيُؤۡمِن وَمَن شَآءَ فَلۡيَكۡفُرۡۚ﴾ [الكهف: 29].

وقد جاءت مشيئة الخير في القرآن الكريم مطلقة بغير تعليق ﴿إِنَّ هَٰذِهِۦ تَذۡكِرَةٌۖ

﴿فَمَن شَآءَ ٱتَّخَذَ إِلَىٰ رَبِّهِۦ سَبِيلًا﴾ [الإنسان: 29]، ﴿فَمَن شَآءَ ٱتَّخَذَ إِلَىٰ رَبِّهِۦ مَـَٔابًا﴾ [النبأ: 39]، ﴿فَمَن شَآءَ ذَكَرَهُۥ ۝١٢ فِى صُحُفٍ مُّكَرَّمَةٍ﴾ [عبس: 12، 13]. وحملُ المطلق على المقيد بذلك الاعتبار = لا يضرنا.

فإن قيل: من قواعد العدلية: أن الله مريد للخير من جميع عباده. وعلى هذا؛ يلزم وجود الذِّكر من المعرضين عن التذكرة، ووجود اتخاذ السبيل من جميع الموصوفين بأنهم يحبون العاجلة؛ لوجود المعلّق عليه.

قلنا: هذا غير لازم. لأن المعلَّق عليه = ليس هو نفس المشيئة الموجودة، اتفاقًا بيننا وبينكم. أما على مذهبكم؛ فلأن الإرادة قديمةٌ، ويمتنع تعليقُ الحادث بها، وإلا لزم أزليةُ العالَم، وإنه كفرٌ اتفاقًا، وأما على مذهبنا؛ فلم لا يجوز أن يكون المعلَّقُ عليه إرادةً خاصةً؛ لما تقرر عندنا أن لكل مراد إرادةً خاصةً أو تعلقًا خاصًّا للإرادة المطلقة -كما يذهب إليه بعض أصحابنا-. ولو لزم وقوعُ المراد من ثبوت مطلق المشيئة والإرادة؛ للزم وقوع كلِّ يُسر، وامتناعُ كلِّ عسر، وهدايةُ الجميع منا سننَ من قبلَنا؛ لقوله تعالى: ﴿يُرِيدُ ٱللَّهُ بِكُمُ ٱلْيُسْرَ وَلَا يُرِيدُ بِكُمُ ٱلْعُسْرَ﴾ [البقرة: 185]، و﴿يُرِيدُ ٱللَّهُ لِيُبَيِّنَ لَكُمْ وَيَهْدِيَكُمْ سُنَنَ ٱلَّذِينَ مِن قَبْلِكُمْ﴾ [النساء: 26]. لكن التالي باطل قطعًا واتفاقًا؛ فالمقدم مثله.

ولمّا ظهر هذا المعنى على أبي العباس بن تيمية؛ علم أنه لا محيص عنه إلا بالذهاب إلى أن الإرادة نوعان -كما حكاه عنه صاحب كتاب **المنقذ من الضلال المختصر من منهاج الاعتدال** له- فقال: إن الإرادة إرادة شرعية، تتضمن محبة الله ورضاه تعالى - أي: فلا يلزم من هذه الإرادة وقوع المراد، كما في هاتين الآيتين المذكورتين وكقوله تعالى: ﴿إِنَّمَا يُرِيدُ ٱللَّهُ لِيُذْهِبَ عَنكُمُ ٱلرِّجْسَ أَهْلَ ٱلْبَيْتِ﴾ [الأحزاب: 33]- وإرادة كونية قدرية -كما قال-، كقوله تعالى: ﴿إِن كَانَ ٱللَّهُ يُرِيدُ أَن يُغْوِيَكُمْ﴾ [هود: 34]، ﴿فَمَن يُرِدِ ٱللَّهُ أَن يَهْدِيَهُۥ يَشْرَحْ صَدْرَهُۥ لِلْإِسْلَٰمِ﴾ [الأنعام: 125](52).

(52) بتصرف في: الذهبي، **المنتقى من منهاج الاعتدال**، ص 128. وهذا المعنى كثير الورود في مؤلفات ابن تيمية.

هـذا، وقد قرئ في السبع: ﴿وَمَا يَذْكُرُونَ﴾ -بالمثناة التحتية في قوله تعالىٰ: ﴿وَمَا تَذْكُرُونَ إِلَّآ أَن يَشَآءَ ٱللَّهُۚ هُوَ أَهْلُ ٱلتَّقْوَىٰ وَأَهْلُ ٱلْمَغْفِرَةِ﴾ [المدثر: 56][139 ب]، وكذا في قوله تعالىٰ: ﴿وَمَا تَشَآءُونَ إِلَّآ أَن يَشَآءَ ٱللَّهُۚ إِنَّ ٱللَّهَ كَانَ عَلِيمًا حَكِيمًا﴾ [الإنسان: 30].

ومع ذلك، فلا متشبَّث للمجبرة في أمثال هاتين الآيتين، بل هما حجتان عليهم؛ لأن مفهومها: أن أولئك القوم قد بلغ حالهم في الإعراض عن التذكرة واتخاذ السبيل، إلىٰ حدٍّ لا يُرجىٰ معه منهم ذكرٌ ولا مشيئةٌ لاتخاذ السبيل، إلا وقت مشيئة الله، كما تقول ذلك عند ذكر الأمور التي بلغت غايتها في التعسر والتعذر. مثالُه قولُكَ: «إن فلانًا اليهودي ما يذكر محمدًا -عليه الصلاة والسلام-، وما يشاء الإسلام إلا أن يشاء الله»، من دون أن تقصد حقيقة الاستثناء، وإنما قصدت الإشعار بتناهي عصبيّته ورسوخ يهوديته. وعلىٰ هذا؛ فالآيتان لنا لا علينا، كما ضل من ظن أنها علينا لا لنا.

نكتــة

ومن العجائب: أن المعترض -في ما سيأتي إن شاء الله- قد أورد ما هو حجة عليه، من حيث يظن أنه شبهة له. وذلك أنه أورد حديثًا أخرجه ابن أبي حاتم وابن مردويه، عن أبي هريرة قال: «لمّا نزلت: ﴿لِمَن شَآءَ مِنكُمْ أَن يَسْتَقِيمَ﴾، قالوا: الأمر إلينا، إن شئنا استقمنا وإن شئنا لم نستقم. فهبط جبريل علىٰ رسول الله -صلىٰ الله عليه وسلم- وقال: كذبوا يا محمد، وما يشاؤون إلا أن يشاء الله رب العالمين، ففرح بذلك رسول الله -صلىٰ الله عليه وسلم»(53). انتهىٰ.

فهذا المعترض قد اعترف بأن هذه الآية إنما نزلت في شأن أولئك الكفار المعاندين، حيث زعموا أن الأمر بالاستقامة أمرُ استحباب وعَرْضٍ، لا أمرُ إيجابٍ وفرْضٍ، وأنهم مخيرون بين الاستقامة وعدمها، فأكذبهم الله تعالىٰ بقوله: ﴿وَمَا تَشَآءُونَ إِلَّآ أَن يَشَآءَ ٱللَّهُۚ﴾، أي: إنهم لا يشاؤون الاستقامة أصلًا ولا يختارونها، إلا وقت مشيئة الله أن يضطرهم. لكنه وكل الأمر سبحانه إلىٰ الاختيار لا إلىٰ الاضطرار. ولو شاء الله لهدىٰ الناس جميعًا.

---

(53) ينظر: أبو بكر أحمد بن الحسين البيهقي، **القضاء والقدر**، تحقيق محمد بن عبد الله آل عامر (الرياض: مكتبة العبيكان، 2000)، ص 180، حديث 158.

أوليس هو القائل: ﴿ٱعۡمَلُواْ مَا شِئۡتُمۡ﴾؟ فلك أن تقول: الاستثناء ليس على حقيقته -كما مر-، وهم إنما أرادوا مجرد التعنت والعناد، ولا يختارون إلا الكفر والإلحاد.

وأما ما سيأتي للمعترض من أنهم أرادوا أن الآية نطقت بأنهم متمكنون من الاستقامة وعدمها، وأن الله تعالى أكذبهم في ذلك = فمن الفضائح. ولم لا، واعترافهم بالتمكن والاختيار مما يؤكد الحجة عليهم؟ وتكذيب الله لهم -على هذا- مما يسقط حجة النبي -عليه الصلاة والسلام- ويبطل مطالبته لهم بالاستقامة، وهو واضح، وسيأتي له مزيد توضيح إن شاء الله تعالى.

وقد ثبت في **صحيح مسلم** عن أبي هريرة -رضي الله عنه- قال: «جاء مشركو قريش يخاصمونه في القدر، فنزلت هذه الآية: ﴿إِنَّ ٱلۡمُجۡرِمِينَ فِي ضَلَٰلٖ وَسُعُرٖ﴾ [القمر: 47]، ﴿إِنَّا كُلَّ شَيۡءٍ خَلَقۡنَٰهُ بِقَدَرٖ﴾ [القمر: 49]»(54).

وهذه الرواية عند ابن حبان أيضًا بلفظ: «يخالفونه في القدر»، مكان قوله: «يخاصمونه في القدر». والمعترض معترف بصحة ما هو في **صحيح مسلم**، بل قد احتج لمذهبه بهذا الحديث.

ومن المعلوم الذي لا شك فيه لعاقل؛ أن المشركين ما جاؤوا إلى النبي -عليه وعلى آله الصلاة والسلام- يخاصمونه أو يخالفونه في التمكن والاختيار، فيقولون: إنهم متمكنون مما طولبوا به من الإيمان، وهو -صلى الله عليه وآله وسلم- يقول: لا تمكن لهم ولا اختيار، ولا يتأتّى أن يكون -عليه السلام- مخاصمًا ولا مخالفًا لهم في هذا أصلًا، وإلا كان مبطلًا لحجته عليهم بالكلية، ومقيمًا لمعذرتهم التي لا وراءها ولا أعظم منها في جميع المعاذير.

وبهذا يُعلَم: أن قوله تعالى: ﴿وَمَا تَشَآءُونَ إِلَّآ أَن يَشَآءَ ٱللَّهُ﴾، وقوله في الآية الأخرى: ﴿إِنَّا كُلَّ شَيۡءٍ خَلَقۡنَٰهُ بِقَدَرٖ﴾ = إلجامٌ لهم عن مدافعة حجة الله وحجة نبيه -عليه وعلى آله الصلاة والسلام-، وأن معنى الأولى: أنهم لا يشاؤون الاستقامة من عند

---

(54) **صحيح مسلم**، ج 4، ص 2046، حديث 19 (2656). إلا أنه قال: «فنزلت: ﴿يَوۡمَ يُسۡحَبُونَ فِي ٱلنَّارِ عَلَىٰ وُجُوهِهِمۡ ذُوقُواْ مَسَّ سَقَرَ ۝٤٨ إِنَّا كُلَّ شَيۡءٍ خَلَقۡنَٰهُ بِقَدَرٖ ۝٤٩﴾ [القمر: 48، 49]».

أنفسهم وباختيارهم، بل إنما تكون منهم على وجه الجبر والإلجاء المبطل للتكليف في الحقيقة، ومعنى الأخرى: أن الذي هو مخلوق لله تعالى = فهو بقدر منه، لا ما هو من أعمالهم الاختيارية. فالحجة عليهم قائمة، والأمر ظاهر لمن تدبر واستبصر، والله ولي الهداية والتوفيق، لا رب غيره سبحانه وتعالى.

وإذا عرفت ما ذكرناه؛ فلك أن تقول أيضًا: إن قوله تعالى: ﴿وَمَا تَشَآءُونَ إِلَّآ أَن يَشَآءَ ٱللَّهُۚ﴾ -بالمثناة الفوقانية-؛ بيانٌ لما العبادُ عليه من الميل إلى الشر، والإعراض عن الخير، كما يؤيده: ﴿قُتِلَ ٱلۡإِنسَٰنُ مَآ أَكۡفَرَهُۥ﴾ [عبس: 17]، وأن مشيتهم لاتخاذ السبيل إلى الله = أمرٌ غير سهل على الطباع البشرية، إلا أن يشاء الله، فيفعل ما هو أهله من الأمور الزائدة على التمكين، لمن يعلم أنه ينجع فيه اللطف. ولهذا تتمة ستأتي في موضع آخر.

وقد تبين للمنصف: أن دعوى المجبرة أن مشيئة الله تعالى عامة للشر والخير -أخذًا من أمثال هذه الآيات-؛ ليست إلا من الأماني الباطلة، بما أشرنا، وبما ذم الله تعالى به المشركين القائلين: ﴿لَوۡ شَآءَ ٱللَّهُ مَآ أَشۡرَكۡنَا﴾ [الأنعام: 148]، و﴿لَوۡ شَآءَ ٱلرَّحۡمَٰنُ مَا عَبَدۡنَٰهُمۗ﴾ [الزخرف: 20]، وغيرها. إذ لو كان ما قالوه حقًا؛ لكان نقمة عليهم، وذمُّهم لأجله باطلًا. لكن التالي باطل قطعًا واتفاقًا؛ فالمقدّم مثله.

ذكر تفصّي المجبرة عن تناول الذم لهم كالمشركين، في قوله تعالى: ﴿لَوْ شَاءَ اللَّهُ مَا أَشْرَكْنَا﴾. الآية. ونحوها

ولقد اضطربت المجبرة عند هذا المقام، واختلفت آراؤهم في التفصّي عن التحاق الذم بهم في هذه الآيات. فمن آرائهم: ما سلف ذكره من ادعاء تلك المقدمة الضمنية -كما أشار إليه البيضاوي، وقد أخذ ذلك من كلام الرازي-. وهي من المفتريات.

ومنها: أن الله ما ذم هذه المقالة من المشركين إلا لأنها صدرت استهزاءً منهم -كما صرح به الكواشيُّ(55) وغيره-. وبطلانه أوضح مما قبله.

(55) لعله يريد موفق الدين أحمد بن يوسف الموصلي (ت. 680هـ)، له **التلخيص في تفسير القرآن العظيم**.

ومنها: ما ذكره البقاعي في **مناسباته**[56]، وحكاه بعضهم عن التفتازاني من أن الذم لهم من حيث كونهم لم يقولوا ذلك إلا عن ظن لا علم معه. وبطلانه أوضح مما قبله.

ومنها: ما ارتضاه التفتازاني في **حاشية الكشاف**، وهو أن أولئك المشركين قالوا ذلك القول؛ بناء على أن الإشراك مأمور به. وهو أيضًا ظاهر الفساد؛ إذ المشركون لا يثبتون الأوامر والنواهي والكتب والرسل، فضلًا عن أن يقولوا: إن كلَّ مراد مأمورٌ به.

لا يقال: إنهم وإن لم يثبتوا الأمر والنهي من الله تعالى على يد رسولٍ؛ فقد أثبتوا هذه القضية واعتبروها من الشاهد.

لأنا نقول: هذا ممنوع. مع أن القضية معكوسة في الشاهد، أي: إن كل مأمور به = مرادٌ في الشاهد، لا أن كل مرادٍ = مأمورٌ به. على أن المجبرة لا يقولون بهذه القضية أيضًا، أي: إن كل مأمور به = مراد، لا في الشاهد ولا في الغائب. كيف وقد زعموا أن الله تعالى يأمر بالإيمان ولا يريده؟ فلزمهم عدمُ الفرق بين الأمر والتهديد -كما نبه عليه الشيخ [140 أ] أبو الحسين في **المعتمد**، وأطال تحقيقه بما لا مزيد عليه، بحيث يعلم المنصف أن منعه مكابرة ظاهرة-.

وأبو عليّ[57] -في ظنّي- أوّل من قرّر هذه النكتة الصحيحة عند المنصف، ولم يأت أحدٌ من الخصوم في دفعها بما يُلتفَت إليه. فقول البيضاوي في **المنهاج**: «واعترف أبو عليّ وابنه بالتغاير -أي: تغاير الطلب والإرادة- وشرَطَا الإرادةَ في الدلالة ليتميّز عن التهديد. قلنا: كونه مجازًا في التهديد = كافٍ»[58]. انتهى = مصادرةٌ على المطلوب. فالعجب من أذكياء الأشاعرة، كيف اعتمدوا على هذا الذي لا يرضاه إلا من قلبُه مقلوب؟!

---

(56) برهان الدين إبراهيم بن عمر البقاعي، **نظم الدرر في مناسبات الآيات والسور** (القاهرة: دار الكتاب الإسلامي، 1984)، ج 7، ص 312. قال: «ولما كان ما قالوه شبهة بعيدة عن العلم، أعلى درجاتها أن يكون من أنواع الخطابة، فتفيد الظن في أعظم مسائل علم الأصول الذي لا يحل الاعتماد فيه إلا على القواطع؛ أمره أن يقول لهم ما ينبههم على ذلك». إلى آخره.

(57) أي: الجبائي.

(58) البيضاوي، **منهاج الوصول**، ص 110.

ولنوضح ما فيه من المصادرة فنقول:

إن أبا عليّ وأبا هاشم وأبا الحسين -رحمهم الله تعالى- قد قرّروا: أن الأمر لا يكون طلبًا واستدعاءً لمجرد الصيغة؛ إذ لو كان كذلك لمجرد الصيغة؛ لكان التهديد طلبًا واستدعاءً؛ لحصول الصيغة فيه. وكذلك يلزم أن تكون الصيغة الواقعة من الساهي طلبًا واستدعاءً. واللازم باطل؛ فالملزوم مثله. وحينئذ، لا بد في كون الصيغة طلبًا واستدعاءً من شرطٍ معها زائد عليها، فإما أن يكون هذا الشرط راجعًا إلى المأمور [نفسه]، أو إلى المأمور به، أو إلى محل الصيغة، أو إلى الآمر بالأمر. ولا خامس لهذه الأربعة.

والأوّل باطل؛ إذ لا يجوز رجوعُه إلى المأمور، من حيث كونه متكلمًا أو موجودًا أو قادرًا أو عالمًا أو غير ذلك، وهو ظاهر.

والثاني أيضًا باطل؛ إذ لا يجوز رجوعه إلى المأمور به، من حيث كونُه حسنًا -مثلًا-. أما أولًا؛ فلأن الخصم لا يثبته، بل التحسين عنده ليس إلا بالأمر. وأما ثانيًا؛ فلأن ذلك جارٍ في التهديد؛ إذ لا شك في جواز التهديد على الحَسَن.

والثالث باطل أيضًا؛ إذ لا يجوز أن تكون الصيغة طلبًا من حيث كون محلّها أبيض أو ذا حلاوةٍ، أو غير ذلك من أوصاف المحلّ، ولأنا لا نعقل كونَها طلبًا واستدعاءً وإن لم يخطر ببالنا المحل، ولأن ما يرجع إلى المحلّ قد يحصل مع كون الصيغة تهديدًا لا طلبًا واستدعاءً.

وأما الرابع؛ فلأن ما يرجع إلى الآمر بالصيغة لا يخلو: إما أن يكون من قبيل النفي، أو من قبيل الإثبات.

لا سبيل إلى الأوّل، كأن يقال: «إنها كانت طلبًا»؛ لأن الآمرَ لم يدلّنا على أنها غير طلب، أو أنها تهديد أو إباحة؛ فإن هذا باطل؛ إذ الكلام في بيان الفرق بين الأمر الذي هو طلب، وبين التهديد وغيره، وبيان ما هو الأمر، وما هو التهديد. فكيف يُعقَل الفرق بينهما بدون تميّز أحدهما عن الآخر؟

وأيضًا، قد يهدّد من لم يكن حكيمًا ولا يدلّ على أن كلامه تهديد. وأيضًا، فانتفاء

الدلالة على كونه غيرَ طلب أو أنه تهديد أو إباحة = لا يستلزم كونَه طلبًا؛ لأن كلام الساهي ليس بطلب أيضًا.

فبقي الثاني، وهو: أن ذلك الشرط = من قبيل الإثبات. فإما أن يكون هو: عِلم الآمر بالمأمور به، أو قادريّته عليه، أو كراهته أو إرادته. وكلها باطلٌ، إلا الآخِر(59)؛ لجريها في التهديد دونه، وهو المطلوب.

فوضح: أن الأشاعرة لا يجدون فرقًا بين الأمر والتهديد أصلًا. فإذا قيل لهم: إن التهديد -على قود كلامكم-: أمرٌ وطلبٌ حقيقةً = لم يصحّ أن يقولوا: «بل هو مجاز، والحقيقة هو الأمر دونه» = لأن ذلك مصادرةٌ ظاهرة.

هـذا، ومن الأدلة على أن الله تعالى لا يريد الشرور والقبائح: قوله تعالى: ﴿وَمَا ٱللَّهُ يُرِيدُ ظُلۡمٗا لِّلۡعِبَادِ﴾ [غافر: 31] ونحوها. وقد تأوّله بعض المجبرة، بأن نفي إرادة الظلم = لنفي تصوره، فعبَّر بنفي إرادته عن نفيه في نفسه. وهو اعتساف؛ لتصحيح قاعدة نفي الحسن والقبح عقلًا.

نعـم، نفي إرادة الظلم = أبلغُ من نفي الظلم نفسه -كما ذكره جار الله في **الكشاف**- وهو ظاهر.

أما دعوى إفادة نفي تصوُّر الظلم من نفي إرادته؛ فلا يجترئ عليها منصف؛ إذ لا معنى للتمدح منه تعالى بعدم إرادة المُحال؛ فلَأن يكون مثلُ هذه الآية حجةً في إثبات تصور الظلم في نفسه، ودليلًا في إثبات الفرق بين العدل والظلم -وهو معنى التحسين والتقبيح-؛ أولى من كونها شبهة في عدم تصور الظلم وكونِه مُحالًا في نفسه.

نكتة، بل نكات، عن الصاحب بن عبّاد رحمه الله تعالى

وقـد طال الكلام، وفي ما ذكرناه للمنصف كفاية، فلنقبض عنان الإطناب عند هذه الغاية، ثم نورد نكتة تلحق بالمضحكات، وهي مما أورده أبو الحسين البصري في كتابه

(59) أي: الإرادة.

غرر الأدلة، وقد ذكرها الرازي في **المحصل**(60)، عن الصاحب إسماعيل بن عباد -رحمه الله-، ونقل ذلك سعد الدين في **شرح المقاصد** عن الصاحب أيضًا، ونقله اللقاني أيضًا في **العمدة شرح الجوهرة** عنه أيضًا، وهي أنه قال ما حاصله: «يا عجباه من قوم سمعوا قوله تعالى: ﴿فَمَا لَهُمْ عَنِ ٱلتَّذْكِرَةِ مُعْرِضِينَ﴾ [المدثر: 49]، ثم قالوا: هو -تعالى- الذي أوجد الإعراض فيهم وأراده منهم. وسمعوا قوله تعالى: ﴿يَٰحَسْرَةً عَلَى ٱلْعِبَادِ مَا يَأْتِيهِم مِّن رَّسُولٍ إِلَّا كَانُواْ بِهِۦ يَسْتَهْزِءُونَ﴾ [يس: 30]، ثم قالوا: هو -تعالى- الذي أوجد منهم الاستهزاء وأراده -تعالى- وسمعوا قوله عز وجل: ﴿أَنَّىٰ يُصْرَفُونَ﴾، و﴿أَنَّىٰ يُؤْفَكُونَ﴾ و﴿لِمَ تَكْفُرُونَ﴾، و﴿لِمَ تَلْبِسُونَ ٱلْحَقَّ بِٱلْبَٰطِلِ﴾، و﴿لِمَ تَصُدُّونَ عَن سَبِيلِ ٱللَّهِ﴾، ﴿وَمَاذَا عَلَيْهِمْ لَوْ ءَامَنُواْ بِٱللَّهِ﴾، ثم قالوا: هو -تعالى- الذي صرفهم عن الإيمان، وخلق فيهم الإفك والكفر ولبس الحق بالباطل، وصدهم عن السبيل، وحال بينهم وبين الإيمان»(61)، إلى آخر ما قاله. فمن شاء فليراجع.

نكتة عن بعض الظرفاء

ونكتة أخرى مضحكة، وهي: أن بعض الظرفاء من أصحابنا، سمع بعض المجبرة يتلو قوله تعالى: ﴿فَأَيْنَ تَذْهَبُونَ﴾، فقال له: لو كان الخطاب لكم بهذه الآية؛ لما كان الجواب عنكم بعيدًا؛ لأنكم تقولون: نذهب إلى حيث تذهب أنت بنا، فأغمض الجبري مكبوتًا وأعرض مبهوتًا.

[احتجاج المعترض بمالكية الله، وأنه يفعل في ملكه ما يشاء في نفي التحسين والتقبيح العقليين، وفي أن العباد مسيّرون مجبورون]

قال: «ثم نقول: لمّا لم يكن لغير الله حكمٌ، وهو الخالق لكل شيء بالنص، فلا استحقاق لأحد عليه بشيء، فكل ما يفعله عدل، ولذلك قال -صلى الله عليه وسلم-:

---

(60) الرازي، **المحصل**، ص 148.

(61) اللقاني، **عمدة المريد**، ج 2، ص 646-647.

'لو أن الله عذّب أهل سماواته وأهل أرضه؛ لعذّبهم وهو غير ظالم لهم، ولو رحمهم؛ لكانت رحمته خيرًا لهم من أعمالهم، ولو أنفقت مثل أحد ذهبًا في سبيل الله؛ ما قبله الله منك حتى تؤمن بالقدر، فتعلم أن ما أصابك لم يكن ليخطئك، وما أخطأك لم يكن ليصيبك، ولو متَّ على هذا لدخلت النار'(62). أخرجه الإمام أحمد، وأبو داود، وابن ماجه، وابن حبان، والطبراني في الكبير، عن زيد بن ثابت، وأبي بن كعب، وحذيفة، وابن مسعود.

وهذا النص صريح في بطلان الحسن والقبح العقليين، وأن كل شيء بقدَر، وأنه لا اختيار للعبد ولا قدرة مؤثرة على الاستقلال؛ لأن ما أصابك لم يكن ليخطئك، فلا قدرة على دفعه، وما أخطأك، إذًا، لم يكن ليصيبك؛ فلا قدرة على جلبه. فما أصابك ما أصابك ولا أخطأك ما أخطأك إلا بالقدر، فما شاء الله كان، وما لم يشأ لم يكن، ولا حول ولا قوة إلا بالله العلي العظيم.

ولمّا كان الخلق والإيجاد كله لله، وهذا المنفق مثل أحد ذهبًا يتوهم أن إنفاقه ما صدر منه إلا بخلقه وقدرته واختياره استقلالًا = كان معتقدًا لشيء معدوم محال -فإن الوجود لا يصدر من العدم- فالإنفاق يستحيل صدوره مِن لا إيجاد استقلالًا، وأن الله لا يقبل إلا ما هو موجود من الأعمال، وهذا عمل لا وجود له. والعدم لا يكون صالحًا للقبول؛ فلذا لم يقبله، فتأمله، فإنه من بعض أسرار هذا الحديث. والله أعلم.

ولمّا كان القدر بهذه المرتبة = قال -صلى الله عليه وسلم-: 'الإيمان بالقدر نظام التوحيد'(63). أخرجه الطبراني في الأوسط عن ابن عباس، والديلمي في مسند الفردوس عن أبي هريرة. وأصرح منه في المقصود قوله -صلى الله عليه وسلم-: 'من كذّب بالقدر فقد كفر بما جئت به'(64). أخرجه ابن عدي في الكامل، عن ابن عمر مرفوعًا».

---

(62) ابن الأثير، **جامع الأصول**، ج 10، ص 105، حديث 7575.

(63) الطبراني، **المعجم الأوسط**، ج 4، ص 45، حديث 3573.

(64) ينظر: عبد الله بن عدي الجرجاني، **الكامل في ضعفاء الرجال**، تحقيق عادل أحمد عبد الموجود وعلي محمد معوض، شارك في تحقيقه عبد الفتاح أبو سنة (بيروت: دار الكتب العلمية، 1997)، ج 4، ص 533؛ وينظر: السيوطي، **الجامع الكبير (جمع الجوامع)**، ج 10، ص 132، حديث 4612/ 23108.

أقـول: لمّا استشعر المعترض سؤالًا على كلامه السابق، وهو أن يقال: «إذا كان العباد غير مختارين في معاصيهم، ولا تأثير لهم فيها، وإنما الله تعالى هو المؤثر في جميع القبائح من الكفر والفسوق والعصيان ومريدًا لها تعالى = كان تعذيبهم عليها ظلمًا وجورًا؛ لأنه تعذيب على ما لا تأثير لهم فيه ولا اختيار. وكلّ ما كان كذلك = كان عين الظلم الصريح -تعالى الله عن كل قبيح-». فأجاب بهذا الكلام الذي لا شبهة في فساده ولا مساس له بمطابقة مراده وموافقة اعتقاده.

أما قوله: «لمّا لم يكن لغير الله حكمٌ»؛ فمعناه: نفيُ حكم العقل. فما يراه العقل ظلمًا = فليس بظلمٍ منه تعالى. وهذا باطل من وجوه:

الأول: أنه عين الدعوى التي وقع النزاع فيها بين الفريقين في الحسن والقبح عقلًا؛ فهل تكون الدعوى مصححة للدعوى؟

الثاني: إنه زعم -تبعًا لغيره- أنهم إنما نفوا حكم العقل في الأحكام الخمسة، وأن النزاع [140 ب] ليس إلا في ما هو متعلق بالثواب والعقاب آجلًا -كما مر-. وهذا منه = نفيٌ مطلق لحكم العقل، وإبطال لقولهم بأنهم لا يخالفون إلا في ذلك المعنى الذي زعموا أنه هو محل النزاع؛ فإنْ صَدَقَ هذا = كذب ذاك، وإلا فالعكس. وعلى التقديرين؛ فقد أكذب نفسه بنفسه. لكن المطابق لقاعدتهم والموافق لأقوالهم هو كذبُ ما تقدَّمَ، وصدقُ هذا المذكور هنا. غير أنه يستلزم أنه لا يصح لأحد من الناس أن يحكم بأن الله تعالى موجود، عالم، قادر، إلى غير ذلك؛ لأنه لم يكن لغير الله حكم؛ فلا يكون إثبات وجوده تعالى وعالميته وقادريته إلا لمحض الشرع، وهو محال.

الثالث: أن الله تعالى قد احتج على عباده بالعقول في أكثر من مئة موضع من كلامه الذي لا يأتيه الباطل من بين يديه ولا من خلفه. فرفْضُ حكمِ العقل = رفضٌ لما ترتب عليه، واتهامُه في حكمِه = إبطالٌ للثقة بالشرائع أجمع.

الـرابع: أن حكم العقل -عند التحقيق- حكمٌ لله تعالى؛ لأنه خلقه مميِّزًا للحسَن من القبيح، مائلًا إلى الأول، نافرًا عن الثاني، وذلك بمنزلة الخطاب في كونه دليلًا -كما اعترف به جمع من علماء ما وراء النهر-، وقد سبقت حكاية ذلك نقلًا عن **شرح**

المقاصد. وحينئذ فلنا أن نقول: إن من اطّرح حكم العقل = فقد اطّرح حكم الله تعالىٰ.

وقد مـر نقلٌ عن **شرح منهاج البيضاوي** لجمال الدين الإسنوي، ذكر فيه أنه قد تلخص من تحرير كلام الفريقين: «أن الحاكم هو الشرع، إجماعًا»(65). وعلىٰ هذا؛ فالحاكم هو الله سبحانه بلا خلاف لأحد من المتكلمين. وهذا مفهوم أيضًا من كلام الجلال المحلّي في **شرح الجمع**، والقاضي زكريا في **شرح اللب** وغيرهما. فالقعقعة من المعترض بأن الحاكم هو الله تعالىٰ ولا حكم لغيره، إشارةً إلىٰ الآيات الناطقة بذلك = لا يُروِّج باطلَه الذي يرومه من إضافة الظلم والجور وسائر القبائح إلىٰ أحكم الحاكمين تعالىٰ.

الخامس: أن صدق الباري تعالىٰ وصدق رسوله -عليه الصلاة والسلام- إنما يُقطع به؛ بناءً علىٰ مقدمتين، كل واحدة منهما ليست إلا بصِرف العقل:

الأولىٰ: أن الله صدّق الرسول بإظهار المعجزة علىٰ يديه.

والثانية: أن كل من صدّقه فهو صادق. وكلما لم تثبت هاتان المقدمتان بالعقل = لم يُقطَع بصدق الله تعالىٰ ولا صدق رسوله عليه الصلاة والسلام، كما سيأتي ذكر ذلك إن شاء الله. وفي ذلك سدٌّ لباب الجزم بحقّيّة الشرائع وصدقها. وليس هذا أمرًا خفيًا؛ فإنه قد اعترف بلزومه جماعةٌ من رؤساء الأشاعرة، واضطرهم ظهورُه إلىٰ تلك الكلمات والإشارات التي سبقت أول الكتاب، بل ما خفي هذا علىٰ فرعون.

نكتة للزمخشري رحمه الله

قال جار الله في **الكشاف**، في تفسير قوله تعالىٰ: ﴿قَالَ أَوَلَوْ جِئْتُكَ بِشَيْءٍ مُّبِينٍ﴾ [الشعراء: 30]، وفي قوله: ﴿فَأْتِ بِهِۦٓ إِن كُنتَ مِنَ ٱلصَّٰدِقِينَ﴾ [الشعراء: 31]: «إنه لا يأتي بالمعجزة إلا الصادق في دعواه؛ لأن المعجزة تصديق من الله لمدّعي النبوة والحكيم لا يُصدِّق الكاذبَ.

ومن العجب أن مثل فرعون لم يخْفَ عليه هذا، وخفي علىٰ ناس من أهل القبلة،

(65) الإسنوي، **نهاية السول**، ص 55.

حيث جوّزوا القبيح على الله تعالى، حتى لزمهم تصديق الكاذبين بالمعجزات. وتقديرُه: 'إن كنت من الصادقين في دعواك = إيتِ به'، فحُذِف الجزاء؛ لأن الأمر بالإتيان به يدل عليه»(66). إلى هنا كلام جار الله -رحمه الله-، وعنى بهؤلاء الناس الذين هم من أهل القبلة، أمثالَ هذا المعترض من المجبرة والجهمية، النافين للحسن والقبح عقلًا. فظهر أن ما أشار إليه المعترض لا ينفعه بل يضره -كما بيّنّا-.

وأما قوله: «وهو الخالق لكل شيء، بالنص»؛ فرجوع منه إلى التمسك بالعمومِ، ودعوى أنه «نص»، مع الاتفاق على أنه «ظاهر» لا «نص». وقد اعترف -في ما أسلف- بسقوط الاستدلال بالعموم، وزعم هنالك أنه يتمّ له الدست من دونه، فما جاء إلا بذلك الدست المخروق، ولا ظَفر في ذلك القمار إلا بالفاسد المسروق. وقد اعترف أيضًا -في ما سيأتي إن شاء الله من الكلام على التفضيل بين المَلَك والبشر- بأن «العمومَ ظنيٌّ»، و«أن الظن لا يغني -في مسألة من المسائل التي يُطلَبُ فيها العلم واليقينُ- من الحق شيئًا». هذا لفظه هنالك. فكيف ذهب عنه في هذا المقام والمطلب اليقيني، حتى ركن إلى الظن الذي لا يغني من الحق شيئًا؟ وهكذا حال من يلفّق الكلام المسروق.

ثم العجب من زعمه الفاسد، وإشارته في هذا الكلام، إلى أن العمومات = من قبيل النصوص! وهو يعلم أنه مخالف بذلك لجمهور المحققين، منهم ومن غيرهم، حيث قالوا: «إن العموم ظاهر في مدلوله، وليس بنص أصلًا». بل هو مخالف لنفسه في ما كتبه على قول المؤلف -في ما سيأتي-: «فصلٌ. المُحكَم: ما لا يحتمل أكثر من معنى»(67). وذلك أنه قال(68) هنالك ما لفظه: «وحاصله: أن المُحكَم هو القدر المشترك بين النص والظاهر، فهو كالجنس لهما؛ لأنهما يشتركان في رُجحان الإفادة، إلا أن النص مانعٌ من النقيض، والظاهرُ غير مانع». انتهى. فها هو ذا قد نطق بأن النص لا يحتمل خلاف مدلوله بل يمنعه، وأن الظاهر يحتمله ولا يمنعه. فهل يمكنه أن يقول: إن العموم لا يحتمل

(66) الزمخشري، **الكشاف**، ص 758.
(67) المنصور بالله، **الأساس**، ص 114.
(68) أي: الكوراني.

خلاف مدلوله، أو أن شيئًا مما استدلوا به على الجبر لا يَحتمِل خلافَه؟ كيف وهو يعلم أن الأدلة التي توهموها، لو دلت على الجبر؛ لما دلت إلا على الجبر الخالص والتجهم الصِّرف؟ وكلما كانت كذلك = كانت منصوبةً في مقابلة الضرورة، وكلما كانت منصوبة في مقابلة الضرورة = كانت مطرودة عن مقاعد السمع. هذا أمر لا ينازع فيه أحد، فاعتبروا يا أولي الألباب، وانظروا بعين الإنصاف في هذا الباب.

وهاهنا شيء آخر يرفع الارتياب ويقلع الحجاب، وهو: أن قوله تعالى: ﴿سَبِّحِ ٱسْمَ رَبِّكَ ٱلْأَعْلَى ۝١ ٱلَّذِى خَلَقَ فَسَوَّىٰ ۝٢ وَٱلَّذِى قَدَّرَ فَهَدَىٰ﴾ [الأعلى: 1-3]. الآيات = قد دل على أن الذي خلقه وأوجده سبحانه وتعالى؛ لا يتناول أفعال العباد وضلالاتهم، وإلا كان -تعالى- هو الذي أضلَّ، فلا يبقى موقع لقوله سبحانه: ﴿وَٱلَّذِى قَدَّرَ فَهَدَىٰ﴾. لكن اللازم باطل قطعًا وإجماعًا؛ فالملزوم مثله.

لا يقال: إنه تعالى قد هدى البعض -عند الأشاعرة- فلا يتعطل معنى الآية.

لأنا نقول: مقتضى حذف مفعول ﴿هَدَىٰ﴾ = يدل على العموم -كما ذكروه في علم البيان وغيره-. على أن الأشاعرة وغيرهم من المجبرة = معطِّلون لمعنى «الهداية»؛ إذ يفسرونها بـ«خلق الإيمان»، وليس هذا مدلولها لغةً. وهو ظاهر.

وأيضًا، فضلال العباد واعوجاجهم، وميلهم عن الطريق = بمعزل عن «التسوية»؛ فلا يتناوله قوله تعالى: ﴿فَسَوَّىٰ﴾.

وأيضًا، فالتسبيح في نفسه = لا معنى له إلا التنزيه. فكيف يكون تنزيه المُضِلِّ المُغْوِي المَانِعِ عن الهُدى؟ تعالى عما يقول الظالمون علوًا كبيرًا.

وبهذا، ظهر فساد ما يقال: إنّ جعْلَ قولِه تعالى: ﴿خَلَقَ﴾، منزّلًا منزلةَ اللازم = ليفيد العموم المتناول لأفعال العباد.

فإنا نسلّم العموم، ونمنع كونه متناولًا لأفعال العباد، وإلا فسد معنى الآية -كما ترى-.

وأيضًا، فالعقل الصحيح مُخرِجٌ لأفعال العباد عن أمثال هذا العموم، مع أن سياقه

في كل آية منادٍ بأنه بمعزل عن أفعال العباد.

فظهر: أن المعترض معتمدٌ على دست مخروق، وباطل مسروق. وقد مرّ لنا أنه قد اعترف -في ما سيجيء- بأن الربّ -من حيث كونه مربّيًا للشيء ومُبلِغًا له إلى غاية كماله- لا يكون منه تعالى إلا الصلاح والرشاد، لا الإضلال والإفساد. هذا معنى ما كتبه على قول المؤلف -رحمه الله-: «بل جاء القرآن بتقريره، قال تعالى: ﴿فَأَلْهَمَهَا فُجُورَهَا وَتَقْوَىٰهَا﴾»(69). فما باله غفل عن هذه السورة التي يقرؤها ويفهمها بعض الصبيان الخالين عن تغيير الفطرة؟! فإنهم إذا قرؤوا ﴿سَبِّحِ ٱسْمَ رَبِّكَ ٱلْأَعْلَى ۝١ ٱلَّذِى خَلَقَ فَسَوَّىٰ ۝٢﴾، إلى آخره = فهموا تقديس الرب وتنزيهه عن القبائح والإضلال لعباده الضعفاء المحتاجين إلى هدايته.

ثم نقـول: لا شك أن المجبرة إنما احتاجوا إلى نفي حكم العقل رأسًا؛ بناءً على أن الله تعالى هو الخالق الموجِد لكل شيء، وأنه تعالى هو الذي يخلق الكفر في الكافر ويعذّبه عليه. وحينئذ، لم يجدوا بُدًّا من أن يقولوا: «لا حكم للعقل»؛ لأن مقتضى حكم العقل: أن يكون مثلُ هذا ظلمًا بيّنًا. فنفيُهم لحكم العقل إنما كان رعايةً لقاعدة الجبر. وإلى ذلك أشار جار الله في الكلام المنقول عنه آنفًا بقوله: «حيث جوزوا القبيح على الله تعالى... إلخ». والمفهوم هنا من كلام المعترض: أن نفي حكم العقل يكون -مثل ما ذكرناه- ظلمًا = إنما كان لأجل أن العبد لا يستحق على الله شيئًا؛ لأنه تعالى هو الخالق لكل شيء -كما قال-. وهذا مع أنه مخالف لما هم عليه = لا يجدي شيئًا في دفع ذلك السؤال الذي استشعره المعترض -كما ذكرناه-، بل يزيده ورودًا وتأكيدًا. إذ لا شك في أنه إذا قيل: «كيف يعذب الله الكافر على ما لا أثر له فيه، والله يقول: ﴿فَٱلْيَوْمَ لَا تُظْلَمُ نَفْسٌ شَيْـًٔا وَلَا تُجْزَوْنَ إِلَّا مَا كُنتُمْ تَعْمَلُونَ﴾ [يس:54]، وأمثالها؟» = لم يصح أن يقول في جوابه: «لا استحقاق للكافر على الله تعالى بشيء؛ لأنه تعالى هو الخالق للكفر فيه»، بل يكون كلامًا ساقطًا بالكلية.

نعم، لو كان السؤال هكذا: «كيف يترك الباري جزاء العباد على حسناتهم؟ وهلّا

(69) المنصور بالله، **الأساس**، ص 112.

كان ذلك ظلمًا؟»؛ لصح الجواب عنه بمثل ما ذكره المعترض، وأن الله تعالى هو الخالق لحسناتهم، فلا يستحقون عليه شيئًا. لكن مثل هذا السؤال مما لم يتعرض له أحد؛ لأن الله تعالى لا يترك الجزاء لأحد ممن يعمل من الصالحات، كما نص الفرقان واتفق الفريقان.

ثم نقول: كيف جاز للمعترض مثلُ هذا [141 أ] الكلام مع مخالفته للكتاب والسنة مخالفة ظاهرة؟!

أما الكتاب؛ فالآيات نطقت باستحقاق العباد لجزاء أعمالهم الحسنة، كما يستحقون الجزاء على أعمالهم السيئة، كقوله تعالى: ﴿وَمَن يَعۡمَلۡ مِنَ ٱلصَّٰلِحَٰتِ وَهُوَ مُؤۡمِنٞ فَلَا يَخَافُ ظُلۡمٗا وَلَا هَضۡمٗا﴾ [طه: 112]، وهذه من الآيات الدالة على كذب المجبرة في قولهم: «إن الله تعالى لو عذب المطيع لكان عدلًا»، وقوله تعالى: ﴿وَلَنَجۡزِيَنَّهُمۡ أَجۡرَهُم بِأَحۡسَنِ مَا كَانُواْ يَعۡمَلُونَ﴾ [النحل: 97]، ﴿فَأُوْلَٰٓئِكَ يَدۡخُلُونَ ٱلۡجَنَّةَ وَلَا يُظۡلَمُونَ شَيۡـٔٗا﴾ [مريم: 60]، ﴿وَوَجَدُواْ مَا عَمِلُواْ حَاضِرٗاۗ وَلَا يَظۡلِمُ رَبُّكَ أَحَدٗا﴾ [الكهف: 49]، ﴿وَلِكُلّٖ دَرَجَٰتٞ مِّمَّا عَمِلُواْۚ﴾ [الأنعام: 132]، ﴿فَلَا تُظۡلَمُ نَفۡسٞ شَيۡـٔٗا﴾ [يس: 54]، ﴿لَا ظُلۡمَ ٱلۡيَوۡمَۚ﴾ [غافر: 17]، ﴿إِنَّمَا تُجۡزَوۡنَ مَا كُنتُمۡ تَعۡمَلُونَ﴾ [الطور: 16]، وغيرها.

وأما السنة؛ فلِما أخرجه مسلم في صحيحه، عن معاذ بن جبل -رضي الله عنه- من حديثٍ أنه قال -عليه الصلاة والسلام-: «يا معاذ، تدري ما حق الله على العباد وما حق العباد على الله -عز وجل-؟» قال: قلت: الله ورسوله أعلم، قال: «حق الله على العباد أن يعبدوا الله ولا يشركوا به شيئًا، وحق العباد على الله أن لا يعذب من لا يشرك به»(70). انتهى.

وأخرجه مسلم عن معاذ من طريق آخر، وفيه: «تدري ما حق العباد على الله إذا فعلوا ذلك؟» قال: قلت: الله ورسوله أعلم، قال: «أن لا يعذبهم». انتهى.

والإشارةُ في قوله: «إذا فعلوا ذلك» = إلى تركهم الشرك وفعلهم العبادة. فقد دلت السنة بأمثال هذا على مطلق استحقاق العبد للجزاء دلالةً صريحةً، وليس بعد بيان

---

(70) **صحيح مسلم**، ج 1، ص 58، حديث 48 (30).

رسول الله بيان، وهو مطابق لنص القرآن. وإذا جاء نهرُ الله بطل نهرُ معقِل[71]، وفي هذا غنية لمن يعقِل.

اعتراف بحكم العقل

ثم نقول: لا شك ولا شبهة أن في هذا الكلام من المعترض = اعترافًا بالحسن والقبح العقليين من حيث لا يريده. وذلك لأنه إنما نفى الاستحقاق على الله؛ بناء على أنه تعالى هو الخالق لكل شيء من الأعمال والعُمّال. ومؤدّى هذا الكلام منه: أن العبد لو كان موجدًا لأعماله؛ لكان مستحقًا على الله الجزاء في مقابلة عمله. وهل هذا إلا تحكيم للعقل ظاهر؟

فانظر -أيها المنصف- هذا الإقرار الذي هو إذا تأملته وجدته كالنار على المنار.

وأما قوله: «فكل ما يفعله تعالى عدل... إلخ»؛ فإنْ أراد به: الواقعَ من أفعاله -عزّ وجلّ- فمسلَّم، بل إجماعي؛ إذ لا يخالف أحد في عدله تعالى، لكنه لا يفيده في مطلوبه شيئًا.

وإن أراد: أن الله تعالى لو عذّب موسى الكليم بالعذاب الأليم، ورفع فرعون اللئيم في جنات النعيم؛ لكان ذلك عدلًا غير خارج عن الصواب والفعل الحكيم = فمما لا يساعده على هذا عقل صحيح ولا طبع سليم، كما أنه لا يطابقه التنزيل من لدن حكيم عليم، ولا السنة عن سيد المرسلين -عليه الصلاة والتسليم-. قال الله عز وجل: ﴿أَفَنَجْعَلُ ٱلْمُسْلِمِينَ كَٱلْمُجْرِمِينَ ﴿٣٥﴾ مَا لَكُمْ كَيْفَ تَحْكُمُونَ﴾ [القلم: 35، 36]، وقال تعالى: ﴿أَمْ حَسِبَ ٱلَّذِينَ ٱجْتَرَحُوا۟ ٱلسَّيِّـَٔاتِ أَن نَّجْعَلَهُمْ كَٱلَّذِينَ ءَامَنُوا۟ وَعَمِلُوا۟ ٱلصَّـٰلِحَـٰتِ سَوَآءً مَّحْيَاهُمْ وَمَمَاتُهُمْ ۚ سَآءَ مَا يَحْكُمُونَ﴾ [الجاثية: 21]. وقد أشارت الآيتان معًا إلى حكم العقل إشارةً واضحةً، أنوارُها لائحة؛ فإن قوله تعالى: ﴿كَيْفَ تَحْكُمُونَ﴾ و﴿سَآءَ مَا يَحْكُمُونَ﴾؛ ليس معناه إلا الحكم العقلي؛ إذ لا معنى لكون المراد: «مالكم

---

(71) من الأمثال، ونهرُ معقِل يقصد به نهرٌ حفره معقل بن يسار المزني. والمقصود بـ«نهر الله»: ما يسوقه تعالى من الأمطار والغيث، ومعنى المثل: إن ما عمّ خيره يُحتقر إذا قورِن بما انحصر خيره. وقد يكون معناه كما قيل: إذا حضر الماء بطل التيمم. والله أعلم.

كيف تحكمون بالشرع؟»، ولا «ساء ما يحكمون بالشرع». وهو واضح لا سُتْرَةَ به. فمن أجاز على الله تعالى ما أجازته المجبرة = فقد أجاز عليه تعالى الظلم كل الظلم ونسب إليه الجورَ بأبلغ أوصافه.

وبهذا يندفع ما يقال: إن تجويز التعذيب لسيدنا موسى -على نبينا وعليه الصلاة والسلام-، ورفع درجات فرعون في الجنة = تجويزٌ يستلزم محالًا، وكلُّ ما استلزم المحالَ؛ فهو محال. أما الصغرى؛ فلأنه يستلزم الخلف في الوعد والوعيد، وهو محال من الله تعالى. وأما الكبرى؛ فلا خلاف فيها.

ووجه الاندفاع ظاهر مما ذكرناه من أن قوله تعالى: ﴿كَيْفَ تَحْكُمُونَ﴾، و﴿سَآءَ مَا يَحْكُمُونَ﴾ = دالٌّ على حكم العقل، وواقعٌ بصدده لا بصدد حكم الشرع؛ إذ لا مجال لأحد غيره تعالى في أن يحكم حكمًا شرعيًا.

لا يقال: إن المراد بالحكم في الآيتين المذكورتين: حكم العقل بجواز الخلف في الوعد والوعيد.

لأنا نقول: ليس هذا من مذهب المعترض ومذهب أصحابه النافين للتحسين والتقبيح. فإنهم -كما صرح به المعترض- لا يُحكّمون عقولهم أصلًا، ولا يقولون في حق الله تعالى: «هذا يجوز، وهذا لا يجوز».

وأيضًا، فخلف الوعد والوعيد، إن كان مستلزمًا للنقص في صفته تعالى؛ فالخلف إنما ينشأ من جهة فعله تعالى، وهو إدخال موسى -عليه السلام- إلى النار، ورفع درجات فرعون في الجنة. فإذا كان الفعل أهلًا لأن يستلزم نقصًا في الصفة أو ينشأ عنه نقصٌ؛ فقد بطل قول الأشاعرة: «لا نقص في الأفعال»، وثبت قول المعتزلة وسائر العدلية بأنه تعالى لو أوجد القبيح وفَعَلَه -كالظلم مثلًا-؛ لزم النقص في صفته تعالى وسقطت دعوى الأشاعرة بأن الفعل غيرُ أهلٍ لأن يستلزم نقصًا في الصفة أو ينشأ عنه فيها نقص؛ لأن الأفعال كلها سواء من كل وجه، وكل ما فعله الشارع فهو حسن؛ لارتفاع الحسن والقبح عقلًا. وعلى هذا، فالخلف في الوعد والوعيد = حسن وكمال، ويجوز أن يكون الوعد والوعيد لغرض آخر غير ظاهرهما. والمعترض قد قال: «إن قضايا العقول سواء»، و«إنه لا فرق بين خلق الكافر نفسه وخلق الضلال والكفر في المكلف المأمور بالإيمان».

وإذا عرفت هذا؛ فقد ظهر عندك أن المعترض وأصحابه مناقضون لأنفسهم بأنفسهم، وأنهم يثبتون ما ينفونه وينفون ما يثبتونه، وأن قولهم بأن الظلم غير متصوَّرٍ منه -أي: غير مقدور له عز وجل- قولٌ باطلٌ باعترافهم في غير معركة الجدال. فقد أضافوا إلى الله تعالى حقيقة الظلم على أبلغ أوصافه، وإنما بقي الفرار بمجرد العبارات والألفاظ فقط.

حكاية للشيخ أبي عليّ الجبائي مع بعض رؤساء الجبرية

ولذلك أفحم أبو علي الجبائي -رحمه الله- في حداثة سنه بعضَ رؤساء المجبرة. وذلك ما رُويناه: «أن أبا علي دخل بعض مجالس المناظرة بين المعتزلة والمجبرة، فانتظروا رجلًا منهم أبطأ، فقال أحدهم: ليس هنا من يتكلم، فقام أبو علي فزجّ بنفسه في صدر بعض أكابر المجبرة، حتى عجب القوم من جرأته مع صغر سنه يومئذ، فقال له أبو علي: أسألك؟ فقال: سل. فقال: هل يفعل الله العدل؟ فقال: نعم. قال: أفتسمّيه لذلك عادلًا؟ قال: نعم. قال: أيفعل الجور؟ قال: نعم. قال: أفتسميه جائرًا؟ قال: لا. قال: فيلزمك أن لا تسميه أيضًا عادلًا، فانقطع». انتهى.

وقد ذكر نحوَ هذا الإمامُ المهدي أحمد بن يحيى صاحب **الغايات** -رحمه الله ورضي عنه- في **شرح الملل والنحل**(72). وإنما انقطع الجبري لأن الظاهر أن كلامهما = في العدل والجور الواقع بين العباد. ومع ذلك فلا يتأتّى للجبري ما يقال -من طرف المجبرة-: «لا جور منه تعالى، وكل أفعاله عدل»؛ بناءً على نفي الحسن والقبح عقلًا.

قف على أنه لا قدرة للباري تعالى على الظلم والجور؛ لأنه محال على مذهب نفاة الحسن والقبح

واعلم أن مؤدَّى كلام المعترض هنا، وصريح كلامه في مواضع مما سيأتي إن شاء الله: أن الظلم والجور لا قدرة للباري تعالى عليه أصلًا؛ لأنه ممتنعٌ محالٌ في نفسه، وكلما كان كذلك؛ كان تمدحه -تعالى- بالعدل [141 ب] تمدحًا بما لا يقدر إلا عليه، ولا يقدر

---

(72) ابن المرتضى، **طبقات المعتزلة**، ص 80.

علىٰ جنس ضدّه، وتمدّحُه بعدم الظلم = تمدُّحًا بعدم فعل ما لا يقدر عليه، وهو واضح البطلان. ومن أقلّ مفاسده: أنه يلزم عليه أن لا يصح حمدُه تعالىٰ علىٰ عدم ظلمه لنا، ولا عدلِه وقسطِه فينا. وذلك لأنه ليس جميلًا اختياريًا. وقد عرفت أن الحمد لا يكون إلا علىٰ الجميل الاختياري، وأين الاختيار في ما لا قدرة عليه، بل في الممتنع لذاته؟!

وبالجملة، فالأمر في هذا المذهب غير مستور. ولوضوح بطلانه قد عدل عنه من عدل من أصحاب المعترض، فضلًا عن غيرهم.

اعتراف ابن تيمية بأن جمهور المسلمين من الصحابة والتابعين وأهل البيت = على مذهب المعتزلة، وتفسير الظلم الذي يجب تنزيه الله عنه، ما هو؟

قال أبو العباس بن تيمية في كتابه **منهاج الاعتدال**، كما نقله عنه صاحب **المنقذ من الضلال**؛ ردًا علىٰ ابن مطهر الحلي، المعروف عند الإمامية بـ«العلّامة»، ما نصه: «قوله -أي: ابن مطهر المذكور-: 'إن أهل السنة لم يثبتوا العدل والحكمة... إلىٰ آخره' = نقلٌ باطلٌ عنهم من وجهين:

أحدهما: أن كثيرًا من أهل النظر الذين ينكرون النص -أي: في الإمامة- يثبتون العدل والحكمة، كالمعتزلة ومن وافقهم. ثم سائر أهل السنة ما فيهم من يقول: إنه تعالىٰ ليس بحكيم، ولا أنه يفعل قبيحًا، وليس في المسلمين من يتكلم بإطلاقِ هذا الأصل. ولكن مسألة القَدَر فيها نزاع في الجملة. فقول المعتزلة = ذهب إليه متأخرو الإمامية وجمهورُ المسلمين من الصحابة والتابعين وأهل البيت، فتنازعوا في تفسير عدل الله وحكمته، والظلم الذي يجب تنزيهه تعالىٰ عنه، وفي تعليل أفعاله وأحكامه.

فقالت طائفة: 'إن الظلم ممتنع عليه، وهو محال لذاته، كالجمع بين الضدين، وإن كلَّ ممكنٍ مقدورٍ فليس هو ظلمًا'. وهؤلاء يقولون: 'إنه لو عذب المطيعين ونَعَّم العصاة؛ لم يكن ظلمًا'، وقالوا: 'الظلم: التصرف في ما ليس له، والله له كل شيء'، وهذا قول كثير من أهل الكلام المؤمنين بالقدر، وقول عدة من الفقهاء.

حجّة واضحة في كلام ابن تيمية للقائلين بالحسن والقبح وتميّز الظلم من العدل في نفس الأمر، وكونه مقدورًا لله تعالى

وقالت طائفة: 'بل الظلم مقدور ممكن، والله تعالى لا يفعله لعدله، ولهذا مدح نفسه إذ يقول: ﴿إِنَّ ٱللَّهَ لَا يَظۡلِمُ ٱلنَّاسَ شَيۡـٔٗا﴾ [يونس: 44]، والمدح إنما يكون بترك المقدور'، وقالوا: قد قال الله تعالى: ﴿وَمَن يَعۡمَلۡ مِنَ ٱلصَّٰلِحَٰتِ وَهُوَ مُؤۡمِنٞ فَلَا يَخَافُ ظُلۡمٗا وَلَا هَضۡمٗا﴾ [طه:112]، وقال: ﴿وَقُضِيَ بَيۡنَهُم بِٱلۡحَقِّ وَهُمۡ لَا يُظۡلَمُونَ﴾ [الزمر:69]، وقال: ﴿وَمَآ أَنَا۠ بِظَلَّٰمٖ لِّلۡعَبِيدِ﴾ [ق: 29]، وإنما نزه نفسه عن أمر يقدر عليه، لا عن المستحيل.

وثبت في الصحيح عن النبي -صلى الله عليه وسلم-: أن الله تعالى يقول: 'يا عبادي إني حرمت الظلم على نفسي'. فقد حرم على نفسه الظلم كما كتب على نفسه الرحمة، وفي الصحيح: 'إن الله لما قضى الخلق؛ كتب في كتاب -فهو عنده فوق العرش-: إن رحمتي غلبت غضبي'. وما كتبه على نفسه وحرمه على نفسه؛ فلا يكون إلا مقدورًا. فالممتنع لنفسه لا يكتبه على نفسه ولا يحرمه على نفسه. وهذا قول أكثر أهل السنة وأهل الحديث والتفسير والفقه والكلام والتصوف»(73). انتهى المراد منه بلفظه.

ولنا فيه شهادة على مطلوبنا -وكفى بشهادة الخصم لخصمه-. فالمعترض ذاهب إلى غير ما عليه الأكثر كما قال ابن تيمية، ومنجرف عن مقتضى هذه الآيات والأحاديث الصحيحة التي ذكر منها هذين الحديثين، بل عن مقتضى حجة العقل التي اعترف بها من اعترف من الأشاعرة في حال الغفلة عن هذا المقام.

وشيء آخر، وهو: أن الآيات المشتملة على التمدح منه -تعالى- بعدم الظلم؛ أكثرُها عند ذكر الجزاء، ومقام استحقاق الثواب والعقاب. وفي ذلك دليل على مذهب العدلية ومن قال بمقالتهم، حيث يقولون: «إن الباري تعالى لو عكس الجزاء للمطيع والعاصي؛ لكان ظلمًا» -تعالى الله عن ذلك-. ألا ترى إلى قوله تعالى: ﴿إِنَّ ٱللَّهَ لَا يَظۡلِمُ

(73) الذهبي، **المنتقى من منهاج الاعتدال**، ص 36-37. والنقل عن ابن تيمية، عبر الذهبي، متصل، ولكن وضعنا العنوان في خلال النقل، اتساقًا مع موضع عنوان المؤلف.

مِثۡقَالَ ذَرَّةٖۖ وَإِن تَكُ حَسَنَةٗ يُضَٰعِفۡهَا﴾ [النساء: 40]؟ فإنه صريح في ما ذكرناه. ولم يجد البيضاوي مجالًا لتوجيه الآية على مذهبهم، بل اعترف في المعنى بمرادنا؛ فإنه قال في تفسيره: ﴿إِنَّ ٱللَّهَ لَا يَظۡلِمُ مِثۡقَالَ ذَرَّةٖۖ﴾: «إنه لا ينقص من الأجر، ولا يزيد في العقاب أصغر شيء كالذرة»(74). إلى آخر كلامه، وهو كما ترى.

لا يقال: إنه أراد أنه عُبِّر عن النقص والزيادة بالظلم مجازًا.

لأنا نقول: لا وجه للعدول عن الأصل إلى المجاز إلا تصحيح المذهب فقط. ولعل قدْر البيضاوي أرفعُ من هذا الانحطاط الفاحش.

وأيضًا، فإن في هذه الآيات حثًا للعباد على العمل، وتأمينًا بعدم الظلم؛ لينخرطوا في العبادة ويُقبِلوا على الطاعة. وذلك حيث يعلمون أنه تعالى لا يظلم أحدًا، فلا يظلمهم في ما عملوه أصلًا. وكلما علموا ذلك جدّوا في الإيمان والعمل وهم لا يخافون بخسًا ولا رهقًا. فلو كان ما تقوله المجبرة حقًا -من أنه لو أثاب العاصي وعاقب المطيع لكان عدلًا وإنصافًا-؛ لذهب هذا المعنى الذي تفيده تلك الآيات. لكن اللازم باطل؛ فالملزوم مثله.

وشيء آخر، وهو: أن قول الله تعالى: ﴿مَّآ أَصَابَكَ مِنۡ حَسَنَةٖ فَمِنَ ٱللَّهِۖ وَمَآ أَصَابَكَ مِن سَيِّئَةٖ فَمِن نَّفۡسِكَۚ﴾ [النساء: 79] = قد يناقض هذا الحديث الذي ذكره المعترض.

أما أولًا؛ فلتفريقه بين الحسنة والسيئة.

وأما ثانيًا؛ فلأن صدق قوله تعالى: ﴿وَمَآ أَصَابَكَ مِن سَيِّئَةٖ فَمِن نَّفۡسِكَۚ﴾ = يستلزم أن يكون مختارًا في فعله الذي نشأت عنه السيئة، بل يستلزم أن يكون هو المؤثر فيه دون الباري تعالى، وإلا لما صدق قوله: ﴿فَمِن نَّفۡسِكَۚ﴾.

وإذا كان العبد مختارًا، بل مؤثرًا في فعله؛ استحال أن يكون الباري تعالى معذبًا له على ما لا أثر له فيه ولا اختيار، فلا يكون تعالى ظالمًا بعذابه قطعًا، واستحال أيضًا أن يجب على العبد أن يعلم أنّ ما أصابه من أفعال نفسه لم يكن ليخطئه؛ لأنه لو علم هذا؛

(74) البيضاوي، **أنوار التنزيل**، ج 2، ص 75.

لعلم أنها ليست أفعالًا له بل أفعال الله تعالىٰ. وإذا كانت أفعالًا لله تعالىٰ؛ لم يصدق قوله تعالىٰ: ﴿وَمَآ أَصَابَكَ مِن سَيِّئَةٍ فَمِن نَّفْسِكَ﴾، ويلزم الظلم، بل ويلزم الكذب في هذه الآية وأمثالها.

وإذا شئنا بسط الكلام في هذا المقام؛ قلنا للمعترض وأمثاله: بماذا تفسرون «السيئة» و«الحسنة» في هذه الآية -أي: قوله تعالىٰ: ﴿مَّآ أَصَابَكَ مِنْ حَسَنَةٍ فَمِنَ ٱللَّهِ﴾. الآية-؟ فإما أن تفسروهما بـ«الطاعة» و«المعصية»، أو بـ«أفعال الله تعالىٰ» التي لا دخل للعباد فيها لا تأثيرًا ولا كسبًا. وعلىٰ كلا التقديرين؛ يلزمكم الاعتراف بأن هذا الحديث الذي أوردتموه هنا لا يجديكم نفعًا.

أما علىٰ التقدير الأول؛ فلأن هذه الآية قد أضافت السيئة -التي هي «المعصية» علىٰ هذا التقدير- إلىٰ العبد، ولا معنىٰ للقول بأنها إنما أضيفت إليه لكونها وقعت تعديًا عن الحد الشرعي؛ لأنه لو كان كذلك؛ لوجب أيضًا أن تضاف إليه الحسنة لكونها توقفًا علىٰ الحد الشرعي. فدل ذلك علىٰ أن الذي أضيف إليه هو: إيجادُها والتأثيرُ في وقوعها وحصولِها. وكلما كان كذلك؛ فلا يجب عليه العلم بأنه أصابته ولم تكن لتخطئه. بل يجب عليه العلم بأنه أصابها وتعمّدها واقترفها باختياره، عكس ما في الحديث الذي أوردتموه. وهذا التقدير مرجوح عند من عرف سياق الآية، لكنا أوردناه لحسم داء المجبرة؛ لأنهم يغالطون بلفظ «الإصابة» و«الخطأ»، ولا يعقلون أنه مختص بأفعال الله تعالىٰ كالقدر.

فإن قيل: فما بال الآية أضافت الحسنة إلىٰ الله تعالىٰ؟

قلنا: للإشعار بأنه تعالىٰ لا يفعل إلا الخير، وأن الحسنة إذا كانت بمعنىٰ الطاعة؛ فهي بلطفه وتيسيره ودعوته للعبد إليها، وإلهامه أن يسلك مسالكها ويترك المعاصي ومهالكها.

وأما علىٰ التقدير الثاني؛ فالأمر ظاهر؛ لأن السيئة الواقعة في أفعاله تعالىٰ بمعنىٰ: «المصيبة»، و«البليّة»، و«المحنة»، و«العقوبة»؛ إذا نصت الآية علىٰ أنها من نفس العبد = فقد دلت علىٰ أنه المؤثر في الفعل الذي نشأت عنه بالطريق البرهاني، فافهم.

وأما الحسنة؛ فلأن الأفعال التي تنشأ عنها الحسنة لا تتم بدون الإمداد بالتوفيق

الإلهي، لا سيما مع انحراف النفس عن مناهج الرشاد. فلذا أضافتها الآية إلى الله تعالى، على مقتضى قوله تعالى: ﴿وَلَوْلَا فَضْلُ ٱللَّهِ عَلَيْكُمْ وَرَحْمَتُهُۥ مَا زَكَىٰ مِنكُم مِّنْ أَحَدٍ أَبَدًا﴾ [النور: 21].

حديثٌ في معنى الظلم الذي تمدّح تعالى بأنه لا يفعله، وأنه مقدور للّه، لا محالٌ -كما قيل- ممتنعٌ في نفسه، وإن مثل استنطاق الأعضاء لبيان غاية العدل

وقد أخرج مسلم في صحيحه عن أنس [142 أ] بن مالك -رضي الله عنه- قال: «كنا عند رسول الله -صلى الله عليه وسلم- فضحك، فقال: هل تدرون مما أضحك؟ قالوا: الله ورسوله أعلم، قال: من مخاطبة العبد ربه، فيقول: يا رب ألم تجرني من الظلم؟ قال: يقول: بلى، فيقول: إني لا أجيز على نفسي إلا شاهدًا مني، قال: فيقول: كفى بنفسك اليوم عليك شهيدًا، وبالكرام الكاتبين شهودًا، قال: فيُختَم على فيه، فيقال لأركانه: انطقي، قال: فتنطق بأعماله، قال: ثم يخلّى بينه وبين الكلام، فيقول: بعدًا لكِ وسحقًا، فعنكن كنت أناضل»(75). انتهى. وهو مما يناقض مذهب المجبرة مناقضة ظاهرة.

أما أولًا؛ فلأن لو كان الأمر كما يزعمون من أن تعذيبه -تعالى- لمن لا يعصي، وعدم إثابته لمن أطاعه = عدل محض لا ظلم فيه أصلًا؛ لما جاز للعبد أن يقول: «ألم تجرني من الظلم؟». كيف وقد تقرر: أن العلوم يومئذ تكون ضرورية، فلا يخفى على العبد ذلك؟ وبهـذا يندفع ما يقال: إن العبد يتكلم بهذا الكلام على حين غفلة وذهول.

وأما ثانيًا؛ فلأنه لو كان الأمر كما يزعمون؛ لكان الجواب على ذلك العبد بأن يقال بأنه لا ظلم في تعذيبك على تقدير طاعتك وامتثالك؛ لأني مالكٌ لك ولأعمالك.

وأما ثالثًا؛ فلأنه ربما كان هذا الحديث وأمثاله جاريًا مجرى التمثيل والتنبيه على كمال عدله تعالى، ومناقضته ما تزعمه المجبرة ونحوهم.

---

(75) **صحيح مسلم**، ج 4، ص 2280، حديث 17 (2969).

العدل ضدّ الجور

ثم اعـلـم أن أهل اللغة قد فسروا «العدل» بأنه: «ضد الجور»، وجرىٰ علىٰ ذلك صاحب **القاموس**. ولا جور أعظمُ مما نسبه المجبرة إلىٰ الله تعالىٰ، حيث قالوا: «إن الله يأمر الكافر بالإيمان ولا يريده منه، بل يخلق فيه الكفر ويمنعه عن الإيمان، ثم يعذبه علىٰ ذلك»، ولا ينفع في دفع هذه الشناعة مجرد الألفاظ والعبارات كقولهم: «إنه لا يُتصوَّر منه -تعالىٰ- ظلمٌ أصلًا، بل يمتنع لذاته»، أي: فليس مقدورًا له عز وجل.

وبهـذا يظهر لك: أن دفعهم لتلك الشناعة = أشنعُ منها؛ لأن هذا الدفع -في التحقيق- تعجيزٌ لله تعالىٰ، وقصرٌ لقادريته عز وجل عن بعض الممكنات.

هـذا، والمفهوم من كلام أهل اللغة أيضًا: أن العدل لا يتأتّىٰ في غير ما يتعلق بحق الغير. ولذا قال أبو علي الجبائي -رحمه الله-: «إنه لا يوصف من أفعال الباري تعالىٰ بكونه عدلًا، إلا ما كان متعلقًا بحق العبد، وأما ما لا يتعلق بحق العباد؛ فلا يوصف بذلك، وإن كان في نفسه حكمةً وصوابًا».

وإذا عرفت هذا؛ ظهر لك: أن أفعال الباري تعالىٰ، المتعلقة بأفعال العباد = مما لا يصح -علىٰ مذهب المجبرة- أن توصف بالعدل؛ نظرًا إلىٰ أنهم يعتبرون قيد الحيثية، فيقولون: «إن أفعاله -تعالىٰ- من حيث كونُها أفعالَه = عدل»؛ لئلا يلزم كونُ الظلم الواقع بين العباد = عدلًا؛ لأنه -عندهم- فعل الله تعالىٰ، فاعتبار الحيثية يخرجه. لكنه يلزم هذا المحذورُ الذي أشرنا إليه؛ لأن اعتبار قيد الحيثية = لا يبقىٰ معه فعل الباري متعلقًا بحق الغير، بل يكون فعلُه -من حيث هو فعله تعالىٰ- مع قطع النظر عن الغير. كيف ولا حق للعبد عندهم؟ وحينئذ، فلا يكون فعله تعالىٰ عدلًا؛ إذ ليس متعلقًا بحق الغير.

وأما قوله: «ولذلك قال صلىٰ الله عليه وسلم... إلخ»؛ فمع تسليم صحته؛ لا شبهة له فيه، بل هو حجةٌ عليه؛ لأن المعنىٰ: «لو عذّب أهل سماواته وأرضه؛ لعذَّبهم بذنوبهم؛ إذ لا يكاد يخلو أحد عن ذنب، وكلنا خطاؤون»، حتىٰ قال الصادق المصدوق عليه الصلاة والسلام -كما ثبت في الحديث الصحيح- ما قال في هذا المعنىٰ، وذكر افتقارَه هو إلىٰ تغمده بالرحمة. فكلٌّ مفتقرٌ إلىٰ رحمة الله، وغيرُ آمنٍ من

المناقشة والمؤاخذة بالتفريط في حق الله الذي لا يوازيه ولا يدانيه حق. وإلى مثل هذا المعنى أشار قوله تعالى: ﴿عَذَابِيٓ أُصِيبُ بِهِۦ مَنۡ أَشَآءُۖ وَرَحۡمَتِي وَسِعَتۡ كُلَّ شَيۡءٖۚ﴾ [الأعراف: 156].

أو نقول: إن المخلوق إذا كان قاصرًا عن أداء ما يجب للخالق تعالى على الوجه الأكمل بلا شك = فهو تحت الخطر. فلو اقتضت الحكمة تعذيبهم؛ لوكَلَهم إلى ما عندهم من القُوى والقُدَر، ولم يجعل لهم من الألطاف الزائدة -التي هي بمحض التفضل- ما يوصلهم إلى أعلى ما يريده منهم، فتحق عليهم كلمة العذاب؛ لتقصيرهم وعدم أدائهم لعُشر العُشر مما أنعم به عليهم في الدنيا، فيكون معناه: «لو عذَّبهم لَما عذبهم إلا بأعمالهم». وذلك غاية العدل ونهاية الحكمة. وقد قال الفاضل ابن قيم الجوزية شعرًا:

فو الله لولا الله يسعد عبده ... بتوفيقه، والله بالعبد أرحم
لما ثبت الإيمان يومًا بقلبه ... على هذه العلّات، والأمر أعظم
ولا طاوعته النفس في ترك شهوة ... مخافة نار حرُّها يتضرم
ولا خاف يومًا من مقام إلهه ... عليه بحكم القسط إذ ليس يظلم(76)

ولعله استنبط هذا المعنى من قول الله تعالى: ﴿وَلَوۡلَا فَضۡلُ ٱللَّهِ عَلَيۡكُمۡ وَرَحۡمَتُهُۥ مَا زَكَىٰ مِنكُم مِّنۡ أَحَدٍ أَبَدٗا﴾ [النور: 21]، وقوله تعالى: ﴿وَلَوۡلَا فَضۡلُ ٱللَّهِ عَلَيۡكُمۡ وَرَحۡمَتُهُۥ لَٱتَّبَعۡتُمُ ٱلشَّيۡطَٰنَ إِلَّا قَلِيلٗا﴾ [النساء: 83]، وأمثالهما.

وأما في الحديث المذكور من قوله: «فتعلم أن ما أصابك لم يكن ليخطئك} ...إلخ»؛ فحجة على المعترض؛ لدلالته على أن المراد: ما أصاب العبد مما لا دخل له فيه، لا إيجادًا ولا اكتسابًا؛ لأنه لا يقال للمطيع: «إنها أصابته الطاعة»، ولا يقال للعاصي: «إنها أصابته المعصية»، بل إنما يقال: «أصاب الطاعة» و«أصاب المعصية».

(76) شمس الدين محمد بن أبي بكر (ابن قيم الجوزية)، **إغاثة اللهفان من مصايد الشيطان**، تحقيق محمد حامد الفقي (الرياض: مكتبة المعارف، 1975)، ج 2، 164-165.

وبالجملة، فلا تُنسَب «الإصابة» إلىٰ الفعل بل إلىٰ الفاعل، فدل هذا علىٰ أن المراد هو: ما يصيب الإنسان من جهة الله تعالىٰ بلا واسطةِ فعلٍ ولا كسبٍ، وأما أفعاله التي يفعلها باختياره؛ فمتوقفة علىٰ دواعيه وصوارفه، فإن شاء فعل وإن شاء ترك. وهذا ثابت بالضرورة. فكلُّ حديث عارضَ هذه الضرورة من الأحاديث؛ فهو غير مقبول قطعًا وإجماعًا، فانقلب مطلوب المعترض عليه من حيث لا يريده.

وأما الإيمان بالقدر؛ فذلك شأن كل مؤمن. لكن الشأن كل الشأن في بيان القدر ما هو؟ وفي ما هو؟

أما هذا الحديث؛ فيدل علىٰ أن القدر بمعزلٍ عن أفعال العباد -كما عرفت-. ولو سُلِّم عمومه؛ فقوله: «ولو أنفقت مثل أحد ذهبًا» = مما لا دليل فيه للمعترض ولا شبهة؛ لأن الإيمان بالقدر لا يستلزم أن الله تعالىٰ خالق الفواحش وسائر الأعمال؛ لِما عرفت سابقًا من معنىٰ القدَر، وأنه كالعلم، بل هو العلم بالشيء علىٰ جهة التحديد؛ فهو علم خاص -كما اعترف به من أنصف من الخصوم-. والعلم السابق لا ينفي الاختيار، فضلًا عن كونه مؤثرًا في المعلوم، فضلًا عن كونه دالًا علىٰ خلق الأعمال. فالاستدلال بالقَدَر = كالاستدلال بالعلم، وهو تهورٌ من بعض المجبرة ظاهر.

ولك أن تقول: إن القدر -بالمعنىٰ الذي يحاوله المعترض- ليس إلا في أفعاله تعالىٰ -كما ذكرناه آنفًا-، وهو الذي يدل عليه هذا الحديث، بدليل قوله: «أصابك» و«أخطأك». فإن هذا يدل علىٰ أنه في أفعال الله تعالىٰ، وإلا لقال: «ما أصبتَ» و«ما أخطأتَ». فهذا الحديث من الأدلة لمن قال: «إن القدر مختصٌّ بأفعاله تعالىٰ» -كما قاله الزمخشري رحمه الله-، وهو مفهوم مما نقله الإمام الراغب -كما حكيناه سابقًا-.

ويؤيده ما جاء في حديث دعاء الاستخارة عنه -عليه الصلاة والسلام- من قوله: «فاقدره لي ويسره لي» وفي آخره: «وقدّر لي الخير حيث كان»[77]. وفي عطف التيسير علىٰ التقدير ما يرشد إلىٰ أنّ ما هو فعل الله تعالىٰ = ليس هو فعل العبد المطلوب تيسيره، فليفهم.

---

(77) ابن الأثير، **جامع الأصول**، ج 6، ص 252، حديث 4357.

وفي كلام الشافعي في خطبة **الرسالة**: «وأستهديه بهداه الذي لا يَضِلّ من أنعم عليه به»(78). انتهى، وهو طلبٌ للهداية؛ فلا يكون المطلوب حاصلًا؛ لامتناع طلب الحاصل. وحينئذ؛ فهذا دليل على أنه يقول بالمحو والتغيير في التقدير، عكس ما توهمه ابن السبكي وغيره. وكفى بقوله تعالى: ﴿يَمْحُوا۟ ٱللَّهُ مَا يَشَآءُ وَيُثْبِتُ ۖ وَعِندَهُۥٓ أُمُّ ٱلْكِتَٰبِ﴾ [الرعد: 39]. قال بعضهم: «أم الكتاب عبارة عن العلم الذي لا يتحول». وهذا يدل على الاعتراف بأن العلم قد يكون متعلقًا بالقضايا المشروطة؛ كأن يعلم أن زيدًا إن أقبل على الله وأطاع واهتدى = كان له الجنة، وإن كان بعكس ذلك = كان له النار، وهذا لا ينافي كون العلم لا يتغير ولا يتحول.

هـذا، ولا يخفاك أن ما تقدم من حديث الاستخارة = لا يتم معناه من القول بسبق القدر وعدم تحوله. وقد بحث فيه بعض الأشاعرة بما يخرجنا عن المقصود [142 ب]. إنما المراد: بيانُ أنَّ لقول من قال: «إن القَدَر بذلك المعنى مخصوصٌ بأفعال الله تعالى» = مَدْرَكًا من السنة. بل لا يكاد يجري خلافٌ في هذا من المجبرة -كما ذكرناه في غير هذا الموضع-؛ لأن فعل العبد -عندهم- هو فعل الله تعالى. فالقدر لا يخرج عن أفعاله -تعالى- على المذهبين، ويرجع النزاع = إلى مسألة خلق الأفعال. فمثل هذا الحديث الذي تشبث به المعترض؛ مما يُحمَل عند مثل الزمخشري -بعد تسليم صحته- على نفس أفعال الله التي لا دخل للعباد فيها، لا إيجادًا -كما هو مذهب العدلية- ولا كسبًا -كما هو مذهب غيرهم-.

ومما يؤيد هذا قولُه: «فتعلم أن ما أصابك لم يكن ليخطئك». ولو وجب علمُ المكلف بذلك؛ لما بقي عالمًا بأنه مكلف؛ لأن علمه بأنه مكلف يستلزم علمه بأنه كُلِّف بفعله لا بفعل الله. [وهو يعلم أن فعله الذي كُلِّف به = واقف] على اختياره [وإلا لما طولب به]. فلو وجب عليه العلم بأن فعله هو الذي يصيبه بتأثير الله تعالى، وليس متوقفًا على اختياره؛ لزال علمه بأنه مكلف. وحاصله: أنه لا يجتمع العلم بالشيء مع تجويز نقيضه. وأما على ما ذكره المعترض؛ فلأنه قد قال: «إن التكليف يدور على توهُّم

(78) محمد بن إدريس الشافعي، **الرسالة**، تحقيق أحمد شاكر (القاهرة: مطبعة مصطفى البابي الحلبي، 1940)، ص 8.

العبد أن له اختيارًا في أفعاله». فلو وجب عليه العلم بأن ما أصابه لم يكن ليخطئه = من أفعاله؛ لم يبق متوهمًا للاختيار، فلا يبقى عالمًا بأنه مكلف، بل لا يبقى مكلفًا؛ لزوال ما يدور عليه تكليفه ويعتمده.

وأيضًا فقوله تعالى: ﴿مَّآ أَصَابَكَ مِنْ حَسَنَةٍ فَمِنَ ٱللَّهِۖ وَمَآ أَصَابَكَ مِن سَيِّئَةٍ فَمِن نَّفْسِكَۚ﴾؛ كما يدل على الحسن والقبح = يدل على أن العبد مؤثر في أفعاله التي تكون عاقبتها سيئة. وإنما نسب الله الحسنة إلى نفسه تعالى؛ لأنه قد يعطيها ابتداءً، ولأن [الطاعة بتوفيقه ولطفه وتقويته -كما مر-.

[ولا يخفى أن قوله: ﴿وَمَآ أَصَابَكَ مِن سَيِّئَةٍ﴾؛ ليس المراد به: نفس المعصية، حتى يرد على ما ذكرنا. بل المراد به: ما وقع من أفعال الله تعالى في مقابلة المعصية -كما مر-.

ومحصله: أن لفظ «أصاب» و«أصابك» مختص بأفعال الله]، فليُدرك فإنه جارٍ في مثل قوله تعالى: ﴿قُلْ كُلٌّ مِّنْ عِندِ ٱللَّهِۖ﴾ ونحوه، مما المرادُ الظاهرُ منه هو: المصائب لا الأعمال. وأين هذا من ذاك لولا غشاوة التعصب والتقليد؟

فإن قلت: هل مثل الزمخشري ينفي القدر في أفعال العباد مطلقًا؟ أو لا ينفي إلا قدرًا مخصوصًا؟

قلت: قد أشرنا في هذا الكلام إلى أنه وغيره من العدلية = لا ينفون القدر إلا بالمعنى الذي يساوق التأثير والخلق. وأما بمعنى العلم؛ فمن نسب إليهم نفيه؛ فقد افترى. وقد أشار في **الكشاف** إلى إثباته في مواضع، وقال في تفسير قوله تعالى: ﴿قَدَّرْنَآ إِنَّهَا لَمِنَ ٱلْغَٰبِرِينَ﴾ [الحجر: 60]، ما نصُّه: «فإن قلت: فلم جاز تعليق فعل التقدير، في قوله: ﴿قَدَّرْنَآ إِنَّهَا لَمِنَ ٱلْغَٰبِرِينَ﴾، والتعليق من خصائص أفعال القلوب؟ قلتُ: لتضمُّن فعل التقدير معنى العلم. ولذلك فسر العلماء تقدير الله أعمال العباد بالعلم»(79). انتهى.

وأما قوله: «وهذا النص صريح...إلخ»؛ فلا يصدر مثلُه إلا عن عدم مراعاةٍ لقانون البحث، وعدمِ حياءٍ من إظهاره عند العقلاء. وقد تقدم في بطلانه ما لا نعيده؛

(79) الزمخشري، **الكشاف**، ص 563.

تفاديًا عن الإطالة. ولو تعقل المعترض لوجد إيرادَه لمثل «لا حول ولا قوة إلا بالله» = حجةً عليه، لا شبهةً له؛ لأن الملائم لمذهبه أن يقال: «لا حول ولا قوة إلا بالله».

القوّة هي القدرة

وأما هذا الذي وردت به السنة؛ ففيه إثبات للحول والقوة. ومعنى القوة هو معنى القدرة -كما قاله التفتازاني في **شرح النسفية**-[80]. وقال جار الله في **الكشاف**: «القدرة في الإنسان هي: صحة البنية والاعتدال. والقوة: الشدة والصلابة في البنية. وحقيقتها: زيادة القدرة»[81]. انتهى بلفظه في سورة حم السجدة[82]. فلا نزاع في أن القوة تطلق على القدرة، كما أنه لا نزاع في أن قول العبد: «لا قوة لي إلا بالله تعالى» = يستلزم إثبات قوة العبد بالله، وقدرته. فلو لم تكن هذه القدرة قدرةً مؤثرةً في فعله؛ لما كان لقوله: «إنها بالله» = معنى؛ لأن وجودها وعدمها سواء. فظهر: أنّ «لا حول ولا قوة إلا بالله» = لا يلائم مذهب المجبرة، وإنما يصح على مذهبنا؛ لأنا أثبتنا قوةً وقدرةً للعبد مؤثرةً في فعله. غايته: أنها بالله، فيكون معناه معنى الاستعانة. وإثباتُ حول العبد وقوته بالله = كإثبات تأثيره في فعله وتحصيله لطاعته بمعونة الله.

وأي حرج في ذلك وقد قال الوصيّ -كرّم الله وجهه في الجنّة- بيانًا لهذا المعنى: «إنا لا نملك مع الله إلا ما ملّكنا، فمتى ملّكنا ما هو أملكُ به منّا؛ كلّفنا. ومتى ما أخذه منّا؛ وضع تكليفه عنّا». هكذا في **النهج**[83]. فالقدرة المؤثرة في أفعالنا؛ ملّكنا إياها سبحانه وتعالى، فهي حاصلة لنا به تعالى، وبخلقه لها؛ لنؤدّي ما طلبه منا، وكلّفنا به؛ لأنه تعالى لا يكلف نفسًا إلا ما آتاها. فتأثير العبد في فعله = بمعونة الله.

وقد عرفتَ أنه لا يجري على مذهب المجبرة قولُه تعالى: ﴿وَإِيَّاكَ نَسْتَعِينُ﴾؛ لتعطُّل معنى الاستعانة والإعانة، على فرض كونه تعالى هو الموجد للأعمال من العبادة وغيرها. فلا حول للعبد ولا قدرة على شيء من الأعمال -عند المجبرة- ولو أعانه الله

(80) التفتازاني، **شرح العقائد النسفية**، ص 40.
(81) الزمخشري، **الكشاف**، ص 967.
(82) بل في تفسير سورة فصلت.
(83) ابن أبي الحديد، **شرح نهج البلاغة**، ج 20، ص 6.

إعانةً تامّةً، مهما لم يخلق الفعل ويوجدْه تعالىٰ علىٰ يده، ويؤثر فيه تأثيرًا تامًا من جميع جهاته. وهذا -لعمرك- هو الباطل المكشوف، والبهت المخوف.

فقد ظهر: أن مثل «لا حول ولا قوة إلا بالله» = لنا لا علينا، وعلىٰ المجبرة لا لهم. لكنهم يظنون أنها لهم، وهذا الداء قديم فيهم.

حكاية لعمرو بن قائد[84] في «لا حول ولا قوة إلا بالله»، وفي قوله تعالى: ﴿وَمَا كَانَ لِنَفْسٍ أَنْ تَمُوتَ إِلَّا بِإِذْنِ اللَّهِ﴾، مع بعض العبّاسيّة

حتىٰ ذكر في **شرح الملل والنحل**[85]: أن بعض أمراء بني العباس، بلَغه أن عمرو بن قائد -رحمه الله، وكان من المعتزلة-؛ قد ترك «لا حول ولا قوة إلا بالله»؛ افتراءً عليه. فطلبه علىٰ ما به من كبر السن والضعف عن الحركة، فكان كلما وضع رجله علىٰ درجة، قال: «لا حول ولا قوة إلا بالله العلي العظيم»، وكان الأمير بمسمع منه. فلمّا صعد إليه؛ وجد بين يديه سيفًا مشهورًا ومصحفًا منشورًا، فقال له الأمير: اخرُج من هذه الآية: ﴿وَمَا كَانَ لِنَفْسٍ أَن تَمُوتَ إِلَّا بِإِذْنِ ٱللَّهِ﴾ [آل عمران: 145].

فقال عمرو: ﴿يَٰٓأَيُّهَا ٱلنَّاسُ إِنِّي رَسُولُ ٱللَّهِ إِلَيۡكُمۡ جَمِيعًا ٱلَّذِي لَهُۥ مُلۡكُ ٱلسَّمَٰوَٰتِ وَٱلۡأَرۡضِۖ لَآ إِلَٰهَ إِلَّا هُوَ يُحۡيِۦ وَيُمِيتُۖ فَـَٔامِنُواْ﴾ [الأعراف: 158]، فأيُّ إذنٍ أكبر من هذا؟ فقال الأمير: كانت في كمّك. قال: لا، ولكن بتأييد الله تعالىٰ». انتهىٰ.

فانظر كيف ظن الأمير أنّ «لا حول ولا قوة إلا بالله» = منافيةٌ لمذهب العدلية؛ بسبب ما طرأ عليه من خذلان الجبرية، حتىٰ خالف طريقة آبائه المرضيّة، ولم يدر أنها لهم حجةٌ، ثم قال له عمروٌ آخرًا: «ولكن بتأييد الله»؛ قلعًا لتوهمه، وإثباتًا لإعانة الله وتأييده، وهو معنىٰ «لا حول ولا قوة إلا بالله»، مع رفعه لما تبادر إلىٰ ذهن ذلك الأمير، من أن «الإذن» ليس معناه ما هو معروف في اللغة، وأنه يطلق علىٰ «الأمر»،

(84) كذا، ولعل اسمه الصحيح هو عمرو بن فائد، وهو أبو علي الأسواري التميمي (ت. بعد 200هـ).
(85) ابن المرتضىٰ، **طبقات المعتزلة**، ص 60.

ويطلق على «التمكين» و«التخلية»، إما بطريق الحقيقة والمجاز، أو بطريق الاشتراك، والأول أصح. والأمير المذكور غفل عن هذا؛ لعدم علمه بمعنى «الإذن» في اللغة، [وعدم إلمامه بقول الله تعالى: ﴿فِي بُيُوتٍ أَذِنَ ٱللَّهُ أَن تُرۡفَعَ﴾ ولو كان الإذن بمعنى «الخلق» و«الإيجاد»؛ لكانت الكنائس والبِيَع في عصرنا اليوم = من البيوت الذي أذن الله أن ترفع، فيا خيبة الجهال وأهل الضلال]. وهلّا تنبه لمثل قوله تعالى: ﴿شَرَعُواْ لَهُم مِّنَ ٱلدِّينِ مَا لَمۡ يَأۡذَنۢ بِهِ ٱللَّهُۚ﴾ [الشورى: 21]؟

فلو كان فعلهم القبيح = بإذن الله تعالى؛ لاختلّ معنى هذه الآية. وقد روى الطبراني في **معجمه الكبير**، عنه -عليه الصلاة والسلام-، من حديثٍ في الدعاء، قال: «لن تطاع إلا بإذنك، ولن تعصى إلا بعلمك»(86). الحديث. فانظر كيف لم يجعل المعصية كالطاعة بإذنه تعالى.

وبالجملة، فالمنصف المطلع، يعرف ويعترف بأنه لم يأت «الإذن» في الكتاب والسنّة إلا في جانب الطاعة، ولم يأت في جانب المعصية أنها بإذن الله. ولو جاء ذلك لقلنا: الإذن عبارة عن: التمكين منها، والتخلية -كما عرفت- ولا ينكره عاقل.

وأما قوله تعالى: ﴿مَآ أَصَابَ مِن مُّصِيبَةٍ إِلَّا بِإِذۡنِ ٱللَّهِۗ﴾ [التغابن: 11]؛ فالمراد به: المصائب المأمور بالصبر عليها كما قال لقمان -عليه السلام- لابنه: ﴿وَٱصۡبِرۡ عَلَىٰ مَآ أَصَابَكَۖ إِنَّ ذَٰلِكَ مِنۡ عَزۡمِ ٱلۡأُمُورِ﴾ [لقمان: 17]. ومعلوم أنه لم يأمره بالصبر على المعصية؛ بل نهاه عنها. وكيف يجوز منه -عليه السلام- أن يأمر بالمعصية؟

وأما قوله تعالى: ﴿وَلَيۡسَ بِضَآرِّهِمۡ شَيۡـًٔا إِلَّا بِإِذۡنِ ٱللَّهِۚ﴾ [المجادلة: 10]؛ فالمراد منه: أنه ليس الحزن أو الشيطان بضارٍّ الذين آمنوا إلا بمشيئة الله أن يقضي الموت على أقاربهم، أو الغلبةَ على غُزاتِهم؟ كما كانوا يوهمونهم ذلك. وليس ذلك قبيحًا حتى يمتنع أن يكون بإذن الله. وسياق الآية منادٍ بهذا -كما لا يخفى على متأمل بإنصاف-. وقس على ذلك قوله تعالى: ﴿وَمَآ أَصَٰبَكُمۡ يَوۡمَ ٱلۡتَقَى ٱلۡجَمۡعَانِ فَبِإِذۡنِ ٱللَّهِ﴾ [آل عمران: 166]، وليس المراد منه: أن معصية جمع المشركين = بإذن الله. بل الذي بإذن الله هو الخير للمؤمنين.

(86) الطبراني، **المعجم الكبير**، ج 8، ص 264، حديث 8027.

فإن هذه الآية لتسلية المؤمنين، وتعريفهم بأنهم مطابقون لمراد الله، وأنه لا يضيع أجرهم وصبرهم على ما أصابهم، وأن في ذلك كله خيرًا للمؤمنين.

وبهذا يظهر: أنه لا متشبَّث للمعترض بما في هذا الحديث -على تقدير صحته- من قوله: «ما أصابك لم يكن ليخطئك»، وأنه بمعزل عن المعاصي وسائر أفعال العباد، كما يرشد إلى ذلك قوله: «أصابك». فإن الفرق بين «أَصَبْتَ» وبين «أصابك» = لا يخفى إلا على بعض الأغبياء من الأكراد، وغيرهم.

ثم إن هاهنا شيئًا واضحًا يدل على فساد ما يزعمه المعترض وسائر أصحابه المجبرة، من كون المعاصي بإذن الله. وذلك أن قوله تعالى: ﴿قُلْ ءَآللَّهُ أَذِنَ لَكُمْ أَمْ عَلَى ٱللَّهِ تَفْتَرُونَ﴾ [يونس: 59] = إنكارٌ لجعلهم هذا حلالًا وهذا حرامًا، أعني المشار إليه بقوله تعالى: ﴿قُلْ أَرَءَيْتُم مَّآ أَنزَلَ ٱللَّهُ لَكُم مِّن رِّزْقٍ فَجَعَلْتُم مِّنْهُ حَرَامًا وَحَلَٰلًا﴾ [يونس: 59]. الآية. وهي دالة على أن كل افتراء على الله تعالى = فليس بإذنه. فقوله تعالى -بعد هذه الآية الكريمة-: ﴿قَالُوا۟ ٱتَّخَذَ ٱللَّهُ وَلَدًا﴾ [يونس: 68]، إلى قوله تعالى: ﴿قُلْ إِنَّ ٱلَّذِينَ يَفْتَرُونَ عَلَى ٱللَّهِ ٱلْكَذِبَ لَا يُفْلِحُونَ﴾ [يونس:69] = ذمٌّ متناول للمعترض وأصحابه المجبرة، فتأمل. ولا حول ولا قوة إلا بالله، وقد خرجنا عن المقصود فلنرجع إليه.

وأما قوله: «وهذا المنفق مثلَ أحد ذهبًا... إلخ»؛ فهادم لجميع ما بناه على الأوهام والمحال، ولله در عبد الله بن رواحة إذ قال:

مقالة السوء على أهلها أسرع من منحدرٍ سائل

وهذا المقام هو ما سبق به الوعد أولَ الكتاب فنقول:

لا يخفى أن هذا الكلام صريح في أن الله تعالى لا يقبل عمل من توهَّم أن له قدرةً واختيارًا، وإنما يقبل عمل من زال عنه هذا [143 أ] التوهم بالكلية. وهذا المعترض قد كرر أن مدار التكليف إنما كان على توهم القدرة والاختيار، وأن هذا التوهم كافٍ لصحة التكليف والأمر والنهي، وترتب المدح والذم، وما يتبع ذلك من الثواب والعقاب. فظهر التناقض الفاحش في كلامه ظهورًا يُعلَم به ما تجرُّ إليه مقالاتُ السوء،

والتعصبات للأسلاف، وحسن الظن بهم، من دون التفات إلى الحق والحقائق، ووقوفٍ عند ما تعطيه معاني كتاب الله، وسنة نبيه -عليه الصلاة والسلام-، ومطابقة ما أقامه الله تعالى من حجج العقول.

ولنـزده وضـوحًا فنقـول:

قد اعترف هنا بمحض الجبر، وزعم أنه لا يُقبَل من الأعمال إلا ما صدر عن معتقِده -أي: الجبر-، وقد كرر في هذا الكتاب أن الجبر المحض مكابرة للضرورة، وهي مذمومة، بل مستلزمة للكفر عند البعض. وقد كرر أيضًا أن توهم القدرة والاختيار = عليه بُني التكليف ودار، وزعم أن هذا هو مذهب الحق المتوسط بين الجبر المحض والاعتزال. لكنه هنا قد ذم هذا المذهب، وهو لا يريد، حيث قال: «إنه لا يُقبَلُ عملُ من توهَّم هذا التوهم»، فلا يُقبل -بزعمه- إلا عملُ الذي انمحى عنه هذا التوهم رأسًا، كما هو مقتضى قوله: «كان معتقدًا لشيء معدوم... إلخ». فيلزم أن لا يُقبَل عملُ أكثر الناس، بل يلزم أن لا يُقبَل عملُ مكلَّفٍ أصلًا؛ لِـما ذكره هو، من أن التكليف إنما دار على هذا التوهم المذكور، يعني: فمن لم يتوهم = لم يُكلَّف، ومن توهَّم = كُلِّف ولم يُقبَل منه عملٌ أصلًا.

ومن فضائح هذا الغلط: أنه قال بأن سبب عدم القبول لهذا الإنفاق من المتوهِّم المذكور، هو: أنه توهم شيئًا معدومًا لا وجود له؛ لأن الوجود لا يصدر من العدم -كما قال-، مع أن مفهوم الحديث هو: أن سبب عدم قبول الإنفاق المذكور: عدمُ الإيمان بالقدر، يعني: أن عدم القبول كالعقوبة له في عدم إيمانه بالقدر -على ما هو ظاهر هذا الحديث-. فأين كلام المعترض من هذا الذي دل عليه حديثه المذكور؟ كيف ولو كان الأمر على كلام المعترض؛ لم يبق لتخصيص الإنفاق المذكور جهة؟ بل كان ينبغي أن يكون الحديث بصدد الأعمال لا بصدد الإنفاق؛ إذ قد يكون إنفاق المنفق بدون مزاولة عمل وحركات وسكنات -كما لا يخفى على مميز-.

فاقض عجبًا من هذا التهور الموفور، والمناقضة والهوس والغرور. على أنه ما اكتفى به، بل زعم -في ما سيأتي من الكلام أول كتاب التوحيد-، أنه لا يصح التوحيد إلا برفع هذا الوهم. فترقّى من عدم قبول العمل إلى لزوم الشرك لكل مكلف. نسأل

الله العافية.

ومن فضائح هذا الغلط، وقبائح ما ارتكبه هنا من الشطط: ما أشعَرَتْ به عبارتُه من كون العبد يسمَّى «خالقًا» لا بالاستقلال. وذلك أنه قال: «وهذا المنفقُ مثلَ أُحُدٍ ذهبًا = يتوهم أن إنفاقه ما صدر منه إلا بخلقه وقدرته واختياره استقلالًا... إلخ». وهو قد كرر الكلام بأن للعبد قدرة واختيارًا غير مستقلين، وزعم أن «توهُّم القدرة المؤثرة» يُسمّى «قدرةً مؤثرةً غير مستقلة»، و«توهم الاختيار» يسمَّى «اختيارًا غير مستقل». وهنا زاد ذكر «الخَلْق»؛ فكأنه يقول بأن «توهم الخلق» يسمّى «خلقًا غير مستقل»، وهو قاضٍ بأن العبد يسمى «خالقًا غير مستقل» كما أنه يسمى «مختارًا غير مستقل» -عنده-. وهذا مخالف لكلام جميع أصحابه المجبرة، بل وكلام كثير من المعتزلة، كأبي القاسم البلخي وأصحابه البغداذية، وعبّاد بن سليمان الصيمري ومن قال بمقالته -كما مر ذكره أول الكتاب-، بل هو -كما ذكرناه هناك- مخالفٌ لجميع الأولين والآخرين؛ لأن بصرية المعتزلة إنما يجوزون إطلاق «الخَلْق» على فعل العبد لغةً لا شرعًا، ويشترطون في صحة الإطلاق أن يكون فعلًا حادثًا بتقدير؛ نظرًا إلى اعتبار معنى «الخَلْق» في اللغة.

ومن الفضائح أيضًا: قوله: «وأن الله لا يقبل إلا ما هو موجود من الأعمال»؛ فإنه إن أراد به: ما هو موجود بإيجاد العبد = فمناقضةٌ لمذهبه ظاهرةٌ. وإن أراد: ما هو موجود بإيجاد الله تعالى = فلا يتم ما حاوله هنا، وهو ظاهر أيضًا، إلا أنا نزيده ظهورًا فنقول:

إن الذي يتعلق به القبول من الله تعالى، إما أن يكون واقعًا من جهة العبد، أو من جهة الله تعالى.

إن كان الأول؛ فالواقع من جهة العبد ليس إلا الكسب -عند المعترض وسائر الأشاعرة-. والكسب لا يتصف بالوجود لأنه أمر اعتباري محض. فظهر: أن وصف المعترض لشيء من جهة العبد بأنه موجود = اعتراف -في الحقيقة- ببطلان مذهبهم، وإقرارٌ بأن العبد مُوجِدٌ لأعماله -كما هو مذهب العدلية-.

وإن كان الثاني؛ فالذي هو من جهة الله تعالى؛ هو: نفس الإيجاد -بزعمهم-، ولا

دخل للعبد في ذلك أصلًا -كما صرّحوا به-، وإنما دخله في الاكتساب -بزعمهم-. وحينئذٍ، يكون العبد بمعزل عن طلب القبول لما لا دخل له فيه أصلًا، كسائر الأفعال الموجودة بإيجاد الله، مثل إنزال المطر وإرسال الرياح وغير ذلك، وسائر أفعال الله التي لا دخل للعباد فيها أصلًا.

ومما يُقضَى منه العجب: دلالةُ هذا الذي ذكره = على أن العبد إذا زال عنه توهمُه لقدرته واختياره؛ صار عمله وإنفاقه مقبولًا موجودًا غير معدوم، وإذا بقي معه هذا التوهم؛ صار معدومًا! يا عجباه يا عجباه من هذا التهور الظاهر!

وفيه، مع هذا التصريح بعدم قبول الأعمال إلا ما صدر عن محض الجبر وخالص التجهم = اعترافٌ منه بعدم قبول عمله وعمل أمثاله؛ لقوله بالتوهم المذكور، الذي ادعى أنه تميّز به عن الجهمية، والخُلّص من الجبرية، وكذا عمل جميع الأشاعرة؛ لقولهم بالكسب، وإن اختلفوا في معناه، بل وإن لم يكن له معنًى في نفسه، بل وكذا عمل الجهمية؛ لأنه يزول عنهم التوهم، فإن اعتقادهم انتفاءَ التأثير لا يرفع ما يطرأ من توهمهم الذي لا اختيار لهم فيه؛ لأن منشأه مركوز في عقولهم. ولذا كان بطلان الجبر المحض = بضرورة العقل.

هـذا، وإن أردنا مناقشته ومناقضته على وجه آخر؛ قلنا له: ماذا أردت بـ«الوجود» في قولك: «إلا ما هو موجود»؟

فإن أردت به: ما هو المتبادر، أي: معنى البقاء؛ فالأعمال غير باقية عند أمثالك من أتباع الأشعري. وذلك لأن الأعمال أعراضٌ، اتفاقًا. فلو بقيَت؛ لزم قيامُ العَرَض بالعَرَض، على قاعدتكم في أن البقاء عَرَض، بل ليست أعمال العباد -التي هي أعمالهم- أعراضًا عندكم؛ لأن العمل عندكم يرادف الكسب، وهو -أي: الكسب- ليس عرضًا من الأعراض؛ لأنه عبارة عن كون العبد محلًا لما يخلقه الله فيه من الأعمال العَرَضية، مع قدرة وإرادة مخلوقتين للعبد، مقارِنتَيْن لما يخلقه الله؛ فهما غير مؤثرتين أصلًا. وعلى هذا؛ فالعمل -كالكسب- أمرٌ اعتباريٌ عندكم، ومُحالٌ أن يكون الأمر الاعتباري عرضًا من الأعراض؛ لأن العَرَض قد يتصف بالوجود، بخلاف الأمر الذي هو اعتباري محض كالكسب؛ فإنه لا يتصور وجوده، وإلا لزم أن العبد موجِدٌ لأعماله.

ولهذه النكتة؛ يُشكِل على الأشاعرة أمثالُ قوله تعالى: ﴿وَقَدِمْنَآ إِلَىٰ مَا عَمِلُواْ مِنْ عَمَلٍ فَجَعَلْنَٰهُ هَبَآءً مَّنثُورًا﴾ [الفرقان: 23]؛ فإنه لا يُتصوَّر تعلقُ «الجَعْل» بما هو أمر اعتباري محض كالكسب، ولا يمكن أن تكون المحلية المعتبرة في الكسب = أمرًا يتعلق به الجَعْلُ أصلًا، وتصييرُه هباءً منثورًا، مع أنه تعالى قد أضاف المجعول كذلك إلى العباد حيث قال: ﴿وَقَدِمْنَآ إِلَىٰ مَا عَمِلُواْ مِنْ عَمَلٍ﴾. الآية. فليُتأمَّل؛ فإنه من السوانح اللطيفة.

وإن أردتَ بالوجود: معنى «الحصول في زمان من الأزمنة»؛ فأنت لا تمنعه، بل لا يمكن منعُه. ولا خلاف في حصول الفعل على يد العبد وصدورِه عنه. وإنما الخلاف في «الحصول»؛ هل هو بتحصيل العبد؟ وفي «الصدور»؛ هل هو صدورُ تأثيرٍ أو لا؟ وعلى هذا، فقد ظهر: أن كلامك لا يتم له معنًى صحيحٌ.

لا يقال: إن له أن يجيب باختيار الشق الأول، ولا ينكر بقاء الأعمال، وإلا لما صح وزنُها يوم القيامة.

لأنا نقول: المعترض معترف -في ما ذكره آخر الكتاب- بأن وجود الأعمال في دار الجزاء، وتجسُّدَها عند الوزن = خارجٌ عن طور العقل، فلا يكون هذا منه.

ومن فضائح هذا الكلام: [143 ب] أنه يلزم عليه أن الكافر المعتقِدَ أنه صدر منه الكفر بقدرته واختياره = لا يُعاقَب عليه؛ لأنه اعتقد شيئًا معدومًا لا وجود له، مع أن المعترض مصرحٌ غير مرة، بأن التكليف إنما يدور على هذا الاعتقاد والتوهم الفاسد -بزعمه-. فهل سمعت بمن يرضى لنفسه أن يقول بمثل هذا المستلزِم أنه لا يُكلَّف العبد حتى يتوهم توهمًا فاسدًا أن له قدرة وإرادة، يؤثران في صدور الأفعال منه، وإذا توهم هذا التوهم الفاسد؛ سقط عنه العقاب ولم يستحق شيئًا من الثواب؟ وذلك مستلزم لسقوط تكليفه بالمرة. فكأن المعترض قال: «لا يُكلَّف حتى يعتقد ويتوهم. فإذا اعتقد وتوهم التوهم المذكور؛ سقط تكليفه».

ويلزم أيضًا، أن من اعتقد أن مع الله ثانيًا؛ أنه لا يعاقَب على اعتقاد الثاني؛ لأنه اعتقد شيئًا معدومًا بل ممتنعًا. وهذا -مع وضوح بطلانه بالإجماع- قد لزم منه أنْ لا يبقى لاعتراض المعترض على المعتزلة وجهٌ أصلًا؛ لأنه ذكر -في أول كتاب التوحيد-:

أنه لزمهم إثباتُ الشريك -بزعمه-.

ثم إن قوله: «إن الوجود لا يصدر من العدم» = عبارةٌ ظاهرُها قبيح. بل هي كلمة فلسفية، حيث قال من قال منهم: «إن صدور شيء من لا شيءٍ = محالٌ؛ ادّعاءً لِقِدَم الهيولى». وأما نحن فنقول: «إن الله أوجد الكائنات من عدم»؛ فصدور الوجود عن العدم = غيرُ ممتنع، بل هو الواقع.

وأما قوله: «فتأمله، فإنه من بعض أسرار هذا الحديث»؛ فجوابه: أنا قد تأملناه، فوجدناه من بعض أشرار هذا المذهب الحديث.

واعلم أن ما في هذا الحديث من ذكر الإنفاق لمثل أُحُدٍ ذهبًا = ليس مخصوصًا به -أي بهذا الحديث-؛ فإنه قد ورد لغير هذا الصدد، باعتراف المعترض -كما سيجيء-. وإذا لم يكن مختصًا بهذا الحديث؛ فقد بطل ما حاوله منه. مع أنها محاولة باطلة، ومجاولَةٌ عاطلة. وإنما هي تخيلات معتلّة، وتمحّلات مضمحلّة. وإنما قلنا: إن الحديث المذكور ليس ما ذكر فيه من الإنفاق مختصًا به؛ لأنه قد جاء في حديث فضل الصحابة، ومنه: «لو أنفق أحدُكم مثل أُحُدٍ ذهبًا؛ ما بلغ ثوابُه في ذلك ثوابَ نفقةِ أحد أصحابي»(87).

وفي **المصابيح**، عن أبي سعيد الخدري -رضي الله عنه- قال: قال النبي -صلى الله عليه وسلم-: «لا تسبّوا أصحابي؛ فلو أن أحدكم أنفق مثل أُحُدٍ ذهبًا؛ ما بلغ مُدَّ أحدهم ولا نصيفه»(88). انتهى. والمعترض قد أورده -في ما سيجيء إن شاء الله- معزوًّا إلى الإمام أحمد بن حنبل، والبخاري، ومسلم، وأبي داود، والترمذي. وأخرجه مسلم وابن ماجه عن أبي هريرة بهذا اللفظ الذي ذكره البغوي في **المصابيح**. وقال المعترض -في ما سيجيء-: «إن المعنى متفق عليه بيننا وبينهم»، أي: معنى كون الصحابة بهذا المقام الذي أشار إليه النبي -عليه وعلى آله الصلاة والسلام-.

---

(87) رواه هنا بالمعنى، بل هكذا شرحه النووي فقال: «ومعناه: لو أنفق أحدكم مثل أحد ذهبًا؛ ما بلغ ثوابه في ذلك ثواب نفقة أحد أصحابي». النووي، **شرح النووي على صحيح مسلم**، ج 16، ص 93.

(88) أبو محمد الحسين بن مسعود البغوي، **مصابيح السنة**، تحقيق يوسف عبد الرحمن المرعشلي ومحمد سليم إبراهيم سمارة وجمال حمدي الذهبي (بيروت: دار المعرفة للطباعة والنشر والتوزيع، 1987)، ج 4، ص 143، حديث 4699.

مطلب

وقد نقل اللقاني في **شرح الجوهرة** عن القاضي: أن «سبب تفضيل نفقة الصحابة -رضي الله عنهم- أنها كانت في وقت الضرورة وضيق الحال، بخلاف غيرهم. ولأن إنفاقهم كان في نصرته -صلى الله عليه وسلم- وحمايته. وذلك معدومٌ بعدَه، وكذلك جهادهم وسائر طاعاتهم. وقد قال تعالى: ﴿لَا يَسْتَوِي مِنكُم مَّنْ أَنفَقَ مِن قَبْلِ الْفَتْحِ وَقَاتَلَ أُولَٰئِكَ أَعْظَمُ دَرَجَةً﴾. [الحديد: 10]. الآية. هذا كله مع ما كان فيهم أنفسهم من الشفقة والخشوع والتواضع والإيثار»(89). إلى آخر ما قال.

فإن كان هذا المعترض قد اطلع على مثل هذا الكلام من القاضي، فلعله استنبط من قوله: «وذلك معدومٌ بعده» = هذا الهوسَ الذي جاء به، ووضعه غير موضعه. مع أن كلام القاضي في توجيه معنى الحديث، وبيان الحكمة في تفضيل إنفاق الصحابة، على ما نقله عنه اللقاني = ممنوعٌ؛ إذ السببُ في بعض الروايات؛ يأباه. فقد ثبت أنه كان بين خالد بن الوليد وبين عبد الرحمن بن عوف شيء، فبلغ ذلك النبي -صلى الله عليه وآله وسلم- فقال: «لا تسبوا أصحابي، فو الذي نفسي بيده، لو أنفق أحدكم مثل أحد ذهبًا، ما بلغ مُدَّ أحدهم ولا نصيفه». -أي: نصفَه-.

فهذه الرواية الصحيحة دالَّةٌ على بطلان ما ذكره القاضي في قوله: «وذلك معدوم بعده»؛ لظهور أن خالدًا لم يكن -يومئذ- بعدَه -عليه وآله الصلاة والسلام-. فإنه المخاطَب بقوله عليه: «لا تسبوا أصحابي»، كما يفصح عن ذلك رواية الواقدي وابن عساكر: «يا خالد؛ ذروا لي أصحابي. متى يُنْكَ أنفُ المرء يُنْكَ المرء(90). ولو كان أحد ذهبًا تنفقه قيراطًا قيراطًا في سبيل الله؛ لم تدرك غدوة وروحة من غدوات أو روحات عبد الرحمن»(91). الحديث. وكل ذلك دالٌّ على أن المراد: قوم من الصحابة مخصوصون، لا كل صحابي، كما توهَّمه القاضي وغيره.

---

(89) اللقاني، **عمدة المريد**، ج 3، ص 1067.

(90) نكِي ينكى العدوَّ: هزمه وغلبه، ونُكيَ يُنكَى: هُزِم وغُلِب.

(91) ينظر: السيوطي، **جمع الجوامع (الجامع الكبير)**، ج 12، ص 484، حديث 427/ 27054.

نعم، قوله: «إن نفقة الصحابة كانت في وقت الضرورة وضيق الحال... إلخ» = صحيح.

وأما قول المعترض: «فالإنفاق يستحيل صدوره من الإيجاد استقلالًا»؛ فمن العجائب.

أما أولًا؛ فلأنه لا نزاع لأحد في أن الموجِد للشيء الذي ينفقه المنفق هو الله تعالى دون غيره.

وأما ثانيًا؛ فلأن هذا الكلام يوهم أن المعترض قائلٌ بأن للعبد إيجادًا لأفعاله؛ لكن بدون استقلال، وأنه إنما ينفي الاستقلال. وهذا مما لا يقول به أحد من الأشاعرة ولا يرضى به المعترض مذهبًا. كيف وهو لا يثبت للعبد من الأفعال إلا مجرد الأوهام الفاسدة؟ فانظر هذا التخليط الحديث.

وقد تبين بطلانه من وجوه أُخَرَ قد عرفتَها، كما تبين لك هنا بطلانه، من حيث كونُ ذكرِ الإنفاق لمثل أُحُد؛ ليس مخصوصًا بذلك الحديث.

وأما الحديث الذي أورده مما أخرجه الطبراني والديلمي؛ فمما لا يفيده في مطلوبه - على فرض صحته-؛ لِـما عرفت من معنى القَدَر عندنا وعند أهل التحقيق منهم، وأنه بمعزل عن إجبار العباد على أفعالهم، فضلًا عن أن يكون عبارةً عن خلقها وإيجادها. والمعترضُ إنما أراد بقوله: «ولمّا كان القَدَر بهذه المرتبة... إلخ»: أنه عبارة عن «إيجاد الله تعالى لأفعال العباد»، ولا إيجاد من قِبَلِهم لشيء من أفعالهم، وأنهم لو أوجدوا شيئًا منها؛ لكانوا شركاء لله في ملكه. ومن اعتقد المشاركة لله في ملكه؛ لم يتم له التوحيد حقيقةً. فبهذا الاعتبار كان الإيمان بالقدر -الذي هو عبارة عن إيجاد الله لأفعال العباد كلها- نظامَ التوحيد لأنه ينتظم به. هـذا تقرير مراده. وقد عرفت أنه مخالف للعقل الصّرف والإجماع من أهل التحقيق. فالحديث في محل الريبة، ولا تقوم به حجةٌ ولا شبهةٌ.

وإن شئنا قلنا: حديث ابن عدي -الذي قال المعترض إنه أصرح في مقصوده- حجةٌ عليه؛ لأن النبي -صلى الله عليه وآله وسلم- جاء بالحجة البالغة، ودعا الناس إلى ما يريده الله منهم من الإيمان، وخاطبهم بالحق، وأشهد عليهم عقولهم التي هي الحجة، مع إزاحة عللهم، وتمكُّنهم من الإيمان بالله، واعتقاد أنه عالم قادر إلى آخرها، عَلم الأشياءَ على الوجه الذي تقع عليه؛ فهي مُقدَّرةٌ في علمه، محدَّدةٌ تحديدًا بليغًا، بحيث لا يتخلف المحدود. فالعبد المختار -في علمه تعالى- لا ينقلب مضطرًا.

والعبد المعلوم المحدودُ تأثيرُه في فعله = لا ينقلب عاطلًا عن التأثير.

فمن كـذّب بهذا القَدَر فقد كفر بما جاء به -عليه الصلاة والسلام-؛ لاستلزامه أن الله تعالىٰ إنما أوجد الكائنات خبطًا وجزافًا، وأنّ علمه تعالىٰ = مما يمكن تخلُّفُه وانقلابُه جهلًا؛ نظرًا إلىٰ القول بأن العبد المختار -في علم الله تعالىٰ السابق بتحديد الأشياء- يصير مضطرًا؛ لسبق العلم باختياره في فعله، مقدَّرًا محدَّدًا.

فانظـر -يا أخا الأكراد- كيف انقلب عليك ما أوردته بوهمك، ورجع إليك ما أردته لخصمك.

كلام في القضاء والقدر

وليس هذا مما تفردنا به؛ فإنه موجود في كلام بعض الأشاعرة. قال اللقاني في **شرح الجوهرة** ما نصه: «وهو -أي القدر-: تحديد الأمور أزلًا»، إلىٰ أن قال: «ونحوه قول بعضهم: 'المراد من القدر: علم مقادير الأشياء وأزمانها'». ثم قال: «وقد حكىٰ المصنفون عن طوائف من القدرية: إنكار كون الباري عالمًا بشيء من أعمال العباد قبل وقوعها، وإنما يعلمها بعد كونها [144 أ]، وهم الذين قال فيهم الشافعي: 'القدرية إن سلَّموا العِلمَ؛ خُصِمُوا'»(92). ثم قال في القضاء ما نصه: «وهو -لُغةً-: الحكم، وعُرفًا يعبَّر به عن الفعل مع زيادة إحكام»(93). انتهىٰ. ومثله عن سعد الدين قد مر.

ثم ذكر اللقاني عن بعض المحققين منهم: «أن ما فسروا به القضاء من اعتبار الفعل هو الحق، لا ما حكاه السيد في **شرح المواقف** عن الأشاعرة، من أن القضاء هو: إرادته الأزلية المتعلقة بالأشياء علىٰ ما هي عليه في ما لا يزال، وقال في **الصحاح**: القضاء: الصنع والتقدير، كما قال تعالىٰ: ﴿فَقَضَىٰهُنَّ سَبۡعَ سَمَٰوَاتٖ فِي يَوۡمَيۡنِ﴾ [فصلت: 12]. ومنه القضاء والقدر. ومن قال إنه عبارة عن الإرادة الأزلية المتعلقة بالأشياء علىٰ ما هي عليه؛ فعليه البيان»(94). إلىٰ هنا كلامه.

---

(92) اللقاني، **عمدة المريد**، ج 2، ص 714

(93) المرجع نفسه.

(94) المرجع نفسه، ص 715-716.

ومنه يظهر: أن المعتزلة وجميع أهل العدل المثبتين لعلمه تعالى = بمعزلٍ عن القدرية، وأن قول من قال: «القضاء مخصوص بأفعال الله تعالى»؛ قولٌ قد أخذ بمعاقد الإجماع؛ إذ لا خلاف -في التحقيق- إلا في أن أفعال العباد وقبائحهم: هل هي أفعال له تعالى -كما افترته المجبرة-؟ أو هي أفعال لمن أضافها الله إليه -وهو أصدق القائلين وأحكم الحاكمين-؟

فهذا القول المذكور قول متصوَّر. وقد عرفت -سابقًا- أن الجوهري جعل معنى القضاء والقدر واحدًا، بل هو معنى هذا الكلام. وجَعْلُ جارِ الله القدرَ مخصوصًا بأفعال الله تعالى = ربما يميل إليه.

أما إذا كان المراد بالقدر: ما يدور المعترض حول إثباته، من أن الله تعالى أوجد الكفر من الكافر وقدّره عليه، بحيث لا يكون الكافر قادرًا على تحصيل الإيمان أصلًا؛ فالتصديق بهذا القدَر هو الكفر بما جاء به محمد -عليه الصلاة والسلام- باعتراف جماعة من الأشاعرة والماتريدية، وبالنصوص الظاهرة الباهرة الجلية. ولو لم يكن لنا منها إلا قوله تعالى: ﴿وَإِذْ كَفَفْتُ بَنِيٓ إِسْرَٰٓءِيلَ عَنكَ﴾ [المائدة: 110]. الآية، وقوله تعالى: ﴿أَن يَكُفَّ بَأْسَ ٱلَّذِينَ كَفَرُواْ﴾ [النساء: 84]. الآية. وقوله تعالى: ﴿وَهُوَ ٱلَّذِى كَفَّ أَيْدِيَهُمْ عَنكُمْ﴾ [الفتح: 24]. الآية. فإنه لو كان الباري تعالى هو الفاعل لأفعال العباد والموجد لها بقدَرٍ منه تعالى؛ للزم أن يكون المكفوف هو الكافّ؛ لأن الموجد لفعل الكفّ هو الموجد لفعل المكفوف. ومحال أن يكون الشيء كافًّا مكفوفًا. ولا يرتفع هذا المحال بالنظر إلى المحل. وكل ما كان مستلزمًا للمحال كان محالًا، فلزم أن القول بالجبر وخلق الأعمال = محالٌ، وأن التصديق بالقَدَر -الذي هذا معناه- هو المستلزم للكفر بجميع ما جاء به الأنبياء -عليهم الصلاة والسلام-. كيف وفيه تسفيه دعوتهم، وتعطيل أحكامهم وشرائعهم، وإقامة العذر لمن كذّبهم وخالفهَم -عليهم السلام-؟

هـذا، وابن عدي قد جاء في **كامله**(95) بالموضوعات اتفاقًا. وكذا الديلمي -كما ذكره ابن تيمية-، والطبراني كذلك؛ ليس كل ما جاء به معتمَدًا. ولم أبحث في حال

(95) يعني كتاب **الكامل في ضعفاء الرجال** لابن عدي.

رقم هذه الجوابات عن حال رجال هذين الحديثين؛ لعدم استحضار كتب الفن عند الكتابة. على أن مجرد ما ذكرناه أولًا = كافٍ. أعني: أن الأحاديث التي جاءت من رواية الدعاة إلى بدعة الجبر = غيرُ مقبولةٍ، حيث لا تَقبَل تأويلًا يخرجها عن تقوية هذه البدعة، أي: بدعة الجبر المبطل للتكاليف، المسقط للشرائع، القادح في قضايا العقول السليمة، بأحاديث ملفقة، وروايات غير مصدقة. كيف وهي آحادية في مقابلة القاطع العقلي؟ والأمر بحمد الله واضح جلي.

[ادّعاء المعترض أن خلق الله لأعمال العباد قطعي في القرآن، وأن آل البيت قائلون بذلك]

قال: «**وقد ظهر ظهورًا بلا ريبةٍ ولا امتراء، عند من سَلِمَ أبصارُ بصائرهم من غشاوة التعصب والمراء، بالحجة القاطعة والسنة الواضحة: أن أفعال العباد مخلوقةٌ لله تعالى، من غير تأثيرٍ لقدرتهم فيها، وليس لهم إلا الكسب -وقد مرّ معناه وتقريره-. وظهر أنها مقدَّرةٌ عليهم؛ فهي -كسائر الأشياء- بقَدَرٍ. فقد ظهر أن 'شيئًا' -في قوله تعالى: ﴿خَـٰلِقُ كُلِّ شَىۡءٍ﴾-؛ شامل لأفعال العباد كلها قطعًا. وكذلك 'شيء' -في قوله تعالى: ﴿إِنَّ ٱللَّهَ عَلَىٰ كُلِّ شَىۡءٍ قَدِيرٌ﴾، وكذلك في قوله تعالى: ﴿إِنَّا كُلَّ شَىۡءٍ خَلَقۡنَـٰهُ بِقَدَرٍ﴾- البتة.**

وقد أعلمَنا رسولُ الله -صلى الله عليه وسلم- في قوله: 'إني تاركٌ فيكم ما إن تمسكتم به لن تضلوا'. الحديث: أن الكتاب والعترة لن يفترقا حتى يردا عليه الحوض. وهذا حديث صحيح عندكم وثابت، بل متواتر عندكم. وحيث إن رسول الله -صلى الله عليه وسلم- وهو الصادق المصدوق؛ أخبر بأنهما لن يفترقا؛ لزم أن يكون جميع العترة -رضي الله عنهم- قائلين بالقدر، وإلا لزم أن يكونوا مفترقين من الكتاب. واللازم باطل؛ لأنه مستلزم لأن يكون النبي -صلى الله عليه وسلم- كاذبًا، وقد قال الله تعالى في حقه -صلى الله عليه وسلم-: ﴿وَمَا يَنطِقُ عَنِ ٱلۡهَوَىٰٓ ۝٣ إِنۡ هُوَ إِلَّا وَحۡيٌ يُوحَىٰ﴾ [النجم: 3، 4]. **فاستحال أن يصدر منه الكذب، فاستحال افتراق العترة من الكتاب. والكتاب قد نص على أن كل شيء = بخلقِه وبقَدَر، ومن ذلك أفعال العباد خيرها**

وشرها؛ فهي بخلقه -تعالى- وبِقَدَرٍ. فلزم أن يكون العترة قائلين بذلك بالضرورة، كما هو ثابت عندنا قولُهم بذلك برواية صحيحة. ولسنا نحتج عليكم بمجرد مقالتهم حتى يمكنكم أن تقولوا: 'هذا ما ثبت عندنا فلا تقوم حجة علينا'. وإنما نحتج عليكم بما هو ثابت عندكم ومتواتر: أنهم لا يفارقون الكتاب.

وقد بينا -في ما سبق مفصلًا- أن الكتاب كالسنة = ناصٌّ على ذلك نصًا لا يمكن تأويله تأويلًا صحيحًا، وأن صاحب الكشاف، مع تصلُّبه في الاعتزال، ما أمكنه أن يأتي في تفسير الآية -على وفق مذهبه- إلا بما هو حجة عليه قاطعة، آخذة بمخانق المنكرين، ملقمةٌ إياهم الحجر، لا محيص لهم عنها أبدًا.

وإذا كان كذلك؛ تعين أن يكون قوله -صلى الله عليه وسلم-: 'القدرية مجوس هذه الأمة'؛ واردًا في حق من ينفي القدر ويكذّبُ به، لا في حق من يثبته ويؤمن به، وإلا لزم أن يكون العترة في هذه الفرقة، وهو باطل بالاتفاق وبالنصوص الواردة فيهم». [144 ب].

أقـول: ليس هذا الزيف والافتراء، والحيف والاجتراء، أكثر من تلك الدعاوىٰ الباطلة بلا امتراء. وهو -بحمد الله- قد ظهر -كما قال- ظهورًا بلا ريبة. فإن امتريت؛ فاسمع ما نتلوه عليك، والحكم بعد ذلك مفوّضٌ إليك.

اعلم -أولًا- أنه لا ينبغي، في أدب البحث، الخروجُ عن المقام الذي وقع فيه النزاع، إلا إذا كان ذلك لأجل ترتيب بعض المقدمات العائدة إليه -كما أشرنا إلىٰ ذلك في أول الكتاب-. وهذا الرجل قد تزحلف(96) عن محل النزاع في التحسين والتقبيح، إلىٰ هذه المباحث التي لم يأتِ فيها بكلام صحيح، بل ما أتىٰ بغير القبيح. وقد جرينا معه حسمًا لمادّة الأوهام الفاسدة، مع الملاحظة والمراعاة -حسب الإمكان- لتلك القاعدة. ونحن هنا نأخذ في إبطال ما أورده من البضاعة الكاسدة.

أما قوله: «وقد ظهور ظهورًا بلا ريبة ولا امتراء... إلخ»؛ ففيـه ريبةٌ -وأيُّ ريبة!- ، بل هي دعوىٰ باطلة بلا ريبة. ومن العجائب قوله: «بالحجة القاطعة»!

---

(96) تزحلف: تزحلق.

وأما قوله: «إن أفعال العباد مخلوقة لله»؛ فليس في كلامه السابق شبهة على صحة هذه الدعوى، فضلًا عن حجة قاطعة؛ لأن غاية كلامه استدلال بالقَدَر على عدم الاختيار. وأين ذلك من الدلالة على كون فعل العبد بخلق الله تعالى وإيجاده؟

على أنك قد عرفت ما في الاستدلال بالقَدَر. فالكلام باطل على كل تقدير. ومثلُه الاستدلال بالعلم. بل قد عرفت أن العلم والقدر من وادٍ واحد.

فإن أراد: أنه كلما كان القدر ثابتًا؛ كانت أفعال العباد مخلوقة = فباطل قطعًا وإجماعًا؛ لعدم الملازمة بين القدر وبين خلق أفعال العباد. إلا أن المعترض كثيرًا ما يميل إلى هذا الباطل. بل قد صرح -في بعض مؤلفاته- بأن آدم -عليه السلام- إنما قامت حجته على موسى -عليه السلام-؛ لأنه أظهر له -بذكر الكتابة السابقة والتقدير السابق- أنه كان مضطرًا مجبورًا غير مؤثر في المعصية المشار إليها بقوله تعالى: ﴿وَعَصَىٰٓ ءَادَمُ رَبَّهُۥ فَغَوَىٰ﴾ [طه: 121]. ومثله ما ذكره في مؤلفه المسمى بـ**الأَمَم**، وسيأتي نقله.

وعلى هذا؛ فهو ممن يجعل القدر حجة للعاصي، فحَسْبُنا في حقه وحق أمثاله، ما قاله ابن تيمية الحنبلي -جزاه الله عن إنصافه خيرًا-، حيث قال: «ومن ظن أن القدر حجة لأهل الذنوب؛ فهو من جنس المشركين الذين قال الله عنهم: ﴿سَيَقُولُ ٱلَّذِينَ أَشْرَكُواْ لَوْ شَآءَ ٱللَّهُ مَآ أَشْرَكْنَا وَلَآ ءَابَآؤُنَا﴾، ثم قال تعالى: ﴿كَذَٰلِكَ كَذَّبَ ٱلَّذِينَ مِن قَبْلِهِمْ﴾، إلى قوله تعالى: ﴿فَلِلَّهِ ٱلْحُجَّةُ ٱلْبَٰلِغَةُ فَلَوْ شَآءَ لَهَدَىٰكُمْ أَجْمَعِينَ﴾». قال: «ولو كان القدر حجةً؛ لم يعذب الله المكذبين للرسل؟» انتهى(97). وقد سبق مثل هذا الذي ذكره ابن تيمية، عن أبي سعيد الحسن بن أبي الحسن البصري التابعي المشهور. وكل من أنصف من نفسه قال بمثله، واعترف بأن القدر السابق والكتابة والعلم = بمعزلٍ عن اقتضاء الجبر، فضلًا عن اقتضاء تأثير الله في أفعال العباد وخلقه لها -تعالى عن ذلك علوًّا كبيرًا-.

والمعترض يتلوَّن في استدلاله على ضلاله بضروب من باطله وجداله ﴿يُجَٰدِلُونَكَ فِي ٱلْحَقِّ بَعْدَمَا تَبَيَّنَ كَأَنَّمَا يُسَاقُونَ إِلَى ٱلْمَوْتِ وَهُمْ يَنظُرُونَ﴾ [الأنفال: 6]. ونحن نقول لهم:

---

(97) سبق توثيقه.

﴿لَقَدْ جِئْنَاكُم بِالْحَقِّ وَلَٰكِنَّ أَكْثَرَكُمْ لِلْحَقِّ كَارِهُونَ﴾ [الزخرف: 78]. فإنا لله وإنا إليه راجعون.

وإن أراد ما مرّ له في الاستدلال بقوله تعالىٰ: ﴿وَٱللَّهُ خَلَقَكُمْ وَمَا تَعْمَلُونَ﴾؛ فقد عرفتَ أيضًا ما فيه من المصادرة، مع أنه إنما أيّده بالاستدلال بالعلم السابق، ثم اعترف في ذلك السؤال ببطلان دلالة العلم السابق -من حيث هو هو- علىٰ نفي الاختيار، فضلًا عن كون الله تعالىٰ هو الخالق الموجد لأفعال العباد، [ولو كان العلم مؤثرًا في وقوع المعلوم؛ للزم انقلاب العلم قدرةً، وتعاكست الحقائق، وهو محال].

وبالجملة، فهذا كلام فارغ لا فائدة فيه إلا شَغلُ الحيّز، وإظهار التبجح؛ إيهامًا لبعض المغرورين بالألفاظ المموهة. لكن قد صرّح الحق عن محضه، وقهقر الباطلُ بنكثه ونقضه.

وأما قوله: «من غير تأثير لقدرتهم»، إلىٰ قوله: «وقد مر معناه وتقريره»؛ فقد مرَّ معناه وتقريره بأنه ليس للعبد إلا التوهم الباطل -كما قال-؛ فلا شيء للعبد في جهة من جهات الفعل. وأمّا كونُه محلًّا؛ فبمعزلٍ عن استحقاق الإسناد والمدخلية في الفعل؛ لكون ذلك جاريًا في حق الشجرة المتحركة بالريح، وكذا يجري في سائر الجمادات التي تكون محلًا للأفعال الواقعة فيها بخلق الله تعالىٰ.

ومما ينبه اللبيبَ المنصفَ علىٰ هذا، وأنهم -أي: الأشاعرة كالمعترض ومشايخه- يرجعون في التحقيق إلىٰ الجبر المحض، والتجهم الصرف: أنهم يتشبثون في مذهبهم وتحقيق الجبر، بقولهم: «لو كان العبد مُوجِدًا لأفعاله؛ لكان عالمًا بها. لكن التالي باطل -بزعمهم-؛ فالمقدم مثله كذلك». ولا خفاء في أن دعواهم لهذه الملازمة وبطلان تاليها -بزعمهم- يقتضي أنهم نافون لعلم العبد بأفعاله؛ فيلزمهم أن العبد مجرد محلٍّ، كالجماد الذي هو ظَرْفٌ ومحلٌّ لما يجري فيه من الأفعال التي يستحيل شعورُه بها، وحينئذ يلزم انتفاء الكسب بالكلية، إن كان الكسب -بزعمهم- أمرًا وراء المحلّيّة. ويلزم انتفاء التوهم الفاسد الذي زعم المعترض أنه يدور عليه التكليف، وهو توهُّم تأثير قدرته وإرادته في الفعل. بل يلزم انتفاء نفس القدرة والإرادة؛ لاستحالة القدرة والإرادة في ما لا علم به ولا شعور أصلًا. ويلزم تكليف الغافل، وهم قد زعموا أنهم بريئون عنه.

فإن قلت: إنهم لا ينفون العلم الإجمالي، أي: إنهم يقولون بأن العبد يعلم الفعل

الذي كُلِّفَ به علمًا إجماليًا، وهذا العلم يكفي في ثبوت الكسب ونفي تكليف الغافل. ولهذا حرّر الإمام الرازي هذه الملازمة المذكورة أولًا في نفي العلم التفصيلي، وكذا السمرقندي حرّرها في **الصحائف** كذلك -كما سيجيء نقله إن شاء الله-.

قلت: إذا كان هذا الذي ذكره الإمام الرازي والسمرقندي في تحريرهما مرضيًا عندهم؛ فقد بطل تشبثهم بهذه الملازمة؛ لأنا نقول:

أولًا: إنا لا نسلم انتفاء علم العبد بأفعاله تفصيلًا. غايتُه: أنه قد لا يعلم بأنه عالم بها، ولا يلزم شعوره بشعوره دائمًا. ولئن سلمنا؛ فإذا كفى العلم الإجمالي في الكسب؛ كفى في الإيجاد بلا فرق.

لا يقال: بل الفرق حاصل؛ لأنه لا بد في إيجاد الجملة من إيجاد الأجزاء، فالعلم تفصيلًا = لازم في الإيجاد، بخلاف الكسب؛ إذ لا إيجاد فيه.

لأنا نقول: كذلك لا بد في اكتساب الجملة = من اكتساب الأجزاء. فإذا كان عدم العلم التفصيلي يقدح في إيجاد الفعل، لأنه يقدح في إيجاد بعض أجزائه، فلا يكون بعض أجزائه موجودًا بإيجاد فاعله لعدم علمه به = فذلك بعينه جارٍ في الكسب. ويلزم أن يكون بعض أجزاء الفعل غير مكسوب لكاسبه لعدم علمه به. وإذا لم يكن بعض أجزاء الفعل مكسوبًا؛ جرى ذلك في جميع الأجزاء؛ لعدم المخصص، فلا تكون جملة الفعل بكسب الكاسب. فلا محيص لهم عن نفي الكسب، ولا بد لهم من القول بأن العبد لا يزيد على محل الفعل، وأنه مجرد ظرْفٍ لما يجري فيه، كما يجري في المكان والزمان وسائر الآلات، كالفأس والقَدُّوم والسيف والقلم. وحينئذٍ، فالكسب بلا مسمّى، كالقدرة والإرادة اللتين لا تأثير لهما، وإنما هما مجرد اسمِ «قدرةٍ» و«إرادةٍ».

تسفيه إمام الحرمين للتشبث بالكسب، وتعريضه بأن في ذلك إبطالًا لدعوة الأنبياء -عليهم السلام-

قال إمام الحرمين في **النظامية**، بعد إيراده لنحو ما أوردناه في ما قدمناه ما لفظه: «ولا ينجي من هذا البحر الملتطم ذكرُ اسمٍ محضٍ ولقبٍ مجرَّدٍ، من غير تفصيل معنى.

وذلك أن قائلًا لو قال: 'العبدُ مكتسبٌ، وأثر قدرتِه: الاكتسابُ، والربّ مخترعٌ خالقٌ لما العبدُ مكتسِبٌ له'، قيل: 'وما الكسب وما معناه؟' فأديرت الأقسامُ المتقدمةُ على هذا القائل، ولا يجد عنها مهربًا»(98). انتهى.

وأراد بالأقسام المتقدمة: أنه يلزم إما المشاركة لله تعالى في الفعل الواحد، أو الاعتزال، أو دعوى الخروج عن كون العبد مطالَبًا بالشرع، وفيه إبطال دعوة الأنبياء عليهم السلام كما قال.

وقد قال -أي إمام الحرمين- في هذا المؤلَّف أيضًا ما نصه: «ففي المصير إلى أنه لا أثرة لقدرة العبد في فعله = قطعٌ ببطلان الشرائع، والتكذيب لما جاء به المرسلون. فإن زعم زاعمٌ ممن لم يوفَّق لنهج الرشاد، أنه لا أثر لقدرة العبد في فعله أصلًا، فإذا طولب بمتعلَّق طلب الله لفعل العبد تحريمًا وفرضًا؛ ذهب في الجواب طولًا وعرضًا، وقال: 'إن الله يفعل ما يشاء، ولا يتعرض للاعتراض عليه المعترضون، لا يُسأَل عما يفعل وهم يسألون'، قيل له: ليس لما جئت به حاصل، كلمة حقٍّ أريدَ بها باطلٌ.

نعم، يفعل ما يشاء ويحكم ما يريد، لكنه يتقدّس عن الخلف ونقيض الصدق. وقد فهمنا بضرورات العقول [145 أ] من الشرع؛ أنه -عزت قدرته- طالب عباده بما أخبر أنهم متمكِّنون من الوفاء به، ولم يكلِّفهم إلا على مبلغ الطاقة والوُسع في موارد الشرع. ومن زعم أنه لا أثر للقدرة الحادثة في مقدورها، كما لا أثر للعلم في معلومه؛ فوجه مطالبة العبد -عنده- كوجه مطالبته بأن يُثبِت في نفسه ألوانًا وإدراكات. وهذا خروج من حد الاعتدال إلى التزام الباطل المحال، وفيه إبطال الشرائع، وردُّ ما جاء به النبيون -عليهم السلام-»(99). انتهى المراد منه في هذا المقام.

وما أصدقها من شهادة، وأحقَّها بتحرير الأقلام! فلنقتصر عليها هنا في إبطال ما حار المعترض حوله وحام. ولم لا وقد أفصحت عن كون ما ذهب هو وأمثاله إليه مبطلًا للشرائع والأحكام، كما أن ما ذهبوا إليه، في نفي الحسن والقبح؛ قادحٌ أيضًا في

(98) الجويني، **النظامية**، ص 45.
(99) المرجع نفسه، ص 43-44.

الثقة بصدق الأنبياء عليهم السلام؟ فلزم بطلان الشرائع على كل واحدة من القاعدتين -أعني: قاعدة الجبر وقاعدة نفي التحسين والتقبيح-؛ فانسدّ الباب، وانهدّ الجناب. فهل من بنى مذهبه على هاتين القاعدتين حقيقٌ بالاتباع على غير صواب، أو الذي بنى مذهبه على القاعدتين اللتين أشار إليهما جار الله = هو أحق أن يُتَّبع بلا شك ولا ارتياب؟ ﴿۞أَفَمَن يَعۡلَمُ أَنَّمَآ أُنزِلَ إِلَيۡكَ مِن رَّبِّكَ ٱلۡحَقُّ كَمَنۡ هُوَ أَعۡمَىٰٓۚ إِنَّمَا يَتَذَكَّرُ أُوْلُواْ ٱلۡأَلۡبَٰبِ﴾ [الرعد: 19].

ومما ينبه الذكي المنصف على بطلان هذا الذي ذهب إليه المجبرة: ما ثبت في الحديث الشريف، من أن الله سبحانه وتعالى لا يردُّ دعاءَ المظلوم. وهذا كما يدل على بطلان رأيهم في الحسن والقبح = كذلك يدل على بطلان قولهم بأنه -تعالى- هو الموجِد لكل ظلم، والمؤثر في تحصيل كل قبيح، والمريد لذلك كله.

ومما ينبه على ذلك: ما ثبت في الحديث أيضًا عنه -صلى الله عليه وآله وسلم- قال: «إن دعاء المسلم لأخيه في الغيبة مستجاب، ما لم يدع بظلم»(100). أخرجه البخاري وغيره. فلو كان -تعالى- هو الموجد للظلم والمؤثر فيه؛ لامتنع تنزُّهُه -تعالى- عن استجابة الدعاء به. بل قد دل هذا على أنه غير مراد له عزّ وجلّ. وكلما كان غير مراد له -سبحانه-؛ كان غير مخلوق له تعالى؛ لأن المجبرة إنما أثبتوا كونه مرادًا؛ نظرًا منهم إلى أنه تعالى هو الخالق له كسائر أعمال العباد وقبائحهم. وفي هذا أيضًا دليل على بطلان نفيهم للحسن والقبح عقلًا -كما لا يخفى على ذوي الألباب-.

وأما قوله: «وظهر أنها مقدرة عليهم»؛ فقد علمت أنه -على فرض تسليمه- لا ينفعه ولا يضرنا؛ لِـما عرفت مرارًا من معنى القَدَر عند من يقول بشموله.

وأما قوله: «فظهر أن 'شيئًا' في قوله تعالى: ﴿خَٰلِقُ كُلِّ شَيۡءٍ﴾... إلخ» = فمصادرة، مستلزم للدور المحال؛ إذ لا يثبت عموم مثل هذه الآية لأعمال العباد، حتى يثبت ما استدل به المعترض من هذه الأشياء التي أوردها -كأحاديث القدر-. لكنها لا

(100) لم أقف عليه بهذا اللفظ، وإن كانت وردت أحاديث صحاح في دعاء المسلم لأخيه بظهر الغيب. وما أخرجه البخاري في الأدب المفرد أن أبا بكر الصديق -رضي الله عنه- قال: «إن دعوة الأخ في الله تستجاب».

تثبت دلالتها، إلا إذا كانت العمومات فيها شاملة لأعمال العباد؛ فظهر الدور. على أنك قد عرفت ما في الاستدلال على هذا المطلب بالعموم، مع أنه مخصوص قطعًا واتفاقًا.

وستقف -إن شاء الله تعالى- على اعترافه الصريح بأن العام، بعد تخصيصه = ليس بحجة، أو حجة ضعيفة -على الخلاف، كما ذكره في الكلام على حديث: «أنت مني بمنزلة هارون من موسى»، حيث كان الغرض هنالك له ولأصحابه في إبطال ما تمسك به الخصم-. ولذلك صرّح -في الكلام على التفضيل بين الملائكة والبشر- بأن العموم ظني، فلا يُتَمَسَّك به في مثل هذا المطلب، وسائرِ المطالب اليقينية اتفاقًا. فبطل كلامه باعترافه وانهار، وظهر الحق كالشمس في وسط النهار.

القادرية على الشيء لا تستلزم إيجاده

وأما قوله: «وكذا 'شيء' في قوله تعالى: ﴿إِنَّ ٱللَّهَ عَلَىٰ كُلِّ شَيۡءٖ قَدِيرٞ﴾» = فقعقعة. إذ لا يلزم من كونه تعالى على كل شيء قدير، أنه تعالى يوجِد أعمال العباد من الطاعات والمعاصي. فإن القادرية على الشيء؛ لا تستلزم إيجاده بوجه من الوجوه. وسيكرر المعترض هذه القعقعة، مع اعترافه بنفسه -في ما سيأتي من مباحث القدرة- بما ذكرناه هنا، أعني: أنه لا يلزم من القادرية على الشيء إيجاده، وهو ظاهر.

فقد ناقض نفسه بنفسه وهو لا يشعر -أو هو يشعر وأراد القعقعة-، فالعدلي -كالمؤلِّف- يقول له:

وما أنا من جمال بني أقيشٍ يُقعقعُ خلف رجليه بشنٍّ(101)

إنما ناقضت نفسك بنفسك وكفى الله المؤمنين القتال.

وكما أنه ناقض نفسه وناقض قضية العقل = قد ناقض ما أجمع عليه الأولون والآخرون، من أن قوله تعالى: ﴿إِنَّ ٱللَّهَ عَلَىٰ كُلِّ شَيۡءٖ قَدِيرٞ﴾ = أعمُّ من قوله تعالى: ﴿خَٰلِقُ كُلِّ شَيۡءٖ﴾، وهو يقول -بجهله-: «وكذا 'شيء' في قوله تعالى: ﴿إِنَّ ٱللَّهَ عَلَىٰ كُلِّ شَيۡءٖ قَدِيرٞ﴾»؛ فاعتبر أيها المعتبر.

---

(101) البيت غير منسوب إلى قائل، وهو من الشواهد النحوية، وصوابه: كأنك من جمال بني أقيشٍ... إلخ.

كلام في قوله تعالى: ﴿إِنَّا كُلَّ شَيْءٍ خَلَقْنَاهُ بِقَدَرٍ﴾

وأما قوله: «وكذا في قوله: ﴿إِنَّا كُلَّ شَيْءٍ خَلَقْنَٰهُ بِقَدَرٍ﴾»؛ فقد ذكرنا في بعض المواضع أنه لا متمسك للمجبرة في هذه الآية، لا على قراءة النصب، ولا على قراءة الرفع. وسواءٌ -في قراءة الرفع أيضًا- جعلُ: ﴿خَلَقْنَٰهُ﴾ خبرًا أو صفةً. وذلك لأن العموم إنما يتناول ما يصح كونه مخلوقًا لله تعالى، اتفاقًا، لا كل ما يسمى «شيئًا»، وإلا لتناول الصفات بل الذات المقدس. لكن اللازم باطل قطعًا واتفاقًا؛ فالملزوم مثله. وقد نبه على مثل هذا جمعٌ، منهم: الشيخ الرضي في **شرح الكافية**(102).

وتوضيح مراد الرضي: أن العموم في قوله تعالى: ﴿كُلِّ شَيْءٍ﴾؛ إذا لم يكن مرادًا قطعًا، لأنه عز وجل لم يخلق كل ما يسمى شيئًا، ولم يخلق كل الممكنات عن آخرها = فقد سقط الفرق في هذه الآية بين النصب وغيره، وبين أن يكون ﴿خَلَقْنَٰهُ﴾ صفةً أو خبرًا؛ لأن الشيخ ابن الحاجب في قوله في **الكافية**: «وعند خوف لبس المفسَّر بالصفة... إلخ»؛ ما أراد إلا أن يختار النصب عند ذلك؛ لتكون هذه الآية نصًا في العموم لأفعال العباد. لأن الرفع وإن كان على تقدير كون ﴿خَلَقْنَٰهُ﴾ خبرًا = يفيد العموم أيضًا، إلا أن الآية لا تكون نصًا في العموم المذكور؛ لاحتمال كون ﴿خَلَقْنَٰهُ﴾ صفةً. ولا يخفى أن العموم إذا لم يكن مرادًا على التقادير الثلاثة، وأن لفظ «شيء» في قوله تعالى: ﴿كُلِّ شَيْءٍ﴾ = عبارة عن المخلوق؛ فلا فرق بين النصب والرفع.

وقد اعترضه السيد الشريف في **الحاشية**، بما حاصله: أن مقتضى مفهوم الصفة: جوازُ أن يكون بعض المخلوقات ليس مخلوقًا لله بقَدَر، كما أشار إليه في **الحاشية** بقوله: «كل مخلوق متصف بأنه مخلوقنا». إلى آخره(103). يعني: فإذا كان كذلك؛ افترق المعنيان تقدير النصب وتقدير الرفع. هذا حاصل كلامه.

---

(102) يعني الرضي الإستراباذي الملقب بنجم الأئمة (ت. تقريبًا 686هـ)، وقد شرح **الكافية لابن الحاجب**. والمراد من كلامه المشار إليه هنا، قوله: «وذلك أن قوله تعالى: 'خلقنا كل شئ بقدر' = لا يريد به: 'خلقنا كل ما يقع عليه اسم شيء'». إلى آخر كلامه، ينظر: رضي الدين محمد بن الحسن الإستراباذي، **شرح الرضي على الكافية**، تحقيق يوسف حسن عمر (ليبيا: جامعة قار يونس، 1975)، ج 1، ص 463.

(103) ينظر كلام الجرجاني في: محمد بن الحسن المحقق الرضي الإستراباذي، **شرح الكافية في النحو (وبهامشه حاشية للسيد شريف الجرجاني)** (طهران: انتشارات مرتضوي، 1366)، ص 175.

وأنت خبير بأنه وإن كان صحيحًا في الجملة، إلا أنه لا يقلع مادة الإيراد الذي أراده الرضي، على الوجه الذي قررناه.

وتحقيقه: أن قوله تعالى: ﴿كُلَّ شَيْءٍ﴾؛ إما أن يكون معناه: «كل مخلوق»، أي: إنه يقام لفظ «المخلوق» مقام لفظ «الشيء»، أو يبقى على حاله.

إن كان الأول؛ كان المعنى -على تقدير النصب-: «إنا خلقنا كلَّ مخلوق بقَدَر»، وحينئذ، فلا يكون عامًا لأفعال العباد، فضلًا عن أن يكون نصًا؛ لأن لفظ «مخلوق» حقيقةٌ في ما صار مخلوقًا بالفعل. فأفعال العباد -عند من يقول إنها مخلوقة لهم-؛ خارجةٌ عن العموم، وإلا لزم توارد المؤثرين التامين على أثر واحد، ويلزم تحصيل الحاصل. وكلاهما محال قطعًا وإجماعًا. فـ«كل مخلوق» -الذي عبر عنه بـ«كل شيء»؛ ليس المراد به إلا مخلوقات الله لا غير.

لا يقال: لو لزم تحصيل الحاصل -على تقدير عموم أفعال العباد- لزم مثله على هذا أيضًا؛ لأنه يستلزم أن الشيء المخلوق لله = مخلوقٌ مرتين، وهو معنى تحصيل الحاصل.

لأنا نقول: إن الآية إخبار بأن كل مخلوق له تعالى = مخلوقٌ بقدَرَ. ويستوي في ذلك تقدير النصب والرفع.

وإن كان الثاني -أي: إن قوله: ﴿كُلَّ شَيْءٍ﴾ باقٍ على حالِه وظاهرِ لفظه-؛ فلا خفاء في أن العموم غير مراد؛ لامتناع خلق بعض ما يطلق عليه اسم «الشيء»، كالصفات التي أثبتها الأشاعرة -أعني: صفات المعاني التي قالوا بأنها ثابتة لله تعالى-.

وأيضًا، فلما كان لفظ ﴿خَلَقْنَهُ﴾ ماضيًا؛ لم يتناول المخلوقات في الجنة -مثلًا-، ولا المخلوقات بعد نزول الآية. فالعموم مخصوص قطعًا. فلا تكون الآية نصًا في مذهب الشيخ ابن الحاجب أصلًا، لا على تقدير النصب ولا على تقدير الرفع.

وشيء آخر، وهو: أن الخلق إذا كان معناه: «الاختراع» -كما يُعلَم من اللغة-؛ فهو متوجِّهٌ إلى أفعال الله تعالى خاصة؛ لأن أفعال العباد بمعزل عن الاختراع اتفاقًا.

ولهذا أعرض جار الله -رحمه الله- في **الكشاف** عن التكلم في ما يعود إلى شيء من

الخلاف بين الفريقين. بل قد أشار -رحمه الله- في أوائل **الكشاف** إشارةً ظاهرةً إلى أن العمومات الدالة على أن الله تعالى خالق كل شيء = لا تتناول مقدورات العباد بالفعل أصلًا. فهي خارجة بالعقل عن العموم، كالمحال لذاته، من دون تصور خلاف بين الفريقين.

ثم إنه -رحمه الله تعالى- قد أشار إلى أن القَدَر في هذه الآية = صالحٌ للحمل على معناه الحقيقي -عنده- أو المجازي، حيث قال ما نصه: «أي: خلقنا كل شيء مقدّرًا مُحكمًا مرتّبًا على حسب ما اقتضته الحكمة، أو مقدَّرًا مكتوبًا في اللوح، معلومًا قبل كونه، وقد علمنا حاله وزمانه»(104). انتهى. فهـذه الآية عن أعمال العباد بنجْوَةٍ. وعلى هذا؛ فمعناها: «كل مخلوقٍ لنا = هو بقدر منا». وهذا مما لا نزاع فيه.

وقد أخرج مسلم في **صحيحه**، والترمذي في **جامعه**، وابن حبان في كتابه -واللفظ لمسلم والترمذي-، عن أبي هريرة -رضي الله عنه- قال: «جاء مشركو قريش يخاصمون رسول الله -صلى الله عليه وسلم- في القدر، فأنزل الله تعالى: ﴿يَوْمَ يُسْحَبُونَ فِي ٱلنَّارِ عَلَىٰ وُجُوهِهِمْ ذُوقُوا۟ مَسَّ سَقَرَ ﴿٤٨﴾ إِنَّا كُلَّ شَىْءٍ خَلَقْنَٰهُ بِقَدَرٍ﴾»(105). انتهى. وقد مر ذكره قريبًا، ومتنه في مجموع الإمام أبي الحسين زيد بن علي بن الحسين بن علي بن أبي طالب، رفع الله درجاتهم في الجنة.

ومما لا يكاد يخفى على ذي مسكةٍ من نظر وإنصاف: أن مشركي قريش إنما يجادلون في إبطال حجته -عليه الصلاة والسلام- ويحاولون ما يستلزم رفع التقريع عنهم والملام -كما مر-. فهم إنما فهموا من ذكر القدر ما فهمته المجبرة، من أنه ينافي الاختيار والتمكين، وفي ذلك إبطالٌ لحجج المرسلين -كما اعترف به إمام الحرمين في **النظامية** وقد مر أيضًا-. وأراد أولئك المشركون إفحامَ النبي -صلى الله عليه وآله وسلم- بناءً على ما فهموه كما أرادوه في قولهم: ﴿لَوْ شَآءَ ٱللَّهُ مَآ أَشْرَكْنَا﴾، ونحوها.

ويؤيـد هذا ويؤكده: أن المجبرة قالوا: «إن القضاء عبارة عن المشيئة والإرادة الأزلية» -كما حكاه السيد في **شرح المواقف** عن الأشاعرة-. وقد قال بعضهم: إن

---

(104) الزمخشري، **الكشاف**، ص 1068.

(105) سبق توثيقه.

[145 ب] القدر = كذلك، كما أشار إليه الجوهري رحمه الله -وقد مر-.

فعُلِم أن المشركين إنما يحاولون إبطال الحجة عليهم ورفع اللوم عنهم، وذلك بدعوى عموم القدر ومنافاته الاختيار، وشمول المشيئة والإرادة، كما قالوا: ﴿لَوْ شَآءَ ٱللَّهُ مَآ أَشْرَكْنَا﴾. فممنزع نزاعهم وجدالهم في الموضعين واحد؛ فإنها نظائر، والقوم أشباه، فافهم.

وقد سبق أن الحسن البصري -رضي الله عنه- قال: «بعث الله محمدًا -عليه الصلاة والسلام- إلى العرب، وهم قدرية، يحملون ذنوبهم على الله، وتصديقه قوله تعالى: ﴿وَإِذَا فَعَلُوا۟ فَٰحِشَةً قَالُوا۟ وَجَدْنَا عَلَيْهَآ ءَابَآءَنَا وَٱللَّهُ أَمَرَنَا بِهَا﴾... إلخ»، فنزلت هذه الآية دفعًا لمرامهم وقلعًا لخصامهم، أي: ليس الأمر كما توهمتم من أن القدر المنافي للاختيار منكم، المستلزم للإرادة منا = شامل لأفعالكم، ولا جارٍ على ضلالكم. إنما هو في أفعالنا، فكل شيء مخلوق لنا = فهو بقدر منا؛ إذ لا نخلق شيئًا ونوجده إلا مقدورًا مرتبًا محكمًا ﴿مَّا تَرَىٰ فِى خَلْقِ ٱلرَّحْمَٰنِ مِن تَفَٰوُتٍ﴾ [الملك: 3].

ولا يخفى على أحدٍ أن أولئك المشركين لو كان جدالهم في نفي القدر كما تزعمه المجبرة = لكانوا ساعين في نقيض مطلوبهم؛ لأنهم إنما يحاولون إبطال حجة النبي -عليه الصلاة والسلام-؛ ففي نفيهم للقدر -بالمعنى الذي زعمت المجبرة- إثباتٌ للحجة على أنفسهم. وهذا مما لا سترة به. وقد يقال: إنهم زعموا أن أفعال الله تعالى غير مقدرة؛ لأن كثيرًا منها لا يوافق مقتضى عقولهم وعقول أمثالهم، كما دل على مثل ذلك قول الزنديق أحمد بن يحيى الراوندي:

كم عاقلٍ عاقلٍ أعيت مذاهبه ... وجاهلٍ جاهلٍ تلقاه مرزوقًا
هذا الذي ترك الأفهام حائرة ... وصيَّر العالِمَ النِّحريرَ زنديقًا

وهذا القول يلائم ما قاله العلامة جار الله وأضرابه، من أن القدر مخصوص بأفعال الله. ومن أدخل فيه أفعال العباد فهو جاهل باللغة والحديث.

وبالجملة، فمن نفى القدر فقد نفى إحكامَ أفعال الله، أي: إنه يلزمه أنها لا تكون مُحكمة. وعلى هذا فأفعال العباد بمعزل عن ذلك، فتأمل.

وأنت تعلم أن من سمع بمسألة القدر، وجنح إلى كونه عامًا لأفعال العباد كأفعاله تعالى، ولم يحقق النظر = لم يكد يسلم مِن تَوَهُّم منافاته للاختيار. فالظاهر أن هؤلاء المشركين رأوا أن الاختيار والتمكن ضروري، فوجب عندهم إنكارُ ما يقدح فيه كالقدر؛ لأن إنكار الضرورة أعظم وأقبح من إنكار الدليل، مع احتمال أنهم يريدون عدم الدلالة على القدر، فلم ينكروا دليلًا -بزعمهم- ولم يلتفتوا إلى أنّ أفعال الله محكمة، وأن القدر مخصوص بها، كما قال من قال، وكما دلت على ذلك أشعار العرب. فلا يعم القدر أفعال العباد أصلًا، فلا يلزم إنكار اختيارهم وتمكنهم.

والحاصل: أنها صارت هذه المسألة من مصارع الأفكار ومطارح الأنظار.

وروى الحارث(106) الذي ضعفه الخصوم: «أن رجلًا جاء إلى علي -كرم الله وجهه- فقال: يا أمير المؤمنين أخبرني عن القدر، فقال: بحر عميق لا تلِجْه»(107). الأثر بطوله. وقد اعترف به المعترض في شرحه لعقيدة ابن المؤلف -رفع الله درجاتهما-. والأشاعرة معترفون بالحيرة في مذهبهم، حتى قال العراقي في **شرح جمع الجوامع** ما لفظه: «ولا مطمع في الوصول إلى كشف ذلك خاليًا عن الإشكال»(108). انتهى.

وقال بعضهم: «إن هذه المسألة -أي: مسألة الأفعال- لا تُعرَف في الدنيا ولا في الآخرة».

وقال البيضاوي: «إنه قد نهى السلف عن المناظرة في هذه المسألة». أي: لأن المناظرة فيها تؤدي إلى محذور -بزعمه-(109).

وأما بعض العدلية -رحمهم الله- ففهم من كلام علي -كرم الله وجهه- أن القدر مخصوص بأفعال الله -كما مر-؛ لأن أفعال المرء يجب عليه أن يتعرّفها، ويعرف ما حكمها؛ لأن التكليف بها يقتضي ذلك. فلو كانت مما تناوله القدر؛ لم ينه عليٌّ عن الولوج في الخوض فيه، وسماه بحرًا عميقًا.

---

(106) لعله يعني الحارث (الأعور) بن عبد الله الكوفي.

(107) سبق توثيقه، وينظر: علاء الدين علي بن حسام بن قاضي خان (المتقي الهندي)، **كنز العمال في سنن الأقوال والأفعال**، تحقيق بكري حياني وصفوة السقا، ط 5 (بيروت: مؤسسة الرسالة، 1981)، ص 364، حديث 1561.

(108) أبو زرعة العراقي، **الغيث الهامع**، ص 836.

(109) ينظر: الأصفهاني، **مطالع الأنظار**، ص 193.

وقد منع كثير من العدلية أن يقال: «إن المعاصي بقدَر»؛ مراعاة لجانب الحذر؛ تنزيهًا عن إيهام القبيح في خالق البشر.

[معنى القدر]

وقال صاحب **الغايات** -رحمه الله-: «إن القدر يقال بالاشتراك على العلم والكتابة والخلق». وتبعه غيره من متأخري الأصحاب.

ولا شك أنه قد جاء بهذه الثلاثة المعاني. وأما دعوى الاشتراك؛ فلا تخلو عن تأمل، كدعوى قبح إطلاق القول بأن المعاصي بقَدَر من الله تعالى.

والحق أن القدر في الحقيقة كالتقدير، وهو تحديد الشيء وترتيبه. فإذا أُطلِق على الأزلي؛ كان عبارة عن: «تحديد المعلوم تحديدًا علميًا، والإحاطة بمقداره ومبلغه». وإن أُطلِق على غيره -كما في قوله تعالى: ﴿إِنَّا كُلَّ شَيْءٍ خَلَقْنَٰهُ بِقَدَرٍ﴾-؛ كان تحديدًا إيقاعيًا وترتيبًا إحكاميًا. ففي قولنا: «قدّر الله خلق السماوات والأرض» = ضربٌ من التصوير والتمثيل، كما هو في قوله تعالى: ﴿وَٱلسَّمَٰوَٰتُ مَطْوِيَّٰتُۢ بِيَمِينِهِۦ﴾ [الزمر: 67]. وسواء حملنا التقدير على التقدير والتحديد العلمي أو على الإيقاعي.

أما لو كان التقدير عبارة عن: «الخلق» لا غير؛ فقد يوهم قِدَمَ العالم؛ نظرًا إلى أزلية القدر، كما في الأحاديث. لكن اللازم باطل عند كل مسلم. أو لو حملناه على مجرد «العلم» و«الكتابة»؛ لم يبق فرق بين قولنا: «علم الله خلق السماوات والأرض وكتب ذلك»، وبين قولنا: «قدّر الله خلق السماوات والأرض». لكن الفرق معلوم من اللغة العربية؛ فلا بد من اعتبار ما هو مأخوذٌ في حقيقة التقدير، من: «التحديد» و«الترتيب»؛ أعمَّ من «العلمي» و«الإيقاعي». والمجاز لازم على كل تقدير في مثالنا، فليُدرَك.

وعلى ما ذكرناه؛ فلك أن تدّعي عدم القبح في قول القائل: «قدَّر الله المعاصي»؛ نظرًا إلى «التحديد العلمي»، والمعنى: «علمها -تعالى- علمًا شاملًا لحدودها ومقاديرها، على وجه الإحاطة بما ستكون عليه». وأي قبح في هذا؟ ومن ذا الذي يستحسن إنكارَه؟

وقد صرَّحوا بأن العلم إذا تعلق بالمعلومات -من حيث انكشافها واتضاحُها- فهو علم. وإذا تعلق بها -من حيث حصرها وإحصاؤها عددًا- فهو يسمى «إحصاءً». وقد جاء في الحديث اسمُه «المحصي» تعالى. وإذا تعلق -من حيث الإحاطة بمقاديرها وحدودها- سُمِّي «تقديرًا»، كما يُسمّى «قدَرًا». فالمرجع = إلى العلم. ولا قبح في القول بأن الله علم المعاصي على حد ما تقع عليه، بلا زيادة ولا نقص. وهو ظاهر. ومن ذا الذي يستقبح إطلاق هذا؟

نعم، إذا قيل: «إن مدار المنع في الألفاظ = على الإيهام، ولذا لم يجز أن يطلق على الباري تعالى شيء من الأسماء والصفات الموهمة لخطأ»؛ فله وجه صحيح.

هذا، فمثل قوله تعالى: ﴿إِنَّا كُلَّ شَيْءٍ خَلَقْنَٰهُ بِقَدَرٍ﴾، وقوله تعالى: ﴿وَخَلَقَ كُلَّ شَيْءٍ فَقَدَّرَهُۥ تَقْدِيرًا﴾، معناه: «التحديد الإيقاعي» و«الترتيب الإحكامي»، لا «الترتيب الحُكمي». فلم يكن شاملًا لأفعال العباد -كما ذكرناه سابقًا في سبب النزول- على ما هو في **صحيح** مسلم، و**جامع** الترمذي وكتاب ابن حبان وغيرها. فالاحتمال الثاني من الاحتمالين اللذين سبق نقلهما عن جار الله -رحمه الله-؛ لا يلائم سبب النزول، ولعله ما صحّ له الحديث. والله أعلم.

وأما قوله: «البتة» -وقد قال قبل هذا: «إنه شامل لأفعال العباد قطعًا»-؛ فمن دعوى الضرورة في محل النزاع، وقد نقمها هو على المؤلف -رحمه الله-، ثم ارتكبها عند الحاجة إلى الإرجاف وعدم الإنصاف.

لا تنه عن خلق وتأتي مثله عار عليك إذا فعلت عظيم

والعجب من دعوى الضرورة في ما الضرورة بخلافه، أعني: على الوجه الذي زعمه المعترض. ثم لا أدري ما أقول في من سمع قوله تعالى: ﴿قُتِلَ ٱلْإِنسَٰنُ مَآ أَكْفَرَهُۥ﴾ [عبس: 17]. إلى آخر السورة. وزعم -بعد ذلك- أن الله تعالى هو الخالق لكفر الإنسان ومعاصيه وقبائحه، وأنه لم يهده إلى السبيل، فضلًا عن أن ييسره، إلى غير ذلك من لوازم الجبر وصرائح أقوال أربابه. نسأل الله السلامة من خذلانه وعقابه.

وأما قوله: «إن الكتاب والعترة لن يفترقا»؛ فإقرار بمذهب خصمه على رغمه.

وذلك لأن براءة [146 أ] العترة من الجبر، وبُعدَهم عن التجهم = أمر لا يكابر فيه إلا معاند. وكلماتهم في مذهب العدل دائرة متوارثة بين الولد والوالد، من لدن علي بن أبي طالب إلى هذا الزمان. كيف وهو -أعني أمير المؤمنين الوصي كرم الله وجهه- هو الراوي لحديث: «الخير كله بيديك والشر ليس إليك»؟ ولولا ضيق المقام وطول الكلام؛ لسردنا من كلماتهم ما يقضي بكمال غفلة أمثال المعترض من المجبرة.

وأيضًا، فإن تنزيه العترة عن عدم مفارقة الكتاب إلى ورود الحوض = يقتضي استواء أولهم وآخرهم في ذلك. وهذا الجم الغفير منهم اليوم معلنون بضلال المجبرة والبراءة عن مذهبهم.

حديث عن علي -كرم الله وجهه- في ذم القدرية، والبراءة عن الجبرية، إلى غير ذلك من معنى القضاء والقدر، وقد ذكره جماعة من المخالفين فانظره

ثم إن هذا جدهم أمير المؤمنين علي بن أبي طالب -كرم الله وجهه في الجنة- قد نطق صريحًا بتكذيب كل جبري.

قال الفاضل أحمد بن كمال باشا في **رسالة القضاء والقدر** -وهو من جملة الخصوم- ما نصه: «مما روي أن شيخًا من أهل الشام حضر صفين مع علي -رضي الله عنه- فقال: أخبرنا يا أمير المؤمنين عن مسيرنا إلى الشام أكان بقضاء الله وقدره؟

فقال: نعم يا أخا أهل الشام. والذي فلق الحبة وبرأ النسمة؛ ما وطئنا موطئًا ولا علونا تلعةً، إلا بقضاء من الله تعالى وقدر.

فقال الشامي: فعند الله أحتسب عنائي يا أمير المؤمنين، وما أظن لي أجرًا في سعيي إذا كان قضاه الله عليّ وقدَّره.

فقال -رضي الله عنه-: إن الله قد أعظم لكم الأجر على مسيركم وأنتم سائرون، وعلى مقامكم وأنتم مقيمون، ولم تكونوا في شيء من حالاتكم مُكرَهين، ولا إليها مضطرين، ولا عليها مُجبَرين.

فقال الشامي: فكيف ذاك والقضاء والقدر ساقانا، وعنهما كان مسيرنا وانصرافنا؟

فقال -رضي الله عنه-: ويحك يا أخا أهل الشام؛ لعلك ظننت قضاءً حتمًا لازمًا، وقدرًا حتمًا جازمًا؟ لو كان كذلك؛ لبطل الثواب والعقاب، وسقط الوعد والوعيد، والأمر من الله تعالى والنهي، وما كان المحسن أولى بثواب الإحسان من المسيء، ولا المسيء بعقوبة الذنب من المحسن. تلك مقالة عبدة الأوثان، وحزب الشيطان، وخصماء الرحمن، وشهداء الزور، وقدريةِ هذه الأمة ومجوسِها، إن الله تعالى أمر عباده تخييرًا، ونهاهم تحذيرًا، وكلف يسيرًا، ولم يكلف عسيرًا، ولم يرسل الأنبياء لعبًا، ولم ينزل الكتب عبثًا، ولا خلق السماوات والأرض باطلًا ﴿ذَٰلِكَ ظَنُّ ٱلَّذِينَ كَفَرُواْۚ فَوَيۡلٞ لِّلَّذِينَ كَفَرُواْ مِنَ ٱلنَّارِ﴾ [ص: 27].

فقام الشامي فرحًا مسرورًا بما سمع من المقال، وقال: فرَّجت عني يا أمير المؤمنين، فرّج الله عنك، ثم أنشأ يقول:

أنت الإمام الـذي نرجـو بطاعتـه ... يوم الحساب مـن الـرحمن غفرانـا

أوضحت من ديننا ما كـان ملتبسًـا ... جــزاك ربي بالإحســان إحســانا»

انتهى(110).

وفي **شرح المقاصد** لسعد الدين ما نصه: «وروى الأصبغ بن نباتة: أن شيخًا قام إلى علي بن أبي طالب بعد انصرافه من صفّين، فقال: أخبرنا عن مسيرنا إلى الشام؛ أكان بقضاء الله وقدره؟» إلى آخر القصة إلا في ألفاظ يسيرة. وفي آخر ما أورده سعد الدين زيادة، وهي: «فقال الشيخ: ما القضاء والقدر اللذان سِرنا بهما؟ قال: هو الأمر والحكم، ثم تلا قوله تعالى: ﴿۞وَقَضَىٰ رَبُّكَ أَلَّا تَعۡبُدُوٓاْ إِلَّآ إِيَّاهُ﴾[الإسراء:23]»(111). انتهى.

ومثله في **شرح التجريد** لعلي الكوشجي. وهو من الأدلة على أن القدر مخصوص

---

(110) تنظر القصة في: ابن أبي الحديد، **شرح نهج البلاغة**، ج 18، ص 227-228، وينظر: ابن كمال باشا، **مجموعة رسائل ابن كمال**، ج 1، ص 165-166.

(111) التفتازاني، **شرح المقاصد**، ج 2، ص 143.

بأفعال الله تعالى -كما قاله جار الله وغيره-. وقد حاول سعد الدين التمحُّل لإرجاع هذا الأثر إلى مذهبهم، والكوشجي كذلك، قال: «إن إيراده محل تأمل».

وأما بعضهم فقد اعتمدوا على القدح في الرواية، والطعن على الرواة، وقد تكلموا في الأصبغ بن نباتة الحنظلي المجاشعي المذكور، وهو من أهل الكوفة، قالوا: «كان يأتي بطامّات، وكان يحب عليًّا» -كرم الله وجهه-، أي: إن ذلك من ذنوبه، وهو الراوي عن علي، عن النبي -عليه الصلاة والسلام-: «من آذاني في أهل بيتي فقد آذى الله، ومن أعان على أذائهم، وركن إلى أعدائهم؛ فقد آذن بحرب من الله، ولا نصيب له في شفاعتي»(112).

نعم، ليس هذا الحديث الذي نحن بصدده مقصور الرواية عن الأصبغ بن نباتة، وقد وافقته النصوص من الكتاب والسنة -كما ذكرناه في مواضع-، ولم يخالف العقل بل وافقه. فالقدح فيه مجرد هوى، وزيغ عن الحق إلى المذهب الباطل.

واعلم أنه -أي: الأصبغ المذكور، بالصاد المهملة والغين، بينهما باء موحدة مفتوحة، وهو من أصحاب أمير المؤمنين علي كرم الله وجهه في الجنة، ورؤوس قومه يوم صفين وغيره، وكان ممن بايع عليًّا على الموت-. قال ابن أبي الحديد في **شرح النهج** ما نصه: «وكان شيخًا ناسكًا عابدًا»، قال: «وكان من ذخائر علي -رضي الله عنه-»(113).

وإذا عرفت هذا؛ عرفت مزيدَ سببٍ لقدح القوم في روايته لهذا الأثر الصحيح عند المنصف.

وأما الأسيوطي فأورده في بعض رسائله باللفظ الذي أورده ابن كمال باشا بلا زيادة ولا نقص، إلا لفظ «أكمة» بدل قوله: «تلعة». ثم أورد بعده سؤالًا وجوابًا.

حاصل السؤال: أن الأمر إذا كان كذلك؛ فالإمساك عن القدر واجب؛ لقوله -صلى الله عليه وسلم-: «إذا ذُكِر القدرُ فأمسكوا»، والأمر للوجوب -كما قال-. ثم أورد كلامًا لعمر بن عبد العزيز -رضي الله عنه، سيأتي ذكره عند ذكر المؤلف

---

(112) لم أقف عليه.

(113) ابن أبي الحديد، **شرح نهج البلاغة**، ج 8، ص 82.

للقدرية-. ثم قال -أي: السيوطي-: «فهذه الأقوال من أمير المؤمنين علي بن أبي طالب وعمر بن عبد العزيز -رضي الله عنهما- تؤيد ذلك».

وقال في الجواب عن ذلك السؤال: «قلت: فهذا هو معتَقَدُ أهل الحق معهم كذلك لا يفارقونهم. فهم لا يرفعوا العبد من التكليف كالجبرية، ولم يجعلوه مستقلًا في الخير والشر كالقدرية؛ لنفيهم القدَرَ السابقَ بما فعل العبد من الخير والشر». إلى آخر ما قال. وهو كلام -كما تراه- قد أتى على ما نريده، وإن زاد ما زاد فيه من اللفظ. وقد نقله شيخ المعترض في الحديث وغيره؛ الشيخ أحمد القشاشي المدني(114) في بعض جواباته. فأين المعترض عنه؟

وأما قوله: «وهو مستلزم أن يكون النبي كاذبًا... إلخ»؛ فيقال عليه: أنت لا تُبالي بجواز هذا اللزوم. فإنا لما أوردنا عليكم: أنه لو انتفى الحسن والقبح عقلًا؛ لجاز أن يكون النبي -عليه الصلاة والسلام- كاذبًا، ولجاز تصديقه من الله؛ لأنه يفعل تعالى في ملكه ما يشاء، ولا غرض له في أفعاله، فمن أين يحصل لكم الجزم بصدقه -عليه الصلاة والسلام- [146 ب] حتى يُقطَعَ بعدم جواز الكذب منه؟ -وحاشاه صلى الله عليه وآله وسلم-.

فإن قلتم: إنه عُلِم عدمُ جواز الكذب بالنص القرآني.

قلنا: جاء الدور. لأنه ما جاء القرآن إلا من طريقه -عليه الصلاة والسلام-، وقد اعترف بهذا غيرُ واحد من المحققين، كصاحب **تلخيص المحصل** -كما سبق- وغيره من الأشاعرة. وهو واضح لا خفاء به. فعاد مكر المعترض عليه، وانقلب تشنيعه عليه.

وإذا أضفت إلى هذا ما يلزمه -على قاعدة الجبر-، من كذب ما جاء به -عليه الصلاة والسلام- من الإخبار بأن العباد متمكنون مما طالبهم الله به من التكاليف -كما أشار إليه إمام الحرمين في الكلام السابق-؛ زادت القباحة ظهورًا، ولم يبق من الشناعة شيء إلا وقد صار على مذهبه محصورًا. وحينئذ فجواب قوله: «فاستحال

---

(114) صفي الدين أحمد بن محمد البدري الدجاني القُشَاشِي المدني (ت. 1071هـ).

افتراق العترة من الكتاب... إلخ» = من القول بالموجَب.

وقوله: «فلزم أن يكون العترة قائلين به بالضرورة» = من دعوى الضرورة في محل النزاع، وهي غير مقبولة بالإجماع. بل ليس هذا منه إلا من جملة الأماني التي فيها للنفس ترويح وإطماع. على أنه لم يَعْلَم من العترة إلا طروقَ الأسماء للأسماع، بل لا يعرف من أسمائهم إلا ما يعرفه من الكسب والوهم -الذي زعم أنه دار عليه التكليف كما سلف في تلك الفضائح والقبائح الصرائح-. وإنما مَثَلُه مَثَل عامِّيٍّ توجَّه للحج، فلمّا عاد من سفره قيل له: كيف رأيت زمزم؟ فقال: قد صار عاجزًا ضعيفًا، فقيل له: إنها بئر في الحرم، فقال: لا أدري، لعلهم حفروها بعدي!

وأما قوله: «وقد بيّنّا -في ما سبق- أن الكتاب -كالسنة- ناصٌّ على ذلك... إلخ»؛ فقد كررنا بيان فساد هذا الخيال.

ومما يُقضَى منه العجب: دعواه أن تلك الشُّبَهَ نصوصٌ في الجبر، وهي بمعزلٍ عن الدلالة عليه، فضلًا عن كونها نصوصًا. لكن الأمر كما جاء في الأثر: «إذا لم تستح فاصنع ما شئت».

وبهـذا يندفع ما يقال: إنه -أي: المعترض- جرى على أحد الاصطلاحات التي ذكروها في النص، فإنهم قالوا: إن لـ«النص» أربعة اصطلاحات:

أحدها -وهو المتعارف في فن الكلام-: أنه «اللفظ الدال على معنًى لا يحتمل غيرَه» -كما أشار إليه غير واحد من الفريقين واعتمده ابن السبكي في **جمع الجوامع**- فهو: «ما لا يحتمل التأويل».

ثانيها: «ما احتمله احتمالًا مرجوحًا». وهذا المعنى هو معنى «الظاهر» بعينه -كما سيجيء، وكما مر أيضًا-. قال العراقي الصغير(115): «وهو الجاري في اصطلاحات الفقهاء».

ثالثها: «دلالة الكتاب والسنة مطلقًا»، قال ابن دقيق العيد: «إنه اصطلاح كثير من

(115) يقصد أبا زرعة ولي الدين العراقي، تمييزًا له من والده الحافظ المحدث عبد الرحيم بن الحسين.

الخلافيين»، قال العراقي أيضًا: «وعليه مشى البيضاوي في القياس».

رابعها: هو: «ما دل على معنًى كيفما كان»(116). وهذا والاثنان المتقدمان؛ ذكرها العلامة القرافي في **التنقيح**(117). وأما الرابع فذكره ابن دقيق العيد وغيره.

وعندي: أن هذا الرابع هو الثالث بعينه. فإنه لا يقول أحد بأن «ما دل على معنًى» يسمى نصًا ولو كان من غير الكتاب والسنة. ولا يصح الاصطلاح بذلك إلا في مثل علم النحو وشواهد العربية. والله أعلم.

هذا، ووجه الاندفاع ظاهر مما ذكرناه، حيث إن تلك الشُّبَهَ خاليةٌ عن مطلق الدلالة على الخبر، فلا يجري كلام المعترض على شيء من هذه الاصطلاحات، مع أنه في فن الكلام الحريّ بأوّلها. فسلوكه هذا من العجب!

وأعجب من هذا العجب: أنه قد اعترف -في ما أسلف في مبادئ الكلام على قول الله تعالى: ﴿وَٱللَّهُ خَلَقَكُمۡ وَمَا تَعۡمَلُونَ﴾- بأن أمثال العموم الذي في قول الله تعالى: ﴿ٱللَّهُ خَٰلِقُ كُلِّ شَيۡءٖ﴾ = لا يفيد شيئًا في هذا المطلوب، حيث قال: «فإن قلت: لا مناقضة إلا إذا كان شيءٌ عامًا لأفعال العباد، وهو مبني على أصلكم... إلخ». ثم إنه -بعد ذلك- اعتمد على العموم؛ ففرَّ من التمسك بالعموم إلى التمسك بالعموم؛ لأنه قال في جوابه: «قلت: قد سلَّمتم أن 'ما' في قوله تعالى: ﴿وَٱللَّهُ خَلَقَكُمۡ وَمَا تَعۡمَلُونَ﴾؛ موصولةٌ». إلى آخر كلامه الصريح في التشبث بعموم 'ما' الموصولة في هذه الآية. فهي لا تدل- بمقتضى تقريره- على أن الله تعالى خالقٌ لأفعال العباد من الطاعات والمعاصي، إلا بدلالة العموم -التي اعترف بأنها لا تتم ولا تغني من الحق شيئًا-. فاعتبروا يا أولي الألباب من هذا العُجاب.

وأعجبُ منه: جعلُه لقوله تعالى: ﴿وَٱللَّهُ خَلَقَكُمۡ وَمَا تَعۡمَلُونَ﴾ = نصًّا، دون ما لا يحصى من النصوص القرآنية، والسواطع النبوية، الدالة على تمكُّن العباد من تحصيل

---

(116) نقله من أبي زرعة العراقي، في: أبو زرعة العراقي، **الغيث الهامع**، ص 115.

(117) شهاب الدين أبو العباس أحمد بن إدريس القرافي، **تنقيح الفصول في الأصول** (وبهامشه شرح أحمد بن قاسم العبادي على شرح جلال الدين المحلي) (القاهرة: المطبعة الخيرية، 1306هـ)، ص 18.

أفعالهم، وهي أظهر من الشمس، حتى استحى جماعة من رؤساء الأشاعرة من المكابرة في ذلك، وأثبتوا تأثير العبد في أفعاله -كما مرّ عن الأستاذ والإمامين، وكذا الباقلاني ومن قال بمقالته كابن الهمام من الماتريدية-، فإنهم أثبتوا نوعًا من التأثير -كما مرّ-. وفي كلام الغزالي ما يدل عليه، حتى ادّعى بعضُ أصحابنا أنه صار من العدلية في آخر عمره -رحمه الله تعالى-. ومعلوم أنه لا معنى للاعتراف بتمكن العباد من أفعالهم الاختيارية، حال كونها حاصلة بإيجاد غيرهم لها فيهم، وكونهم ليسوا إلا محلًا لما يوجده الله فيهم منها، بل ذلك محال. فالتمكُّن حال الإيجاد لها فيهم؛ محالٌ قطعًا وإجماعًا. والتمكُّن بَعدَه محال قطعًا وإجماعًا. والتمكُّن قبلَهُ محالٌ عندهم -كما عرفت-. فعُلِمَ أنه لا يُتصوَّر اعترافهم بتمكن العباد من أفعالهم؛ بدون الاعتراف بأنهم موجِدون لها، ومؤثرون فيها بقدرتهم وإرادتهم، وإلا فلا تمكن ولا اختيار. وقد كررنا هذا المعنى وسنعيده لمزيد التذكير به إن شاء الله تعالى.

وبالجملة، فكلام المعترض من التعكيس على جانبٍ يعرفه من وعى قولَه تعالى: ﴿ٱعۡمَلُواْ مَا شِئۡتُمۡ﴾ [فصلت: 40]، و﴿فَمَن شَآءَ فَلۡيُؤۡمِن وَمَن شَآءَ فَلۡيَكۡفُرۡۚ﴾ [الكهف: 29]، ﴿إِنَّ ٱللَّهَ لَا يُغَيِّرُ مَا بِقَوۡمٍ حَتَّىٰ يُغَيِّرُواْ مَا بِأَنفُسِهِمۡۗ﴾ [الرعد: 11]، ﴿فَمَا لَهُمۡ عَنِ ٱلتَّذۡكِرَةِ مُعۡرِضِينَ﴾ [المدثر: 49]، ﴿مَا مَنَعَكَ أَلَّا تَسۡجُدَ﴾ [الأعراف: 12]، ﴿مَا مَنَعَكَ إِذۡ رَأَيۡتَهُمۡ ضَلُّوٓاْ﴾ [طه: 92]، ﴿وَهُمۡ يَصۡطَرِخُونَ فِيهَا رَبَّنَآ أَخۡرِجۡنَا نَعۡمَلۡ صَٰلِحًا﴾ [فاطر: 37]، وأمثالها من الآيات الصريحة.

حديثُ «ما من مولود إلا يولد على الفطرة»

فيا أيها الأكراد: ﴿إِنَّ ٱللَّهَ مُخۡرِجٞ مَّا تَحۡذَرُونَ﴾ [التوبة: 64]، ﴿أَفَتُؤۡمِنُونَ بِبَعۡضِ ٱلۡكِتَٰبِ وَتَكۡفُرُونَ بِبَعۡضٖۚ﴾ [البقرة: 85]؛ ابتغاء الفتنة وأنتم تبصرون؟ ﴿لَقَدِ ٱبۡتَغَوُاْ ٱلۡفِتۡنَةَ مِن قَبۡلُ وَقَلَّبُواْ لَكَ ٱلۡأُمُورَ حَتَّىٰ جَآءَ ٱلۡحَقُّ وَظَهَرَ أَمۡرُ ٱللَّهِ وَهُمۡ كَٰرِهُونَ﴾ [التوبة: 48]. وكذا قوله -عليه الصلاة والسلام- في ما أخرجه مالك والبخاري ومسلم وأبو داود والترمذي -واللفظ للشيخين- عن أبي هريرة -رضي الله عنه- قال: قال رسول الله -صلى الله عليه وسلم-: «ما من مولود إلا يولد على

الفطرة»، ثم قال: «اقرؤوا: ﴿فِطْرَتَ ٱللَّهِ ٱلَّتِي فَطَرَ ٱلنَّاسَ عَلَيْهَا﴾، فأبواه يهودانه أو ينصّرانه أو يمجسانه، كما تنتج البهيمة بهيمة جمعاء، هل تحسون فيها من جدعاء حتى تكونوا أنتم تجدعونها؟». الحديث(118). فقد أبلغ -عليه الصلاة والسلام- ما أوحي إليه، وأبان الأمر على ما هو عليه، فميّز فعلَ الله تعالى الذي ما ترى فيه من تفاوت، عن أفعال العباد التي تجد فيها اختلافًا كثيرًا، كتجديع البهائم، وجعله -عليه الصلاة والسلام- تنبيهًا لمن هو في رقدة الغفلة، عن(119) أن الكفر كالتهود والتنصر والتمجُّس، وسائر أنواعه القبيحة؛ ليست إلا من أفعال العباد. وقد عرفت أن العرب كانوا قدرية يحملون ذنوبهم على الله تعالى -كما قاله الحسن رضي الله عنه-، وهم الذين قالوا: ﴿لَوْ شَآءَ ٱللَّهُ مَآ أَشْرَكْنَا﴾، و﴿لَوْ شَآءَ ٱلرَّحْمَٰنُ مَا عَبَدْنَٰهُم﴾. فالكلام لإيقاظ مثلهم عن ضلالته وغفلته، وهل بعد بيان رسول الله -صلى الله عليه وآله وسلم- بيان؟ فلم عدل المعترض عنه إلى ما أورده من الهذيان؟

وأخرج الترمذي عن ابن مسعود -رضي الله عنه- [147 أ] قال: قال رسول -الله صلى الله عليه وسلم-: «إن للشيطان لمة بابن آدم، وللمَلَك لمة. فأما لمّة الشيطان فإيعاد بالشر وتكذيب بالحق. وأما لمة الملك فإيعاد بالخير وتصديق بالحق. فمن وجد من ذلك شيئًا؛ فليَعْلم أنه من الله وليحمد الله، ومن وجد الأخرى؛ فليتعوذ من الشيطان، ثم قرأ: ﴿ ٱلشَّيْطَٰنُ يَعِدُكُمُ ٱلْفَقْرَ وَيَأْمُرُكُم بِٱلْفَحْشَآءِ﴾ [البقرة: 268]. الآية»(120).

وفي هذا الحديث فائدة أخرى، وهي: انتظامه لهذه الآية الكريمة. فإن في ذلك إشارة إلى معنى الأمر الذي نزّه -تعالى- نفسَه عنه في قوله عز وجل: ﴿إِنَّ ٱللَّهَ لَا يَأْمُرُ بِٱلْفَحْشَآءِ﴾ [الأعراف: 28]، كما سنوضحه قريبًا -إن شاء الله-.

وأخرج مسلم في **صحيحه**، عن عياض بن حمار -رضي الله عنه- قال: قال رسول الله -صلى الله عليه وسلم-: «إن ربي أمرني أن أعلمكم ما جهلتم مما علمني، وقال: كل مالٍ نحلتُه عبدًا = حلالٌ، وقال: إني خلقت عبادي حنفاء كلهم، فأتتهم الشياطين

(118) **صحيح البخاري**، ج 8، ص 123، حديث 6599.
(119) كذا، ولعل الأصوب أن يقول: «على».
(120) **سنن الترمذي**، ج 5، ص 69، حديث 2988..

فاجتالتهم عن دينهم، وحرّمَتْ عليهم ما حلَّلْتُ لهم، وأَمَرَتْهم أن يشركوا بي شيئًا، ما لم أنزل به سلطانًا». الحديث(121). وهو قريب المعنى من الأول.

وقوله: «اجتالتْهم» بالجيم. ومعناه: أن الشياطين استخفَّتْهم فجالوا معها وخالفوا ما خلقهم الله عليه.

وفي جعله لوسوسة الشياطين وتزيينهم أمرًا -حيث قال عليه السلام: «وَأَمَرَتْهُم أن يشركوا بي»-؛ إرشاد إلى أن ما نزّه نفسه -تعالى- عنه، من الأمر بالفحشاء = ليس معناه التنزه عن مجرد صيغة الأمر والطلب، بل معناه: التنزه عمّا سُمِّيَ «أمرًا» من الشياطين. وليس ذلك إلا إرادتَهم -أبعدهم الله- إضلالَ العباد ووسوستَهم لهم، وتزيينَهم لكفرهم وقبائحهم، حتى أشركوا بالله ما لم ينزل به سلطانًا.

وبالجملة، تنزُّهه -تعالى- عن مثل فعل الشياطين، الذي سماه النبي عليه الصلاة والسلام = «أمرًا». فما ظنك بجعل فعله تعالى أضرَّ على العباد من فعل الشياطين؟ لأنّ فعله -تعالى- على قاعدة الجبر: إيجادٌ للقبائح منهم، وتأثير فيها، وإرادةٌ لها، وإيقاعٌ فيها. فلأن يسمَّى «أمرًا» = أولى من أن يسمّى فعلُ الشياطين «أمرًا»، وليس هو إلا مجرد الوسوسة وإرادة التزيين، مع أنها مخلوقة لله عندهم -كما مر-. تعالى الله عما يقول الظالمون علوًا كبيرًا.

فتأمل في الحديثين السابقين والحديث الآتي وغيرها؛ لتعلم ما معنى تنزُّهِه -تعالى- عن الأمر بالفحشاء، وما وجهُه، وأنّ تنزُّهَهُ -تعالى- عن التأثير في الفحشاء وإيجادها وإرادتها والإيقاع فيها بأي جهة، كإيجاد وسوسة الشياطين = أولى وأحرى.

ومما يؤيد ذلك: ما رُوِيَ أنه -عليه الصلاة والسلام- لمّا قال عبد الله بن الزبعرى -وقد سمع قوله تعالى: ﴿إِنَّكُمْ وَمَا تَعْبُدُونَ مِن دُونِ ٱللَّهِ حَصَبُ جَهَنَّمَ أَنتُمْ لَهَا وَٰرِدُونَ﴾ [الأنبياء: 98]-: «أليست اليهود عبدوا عزيرًا، والنصارى المسيحَ، وبنو مليح الملائكةَ؟». قال -عليه الصلاة والسلام-: «بل هم عبدوا الشياطين التي أمرتهم»(122). فانظر كيف سمّى -عليه وعلى آله الصلاة والسلام- تسويل الشياطين

(121) **صحيح مسلم**، ج 4، ص 2197، حديث 63 (2865).
(122) ينظر: الزيلعي، **تخريج الأحاديث والآثار الواقعة في تفسير الكشاف**، ج 2، ص 369-370.

وإرادتهم وتزيينهم = «أمرًا».

ومما يوضح ذلك أيضًا: أن أولئك المشركين الذين ﴿وَإِذَا فَعَلُوا فَاحِشَةً قَالُوا وَجَدْنَا عَلَيْهَا آبَاءَنَا وَاللَّهُ أَمَرَنَا بِهَا﴾؛ لا يدّعون نزول الوحي والأمر بالفحشاء، وإنما أرادوا: أن الله تعالى أرادها منهم، وجرَّهم إليها، كما هو شأن الشياطين الذي سمّاه تعالى «أمرًا» في ما نطق به الكتاب والسنة. ألا ترى أنهم قد قالوا تارة: ﴿لَوْ شَاءَ الرَّحْمَٰنُ مَا عَبَدْنَاهُم﴾؛ فرد الله عليهم بأنه -تعالى- لا يأمر بالفحشاء وأنهم يقولون على الله ما لا يعلمون؟ كما ردّ عليهم في ذلك القول بقوله عز وجل: ﴿مَّا لَهُم بِذَٰلِكَ مِنْ عِلْمٍ إِنْ هُمْ إِلَّا يَخْرُصُونَ﴾ [الزخرف: 20]. وليس الرد إلا بصدد المعنى الذي أرادوه، فليُفهَم، فإنه من سوانح الوقت. والحمد لله رب العالمين.

صفات المجبرة المذمومة

وأما قوله: «وإذا كان كذلك؛ تعيّن أن يكون... إلخ»؛ فكلامٌ مترتب على مقدمات باطلة، فهو باطل.

واعلم أن حديث «القدرية مجوس هذه الأمة»؛ ضعيف عند كثير من الحفاظ، وحكى تضعيفَه السيد العلامة محمد بن الوزير، عن السيد الإمام المؤيد بالله أحمد بن الحسين الهاروني -رحمهم الله-. قال: «وتصحيح الحاكمله على شرطهما إن صحّ سماع أبي حازم عن ابن عمر؛ شَرَهٌ في التصحيح. وتصحيح كلِّ ضعيف على شروطٍ معدومةٍ = ممكنٌ»(123). انتهى. وعلى فرض صحة هذا الحديث -كما جرى عليه جمع من المتكلمين-؛ فهو واقع بالمجبرة، مرشد إلى أن مذهبهم باطلٌ أيُّ باطل!

وإذا أردنا المجاراة للمعترض؛ قلنا: قد نظرنا في الصفات المذمومة -التي هي أهل لأن يلتحق بالمتحلّين بها اسم «القدرية»-؛ فوجدناها مجتمعةً فيكم أيها الجبرية، حتى لاح لنا أن وجه الشبه بينكم وبين المجوس لا يخفى إلا على ذي الفهم المعكوس، ومن يخفى عليه الظاهر من المحسوس.

---

(123) ابن الوزير اليماني، **إيثار الحق**، ص 281.

فمنها: اعتقادُكم أن الله تعالىٰ كلَّف ما لا يطاق. ومنها: اعتقادكم أن الله تعالىٰ لا يفعل فعلًا لغرض وحكمة؛ فأفعاله -تعالىٰ- جاريةٌ مجرىٰ الاتفاقيات، بحيث لا يقصد في أفعاله غايةً، ولا ينظر إلىٰ مصلحة، بل إنما هي كأفعال الصبيان والمجانين.

ومنها: اعتقادُكم أنه -تعالىٰ- يوجِد الكفرَ من عبده الضعيف، ثم يوبِّخه عليه ويعذبه بأليم العذاب علىٰ ما لا أثر له فيه من الكفر.

ومنها: إثبات قدماء في الأزل موجودين [147 ب]، يصح أن نسمعهم ونراهم في الآخرة؛ بناء علىٰ صحة السماع والرؤية لكل موجود.

قول المجبرة بأن الظلم محال من الله تعالى؛ قولٌ بأنه غير مقدور له عز وجل، وكذا غيره من الشرور والقبائح، من حيث كونها قبائح وشرورًا

ومنها: اعتقادُكم أن الله تعالىٰ يأمر بالإيمان ولا يريده، وينهىٰ عن الكفر ويريده. وهذا هو مذهب المجوس بعينه، كما صرح به المجوسيُّ الذي ناظر في السفينة عمرو بن عبيد رحمه الله تعالىٰ، وقصة مناظرتهما مذكورة في **شرح التفتازاني للنسفية**(124)، وغيره.

ومنها: اعتقادُكم أن الله تعالىٰ لا يقدر علىٰ الظلم ولا علىٰ سائر الشرور، من حيث كونُها شرورًا، وهو بعينه قول المجوس، حيث قالوا: «إن فاعل الخير ليس فاعلًا للشر ولا قادرًا عليه»، وسيأتي له تمام.

وبالجملة، فما من وصفٍ مذموم يستلزم أن يلتصق بصاحبه اسمُ «القدري»، إلا وقد رأيناكم عليه متهالكين، وبه مفتخرين. ومع ذلك فأنتم ترمون غيركم بما هم عنه مبرؤون، وتحسبون أنكم تحسنون ﴿وَسَيَعۡلَمُ ٱلَّذِينَ ظَلَمُوٓاْ أَيَّ مُنقَلَبٖ يَنقَلِبُونَ﴾ [الشعراء: 227].

فإن رجعتم إلىٰ الإنصاف، واطَّرحتم الاعتساف؛ قلنا لكم: القدرية هم الذين

---

(124) التفتازاني، **شرح العقائد النسفية**، ص 57.

يقولون: «الأمرُ أُنُفٌ»، كما أخرجه مسلم، في حديث يحيى بن يعمر العدواني، المقدّم ذكره، ولا حاجة بنا إلى إيراد الحديث، فمن شاء فليراجعه. لكنا نقول: إن القائلين بأن الأمر أنف -أي: مستأنف، كما هو رأي بعض الخوارج- إنما ضلوا من حيث ضلَّيْتم - كما ذكرناه في غير هذا الموضع-، حيث اعتقدوا منافاة سبق العلم الأزلي للاختيار، فنَفَوا القدر، ورأوا أن ارتكاب ذلك أهون عليهم من دفع الضرورة العقلية والنصوص القرآنية الجلية، وهي قائمة على اختيار العباد وتمكنهم من أفعالهم التي يحصّلونها بحسب دواعيهم. ولّما كان نفيهم للقدر هو بعينه نفيَ العلم؛ قالوا: «إن الأمر أُنُف»، أي: ليس مسبوقًا بالعلم، ولم يمكنهم نفيُ القدر وإثبات العلم. وأين هذا من مذهب المعتزلة الذين هم أحرص الناس على إثبات حكمة الله تعالى وعدله؟ وكيف يُتصوَّر ثبوتُ الحكمة والعدل من دون علم؟ يا عجباه ممن يرمي المعتزلة باسم «القدرية»، وله أدنى اطلاع ومروة وحياء.

الحديث المنتظم للقدرية والمرجئة

وقد أخرج الترمذي عن ابن عباس -رضي الله عنهما- أنه قال: قال رسول الله صلى الله عليه وسلم: «صنفان من أمتي ليس لهم في الإسلام نصيب: المرجئة والقدرية»[125]. انتهى، وقد انتظم هذا الحديث ذكر الإرجاء والقدر؛ لأن المقالتين أُختان، والفرقتان في الضلالة أصهار وأَخْتان[126].

قال أحمد بن كمال باشا في رسالته التي ألفها في القضاء والقدر ما لفظه: «المُرجِئة - مثل المُرْجِعَة- يُهمَز ولا يُهمَز، مشتقًا من الإرجاء وهو التأخير. قالوا: إن المرجئة هم الذين يقولون بأن العبد لا فعل له، وإضافةُ الفعلِ إليه بمنزلة إضافته إلى الجمادات، كما يقال: جرى النهر ودارت الرحى. وإنما سُميت مرجئة؛ لأنهم يؤخرون أمر الله في مرتكب الكبيرة، وهم يذهبون في ذلك مذهب الإفراط، كما يذهب القدرية مذهب التفريط»[127].

---

(125) **سنن الترمذي**، ج 4، ص 22، حديث 2149.

(126) أَخْتَان: جمع خَتَن.

(127) ابن كمال باشا، **مجموعة رسائل ابن كمال**، ج 1، ص 181.

كلام أبي عبيدة معمر بن المثنى في المرجئة

قال أبو عبيدة: «هو كلام مولّدٌ، وفي تعارف المتكلمين يسمَّوْن: المجبِرة، وفي تعارف الشرع: المُرجِيَة». انتهى.

وقريب منه ما في **القاموس**، فإنه قال فيه: «سُمّوا لتقديمهم القول وإرجائهم العمل». انتهى. وهذه صفة المجبرة، كقوله أولًا: «الذين يقولون إن العبد لا فعل له... إلخ»؛ فإن هذه هي مقالتهم بعينها.

وقد صرح المعترض -في غير موضع من هذه الاعتراضات- بهذه المقالة، وما أبقى للعبد من الفعل إلا الأوهام الفاسدة. والباقون لم يجعلوا العبد إلا محَلًّا للفعل، فـ«قام» و«قعد» -عندهم- كـ«طال» و«قصر»، و«اسودّ» و«ابيضّ». وأي قباحة وشناعة أعظم من هذه التي حاصلها رفع التكاليف وإبطال الشرائع؟ شاء صاحبها أم أبى.

لا يلتصق اسم «القدرية» بالعدلية، لا من جهة النفي ولا من جهة الإثبات

وأما المعتزلة وسائر العدلية فلا يتلوّث بهم شيء من أوصاف «القدرية»، فضلًا عن أن يلتصق بهم اسمُهم. فإنه لا يصح نسبتهم إلى القدر، لا من جهة النفي ولا من جهة الإثبات.

أما من جهة النفي؛ فلأنهم لا ينفون القَدَرَ أصلًا، إنما يقولون: إنه بالمعنى الذي لا ينافي الاختيار لا شرعًا ولا عقلًا. فالمنفيّ -عندهم- ليس هو القدر الذي وردت به السنة والأثر، إنما هو الذي زعمت المجبرة أنه منافٍ للتمكين والاختيار، وأنه قاضٍ بأن الله تعالى هو المؤثر في جميع ما للعباد من الأفعال والآثار. هذا بالنظر إلى من يقول بشموله لأفعال العباد. وأما بالنظر إلى من يخصصه بأفعال الباري تعالى -كالزمخشري وغيره من الأولين والآخرين- [148 أ] فليسوا نافين للقدر في أفعال الله تعالى، وقد عرفت أن المجبرة إنما يثبتون القدر في أفعاله تعالى؛ نظرًا إلى أن أفعال العباد = أفعالٌ له عز وجل. فالخلاف، إذًا، في مسألة خلق الأفعال -كما مر-. ولا ينفون القدر في أفعال

العباد أيضًا بمعنى العلم والكتابة -كما صرحوا به- فلم يلتصق بهم نفيُ القدر.

وأما من جهة الإثبات؛ فظاهر. فالذي أثبتوه ليس بأهلٍ لالتحاق النبز بقائله. وكيف يُسمَّون «قدرية» مشابهين للمجوس من قالوا: «إن العبد مختار متمكن مما أُمِر به ونُهِيَ عنه»؟ وقالوا: «إنه هو المحصِّل لطاعته ومعصيته، والمؤثِّر في إيمانه وكفره»؟ مع كمال الاعتراف بعلم الله المحيط بالأشياء قبل كونها، بحدودها ومقاديرها. وكلُّ من أنصف من نفسه، وخشي من سؤاله عند انفراده في رمسه = آثر الحقَّ على ريب الباطل ولَبْسِه، وعرف أن هذه هي السنة التي جاء بها النبي الأمي، بل وسائر الأنبياء -عليه وعليهم الصلاة والسلام-. فلينظر الإنسان ما ينجيه، يوم يفر المرء من أخيه، معرضًا عن التعصب للعظام النخرة، والصحف المنشَّرة.

حديث للبخاري والترمذي، وهو قوله -عليه الصلاة والسلام-: «أعذر الله إلى امرئ أخّر أجلَه»

وقد أخرج البخاري والترمذي -واللفظ للبخاري-، عن أبي هريرة -رضي الله عنه- قال: قال رسول الله صلى الله عليه وسلم: «أعذر الله تعالى إلى امرئ أخّر أَجلَه حتى بلغ ستين»(128). انتهى.

وهو -أيضًا- مما يناقض مذهب المجبرة؛ لأنه لا يتأتى على مذهبهم هذا الإعذار؛ إذ لا قدرة للعبد ولا اختيار. فلو عمّره -تعالى- عمر الدنيا؛ لم يقدر على التأثير في طاعةٍ، ولا شيءٍ قط. ولو أقدره الله تعالى على ذلك -مهما لم يكن عز وجل مؤثرًا في ذلك(129)-؛ لِما سيصرِّح به المعترض في «كتاب التوحيد» وغيره، من «أن التأثير مستلزم للشرك». ومقتضى كلامه هناك: أنه لا يقدر الباري -أيضًا- أن يوجِد للعبد قدرةً مؤثِّرةً؛ لأنه إذا كان مستلزمًا للشرك = كان ذلك كإيجاده -تعالى- للشريك والثاني، وهو محال قطعًا. وكلُّ محالٍ = غيرُ مقدورٍ اتفاقًا. وهذا هو التعطيل الذي

(128) **صحيح البخاري**، ج 8، ص 89، حديث 6419.

(129) واضحٌ أن هاهنا خللًا في نظم الكلام. وأحسب أن لفظة «مهما» مقحمة سهوًا، وأن قود الكلام على الصواب لعله يكون هكذا: «ولو أقدره الله تعالى على ذلك؛ لم يكن عزّ وجلّ مؤثّرًا في ذلك». والله أعلم.

يستأهل أن يلتصق به كلُّ ذمٍّ. وكفى به شهادةً على فساد ما بُنِي عليه وأدّى إليه. وحينئذٍ لا يتمُّ معنى هذا الحديث، ولا غيره مما هو في معناه؛ فإن معناه: أن الله تعالى ما أبقى عذرًا لمن أخَّر أجله حتى بلغ ستين، وقد جاء في رواية: «أربعين». والمجبرة يقولون: قد أبقى له ألف عذر؛ لِـما عرفتَ من مذهبهم. وكثير من الأحاديث بمعناه أو يجري مجراه.

ولمثل هذا أورد الرازي في **المحصَّل** من حجج المعتزلة قولَه تعالى: ﴿۞ وَسَارِعُوٓاْ إِلَىٰ مَغۡفِرَةٖ مِّن رَّبِّكُمۡ﴾ [آل عمران: 133] وأمثالها؛ بناءً على أنه لا يتم على مذهب المجبرة. وهو ظاهر.

حديث أبي داود والترمذي، وهو من كلام أبي بكر -رضي الله عنه- وفيه نكتة شريفة

وأخرج أبو داود والترمذي، عن أبي حازم، قال: قال أبو بكر -رضي الله عنه- من بعد أن حمد الله وأثنى عليه: «يا أيها الناس، إنكم تقرؤون هذه الآية وتضعوها غير موضعها ﴿يَٰٓأَيُّهَا ٱلَّذِينَ ءَامَنُواْ عَلَيۡكُمۡ أَنفُسَكُمۡۖ لَا يَضُرُّكُم مَّن ضَلَّ إِذَا ٱهۡتَدَيۡتُمۡۚ﴾ [المائدة: 105]. وإنما سمعنا رسول الله -صلى الله عليه وسلم- يقول: «ما من قوم يُعمَل فيهم بالمعاصي، ثم يقدرون على أن يغيّروا فلم يغيّروا، إلا يوشك أن يعمهم الله بعقاب»[130]. انتهى.

وهو -أيضًا- مما يناقض مذهب المجبرة القائلين بنفي القدرة المؤثرة في الأفعال ومنافاة سابق القدر للاختيار من العباد على كل حال. وفيه أيضًا -مما يناقض مذهبهم- ما يدل عليه قوله: «ثم يقدرون على أن يغيروا فلم يغيّروا»؛ من التصريح بتقدُّم القدرة على المقدور، وصلوحيتها لغير الموجود، ضدًّا كان أو غيره. وإلا فكيف تثبت قدرتهم على التغيير، ولم يثبت منهم التغيير؟ وهو ظاهر. وأنت خبير بأن القول بمقارنة القدرة[131] = فرعٌ من فروع قاعدة الجبر. ففي فساد الفرع دليل على فساد ما

(130) **سنن الترمذي**، ج 4، ص 37، حديث 2168.

(131) أي: مقارنتها للفعل.

بني عليه من لوازمه.

وأخرج مسلم وغيره، عن أبي سعيد -رضي الله عنه- أنه قال: سمعت رسول الله -صلى الله عليه وسلم- يقول: «من رأى منكم منكرًا فليغيره بيده؛ فإن لم يستطع فبلسانه، فإن لم يستطع فبقلبه. وذلك أضعف الإيمان»(132). انتهى. ولا يخفى أن الأمر بالتغيير يقتضي ثبوت القدرة عليه.

وأما قوله: «فإن لم يستطع»؛ فليس المراد: نفي الاستطاعة بالمعنى الذي نحن فيه -أي: نفي القدرة-. بل المراد به: نفيُ التمكن من التغيير؛ لعارض خوفٍ أو خشيةِ ما هو أنكَرُ أو نحو ذلك. ونقول: إن نفي الاستطاعة هنا، كنايةٌ عن المانع عن التغيير للمنكر. وفي هذا دليلٌ على أنه لا يُكلَّف من لا قدرة له على الفعل. ولا معنى للقدرة عليه إلا القدرة على تحصيله. وإنما قلنا: إن فيه دليلًا على ذلك؛ لأن النبي -عليه وعلى آله الصلاة والسلام- جعل المانع عن تغيير المنكر عذرًا مسقِطًا للتكليف في تلك المرتبة. فكيف لا يكون عدم القدرة على تحصيل التغيير للمنكر بالكلية = مسقطًا للتكليف به؟ هذا محال في الحكمة، وإن خالفت المجبرة؛ تقويمًا لاعوجاج مذهبهم. فكسرُه لا يصلحه الجبر.

ومما يدل على ذلك: ما تقدم من الحديث الذي أخرجه البخاري، عن شداد بن أوس مرفوعًا: «سيد الاستغفار: اللهم أنت ربي لا إله إلا أنت». الحديث. وهكذا حديث أبي داود: «من قال حين يصبح ويمسي: اللهم أنت ربي لا إله إلا أنت». الحديث. وقد مر أيضًا. وفيهما تصريح بالاستطاعة، وبأن العبد صانع لأعماله الاختيارية. وأيضًا فيهما دليل على أن العبد هو المؤثر في أعماله؛ لأنه تعوَّذ بالله من شر ما صنعه. فلو كان تعالى هو المؤثر في الذي صنعه العبد -مثلًا-؛ لم يصح تعوُّذُه بالله؛ لأن تعوُّذَك بزيدٍ لا يصحُّ على تقدير أن زيدًا هو الجاني عليك، ولأنه لا يتعوَّذُ العبد من أفعال الله تعالى التي وقعت، وإنما يتعوَّذ مما سيقع منها؛ عقابًا وجزاءً، في مقابلة ما ليس فعله تعالى. وكلُّ هذا لا يتم على مذهب الجبر.

---

(132) **صحيح مسلم**، ج 1، ص 69، حديث 78 (49).

وقد عرفت أنه قال -صلى الله عليه وآله وسلم- في القسم بين أزواجه: «اللهم هذا قسمي في ما أملك، فلا تؤاخذني بما لا أملك»(133). رواه أحمد بن حنبل، والدارمي، وأبو داود، والترمذي، والنسائي، وابن ماجه، وابن حبان، والحاكممن حديث سلمان بن سلمة، عن أيوب، عن أبي قلابة، عن عبد الله بن يزيد، رضيع عائشة زوجِه -صلى الله عليه وآله وسلم-. وفي ذلك دلالة تامة على أنه -صلى الله عليه وآله وسلم- يملك تصرفه بالقدرة، ولا ينافي ذلك أن قدرته مما ملّكه الله تعالى، بل هو عين الاعتراف بذلك.

لا يقال: هذا الحديث قد دل على أن الله تعالى قد يؤاخذ العبد في ما لا طاقة له فيه وما لا يملكه، وإلا لما وقع منه -عليه وعلى آله الصلاة والسلام- الدعاء بنفي المؤاخذة عليه، وأيضًا فقد قال الإمام الشافعي -رحمه الله- أنه -صلى الله عليه وآله وسلم- يعني بما لا يملك: قلبه. والله أعلم. وبعض أفعال القلب -عند المعتزلة ونحوهم- مما يملكه العبد. فهذا الحديث قد خالف مذهبهم في الأمرين معًا -أي: المؤاخذة على ما لا يطاق، وكون أفعال القلب غير مملوكة للعبد-.

لأنا نقول في الجواب عن الأول: بأنه مثل قوله تعالى: ﴿رَبَّنَا وَلَا تُحَمِّلْنَا مَا لَا طَاقَةَ لَنَا بِهِۦ﴾ [البقرة: 286]، وقوله تعالى: ﴿رَبَّنَا وَءَاتِنَا مَا وَعَدتَّنَا﴾ [آل عمران: 194]، مع القطع والإجماع على امتناع الخُلْف في وعده تعالى. فهذا من ذاك، أي: إنه يجوز الدعاء والطلب لِـما يمتنع خلافُه -كما دل عليه التنزيل في مواضع-.

وعن الثاني: بأنه لا دلالة في الحديث المذكور على أن أفعال القلب كلّها غيرُ مملوكة. والمعتزلة وغيرهم من العدلية، لا يقولون: إن كل أفعال القلب مملوكة للعبد.

ثم نقول: إن في الأمرين المذكورين في هذا السؤال تناقضًا، فإن صح أحدهما بطل الآخر، ولا يجتمعان -كما لا يخفى-. وكم في الأحاديث والآيات من الأدلة على بطلان الجبر وانحرافه عن الحق. ولو ذهبنا إلى استيفاء الأحاديث الدالة على قباحة هذا المذهب؛ لضاق نطاق النطق عن البيان. ولم لا وقد شُحِنت به السنة كالقرآن؟

(133) ابن حنبل الشيباني، **المسند**، ج 42، ص 46، حديث 25111.

وإنما أردنا مزيد التنبيه هنا على أن العدلية إنما اعتقدوا ما نطق به الكتاب والسنة، فأنى يلتصق بهم ذم المجوسية أو يلتحق بجانبهم نبز القدرية؟ وأن المجبرة على خلاف ما نطق به الكتاب والسنة؛ فهم أهلٌ لما قيل من أنهم هم القدرية الزائغون عن المحجة، وأن الذم والمشابهة للمجوس = إليهم تَوَجَّهَ، وأنهم يمرون بالآيات الشريفة وهم عنها معرضون، ويروون الأحاديث النبوية وهم عن النظر في معانيها منحرفون. ثم العجب أنهم لم يرضوا رأسًا برأس، بل لا يزالون يَنْفَجُون(134) بقاعدة الجبر، قبحًا لها من قاعدة، ورب صَلَفٍ تحت الراعدة(135).

[نكتة]

وهاهنا نكتـة قد يحتاجها من يريد الجدال، وهي: أن بعض الأحاديث التي رووها، قد جاء فيه أن القدرية [148 ب] هم الذين يقولون: «لا قدر»، وهم أنفسهم -أعني المجبرة- قد سمَّوا العدلَ بـ«القدر»، كما في كتب الرجال والأثر؛ فإنهم يقولون: «فلان قد أُثِر عنه القدر، وفلان قد نسبوا إليه القدر، وفلان كان متظاهرًا بالقدر». وهكذا جرى في بعض كتب الحديث كما في **موطأ** مالك، وسيأتي ذكره واعتذار المعترض عن ذلك، وكذا في كتب الكلام، كما في **صحائف** السمرقندي وغيره؛ لا تجدهم يجعلون للعدلية إلا أحد الاسمين؛ إما «الاعتزال» وإما «القدر»، وقال في **القاموس**: «إن الجبر خلاف القدر، وإن الجبرية خلاف القدرية». فظهر من كلامه: أن مذهب العدل يسمى بـ«القدر». وما ذاك منه إلا إرهاصًا لتسمية العدلية بالقدرية، مع أنه قد ناقض نفسه في مادة «قدر»، وسيأتي ذلك إن شاء الله.

وعلى هذا سلكوه(136)؛ تكون الأحاديث الناطقة بأن القدرية هم الذين يقولون: «لا قدر» = نصًا فيهم؛ لأنهم هم النافون للقدر بهذا الاعتبار.

فتبيَّنَ: أن اسم «القدرية» لاصقٌ بهم، سواء كان من طريق الإثبات أو من طريق

---

(134) ينفج: يفتخر بما ليس فيه.

(135) من أمثال العرب، والصّلف: يقصد به هنا قلة الخير، والراعدة: السحابة ذات الرعد. أي سحابة ذات رعد لكن لا غيث فيها ولا خير ينزل.

(136) في الكلام خلل في النظم وسقطٌ، فلعل الجملة هكذا: «وعلى هذا الذي سلكوه... إلخ».

النفي. فاحفظ هذه النكتة لردع بعض المصممين على الاحتجاج بمطلق الأحاديث والآثار، من دون استكشاف ولا اختيار، فلكل مقام مقال، ولكل مجال رجال.

[أيهما أولى في التلقب بالقدرية: العدلية أم المجبرة؟]

قال: «وإذا تعيّن هذا؛ بطل استمساك المكذبين بأن من يقول بالقدر خيره وشره من الله؛ أولى باسم القدرية منّا؛ ذلك لأن مثبت القدر أحقُّ بأن ينسب إليه من نافيه.

ووجـه بطلانه: أن هذه الأحقية أمرٌ لغويٌّ، وهو مسلَّمٌ عندنا، وإذا تتبعنا الأسماء المنسوبة إلى كلام العرب؛ وجدنا الاستعمال الأكثر على النسبة إلى الثبوت، لا للنفي. لكن مجرد هذا لا يقوم حجةً إلا إذا لم يكن ثَمَّ دليل وقرينة على المراد. وقد أقمنا الدليل الذي لا يمكنهم إنكاره أصلًا على المراد، فظهر: أن هذا اللفظ وارد على الاستعمال الأقل».

أقـول: قد اعترف -من حيث لا يدري- بأنهم هم القدرية. وذلك لأنه سلّم أن الأحق لغةً هو المثبت لا النافي. وإنما لاذ بدعوى القرينة، وهي قائمة عليه لا له. وذلك لأنه قد كُرِّر النهيُ عن الخوض في القدر، والزجرُ عن ذلك في عدة أحاديث قد سبق بعضها. فعُلِم أن من جعلَه دِينَه ودَيْدَنَه، ولم يزل ذا شغف بذكره، جاعلًا له حجةً على الجبر، ومبطلًا لأوامر الله ونواهيه؛ فهو الحقيق بأن يسمّى «قدريًا»، باعتراف جمع من أئمة المعترض، كالنووي والخطّابي وابن الأثير صاحب **جامع الأصول**. فإنهم اعترفوا بأن القدر ليس هو: «إجبار الله الخلق على أفعالهم». وعلى هذا؛ فمن جعله بهذا المعنى -كالمعترض- فهو القدري الحقيق بالتسمية، شاء أم أبى. بل هو أحق الناس بذلك. فكأن النبي -عليه الصلاة والسلام- جعل النهي عن الخوض في القدر، والتشبث به، وجعلِه بالمعنى الذي تبطل به حجة الله على خلقه = طريقًا إلى معرفة القدرية من هم. فهو كالقرينة المنصوبة، بل هو قرينة. وأي قرينة أوضح وأظهر مما أتى به المجبرة من المنكر؟

[نكتة في أن المجبرة يجعلون في القدر خيرًا وشرًا، مع أنهم يقولون إن الله لا يصدر منه إلا الخير المحض]

وسأنبهك هنا على نكتة لم أجد من تنبه لها، وهي: أن المجبرة لا ينكرون أن في القدر خيرًا وشرًا -كما اعترف به المعترض هنا في قوله: «خيره وشره»-. وهم قد قرروا أن الله تعالى وإن كان هو الموجد للقبائح والشرور الواقعة من العباد؛ فهي لا تسمى شرورًا إذا أضيفت إليه تعالى؛ لأن أفعاله كلها خير، من حيث إنها أفعالُه؛ إذ لا يصدر عنه -تعالى- إلا الخير المحض، والحسَن الصِّرف -كما صرح بذلك المعترض في مواضع، منها ما ذكره على قول المؤلف: «فصلٌ: وصفات الذات»، إلى قوله: «غير خالق للمعاصي»[137]-. وعلى هذا؛ فكيف أثبتوا في القدر خيرًا وشرًا، وكان الملائم لقاعدتهم أن يقولوا: «كل القدر خير محض لأنه من الله تعالى»؟

وبهذا يُعلم: أن لقول من قال: «إن القدر بمعزلٍ عن أفعال العباد» = وجهًا صحيحًا -كما هو رأي جمهورٍ، منهم: الزمخشري رحمه الله-. وذلك لأن في جعل القدر منقسمًا إلى خير وشر = دليلًا على أن المراد بخيره وشره ليس هو الطاعات والمعاصي الواقعة من العباد، وإلا لما انقسم إلى خير وشر، ولا وجب الرضى بخيره وشره؛ لِـما عرفتَ من أن الرضى بالكفر = كفرٌ. فافهم هذه النكتة على وجهها؛ فإنها من السوانح الوقتية. وبفهمها يتضح: أنه لا يصح أن يكون المراد بالقدر المنقسم إلى الخير والشر، شاملًا لأفعال العباد من الطاعات والمعاصي.

وأيضًا، فقد قال بعض أهل الحديث: «إن الأحاديث التي في وجوب الإيمان بالقضاء والقدر تبلغ حدّ التواتر». فلو كان القضاء والقدر بالمعنى الذي يستلزم أن الله تعالى خالق للكفر، وموجد للفحشاء؛ لوجب الإيمان بذلك، أي: إنه تعالى خالق للكفر وموجد للفحشاء والقبائح. وكل ما وجب الإيمان به؛ وجب الرضى به. وكلما وجب الرضى بأنه تعالى خالق للكفر والفحشاء؛ وجب الرضى بهما؛ إذ لا معنى للرضى بفاعلية الفاعل للفعل؛ بدون الرضى بالفعل نفسه؛ لأن ذلك خَطَلٌ بل

---

(137) المنصور بالله، **الأساس**، ص 70-71.

مناقضةٌ. فليُفْهَمْ؛ ليُعلَمَ أنه لا يتجه في دفعه ما مر لهم من المدافعة لِما ورد عليهم من الإلزام بالرضى بالكفر.

وبهذا يتضح لك: أن القضاء والقدر خيرٌ محض، وإلا لما كلف الله بالإيمان به كما كلف بالصلاة والصوم والصدقة، ولم يكلف بالكفر والفسوق والفحشاء. فهذا مما يدلك على أن القضاء والقدر بمعزِلٍ عن إيجاد أفعال العباد؛ فيكون حجة للزمخشري -كما مر-، وحجة لمن قال من أهل السنة بأن القضاء والقدر بمعنى علم الغيب، كالخطَّابي، وابن بطّال في **شرح البخاري**، والقاضي عياض، والنووي في شرحيهما لمسلم، وغيرهم. وذلك لأن العلم السابق متعلق بالخير والشر، أعمَّ من الطاعات والمعاصي، إلا أن كون ذلك حجةً لمثل الزمخشري = أظهرُ، أعني: أن القضاء والقدر لا يتناول أفعال العباد أصلًا. وإنما المراد: ما هو من أفعاله -تعالى- بلا واسطة العباد لا إيجادًا ولا كسبًا -على قول من يقول به- [149 أ]، كالأمطار والصواعق والعافية والمرض والخصب والجدب وحسن الخِلْقة وقبحها. وبالجملة؛ كل ما يجب عنده الحمد، ويحسن الاسترجاع.

[نكتة أخرى: اعتراف المعترض بأن القدر خيره وشره من الله، اعتراف بأن الشر منسوب إليه تعالى]

ونكـــــتة أخـرى، وهي: أن المعترض قال بأنهم يقولون بأن القدر خيره وشره من الله. وقد عرفت أنه يريد بالشر: المعاصي والفواحش. وعلى هذا؛ فالطاعات والمعاصي منسوبة إلى الله تعالى؛ لأن خير القدر وشره منسوب إليه تعالى، بمعنى أنه -سبحانه- هو الذي قدّر الخير والشر بمعنى الطاعات والمعاصي -على ما هو مراد المعترض-. فلو كانت الطاعات والمعاصي منسوبة إلى غيره -تعالى-؛ لكان خير القدر وشره منسوبين إلى غيره -تعالى-. وهذا باطل عند المعترض. فحينئذ يكون رادًّا لقول النبي -صلى الله عليه وآله وسلم-: «الخير كله بيديك، والشر ليس إليك». الحديث. وقد أخرجه البخاري ومسلم في صحيحيهما عن باب مدينة العلم، أبي العترة الأطايب، علي بن أبي طالب -كرم الله وجهه-. فليختر المعترضُ: إما القدحَ في هذين

الصحيحين اللذين قال: «إنهما أصح الكتب بعد القرآن»، أو تكذيبَ من لا ينطق عن الهوى -عليه وعلى آله الصلاة والسلام-، أو تركَ العصبيةِ والجمودِ على مذهب الآباء والأجداد، والاعترافَ بأن القدر لا دخل له في ثبوت الجبر، فضلًا عن كونه مستلزمًا له، وأن اسم «القدرية» إن لم يكن خاصًا بالذين يقولون: «إن الأمر أُنُف» -أي: مستأنف- فهو عامٌ لهم وللمجبرة؛ لأن منشأ شبهتهم واحد -كما مر، وسنزيده وضوحًا في ما سيجيء-.

هـذا، ولا يخفاك أنه قد عجز عن إبانة النسبة إلى النفي في كلام العرب، ولم يجد مثالًا يشهد لدعواه، وهو قد زعم أن المنازعة إنما هي الأحقية، لا في أصل الاستحقاق؛ موهِمًا أن خصمه يسلِّم أن النافي حقيقٌ بالنسبة، وإنما يمنع كونه أحقَّ من المثبت. وهذا من مباهتته وأباطيله. فإن خصمه يمنع استحقاق النافي للنسبة، وإنما يقول: إن الحقيق بذلك هو المثبت فقط.

فقـوله: «إن هذا اللفظ وارد على الاستعمال الأقل» = من باب إثبات النقش قبل العرش. وأين الاستعمال -يا أخا الأكراد- حتى تثبت له الأقلية؟

نسبة القدرية على المأنوس في لغة العرب

ومما يدل على أن هذه النسبة إنما جاءت على الوجه المأنوس في كلام العرب، والشائع في استعمالهم: أن النبي -صلى الله عليه وآله وسلم- إنما أراد التحذير من الانتظام في سلك القدرية، والتلوث بشؤم ضلالتهم الغَوِيَّة. فلو كانت النسبة في كلامه -عليه السلام- على غير الجادة اللغوية، والمأنوس في ما بين أهل العربية؛ لكان في ذلك نوع تلبيس، ولئن لم يكن فيه نوع تلبيس، فلا أقل من أن يكون منافيًا للإرشاد إلى تجنُّب القدرية، فإن النسبة في كلام العرب إلى الإثبات، كقرشي وهاشمي وأشعري وجبري وجهمي، ولم يزل الآخِر كالأوّل، حتى إنهم حين نسبوا إلى النفي؛ أدخلوا أحرف النفي، كما في «لا أدرِيّة»؛ نسبةً إلى قول بعض فرق السوفسطائية: «لا أدري».

ومما ينبهك على صحة ما ذكرناه: أن المجبرة معترفون في باطن أمرهم بأن النسبة إنما كانت إلى الإثبات لا إلى النفي. وذلك لأنهم اخترعوا -من عند أنفسهم- تسميةَ

مذهب أهل العدل بـ«القدر». وإنما سمَّوا العدل بـ«القدر»؛ لتكون النسبة إليه؛ عِلْمًا منهم بأن كلام النبي -عليه وعلى آله الصلاة والسلام- إنما جاء على الوجه المأنوس في لغة العرب. وقد سبق التنبيه منا على هذه النكتة، ولعلنا نذكّر بها في ما سيجيء إن شاء الله تعالى.

لا يقال: قد جاءت النسبة إلى النفي في قولهم: «حُكميَّة» للخوارج القائلين: «لا حكم إلا لله».

لأنا نقول: إنهم لم يُنسَبوا إلى الحُكم الذي نفوه في قولهم: «لا حكم إلا لله»، وإنما نُسِبوا إلى الحُكم الذي أعلنوا به، حيث صاروا يقولون: «الحكم لله وحده»؛ ظنًّا منهم أن تفويض الحكم إلى الحَكَمين ينافي جعل الحُكم لله وحده، فنُسِبوا إلى الحُكم الذي أثبتوه ولهجوا بذكره، ولم يُنسَبوا إلى ما نفوه وتبرأوا منه. على أنك إذا حققت؛ عرفتَ أن الذي تبرأوا منه هو التحكيم. فلو كانت النسبة إلى ما نفوه مع حذف النفي؛ لقيل لهم: «تحكيمية».

وأما ما يقال من أنه قد شاركهم غيرهم في هذه الكلمة -أي: قولهم: «الحكم لله وحده»-، فإفرادهم بالنسبة دون غيرهم يفيد أن النسبة ليست إلى الإثبات الذي شاركهم فيه غيرهم، بل إلى النفي الذي انفردوا به = فليس بشيء؛ لِـما أشرنا إليه من أن وجه تخصيصهم بهذه النسبة هو وجه تخصيص القدرية بهذا الاسم، مع مشاركة غيرهم لهم في إثبات القدر. وذلك هو كثرة لهجهم به، وشغفهم بذكره، حتى صار كأنه شعار لهم دون غيرهم. ولمثل هذا قيل: «من أكثر من شيء عُرِف به».

على أن تسمية الخوارج بذلك موَلَّدة. وأيضًا، فالأمر كما ذكرناه من أنهم إنما نفوا التحكيمَ وتبرأوا منه، لا الحُكم.

فإن قلت: أليست المعتزلة يسمون بشر بن المعتمر وأصحابه من البغداذية: «أصحاب اللطف»، مع أنهم نافون لوجوب اللطف على الله تعالى؟

قلت: لا توجيه لهذا السؤال.

أما أولًا؛ فلأن قولهم: «أصحاب اللطف» = ليس مما نحن فيه؛ إذ ليس نسبةً.

وأما ثانيًا؛ فلأن بشرًا -رحمه الله- لمّا صرّح بأن اللطف تفضُّلٌ من الله تعالىٰ، وليس بواجب؛ سُمّيَ هو ومن تبعه «أصحاب اللطف»؛ نبزًا لهم بما أثبتوه لا بما نفوه.

وقال الحاكم المعتزلي(138) -رحمه الله تعالىٰ- ما حاصله: «إن بشرًا وأتباعه إنما سُمُّوا 'أصحاب اللطف'؛ لقولهم بأنه ما من مكلف إلا والله قادر علىٰ اللطف به حتىٰ يؤمن. لكن لا يجب عليه تعالىٰ ذلك. فسمَّوهم 'أصحاب اللطف' لأجل هذا القول». أي: لا لنفيهم وجوب اللطف. هذا معنىٰ ما نقلوه عنه.

وأما نحن فقد بينا أنه لا نسبة في قولهم: «أصحاب اللطف»، بل إضافة، وهي تكون لأدنىٰ ملابسة. علىٰ أنك إذا حققت أيضًا؛ فالذي نفوه هو الوجوب، لا اللطف.

وأما ثالثًا؛ فكثير من المعتزلة = أعاجم. فجاز أن تكون التسمية من عندهم، وجرىٰ عليها أعاربُهم. وكلام العجم لا حجة فيه ولا شبهة، وإن علموا مناهج اللغة العربية؛ لأن الطبع يغلب، فسقط السؤال في هذا بحذافيره.

فإن قلت: قد سبق لنا أن القدرية هم الذين يقولون بأن الأمر أُنُف. ولا شك أنهم نافون للقدر السابق، فكيف صحت النسبة إلىٰ النفي؟ وهل هذا إلا مناقض لما ذكرتَ؟

قلت: ما جاءتهم النسبة إلىٰ القدر من جهة النفي، حتىٰ تتوهم المناقضة لما ذكرناه. إنما التحق بهم النبز وجاءتهم هذه النسبة، من جهة قولهم: «إن الأمر أُنُفٌ»، أي: إن تقديره -تعالىٰ- للكائنات، وإحاطة علمه بتحديدها ومقاديرها = إنما يحدث بحدوثها، لا أنه سابق أزلًا، فنُسِبوا إلىٰ هذا «القَدَر» الذي زعموا حدوثه بحدوث الكائنات. وما أشبه هذه المقالة في الأعمال، بالبداء في الأقوال! فإن كلًا منهما مستلزمٌ للجهل -تعالىٰ الله عن ذلك علوًا كبيرًا-. ولذا نقلوا عن بعض علماء الأشاعرة أنه قال: «لمّا وَجَد إمامَ الحرمين قد وقعت منه العثرة في قوله: 'إن الله لا يعلم الجزئيات وإنما يعلم الكليات'، وتيقن أن هذه المقالة مقالة القائلين بأن الأمر أُنف؛ قال: 'وددت أني لو محوتها بدمي'. يعني: أنه لا يريد أن تصدر عن إمام الحرمين»(139).

---

(138) أي: المحسن بن كرامة الجشمي.

(139) قال المازري بعد أن نقل عن الجويني ما يقتضي أن الله تعالىٰ يعلم الكليات دون الجزئيات: «وبودي لو =

ولو فرضنا أن القدرية الذين يقولون بأن الأمر أُنُفٌ -كما صرح به النووي وغيره- غير مذمومين بشيء من الأحاديث = فالذم لازم لهم؛ لأنهم يقولون بما يلزم منه الجهل على الله تعالى، كما يلزم على مذهب المجبرة في قولهم: «إنه تعالى ينهى عن القبيح ثم يفعله». فذمُّهم وإلحاق النبز بهم، من حيث إنهم نسبوا القبيح إلى الله تعالى -وهو الجهل-؛ كالمجبرة إذ نسبوا القبيح إليه تعالى إيجادًا وتأثيرًا. وهو مستلزم للجهل أو الحاجة. والغنيُّ المطلَقُ لا يكون إلا عالمًا. فلزم الجهل أيضًا من الحاجة. وستقف على تمام لهذا. فلعل من أجاز من أصحابنا [149 ب] حملَ المشترَك على معنَيَيْه = لا يمنع أن يكون اسم «القدرية» متناولًا للقائلين بأن الأمر أُنُف، والمجبرة معًا. وأما بعض أصحابنا؛ فلم يتردد في أن المجبرة هم القدرية. فإنْ تناولَ الاسمُ غيرَهم؛ فبالتبعيّة.

[احتجاج المعترض بالنحاة لتثبيت وصف القدرية على المعتزلة]

قال: «وذلك لأن النحويين صرّحوا بأن المنسوب = في معنى الصفة، ويعمل عملَه إذا وُجِد فيه شرطُ عمل الصفة. ولهذا قالو في نحو: 'أتميميٌّ أنت؟': يجوز فيه الأمران: يكون 'أنت' فاعلًا لـ'تميميّ'؛ لأنه في معنى اسم المفعول -أي: أمنسوبٌ إلى تميمٍ أنت؟ واسم المفعول من المقرر أنه يعمل عملَ فعلِه، بشرطه المقرَّر في محله، وأن يكون مبتدأً قُدِّم عليه الخبرُ.

وإذا كان في معنى اسم المفعول؛ كان معنى القدرية: المنسوبة إلى القَدَر. والنسبة إلى القدر أعمُّ لغةً من أن يكون بالنفي أو بالإثبات، فلا يتعين لأحد الطرفين إلا بقرينةٍ. وكثرةُ الاستعمال ترجِّح الأولَ. والبرهان القاطع يعيّن الثاني -كما بيناه-».

أقول: ليت شعري، ما وجه الإتيان هنا بكلام النحويين، بعد الاتفاق على أن القدرية هم المنسوبون إلى القدر؟ والخلاف المذكور آنفًا: هل النسبة إلى الإثبات أو إلى النفي؟ فما وجه بيان كون القدرية منسوبين إلى القدر؟ ثم أي حاجة إلى بيان أن اسم

محوت هذا من هذا الكتاب بماء بصري، لأن هذا الرجل له سابقة قديمة وآثار كريمة في عقائد الإسلام، والذب عنها، وتشييدها، وحسن العبارة عن حقائقها، وإظهار ما أخفاه العلماء من أسرار». ينظر: أبو عبد الله محمد بن علي المازري، **إيضاح المحصول من برهان الأصول**، تحقيق عمار الطالبي (تونس: دار الغرب الإسلامي، [د. ت])، ص 125.

المفعول يعمل عملَ فعلِه؟ ما هذه -لعمرك- إلا فقاقيع لا يغتر بها غير مثله.

أما قوله: «والنسبة إلى القدر أعمّ»؛ فقد عرفت أنه دعوى باطلة، وأنه -أي: المعترض- عجز عن إبانة النسبة إلى النفي، وما بقي في يده إلا هذه الإيهامات، والدعاوي العاطلة عن البينات.

وهاهنا شيء آخر، وهو: أنه لا يُعلم في المنسوب زيادةٌ على المنسوب إليه. صرّح بذلك العلامة البرماوي، كما نقله عنه القاضي زكريا في أول **شرح اللب**(140)، فمن قال: إن القدرية هم: العدلية؛ لأنهم نافون للقدر -بزعمه-؛ فقد قال بزيادة في المنسوب على المنسوب إليه؛ لأنه اعتبر علامة النفي، والمنسوب إليه خالٍ عنها، بل قد وقع في ما هو أقبح من الزيادة؛ وذلك اعتبار نفي المنسوب إليه، لا مطلق الزيادة عليه.

وشيء آخر، وهو: أن معنى كون الشيء منسوبًا إلى شيء: هو كونه منتميًا إليه -كما في **القاموس** وغيره-. ولا معنى لأن ينتمي إلى الشيء ما كان نافيًا له، وإلا لصحّ أن يُنسَب إلى البصرة من نفى كونَها بلدًا، ولجاز أن يُنسَبَ إلى باهلة من تبرأ منهم، وغير ذلك مما لا شك في بطلانه. ولذا قال العلامة المطرزي -رحمه الله-: «إن تسمية المجبرة للعدلية: 'قدريةُ؛ تعكيسٌ». وهو كما قال. لكنَّ عذْل من لا يرعوي = من البليّات. وعناءٌ التماسُ الرشاد ممن لا تغني عنده البيّنات.

وأما قوله: «فلا يتعيّن لأحد الطرفين إلا بقرينةٍ»؛ فقد عرفت أيضًا ما فيه، وأن القرينة على أن القدرية هم المجبرة = ظاهرَةٌ ظهور مصر والقاهرة.

وقد نبهناك على نكتة عجيبة من أسرار كلامه -عليه الصلاة والسلام- ولطائف معجزاته التي لا يعرفها إلا الخواص من ذوي الأفهام، حيث قال: «لا يزال أمر هذه الأمة مقاربًا حتى يتكلموا في الوِلْدان والقدر»، وعرّفناك من هم الذين تكلموا في ذلك، وجعلوا ذكر الولدان واليًا لذكر القدر، وأشرنا إلى وجه انتظام هذا الحديث الشريف لذكر الوِلْدان والقدر. فإنه يجمع القولَ بهما نفيُ حكمة الله وعدله -كما يأتي

(140) زكريا الأنصاري، **غاية الوصول**، ص 5. والبرماوي المشار إليه لعله هو شمس الدين محمد بن عبد الدائم بن موسى (ت. 831هـ).

إن شاء الله تعالى-.

ونكــتة أخــرى، وهي: أن المجبرة هم الذين يسعون في تغيير فِطَرِهم، ومكابرَةِ عقولهم الشاهدة بتمكنهم واختيارهم واقتدارهم. وقد نطق الحديث الشريف بأن كل مولود يولد على الفطرة، وإنما أبواه يهوّدانه أو ينصّرانه أو يمجّسانه.

ففي قوله -عليه الصلاة والسلام-: «يمجّسانه» = إرشاد إلى أن المجوسية ناشئة من تكدير الفطرة التي فطر الله الناسَ عليها. ففي هذا الحديث -الذي هو من خير الكلام؛ لأنه جامع بين الحُجَّة والانتقام- رمزٌ إلى استحقاقِ وصف «المجوسية» من تلك الحيثية. فليُنظَر: من أحق الناس بذلك؟ هل المجبرة أو العدلية الذين لم يسعوا في تغيير فطرهم، ولم يكابروا عقولهم؟ والأمر واضح لمن أنصف. والحديث يفسر بعضه بعضًا ﴿وَإِنَّآ أَوۡ إِيَّاكُمۡ لَعَلَىٰ هُدًى أَوۡ فِي ضَلَٰلٖ مُّبِينٖ﴾ [سبأ: 24].

وأما قوله: «وكثرة الاستعمال يُرجِّحُ الأوَّل»؛ فإقـرارٌ بما قال خصمه -مثلما مر-. ولو قال: «والاستعمالُ يرجِّح الأول»؛ لكان هو الحق؛ لأن الجانب الثاني ليس ثابتًا في نفسه حتى يُثبِت له القلَّة، وللأولِ الكثرةَ.

وقوله: «والبرهان القاطع يعيّن الثاني» = ليس إلا مجرد دعوى ونفخ في رماد. وكأن البرهان في الارتهان عند «الغُوْل»، حتى يؤدّيَ معنى كسب الشيخ الأشعري. وقد تصلّف المعترض، حيث أتى في جانب الإثبات بلفظ «الترجيح»، وفي جانب النفي بلفظ «التعيين»، وما كفاه ذلك حتى أطلق اسم «البرهان» على ما أتى به من الهذيان، وزاد حتى سماه «قاطعًا»، وأردفه بقوله: «البتة»، التي معناها القطع. كل ذلك قعقعة بالشِّنان، وزعزعة لما هو في مذهب خصمه ثابت الأركان، وإيهام للقاصرين بأن مذهبه قد ظهر وبان، وهيهات؛ لو صحت المذاهب بترويج العبارات، وتدريج الإشارات؛ لكان أحق الناس بذلك الفلاسفة؛ لِما في كلامهم من حُسن التحرير، وصنعة التقرير -كما لا يخفى على الفطن الخبير-. لكن كلَّ موفق لإصابة الحق المبين؛ لا يأباه ولا يخفاه، ولا يكون مطمح نظره إلا إياه، وإن قصُرت [150 أ] عن أدائه العبارات، أو صدَّ عنه المبطلون بالترويجات. والله الموفق لا رب غيره.

قال: «ولهذا فسَّر 'القدريةَ' في القاموس بـ'جاحدي القدر'، قال: 'والقدرية جاحدو القدر'. فلزمه التفسير على الاستعمال؛ لِما قام عنده من الدليل القاطع على ذلك».

أقول: هذا لغوٌ لا لغةٌ يا أخا الأكراد. وإنك لغوي مبين. وصاحب **القاموس** من جملة الخصوم والأضداد، فلا يتم لك بمقاله المراد. وأي خصوصية لك في إلزامك لخصمك بكلام صاحب **القاموس**، وهو لا يُلزمك بكلام جار الله المتفَقِ على أنه أعلم باللغة وغيرها من أمثال صاحب **القاموس**؟ وكذا العلامة أبي الفتح ناصر الدين بن أبي المكارم المطرزي -رحمه الله-، وهو الذي أجمع الفضلاء على علمه بالعربية؟

قال الذهبي في **مختصره** من **تاريخ الإسلام**: «كان المطرزي مشهورًا بعيد الصيت»، إلى أن قال: «ويقال إنه كان بخوارزم خليفةَ الزمخشري»[141]. انتهى. ومثله في تاريخ ابن خلكان، حتى قال: إنه لما مات -رحمه الله- رُثي بأكثر من ثلاثمئة قصيدة. فهذان إمامان جليلان من أكابر أئمة اللغة المتقدمين على صاحب **القاموس** زمانًا وإتقانًا؛ قد قالا بخلاف ما قاله.

كلام الزمخشري في القدر، ومن الحقيق باسم «القدرية»

قال جار الله -رحمه الله-: «القَدَرُ: اسم لأفعال الله خاصةً. لا تفهمُ منهم العربُ إلا هذا. فمن أدخل في القدر ما ليس منه -وهو فعل العبد- فقد أغرب، فوجب أن يُلقَّب به كما يُلقَّب بالأشياء الخارجة عن العادة، بخلاف من لا يسمّي به إلا أفعال الله خاصّةً»[142]. انتهى. وقد مرت إشارات إليه وإلى شيء من مداركه. ومن تتبع أقوال العرب في أشعارها وغيرها؛ عرف أن لهذه الدعوى شاهدًا صحيحًا، بل شواهد كالشواهق.

(141) الذهبي، **تاريخ الإسلام**، ج 13، ص 253-254.
(142) لم أقف عليه لا في **الكشاف**، ولا في كتابه **المنهاج في أصول الدين** المطبوع.

كلام المطرزي في القدر والقدرية

وقال الإمام أبو الفتح المطرزي -رحمه الله- في مؤلفه **المغرب**: «إن القدرية هم الذي يثبتون كل أمر بقدر الله، وينسبون القبائح إليه -تعالىٰ-. وتسميتُهم العدليّةَ بِها؛ تعكيسٌ؛ لأن الشيء إنما يُنسَب إلىٰ المثبت لا النافي. ومن زعم أنهم أولىٰ بهذا الاسم لأنهم يُثبِتون القدَرَ لأنفسهم؛ فهو جاهل بكلام العرب»(143). انتهىٰ.

وقد أورد سعد الدين كلامه في **حاشية الكشاف**، وكذا ابن كمال باشا في بعض رسائله، وغيرهما، وقد حاولوا نقضَه فلم يأتوا بغير المذهب.

ومما يؤيد ما قاله، من أن القدرية هم الذين ينسبون القبائح إلىٰ الله تعالىٰ: ما في الأثر السابق عن أمير المؤمنين علي بن أبي طالب -كرم الله وجهه-، وقد عرفت هناك أن السيوطي إنما لاذ بأنهم لم يرفعوا العبد من التكليف كالجبرية. لكنا قد أوضحنا، في مواضع، عدمَ الفرق بينهم وبين خُلَّص الجبرية إلا بالألفاظ والعبارات، لا سيما المعترض؛ فإنه قد صرّح في غير موضع بأن العبد إنما يتوهم القدرة المؤثرة والاختيار. وهذا هو الجبر الخالص، وقائله هو القدري حقًا بمقتضىٰ ذلك الأثر الشريف وغيره.

وقد ظهر: أن دعوىٰ صاحب **القاموس** مضمحِلّةٌ في جنب كلام هذين الرجلين العظيمين المبرِّزَين في علم اللغة، وهما من علماء الحنفية، إلا أنهما آثرا الحق واطّرحا العصبية، واعتزلا عن محاباة المشايخ بالأمور الدينية. ولمثل هذا الحديث في القدرية؛ مالا إلىٰ الاعتزال، ولاما مَنْ لم يعترف بأنه هو مسلك الاعتدال، والرجال تُعرَف بالحق، لا أن الحق يُعرَفُ بالرجال.

وأما صاحب **القاموس** فيكفيه خطأً أنه قال: «الجبرُ خلاف القدر»، وقال: «إن الجبرية خلافُ القدرية». هذا كلامه. ولا خفاء في أنه لا مقابلة بين الجبر والقدر من حيث اللغة. إنما جاء ذلك في المذاهب. فقد تعدّىٰ عن وظيفته من نقل اللغة لا غير، وصار يدعو إلىٰ مذهب الجبر. فهو غير مقبولٍ؛ كما لو روىٰ حديثًا في ذلك، وهو إن

(143) أبو الفتح ناصر بن أبي المكارم المطرّزي، **المغرب في ترتيب المعرب** (بيروت: دار الكتاب العربي، [د. ت])، ص 98.

كان قد سبقه إلى مثل ذلك صاحب **الصحاح**؛ فقد أشار إلى التبرّي من عُهدَتِه، فقال: «الجبر خلافُ القَدَر، والجَبَرِيَّةُ -بالتحريك- خلافُ القدرية، قال أبو عبيد: 'هو كلامٌ مُوَلَّدٌ'». هذا كلام الجوهري. وإذا عُرِف أنه مُولَّد؛ عُرِف أنه من نتائج المذاهب لا من اللغة. فظهر أنه ليس كلام صاحب **القاموس** بحجة.

وأيضًا، فإنه قال -في ما بعد هذا الكلام-: «إن القدرية جاحِدو القدر»، وهو لا يجد شاهدًا واحدًا على النسبة إلى النفي. ولئن سُلِّم؛ فيلزمه أن يكونوا هم القدرية؛ لأنهم هم الذين جحدوا القدر بمقتضى كلامه السابق، حيث قال -تبعًا لما في **الصحاح**-: «إن الجبر خلاف القدر»؛ إيماءً إلى أن مذهب الاختيار والتمكن -كمذهب العدلية-؛ يسمّى بـ«القدر». فقد شهد على أن أصحابه هم القدرية، من حيث لا يشعر؛ لأنهم -باعترافه- هم الذين جحدوا القدر -أي: مذهب العدل- وقد ذكرنا هذه النكتة في ما مضى لنا. والحمد لله رب العالمين. [150 ب]

[دعوى أن المعتزلة مشابهون للمجوس في إثباتهم خالقَين!]

قال: «**ومما يبطل مقالتهم: أن الحديث يقتضي مشاركتهم للمجوس في ما اشتهروا به من إثبات خالقَيْن، والنافون هم المشاركون لهم في تلك الصفة، حيث يجعلون العبد خالقًا، وينسبون القبائح والشرور إليه دون الله سبحانه وتعالى**».

أقـول: لمّا أشعر الحديثُ الشريفُ بالمشابهة بين المجوس والقدرية؛ نظرنا في وجوه المشابهة، ومن هي لاصقة به كائنًا من كان؛ فإذا هم الجبرية. ولما أبان أئمتنا -رحمهم الله- بعضًا من وجوه المشابهة في حق الجبرية ونفاة الحكمة وأضرابهم؛ حاولت الجبرية التفصّي عما هو لاصق بهم من المشابهة الجلية، وتكلّفوا لإرجاع الذم إلى العدلية.

وأمْثَلُ ما قالوه هذا الذي أورده المعترض، حيث قال: «إن المجوس يثبتون خالقًا للخير وخالقًا للشر»، وزعموا أن هذه هي مقالة المعتزلة، حيث قالوا: «إن العبد موجِدٌ لأفعاله القبيحة دون الله تعالى». وهذا من الجبرية حيف ظاهر.

أما أولًا؛ فلأن المعتزلة وسائر العدلية يقولون: «إن العبد موجِد لأفعاله، خيرها وشرها، وحسنها وقبيحها»، لا مجرد الأفعال القبيحة. فلا يتم دعوى المشابهة؛ إذ لم

يقولوا: «إن فاعل الخير غير فاعل الشر» -كما هو دين المجوس-.

وأما ثانيًا؛ فلأن الذي ينبغي هو: أن تكون المشابهة في أخصّ أوصاف المجوس. وقد اعترف بذلك المعترض من حيث لا يشعر، حيث قال: «في ما اشتهروا به». وليس إثبات الثاني أخصَّ أوصافهم؛ فإن الثنوية أُمَمٌ وفرق كثيرة كما هو معروف في الملل والنحل، وقد صنف في هذا الفن جماعة -وسيأتي ذكرهم في مقام غير هذا-. وحينئذ، فلا يكون إثبات قادريّة العبد وتأثيره في أفعاله موجِبًا لمشابهة المجوس. وإنما غايته دعوى المشابهة لمطلق الثنوية، والذين أثبتوا الثاني في الأزل، بل القدماء المتعددين؛ هم معروفون.

وأما ثالثًا؛ فلأنه لو كان مجرد إثبات قادرية العبد على التأثير في أفعاله موجبًا لمشابهة المجوس؛ لكان العدلية من المعتزلة وغيرهم قد أثبتوا خالِقِين لا يُحصيهم إلا الله تعالى، لا اثنين فقط. فانتفت المشابهة من هذه الجهة بالمرّة.

وأما رابعًا، فلأن العدلية قائلون بأن الله قادر على الخير والشر معًا، بل الشرور التي نفاها عنه المجوس ليست عندنا إلا منه -تعالى- كالجدب وخلق الحيات والعقارب والزلازل والخسف، وغير ذلك.

وأما خامسًا؛ فلأن العدلية من المعتزلة وغيرهم، ما أضافوا إلى العبد من أفعاله إلا ما أضافه الله إليه في كلامه الذي لا يأتيه الباطل من بين يديه ولا من خلفه، وعلى لسان رسوله الذي لا ينطق عن الهوى -صلى الله عليه وآله وسلم-.

وأنت قد عرفت أن هذه الإضافة هي إضافة التأثير، لا إضافة القيام والمحَلِّيّة؛ فإنها إنما تجري في الفاعل النحوي، لا الفاعل الذي كلامُنا فيه -أي: المؤثر-، على الخلاف في التأثير: هل هو التأثير في تحصيل الفعل؟ أو في الكسب؟

وأيضًا، فلو لم تكن هذه الإضافة -التي أضافها الله إلى العبد- إضافة التأثير، بل إضافة المحَلّيّة فقط -كما زعمته المجبرة-؛ لزم أنه لم يمتثل أحد من المكلفين أمرًا ولا نهيًا؛ لأن الأوامر والنواهي الشرعية مُطالَبات بتحصيل ماهية الفعل في الأمر، وبتحصيل الكفّ عنها -أي: ماهية الفعل في النهي-. ولا معنى للتحصيل إلا التأثير في حصول الماهية والكفِّ عنها. وهذا اتفاقيٌّ بيننا وبينهم. وسيأتي له تمام في مواضع.

فعُلم: أنه لا ينبغي منهم خلاف في أن إضافة الله للفعل إلى العبد = إضافةُ تأثير وتحصيل. فلو كانت إضافة التأثير في أفعال العبد إليه تستلزم مشابهة المجوس، وتقتضي استحقاق اسم «القدرية»؛ لكان الباري -سبحانه- مطالِبًا للعبد بالمجوسية، ولكان النبي -عليه الصلاة والسلام- داعيًا إلى التحلي بمشابهة المجوس، والتمذهب بمذهب القدرية. لكن اللازم باطل قطعًا واتفاقًا؛ فالملزوم مثله.

وهذا أبو إسحاق الإسفراييني، وإمام الحرمين الجويني، والإمام الرازي، وغيرهم = قائلون بتأثير العبد في أفعاله -كما ذكرناه عنهم مرارًا-، والمعترض لا يقول: «إنهم مشابهون للمجوس»، ولا «إنهم قدرية». فما كان جوابه عنهم؛ فهو جوابنا.

بل نقول: إن ذلك يستلزم أن يكون الأشاعرة ومن يجري مجراهم من أهل الكسب؛ مجوسًا من مجوس هذه الأمة. لِـما أشرنا إليه من أنهم قائلون بالتأثير في الكسب -بزعمهم الفاسد-.

فظهر بهذا: بطلانُ قوله: «والنافون هم المشاركون لهم... إلخ».

وأما قوله: «وينسبون القبائح والشرور إليه دون الله سبحانه»؛ ففيه غفلة من المعترض عمّا قاله في مواضع من كتابه هذا، من أن القبائح والشرور -عند المجبرة أيضًا- إنما تنسب إلى العبد دون الله سبحانه وتعالى، وصرّح المعترض بأن «الشر لا يمكن أن يُنسَب إلا إلى من تحتَ حُكمِ حاكمٍ، فيصدر منه فعلٌ على خلاف مأموره، فيُسمَّى شرًّا». هذا كلامه بلفظه في ما كتبه على قول المؤلف: «فصْلٌ: وصفات الذات نحو قادر... إلخ»(144). وقد صرح بمثله في مواضع سيأتي ذكرها إن شاء الله.

وعلى هذا؛ فهم قد شاركوا العدلية في عدم نسبة القبائح والشرور إلى الله تعالى، وإن كان -عز وجل- هو الموجِد لها -عندهم-. وبمثل هذا تأوّلوا قوله -عليه الصلاة والسلام-: «والشرُّ ليس إليك». وقالوا: أي: ليس منسوبًا إليك. فظهر -أيضًا- بطلانُ قوله: «دون الله سبحانه».

(144) المنصور بالله، **الأساس**، ص 70.

مشابهة المجبرة للمجوس، من حيث قولهم: «إن القبائح والشرور = بإرادةٍ من الله تعالى»

هـذا، وكما تعرض المعترض لمشابهة العدلية للمجوس؛ رميًا لهم [151 أ] باسم «القدرية»، وهو يعلم القدرية مَنْ هم؛ فكذلك نحن نبيّن وجوب المشابهة الظاهرة بين الجبرية والمجوس حتى يتضح للمنصف من هم الحقيقون باسم القدرية من حيث كمال المشابهة، فنقول:

اعلم أن الذي اشتهر به المجوس دون غيرهم من الثنوية وسائر أرباب الأديان، هو: اعتقادهم بأن وطء المحارم، ونكاح الأمهات، وسائر القبائح = ليست بقبائح، وأنها من الله -تعالى- بقضاء وقدر. وإنما يعبرون عنه -تعالى جده وجلت أسماؤه- بـ«يزدان». وهذه هي مقالة المجبرة بعينها ومينها؛ لأنهم يقولون: إن جميع ما وقع في الوجود من وطء المحارم والأمهات، وسائر القبائح المقبَّحات = بإرادة من الله تعالى وتقدير، وأنها ليست بقبائح في أنفسها وبالنظر إلى من أوجدها. ولهذا قال سيد التابعين من أبناء جنسه؛ الحسن البصري -رضي الله عنه- في ما حكاه جار الله -رحمه الله تعالى-: «قاتل الله أقوامًا يزعمون أن الله تعالى قدّر الخطايا، وبعث محمدًا -صلى الله عليه وسلم- ينهى عنها»(145). انتهى.

ولا يخفى أنه -رضي الله عنه- أراد بهذا التقدير الذي نقمه على هؤلاء القدرية = ليس هو التقدير بمعنى «التحديد في العلم الأزلي»، بل أراد المعنى المنافي للتكليف، وهو الذي أراده جار الله -رحمه الله-. ولهذا قال: «وبعث محمدًا ينهى عنها»؛ فقد أشار بهذا إلى التقدير بمعنى «الخلق»؛ فإنه هو المنافي للنهي والزجر ولسائر التكاليف، بخلاف التقدير في العلم؛ فإنه لا ينافي النهي والزجر عنها، ولا يناقض الاختيار للمكلف الذي يؤثر فيها ويحصِّلها ويوجِدها.

ولعمـري، إن هذه المقالة هي مناط الذم، ونياط المشابهة، ومركز وجوه المناسبة، وأساسُ التصاق النبز، وقسطاس التحاق الصفة المجوسية. ولذا؛ رُوِيَ أنه جاء رجلٌ

(145) الزمخشري، **ربيع الأبرار**، ج 2، ص 245.

من أرض فارس إلى النبي -صلى الله عليه وآله وسلم- فقال له -عليه الصلاة والسلام-: «أخبرنا بأعجب شيء رأيتَه»، فقال: رأيت قومًا ينكحون أمهاتهم -أو قال: أخواتهم-، ويقولون: هذا بقضاء الله فينا وعلينا، فقال -عليه السلام-: «أما إنه سيكون في آخر هذه الأمة قومٌ يقولون مقالتهم». انتهى كما في بعض كتب العدلية. وهذا الوجه قد ذكره جمهور من أئمتنا.

مشابهتهم من حيث نفي قادريته تعالى على الظلم وسائر الفواحش، من حيث كونهُ ظلمًا وفواحش

وأنا أذكر وجوهًا أُخَرَ:

منها: أن المجبرة مصرّحون بامتناع صدور الشرور عن الله من حيث كونها شرورًا -كما نبهناك عليه-. فالباري تعالى لا يقدر -عندهم- على إيجادها من هذه الحيثية.

ولهذا صرّحوا بامتناع الظلم منه -عز وجل- امتناعًا ذاتيًا، بمعنى أنه محال ممتنع لذاته، وكلُّ محالٍ ممتنعٌ لذاته؛ فهو غير مقدور أصلًا -وقد مر ذكر ذلك أيضًا-. وهذه هي مقالة المجوس بعينها؛ إذ هم نافون لقادريته تعالى على الشرور، وإنما يضيفونها إلى فاعلٍ آخَرَ سَمَّوه: «أَهْرَمَنْ»، كما سَمَّوا الباري تعالى «يزدان». فقد زاد المجبرة على أصحابنا؛ لأن أصحابنا وإن منعوا كون الباري تعالى موجِدًا للقبائح الصادرة من العباد؛ فهم لا يمنعون قادريته على أجناسها أصلًا. وأيضًا، فإنهم لا يخصصون الشرور والقبائح فقط، بل هم قائلون بأن أعمال العباد مستنِدةٌ إلى تأثيرهم؛ خيرِها وشرِّها، والباري تعالى قادر -عندنا- على جميع أجناس المقدورات، من أعمال العباد وغيرها.

وهاهنا ظهر من هذا الذي لصقت به المشابهة من هذا الوجه، وهو أوضح وأصحّ مما ذكره بعض أصحابنا العدلية -رحمهم الله تعالى-، حيث قالوا: «إن المجبرة هم القائلون بأن القدرة لا تصلح للضدين». وعلى هذا؛ فالقادر على الخير = ليس قادرًا على ضده -وهو الشر مثلًا- وكذا العكس. وإنما قلنا: إن ما ذكرناه أوضح وأصحّ من هذا؛ لأن الأشاعرة ونحوهم إنما قالوا بأن قدرة العبد لا تصلح للضدين، لا قدرة الباري تعالى. والكلام إنما هو في مشابهة المجوس في ما يرجع إلى حقه -تعالى- لا في ما

يرجع إلى صفات العباد.

وأما ما يقال -في دفع كلام أصحابنا- من أن هؤلاء المجبرة قائلون بأن قدرة العبد صالحة للتعلُّق بالضدين على البدل -كما سيجيء-؛ ففاسد؛ لأنه اعتراف بتقدُّمِها وهم لا يقولون به. وستقف على مزيد تحقيق لهذا المعنى.

ثم إن أصحابنا المشار إليهم -رحمهم الله- أطلقوا ذلك في حق المجبرة وهم مفترقون. فالمجبرة الخُلَّص نافون للقدرة مطلقًا، فضلًا عن أن يقولوا بأنها تتعلق بأحد الضدين، وهم الذين كلامُ أصحابنا بصددهم. بدليل أنهم حكوا عنهم: أنهم يقولون بأن العدلية هم القدرية؛ لأنهم هم المثبتون لقدرة العبد، وهذا يدل على أنهم نافون لها. وهو ظاهر.

وإنما الذين يقولون بأن القدرة الحادثة لا تصلح للضدين = هم الأشاعرة ونحوهم، بل قالوا: إنها لا تصلح للتعلق بمقدورين مطلقًا، سواء كانا ضدين أم لا. وهذا بناءٌ منهم على أنها غير مؤثرة، وأن العبد ليس إلا محلًّا فقط، فليُفهَم.

وقد ظهر: أن ما ذكرناه من ذلك الوجه الصحيح الواضح في المشابهة للمجوس = أوضح وأصحُّ مما ذكره بعض أصحابنا في هذا الوجه.

مشابهتهم لهم من حيث لزوم الإيجاب في حقه عزّ وجلّ

ومنها ما نبهناك عليه أول الكتاب، من أن الجبرية قائلون بالإيجاب من حيث لا يريدونه. فإن كنت في شك من ذلك؛ فارجع إلى ما أجابوا به على شبهة الفلاسفة لّما نازعوا في قِدم العالم وقالوا بالإيجاب إذ لا يُتصوَّر صدورُ القديم بالاختيار، فلزمهم نفيُ الاختيار بالمعنى الحقيقي عن الباري تعالى، فافتقروا إلى تصحيح قاعدتهم والقدح في قاعدة المتكلمين. فمما أوردوه على المتكلمين -كما حَكَوْه عنهم-: أن القدرة والإرادة متعلقان في الأزل بأشياء معينة؛ فهي واجبة الصدور. وإذا كانت واجبةً؛ كان نقيضها ممتنعًا. وكلّما كان كذلك؛ كان القول بأنه «إن شاء فعل، وإن شاء ترك» = مردودًا. وقد تقرر أن التغيُّر في صفاته ممتنعٌ، وأن عدمَ القديم محالٌ. وتقرر -أيضًا-: أن كل قديم = لا اختيار فيه؛ أعمَّ من أن يكون ذلك القديم وجوديًا أو عدميًا. وإذا

كانت القدرة والإرادة وتعلّقُهما قديمين لا تغير فيهما ولا اختيار؛ فأين الفرار عن الإيجاب أين الفرار؟

فأجاب الأشاعرة بأن وقوع الفعل بعد تعلُّق القدرة والإرادة = واجبٌ. ثم زعموا أن هذا الإيجاب لا يقدح في الاختيار بالمعنى المذكور.

وهذا كلام منهم، ليس فيه أكثر من التزام الإيجاب -كما لا يخفى على ذوي الألباب-، لا سيما مع تصريحهم -أي: الأشاعرة- بأن إرادته تعالى تتعلق لذاتها، لا لأمر آخر، وتصريحهم أيضًا بأنه لا مرجِّح عندهم وراء الإرادة؛ بناءً منهم على نفي الحسن والقبح عقلًا -وقد سبقت إشارة إلى ذلك في أوائل الكتاب-.

ولأجل هذا أشار سعد الدين وغيره، إلى قوة كلام الفلاسفة. وليس ذلك إلا بالنظر إلى مذهب الأشاعرة خاصّةً، دون العدلية.

وأما الجواب عما أورده الفلاسفة، بأن التغيرات جائزة في التعلُّقات، وإنما المحال تغيُّرُ الصفة نفسها، وبأن التعلُّق أمر إضافي، والإضافات لا وجود لها في الأعيان؛ فلا يلزم عدمُ القديم، وبأنه إذا كان من الإضافات؛ فلا حاجة به إلى المؤثِّر حتى يقال: إنه عن اختيار أو عن إيجاب = فمما لا يسمن ولا يغني من جوع. لأن المقدمة القائلة بأن تلك الأشياء القديمة واجبة الصدور بعد التعلق؛ لم يطرقها نقضٌ ولا منعٌ ولا معارضة. بل هي باقية بحالها، ولأن المُدَّعى أن انتفاء ذلك التعلق محال، أي: إن قولنا: «لا تعَلُّق» = كاذبة. ولا تعرُّض لكونه وجوديًا أو عدميًا، ولأن [151 ب] التعلق -مع القول بأزليته- لا يصلح أثرًا للمختار. فالقول بأنه من الإضافات المستغنية عن مطلق المؤثّر، فضلًا عن خصوص المختار؛ إنما يقرر الإشكال. فإن المراد: نفي الاختيار عن الصفة وتعلُّقِها، حتى يكون ما صدر عن ذلك = صادرًا لا عن اختيار. وهو محض الإيجاب. وهو مطلوبهم.

ولأجل مثل هذا؛ عَدَلَ منهم إلى الجواب الأول كالرازي والكاتبي. لكنك قد عرفت أن الإيجاب لازمٌ لهم على كلا الجوابين. ونتيجةُ التزامِهم للإيجاب، هي: نفيُ الحكمة والغرض في أفعاله -تعالى-، وقد مر ذكر ذلك فلا نكرره.

وإذا عرفت هذا؛ فأساسُ دين المجوس مبنيٌّ على الإيجاب ونفي الاختيار. ألا ترى أنهم قالوا -قبحهم الله-: إن «أهرمن» حَدَث لا باختيارِ «يزدان»، وإنما هو من فكرته الرديّة أو من العفونات السفلية أو غير ذلك، مما لا يجامع الاختيار من «يزدان» -كما نقلوه عنهم-؟ فظهر كمال المشابهة في هذين الأصلين العظيمين. ومن لم يثبت عنده ما ذكرناه؛ فليراجع كتب الفريقين.

ومنها(146): أن المجوس يدّعون أن لهم أنبياء دعوهم إلى اعتقاد كون وطء المحارم، وسائر ما هم عليه من القبائح = صادر عن «يزدان». وهذا هو ما تقوله المجبرة بعينه؛ فإنهم يقولون: إن الأنبياء -عليهم السلام- دعوهم إلى اعتقاد كون جميع القبائح من الله -تعالى- إيجادًا وتأثيرًا، وأنه أرادها -عز وجل- من العبيد. وهذا الوجه ليس هو الوجه الأول؛ فإن ذاك كان بالنظر إلى جانب الباري تعالى، وهذا بالنظر إلى دعوة الأنبياء -عليهم السلام-.

مشابهة المجبرة للمجوس من جهة تكليف ما لا يطاق

ومنها: ما تعتقده المجبرة من تكليف ما لا يطاق؛ تفريعًا على مذهب الجبر. وقد ذكرناه في ما سلف. والمجوس على هذا المذهب.

وقد حُكِيَ أنهم يجعلون صورةً تحكي تكليف ما لا يطاق -كما ذكر ذلك صاحب **الغايات** رحمه الله وغيره فلا نطوّل بذكرها-.

هـذا، وأما ما حكاه أحمد بن سليمان بن كمال باشا، من أن أصحابنا قالوا: إن وجه المشابهة بين الجبرية وبين المجوس: أن الجبرية قالوا: إن الله يخلق الفواحش ثم يتبرّى عنها، فشابهوا المجوس في اعتقادهم مثل ذلك(147)؛ فهو وإن كان له وجه؛ لكنه غير مذكور في كلام أصحابنا بهذه الصفة، وما أجاب به ابن كمال باشا غيرُ حاسم لشبهة المشابهة في هذا الوجه، بل لا توجيه له؛ فإنه قال: «إن خلق الشيء لا يستلزم الأمر به»، أي: فيصح أن يخلق -تعالى- الشيءَ وينهى عنه، ويؤثر في الفعل ويتبرّى منه. وهذا

---

(146) أي: من المشابهات بين المجوسية والجبرية.

(147) ابن كمال باشا، **مجموع رسائل ابن كمال**، ج 1، ص 184.

كلامٌ لا توجيه له؛ لأن خلقه وإيجاده -تعالىٰ- للشيء = يستلزم أن لا يكون ذلك الشيء باطلًا، بدليل قوله تعالىٰ: ﴿رَبَّنَا مَا خَلَقْتَ هَٰذَا بَٰطِلًا﴾ [آل عمران: 191]، ﴿مَا خَلَقْنَٰهُمَآ إِلَّا بِٱلْحَقِّ﴾ [الدخان: 39]، ﴿مَّا تَرَىٰ فِى خَلْقِ ٱلرَّحْمَٰنِ مِن تَفَٰوُتٍ﴾ [الملك: 3]، ﴿إِنَّ هَٰٓؤُلَآءِ مُتَبَّرٌ مَّا هُمْ فِيهِ وَبَٰطِلٌ مَّا كَانُوا۟ يَعْمَلُونَ﴾ [الأعراف: 139]، إلىٰ غير ذلك من الآيات والأحاديث. فكلما جاز أن يكون الشيء مخلوقًا له؛ جاز أن لا يكون باطلًا، وكلما جاز أن لا يكون باطلًا؛ جاز أن يكون حقًا، وكلما كان كذلك؛ جاز الأمر به، وكلما جاز الأمر به؛ لم يجز أن يقع التبري منه. كيف وكل ما كان حقًا؛ كان محبوبًا مرضيًا له -كخلق السماوات والأرض-؟ وكل ما كان كذلك؛ لم يجز النهي عنه والتبري منه؛ لأن النهي إنما يتعلق بما كان فسادًا. ويستحيل الجمع بين كونه حقًا وكونه فسادًا، فليُفهَم.

وأيضًا، فإن ما ذكره انتقالٌ عن محل النزاع إلىٰ شيء آخر خارجٍ عن المحل؛ لأن أصحابنا -علىٰ ما نقله عنهم- إنما قالوا بأن وجه مشابهة المجبرة للمجوس = من حيث إنهم قالوا بمقالتهم في أن الله تعالىٰ إنما يخلق الأشياء باختياره وإرادته، ثم إنه يتبرّىٰ منها ويقبِّحها، ويلوم عليها ويذمُّها، وينسبها إلىٰ غيره. فلزمهم كمال المشابهة التامة.

وعلىٰ هذا؛ فيكون إدخال الأمر في دفع الإلزام = فيه ما فيه، وهو إنما أراد أن المنافاة ليست بين الخلق والنهي، والتأثير والتبري، بل بين الأمر والنهي، والأمرُ غيرُ لازمٍ من الخلق؛ فلا منافاة -بزعمه-. لكن لا يخفىٰ أن مجرد كونه -تعالىٰ- هو المؤثر في الشيء = يقتضي عدم التبرّي منه. وهو ظاهر.

والعمـدة في أمثال هذا البحث هو التحسين والتقبيح عقلًا. وإنما ضلت المجوس = من حيث ضلّت المجبرة في تجويز القبائح علىٰ الله وإرادته لها -عز وجل-.

فإن قلتَ: قد ظهر أن هذه الوجوه كافيةٌ لمن قال بأن القدرية هم المجبرة. لكنه قد جاء في الحديث الشريف عطفُ القدرية علىٰ المرجئة، وقد مر عن أبي عبيدة ما يقتضي أن المرجئة هم المجبرة، ولا يتأتّىٰ أن يكون عطفًا تفسيريًا؛ لأنه يأباه قوله -في ذلك الحديث المذكور في ما سبق-: «صنفان... إلخ».

قلت: لعل من جزم بأن المجبرة هم القدرية دون غيرهم، يقول بأن جَعْلَهم -في

الحديث- صنفَيْنِ؛ لا يقتضي كونهم طائفتين مستقلتين البتة. ولم لا يجوز أن يكون المراد: تشنيع أمر المقالتين، وإفراد كل واحدة بالتفحيش في القبح والشَّيْن، حتى يُعلَم أن كل واحدة منهما كافيةٌ في استحقاق الذم والجهالة، كافلةٌ -على انفرادها- بلزوم الضلالة، وليس المراد: بيانَ كون المرجئة والقدرية في الواقع فرقتين. ولم لا وهو قد جمع وصف الإرجاء والقَدَر في شخص واحد؟ نسأل الله العافية.

واعلم أن حديث «القدرية مجوس هذه الأمة»؛ مما صححه الحاكم على شرط البخاري ومسلم. لكنّه شَرَطَ صحَّتَه على شرطهما بشرْطٍ غير مسلَّم، بل غير موجود عند كثير من أهل الحديث. فإنه -أي الحاكم- قال: «إنه صحيح على شرطهما، إن صحّ سماعُ فلانٍ عن ابن عمر»(148). والراوي المشار إليه لم يصحّ سماعه عن ابن عمر -كما قالوا-. ولمثل هذا؛ كانت تصحيحات الحاكم محلّ نَظَرٍ. والله أعلم. [152 أ]

[حمل المعترض مشابهة القدرية للمجوس؛ لأنهم خصماء الله]

قال: «**ومما يردُّه قوله -صلى الله عليه وسلم- في حق القدرية: 'هم خصماء الله'.** ولا خصومة **للقائل بتفويض الأمور كلها إليه. إنما الخصومة لمن يعتقد أنه يقدِر على ما لا يريده الله، بل يكرهه**».

أقول: لا أقبح ولا أوضح في الخصومة، من نسبة القبائح والفحشاء إليه -تعالى- إيجادًا وتأثيرًا وإرادةً لها، والتبرّي عن إيجاد الكفر والفسوق والعصيان، والقول بأنه هو -تعالى- يوجدها لا غيره، ثم يذم فاعلها، ويعذب العباد من أجلها، إلى غير ذلك من القول بأنه كلف الكافر بما لا يطيقه من الإيمان، ونزه نفسه -تعالى- عن الظلم، وهو الذي أوجده بين العباد، ونزّه نفسه -تعالى- عن الأمر بالفحشاء، ونسب ذلك إلى الشيطان، ثم إنه -عز وجل- أرادها وأوجدها وأثّر فيها وتمدّح -تعالى- بأنه يكره السيئات، لكنه أرادها وأوجدها، وتمدح بأنه -تعالى- لا يحب الفساد ولا يرضى لعباده الكفر، وهو -تعالى- مريد للفساد والكفر، بل هو الموجد لهما والمؤثر فيهما وفي

(148) قال الحاكم بعد أن أورد الحديث (برقم 286): «هذا حديث صحيح على شرط الشيخين، إن صحّ سماع أبي حازم من ابن عمر». ينظر: الحاكم، **المستدرك**، ج 1، ص 159.

غيرهما من سائر أعمال العباد المشحونة بالفواحش. فهل في الدنيا خصومة أقبح وأوضح من مثل هذا؟ ولو نَسَبْتَ إلىٰ بعض الجبابرة المخَلِّطين أقلَّ من هذا؛ لعاملك معاملةَ من انتقصه في فعله، وَنَسَب إليه ما يكرهه، وناطَ به الذمَّ علىٰ أبلغ الوجوه وأوضحها. ومن قال بأن الله تعالىٰ أراد أن يُنسَبَ إليه الصاحبةُ والولدُ، بل هو الذي أوجد القول بذلك؛ ثم زعم أنه ليس خصمًا لله تعالىٰ = فقد أغرب.

وما أشبه هؤلاء المجبرة بحال عبيدٍ مماليك عاثوا وعبثوا في أرضٍ لمولاهم، وأفسدوا فيها، وظلموا عبيدًا له آخرين، وارتكبوا أنواع الفجور والفحشاء، ثم قالوا: كلُّ هذا من مالِكِنا، وأما نحن؛ فلا أثر لنا في شيء من هذه القبائح والفواحش، وإنما هو الذي أثَّر فيها وأوجدها.

فإذا قيل لهم: إن سيدكم عدل حكيم، لا يريد الظلم ولا يحب الفساد ولا يرضىٰ الفجور والفحشاء. فكيف يوجدها ويؤثر فيها وهو عالمٌ بها غني عنها، وقد تمدّح بأنه لا يفعل شيئًا من الظلم، ولا يحب الفساد، ولا يرضىٰ القبيح، ولا يأمر بالفحشاء التي زعمتم أنه هو الذي أوجدها وأثر فيها، وتمدح بأن القبائح مكروهة له وأن بيده الخير؟

قالوا: أما نحن فإنما فوضنا إليه الأمر وقدسناه من أن ندعي التأثير معه في الفحشاء، بل أضفناها إليه كسائر الأشياء؛ تقديسًا له عن المزاحمة في ملكه والمنازعة في سلطانه، وأما هو فقد فعل ذلك كله، وإن كان كلامه علىٰ ما ذكرتم، إلا أنا نحمل كلامه علىٰ محامل أُخَر: علىٰ أنه ما أقدرنا علىٰ شيء من الأفعال، وإنما تركَنا كالخُشُب المسنَّدة؛ فلا تمكين منه لنا، ولم يُنعِم علينا بالآلات المؤثرة؛ فجميع ما صدر منا من الأفعال القبيحة = فإنما نتوهم أنه صادر عنا وليس من آثاره، حتىٰ إنه هو الذي أقعدَنا وأقامَنا في الظلم والفجور والفحشاء، فنحن محلٌّ لفعله فقط. فاللوم لنا كاللوم للمكان الذي وقعت فيه المخالفة والفحشاء.

فإذا قيل لهم: أنتم، إذًا، خصماءُ له؛ لأنكم تنزهتم عن القبائح ونسبتموها إليه بأبلغ النِّسَب -وهي نسبة الإيجاد والتأثير والإرادة-، وأضفتم إليه ما يكرهه ولا يحبه ولا يرضاه، ثم ادَّعيتم أنكم مفوِّضون الأمر إليه. وهذا التفويض مجرد لفظ لا معنًى تحته، بل هذا التفويض القولي هو عين المنازعة والخصومة. كيف وقد اشتمل علىٰ أنّ تمدُّحَه

بأنه لا يريد الظلم ولا يحب الفساد، ولا يرضى الكفر، وتبرّيه عن ذلك = إنما هو بمجرد القول فقط، وأما الفعل؛ فهو الفاعل للظلم الواقع منكم، وكذا الفساد والكفر، والموجِدُ لذلك كله؟ وهل أشدُّ من هذا في المناقضة لكلامه وتمدُّحه والخصومة له؟

قالوا: الأمر ليس إلا كذلك، ونحن عبيد وهو المالك. وهذه القبائح التي أوجدها منا، وأثَّر فيها على أيدينا = ليست بقبائح بالنسبة إليه؛ لأنه قد وصف نفسه بأن أفعاله كلَّها حسنةٌ، فوجب أن نقول: «إنها حسنة» وإن كانت عقول العقلاء تستقبحها، بل وإن ذم هو فاعلَها إذا كان غيرَه. وأما هو فلا؛ لأنه مالِكٌ يفعل في ملكه ما يشاء.

فإذا قيل لهم: ليس للمالك أن يفعل في ملكه ما يشاء على الإطلاق، وإنما يفعل ما لا يكون قبيحًا عقلًا ونقلًا.

قالوا: هو مالك ليس كسائر المالكين؛ لأن أفعاله لا تدخل تحت الحدود والموازين العقلية.

فإذا قيل لهم: فما الوجه لوصفكم له بالمالكية؟ وهلّا قلتم من أول وهلة، بأن له أن يفعل كل قبيح وفحشاء بلا اعتراض؟

فعند ذلك يقولون: القبيح والفحشاء ليس قبيحًا منه ولا فحشاء عندنا؛ إذ لا حُسنَ ولا قُبحَ في نفس الأمر.

فإذا قيل لهم: قد ناقضتم أنفسكم؛ لأن في قولكم: «إنه مالك»؛ تسليمًا لقبح القبائح في نفس الأمر [152 ب]؛ إذ جعلتم وصفه بالمالكية رافعًا لشناعة القبائح التي نسبتموها إليه. فقد نفيتم ما أثبتُّم والعكس. ومع هذا؛ فما زدتم على خصومته من حيث المعنى، وزدتم على ذلك نسبةَ الكذب إليه وأنتم لا تشعرون. وذلك لأنه قد وصف القبائح والفحشاء بأنها قبائح وفحشاء، وفرَّق بين الحَسَن والقَبيح في كلامه، فيكون وصفه لهما، وتفريقه بينهما = ليس مطابقًا للواقع ولما في نفس الأمر -على زعمكم-؛ إذ لا فحشاء ولا حُسن ولا قُبح. مع أن اعترافكم بأن تصرُّفَه لم يقبح لأنه تصرُّفُ مالكٍ في مُلْكِه = اعترافٌ بقبح التصرف في ملك الغير، وهو عين القول بالحُسن والقُبح.

فعند ذلك ينطقون ويقولون: هو الذي أجبرنا على المجادلة بالباطل، وأوجدها منا، ونحن مضطرّون. لكنه لا يُسأل عما يفعل وهم يُسألون.

فإذا جاء الحق وبطل ما كانوا يعلمون، وقيل لهم: يا خصماءَ أحكم الحاكمين ﴿أَوَلَمْ نُعَمِّرْكُم مَّا يَتَذَكَّرُ فِيهِ مَن تَذَكَّرَ﴾ [فاطر: 37]، ﴿فَغُلِبُواْ هُنَالِكَ وَٱنقَلَبُواْ صَٰغِرِينَ﴾ [الأعراف: 119]، قالوا: ربنا أبصرنا وسمعنا فارجعنا نعمل صالحًا غير الذي كنا نعمل، ﴿قَدْ خَسِرُوٓاْ أَنفُسَهُمْ وَضَلَّ عَنْهُم مَّا كَانُواْ يَفْتَرُونَ﴾ [الأعراف: 53]، ﴿أَسْمِعْ بِهِمْ وَأَبْصِرْ يَوْمَ يَأْتُونَنَا لَٰكِنِ ٱلظَّٰلِمُونَ ٱلْيَوْمَ فِي ضَلَٰلٍ مُّبِينٍ ﴿٣٨﴾ وَأَنذِرْهُمْ يَوْمَ ٱلْحَسْرَةِ﴾ [مريم: 38، 39]، وهل ينفع ﴿أَن تَقُولَ نَفْسٌ يَٰحَسْرَتَىٰ عَلَىٰ مَا فَرَّطتُ فِي جَنۢبِ ٱللَّهِ وَإِن كُنتُ لَمِنَ ٱلسَّٰخِرِينَ ﴿٥٦﴾ أَوْ تَقُولَ لَوْ أَنَّ ٱللَّهَ هَدَىٰنِي لَكُنتُ مِنَ ٱلْمُتَّقِينَ ﴿٥٧﴾ أَوْ تَقُولَ حِينَ تَرَى ٱلْعَذَابَ لَوْ أَنَّ لِي كَرَّةً فَأَكُونَ مِنَ ٱلْمُحْسِنِينَ ﴿٥٨﴾ بَلَىٰ قَدْ جَآءَتْكَ ءَايَٰتِي فَكَذَّبْتَ بِهَا وَٱسْتَكْبَرْتَ وَكُنتَ مِنَ ٱلْكَٰفِرِينَ﴾. [الزمر: 56-59]؟

فظهر بما ذكرناه: سرُّ التفويض الذي ذكره المعترض عن أصحابه المجبرة، وبه عَرَفْتَ من هم خصماء الرحمن من جهات عديدة؛ فسحقًا ومحقًا لهذه العقيدة.

ومن البيِّن: أنه يلزم -بمقتضى كلام المعترض- أن يكون الجبر المحض، والتجهم الخالص، أبلغَ تفويضًا من مذهب الكسب، فيكون الجبرية المعطلون بالمرَّة هم المفوِّضين حقًا، ولا تثبُتُ حقيقة التفويض للمعترض؛ لأنه قائل بأن العبد يتوهّم أن له قدرةً مؤثِّرةً واختيارًا، لا لسائر الأشاعرة لقولهم بالكسب. وهو ظاهر.

وأما قوله: «إنما الخصومة لمن يعتقد أنه يقدِر... إلخ» = فباطل. وكيف يكون مخاصمًا من اعترف بأن الله هو الذي خلق فيه القدرة الكاملة المؤثرة، ومكَّنه من الحَسَن والقبيح، ويسَّر له سبُل الخير على الوجه الواضح الصحيح، ولم يمنعه عن هدى، ولا جره إلى ضلالة، فجعله قادرًا مختارًا، ولم يجعله مجبورًا محتارًا، واعترف بمقتضى قوله تعالى: ﴿كُلُّ ذَٰلِكَ كَانَ سَيِّئُهُۥ عِندَ رَبِّكَ مَكْرُوهًا﴾ [الإسراء: 38]، وقوله تعالى: ﴿إِنَّ ٱللَّهَ لَا يَظْلِمُ ٱلنَّاسَ شَيْـًٔا﴾ [يونس: 44]، ﴿وَمَا ٱللَّهُ يُرِيدُ ظُلْمًا لِّلْعِبَادِ﴾ [غافر: 31] -كما لا يخفى على من سلم من داء العناد-؟ وهل تكون الخصومة ناشئةً من هذا الذي

حاصلُه هو الاعتراف بنعمة الله وفضله، وكمال حكمته وعدله، وصدق كتبه ورسله؟ حاشا وكلا؛ فإن الحق واضح لأهلِه.

والعجب منك -يا أخا الأكراد- كيف يخفى عليك كونُ أصحابك وأسلافك المجبرة = خصماءَ الرحمن؟ مع أنك قد قلت -في كتابك هذا، في رد قول المؤلف رحمه الله تعالى: «بل قد جاء القرآن بتقريره ... إلخ»(149)- ما لفظه: «فإن الرب لكونه مربِّيًا ومُبلِغًا للشيء إلى كماله شيئًا فشيئًا = لا يكون ما أُنزل إلينا منه -من حيث إنه ربٌّ- إلا ما فيه صلاحُنا وهدايتُنا وكمالُنا لا فسادُنا وضلالُنا ونقصُنا». إلى هنا كلامك. وهو اعتراف بأن الرب -من حيث كونُه ربًا- لا يكون منه إلا الصلاح والهداية والكمال، لا الفساد والنقص والإضلال. فالذين يقولون بأنه لا يوجِد الفسادَ والنقصَ والإضلالَ إلا هو -تعالى- لا غيره = هم خصماؤه حقيقةً. فانظر -يا أخا الأكراد- من هم، ليتضح لك المقصود من الحديث الشريف الذي لم تقدروا على إنكاره، ويظهرَ أن قوله: ﴿ٱلْحَمْدُ لِلَّهِ رَبِّ ٱلْعَٰلَمِينَ﴾؛ قد اشتمل على رد مذهبكم وإبطاله باعترافك؛ حيثُ صرحت بأن الرَّبَّ لا يكون منه إلا الصلاحُ والهدايةُ والدلالةُ على الخير، لا الإضلال وإيجاد الكفر والفسوق والعصيان. فالقرآن العظيم من أوله إلى آخره = منادٍ بفساد ما ذهب إليه مشايخك المجبرة. فالحديث المذكور = بصددهم؛ لأنهم مناقضون لما دل عليه ما لا يأتيه الباطل من بين يديه ولا من خلفه، ومتورطون في خصومة الرب الذي لا يكون منه إلا الخير؛ إذ أضافوا إليه -تعالى- إيجادَ ما نزَّه نفسه عنه، وما رجعوا إلى ما في كلامه وكلام رسله، ولم يرفعوا رؤوسهم إلى قوله تعالى: ﴿بِيَدِكَ ٱلْخَيْرُ﴾، وقول رسوله -عليه وعلى آله الصلاة والسلام-: «الخير كله في يديك والشر ليس إليك».

وأيضًا، فالله تعالى يقول: ﴿ٱللَّهُ وَلِيُّ ٱلَّذِينَ ءَامَنُوا۟ يُخْرِجُهُم مِّنَ ٱلظُّلُمَٰتِ إِلَى ٱلنُّورِ ۖ وَٱلَّذِينَ كَفَرُوٓا۟ أَوْلِيَآؤُهُمُ ٱلطَّٰغُوتُ يُخْرِجُونَهُم مِّنَ ٱلنُّورِ إِلَى ٱلظُّلُمَٰتِ ۗ﴾[البقرة: 257]. الآية. وأنتم -معاشرَ المجبِرة- تقولون بما يستلزم أن الله ولي الذين كفروا، وأيضًا، لأنه

(149) المنصور بالله، **الأساس**، ص 112.

هو الذي يخرجهم من النور إلى الظلمات. وقد أشعرت هذه الآية الكريمة بأن مدار الولاية المذكورة على الإخراج المذكور.

ولمّا استشعر البغوي هذا، قال في تفسيره: «إن معنى قوله تعالى: ﴿يُخْرِجُونَهُم﴾: يدعُونَهم»(150). وأنت خبير بأن هذا مع كونه لا يجديهم نفعًا = عدولٌ إلى المجاز، وقولٌ بالتضمين الذي لا يصح؛ لأن قوله تعالى: ﴿إِلَى ٱلظُّلُمَٰتِ﴾ = لا يلائم الدعوة؛ فإنك لا تقول: «دعوته من كذا إلى كذا»، بل «أخرجتُه من كذا إلى كذا».

ثم إن البغوي قال في تفسيره أيضًا: «وقيل: منعُهُ إيَّاهم عن الدخول فيه = إخراجٌ... إلخ»(151). فإن كان الضمير المجرور في قوله: «منعُهُ إياهم» = عائدًا إلى الله تعالى؛ لزم أنه -سبحانه- وليُّهم، لا الطاغوت؛ لأنه الذي أخرجهم إلى الظلمات. وإن كان الضمير للطاغوت الذي فسره البغوي وغيره بكعب بن الأشرف وحييّ بن أخطب وسائر رؤساء الضلال المعبر عنهم بـ«الطاغوت» -كما ذكروه-؛ فالمنع ليس حقيقيًا على مذهب المجبرة؛ لأن الله -تعالى- هو المانع لهم حقيقةً عن الدخول في النور الذي هو دين الإسلام -على مذهب المجبرة-.

وبالجملة، فهذه هي الخصومة لله تعالى في أفعاله وأقواله ﴿فَمَن شَآءَ فَلْيُؤْمِن وَمَن شَآءَ فَلْيَكْفُرْ﴾، فإن الحلال بيّن في الأقوال والأفعال والاعتقادات، والحرامَ بيِّنٌ ظاهرٌ. أعاذنا الله أن نكون من أهله.

ولنتكلم على معنى الخصومة الواردة في الحديث، فنقول:

لا شك أن الحقيقة ممتنعةٌ ضرورةً واتفاقًا، فما بقي إلا المجاز.

أما المُفْرَد؛ نظرًا إلى استعارة الخصومة لما يصدر في هؤلاء القدرية المذمومين من القول بأن الله يعذب العباد على ما لا أثر لهم فيه، وأنه يوجِد الفحشاءَ ويتنزه عن الأمر بها ويتمدح بكراهتها وعدم الرضى بها إلى غير ذلك مما عرفته آنفًا؛ فالكلام استعارة

(150) الحسين بن مسعود البغوي، **معالم التنزيل**، تحقيق محمد عبد الله النمر وعثمان ضميرية وسليمان مسلم الحرش (الرياض: دار طيبة، 1409هـ)، ج 1، ص 315.

(151) المرجع نفسه.

تحقيقية أو تبعية؛ نظرًا إلى أن خصماء الرحمن جمعُ خصيم -اسم فاعل-، ولك أن تجعله من باب الكناية؛ لجواز أن يراد بالخصومة: لازمُ معناها من المجادلة والمحاجّة والمقارعة. على أن إرادة المعنى في خصوص هذه المادة ممتنعةٌ -كما أشار إليه جار الله رحمه الله، ونبّه عليه السعد في معنى الكناية من قوله تعالى: ﴿لَيْسَ كَمِثْلِهِۦ شَىْءٌ﴾-. ولا يخفى ما في الإتيان بالمبالغة في «خصماء»، وإيثاره على «خصوم» = من الإشارة إلى أكيد جدالهم، ومزيد ضلالهم، حيث يزعمون ما يقتضي ثبوت الحجة على الله تعالى؛ أنْ لو صحَّ ما ذهبوا إليه، فإن لوحظ فيه معنى «الغَلَبة» -أي: ما يكون من قبيلِ: «خَصَمتُه، أَخصمُه»-؛ ففيه تهكُّم بهم، كما تقول لمن يزعم أنه قتل الأسدَ وغلب الأميرَ -وهو بعيد عن ذلك-: «هذا قاتل الأسد وغالب الأمير»؛ تهكمًا به واستهزاءً. وقد تجري التهكمية على غير هذا التقدير، إلا أنه في هذا أظهر.

وأما المركب -أي: التمثيل على سبيل الاستعارة-؛ نظرًا إلى تشبيه حال هؤلاء المذمومين مع الله تعالى، بحال المخاصم من المنازعة والنسبة إليه ما لا يرضاه بل يكرهه [153 أ] ونحو ذلك من الآراء المضلة؛ فوجه الشبه منتزع من عدة أمور، وفيه تأمل.

فرضُ مجادلة الجبريّ مع الرحمن -تعالى شأنه-، ليتضح معنى الخصومة التي ذُكرَت في ذمّ القدرية

وإذا وضح هذا؛ فليس في الأمة من يزعم أن له الحجة على الله تعالى، إلا المجبرة. فلو أن الله تعالى أوقف عبدًا منهم للحساب، وقال له: «لِمَ عصيتَ وكفرتَ؟»؛ لقال: «أنت يا رب الذي أوجدتَ ذلك، وأثَّرتَ فيه، وأمَّا أنا فلا تأثيرَ لي في شيء، ولا اختيارَ». فلو قال له تعالى: «إنما لُمْتُكَ لأنك كنت كاسبًا وإن لم تكن مؤثِّرًا، حيث صرفتُ قدرتَك إلى الكفر والعصيان، ولأنك محلٌّ للكفر، ومتوهِّمٌ أن لك فيه قدرةً مؤثِّرةً واختيارًا»؛ لقال الجبري: «أنت يا رب الذي جعلتني كاسبًا، وأنت الذي خلقت صرف القدرة مني إلى الكفر، مع أن قدرتي ليست مؤثرة، وأنت يا رب الذي خلقت فيّ توهم القدرة المؤثرة والاختيار، وأنت الذي صيّرتَني محلًا للكفر. فأنا بريء عن كل جهة من جهات الفعل القبيح والضلال الصريح. وأنت المؤثِّر في إيجاده، والمحصِّلُ له برمَّته، مع أنك قد

سميت نفسك بالرب، وقلت إنك رب العالمين، ولا شك في أن الرب -لكونه مربيًا مبلِغًا لمن هو رب له إلىٰ مدارج كماله تدريجًا- لا يكون منه الإضلال والإفساد والإغواء لمن هو ربٌّ له. فكيف كان ذلك منك يا رب؟ ثم إذا كان منك، كيف يكون منك ذمّي ولومي وتعنيفي علىٰ ما لا أثر لي فيه وإنما هو من آثارك؟ وهل يكون الرب المبلغ للشيء إلىٰ كماله وصلاحه مبلِغًا له إلىٰ غاية فساده ونقصه، ومعاقبًا له علىٰ ما لا أثر له فيه أصلًا؟ وحقِّك ما ينبغي أن يكون الأمر هكذا».

فلو قال تعالىٰ: «أنا مالكٌ أفعل ما أشاء، فلي أن أوجد الكفر منك، ثم أعاقبك عليه»؛ لقال: «نعم يا رب، أنت مالكٌ. ولكن قد سقط معنىٰ كونك ربًا رحيمًا رؤوفًا.

أما الأول؛ فلأن الرب لا يكون إلا مصلِحًا لمن هو ربٌّ له؛ لأن التربية: 'إبلاغ الشيء إلىٰ غاية كماله وصلاحه تدريجًا'، لا إبلاغُه إلىٰ غاية وباله وفساده.

وأما ثانيًا؛ فلأن مقتضىٰ الرحمة والرأفة = عدمُ الجبر علىٰ المعصية والكفرِ المستلزم للعقاب والذم واللوم الشديد. وكما سقط معنىٰ الربوبية والرحمة والرأفة؛ قد سقط عنّي اللوم مطلقًا، ولم يبق لعقابك وعتابك لي وجه إلا المالكيّة -علىٰ ما قلت-، وليست المالكية وجهًا في عقاب المملوك بلا أثر منه في المعصية، وليس من شأن المالك -لا سيما إذا كان عدلًا حكيمًا- أن يعذب عبده لمجرد كونِه مالكًا».

فلو قال تعالىٰ: «أنا مالكٌ لا كسائر المالكين؛ لأن لي الحكم، ولي المثل الأعلىٰ»؛ لقال: «ذلك يا رب أبلغ في تعاليك عن عقاب العبد الضعيف، وأوضح في غناك عن قهره وعتابه وعقابه في ما لا أثر له فيه. فإن سائر المالكين قد يفتقرون إلىٰ الظلم وإظهار الغَلَبة والاستعلاء بقهر الضعفاء؛ لحاجتهم إلىٰ الترفع والتكبر، وجهلهم بمواقع الأشياء ومقادير الضر. وأما أنت -يا رب- فأنت الغني العليم الحكيم، فلا تضع شيئًا في غير موضعه، ولا يخفاك مثقال ذرة في الأرض ولا في السماء، ولا تظلم أحدًا، وقد قلت -وأنت أصدق القائلين-: ﴿إِنَّ ٱللَّهَ لَا يَظۡلِمُ ٱلنَّاسَ شَيۡـٔٗا وَلَٰكِنَّ ٱلنَّاسَ أَنفُسَهُمۡ يَظۡلِمُونَ﴾ [يونس: 44]. فأين الظلم الواقع مني لنفسي ولا قدرة لي علىٰ شيء من الآثار؟ فإذا لم يقبح منك تعذيبي علىٰ ما لا أثر له فيه؛ لم يقبُح منك الخلف في الوعد والوعيد. وإذا كان يستلزم نقصًا في صفة قديمة هي الكلام؛ فهذا أيضًا يستلزم

نقصًا في صفة قديمة هي الإرادة القديمة. فكيف جاز تعذيبي على هذا الوجه، ولم يجز الخُلف في الوعيد؟ فلم لا تؤْثِر رحمتي على عذابي؟ ثم إذا لم يقبح منك عذابي بناءً على أنه لا حُسن ولا قُبح؛ فمن أين يحسن فعلُك، وحسنُه إنما جاء من حيث كونُك مالكًا؟ لكن حسن تصرف المالك في ملكه إنما يثبت على قاعدة الحسن والقبح، وإلا جاء الدور. فمالك -يا رب- لا تنصفني في مجادلتي عن نفسي، وأنت الذي وضعت الموازين القسط ليوم القيامة؛ إظهارًا لإنصافك الذي لا يوازيه المنصفون؟». تعالى الله عما يقول الظالمون. وسبحان ربك رب العزة عما يصفون.

لا يقال: هذا غير متيسِّر. كيف ومقامُ القيامة مع الملك الجبار = أعظمُ من أن ينطق لسان الإنسان فيه ببعض هذا الجدال المقرر على هذا الوجه، وإن كان حقًّا في نفسه؟

لأنا نقول: هذا السؤال خلاف صريح النص القرآني، قال تعالى: ﴿۞ يَوْمَ تَأْتِي كُلُّ نَفْسٍ تُجَٰدِلُ عَن نَّفْسِهَا﴾ [النحل: 111]. الآية. وكيف لا والمقام مقام إنصاف وعدل وسؤال وجواب؟ وكفاك نصب الميزان، واستشهاد الجوارح والأركان، ونشر الصحائف الحافظة لما كان على ما كان. فيا أيها المتعصبون، قد جاءكم الحق وكتاب مبين، ونصحت لكم ولكن لا تحبون الناصحين!

ضلالُ القائلين بأن الأمر أُنُف، من حيث ضلال الجبرية، وأنهم ظانّون أن العلم السابق ينافي الاختيار؛ فمنزع خصامهم واحد

فإن قلت: قد ذهب محققون إلى أن الترامي باسم «القدرية» بين الفريقين = غيرُ واقعٍ موقعَه؛ لأنهم هم الذين يقولون: «إن الأمر أُنُفٌ» -كما مر وتقرر-. فكيف يكون معنى الخصومة في حقهم؟

قلت: قد سبقت الإشارة منا، إلى أنهم ضلُّوا من حيث ضلت الجبرية، فظنوا أن القدر ينافي الاختيار، فرأوا أن نفيَه أهونُ من نفي الاختيار الذي قضت به قضايا العقول، فلزمهم أن سبقَ العلم منافٍ للاختيار، كما تشبثت الجبرية بذلك، فلزمهم نفيُ الاختيار في حق القادر المختار تعالى؛ لسبْقِ علمه تعالى بأفعاله جميعها، ووقعوا في الإيجاب شاؤوا أم أبوا.

فإذا وضح الأمر لهم يوم القيامة، وعلموا سابقيّة العلم بالأشياء محدَّدةً مقدّرة على ما وقعت؛ انتظموا في سلك الجبرية القائلين بشبهة العلم سواءً سواءً؛ لأن ضلالهم جميعًا إنما جاء من جهة العلم والتقدير، فيجمعهم القول بالجبر حينئذ؛ لأنهم -أي: القائلين بأن الأمر أنف- إنما أثبتوا الاختيار؛ بناءً على نفي القدر -أي: العلم بطريق التحديد-. فإذا ثبت عندهم العلم يومئذ؛ نَفَوا الاختيار الذي نَفَوا العلم من أجله؛ فرجعت الخصومة منهم في هذا المعنى الذي تخاصم فيه الجبرية. فافهمه على وجهه؛ لتعلم أن القائلين بأن الأمر أُنُفٌ = هم والجبرية من وادٍ واحدٍ. والله الموفق في جميع المواقف إلى أسنى المقاصد.

إيضاح كون المجبرة خصماء الرحمن وشهود الزور وجنود إبليس

ولمّا وقع الحديث الثابت عند أصحابنا؛ أن القدرية خصماء الرحمن، وشهود الزور، وجنود إبليس، وقد وقع أيضًا [153 ب] في كلام علي -كرم الله وجهه- كما مر = ذكروا في بيان معنى الخصومة من المجبرة شيئًا مما ذكرناه سابقًا، ثم أبانوا المناسبة في تسميتهم شهود الزور وجنود إبليس.

قال صاحب **الغايات** -رحمه الله ورضي عنه-: «هذه الأوصاف إنما توجد في المجبرة.

أما مخاصمتهم للرحمن؛ فإنه -تعالى- إذا عاتبهم على المعاصي وسألهم عنها؛ ردّوا الحجة عليه تعالى، وقالوا: 'أنت الذي خلقت فينا العصيان وأردته منا'. فإن قال: 'مُلكي أفعل فيه ما أشاء'، قالوا: 'فما وجهُ عتابنا وتعنيفنا ولا حيلة لنا؟ وهل عتابك لنا إلا كما لو عاتبتنا على ألواننا؟'. وحينئذ تقوم لهم الحجة، وتثبت لهم الغلبة في الخصومة، ويتحقق أنهم خصماء الرحمان -أي بزعمهم-، كما يقال: خاصم فلانٌ فلانًا فخصمه -أي: فغلبه في الحجة.

وأما كونهم شهداء الزور؛ فلأنه إذا سأل الله تعالى الشياطين عن إغوائهم الخلق وإضلالهم إياهم؛ قال الشياطين: 'بل أنت أضللتهم وأغويتهم لا نحن'، فيقول الله تعالى: ﴿هَلُمَّ شُهَدَآءَكُمُ﴾، فلا يجدون من يشهد بذلك إلا المجبرة.

وأما كونهم جنود إبليس؛ فلأنهم هم الذين يتعصبون للشياطين على من ذمهم ولعنهم بسبب إضلالهم الخلق وإغوائهم لهم. فيقولون: 'ليس الشياطين هم المضلين ولا المُغوين، فلا تسبوهم لهذا السبب ولا تلعنوهم لأجله'». انتهى بنحو ما أورده رحمه الله.

وفي **أمالي** مولانا السيد الإمام، أبي طالب يحيى بن الحسين -قدس الله روحه وأرواح آبائه الكرام- ما لفظه: «أخبرنا محمد بن علي العبدكي، قال: حدثنا محمد بن يزداذ، قال: حدثنا محمد بن شداد المسمعي، قال: حدثنا الخليل بن حمزة، عن أبي غالب، عن أبي أمامة، قال: قال رسول الله -صلى الله عليه وآله وسلم-: «اضمنوا لي ستة أضمن لكم الجنة. لا تظلموا عند قسمة مواريثكم، ولا تغلُّوا غنائمكم، ولا تجبنوا عن قتال عدوكم، وامنعوا ظالمكم من مظلومكم، وأنصفوا الناس من أنفسكم، ولا تحملوا على الله ذنوبكم»(152). انتهى. وليس في الدنيا أحد يحمل ذنبه على الله إلا المجبرة؛ فهم القدرية. وقد ورد في بعض الآثار أن القدرية هم الذين يحملون ذنوبهم على الله، يفترون على الله الكذب، وأكثرهم لا يعقلون ﴿قُلْ ءَآللَّهُ أَذِنَ لَكُمْ أَمْ عَلَى ٱللَّهِ تَفْتَرُونَ﴾ [يونس: 59].

هـذا، وقد بيّن الصبح لذي عينين، واتضح -بحمد الله- من هو الحقيق بالحق من الجانبين.

[استدلال المعترض بحديثٍ فيه لعنُ المكذب القدر؛ على أن القدرية هم المعتزلة]

قال: «ومما يقطع ببطلانه أيضًا، ما رواه البيهقي في المدخل، ورزين في كتابه عن عائشة -رضي الله عنها وعن أبيها-، قالت: قال رسول الله -صلى الله عليه وسلم-: 'ستةٌ لعنهم الله وكلُّ نبيٍّ مجابٍ: الزائد في كتاب الله، والمكذّب بقدر الله'(153). الحديث. فقد نصّ على أن المكذّب بالقدر ملعونٌ فليس بناجٍ. فلو كان قوله: 'القدرية

(152) أبو طالب الهاروني، **تيسير المطالب**، ص 535، حديث 738.
(153) السيوطي، **جمع الجوامع (الجامع الكبير)**، ج 5، ص 245، حديث 102/ 14726.

مجوس هذه الأمة'، محمولًا على المصدِّقين بالقدر؛ لزم أن لا يكون في هذه الأمة أحدٌ ناجيًا؛ لأنه لا يخلو: إما أن يكون قائلًا بالقدر أو مكذّبًا، ولا ثالث. لكن اللازم باطل بالاتفاق وبالضرورة؛ فلا بد أن يكون واردًا في حق المكذبين بلا شبهة.

ومما ينص على بطلانه: ما أخرجه أبو داود، والنسائي، عن حذيفة بن اليمان -رضي الله عنه-، قال: قال رسول الله -صلى الله عليه وسلم-: «لكلِّ أمةٍ مجوسٌ، ومجوس هذه الأمة الذين يقولون: لا قدر»(154). الحديث. فقد فسَّرها بأنهم الذين يقولون: 'لا قدر'. وهذا نصٌّ على أن القدرية هم النافون للقدر لا المثبتون له، وليس بعد بيان رسول الله -صلى الله عليه وسلم- بيان، وبالله التوفيق وعليه التكلان.

فإن أسندتم تكذيب القدر إلى أهل البيت؛ كذَّبكم كتابُ الله والحديث المتواتر عندكم، فيكونُ إسنادُكم ذلك إليهم = من الأكاذيب التي وضعتموها لأهوائكم. والكذبُ عن عمدٍ حرامٌ. والأصل فيه أن يكون كبيرة، وهي محبطة للإيمان عندكم. فإسنادُكم تكذيبَ القدر إلى أهل البيت = محبِطٌ لإيمانكم. فما كفّرتم به غيرَكم؛ انقلبَ عليكم، وكفى الله المؤمنين القتال. والحمد لله رب العالمين الذي خلق الإنسان علمه البيان».

أقـول: قد سبق لنا ما ينهدم به هذا البنيان. ولكنا نزيده هنا إيضاحًا يغني معه عن الخبر العِيانُ، فنقول:

أولًا: قد كرّر المعترضُ الاحتجاجَ على خصومه بما جاء عن أهل نحلته. وذلك لكمال غباوته وجفاء طبعه وغفلته. فإن خصمه يقول: ما رواه البيهقي في **المدخل**(155) = مدخولٌ بما رواه أبو الحسين البصري في **المدخل** أيضًا -وهو كتابه الذي سمّاه **غرر الأدلة** وتارة بـ**المدخل**- عن الحسن بن أبي الحسن البصري -رضي الله عنه-، عن النبي -صلى الله عليه وسلم- أنه قال: «لُعِنَت القدريةُ على لسان سبعين نبيًا»، قيل: وما القدرية يا رسول الله؟ قال: «قوم يزعمون أن الله تعالى قدّر عليهم

(154) **سنن أبي داود**، ج 4، ص 222، حديث 4692.

(155) يعني كتابه: **المدخل إلى علم السنن**.

المعاصي وعذبهم عليها»[156]. انتهى.

فإن قال المعترض: إن أبا الحسين البصري، وكذا الحسن بن أبي الحسن -رضي الله عنهما-، كلاهما من أهل هذه البدعة فلا يُقبَلان في ما يقوّيها.

قيل له: كذلك البيهقي ورزين، كلاهما من أهل بدعتكم، فلا يُقبَلان في ما يقوّيها، بل هما أشدّ ابتداعًا ودعاءً إلى بدعتهما. لأن البيهقي صنّف كتابًا في القدر، وجُلُّ أحاديثه من هذا الباب. ومثلُه رزين، كان داعيةً، وحينئذ، لا يجد المعترضُ جوابًا، فيقال: ﴿فَذُوقُواْ فَلَن نَّزِيدَكُمۡ إِلَّا عَذَابًا﴾ [النبأ: 30].

ثم إنا وإن نزلنا عن هذا المقام، وقد سلّمنا أن المكذِّب بالقدر ليس بناجٍ [154 أ]؛ لكن التكذيب بالقدر أنواعٌ. منها: جحدُه بالكلية، ومنها: اعتقادُه لا على ما هو به، كما هو مذهب المجبرة؛ فإنهم جعلوه بغير معناه الذي اعترف به رؤساؤهم -كما مرّ-، وإنما يثبتون شيئًا آخر يلزم منه بطلانُ التكاليف، وسقوط الأوامر والنواهي، واضمحلال الشرائع. فإن لم يكونوا هم القدرية حقًا؛ فهم إخوانهم صدقًا.

وليس هذا منا مجرد دعوى؛ فإن عليه شاهدًا منكم. قال النووي في **شرح مسلم**، ما لفظه: «واعلم أن مذهب أهل الحق إثباتُ القَدَر، ومعناه: أن الله تعالى قدّر الأشياء في القِدَم، وعلم أنها ستقع في أوقات معلومة عنده سبحانه وتعالى، على صفات مخصوصة، وهي تقع على حسب ما قدّرها»[157]. انتهى. فقد جعل القدر بمعنى: «العلم السابق بتحديد المعلومات». وعلى هذا؛ فهو علم تفصيلي. وقال: إن هذا هو مذهب أهل الحق -يعني: وما عداه مذهب أهل الباطل-، فقد تناول من زعم أن القدر أمر يستلزم الجبر، ويُسقِط تأثير العباد في أفعالهم، وتكليفهم بما لا يطاق. هذا هو مذهب المجبرة، وصريح أقوالهم؛ فهم أهل الباطل بشهادته وشهادة غيره كالخطّابي وسائر المنصفين. والحمد لله رب العالمين.

ومنها: التكذيب بأن الله تعالى لم يقدّر للعبد التمكن والاختيار والقدرة المؤثرة في

(156) لم أقف عليه بهذا اللفظ.

(157) النووي، **شرح النووي على صحيح مسلم**، ج 1، ص 154.

ما هو لها من الآثار. وهذا -لعمري- تكذيبٌ يوازي التكذيبَ بجملة القدر وجَحْدَه بالمرّة؛ لكثرة الأفعال الاختيارية المستندة إلى العباد، وتأثير قدرتهم. فمن كذّب بهذا فقد كذّب كل التكذيب؛ لأنه جحد شطر القدر؛ لأن الله تعالى قد قدر للعباد أفعالًا اختيارية، وقدَّر استنادها إلى تأثير قدرتهم الحادثة. وسواء كان القدر بمعنى «العلم التفصيلي» -كما هو الحق-، أو كان بمعنى «الإرادة» -كما زعمه من قال: «إنه عبارة عن القضاء، وإن القضاء عبارة عن الإرادة»، كما في **شرح المواقف**(158)-. وإنما قلنا: إن المعنيين هنا سواء؛ لأنا نقول: إن الله تعالى قد أراد أن يكون للعباد أفعال اختيارية، وأراد استناد التأثير فيها إليهم، ولهذا وقع التكليف بها. وكذا قد علم سبحانه أنهم يؤثرون فيها باختيارهم. ومن قال: «إن العلم سبق بأنهم مجبورون عليها»، ثم قال: «إن منشأ الجبر هو العلم السابق» -كما وقع فيه المعترض في بعض المواضع-؛ فقد لزمه الدور المحال.

وقد أخرج ابن جرير، وأبو الشيخ، في تفسيره، عن جبير بن نفير، قال: «إن الله كان عرشه على الماء، وإن الله خلق كتابًا فكتب فيه ما هو خالق وما هو كائن من خلقه، ثم إن ذلك الكتاب سبّح الله ومجّده ألف عام قبل أن يخلق شيئًا من الخلق»(159). انتهى. وفي هذا الحديث الشريف الثابت عندكم سرٌّ لطيف، وهو عطف «ما هو كائن من خلقه» على «ما هو خالق»، فاقتضى أن الكائن من خلقه -أي: عباده- ليس داخلًا في جملة ما هو مخلوق.

ومحصَّله: أن العطف يقتضي التغاير، مع ما في قوله: «كائن»، دون قوله: «وما يوجِده من خلقه»، أو «ما يكوِّنه من خلقه»، فليُفهَم، فإنه مفيدٌ بأن أعمالَ الخلق الكائنةَ منهم، وإن سبقت بها الكتابة وجرى بها القلم -حسب العلم-؛ فهي مكتوبةٌ معلومةٌ مقدّرةٌ، على ما تقع عليه من القدرة والاختيار الكامل، وسائرِ القيود التي أحاط بها العلم تحديدًا وتقديرًا. فمن قال بأن القدر يتعلق بأفعال العباد على غير هذه الكيفية التي شهد بها العقل والنقل = فقد كذّب التكذيب كلَّه، ودخل في زمرة الذين قيل في

(158) ينظر: الجرجاني، **شرح المواقف**، ج 8، ص 181.

(159) محمد بن جرير الطبري، **جامع البيان في تأويل القرآن (تفسير الطبري)**، تحقيق عبد الله التركي (القاهرة: دار هجر للطباعة والنشر والتوزيع والإعلان، 2001)، ج 12، ص 334.

حقهم: ﴿قُلْ أَتُنَبِّـُٔونَ ٱللَّهَ بِمَا لَا يَعْلَمُ﴾[يونس:18]؛ لأنه -عز وجل- لا يعلم الشيء إلا على ما يقع عليه، لا غير. فالقائل بأن العبد مسلوبُ القدرةِ المؤثِّرة والاختيار، وأن الله تعالى إنما عَلِمهُ كذلك = فقد افترى، ونبّأ بما لا يعلمه الله تعالى. وبهذا الذي ذكرناه يكون الجواب عما رواه أبو داود والنسائي -على فرض تسليمه-.

وفيه أيضًا: إفادةُ أن أعمال العباد: تحصيلٌ وإيجادٌ، لا أنها محلّيّة واكتساب. ألا ترى إلى قوله: «وما هو كائن من خلقه»؟ فإن معناه: «وما هو حاصل من عباده». وهو واضح.

ثم نقول: لا يجوز -أيضًا- أن النبي صلى الله عليه وسلم أراد بالقدر ما سمّيتموه أنتم بالقدر، حيث تقولون: «فلان من أهل القدر» -أي: العدل كما مر-. وحينئذٍ، فأنتم المكذّبون باعترافكم، وكفى الله المؤمنين القتال، والحمد لله رب العالمين الذي خلق الإنسان علّمه البيان.

واعلم أن تعرض المعترض لقوله تعالى: ﴿خَلَقَ ٱلْإِنسَـٰنَ ۝٣ عَلَّمَهُ ٱلْبَيَانَ﴾ [الرحمن: 3، 4] = واقعٌ به. فإن أمثال هذه الآية حجة عليه وعلى أمثاله من المجبرة؛ لأن البيان الواقع من الإنسان لو كان مخلوقًا للرحمن؛ لذهب معنى التعليم -كما لا يخفى على ذوي الأذهان-، وكان مقتضى قاعدة الجبر أن يقال: «خلق الإنسان وخلق منه البيان». فافهم. فمن قال: «إن البيان الذي علمه الله الإنسان؛ مخلوقٌ له تعالى، كسائر الجوارح والأركان»، ثم زعم أن هذا هو التصديق بالقدر = فقد كذب وجاء بالبهتان.

الكلام في ما روي من قول النبي عليه الصلاة والسلام: «فحجّ آدمُ موسى»

وهاهنا سؤال مشهور، وإشكال بين الفريقين مأثور، وهو: أنه وقع في الحديث الذي أخرجه مالك والبخاري ومسلم وأبو داود والترمذي وغيرهم، عن أبي هريرة -رضي الله عنه-، قال: قال رسول الله -صلى الله عليه وسلم-: «حاجّ آدمُ موسى -عليهما السلام-، فقال: أنت الذي أخرجت الناس من الجنة بذنبك وأشقيتهم؟ فقال آدم لموسى: أنت الذي اصطفاك الله برسالته وبكلامه؛ أتلومني على أمر كتبه الله عليَّ قبل أن يخلقني؟» قال:

قال رسول الله -صلى الله عليه وسلم-: «فحجّ آدم موسى»(160). انتهى.

وفي **المصابيح**، عن عبد الله بن عمرو بن العاص، أنه -عليه السلام- قال: «احتج آدم وموسى -عليهما السلام- عند ربهما، فحجّ آدمُ موسى. فقال موسى: أنت آدم الذي خلقك الله سبحانه وتعالى بيده، ونفخ فيك من روحه، وأسجد لك ملائكته، وأسكنك جنته، ثم أهبطت الناس بخطيئتك إلى الأرض؟ فقال آدم -عليه السلام-: أنت موسى الذي اصطفاك الله برسالته وبكلامه، وأعطاك الألواح فيها تبيان كل شيء، وقرّبك نجيًّا، فبكم وجدت الله كتب التوراة قبل أن أخلق؟ قال موسى -عليه السلام-: بأربعين عامًا، قال آدم -عليه السلام-: هل وجدت فيها: ﴿وَعَصَىٰٓ ءَادَمُ رَبَّهُۥ فَغَوَىٰ﴾؟ قال: نعم، قال: أفتلومني على أن عملتُ عملًا كتبه الله عليّ أن أعمله قبل أن يخلقني بأربعين عامًا؟». قال: قال رسول الله -صلى الله عليه وسلم-: «فحج آدم موسى». انتهى.

وفي بعض روايات هذا الحديث: «أنه احتج آدم وموسى، فقال موسى: أنت أبونا آدم، خيّبتنا وأخرجتنا من الجنة، فقال آدم: يا موسى، اصطفاك الله بكلامه، وخطّ لك بيده، أتلومني على أمر قدرّه الله عليّ قبل أن يخلقني بأربعين سنة؟». قال النبي -صلى الله عليه وسلم-: «فحج آدم موسى» ثلاثًا. انتهى، أي: كرر قوله: «فحج آدم موسى»، ثلاثًا. وفي رواية الترمذي: «قبل أن يخلق السماوات والأرض»، بدل قوله: «قبل أن يخلقني»، في رواية غيره.

وبالجملة، ففي الألفاظ اختلاف وزيادة ونقص. وفي بعض الروايات نوعُ إجمال. وبعضُها مبيّنة كرواية [154 ب] البيهقي و**المصابيح**. وكذا بعضُ ما في **صحيح مسلم**. وفي بعض الروايات: «كتبه الله عليّ»، وفي بعضها: «قدّره الله عليَّ» -كما عرفت آنفًا-.

وهـذا الحديث مُشكِلٌ على قاعدة العدل، وعلى مذهب الأشاعرة أيضًا. فلنقدِّم أمام المقصود، ما يجري مجرى التمهيد في حل إشكاله -إن شاء الله- وذلك بأمور:

أحدها: أن المعلوم من دين الأنبياء -عليهم السلام-: أنه لا يجوز الاعتذار بالأقدار، ولا الاحتجاج بسبق الكتابة على سقوط الذم في ارتكاب الأوزار. وهذا أمرٌ

(160) **صحيح البخاري**، ج 4، ص 158، حديث 3409.

اتفق عليه الفريقان بلا إنكار. فلو أن نبيًا من الأنبياء -عليهم السلام- ذكر سبْق الكتابة عند ارتكاب بعض العصاة لبعض الأوزار؛ لكان ذلك جاريًا مجرى الاعتذار لذلك العاصي، وسقوط اللوم والإنكار. ولعمري، إنهم -عليهم السلام- ما كانوا يذكرون الكتابة إلا في ما كان حكمًا من أحكام الله بلا واسطةٍ فيه للعباد، كما رُوي أن عائشة -رضي الله عنها- قالت: خرجنا مع رسول الله صلى الله عليه وسلم، لا نذكر إلا الحج، حتى جئنا سَرِفَ، فطمثتُ، فدخل عليّ رسول الله -صلى الله عليه وسلم- وأنا أبكي، فقال: «ما لك؟ لعلك نفست؟» فقالت: نعم، قال: «هذا شيء كتبه الله عز وجل على بنات آدم»(161). الحديث. أخرجه البخاري ومسلم وغيرهما من حديث عائشة -رضي الله عنها-. ولو كان بكاؤها من وقوع معصية فَرَطَت منها؛ لما قال لها عليه الصلاة والسلام: «هذا شيءٌ كتبه الله عليكن». كيف وهو وغيره من الأنبياء -عليه وعليهم السلام- إنما بعثوا للأمر بالحَسَن والنهيِ عن القبيح والزجر عنه، لا للعذر عن ارتكابه ومقابلة مرتكبه بعدم الإنكار؟

ثانيها: أن قضايا العقول متطابقة، ونتائج الفِطَر متوافقة = على أن العبد متمكّن مختار، وقد سبق في مواضع وسيأتي أيضًا في مواضع إن شاء الله. وهذا الأمر أيضًا اتفاقي، وإلا لم يعترفوا بالفَرق بين حركة الارتعاش والاختيار. ولولا ثبوت تمكن العبد واختياره؛ لما كُلِّف وأُمِر ونُهِي وطولب بالأفعال أعظم مطالبة وأشدَّها. وقد اعترف الأشاعرة بدلالة الأوامر والنواهي الشرعية على أن للعبد قدرة وإرادة -كما سيأتي تصريح المعترض بذلك-. هذا كله والكتاب والسنة الشريفة دالّان -في ما لا يحصى من المواضع- على أن للعبد قدرة وإرادة وتمكنًا من أفعاله الاختيارية، وهذا أيضًا متفَق عليه بيننا وبينهم.

ونحن نقول: إن الكتاب والسنة والأوامر والنواهي الشرعية، إنما دلّت على أن للعبد قدرةً وإرادةً مؤثِّرتين في أفعاله الاختيارية، وأنه محصِّلٌ لأفعاله التي طولب بها ونسبها إليه أحكم الحاكمين، وهو -تعالى- لا ينسبها إليه إلا نسبةً مطابقةً للواقع؛

---

(161) **صحيح البخاري**، ج 1، ص 68، حديث 305.

لتنزُّهه -سبحانه- عن الكذب. وليست النسبة المذكورة لأجل أن العبد محلٌّ لما يخلقه الله ويحصِّله فيه من الأفعال؛ للفرق الظاهر بين كون الشيء «محلًا للفعل» وكونِه «فاعلًا له». فجَعلُ المحلِّ فاعلًا، ونسبةُ الفاعلية إليه = كذب. ولهذا جزم بعضهم بأن نسبة الأفعال إلى العباد = شرعية -أي: إنها إنما تثبت شرعًا، لا لغةً ولا عقلًا- لأن الفاعل -في الحقيقة- هو الله -كما صرح به شارحٌ في آخر شرح **جمع الجوامع** لابن السبكي-. لكن هذا لا ينجيه من لزوم الكذب.

ثالثها: أن الأنبياء -عليهم السلام- لا يجهلون سابقية العلم والكتابة للأشياء قبل كونها؛ لأن ذلك ينافي مقتضى مقاماتهم العالية. فالواجب أن نقول: كلٌّ منهم -عليهم السلام- لا يحتاج إلى تنبيهٍ على أن الله تعالى كتب الأشياء كلها قبل وجودها على حدّ ما علمه. وهذا أيضًا مما لا خلاف فيه بيننا وبين الأشاعرة. وإنما الخلاف مع من قال: «إن الله تعالى لا يعلم الجزئيات إلا بعد وقوعها»؛ لشبهة فلسفية باطلة عند أهل التوفيق والتحقيق. وقد يجري الخلاف أيضًا مع من زعم أن العلم السابق ينافي الاختيار -كبعض المجبرة-؛ لأنه لو كان منافيًا للاختيار الثابت بالضرورة؛ لزم انتفاء الاعتقاد لسابقية العلم؛ لأنه استدلالي، ولا يزول الضروري بالاستدلالي، فيلزم نفي العلم دون نفي الاختيار.

رابعها: أن الكتابة السابقة على وقوع المكتوب = لا تخرجه عن حيّز الإمكان إلى الوجوب أو الامتناع، ولا تؤثر فيه شيئًا ما، كما أنه لو علم إنسان ما سيقع في هذا المقام من الحوادث -إما من الشياطين المسترقين للسمع أو بطريق النجوم أو الرمل على فرض صحة ذلك- وكتب ذلك الإنسانُ ما علمه؛ فإن كتابته بمعزل عن التأثير في المكتوب. كيف وهو ما كتب تلك الحوادث إلا لأنها ستقع؟ فلو كان وقوعُها لأجل كتابته لها؛ لزم الدور، وهو ظاهر. وسيأتي تكرير التذكير به.

خامسها: أنه لا يحسن ولا ينبغي التقريع بما وقع من ارتكاب المعاصي، والتوبيخ على اقترافها بطريق التعيير، لا سيما بعد التوبة الظاهرة. فإن ذلك خارج عن حد الأمر بالمعروف والنهي عن المنكر، بل فيه إظهارٌ لقصور الغير، وتزكية النفس من حيث المعنى، وليس من أخلاق الأزكياء(162)، فضلًا عن الأتقياء، فضلًا عن الأنبياء. وهذا

(162) الأزكياء -بالزاي لا بالذال- جمع زكيّ، أي الطاهر، وهو في هذا السياق بمعنى: طاهر النفس والقلب.

الأمر أيضًا مما لا خلاف فيه.

سادسها: أن الأحاديث الجارية مجرى المتشابه -أي: ما كان ظاهره مصادمًا لقضايا العقول-؛ لا تخلو: إما أن تكون متواترة أو آحادية.

إن كان الأول؛ وجب أن يكون لها تأويلٌ؛ دفعًا لتعارض القطعيَّين -أي: الدليل العقلي والنقلي المتواتر-، ويتعيّن إلغاء الظواهر المزاحمة لقضايا العقول، ويجب الحملُ على المعنى الذي قامت القرينة الصارفة على تعيُّنه. وإن كان في نفسه مرجوحًا؛ فقد صار بحكم العقل راجحًا. إلا أن بعض الأشاعرة يقف في هذا، أو يقول: إن سبيلَه سبيلُ المتشابه من القرآن، فيسكت عنه؛ مدّعيًا أن التكلم في ذلك لا يؤمَن فيه من الإلحاد والابتداع.

وإن كان الثاني؛ فلا تخلو: إما أن تكون الأحاديث الآحادية قابلة للتأويل أو لا. إن قبلت التأويل بأن لم تكن نصًّا في ما يخالف قضية العقل؛ فهي مقبولة، وظواهرُ عن الإرادة معزولة. وإن لم تقبل التأويل؛ فشأنها أن تُطرد عن مقاعد السمع، ويُحكمَ عليها بالعلة والوضع.

وإذا عرفت هذه الأمور، وعرفت أنها جميعها مما لا يجري فيه خلاف بين الجمهور؛ فلنقصّ عليك نبأ الذي أجابوا به عن هذا الإشكال، ونشير إلى ما لاح لنا بطريق الإجمال، ونفوض الأمر بعد ذلك إليك، فاختر لنفسك ما يحلو ويعلو في المآل، ولقد كشفتُ لك الغطاء، فإن تك فطنًا عَرفتَ محطّ الرحال، فنقول:

قد اختلف الخائضون في هذا الحديث. منهم: من لاحظ هذه الأمور المذكورة آنفًا فتأوّله على قدر مبلغ علمه. وهؤلاء جماعة من الأشاعرة الذين منعهم الحياء والمروءة عن العناد والمكابرة.

ومنهم: من لم ينظر إلى ذلك، وجعل الحديث شبهةً له في صريح الجبر، كالبيضاوي وغيره من متأخري المقلّدين كالمعترض، فإنه لما ألّف مختصرًا سماه **الأَمَم**، وأظهر فيه التبجح بما تلقّاه من الأسانيد العالية بطريق الإجازة عن شيخه القشاشي وغيره، فقال في خلال ذكره لـ**موطأ** مالك، ما نصه: «قال في كتاب **الجامع**: 'النهي عن القول

بالقدر: عن أبي الزناد، عن الأعرج، عن أبي هريرة -رضي الله عنه- أن رسول الله -صلى الله عليه وسلم- قال: تحاج آدم وموسى، فقال موسى: أنت آدم الذي أغويت الناس وأخرجتهم من الجنة؟ فقال له آدم: أنت موسى الذي أعطاه الله علم كل شيء واصطفاه على الناس برسالته؟ قال: نعم، قال: أفتلومني على أمر قد قُدِّر عليّ قبل أن أُخلق؟'. والمراد بالقول بالقدر: جحدُ القدر. فجحد القدر منهيٌّ عنه». إلى أن قال: «وموسى -عليه السلام- كان يعلم ذلك؛ فإنه الذي قال فيه آدم -عليه السلام-: 'أعطاه الله علم كل شيء'، وخصوصًا اعترف بأن في التوراة كان مكتوبًا على آدم -عليه السلام- قبل أن يُخلَق بأربعين عامًا -كما في رواية أخرى-. لكنه كان حين اللوم ناسيًا لذلك، كما نسي وصيتَه للخضر -عليه السلام-، فقال: ﴿أَخَرَقْتَهَا لِتُغْرِقَ أَهْلَهَا﴾ [الكهف: 71]، فلما ذكّره الخضر [155 أ] -عليه السلام- تذكّر وقال: ﴿لَا تُؤَاخِذْنِي بِمَا نَسِيتُ﴾ [الكهف: 73]. وهنا لما ذكّره آدم -عليه السلام- تذكّر أن آدم -عليه السلام- كان مضطرًا إلى اختيار ما صدر منه، فما صار سببًا للإخراج من الجنة بنص التوراة، لا مستقلًا في الاختيار. وكلما كان كذلك؛ لم يتجه اللوم. فلذا حج آدم موسى.

وأما ما يقال: إن القدر السابق لو كان حجة للعاصي لبطل الأمر والنهي = فجوابُه: إن آدم لم يحتجّ بالقدر على أنه لم يرتكب المنهيَّ المشار إليه في لوم موسى -عليه السلام- بقوله: 'أهبطت الناس بخطيئتك إلى الأرض'؛ ففي بعض طرق الحديث: 'هل وجدت في التوراة ﴿وَعَصَىٰٓ ءَادَمُ رَبَّهُۥ فَغَوَىٰ﴾ [طه: 121]؟ قال: نعم'. فاعترف هو -كموسى عليهما السلام- بأن الله سماها معصية، وبأنه ارتكب المنهيّ. ولكنه قال: 'إنه كان مكتوبًا عليّ قبل أن أُخلق'، فلا بد من اختيار كسبه، فأنا مضطَرٌّ إلى اختياره»(163). إلى هنا كلام المعترض في مؤلفه المذكور. وهو كما تراه عين الاحتجاج بالقدر، والاعتذار به عن المعصية، والتمسك به على رفع اللوم، فماذا عسى أن يتأوّله المتأول؟

أما قوله: «إن آدم لم يحتج بالقدر على أنه لم يرتكب المنهي... إلخ»؛ فبمعزل عن جواب السؤال الذي صدّره المعترض بقوله: «لا يقال: إن القدر السابق... إلخ»؛ إذ

(163) الكوراني، **الأَمَم**، ص 14-15.

ليس فيه أن آدم -عليه السلام- احتج بالقدر على عدم ارتكابه المنهي، ولا رائحة لهذا المعنى في السؤال أصلًا، بل هو واضح في أن القدر لو كان حجة للعاصي في سقوط اللوم على ارتكاب المنهي -كما هو ظاهر الحديث-؛ لبطل الأمر والنهي. فما يُوهِمُه المعترضُ من أن مضمون السؤال: أن آدم -عليه السلام- احتج بالقدر على عدم ارتكاب المنهي = منحرف عن منهج السداد، وخارج عن المراد، بل ليس معقولًا في نفسه -كما لا يخفى على من له أدنى نظر واستعداد-. ومع ذلك فلم يقع من جواب السؤال إلا على الاعتراف بلزومه؛ فكان محصَّل قوله: «ولكنه قال: إنه كان مكتوبًا عليّ... إلخ» = هو عين الاحتجاج بالقدر والاعتذار به عن اللوم، وهو عين ما وقع عنه السؤال الذي تحيّر في جوابه فحولُ القوم. ومع ذلك أيضًا، فقد نَسَب إلى موسى -عليه السلام- نسيانَ هذا الأصل العظيم، والأمر المهمّ الجسيم. وقياسُه على نسيان موسى -عليه السلام- الواقعِ في قصته مع الخضر = قياسٌ مع الفارق الذي هو كالجبل الشامخ. فإن هذا النسيان واقع في شيء لا يترتب عليه ما ينافي العصمة ويناقض مقام النبوة، بل لا يترتب عليه خطأٌ، بخلاف نسيان كونه -تعالى- عالمًا للأشياء قبل كونها ووقوعها، وأنه -سبحانه وتعالى- كتب كل شيء قبل وقوعه ونسيان سابقيَّة القدر، والغفلة عما يوجب الخطأ المنافي للعصمة، بل المستلزم للشرك والانتظام في سلك المجوسية -بزعم المعترض-. نسأل الله العافية.

وإذ قد ذكر واقعة موسى مع الخضر؛ فلنذكر منها شيئًا يدل على بطلان مذهبه ومذهب أسلافه المجبرة فنقول:

لا يخفى على ذي لبٍّ أن قوله تعالى: ﴿فَٱنطَلَقَا حَتَّىٰٓ إِذَا رَكِبَا فِي ٱلسَّفِينَةِ خَرَقَهَا﴾ [الكهف: 71]. إلى آخر الآيات = قد دلت على بطلان مذهبهم واعتقادهم من وجوه:

الأول: أن خرق السفينة = ليس في محل الكسب؛ فليس كسبًا للخارق، بل تأثيرٌ منه. فلو كان العبد غير مؤثّر في أفعاله، وأن المؤثر فيها هو الله تعالى = لم ينسب الخرقَ -الذي هو تأثير- إلى الخضر، ولا قال له موسى: ﴿أَخَرَقْتَهَا لِتُغْرِقَ أَهْلَهَا﴾، فضلًا عن أن يقول: ﴿لَقَدْ جِئْتَ شَيْـًٔا إِمْرًا﴾.

الثاني: أن موسى -عليه السلام- لو كان يعلم ما يعلمه أفراد المجبرة والأشاعرة، من أن المقدَّر ما في دفعه حيلةٌ = لم ينكر على الخضر خرق السفينة، فضلًا عن أن يقول له: ﴿لَقَدْ جِئْتَ شَيْئًا إِمْرًا﴾، ولا كان خطاب الخضر له بما حكاه الله من قوله: ﴿أَمَّا ٱلسَّفِينَةُ فَكَانَتْ لِمَسَٰكِينَ﴾ [الكهف: 79]. الآية. بل كان الذي ينبغي -على مذهب المجبرة- هو: أن يقول له -مثلًا-: «إن ذلك ليس بتأثيري بل بتأثير الله وفعله، وأن المقدَّر لا مدفع له بوجه من الوجوه، وأنه لا يُلامُ على الفعل المقدَّر».

فإن قلتَ: هذا صحيح. لكن الخضر -عليه السلام- أراد بيان الحكمة في خرق السفينة، وأن التأثير في الخرق لأجل أن يعيبها؛ لتسلم من الاغتصاب، لا ليغرق أهلها.

قلتُ: التأثير في الخرق إن كان فعل الخضر لا فعل الله تعالى = فقد تم المطلوب. والدلالة قائمة على أنه لا يسقط اللوم على الفعل المستنكَر لمجرَّد كونِه مقدَّرًا، وإنما سقط اللوم ببيان وجه الحكمة فيه.

وإن كان الخرق فعلًا لله تعالى؛ لم يصح تعليلُه بتلك العلة -على ما هو مذهب الأشاعرة والمجبرة القائلين بأن أفعال الله تعالى لا تُعلَّل بالحِكَم والمصالح-. فليكن التعليل دليلًا. وأي دليل على أنه فعلُ الخضر وتأثيره؟

الثالث: أن قول الخضر: ﴿فَأَرَدتُّ أَنْ أَعِيبَهَا﴾ يدل على أنه أراد أن يعيبها قبل أن يعيبها؛ لأن الإرادة المقارنة لحصول العيب = لا تصلح علّة حاملةً على الفعل الذي به العيب؛ لاستحالة الحامل على تحصيل الحاصل. وإذا تقدمت الإرادة، وكان الفعل على مقتضاها = دل ذلك على أن العبد هو المؤثر في أفعاله، وإلا لم يكن توقف الفعل على مجرد إرادته، فافهم.

الرابع: أنه جعل عيبها = لدفع الملك المغتصب عن اغتصابها، وقد وصفه الله تعالى بأنه أوتي من لدنه تعالى علمًا كثيرًا عظيمًا. فلو كان يعلم أن اغتصاب الملك إن كان مقدرًا من الله تعالى فليس لعيبها فائدة، بل هو عبث وإفساد، والفساد بغير موجب قد نُهي عنه جزمًا، وارتكاب المنهيِّ مخالفٌ لمقتضى رتبته، حتى قيل: إنه نبي من الأنبياء الكرام -عليهم السلام-. فعيبه للسفينة، مع علمه بأن اغتصابها إن كان مقدرًا فلا

حيلة في دفعه بالعيب = لا يجوز عليه، ويخالف ما وصفه الله تعالى به من العلم.

وإن لم يكن اغتصاب الملك لها مقدَّرًا؛ كان عدم جواز ذلك عليه أظهرَ؛ لأنه خلل ونقص على المساكين، وضرر ناجز بهم، وهو ظلم صريح، والإقدام عليه إقدامٌ على ما يعلم أنه لا فائدة فيه، بل مضرة خالصة، وظلم وجور، وفساد في الأرض، والله يقول: ﴿وَلَا تُفْسِدُوا فِي الْأَرْضِ بَعْدَ إِصْلَاحِهَا﴾ [الأعراف: 56]. والمجبرة من الأشاعرة وغيرهم قد وافقونا على أن الفساد غيرُ محبوب لله تعالى.

الخامس: أن قوله: ﴿فَأَرَدتُّ أَنْ أَعِيبَهَا﴾ = دليلٌ على أن عيبه لها كانت علته الغائية هي: أن يتركها الملك من الاغتصاب. والعلة الغائية يجب تقدُّمُها في التصوُّر، وإن كانت متأخرةً في الوجود.

وتحقيقه: أنها بماهيتها عِلةٌ للعلة الفاعلية، وإن كانت بوجودها معلولة للعلة الفاعلية -كما ذكره السعد في **المطول**-(164)، وهو أمر مشهور. ولذا قالوا: إنها متقدمة ذهنًا، متأخرةٌ وجودًا. وإذا كانت بماهيتها علةً للعلة الفاعلية، ومتقدمةً في الذهن؛ دلَّ ذلك على تقدُّمِ القدرة على المقدور؛ لاستحالة أن ينبعث الفاعل إلى الفعل؛ لِـما يجده من تصور الغاية لفعله، مع عدم وجدانه للقدرة عليه. وهذا جارٍ في جميع أفعال العباد المعلَّلة بالأغراض والغايات، أي: إنها تدل على تقدم القدرة على الفعل، وإلا لم يُتصوَّر أن تكون العلة الفاعلية معلولةً للعلة الغائية بماهيتها، ولا يُتصوَّر ثبوتُ ماهية الغائية في الذهن عند فقد القدرة كما في العاجز، ولا يُتصوَّر الحاملُ على الفعل مع عدم وجدان القدرة. وهذا أمر لا ينكره إلا مكابر أو جاهل، كالحمار وزيادة. ولذا قال أبو الهذيل: «حمارُ بِشْرٍ أعقلُ من بِشْرٍ».

السادس: أن الخَضِر لو علم أن دفع المقدَّر ما فيه مجال، بل هو محال؛ لَما لام موسى على السؤال، وقال له: ﴿أَلَمْ أَقُل لَّكَ إِنَّكَ لَن تَسْتَطِيعَ مَعِيَ صَبْرًا﴾ [الكهف: 75]، ولم يُجِب عليه موسى بقوله: ﴿لَا تُؤَاخِذْنِي بِمَا نَسِيتُ﴾ [الكهف: 73]، أي: من وصيتك لي بأني لا أسألك، بل كان ينبغي أن يجيب عليه بأن سؤالي لك كان مقدّرًا عليّ، ولا حيلة في

(164) التفتازاني، **المطوّل**، ص 428.

دفع المقدر.

فإن قيل من طرف المجبرة: إن موسى كان ناسيًا للتقدير السابق والاعتذار به.

قلنا: إلى كم -أيها المجبرة- تنسبون إلى النبي المعصوم جهلَ ما علمه الآحاد منكم، وزعمتم أنه هو الدين القيّم، وأن مخالفته توجب الانتظام في سلك المجوس وتستلزم الشرك وانتفاء التوحيد؟

السابع: أن قوله: ﴿لَوْ شِئْتَ لَتَّخَذْتَ عَلَيْهِ أَجْرًا﴾ [الكهف: 77] = ربطٌ بين الشرط والجزاء، ولا يصح الرَّبط على مذهب المجبرة؛ لأنه لا تأثير لمشيئة العبد. ولذا يستدلون بما روي عن النبي -صلى الله عليه وآله وسلم- من قوله: «ما شاء الله لا ما شاء الناس»(165). والمعترض مصرِّح بهذا المعنى في مواضع من هذا الكتاب.

الثامن: أن قتل الغلام [الواقع من الخضر -عليه السلام- خطأٌ ظاهرٌ عند المجبرة، كما مر من أنه: إن قتله وهو يعلم أن كفر أبويه إن كان مقدرًا؛ كان قتله عبثًا خاليًا عن الفائدة، وإن لم يكن مقدَّرًا فأظهرُ وأظهرُ. وبهذا وما قبله يُعلَم ضلال المعترض، حيث ظن في مباحث الأجل والرزق، أن القدر لا يكون مقيدًا كما يكون مطلقًا.

التاسع: أن الخضر -عليه السلام- إنما استدل على الإرادة بالأمر؛ لعلمِه بأنه يستلزمها، حيث قال: ﴿فَأَرَادَ رَبُّكَ﴾، ثم قال: ﴿وَمَا فَعَلْتُهُۥ عَنْ أَمْرِىۚ﴾، أي: بل عن أمر الله. وهذ هو مذهب العدلية ونقيض مذهب المجبرة من الأشاعرة وأتباعهم. ولو رمنا الاستيفاء لِما في قصة موسى والخضر من الأدلة] على بطلان مذهبهم؛ لضاق نطاق النطق. وفي هذه التسعة الوجوه كفاية، والله ولي الهداية.

ومن الغرائب ادّعاءُ المعترض أن ما جاء به هو التحقيق. فإنه قال بعد ذلك المنقول عن مؤلفه الأمم، ما نصه: «وقيل: إنما حجَّه آدم؛ لأن آدم أبوه. ورُدَّ بأن هذا كلامٌ لا تحصيل فيه البتة. فإن حجة الله تعالى يجب المصير إليها، مع الأب كانت أو مع الابن.

وقيل: إنما حجَّه لأن الذنب كان في شريعة واللوم في أخرى. ورُدَّ بأن هذا من ما قبله؛

(165) السيوطي، جمع الجوامع (الجامع الكبير)، ج 23، ص 56.

إذ لا تأثير لهذا في الحجة بوجهٍ. وهذه الأمة تلوم الأمم المخالفة لرسلها عليها بوجهٍ مقبولٍ وإن كان لم يجمعهم شريعة. فإن مخالفة الأمر والنهي يُلام عليها في كل شرع.

وقيل: إنما حجَّه لأنه قد تاب من الذنب، والتائب من الذنب كمن لا ذنب له فلا يجوز لومه. ورُدَّ لأن آدم لم يقل: 'أتلومني على أمرٍ قد تبتُ منه؟'، فلم يجعله حُجةً على موسى، وإنما قال: 'أتلومني على أمرٍ قُدِّر قبل أن أُخلَق؟'، فيلزم من هذا إلغاءُ ما علَّق به -عليه السلام- وجه الحجة. واعتبارُ ما ألغاه فَلا يُلتفت إليه.

وقيل: إنما حجَّه لأنه لامه في غير دار التكليف. ورُدَّ بأن هذا أيضًا فاسدٌ؛ لأن آدم لم يقل له: 'لمتَني في غير دار التكليف؟'، فيلزم الإلغاء والاعتبار المذكوران.

وبالجملة، لم أقف في شيء من شروح الحديث على وجه شافٍ في فهم الحديث، سالمٍ من الاعتراض. وما ذكرناه أوّلًا هو التحقيق، وبالله التوفيق»(166). إلى هنا كلامه.

فيا عجباه منه! كأنه لم يعلم أن القوم إنما حاولوا التفصِّي، ولزوم الاحتجاج بالقدر والكتابة، فما زاد هو على أن ألقى بنفسه على ما فرُّوا منه، وحاولوا التفصِّي عنه، ثم قال: «إنه هو التحقيق، وبالله التوفيق».

يرى رأيُه ما لا ترى عينُ غيره ويبري به ما ليس يبري المثقِّفُ

قال الإمام أحمد بن تيمية ما لفظه: «وهذا الحديث ضلت فيه طائفتان؛ طائفة كذّبت به؛ لِما ظنُّوا أنه يقتضي رفع الذم والعقاب عن من عصى لأجل القدر، وطائفةٌ شرٌّ من هؤلاء، جعلوه حُجّةً، وقد يقولون: القدرُ حُجّةٌ لأهل الحقيقة الذين شهدوه، والذين لا يرون أن لهم فعلًا»(167). انتهى.

فالمعترض وأمثاله ممن أشرنا إليهم أولًا = شرُّ الطائفتين، بشهادة هذا الإمام الذي شهد المحققون بعلوِّ كعبه في علم المنقول والمعقول، والأمر كما شهدوا به، لولا تهالُكه على نصرة مذهبه الذي هو مذهب الحنابلة، ومبالغته في ذلك. وحبُّك للشيء يُعمي ويُصِمُّ.

---

(166) الكوراني، **الأمم**، ص 15-16.

(167) ابن تيمية، **الفرقان**، ص 134.

وقال اللقاني في **شرح الجوهرة**: «إن احتجاج آدم بالقضاء والقدر خصوصيةٌ له، فليس لغيره -عليه السلام- أن يتعلق بها. على أنها مناظرةٌ جرت بعد الموتِ وانقطاع التكليف. فلا يلزم من صحتِها صحةُ ما يقع من نظيرها. وإن تسمية تلك 'مُحاجَّةً' تجوُّزٌ؛ لكونها على صورة المحاجة. وإلا فلا ذنب لآدم ولا معصية. وما في القرآن من قوله تعالى: ﴿وَعَصَىٰٓ ءَادَمُ رَبَّهُۥ فَغَوَىٰ﴾ ونحوه؛ محمول على المعنى اللغوي لا الشرعي»(168). هذا كلامه وستقف على ما فيه.

وقال في كتاب **المنقذ من الضلال** المأخوذ من **منهاج الاعتدال** لأبي العباس بن تيمية، بعد أن ذكر قول بعض المعتذرين بالقدر، حيث قال: «أنا كافرٌ بربٍّ يُعصى، ولو قتلت سبعين نبيًا ما كنتُ مخطئًا»، وقول الآخر:

أصبحت منفعلًا لما يختارهُ ... منّي، ففعلي كلُّه طاعاتُ

فقال ما لفظه: «ومن الناس من يقول إن احتجاج آدم على موسى بالقدر كان في هذا الباب. وهذا جهل؛ فإن الأنبياء -عليهم الصلاة والسلام- [155 ب] من أعظم الناس أمرًا بما أمر الله به، ونهيًا عما نهى عنه. فكيف يسوِّغ أحدٌ أن يعصيَ عاصٍ لله تعالى محتجًا بالقدر؟

وأيضًا، فإن آدم قد تاب من الذنب وتيب عليه. ولو كان القدر حجةً لكان حجةً لإبليس وفرعون وغيرهما. لكن كلام موسى لآدم -عليهما السلام- لأجل المصيبة التي لحقتهم بسبب أكله. ولهذا قال له: 'لماذا أخرجتنا ونفسك من الجنة؟'»(169). انتهى.

وأنت خبير بأن العتاب على الإخراج = ليس عتابًا إلا على سبب الإخراج، وهو المعصية. فإن الإخراج فعلُ الله لا فعلُ آدم، وإن نسبه موسى إليه مجازًا باعتبار سببه. ولهذا كان الحديث مشكلًا جِدًّا. على أن بعض الروايات لا تقبل مثل هذا التأويل، كرواية البيهقي، وبعض ما في **صحيح مسلم**، وما في **مصابيح البغوي**، وغيرها. فإيثار صاحب **الإيثار** لهذا التأويل واتِّباعه لابن تيمية = فيه ما فيه. وقد مال إليه شيخنا -

(168) بتصرّف في: اللقاني، **عمدة المريد**، ج 2، ص 722.

(169) الذهبي، **المنتقى من منهاج الاعتدال**، ص 131.

رحمه الله- في كتابه **العلم الشامخ** وغيره، وكان يرتضي -رحمه الله- ما سيأتي من الكلام على الروايات المبيّنة التي لا تقبل التأويل. وقد أشار إلى مثل ذلك ابن كثير حيث قال -في ما نقله عنه صاحب **الإيثار** رحمه الله-: «إن هذا الحديث روي بألفاظ، بعضُها مرويٌّ بالمعنى، وفيه نظر. ومدار معظمها في الصحيحين وغيرهما = على أنه لامه على إخراجه نفسه وذريته من الجنة، لا على المعصية نفسها»(170). انتهى.

فقوله: «وفيه نظر» = إشارةٌ إلى الروايات المبيّنة؛ فإنها رويت بالمعنى فصارت لا تقبل تأويلًا أصلًا. وكلما كانت كذلك؛ سقطت عن درجة الاعتبار عند أهل التحقيق والتوفيق.

وأما قوله: «على أنه لامه على إخراجه نفسه وذريته»؛ فهو وإن كان من قبيل الرواية لا من قبيل الدراية؛ لكنه لا يسلم من الذي أشرنا إليه آنفًا، أعني: أن اللوم على الإخراج = مرجعُه إلى اللوم على سببه، إلا أن يقال: «إن الذي رتب الإخراج على الأكل من الشجرة هو الله تعالى، ولو شاء لما رتبه عليه، بل كان يتجاوز عنه ويغفره؛ فبهذا الاعتبار، يسقط اللوم، ولا يكون اللوم على الإخراج راجعًا إلى اللوم على سببه؛ لأن كونه سببًا ما كان باختيار آدم -عليه السلام-. فإن الله تعالى هو الذي جعله سببًا، ولولا ذلك لم تتحقق السببية والمسببية». وفيه نظر؛ لجريان هذا الاعتبار في سائر المعاصي الواقعة بمخالفة الحدود الشرعية، فافهم.

ومن العلماء من تأوّله بأن قول آدم -عليه السلام-: «كتبه الله عليّ» = ليس إلا بيانًا للواقع لا احتجاجًا بالقدر. وهذا هو ما ذكره العلامة ابن الهمام في **المسايرة**، والفاضل ابن أبي شريف في **المسامرة** وغيرهما، وقرّروا أن آدم تنصّل عن اللوم بالتوبة، وحجَّ موسى: أي غلبه بالحجة الثابتة، من أن اللوم بعد التوبة غير متوجِّهٍ، إجماعًا. وهو كلامٌ حسنٌ إلا أنه يستلزم الحشو واللاغية في الكلام، مع تحميل اللفظ غير طوقه.

وأما الفاضل ابن كمال باشا؛ فجاء بعجائب قدّمها إرهاصًا للجواب الذي ارتضاه

(170) ينظر: ابن الوزير اليماني، **العواصم والقواصم**، ج 8، ص 362؛ قارن بـ: أبو الفداء إسماعيل بن عمر بن كثير، **البداية والنهاية**، تحقيق عبد الله التركي (القاهرة: دار هجر للطباعة والنشر، 1997)، ج 1، ص 198.

فقال: «إن معصية آدم جاريةٌ على وفق الحكمة، وأنه ليس لها إلا اسم 'العصيان'، أي: مجرد مخالفة الأمر، وليست من جنس المعاصي التي هي مخالفة للأوامر التكليفية حتى يكون ذنبًا فيستحق فاعلها لومًا وذمًا. فإن الجنة ليست دار تكليف» -كما قال-، وما وقع من لوم آدم، فزعم أنه من باب التأديب والتلطيف، لا من باب التوبيخ والتعنيف، واحتج بأن المخالفة لمطلق الأمر تسمّى «معصيةً»، بقول عمرو بن العاص لمعاوية:

أمرتــك أمــرًا جازمًــا فعصــيتني وكان من التوفيق قتل ابن هاشــم

قال: «فاحتج آدم على موسى -عليهما السلام- بأن ذلك كان منشَأً لتكميل النشأة الحيوانية، وسببًا لتحصيل الفضائل الإنسانية»(171). انتهى باختصار مع نوع تلخيص وتخليص. وقد زلّت منه قدم النظر في مضيق هذا المقام، وتجاسر على جعل معصية آدم -عليه السلام- مرضيَّةً خارجةً عن توجه الملام، بل قد اشتمل كلامه على أنها ليست ذنبًا، وفي ذلك ما لا يخفى على ذوي الأفهام. ولم لا وقد نطق القرآن بأنها غواية، ثم أردف ذلك بذكر التوبة والهداية؛ إشعارًا بما بين الوصفين من كمال الانقطاع، وهذا أمر مكشوف القناع، ولو اقتصر على دعوى أن المكتوب ينقسم إلى ما يقبل المحو والإثبات، وإلى ما لا يقبل المحو أصلًا، وأن الكتابة التي أحال عليها آدم -عليه السلام- من القسم الثاني، بدليل أنها قد أُثبِتت في الكلام المنزل كالتوراة، ولو كان من القسم الأول لم تثبت في التنزيل = لكان له وجه في الجملة. وأما هذا فمن جنس كلام الباطنية والمحرِّفين للكلم عن مواضعه.

وقال النووي -كما حكاه عنه السيوطي-: «معنى كلام آدم: 'أنك يا موسى تعلم أن هذا كُتِب عليّ قبل أن أُخلَق، فلو حرصتُ أنا والخلق أجمعين على رد مثقال ذرة؛ لم يمكن، فلا تلُمني؛ فإن اللوم على المخالفة = شرعي لا عقلي. وإذا تاب الله عليّ؛ زال اللوم، فمن لامني كان محجوجًا بالشرع'»(172). انتهى. وهو كلام مضطرب؛ لأن أوَّله الاعتذار بالكتابة والاحتجاج بها على سقوط اللوم، وآخره يعطي أن سقوط اللوم لأجل التوبة مع إدخال ذكر العقلي والشرعي بلا طائل.

---

(171) ابن كمال باشا، **مجموع رسائل ابن كمال**، ج 1، ص 175-177.

(172) النووي، **شرح النووي على صحيح مسلم**، ج 16، ص 202.

ولقد تشطّر البيضاوي على هذا المعنى، فقال في **شرح المصابيح**: «غلبه بالحجة -أي: غلب آدم موسى بالحجة- بأن ألزمه أن جملة ما صدر منه؛ لم يكن بما هو مستقل به متمكنًا من تركه، بل كان أمرًا مقضيًّا عليه. وما كان كذلك لم يحسن اللومُ عليه عقلًا. وأما ما يترتب عليه شرعًا من الحدود والتقرير؛ فحُسنُه من الشارع لا يتوقف على غرض ونفع»[173]. انتهى. وهو تفريع صحيح على قاعدة الجبر ونفي الغرض والحكمة الإلهية، حيث صرَّح بأن ما يترتب على المعاصي من أحكامه -تعالى- ونحو عتابه وعقابه = ليس عن غرضٍ حتى يقال: لِمَ كان كذا؟ ولأي شيء صار الحكم كذا؟ وآدم وجميع العالمين مجبورون. تعالى الله عن أن يفعل فعلًا لا لغرضٍ، وأن يؤلِم أحدًا لا لِعِوَض.

وفي كلامه شيء لا يساعد مذهبَه. وذلك أن في دعواه سقوطَ اللوم وانتفاءَ حسنِه عقلًا [156 أ]؛ لثبوت سبق القضاء، وعدمِ تمكُّن آدم من الترك -كما قال-؛ إقرارًا منه بالحسن والقبح عقلًا. لأن مضمونه أنه: لَولا سبق القضاء؛ لحسُن اللوم عقلًا. وهو خلاف مذهبه، فتدبَّرْه.

ثم لا يخفاك أن قوله: «لم يكن بما هو مستقل» = ليس له في هذا الحديث أثرٌ. إنما غايته الإشعار بعدم التمكن من الترك. وأين عدم التمكن من عدم الاستقلال؟ وهو ظاهر.

نعم، هذا الكلام أشد من كلام النووي والأسيوطي؛ نظرًا إلى قاعدة الجبر. لكن كلامهم معًا لم يخرج عن دائرة الاحتجاج بالقدر والاعتذار به لإسقاط اللوم، خلافًا لما جرى عليه المحققون منهم، بل اعترافًا بما وقع السؤال عنه من آدم -عليه السلام-؛ كيف احتج بالكتابة والقدر مع الإطباق على عدم جواز ذلك؟

واللبيب المنصف يتعجب كثيرًا من صنيع هؤلاء القوم، حتى إن سعد الدين مع تظاهره بالإنصاف، أورد هذا الحديث في **شرح المقاصد** من جملة الاستدلال على الجبر؛ حرصًا على تقوية مركز الجدال. مع أنه لو صح ولم يُتأوّل؛ لدل على محض الجبر

(173) ناصر الدين عبد الله بن عمر البيضاوي، **تحفة الأبرار شرح مصابيح السنة**، تحقيق نور الدين طالب (الكويت: وزارة الأوقاف والشؤون الإسلامية، 2012)، ج 1، ص 90.

وخالصه، وهو خلاف مذهبهم -بزعمهم-، حيث يزعمون أنه على خلاف مذهب الخُلّصِ من الجبرية والجهمية. فهـذا ما عرض لنا في هذا المقام من كلامهم.

وأما العدلية؛ فالملابِسون منهم للأحاديث قد تأوّلوا هذا الحديث بما قدَروا عليه؛ صرفًا عن المحذور من تلك الأمور، وعدولًا بمعناه عما هو باطل باتفاق الجمهور. ورأوا أن سبيل التأويل أوسع من ردّه.

قال السيد العلامة محمد بن إبراهيم الوزير -رحمه الله- في **الإيثار**: «هو من أثبت الأحاديث. ولومُ موسى لآدم كان على الخروج من الجنة، وإخراجِه ذريتَه منها، على جهة الأسف على فوت النعمة. وذلك في الحقيقة مصيبة من فعل الله، قدَّرها بسبب ذنب آدم -عليه السلام- في الأرض. وإلا فذنبُه صغير لأنه نبي معصوم عن الكبائر، وقد تاب أيضًا. والمذنب التائب لا يعاقَب بالخروج من داره وغيره.

واحتج آدم بسبق القضاء في الخروج الحسن؛ لأنه من فعل الله تعالى ولم يحتج به على حُسن ذنبه أبدًا وهو الذي قال: ﴿رَبَّنَا ظَلَمْنَآ أَنفُسَنَا وَإِن لَّمْ تَغْفِرْ لَنَا وَتَرْحَمْنَا لَنَكُونَنَّ مِنَ ٱلْخَـٰسِرِينَ﴾ [الأعراف: 23]»(174). انتهى. وقد سبقه إلى مثله العلامة ابن تيمية، وتبعهما شيخنا -كما مر-. وقد نبهناك على ما فيه. وذلك لا يخفى على المتفطن المتبطّن للروايات. ولهذا الاعتبار كان هذا الحديث مشكلًا عند كثير من الفريقين؛ لعدم تجاسرهم على ردّه؛ فإنه غير صريح في مخالفة القاطع من العقل والنقل. وإنما يكاد يستلزم ذلك، كما نبه عليه الشيخ أبو علي الجبائي -رحمه الله-، وسيأتي نقل كلامه قريبًا إن شاء الله.

ومنهم من ردّه كأبي علي الجبائي وغيره؛ اعتمادًا على أنه خالف القاطع من العقل والنقل، فقالوا: هذا حديثٌ مفترًى ﴿فَأَعْرِضْ عَنْهُمْ حَتَّىٰ يَخُوضُوا۟ فِى حَدِيثٍ غَيْرِهِۦ﴾ [الأنعام: 68].

وقـد سأل بعض الناس أبا علي -رحمه الله-، فقال: ما تقول في حديث أبي الزناد عن الأعرج، عن أبي هريرة، عن النبي صلى الله عليه وسلم: «لا تُنكَح المرأةُ على عمّتها، ولا على خالتها»؟

---

(174) ابن الوزير اليماني، **إيثار الحق**، ص 280-281.

فقال أبو علي: هذا صحيح.

قال السائل: فبهذا الإسناد نُقِل: «فحجَّ آدمُ موسى».

قال أبو علي: هذا الخبر باطل.

فقال السائل: حديثان بإسناد واحد؛ صححت أحدهما وأبطلت الآخر؟

قال أبو علي: لأن القرآن يدل على بطلانه وإجماع المسلمين ودليل العقل.

فقال: وكيف ذلك؟

قال أبو علي: أليس في الحديث أن موسى لقي آدم فقال: «يا آدم أنت أبو البشر خلقك الله بيده، وأسكنك جنته، وأسجد لك ملائكته، أفعصيته؟»، فقال آدم: «يا موسى، أترى هذه المعصية كتبها الله عليّ قبل أن أُخلَق بألفي عام؟»، قال موسى: «نعم، شيءٌ كان كُتِب عليك»، فقال: «كيف تلومني على شيء قد كان كُتب عليّ؟»، قال: «فحج آدم موسى».

فقال أبو علي للسائل: أليس هذا الحديث هكذا؟

قال: بلى.

قال أبو علي: أليس إذا كان عذرًا لآدم -عليه السلام- يكون عذرًا لكل كافر عاص من ذريته؟ وأن يكون من لامهم محجوجًا؟ فسكت السائل. انتهى.

وأما بعض الأذكياء من أهل عصرنا العدلية؛ فزعم أن آدم -عليه السلام- أراد أن يوقع موسى في الحيرة، وأن يشكِّك عليه بشبهة القدر، على وفق ما يصدر في معرض المطايبة والمداعبة، من المطارحة والمجاذبة. ويؤيده أن موسى -عليه السلام- ما أراد أنه ينكر على آدم -عليه السلام- في شيء قد مضى، ولا أن يعيّره بالمعصية، وإنما أراد مجرّد المطايبة والمفاكهة. فأجابه آدم على وتيرة ما جاء به من ذلك وفي طَرْزِه، فتحير موسى لضيق نطاق النطق عن الإفصاح بجلية الحال، ولم يجد بُدًّا من السكوت والإمساك عن المقال. وبالجملة، فالمحاجَّةُ ليست حقيقيةً، والكلام ليس على ظاهره.

قلتُ: وهذا بعيد، لا يليق اعتقاده في ذلك الجناب، كما لا يخفى على ذوي الألباب.

واعـلم أن هذا مأخوذ من **الإيثار**، لكنه أخذه هذا الذكي أخذًا لا يفهمه إلا أهل الذكاء الذين هم مثله يعرفون مدارج الانتحال ومدارك الكلام على كل حال. فإنه - أي: صاحب **الإيثار**- قال ما لفظه: «وقيل: بيان الوجه في الحديث يمهّد قاعدة، وهي: أن المحاجّة والمخاصمة بين الأنبياء -عليهم السلام- لا يكون على وجه المراء واللجاجة، وإنما يكون على سبيل الموعظة والمعاتبة. مثال ذلك: ما جرى بين موسى وهارون -عليهما السلام-، وكذلك ما جرى بين موسى والخضر -عليهما السلام-. فمحاجَّتهم ومناظرتهم على سبيل الوعظ والعتاب لا على سبيل الجهل بالحق في أمر الدين، فهم معصومون عن ذلك». إلى أن قال: «فالدليل على أنها محاجَّةٌ عتابيةٌ لا برهانية؛ أنهما لم يتنازعا في شيءٍ يصحّ فيه من مثلهما الجهلُ المحضُ الذي لا يغسل أدرانَه إلا صريحُ البراهين القاطعة، ولا يزيل ظلامه إلا شروقُ الأدلة الساطعة. وقد ظهر هذا من كلامهما ظهورًا لا يخفى»(175). انتهى المراد منه. وهو موضع الأخذ المذكور كما تراه.

ثم قال أيضًا ما لفظه: «الفصل الثاني: في الدليل على حسن الاحتجاج بالقدر لغير العاصي.

والدليل على ذلك: أنه قد ورد في الشرع ورودًا كثيرًا. فمن ذلك: قوله تعالى: ﴿مَآ أَصَابَ مِن مُّصِيبَةٍ فِى ٱلْأَرْضِ وَلَا فِىٓ أَنفُسِكُمْ إِلَّا فِى كِتَٰبٍ مِّن قَبْلِ أَن نَّبْرَأَهَآ﴾ [الحديد: 22]». إلى أن قال: «وأما المعاصي فلا يجوز التسلّي بالقدر فيها، بل الواجب التأسف والتألم. ولهذا كان الندم أحد أركان التوبة -على القول المشهور-. فكيف تسلّى آدم -عليه السلام- بالقدر واحتج به، وفعلُه معصيةٌ؟». قال: «والجواب من وجهين:

أحدهما: أن هذا صحيح. وإنما حسُن منه في تلك الحال؛ لأنه غير عاصٍ.

وعلى هذا الجواب سؤال، وهو أن يقال: لا يحسن من التائب منا أن يتسلّى بالقدر

(175) لم أجده في **الإيثار** المطبوع، لكن وجدته في: محمد بن إبراهيم الوزير اليماني، **الروض الباسم في الذب عن سنة أبي القاسم**، تحقيق علي العمران (مكة المكرمة: دار عالم الفوائد، 1419هـ)، ج 2، ص 465-466.

ويتعزى بالقضاء، بل المشروع للتائب أن يلوم نفسه ويعنّفَها كلما ذَكَر الذنبَ».

قال: «والجواب على هذا السؤال لطيف، وهو: أن المبالغة في الندم بعد التوبة، إنما لزمَنا لبقائنا في دار التكليف. وأما آدم -عليه السلام- فإنه ما تكلم بهذا إلا بعد الخروج من دار التكليف. ولا شك أنه لا يلزم التائب في دار الآخرة إن يتأسف على ما فرط ويتألم لذلك، ويتذكر مواد الحزن وموجبات الشجى على تقصيره. ولو كان ذلك لازمًا في دار الآخرة؛ للزم أهل الجنة وحَسُن منهم. ولا قائل بهذا.

فإذا تقرر هذا؛ فآدم -عليه السلام- قد تاب من الذنب وقُبِلت توبتُه، واستمر عليها حتى قبضه الله تعالى، وأخرجه من دار العمل إلى دار الكرامة، فحسن منه أن يتسلّى بالقدر في ذلك، ويحتج به على من عنّفه وحاول أن يثير مواد حزنه وأسفه على ما مضى، كما يحسن من أحدنا أن يحتج بمثل ذلك في المصائب التي من الله تعالى، والأفعال المباحة التي جلبت عليه مصائب الدنيا».

قال: «وهذا وجه في الجواب، ولا غبار عليه. وقد حام شراح الحديث عليه وما وقعوا، وبلغوا إلى أن التائب لا يلام، وله أن يحتج بالقدر، وما عرفوا اللباب الذي ذكرتُه من سرِّ هذه المسألة، وأن التائب مهما بقي في دار التكليف؛ فالمشروع له التألُّم من المعصية، وذلك ينافي الاحتجاج بالقدر»(176). انتهى. قلت: وفيه بحث.

واعلم أيضًا أنا لا نبالي برد الرواية المبيّنة التي لا تقبل تأويلًا -كرواية البيهقي وبعض ما في مسلم وما يجري مجرى ذلك كما ذكرناه سابقًا-. وذلك لِـما نبهناك عليه في أول الكتاب وغيره، من تلك القاعدة المقرَّرة بين أهل الأصول وعلم المصطلح. فكَون الرواية المبيّنة التي لا تساعدنا على التأويل جاءت عن داعية إلى بدعة مقوية لبدعته = قادحٌ فيها وأي قادح! فهي مُطَّرَحَةٌ مردودة، وعن مقاعد السمع مطرودة. ألا ترى ما رواه ابن حبان في مقدمة كتابه **تاريخ الضعفاء**، بإسناده إلى عبد الله بن يزيد المقرئ، أن رجلًا من أهل البدع رجع عن بدعته فجعل يقول: «انظروا هذا الحديث

(176) كله بالمعنى، إلا أن تكون النسخة التي نقل منها مختلفة عن المطبوع، ينظر: ابن الوزير اليماني، **الروض الباسم**، ج 2، ص 471-475.

عمن تأخذونه؛ فإنا كنا إذا رأينا رأيًا جعلنا له حديثًا»(177). انتهى. فإن هذا وأمثاله يقوّي عندك ردَّ الحديث بتهمة الراوي إذا كان بدعيًا داعيًا إلى بدعته ورأيه الفاسد، سواءٌ كان قائلًا بجواز الكذب لنصرة مذهبه -كالخطابية والكرامية- أو كان قائلًا بتحريمه -كالباقين من المبتدعة-.

فإن قلت: أيُّ بدعة لمثل البيهقي في مثل هذا؟ فإن الحديث المذكور يشتمل على إثبات سبق الكتابة على المكتوب في الوجود العيني، وهذا مما لا بدعة فيه له؛ لأنه مسلَّم عند كل مُسلِم. وأيضًا، فإن الرواية المبيّنة قد تدل على أن العاصي لا يُلام على عصيانه -كما يُفهَم من اعتذار آدم عليه السلام عن الخطيئة بسبق الكتابة-. وقد وقع ذلك في رواية لمسلم بن الحجاج. وهذا مما لا يقول به الخصم؛ فإن أحدًا من المجبرة لا يقول صريحًا بأن العاصي لا يلام؛ فلا بدعة.

وبالجملة، قد اشتملت المبيّنة على أمرين: أحدُهما مسلَّم عند الجميع -وهو سبق الكتابة-، والآخر ممنوع عند الجميع -وهو الاعتذار بها عن الخطيئة-. فما هي البدعة التي يدعو الخصم إليها ويقويها؟

قلت: كأنك غافل عن صنيع القوم. فإنهم [156 ب] أولًا ما نظروا إلى هذا الحديث إلا من حيث إن النبي -صلى الله عليه وآله وسلم- حكاه عن آدم وموسى، وإنه إنما حكاه لإفادة معناه وبيان مقتضاه، من كون سابقية الكتابة والتقدير توجب الجبر ونفي الاختيار من العباد مطلقًا. ثم إنهم -كما لا يخفى- دائرون على التشبُّث بالأحاديث الجارية هذا المجرى؛ رومًا لتقوية قاعدة الجبر؛ ودعاءً إلى الدخول فيه؛ فانظر ما في كتاب البخاري الذي صنفه في خلق الأفعال، وكتاب البيهقي الذي سماه **كتاب الاعتقاد**، وغيرهما؛ لتعرف ما هي البدعة التي يدعون إليها، ويسعون في تقويتها بكل ممكن. وانظر سعد الدين -مع ما هو عليه- كيف جعل هذا الحديث حجةً في مطلوبهم من إثبات الجبر -كما مر نقله عن **شرح المقاصد**-، بل قد تشبثوا بالعلم السابق عند

(177) لابن حبان كتاب في المجروحين، فلعله هو المقصود. أما النص المذكور فلم أجده فيه، والخبر وارد في: أبو بكر أحمد بن علي الخطيب البغدادي، **الكفاية في علم الرواية**، تحقيق إبراهيم بن مصطفى الدمياطي (ميت غمر: دار الهدى، 2002)، ج1 ، ص 373.

ضيق المخانق، فتشبُّثُهم بالكتابة السابقة أولى وأحرى. فالرواية المبينة غير مقبولة منهم؛ نظرًا إلى ما هم عليه، لا إلى ما هي عليه، أي: إنها مردودةٌ وإن لم تكن في نفس الأمر مقوِّية لبدعتهم.

وسرُّ هذا أن رد الرواية من المبتدع ليس منشؤه إلا حالَ الراوي ومرادَه، لا حال المرويّ ومدلولِه الحقيقي. فإذا كان الراوي مظنّة الريبة -كالمبتدع المقوّي لبدعته-؛ فإنه يُرَدُّ ما أتى به لتقويتها -بزعمه-، وإن لم تكن مقوية لها في التحقيق. لأن مجرد ظنه أنها تقوي بدعته، ربما حمله على ورطة الكذب، والتقوُّل على الله تعالى، ورسوله عليه الصلاة والسلام. وهذا هو مناط الريبة في ردّ ما يرويه. فمدار الردّ والقبول = على التهمة وعدمها. ونحن لا ننظر إلا في الحامل للمبتدع على الرواية التي هي محل الريب، لا في حال مدلولها بحسب الحقيقة. فالريبة والتهمة في الراوي؛ هي التي يدور عليها الرد وعدم القبول.

وبهـذا يندفع ما ذكره السيد العلامة المحدث في كتابه الذي سماه بـ**العواصم**(178). وذلك لأنه زعم أن المبتدعة من الخوارج، والكرامية من الجبرية وغيرهم = أبعد أهل البدعة عن الكذب وأصدقهم لهجة. قال: «وتهمتهم مرجوحة، إلا الخطابية من الخوارج، والكرّامية من الجبرية»، قال: «وذلك لأن الداعي إلى المذهب من أشدّ الناس رغبةً في إشادته والعمل به».

قال: «ومن جملة ما ذهبوا إليه: تحريم الكذب، إلا هاتين الفرقتين. فمن جملة بدعتهم تجويزُ الكذب. فدعاتُهم أكذبُهم وأسرعُهم إلى ذلك، بخلاف غيرهم»(179). هذا كلامه.

ولنوضحه فنقول:

الظاهر من كلامه المذكور: أن الداعية إلى بدعته إذا كان ذاهبًا إلى تحريم الكذب؛ كان -أي: تحريم الكذب- من جملة مذاهبه التي يسعى في إشادتها، فيرجح هذا بتهمته

(178) لم أجده في المطبوع.

(179) ذكر هذا في كتابه **تنقيح الأنظار في تنقيد أحاديث الأبرار**، وقد شرحه الصنعاني في: الصنعاني، **توضيح الأفكار لمعاني تنقيح الأنظار**، ج 2، ص 178.

في الكذب؛ نظرًا إلى أنه يشيد مذهبًا له في الجبر أو في القدر مثلًا.

وإنما قلتُ: «إن هذا الذي قاله مندفع بما ذكرته»؛ لأن هذا الكلام الذي قاله = راجعٌ إلى النظر في مدلول الرواية ومطابقتها للواقع أو عدم ذلك. وقد بيّنّا أن المدار على التهمة = في الراوي، وأنا لا ننظر إلى حقيقة المرويّ، وإنما النظر إلى الحامل له على الرواية بحسب ظنه وزعمه.

وفي كلام السيد المذكور غلط من وجوه:

الأول: أنه زعم أن ذهاب الراوي المبتدع إلى تحريم الكذب = يرجَح على تهمته بإشادة بدعة أخرى يذهب إليها، كالجبر. وهذا -لو صح- ترجيح من غير مرجح؛ لاستوائهما في كون كل منهما مذهبًا له.

الثاني من وجوه غلطه: أنه لم يفرق بين الرواية التي تقوي بدعة الراوي -من حيث لفظها ومدلولها-، والرواية التي لا تكون بمطابقتها للواقع مخالفةً لمذهبٍ من مذاهب الراوي المبتدع. فقد خرج السيد عن الكلام في الرواية المقوية للبدعة = إلى شيء آخر.

الثالث من وجوه غلطه -رحمه الله-: أن الكلام = في البدعة التي ينفرد بها الراوي بالنسبة إلى خصمه، بحيث تكون الرواية المقوية لها حجة عليه إن قبلها. وهذا لا يجدي في صدق [الرواية ومطابقتها للواقع.

أما أولًا]؛ فلأن أكثر الخصوم قائلون بتحريم الكذب.

وأما ثانيًا؛ [فلأنا لو فرضنا أن الرواية طابقت الواقع؛ لم يكن] فيها حجةٌ على الخصم الذي يقول بتجويز الكذب، كالخطّابي والكرّامي، ولو قبلوها؛ إذ ليس فيها ما يقوي [بلفظه] أو مفهومه تحريم الكذب. ولعمري؛ إن مثل هذا وأدق منه لا يخفى على مثل هذا الفحل. لكن لهوى النفوس سريرةٌ لا تُعلم.

ولنـرجع إلى ما نحن بصدده فنقول:

قد تبين بما ذكرناه: أن التهمة هي المقتضية لعدم القبول، لا نفس المدلول. فإن كثيرًا من الأغبياء وأهل الهوى والغرض، قد يخترع كذبًا وهو يظن أنه حجة له، ولا يتفطن

ويتبطن باطنَ كذبه الذي لو تنبه له لعلم أنه حجة عليه لا شبهةٌ له. ولمثل هذا قال الذهبي: «إن الكذابين قد كفونا مؤنة اختبارهم؛ لأنهم يناقضون أنفسهم».

وبالجملة، فالعبرة بما يُظَن أو يُتوَهَّم أنه يحمل الراوي على الكذب والتقول بغير الواقع.

ولهذا نردّ المبينة، ونتأول المجملة مهما أمكن. ما ذاك إلا أن الريبة ومظنة الكذب تتقوى في المبينة دون المجملة. وإنما تتقوى في المبينة؛ لقوة ظن الحامل للراوي المبتدع.

فظهر: أن علة رد المبينة أمران:

أحدهما: ما ذكرناه هنا، وقد أجاب بمعناه شيخنا -رحمه الله- على بعض من سأله عن رد المبيّنة دون المجملة.

ثانيهما: عدم مساعدتها على التأويل، فتجري مجرى ما خالف القاطع. فما ظنك وقد خالفت المبينةُ قاطعَ العقل والإجماعَ؟ لأن الفريقين قد أطبقوا على عدم جواز الاعتذار من العاصي بالقدر والكتابة والعلم -كما مر-. وكل ما كان كذلك فهو مردود. فاعرف هذا المقام، فإنه مزلّة أقدام ومضلة أوهام.

على أن هؤلاء الأقوام، وإن اعترفوا في غير مواطن الجدال والخصام، بأن الكتابة كالعلم لا يخرج بها المكتوب والمعلوم عن الإمكان، ولا يؤثر فيه وجوبًا ولا امتناعًا؛ فهم إذا جاؤوا إلى مراكز التعصبات، ونصرة المذهب والدعاء إليه؛ اطّرحوا ما اعترفوا به وأنكروه، وزعموا أن للكتابة والعلم أثرًا في المكتوب والمعلوم. وإلا فلِمَ تشبثوا بشبهة العلم وجفاف الأقلام وجري المقادير؟ كيف ونحن إلى الآن ما فرغنا من إبطال ما يورده المعترض تبعًا لأسلافه في هذا المعنى. بل قد زعم -في ما سيأتي إن شاء الله- أن العلم يُخرجُ المعلومَ عن إمكانه الذاتي، وهي من فضائحه.

فتبين: أن مثل هذا الحديث إنما يوردونه لتقوية بدعتهم التي هم داعون إليها، فلا مرحبًا برواياتهم المبيّنة ولا كرامة، ولا ورود للسؤال الذي أوردتَه ولا استقامة. وقد ألقيتُ عليك معاقد حل الإشكال، وفوضت إليك معاقل التحقيق لجليّة الحال.

وهاهنا نكتة مضحكة، مما ينبّه على سوء صنيعهم وشدة تقويتهم لبدعتهم بأمثال هذا الحديث، حتى إنك لو رمت أن تقدح فيه عند من تكرر عليه من العوام؛ لظن أنك ممن ينكر الضرورة، ويقدح في الشرائع والأديان. بل قد ظن بعضهم أنه -أي: الحديث- من جملة القرآن.

قال الوطواط في كتابه الذي سماه **غرر الخصائص**(180) -وهو منهم(181)- ما لفظه: «رُفِع إلى المأمون سبعمئة قصة في بشر المريسي، ما منها واحدة إلا تدل على كفره وإباحة دمه، فأمر يومًا بإحضار جماعة من رؤساء الرافعين لتلك القصص. فلما اجتمعوا قال لهم المأمون: ما الذي ظهر لكم من كفره؟

قالوا: «قوله: 'وما أصابك من سيئة فمن نفسك'».

قال المأمون: قد شهد الله بهذا وأنزله على نبيه.

فقال شيخ منهم: هذه الآية منسوخة، نسخها بقوله: «فحج آدم موسى».

قال المأمون: على من قرأت القرآن؟

قال: على أبي، وقد كان قرأ القرآن على سبعة ألسن.

قال المأمون لأصحابه: ما تقولون أنتم؟

قالوا: قولنا قوله؛ فإنه شيخنا وكبيرنا.

فأمر بطردهم وأن لا يجتمع اثنان في جدال»(182). انتهى.

فانظر إلى أين بلغ حال المتعصبين بأمثال هؤلاء المغفلين، ووسيلتهم إلى ذلك تكرير الروايات والحكايات الفاسدة، على أذهانهم وقرائحهم الجامدة.

---

(180) هو جمال الدين محمد بن إبراهيم بن يحيى الكتبي (ت. 718هـ)، وكتابه المشار إليه هو **غرر الخصائص الواضحة وعُرَر النقائص الفاضحة**.

(181) أي: من المجبرة.

(182) لم أجد القصة في المطبوع.

[الروايات الواردة بقبلية الكتابة القدرية بأربعين سنة]

تنبيه

الروايات الواردة بقبلية الكتابة بمدة معينة كأربعين سنة -كالرواية التي رواها في **المصابيح** وغيرها-، وألفي عام -كما في رواية أخرى-؛ مشكلة أيضًا؛ نظرًا إلى أحاديث أخر نطقت بسبق الكتابة على جميع الكائنات غالبًا، من العرش إلى الفرش، بما يدخل تحت الحصر، فضلًا عن أربعين سنة أو أكثر.

ومنها: ما أخرجه الطبراني، من حديث عن ابن عباس -رضي الله عنهما-، وفيه: «ثم خلق القلم فأمره أن يجري بإذنه، فقال القلم: بم أجري يا رب؟ فقال: بما أنا خالق، وكائنٌ من خلقي». إلى أن قال: «فجرى القلم بما هو كائن إلى يوم القيامة»(183).

ومثله: ما اخرجه محمد بن جرير، وأبو الشيخ في تفسيره، عن جبير بن نفير. وقد سبق ذكره.

وأخرج أبو الشيخ أيضًا من حديث عن ابن عباس -رضي الله عنهما-، لكن بسند واهٍ، وفيه: «وخلق قلمًا من نور». ثم قال: «فقال له اكتب، قال: ما أكتب؟ قال: علمي في خلقي إلى أن تقوم الساعة»(184). الحديث.

وأخرج مسلم، عن عبد الله بن عمرو بن العاصي، قال: سمعت رسول الله -صلى الله عليه وسلم- يقول: «كتب الله تعالى مقادير الخلائق قبل أن يخلق السماوات والأرض بخمسين ألف سنة».(185) الحديث. وله طرق ذكرها مسلم.

والأحاديث في هذا المعنى كثيرة. وهي دالة على سابقية الكتابة بزمان كثير، بل لا يدخل تحت العدد. بل لو ادُّعِيَ أنها قبل الزمان لم يكن بعيدًا؛ لأنه لم يكن إلا بعد خلق

---

(183) ينظر: الطبراني، **المعجم الكبير**، ج 10، ص 247، حديث 10595؛ قارن بـ: العجلوني، **كشف الخفاء**، ج 1، ص 263، حديث 824.

(184) ينظر: أبو محمد عبد الله بن محمد بن جعفر بن حيان الأنصاري (أبو الشيخ الأصبهاني)، **العظمة**، تحقيق رضاء الله بن محمد إدريس المباركفوري (الرياض: دار العاصمة، 1408هـ)، ج 2، ص 588-589، حديث 221-32.

(185) **صحيح مسلم**، ج 4، ص 2044، حديث 16 (2653).

السماوات والأرض وإجراء الأفلاك [157 أ]. والكتابة شاملة لذلك كله قبل وجوده، كما دل عليه الحديثان وغيرهما. بل لو ادُّعِيَ أن الكتابة كالعلم، وهو أزلي مرتفع عن الزمان، فضلًا عن أن يدخل تحت آناته؛ لَما كان منكرًا. لكن بشرط حمل الكتابة على غير معنى الإحداث والتأثير، بل وحمل القلم على غير معناه الحقيقي، وإلا كانت الكتابة حادثةً؛ ضرورةَ حدوث الآثار الصادرة عن القادر المختار، وكونُ وجودِ الكتابة بعد وجود وجود القلم بعديةً زمانية = تستلزم الحدوث الزماني أيضًا. فإذا أضفت هذا الذي نبهناك عليه، من أن ذكر قبلية الكتابة بأربعين سنة = مشكلٌ، إلى ما علمته سابقًا من تلك الأمور الخمسة، وأحطت بما في طرق الحديث من اختلاف الألفاظ والزيادة والنقص الذي ربما أشعر بعدم الضبط؛ فأنت وشأنك. والله الموفق.

لا يقال: إن الكتابة المذكورَ سابقيَّتُها بأربعين سنة ونحوها؛ ليست إلا كتابة التوراة -كما صرح به في رواية **المصابيح**-، وهذا الكلام في الكتابة التي جرى بها القلم. وأين أحدهما عن الآخر؟

لأنا نقول: هذا سؤالُ من لم يتضح له المراد مما أشرنا إليه. فإن المراد هو: أن حال مطلق الكتابة غير متفاوت، سواء كانت في التوراة أو في اللوح أو غير ذلك. فإذا ثبت الاعتذار بشيء من الكتابة، أو الاحتجاج بذلك؛ ثبت بسائر الكتابة السابقة -كما أشرنا إليه-. بل الاحتجاج بالكتابة السابقة على جميع الكائنات = أرسخ في الحجة، لو كان سبق الكتابة حجةً.

على أن قوله في **المصابيح** وغيره: «كتبه الله عليّ أن أعمله قبل أن يخلقني بأربعين سنة» = **مما** يُسقِط هذا السؤال أيضًا، فليفهم.

وهاهنا شيء آخر، وهو: أن الرواية التي في سنن أبي داود وغيره، ربما تدل على أن ملاقاة آدم لموسى -عليهما السلام- واقعةٌ حقيقةً لا في عالم المثال. وذلك أنه قال فيه: «قال رسول الله -صلى الله عليه وسلم-: 'قال موسى: أرنا يا رب آدم الذي أخرجَنا ونفسه من الجنة'. فأراه الله إياه»(186). الحديث. فلعله يجري مجرى ما روي في الحديث الضعيف من

(186) **سنن أبي داود**، ج 4، ص 226، حديث 4702.

إحياء أَبَوِي النبي بعد موتهما حتى آمَنَا به -عليه الصلاة والسلام-.

وقد وقع في زمن السيوطي كلام في هذا، حتى أفضى إلى تأليفه فيه[187]. لكنه اعترف بضعف إسناده. ويعجبني مما أورده قولُ الحافظ شمس الدين بن ناصر الدمشقي من أبيات:

فسلِّم فالقديمُ بذا قديرٌ وإن كان الحديثُ به ضعيفًا

وأما على ما ذكره الإمام المهدي -قدس الله روحه-، حيث بنى في **الغايات** على أن ملاقاة سيدنا محمد صلى الله عليه وآله وسلم، للأنبياء عليهم السلام، ليلة المعراج، إنما هي ملاقاة منه عليه السلام للجُمَل التي كانت في هياكلهم وشخوصهم المقدسة. فإنه -قدس الله روحه- قد ذهب إلى أن الإنسان جُملةٌ في الشخص، لا يكون حيًا إلا بها. وقال: «إن هذه الجملة هي الروح أيضًا، على ما مر من اتحاد الروح والنفس» -كما هو مذهب الجمهور من المعتزلة وغيرهم-. وعلى هذا؛ فملاقاة آدم وموسى حقيقةٌ شخصيّةٌ.

وأما ابن كمال باشا، فقال في **رسالة الجبر والقدر** ما نصه: «محاجَّةٌ نفسانية -أي: محاجة آدم وموسى عليهما السلام-، ومكالمة جرت بينهما في عالم المثال وحظيرة القدس، على ما أشير إليه بقوله -عليه السلام-: 'عند ربهما'»[188]. انتهى.

أما قول المعترض: «فإسنادُكم تكذيبَ القدر إلى أهل البيت... إلخ»؛ فقد عرفت بطلانه، كما علمت من هو المكذِّب بالقدر حقيقةً، والقائل بالجبر الباطل بالضرورة -باعترافه-، والذاهب إلى ما يلزمه من بطلان الأوامر والنواهي وسقوط التكاليف بأسرها، وانهدام الشرائع برمتها. وقد زعم هنا أن كلَّ محبِطةٍ للإيمان = موجِبةٌ للكفر. ولهذا قال: «فما كفّرتم به غيركم انقلب عليكم». وقد كرر هذا الغلط الفاحش؛ جهلًا منه بمذهب خصمه، وتهورًا في خبطه ووهمه. بل هو إكذابٌ لنفسه بنفسه؛ لأنه قد نقل في كتابه هذا أن المنازل ثلاث عند خصمه. فما له رجع في نكسه، وخبطت به الأهواء في ظلمة لبسه؟

---

(187) لعله يقصد رسالته بعنوان **التعظيم والمنّة في أن أبوي رسول الله في الجنة**.

(188) ابن كمال باشا، **مجموع رسائل ابن كمال**، ج 1، ص 172.

تتمـــــة

قد يظن بعض الناس أن تطويل الكلام في هذا المجال غيرُ واقعٍ موقعَه، ولا نازلٍ موضعَه؛ لأن أصل الكلام كان في الحسن والقبح. فإدخال الكلام الطويل في الأفعال؛ نازح عن الصواب، بعيد عن المجال. وليس كذلك؛ لأن بعض الخصوم قد اعتمد في نفي الحسن والقبح عقلًا على الكلام في الأفعال؛ بأن زعم أنها -أي: أفعال العباد- منحصرةٌ في الاضطرار والاتفاق. وكلما كانت كذلك؛ امتنع وصفها بالحسن والقبح. هكذا أشار إليه الرازي، وذكره القاضي البيضاوي في **المصباح**.

قال الجمال الإسنوي في **شرح منهاج البيضاوي**، ما نصّه: «وقد أحال المصنف - رحمه الله- إبطالَ مذهبهم على ما قرره في كتاب **المصباح**. فإن اللائق به بذلك هو أصول الدين. وحاصل ما قاله فيه: أن أفعال العباد منحصرة في الاضطرار والاتفاق. ومتى كان كذلك؛ استحال وصفها بالحسن والقبح.

وبيان الانحصار: أن المكلف إن لم يكن قادرًا على الترك؛ فهو الاضطراري. وإن كان قادرًا على تركه، فإن لم يكن صدوره عنه موقوفًا على المرجِّح؛ فهو الاتفاقي. وإن كان موقوفًا على المرجِّح؛ فذلك المرجح إن كان من الله؛ لزم كونُ الفِعل اضطراريًا. وإن كان من العبد؛ فإن لم يكن صدور ذلك المرجح لمرجِّح آخر؛ لزم أن يكون الفعل اتفاقيًا. وإن كان لمرجِّح؛ فإن كان من العبد؛ لزم التسلسل. وإن كان من الله؛ لزم أن يكون اضطراريًا. فثبت أن أفعال العباد منحصرة في الاضطرار والاتفاق. وحينئذٍ، فلا توصف بحسن ولا قبح؛ للاتفاق منا ومنهم. فإنه لا يوصف بذلك إلا الأفعال الاختيارية. وللفضلاء على هذه النكتة أسئلة كثيرة مبسوطة مذكورة في المبسوطات»(189). انتهى. فقد عرفت بهذا أن للكلام في الأفعال دخلًا في الكلام على الحسن والقبح -كما ترى-. وهو ظاهر.

وأما الذي أشار إليه الإسنوي من الأسئلة الكثيرة التي هي -في الحقيقة- كافية في رد هذه النكتة وإبطالها بالكلية؛ فإنها مأخوذة من كلام الفلاسفة. وهم أوردوها على نحو آخر؛ إبطالًا للقول بالقادر المختار.

---

(189) الإسنوي، **نهاية السول**، ص 55.

وقد زعم الرازي في **النهاية** أنه لا جواب عنها إلا بالقول بأنه يصح من الفاعل أن يفعل فعلًا لا لمرجح. وقال -وتبعه سعد الدين كما سيجيء إن شاء الله- بأن قولهم: «وقوع الفعل بلا مرجح» = محال غير مسلَّم على إطلاقه. لأن الذي يجزم العقلُ باستحالته، هو: وقوع الأثر بلا مؤثِّر، لا الفعلَ بلا مرجح. فإن أردوا الأول؛ فمسلَّمٌ وغير مضِرٍّ. وإن أرادوا الثاني؛ فممنوع.

وعلى هذا، فنقول في جواب هذه النكتة الباطلة:

لا نسلِّم افتقار فعل العبد القادر المختار إلى المرجح. ولو افتقر فعل المختار إلى مرجح؛ لزم قِدَمُ العالم -بزعم الرازي في **النهاية**-. وقد تقرر عند المحققين من المعتزلة: أن فعل القادر المختار لا يحتاج إلى مرجِّح.

ولئن سلمنا ذلك؛ فلنا أن نقول: المرجِّح اعتباريٌّ. ولئن سلمناه؛ فلا نسلم ما ذكرتم. بل نقول: إن المرجح هي إرادة العبد. وهي عندنا من أفعاله وآثاره، لا من قِبَلِ الله تعالى -كما سيجيء إن شاء الله-، وإلا لسقط الذمُّ عليها. واللازم باطل بالنصوص.

ثم نقول: قد اعترف ابن الحاجب، وغيره من محققي الأشاعرة، بأن هذه النكتة باطلة؛ لأنها تؤدي إلى القدح في الضرورة، وتستلزم أن أفعالنا كلها لا باختيار منا، فسقط الفرق بين الحركة الاختيارية، والحركة الاضطرارية -كحركة المرتعش-، والفرق ضروري.

ثم نقول: لو صحت هذه النكتة، وثبت مذهبكم أن المرجح في أفعال العبد هي إرادة الباري تعالى؛ لزم أن أفعال العبد لا باختياره ولا باختيار الله تعالى. لأن إرادته -عز وجل- تتعلق لذاتها عندكم -كما صرح به الرازي والعضد والخيالي وغيرهم-. فيلزم الإيجابُ المنافي للاختيار، بل يلزم قِدَمُ العالَم.

ثم نقول: ألستم قد زعمتم أنكم لا تنكرون إلا ما كان الثواب والعقاب آجلًا داخلَيْن في مفهومه من الحسن والقبح -كما مر-؟ وهذا نتيجة اعترافكم بأن حسن المدح والذم ضروري. فلو تمت هذه النكتة لقدحت في الضرورة -كما مرّ-. ولنقتصر على هذا. والبحث فيه يطول، والذكي العارف تكفيه الإشارة. وأمثال المعترض من

المتعصبين لا يردعهم عن غيِّهم صريح العبارة.

[عودة إلى مبحث التحسين والتقبيح العقليين، واحتجاجُ المعتزلة باستحقاق العقاب على القبيح قبل البعثة، وردّ المعترض، وجواب المؤلف]

قال: «ولنرجع إلى شرح بقية الكلام، فنقول: قال المؤلف: **'قالوا: قال تعالى: ﴿وَمَا كُنَّا مُعَذِّبِينَ حَتَّىٰ نَبْعَثَ رَسُولًا﴾. فدلت الآية على أن الاستحقاق للعقاب قبل ورود الشرع'.**

احتج الأشاعرة على أن لا حكم قبل الشرع -أي: البعثة لأحد من الرسل- بهذه الآية -أي: قوله تعالى: ﴿وَمَا كُنَّا مُعَذِّبِينَ حَتَّىٰ نَبْعَثَ رَسُولًا﴾-. فإن الله قد نفى التعذيب مطلقًا، دنيويًا كان أو أخرويًا، عن كل أحد قبل البعثة. وهو من لوازم الوجوب بشرط ترك الواجب عند المعتزلة؛ إذ لا يجوّزون العفو، فينتفي الوجوب قبل البعثة؛ لانتفاء لازمه. وهو ينفي كونَه بالعقل؛ إذ لو كان الوجوب بالعقل؛ لكان ثابتًا معه قبل بعثة الرسل. ومحصوله: أنه لو كان وجوبٌ عقليٌّ؛ لثبت قبل البعثة. ولا شبهة في أن العقلاء كانوا يتركون الواجبات حينئذ. فيلزم أن يكونوا معذَّبين قبلها. وهو باطل بالآية. وإذا انتفى التعذيب؛ دل على انتفاء مقابِلِه، وترتُّب الثواب [157 ب] **والعقاب = من لوازم الأحكام. فإذا انتفى اللازم؛ انتفى الملزوم. وهو المطلوب**».

أقـول: أما الكلام السالف الذي خرج فيه المعترض من شيء إلى شيء آخر؛ فقد وضح ما فيه من الوقوع مرارًا في ما نقمه على خصمه، وتعرض لإبطاله من قاعدتَي الحسن والقبح والاعتزال -كما قال-. وأما هذا الكلام هنا؛ فليس صحيحًا في نفسه، فضلًا عن أن يقوم احتجاجًا على الخصم -كما ستعرفه-. ولئن سلمنا صحته في نفسه؛ فلا محصَّل له وإن قد هوَّله بهذه الملازمة. فقد قال العضد -كما حُكِيَ عنه-: «لا يمتنع أن يقال بالوجوب العقلي مع نفي التعذيب قبل البعثة»(190)، أي: لظهور أن الوجوب العقلي

(190) ينظر: الإيجي، شرح مختصر المنتهى، ج 2، ص 71.

بمعزل عن التعرض لوقوع العذاب من أجله. والآية هذه إنما هي بصدد نفي الوقوع.

نعم، لو كنا نمنع العفو عقلًا؛ لانتهض لهم الاحتجاج بهذه الآية في الجملة. ولهذا لم نجد الأشاعرة يحتجّون بها إلا بعد البناء على منع العفو عقلًا عند المعتزلة. لكنّ حال هذه الدعوى كما تسمعه الآن، وإن كان أوضح من أن يُشرَح. والخصوم قد استشعروا هذا، ولكنهم تجلّدوا في تعصبهم وتردّدوا في تقلبهم.

قال الإسنوي في **شرح منهاج البيضاوي**، بعد أن أورد احتجاجهم بهذه الآية، ما نصُّه: «فإن قيل: عدم العقاب لا يدل على عدم الوجوب؛ لجواز العفو؛ قلنا: المنفيّ هو صحة التعذيب. لأن قولنا: 'ما كان لزيد يفعل كذا' = فيه إشعار بذلك. وأيضًا، فالخصم يقول بأنه يجب التعذيب قبل التوبة، فألزمناه به. وعلى هذا، فالملازمة بين نفي التعذيب وعدم الوجوب = إلزامية. وعلى الأول؛ حقيقة برهانية»(191). انتهى.

وأنت خبير بأن الملازمة المذكورة لا تصح أن تكون برهانية ولا إلزامية.

أما الأول؛ فلأنه مبني على أن فحوى الآية هكذا: «وما يصح لنا التعذيب حتى نبعث رسولًا». وهذا ليس فحوى الآية. ولا دلالة فيها عليه. وما أدري من أين وقع في ذلك هذا الفاضل الذكي. وعلى فرض تسليمه؛ هو حجة لنا. لأن الخصم يمنع أن يكون في الأفعال ما يقال: إنه لا يصح من الله تعالى. فإذا اعترف بأن هذه الآية قد نطقت بأنه لا يصح منه -تعالى- التعذيب قبل البعثة؛ فقد اعترف بمذهبنا في الحسن والقبح. وكفى الله المؤمنين القتال. لأنا القائلون -تفريعًا على ذلك-: «هذا يصح منه -تعالى-، وهذا لا يصح منه ولا يجوز عليه -عز وجل-».

فإن قلت: وكيف يتمشى -على مذهب العدلية القائلين بالأحكام العقلية- أن الله تعالى لا يصح منه التعذيب قبل البعثة؟

قلت: هو ظاهر مما ذكره العلامة في **الكشاف**. فالآية -على هذا الفرض والتقدير- من الأدلة على وجوب «الألطاف». وسيأتي مزيد توضيحه في الكلام على قوله تعالى:

---

(191) الإسنوي، **نهاية السول**، ص 56.

﴿ذَٰلِكَ أَن لَّمْ يَكُن رَّبُّكَ مُهْلِكَ ٱلْقُرَىٰ بِظُلْمٍ﴾ [الأنعام: 131]. الآية. فالتنبيه للعباد بالرسل = من جملة الألطاف التي أوجبتها الحكمة؛ لجواز الغفلة.

وأما الثاني؛ فلِما عرفت من أن أحدًا من العدلية لا يمنع العفو عقلًا، فلا يتم الإلزام أصلًا.

وقد نقل بعض أصحابنا عن ابن القيم -رحمه الله- أنه قال: «وأما المعتزلة فقد أجابوا عن ذلك بأن القبح العقلي يقتضي استحقاق العقاب على فعل القبيح وترك الحسن، ولا يلزم من استحقاق العقاب وقوعُه؛ لجواز العفو عنه. قالوا: ولا يرد علينا، حيثُ نمنع العفو بعد البعثة إذ أوعد الرب على الفعل. لأن العذاب قد صار واجبًا بخبره، ومستحَقًّا بارتكاب القبيح. وهو -سبحانه- لم يحصل منه إيعاد قبل البعثة؛ فلا يقبح العفو. لأنه لا يستلزم خُلفًا في الخبر. وإنما غايته تركُ حقٍّ له قد وجب قِبَلَ العبد.

والتحقيق في هذا: أن سبب العقاب قائم قبل البعثة. ولكن لا يلزم من وجود سبب العذاب حصولُه؛ لأن هذا السبب قد نصب الله شرطًا، وهو: بعثة الرسل. وانتفاء التعذيب -قبل البعثة- هو لانتفاء شرطه، لا لعدم سببه ومقتضيه. وهذا فصل الخطاب في هذا المقام. وبه يزول كل إشكال في المسألة، وينقشع غيمُها، ويُسفِر صبحُها. والله الموفق للصواب»(192). انتهى. وهو كلام جيّد، وإن لم يفرق فيه بين مذهب بغداذية المعتزلة ومذهب بصريتهم. والأمر سهل. ومعرفة كلامهم على وجهه إنما يتم بطول النظر في كتبهم، لا في ما ينقله عنهم خصومهم. وقد غلط في هذه المسألة جماعةٌ، منهم: العضد في **شرح مختصر ابن الحاجب** تبعًا له، وتلاهما سعد الدين في **حاشية العضد**، ثم تلاحق متأخرو الأشاعرة ونحوهم في هذا الغلط، حتى ظنوا أن المعتزلة يمنعون العفو عقلًا، وبنوا على ذلك ما بنوه من مثل هذا الاحتجاج الفاسد. ولا قائل من المعتزلة بمنع العفو عقلًا أصلًا.

(192) ابن قيم الجوزية، **مفتاح دار السعادة**، ج 2، ص 357.

اعتراف سعد الدين وإمام الحرمين بجواز العفو عقلًا عند المعتزلة

ولذا؛ رجع سعد الدين في **حاشية الكشاف** عن ذلك، وأقرّ بخلافه. ولعله عرف ذلك من طول النظر في **الكشاف**؛ فإن جار الله صرّح بجواز العفو عقلًا بل حُسْنِه في تفسير قوله تعالى: ﴿إِن تُعَذِّبْهُمْ فَإِنَّهُمْ عِبَادُكَ﴾ [المائدة: 118]. الآية. وفي تفسير قوله تعالى: ﴿وَمَا كَانَ ٱسْتِغْفَارُ إِبْرَٰهِيمَ لِأَبِيهِ إِلَّا عَن مَّوْعِدَةٍ وَعَدَهَآ إِيَّاهُ﴾ [التوبة: 114]. وفي تفسير قوله تعالى: ﴿سَلَٰمٌ عَلَيْكَ﴾ [مريم: 47]. وهو مما لا يحتاج إلى بيان وتوضيح؛ لأنه معروف عند كل عارف بمذهب المعتزلة. وقد كررنا هذا مرارًا؛ لأنهم كرروا دعواهم الباطلة على المعتزلة، فأردنا تكرير التنبيه على أقرب الأشياء إليهم، وهو **الكشاف** الذي اشتغلوا بكل لفظة منه.

وقال في **شرح المقاصد** بقريب من ذلك. فإنه لمّا ذكر العفو عن الكبائر، قال ما نصُّه: «واختلفوا في العفو عن الكبائر بدون التوبة. فجوّزه الأصحاب بل أثبتوه، خلافًا للمعتزلة حيث منعوه سمعًا وإن جاز عقلًا عند الأكثرين منهم، حتى صرّح بعض المتأخرين منهم بأن القول بعدم حسن العفو عن المستحق للعقاب عقلًا؛ قولُ أبي القاسم الكعبي»(193). انتهى. وستعلم أن هذا أيضًا ليس قولًا لأبي القاسم.

وقال إمام الحرمين في **الإرشاد**: «إن مذهب البصريين وبعض البغداذيين: جواز العفو عقلًا وشرعًا»(194). وقد نقله عنه سعد الدين في موضع آخر من **شرح المقاصد** أيضًا. وهو حق. إلا إطلاق القول في جواز العفو عندهم عقلًا، وإلا ما زعمه من نسبة المنع إلى بعض البغداذية؛ فلا أصل له -كما سنذكره- [158 أ] في تحقيق مذهب أبي القاسم وأصحابه، فانظره آخرًا.

وإذا عرفت ما ذكرناه ونقلناه؛ فقد اتضح عندك أن الجواب على ما أورده المعترض

---

(193) التفتازاني، **شرح المقاصد**، ج 2، ص 235.

(194) قال الجويني: «والعقاب يجوز إسقاطه عند البصريين وطوائف من البغداذيين، ولكن المعنى بكونه مستحقًا عندهم: أن يحسن لوقوعه مستحقًا، ولو لم يكن كذلك؛ لما حسن العقاب على التأبيد، فهذا حقيقة أصلهم». ينظر: الجويني، **الإرشاد**، ص 381.

عن الأشاعرة = مما لا يخفى على أحد من المعتزلة وسائر العدلية، وتقريره بتسليم الملازمة المذكورة في قوله: «لو كان وجوبٌ عقليٌّ؛ لثبت قبل البعثة»، ومنع بطلان اللازم؛ لأن الآية المذكورة إنما أبطلت «وقوع العذاب» قبل البعثة، وهو غير لازم للوجوب العقلي. إنما اللازم له هو «الاستحقاق للعقاب»، مع جواز العفو عقلًا. وأين هذا من ذاك؟ فالملازمة التي قد يذكرها بعض الأشاعرة حيث يقول: «لو ثبت الوجوب العقلي قبل البعثة؛ لثبت العقاب قبل البعثة» = ممنوعة منعًا ظاهرًا. وسنَدُ المنع: ما اعترفوا به هم -كما مر نقله عن إمام الحرمين والسعد التفتازاني-، وهو نارٌ على عَلَم. وهذا الذي ذكرناه وحررناه أولى مما قاله بعض العدلية -رحمهم الله تعالى-، حيث قال: «إن هذه الآية محمولةٌ على نفي انفراد التكليف العقلي من الشرعي»؛ بناءً على أنه -أي: التكليف السمعي- لطفٌ في التكليف العقلي. وكلُّ لطفٍ واجبٌ. فالتكليف العقلي لا ينفرد عن السمعي. والآية = بهذا الصدد، أي: بيان أنه لا ينفرد عنه؛ فهي من قبيل نفي اللازم لنفي الملزوم -على ما يشير إليه كلام هذا البعض من العدلية-.

قال: «وأما القائلون بجواز انفراد التكليف العقلي عن السمعي؛ فالآية محمولة على أنه -تعالى- لا يعذِّب على الشرعيات إلا بعد البعثة وإظهار الأحكام الشرعية».

قال: «وأن المراد بالرسول هو العقل؛ فإنه أقوى رسل الله وحججِه على خلقه. كيف ولولاه لم تثبت الحجة ولم يصح الشرع ولا النبوات كلها؟».

وأنت خبير بأن كل هذا من ضيق العطن ولا حاجة إليه. بل لا ينتهض عند الخصم.

أما الأول؛ فمع أنه أشبه بمذهب الإمامية = فلأنه عدولٌ عن الظاهر، سواء قلنا: إن الكناية من قبيل المجاز، أو قلنا: إنها لا من قبيل الحقيقة ولا من قبيل المجاز.

وأما الثاني؛ فكذلك. والآية نفت مطلق التعذيب. فتخصيصه بالتعذيب على الشرعيات = تخصيص بلا دليل، وهو خلاف الأصل.

وأما الثالث؛ فلأن العقل وإن كان أصلًا للنقل وثبوت الشرائع، إلا أن حمل الآية عليه مخالف للظاهر، وعدول عن الأصل في الرسول؛ فإنه حقيقةٌ في النبي المرسل من الله بكتاب إلى عباده. فحملُه على العقل خروجٌ عن القانون بلا حاجة إليه؛ لِما عرفت

من تمام الجواب بدونه، وأن أحدًا من المعتزلة لا يقول بوجوب العقاب عقلًا، فضلًا عن قبح العفو. فإن العقل لا يقبِّحه بل يحسِّنه -كما عرفت-.

ولنـرجع إلى بيان ما في كلام المعترض.

قوله: «أي البعثة»؛ أراد بهذا التفسير دفعَ ما يقال: إن الشرع: خطابُ الشارع، وخطابُ الشارع هو الحُكْم عندهم، فيفضي ذلك إلى أن يكون المعنى: «لا حُكم قبل الحُكم».

قوله: «لأحد من الرسل». يراد بمثل هذه العبارة شمولُ النفي، وإلا لاختلّ المعنى. وفي هذا التركيب ما فيه.

قوله: «دنيويًا أو أخرويًا»؛ لا حاجة إلى ذكر الدنيوي؛ لعدم الكلام فيه. وإنما أراد أن يدفع ما عسى أن يقال: إن المراد في الآية تعذيب الدنيا من الخسف والرِّجز، فادَّعى العموم. ولو جاء بواو الجمع بدلًا عن «أو» التخيير؛ لكان صوابًا في ما يريده هو.

قوله: «إذ لا يجوِّزون العفو» = غلط فاضح أو عدم إنصاف واضح -كما عرفت آنفًا-. فاللزوم المذكور في كلامه = ممنوعٌ.

نعم، قد قال الشيخ أبو القاسم وغيره من البغداذية بمنعه -أي: العفو-. لكن المنع ليس عقليًا صِرفًا عندهم، بل كما أشار إليه ابن القيم رحمه الله.

وتوضيح مذهبهم: أنها لمّا جاءت النصوص الصادقة بأن التعذيب واقعٌ لا محالة، وقد تقرر أن الحكيم لا يفعل فعلًا ما إلا لحكمة؛ نظرنا في وجه كون التعذيب واقعًا من الحكيم المختار حسبما جاءت به النصوص، ورأينا أنه لا يكفي مجرد الاستحقاق للعذاب؛ لأن غايته أن يكون التعذيب حَسَنًا، والحُسْنُ لا يكفي في ذلك؛ لأنه يصدُق على متساوي الطرفين؛ فإن معناه: ما ليس بقبيح. فلم نجد إلا كون التعذيب لطفًا لمن علم بالخبر السمعي؛ لينزجر. وكل لطفٍ = واجبٌ عقلًا، فالتعذيب واجب. هذا توضيح كلامهم، وبه تعرف أنهم لا يقولون بمنع العفو عقلًا على الإطلاق. فاللزوم المذكور ممنوعٌ عندهم أيضًا؛ لأن المنع من العفو = مركَّبٌ من العقل والسمع -كما ذكرناه في غير هذا الموضع-.

وبما ذكرناه ينبغي أن يؤوَّل ما وُجِد من كلام الهادي في وجوب العذاب -كما صرح به أبو طالب-، أعني: أنه يُحمَل على مذهب البغداذية، لا أنه وجوبٌ بالعقل الصِّرف؛ إذ لا شبهة في أن العقل يستحسِن العفوَ؛ فكيف يوجِبُ العذابَ من الرحمن الرحيم للعبد الضعيف؟

وهاهنا شيء ينبغي المجادلة به للمعترض، وهو: أن قوله: «ولا شبهة في أن العقلاء كانوا يتركون الواجبات» = لا يخلو: إما أن يريد به الواجبات التي لا تُعلَم إلا بالشرع -كالصلاة والصوم-، أو الواجبات التي تُعلم عندنا بالعقل.

إن أراد الأوّل؛ فلا يجديه نفعًا. لأنا لا نقول بأن تركها يُستَحَقُّ به العقاب مع عدم الرسول.

وإن أراد الثاني؛ فإن أراد أن التاركين لتلك الواجبات قبل الشرع = يتركونها مع علمهم بأنها واجبات بالعقل؛ فقد اعترف بمذهب خصمه بلا شبهة. وهو ظاهر.

وإن أراد: أنهم يتركونها جهلًا بأنها واجبة عليهم بالعقل؛ فلا عقاب عليهم حينئذ اتفاقًا؛ لأن التارك للواجب العقلي إنما يستحق المعاقبة عند العقل إذا كان عالِمًا، وإلا فكيف يحكم العقل بالعقاب على الإخلال بشيء لا شعور له به؟ بل كيف يكون عند العقل واجبًا؟ بل كيف يكون عند العقل تاركًا لشيءٍ، فضلًا عن كونه تاركًا لواجب؟

فظهر بهذا: أن المعترض جاء بما هو حجةٌ عليه لا شبهةٌ له، والحمد لله رب العالمين. والله الموفق لا رب غيره.

[في أن استحقاق العقاب لا يقتضي بالضرورة وقوعه]

ولمّا قال المؤلِّف -رحمه الله-: «والجواب: أن الآية لا تنافي ما ذهبنا إليه؛ لأن المعنى: 'وما كنّا معذّبين بعد استحقاق العذاب بارتكاب القبائح والكبائر العقلية'، بدليل قوله تعالى: ﴿ذَٰلِكَ أَن لَّمْ يَكُن رَّبُّكَ مُهْلِكَ ٱلْقُرَىٰ بِظُلْمٍ وَأَهْلُهَا غَٰفِلُونَ﴾ [الأنعام: 131]. فأخبر أنهم قد ارتكبوا القبيح الذي هو الظلم وهم غافلون عن السمع، حيث لم تبلِّغهم الرسل، فقال تعالى: ﴿حَتَّىٰ نَبْعَثَ رَسُولًا﴾ [الإسراء: 15]، ﴿لِئَلَّا يَكُونَ لِلنَّاسِ

عَلَى ٱللَّهِ حُجَّةُۢ بَعۡدَ ٱلرُّسُلِۚ﴾ [النساء: 165]، بأن يقولوا: 'حصل العلم بالاستحقاق، ولم نجزم بالوقوع'؛ لعدم معرفتهم بربّهم. كمن يقتل نفسًا على غفلة؛ فإنه يعلم أن القصاص مستحَقٌّ عليه، ولم يجزم بوقوعه؛ لجواز أن لا يطلع عليه أحدٌ، فيقولون: لو أنذرَنا منذرٌ لأصلحنا. بدليل قوله تعالى: ﴿وَلَوۡ أَنَّآ أَهۡلَكۡنَٰهُم بِعَذَابٖ مِّن قَبۡلِهِۦ لَقَالُواْ رَبَّنَا لَوۡلَآ أَرۡسَلۡتَ إِلَيۡنَا رَسُولٗا فَنَتَّبِعَ ءَايَٰتِكَ مِن قَبۡلِ أَن نَّذِلَّ وَنَخۡزَىٰ﴾ [طه: 134]. ونظيره في الشرعيّات: عدمُ جواز حدّ المرتدّ حتى يُدعَى إلى التوبة»(195).

قال المعترض: «أقول: هذا الجواب فاسد.

أما أولًا؛ فلأن الآية تنافي ما ذهبتم إليه من أن العقل مستقل بإدراك الحسن والقبح، باعتبار كونه متعلقًا للمدح والذمّ عاجلًا، والثواب والعقاب آجلًا، منافاةً ظاهرةً. وذلك لأن العقاب عندكم كما هو عند المعتزلة = واجب، وأن العفو غير جائز لمن لم يتب. وسيأتي تصريحكم به في الفصل الثاني من 'باب التوبة'،... إلخ».

أقول: كلّه باطل، مبنيّ على مقدّمات ممنوعة، ودعاوى باطلة قد نبّهناك عليها في ما مضى، فلا حاجة إلى إعادة ما في قوله: «والثواب والعقاب آجلًا»، ولا قوله: «لأن العقاب عندكم كما هو عند المعتزلة = واجب، وأن العفو غير جائز».

أما قوله: «وسيأتي تصريحكم به»؛ فوهمٌ محضٌ، كما يُعرَف بأدنى نظر. والرجل لم يفرّق بين العقلي والسمعيّ، ولم يفهم مراد المؤلف وتقريره: أن الآية نطقت بنفي التعذيب لا بنفي موجِب التعذيب. فظاهرُها -الذي هو نفي نفس التعذيب-؛ لا يُعدَل عنه إلا لدليل.

وإذا كان ظاهرها نفي التعذيب نفسه؛ علمنا أن موجِبه -أي: ما يُستَحَقُّ به التعذيب - قد وقع لا محالة؛ لأن تعذيب من لا يستحق التعذيبَ = محالٌ في الحكمة، وقد دلّت النصوص العديدة على ذلك.

وإذا كان محالًا؛ كان غنيًّا عن النفي؛ لأنه منفي في نفسه وفي حد ذاته، فلا يُحتاج إلى

(195) المنصور بالله، **الأساس**، ص 23-24.

نفي. فعلمنا أن النفي متوجِّه إلىٰ ما يجوز ثبوته، وهو: التعذيب بعد الاستحقاق له. فالنفي لوقوعه -بدون بعث الرسول- لا لاستحقاقه. وهذا إجراءٌ للآية علىٰ ظاهرها.

وقد قال المعترض -في ما سيأتي-: «إن الإجراء علىٰ الظواهر مهما أَمكَنَتْ = هو الأَوْلىٰ». فإن لم يعترف بهذا فعليه الدليل. ولا دليل عنده إلا توهمه الفاسد، وحوالته علىٰ 'باب التوبة'، وهو عنه مسدود، فليفهم.

علىٰ أن هذه الحوالة غير صحيحة؛ إذ لم يورد هو هذا الذي زعم أنه تصريح. وبالجملة، فهذا منه تخبيط قبيح.

[استدلال المعتزلة بآية: ﴿لَمْ يَكُنْ رَبُّكَ مُهْلِكَ القُرَى بِظُلْمٍ﴾. الآية. على استحقاق العقاب على الظلم قبل ورود الشرع، ورد المعترض ذلك، وجواب المؤلف]

قال: «وأما قوله تعالى: ﴿ذَٰلِكَ أَن لَّمْ يَكُن رَّبُّكَ مُهْلِكَ ٱلْقُرَىٰ بِظُلْمٍ﴾؛ فلا حجة فيه لكم؛ لأنه إن كان ﴿بِظُلْمٍ﴾ ظرفًا مستقرًا، حالًا من ضمير ﴿مُهْلِكَ﴾، الراجع إلى ﴿رَبُّكَ﴾ -كما أشار إليه صاحب الكشاف في ثاني تفسيرَيْه له- فظاهرٌ أنه لا حجة فيه؛ لأنه قال -على هذا التقدير-: 'لو أهلكهم وهم غافلون ولم يُنَبَّهوا برسول وكتاب؛ لكان ظلمًا. وهو متعالٍ عن الظلم وعن كل قبيح'. انتهى.

ولا شك أنه لا يكون ظلمًا إلا إذا لم يكونوا مستحقين للعذاب بسبب ارتكاب القبائح والكبائر؛ لأن تعذيبَهم بعد استحقاق العذاب بارتكاب الكبائر = عدل لا ظلم. ولذا أوجبتموه على الله. وقد دلّت الآية -على هذا التفسير-: أنه لو أهلكهم قبل تنبيههم برسول وكتاب؛ لكان ظلمًا، فلم يكونوا مستحقين للعذاب قبل البعثة. وهو المطلوب».

أقـول: اعلم أن هذه الآية؛ من الأدلة علىٰ بطلان الجبر، وعلىٰ ما تقوله المعتزلة وسائر العدلية -رحمه الله- من لزوم الألطاف [158 ب]، وثبوت الحسن والقبح عقلًا.

أما بطلان الجبر؛ فلأن الله جعل الإهلاك في حال الغفلة ظلمًا -علىٰ هذا التفسير-. وهذا كما يدل علىٰ ثبوت الظلم بغير الشرع وإمكانه في نفسه لولا مانع الحكمة، وهو لا

يبتني إلا على قاعدة الحسن والقبح عقلًا = كذلك يدل على أن مناط كونه ظلمًا، هو: عدم استحقاقه بسبب الغفلة. فإذا كان إهلاك الغافل ظلمًا = كان تعذيب من لا تأثير له في المعصية أَوْلى بأن يسمّى «ظلمًا». وهو ظاهر. ولمثل هذا قال تعالى: ﴿وَمَا كَانَ رَبُّكَ لِيُهْلِكَ ٱلْقُرَىٰ بِظُلْمٍ وَأَهْلُهَا مُصْلِحُونَ﴾ [هود: 117].

وأما الألطاف؛ فلأن الآية دلّت -كغيرها- على أنه: لا بد من تنبيه الغافل من رقدة الغفلة. وهذا عين ما تقوله المعتزلة في وجوب الألطاف. ومن ذلك قوله تعالى: ﴿لِئَلَّا يَكُونَ لِلنَّاسِ عَلَى ٱللَّهِ حُجَّةٌۢ بَعْدَ ٱلرُّسُلِ﴾ [النساء: 165]، وقوله تعالى: ﴿وَجَآءَتْهُمْ رُسُلُهُم بِٱلْبَيِّنَٰتِ فَمَا كَانَ ٱللَّهُ لِيَظْلِمَهُمْ﴾ [الروم: 9]. الآية. وأمثالُ هذه الآيات شجىً في صدور المجبرة.

وإذا عرفت هذا؛ ظهر لك أن جار الله قد استدل في هذا المقام على مذهبه ونحلته. والمعترض يعترضه بغلظته وغفلته. فيا عجباه من هذا الرجل، كيف يظن بجار الله ما ظنه وهو أوضح من ذُكاء[196]؟! ولكن لا عجب إذا اجتمعت العصبية وقلة الذَّكاء. فلولا العصبية؛ لما نسي ما نقله سابقًا من تصريح جار الله بأن «بعثة الرسل من جملة التنبيه على النظر والإيقاظ من رقدة الغفلة». وقد صرح به جار الله في مواضع من **الكشاف**، ولم يكتف بموضع.

بل هذا المعترض هنا قد نقل أن «التعذيب قبل التنبيه برسولٍ وكتابٍ = يكون ظلمًا -كما أشار إليه في **الكشاف** في ثاني تفسيريه-». فكيف ظن المعترض أن التعذيب قبل إرسال الرسل وإنزال الكتب = واجبٌ عند المعتزلة، كما قال: «ولذا أوجبتموه»؟ وما كفاه ذلك حتى وصف القبائح هنا بالكبائر، ووصفُ الكبائر إنما استفيد من الشرع. فلو قيَّدها بـ«العقلية» -كالمؤلِّف-؛ لسَلِم.

ثم ما كفاه ذلك حتى ظن أن المعتزلة إنما يوجبون العذاب لأنه عدل. فغلط هنا غلطًا على غلط، وجَهِل جهلًا على جهْلٍ.

هـذا، وكلام المؤلف بمعزل عن هذا التفسير -أعني ما كان فيه قوله تعالى: ﴿بِظُلْمٍ﴾

(196) بضم الذال وكاف غير مشددة: الشمس.

ظرفًا مستقرًا حالًا -أي: متلبسًا بظلم، تعالىٰ عن ذلك-. كما أنه لا يصحّ هذا التفسير علىٰ مذهب المعترض؛ لإفضائه إلىٰ الحكم بأن التعذيب قبل البعثة = ظلمٌ. والأشاعرة علىٰ أنه لو عذب -تعالىٰ- جميع الخلق، ولم يبعث إليهم رسولًا، ولا أنزل عليهم كتابًا؛ لكان عدلًا وصوابًا. وقد صرَّح بذلك المعترض مرارًا؛ احتجاجًا وجوابًا.

وبهذا يتبين: أن الإلزام الذي أورده المعترض = مشتَرَكٌ. فجوابنا قد ظهر، والجواب علىٰ المجبرة مطلوب.

قال: «وإن كان ﴿بِظُلْمٍ﴾ ظرفًا لغويًا، متعلقًا بـ﴿مُهْلِكَ﴾، والباء للسببية -كما أشار إليه في الكشاف في أول تفسيريه-؛ فكذلك لا حجة فيه لكم؛ لأنا لا ننكر وقوع المخالفات الشرعية منهم قبل البعثة. وهو ظُلْمٌ بمعنى: 'تجاوزٌ عن الحدود الشرعية'. فإن أصل الظلم: وضع الشيء في غير محله. ومن تجاوز عن الحدود الشرعية؛ فقد التبس بالظلم بهذا المعنى بلا شبهة. لكن لم يكن ذلك قبيحًا مستحِقًا للتعذيب؛ لكونهم غافلين. والتجاوز عن الحدود الشرعية يقتضي عقابًا، إلا إذا كان المتعدِّي عالمًا عامدًا. ولم يكونوا كذلك؛ لغفلتهم، فلم يكونوا مستحقين للتعذيب، وإلا لوقع. واللازم باطل -بالآية-؛ فكذا الملزوم. فثبت عدم استحقاقهم العذاب وهو المطلوب».

أقول: هذا الوجه الذي عليه المعوَّل. وقد اضطر المعترض إلىٰ حمل الظلم علىٰ المعنىٰ اللغوي، مع تصريحه في هذا الكتاب الذي لفّقه بأن: «خطابَ الشارع محمول علىٰ عُرف الشارع». وهذا أمر متفق عليه. لكنه زاغ عنه؛ فرارًا من إثبات القبح العقلي وهو لازمٌ له لا محالة. وأين المفر؟ كلا لا وزر! فإن الآية -علىٰ هذا التفسير- قد دلَّت علىٰ القبح العقلي، وإلا لما تمدَّح تعالىٰ بأنه لا يأخذ بسبب الظلم، علىٰ غفلة من فاعله. فعُلِم: أن الأخذَ علىٰ غفلةٍ = قبيحٌ عقلًا. فحتَّامَ يلفق المعترض هذه الترهات؟ هيهات هيهات! قد اتسع الخرق علىٰ الراقع، ونطق لسان الحال ببطلان هذا اللِّواذ ومخالفته للواقع.

فقوله: «إنا لا ننكر وقوع المخالفات الشرعية» = ظاهرُ البطلان. وكيف يمكن مخالفة الشرع قبل ثبوت الشرع في نفسه؟ هذا محالٌ. وليس المعترض ممن يخفىٰ عليه هذا المحال. غير أن الذي ينبغي أن يُحمَل عليه هو: أنه أراد قِدَم الأحكام الشرعية؛ لِقِدَم الخطاب والكلام النفسي -علىٰ ما هو مذهبهم-. لكن قد لزم علىٰ هذا محالٌ آخر،

وهو: تكليف من لا يعلم بالتكليف. بل يلزم تكليفُ من ليس بموجود. وإلا فمن أين يلزم المخالفةُ والتجاوز عن الحدّ، قبل العلم بالأمر والنهي والحدود الشرعية؟

فإذا لم يكن العلم لذلك معتبَرًا في تحقيق المخالفة؛ لم يبق مانع من توجيه التكليف إلى المعدوم. لا سيّما على مذهب الصوفية الذين تابعهم المعترض في القول بأن المعدوم أهلٌ للخطاب، وأن الله تعالى يسمعه ويراه، لا بمعنى العلم، بل بالمعنى الظاهر.

وهاهنا شيء آخر، وهو: أنّا لا نسلّم ثبوت المخالفة والتجاوز عن الحدود الشرعية على مذهب الأشاعرة. لا قبل البعثة ولا بعدها.

أما قبل البعثة؛ فلتصريحهم بأنه لا حُكمَ يتعلق بفعل العبد تعلقًا تنجيزيًا قبل الشرع والبعثة، بل يبقى موقوفًا إلى ورود الشرع وتحقُّقِ البعثة، لا كما ضلّ المعترض هنا.

أما بعد البعثة؛ فلأن الحدود الشرعية عبارةٌ عن الأوامر والنواهي. ولا خفاء في أن الأمر طلبٌ، وأن الطلب لا بدّ له من مطلوب إجماعًا. والمطلوب لا يخلو:

إما أن يقولوا: إنه مراد للطالب الذي هو الشارع الآمر الناهي، أو ليس بمرادٍ له أصلًا.

لا سبيل إلى الأوّل؛ لتصريحهم بأن الله تعالى يأمر بما لا يريده وينهى عمّا يريده.

فبقي الثاني، وحينئذ؛ فالمخالفة والتجاوز عن الحدود = لا تتحقق بالنظر إلى مجرّد صيغة الأمر وصيغة النهي؛ لأنها -أي: الصيغة-: لفظٌ لا معنى له إلا الطلب في الأمر، والكفّ والزجر في النهي.

وهذا الطلب -مثلًا- إن كان حاصلًا عن قصد وطلب في النفس؛ فهو معنى الإرادة التي نفوها.

وإن لم يكن حاصلًا عن ذلك؛ فليس طلبًا حقيقيًا وإنما هو مجرّد لفظ ساذج، فلا تتحقق المخالفة بالنظر إليه. كيف ولو فرضنا أن المأمور عَلِمَ أن الأمر والطلب عارٍ عن الإرادة، واعتذر عن عدم الامتثال بأنه علم عدمَ الإرادة -أي: إرادة الآمر الطالب للمأمور به-؛ لكان عذره قائمًا مقبولًا صحيحًا عند كل عاقل؟

فعُلِم: أن المخالفة وتجاوز الحد لا تُتصوَّر بالنظر إلى مجرّد الصيغة، بل بالنظر إلى

القصد والإرادة للمطلوب.

فذهاب الأشاعرة ونحوهم إلىٰ نفي الإرادة للمأمور به شرعًا، ونفيِ إرادة الحدود الشرعية = ذهابٌ إلىٰ نفي المخالفة والتجاوز عن الحدود الشرعية. وهكذا الامتثال؛ لا يُتصوَّر علىٰ تقدير نفي الإرادة. وهو ظاهر.

وعلىٰ فرض أن المخالفة والتجاوز عن الحدود وعدمه قد تتحقق بالنظر إلىٰ مجرد الصيغة العارية عن الإرادة للمطلوب = لا نسلّم تمام ذلك علىٰ مذهبهم. لأنهم إما أن يقولوا: إن المطلوب من العبد هو الكسب، أو التحصيل.

لا سبيل إلىٰ الأوّل؛ لتصريحهم بأن الكسب عبارة عن المحلّيّة، ولا معنىٰ لمطالبة العبد بأن يكون محلًّا للفعل الذي يوجِده الله فيه.

وأيضًا فكونُه محلًّا = أمرٌ اعتباريٌّ، فلا يُتصوَّر أن يكون متعلَّقًا للقدرة والإرادة، فلا يُتصوَّر الامتثال.

وأيضًا، فلو فرضنا جواز ذلك؛ للزم أن يكون الكسب حاصلًا بكسب آخر، وهلمّ جرًّا، إلىٰ أن يدور أو يتسلسل. وكلاهما محالٌ، والمستلزِم للمحال محالٌ، فالامتثال محال.

وأيضًا، فهم مصرّحون بأن المطلوب من العبد هو التحصيل -كما ذكروه في مواضع من أصول الفقه وغيره-.

فبقي الثاني، وهو: أن المطلوب من العبد تحصيل الفعل وإيجاد ماهيته. لكنا نعلم أن العبد -علىٰ مذهبهم- بمعزل عن ذلك، ولا نصيب له من التحصيل، وإنما له مجرد الكسبِ والمحليةِ وظهورِ الفعل علىٰ يديه، وليس هو المظهر له -كما صرح به المعترض في ما سيجيء إن شاء الله-. وإذا كان كذلك؛ لم يُتصوَّر منه امتثالٌ أصلًا، سواء كان نبيًا مرسلًا أو شيطانًا مضلِّلًا.

وأما المخالفة؛ فإن قلنا: إنها تتحقق وإن لم يكن للمخالف طاقة علىٰ ما أُمر به أو نُهي عنه -كما هو مذهبهم-؛ فهي -أي: المخالفة- واقعةٌ من جميع العباد مسلِمِهم ومُجرِمِهم -كما عرفت-.

وإن قلنا: إنها لا تتحقق إلا مع القدرة والطاقة؛ فلا مخالفة. وقد عرفت أنه لا يتأتىٰ

الامتثال -على مذهبهم-؛ فلا يبقى تجاوزٌ عن الحدود الشرعية، ولا وقوفٌ عندها، فانهار ما ذكره المعترض، وبطل تصحيحه المُمرض، وسيأتي التذكير بهذا في مواضع لا يليق أن يُعرض عنها معرِض.

وقوله: «فإن أصل الظلم: وضع الشيء في غيره محله» = إثباتٌ للمحل. فإن أراد بهذا المحل: محلَّه شرعًا؛ كان إثباتًا للشرع قبل ثبوت الشرع أيضًا؛ إذ لا معنى لكونه محلًا شرعًا إلا أن الشرع بمجرده هو الحاكم بأنه محل، وأن وضع الشيء -الذي هو محل له- وضعٌ له في غير محله؛ فهو مخالفة للشرع. وبطلانُ هذا -أعني: إثبات الشرع قبل الشرع-؛ ظاهر، مع أن اضطراب كلامه وحاله كما عرفت.

وإن أراد محله في نفسه -أي: مع قطع النظر عن الشرع-؛ فالعقل حينئذ بمجرده هو الحاكم بأنه محلُّه، والمخالفة فيه = مخالفةٌ لحكم العقل الصرف. فقد خرج عن مذهبه خروجًا ظاهرًا، وجاء بتحكيم العقل الذي فرّ منه -بزعمه- والتجأ إلى ما هو مذهب خصمه، وصار قائلًا بتمايز الأشياء في أنفسها قبل الشرع، ومع قطع النظر عنه مطلقًا. وهو قولٌ بالحسن والقبح عقلًا. فلم ينفع المعترضَ ذهابُه إلى حمل الظلم على معناه الأصلي، بل ضرَّه ونفعنا.

وهب أنه [159 أ] ينفعه في هذه الآية؛ فهل ينفعه في مثله قوله تعالى: ﴿وَلَوْلَآ أَن تُصِيبَهُم مُّصِيبَةٌۢ بِمَا قَدَّمَتۡ أَيۡدِيهِمۡ فَيَقُولُواْ رَبَّنَا لَوۡلَآ أَرۡسَلۡتَ إِلَيۡنَا رَسُولٗا﴾ [القصص: 47]. الآية؟ فإنها نص في أن لهم ذنوبًا وقبائح ثابتة، من دون نظر إلى الحدود الشرعية. وإلا لما صح قوله تعالى: ﴿بِمَا قَدَّمَتۡ أَيۡدِيهِمۡ﴾. لكن اللازم باطل قطعًا واتفاقًا؛ فالملزوم مثله.

ولهذا قال في **الكشاف**، في تفسير هذه الآية: «ولولا أنهم قائلون إذا عوتبوا بما قدموا من الشرك والمعاصي: 'هلّا أرسلت إلينا رسولًا'؛ محتجين بذلك؛ لما أرسلنا إليهم. إنما هو ليُلزَموا الحجة ولا يُلزِمُوها، كقوله تعالى: ﴿لِئَلَّا يَكُونَ لِلنَّاسِ عَلَى ٱللَّهِ حُجَّةُۢ بَعۡدَ ٱلرُّسُلِۚ﴾، ﴿أَن تَقُولُواْ مَا جَآءَنَا مِنۢ بَشِيرٖ وَلَا نَذِيرٖۖ﴾»(197). إلى آخر كلامه رحمه الله.

(197) الزمخشري، **الكشاف**، ص 804.

وبما ذكرناه يظهر كذب قول المعترض: «لم يكن ذلك قبيحًا مستحِقًا للتعذيب»؛ إذ قد نطقت هذه الآية الكريمة بخلافه.

غـــايـــة ما في الباب: أن شرط إيقاع التعذيب: إرسالُ الرسل. ومثلُ هذه الآية قولُه تعالىٰ: ﴿وَلَوْ أَنَّآ أَهْلَكْنَٰهُم بِعَذَابٍ مِّن قَبْلِهِۦ لَقَالُواْ﴾ [طه:134]. الآية. ومن زعم خلاف هذا، وادّعىٰ أنه لا قُبحَ قبل إرسال الرسل في أن ينسب إلىٰ الله تعالىٰ صاحبةً وولدًا، وأنه لا يلزمه حجة، ولا يستحق ذمًا ولا عقابًا قبل الشرع؛ فقد مال عن المحجة، وقال بخلاف التنزيل الذي هو أبلغ السمعيات حجة، وناقض قضية العقل الذي عليه ابتناءُ السمع، فتورّط في أوخم لُجَّة.

وقوله: «مستحقًا للتعذيب»؛ إن كان قيدًا، فمع أنه ممنوع = يقتضي إثبات القبح العقلي وافتراقه عن استحقاق التعذيب عليه، لكنه لا يقول به بل هو بصدد إبطاله -بزعمه-.

وإن كان بيانًا؛ فممنوع أيضًا؛ إذ الظلم قبيح، سواء حُمِل علىٰ المعنىٰ المتعارف الجاري في كلام الله في مواضع، أو علىٰ المعنىٰ الأصلي المستلزمِ له نوعَ استلزام، وإن كابَرَتِ المجبرة، مع اعترافهم بأنه لا يجري في أفعاله -كما صرح به المعترض في أول «كتاب العدل»-. ولولا تقرُّرُ قبحِه؛ لَـمَا تمدّح -تعالىٰ- بأنه لا يفعله ولا يريده.

وقوله: «فلم يكونوا مستحقِّين» = ربّما يُوهِمُ القُبْحَ وعدمَ الاستحقاق للتعذيب. وأنه كلام إلزاميٌّ للخصم، كما يرشد إلىٰ ذلك قوله: «وإلا لوقع»؛ إذ ليس من مذهبه -أي: المعترض-: أنه كلما استُحِقَّ وقع. لكن مثل ذلك مناقض لأول كلامه، حيث بناه علىٰ حمل الظلم علىٰ المعنىٰ اللغوي؛ فرارًا من القبح العقلي -كما عرفت-. علىٰ أن قوله: «وإلا لوقع» = مبنيٌّ علىٰ مقدمة ممنوعة، وهي: أن العفو لا يجوز عقلًا عند المعتزلة وسائر العدلية، وقد ذكرنا براءتهم عن هذه المقالة، باعتراف مثلِ إمام الحرمين وسعد الدين وغيرهما. وهذا **الكشاف** ينادي بكذب هذه الدعوىٰ. ولكن لا حياة لمن تنادي، أو هو من باب قول بعض المغفلين: «قد شهد عليك بالموت من هو أعدلُ منك»، والمشهود عليه يقول: «ها أنا ذا حي أُرزَق»!

والعجب أن المعتزلة مصرحون بحسن العفو عقلًا، وهؤلاء يرمونهم بوجوب

العقاب! فاعتبروا يا أولي الألباب.

قوله: «واللازم باطل؛ فكذا الملزوم»؛ يقال عليه: أَثبِتِ العرش ثم النقْش؛ فإن هذه الشرطية باطلة، واللزوم ممنوع.

واعلم أن العقاب المستحَقَّ عندنا على المخالفات العقلية، أي: مع قطع النظر عن السمع رأسًا = أعمُّ من أن يكون بعذاب أو بغيره، وأن يكون دنيويًا أو أخرويًا. ولا شك في أن هذه الآية إنما تعرضت للإهلاك. وهو ظاهر في الدنيوي. وكذا جار الله ما تعرض لأكثر مما تعرضت له الآية في كلا التفسيرين. وحينئذ فلا شبهة للمعترض في ذلك أصلًا؛ لأن الحكم على الدنيوي = حكمٌ على الأخصّ، والحكمُ على الأخص ليس حكمًا على الأعم، ولا يستلزمه اتفاقًا.

وعلى هذا؛ لا يلزم من دلالة الآية على أن الإهلاك قبل إرسال الرسل وإنزال الكتب ظلم = أن يكون العقاب في الآخرة لمن استحقه بالمخالفات العقلية ظلمًا، وإن فرضنا أنه -تعالى- لم يرسل رسولًا ولم ينزل كتابًا. لأنا إذا قدّرنا ذلك؛ لم نجوّزه إلا على تقدير أنهم تنبهوا من عند أنفسهم بما ركز الله تعالى في عقولهم التي هي الحجة، وإلا لانتقض ما في القرآن من الاحتجاج بالعقول في غير موضع. بل الشرع بأسره على العقل بُنِي وبه ثبت. فلو لم يكن العقل حجةً = لم يكن الشرع حجةً أيضًا؛ لأن بطلان الأصل يستلزم بطلان الفرع. فأين أنت يا أخا الأكراد؟

ثم إن القرآن الكريم قد نطق بأن نصب الأدلة العقلية يرفع الغفلة. ألا ترى إلى قوله تعالى: ﴿أَن تَقُولُواْ يَوْمَ ٱلْقِيَـٰمَةِ إِنَّا كُنَّا عَنْ هَـٰذَا غَـٰفِلِينَ﴾ بعد قوله عزّ وجلّ: ﴿أَلَسْتُ بِرَبِّكُمْ قَالُواْ بَلَىٰ﴾ [الأعراف: 172]؟ فإن معناها: أن نصب أدلة التوحيد وغيرها، مما هو قائم مركوز في العقول؛ كراهةَ أن يقول العباد: ﴿إِنَّا كُنَّا عَنْ هَـٰذَا غَـٰفِلِينَ﴾. فإن فرضنا أن العقول لا تستقلُّ بشيء من ذلك؛ لبطل معنى هذه الآية. واللازم باطل؛ فكذا الملزوم. وقد مر نقل اعتراف سعد الدين بأن هذا المعنى هو الذي ذهب إليه كثير من المفسرين، لا أنه مما اختص به العدلية كصاحب **الكشاف**.

وقال الرازي في فوائد البعثة من **المحصَّل**، ما نصُّه: «والعلماء قد ذكروا وجوهًا.

أحدها: أن يقولوا: إن الله جل ثناؤه إن كان خلقنا لنعبده؛ فقد كان يجب أن يبيّن لنا العبادة التي يريدها منا أنها ما هي؟ وكيف هي؟ وكم هي؟ وأنه وإن أوجب أصل الطاعة في العقل؛ لكنّ كيفيتها غيرُ معلومة لنا، فبعث الله تعالىٰ الرسل لقطع هذا العذر؛ فإنهم إذ بيّنوا الشرائع المفصلة زالت أعذارهم.

وثانيها: أن يقولوا: إنك ركّبتَنا تركيبَ سهوٍ وغفلة، وسلّطتَ علينا الهوىٰ والشهوات؛ فهلّا أمددتنا -يا إلهنا- بمن إذا سهونا نبّهَنا، وإذا مال بنا الهوىٰ منعَنا؟ ولكنك كما تركتنا مع نفوسنا وأهوائنا؛ كان ذلك إغواءً لنا علىٰ تلك القبائح.

وثالثها: أن يقولوا: هب أنا نعلم بعقولنا حُسْن الإيمان وقُبح الكفر. ولكن لم نعلم بعقولنا أن من فعل القبيح عُذِّب خالدًا مخلَّدًا، لا سيما وكنا نعلم أن لنا في فعل القبيح لذّةً، وليس لك فيه مضرة. ولم نعلم أن من آمن وعمل صالحًا استحق الثواب، لا سيما وكنا قد علمنا أنه لا منفعة لك في شيء. فلا جرم لم يكن مجرد العلم بالحسن والقبح داعيًا ولا رادعًا قبل البعثة. فاندفعت هذه الأعذار، وكانت البعثة قطعًا لعذر المعاندين»(198). انتهىٰ.

[ومنه يُعلم: أن مجرد الحجة لا ينافي ثبوت العذر في الجملة]. فازداد ظهورًا بطلانُ قول المعترض: «فلم يكونوا مستحقين للعذاب قبل البعثة»؛ فإن فرضنا غفلة عاقل، وعدمَ استقلال عقله = كان تنبيهُه عن غفلته من الله تعالىٰ إما بإلهام أو بغيره؛ لأن تعذيب الغافل غير جائزٍ من الحكيم تعالىٰ. بل قد اعترف رؤساء الأشاعرة وغيرهم بامتناع تكليفه -كما صرحوا به في أصول الفقه-. وهذه الآية المذكورة أولًا، مع كونها في الإهلاك = قد اشتملت علىٰ تقييد كونه ظلمًا، بالغفلة لا مطلقًا، فلا شبهة للمجبرة فيها أصلًا. وجار الله -رحمه الله- ما أراد أن التنبيه لا يكون إلا بالرسل والكتب، وإلا لانهدمت مواضع في **الكشاف** عديدة. والمعترض معترف -من حيث [159 ب] لا يشعر- بأن جار الله يثبت التنبيه بغير الرسل والكتب، حيث نقل عنه سابقًا أنه قال: «إن الرسل من جملة التنبيه». فلو لم يكن التنبيه عنده إلا بالرسل؛ لم تصح هذه العبارة

(198) الرازي، **المحصل**، ص 164-165.

-كما لا يخفى-. فمن اهتدى فلنفسه، ومن ضل فإنما يضل عليها.

[ادّعاء المعترض أن العقول قبل البعثة لو كانت مستقلة بالإدراك؛ لقامت الحجة قبل ورود الشرع]

قال: «ولنزده إيضاحًا فنقول: لو كانوا عالمين بعقولهم قبل البعثة على الاستقلال -كما هو مذهبكم-؛ لقامت الحجة عليهم. فإنه -على هذا التقدير- إذا قيل لهم: 'أوليس الله خلق فيكم عقولًا مستقلة بإدراك القبيح والحسن؟ وقد خالفتم مقتضى عقولكم؟'؛ ما أمكنهم أن يقولوا: ﴿لَوْلَآ أَرْسَلْتَ إِلَيْنَا رَسُولًا﴾. إلخ. لأن الفرض أنها مستقلة بالإدراك، ومعنى الاستقلال: أن لا يكون ثمة احتياج إلى الغير ولا للتنبيه، وإلا لم يكن ثمة استقلال. فلا معنى لقولهم: ﴿لَوْلَآ أَرْسَلْتَ إِلَيْنَا رَسُولًا﴾ إلا الاعتراف بالعجز وعدم الاستقلال بإدراك الأمور. وإذا لم يكونوا مستقلِّين؛ لم تقم عليهم الحجة، كما يدل عليه ﴿لِئَلَّا يَكُونَ لِلنَّاسِ عَلَى ٱللَّهِ حُجَّةٌۢ﴾، فقيّده بقوله: ﴿بَعْدَ ٱلرُّسُلِ﴾، وما قال: 'بعد العقول'. فهذا دليل على أن قبل الرسل = لهم حجة. وكذا قوله تعالى: ﴿وَلَوْ أَنَّآ أَهْلَكْنَٰهُم﴾. الآية. لأنهم جعلوا اتّباع الآيات مترتبًا على إرسال الرسول، بدليل العطف بالفاء، حيث قالوا: ﴿لَوْلَآ أَرْسَلْتَ إِلَيْنَا رَسُولًا فَنَتَّبِعَ ءَايَٰتِكَ﴾. وهو دليل على أنه لا يمكنهم الاتباع قبل إرسال الرسول وإلا لكانت الحجة قائمةً عليهم قبل الرسول. فلم يكن لهم أن يقولوا هذا الكلام. ولكن لا حجة عليهم قبل الرسول، بدليل هاتين الآيتين، فلم يكونوا مستحقين للعذاب. لأن الاستحقاق إنما يتحقق بعد إلزام الحجة. وأما قبله؛ فعندكم = ظلم، وهو ممتنع، وعندنا جائز؛ إذ لا قبح منه تعالى؛ لأنه تصرُّفٌ في ملكه. لكنه غير واقع».

أقول: ليس في هذا الكلام إلا تكرير الدعوى الباطلة بأن المعتزلة ومن يجري مجراهم يقولون بأنهم بعقولهم في غُنيةٍ عن الشرع، وأنها مستقلة بإدراك جميع الأحكام. وينطوي تحته تلك الدعوى الباطلة أيضًا -أي: دعواهم أن الثواب والعقاب آجلًا = من ماهية المعنى المتنازع في الحسن والقبح-. وكلتاهما افتراء وبهت.

ومع ذلك؛ فقد أكذب المعترض نفسه بنفسه سابقًا ولاحقًا. أما سابقًا؛ فقد نقل من

كلام جار الله المذكور آنفًا ما يكذب الدعوى الأولى، حيث قال: «إن إرسال الرسل = من جملة التنبيه والإيقاظ من رقدة الغفلة». وأما لاحقًا؛ فلأنه اعترف بما يكذّب الدعوى الثانية، حيث قال: «إن من لا معرفة له بربه = كيف يحصل له العلم باستحقاق العذاب؟»، بل قال آخرًا: «إن حصول العلم مع عدم معرفة الرب = محالٌ»؛ وهو حق لا نزاع لأحد من الناس فيه؛ فكيف يزعم أن المعتزلة علمته؟ وهذا يقتضي أنهم علموا مقتضى الوعد والوعيد والجنة والنار وما يستلزم ذلك قبل إرسال الرسل وإنزال الكتب. إنا لله وإنا إليه راجعون.

ومما يُقضَى منه العجب: قولُه: «لأنهم جعلوا اتباع الآيات مترتبًا... إلخ»، وقوله: «وهو دليل على أنه لا يمكنهم الاتّباع... إلخ». فإن أحدًا لا يعتقد إمكان اتّباع الآيات التي تجيء بها الرسل ولا رُسُلَ. وكيف يصح ذلك من عاقل؟ وما الحاجة إلى هذا الاستدلال بالعطف بالفاء، ولا دخل لها في هذا المعنى بلا خفاء؟ فكم هذا التخبط والجفاء؟ مع علمه بتصريح مثل الزمخشري بأن إرساله الرسل = لدفع أن يكون للعباد حجة من الحجج أو علَّةٌ في المخالفة والعوج، مع بيانهم أحوال التكليف، وتعليمهم الشرائع والأحكام. فما لكم أيها الأكراد لا تنصفون؟ ﴿وَمَنْ أَظْلَمُ مِمَّن كَتَمَ شَهَـٰدَةً عِندَهُۥ مِنَ ٱللَّهِ ۗ وَمَا ٱللَّهُ بِغَـٰفِلٍ عَمَّا تَعْمَلُونَ﴾ [البقرة: 140].

فقوله: «كما هو مذهبكم» = بَهْتٌ واضح باعترافه -كما عرفتَ-.

ومن العجائب أيضًا: أنهم إذا وصلوا إلى الكلام في بعثة الأنبياء -عليهم السلام- قالوا: «إنها واجبة عند المعتزلة»، ويذهلون عما يفترون عليهم من أنهم يقولون: «إنهم بعقولهم في غنية عن الشرائع؛ لاستقلالها بإدراك جميع الأحكام».

فإذا كانت عقولهم غنيةً عن الشرائع -كما يفترون عليهم-؛ فلماذا يوجبون البعثة -كما تنسبون إليهم-؟ ولا أدري أي شيء مثل هذا الصنيع والتلون في كل مقام بحسبه؟ وقد ذكرنا -في ما سبق- أن المعتزلة وسائر العدلية إنما ذكروا مجرد الخشية والخوف من أن للنعم ربًّا ربما عاقب على ترك الشكر بإزالتها، وذلك في معرض ذكرهم لوجوب النظر عقلًا. فأين مجرد الخشية والتخوف من ادعاء الجزم بالعقاب الأخروي مع الاستحقاق؟ إنْ هذا إلا اختلاق، فقوله: «لا يكون ثمة احتياج إلى الغير ولا للتنبيه» =

مبنيٌّ على هذا الافتراء والاختلاق.

وأما قوله: «وما قال: 'بعد العقول'»؛ فسيأتي له ما يناقضه في الكلام على تعذيب الأطفال، فراجعه هنالك. وستقف قريبًا على إيراده لهذه الآية مضِرٌّ به، كما وقفتَ على أنه لم ينتفع به. وذلك لأنها دلت على أن بعثة الرسل؛ لحسم المعاذير وإزاحة العلل من كل وجه، وبالجملة؛ قطعِ الحجة -كما اعترف به الرازي-، وهو خلاف مذهب المجبرة النافين للحكمة، حيث يقولون: «إن أفعال الله تعالى لا تُعلَّل بالأغراض، وإن أفعاله عزّ وجلّ = لا لغرض» -كما سيأتي إن شاء الله تعالى-. وقد أبطلناه هنالك.

وقد عرفتَ أن قوله: «بدليل العطف بالفاء» = تطويلٌ للمسافة بلا طائل، بل هو باطل. وليس نفس العطف بالفاء دليلًا على عدم الإمكان المذكور. إنما يُعلَم -أي: عدمُ الإمكان- من حيث إن اتباع الآيات يستلزم ثبوت الآيات في نفسها؛ لِما فيه من إثبات شيءٍ لشيء. فإذا لم تثبُت الآيات؛ كيف يمكن اتباعها؟ والآيات المضافة إليه -تعالى- لا تكون إلا من عند الرسول، أعني: الآيات اللفظية كآيات الكتب المنزلة.

وأما قوله: «لأن الاستحقاق إنما يتحقق بعد إلزام الحجة» = فلا صحة له.

أما أولًا؛ فلأنّ الاستحقاق إنما يكون بعد اللزوم لا بعد الإلزام، وإن كان تعالى لا يلزمهم الحجةَ إلا وهي لازمة لهم.

وأما ثانيًا؛ فلأن الاستحقاق في نفسه لا يصحُّ وصفُه بكونه ظلمًا، كما قال: «فعندكم = ظلم». إنما الظلم من أوصاف التعذيب. وهو واضح. فقد انتقل من التعذيب إلى استحقاق التعذيب، كما انتقل من استحقاق اللزوم إلى الإلزام. والأمر في المناقشة اللفظية هيّن. إنما المراد: بيانُ مجازفته في الألفاظ، كالمعاني. ومع هذا؛ فدعواه: أن كلامَه = بتلك المنزلة.

وقد نُبِّهتَ على أن الاستحقاق حاصل قبل البعثة عندنا. لكن التنبيه والإيقاظ بالرسل عليهم الصلاة والسلام [160 أ]، كما نطقت به الآيات = لا يبقي للعباد حجةً، ولا يدع لهم معذرةً. وذلك لا ينافي الاستحقاق للعذاب ولزومَ الحجة العقلية قبله؛ فإن لزوم الحجة من جانبٍ = لا ينافي أن يكون للمحجوج حجةٌ ومعذرةٌ من جانب

آخر. فورود السمع بأن لهم حجةً ومعذرةً قبل الرسل = لا يقدح في لزوم الحجة العقلية لهم، وهو واضح لمن اهتدى. وقد أشار إلى ذلك قولُه تعالى: ﴿فَإِمَّا يَأْتِيَنَّكُم مِّنِّي هُدًى﴾ [البقرة: 38]؛ فإنه إنما جيء بكلمة الشك التي هي «إنْ»، مع أن إتيان الهدى كائن لا محالة = للإيذان بأن الإيمان به -تعالى- والتوحيد له؛ لا يُشترَطُ فيه بعثةُ رسول وإنزالُ كتاب. بل في ما ركّبه تعالى من العقول، ونصبه من الأدلة = كفايةٌ وأيُّ كفايةٍ! -كما نبّه عليه العلامة في **الكشاف**-.

وما ذكره البيضاوي من أن الإتيان بكلمة الشك؛ للإيذان بأن الهدى غير واجب عقلًا = باطلٌ بالنص، وهو قوله تعالى: ﴿إِنَّ عَلَيْنَا لَلْهُدَىٰ﴾، وغيرها.

نعم، قيامُ الحجة على العباد في جانب التوحيد لله تعالى والإيمان به، بما ركَّب فيهم من العقول، ونَصَب لهم من الأدلة، ومكَّنهم من النظر = لا ينافي ثبوت معاذيرهم في سائر الأحكام الواجبة، كما دل عليه قوله تعالى: ﴿لِئَلَّا يَكُونَ لِلنَّاسِ عَلَى اللَّهِ حُجَّةٌ بَعْدَ الرُّسُلِ﴾ [النساء: 165]، ونحوها من الآيات.

قال جار الله في تفسير هذه الآية ما نصه: «فإن قلتَ: كيف يكون للناس على الله حجة قبل الرسل وهم محجوجون بما نصبه الله لهم من الأدلة التي النظر فيها موصلٌ إلى المعرفة؟»، إلى أن قال -رحمه الله-: «قلتُ: الرسلُ منبِّهون عن الغفلة، وباعثون على النظر، كما يرى علماء العدل والتوحيد، مع تبليغ ما حُمِّلوه من تفصيل أمور الدين، وبيان أحوال التكليف، وتعليم الشرائع. وكان إرسالُهم إزاحةً للعلة، وتتميمًا لإلزام الحجة؛ لئلا يقولوا: ﴿لَوْلَا أَرْسَلْتَ إِلَيْنَا رَسُولًا﴾ [طه: 134]»(199).

قلتُ: إذا تدبرت تنكير «حجة»، في قوله تعالى: ﴿لِئَلَّا يَكُونَ لِلنَّاسِ عَلَى اللَّهِ حُجَّةٌ﴾. الآية = لاح لك المقصود بلا شبهة، فتدبَّرْ.

وليس الأمر بخفي، فقد قال الرازي في **المحصل**، عند ذكره فوائد البعثة، ما نصه:

«ولنذكر فوائد البعثة على التفصيل، فنقول: قد عرفتَ أن الأمور قسمان: منها ما يستقل العقل بإدراكه، ومنها ما لا يستقلّ، كعلمنا بافتقار العالم إلى الصانع الحكيم.

(199) الزمخشري، **الكشاف**، ص 272.

وفائدة بعثة الرسل في هذا النوع: تأكيدُ دليل العقل بدليل النقل، وقطعُ عذرِ المكلَّفين من كل الوجوه، على ما قال الله تعالى: ﴿لِئَلَّا يَكُونَ لِلنَّاسِ عَلَى ٱللَّهِ حُجَّةٌۢ بَعۡدَ ٱلرُّسُلِۚ﴾، وقال تعالى: ﴿وَلَوۡ أَنَّآ أَهۡلَكۡنَٰهُم بِعَذَابٖ مِّن قَبۡلِهِۦ لَقَالُواْ رَبَّنَا لَوۡلَآ أَرۡسَلۡتَ إِلَيۡنَا رَسُولٗا فَنَتَّبِعَ ءَايَٰتِكَ مِن قَبۡلِ أَن نَّذِلَّ وَنَخۡزَىٰ﴾ [طه: 134]. فبيّن الله تعالى أنه بعث الرسل؛ لقطع الحجة»(200). انتهى كلامه. وهو جارٍ على ما ذكرناه. وفيه اعتراف تامٌّ بالعلة والغرض، حيث صرّح بأن بعثَ الرُّسلِ = لقطع الحجة. وهل هذا إلا مذهب القائلين بتعليل أفعاله تعالى، وأنه يفعل الفعلَ لغرضٍ مقصودٍ منه؟ ونفاة الحكمة لا يقولون بذلك، بل هو عندهم مستحيل؛ لأنه استكمال بالغير -على ما قالوه أخذًا من كلام الفلاسفة-. فإيراد المعترض لهذه الآية وبالٌ عليه، وخدشٌ عائدٌ إليه.

قوله: «وعندنا جائز» = تصريح بما ادّعيناه سابقًا.

ولنزده إيضاحًا في هذا المقام، فنقول:

قولك: إنه جائز عندكم = إما أن تريد به: أن تعذيب العباد حالَ ثُبوتِ الحُجَّة = جائز من الله تعالى، وإما أن تريد: أنه جائز لأنها لا تقوم لهم حجة، وأن لله الحجة البالغة.

إن أردت الأول؛ فقد لزمك مخالفةُ مذهبك، بل لزمك الكفر؛ لأنك جوّزت أنه تعالى يعذّب من له الحجة عليه تعالى، وذلك ردٌّ لآيات عديدة.

وإن أردت الثاني؛ لم يبق لك في هذه الآية دليل ولا شبهة؛ لأنك اعترفتَ بأن الحجةَ لازمةٌ للعباد ولو لم يرسل تعالى إليهم رسولًا ولم ينزل كتابًا. وهل هذا إلا ما نسبته إلى خصمك وقلتَ: «إن مذهبه في القول بأن العقول مستقلة = يقتضي أنه لا يبقى له حجة في عدم إرسال الرسول؟». وعلى هذا؛ فقد قلت بمذهب خصمك وزدت عليه تضليل عقلك، ونفيك لحكمة الله تعالى، وهو أثبتَ حكمَ العقل وحكمةَ الله؛ فهو خير منك مقامًا وأقوم قيلًا، فدع تطويلًا وتأصيلًا.

هـذا، ولم يقنع المعترض لنفسه بهذه المناقضة وحدها بل زاد عليها.

(200) الرازي، **المحصل**، ص 164.

قولُه: «لأنه تصرُّفٌ في ملكه» = غير ملائم لما هم عليه، بل مناقض له؛ لأنه تعليلٌ بحسن التصرف بالملك. ولا شك في أن الحكم بحسن تصرف المالك المطلق في ملكه = عقليٌّ محضٌ، لا مدخل للشرع فيه. فهذا تحسين عقلي. ومن أثبت التحسين العقلي = أثبت العقلي(201). فقد اعترف المعترض بمذهب خصمه -مع أنه بصدد رده وإبطاله-، فاعتبروا يا أولي الألباب.

مع أن قوله الذي قبل هذا = منادٍ بأن الاستحقاق للعذاب «إنما يتحقق بعد إلزام الحجة، وأن الحجة قبل إرسال الرسول منتفيةٌ، فلا استحقاق». فلو كانت «المالكيَّة»(202) بمجردها قاضيةً بصحة التصرف على كل وجه من الوجوه المقبولة عقلًا وغيرها؛ لكانت كافيةً في قيام الحجة. ولو كفت في قيام الحجة؛ لثبت الاستحقاق بمقتضى كلامه وتقريره. فانظر كيف يهدم أولُ كلامِه آخرَه وينقض آخرُه أوّلَه. نسأل الله العافية.

ثم انظر ما في هذا الكلام من الغفلة عن مذهبه؛ لأنه قرر أنهم لا يقولون بأن عذابه -تعالى- لمن لا يستحق التعذيب = ظلمٌ. بل يقولون: إنه جائز وعدل. وما عللوه إلا بأنه مالِكٌ. وعلى هذا؛ فقد أثبتوا أن تعذيب غير المالك = ظلمٌ، لا لأجل أنه ضررٌ حاصلٌ على الغير، بل لأنه تصرُّفٌ في غير الملك. وعلى هذا؛ فتحريمه تعالى للظلم = ليس إلا من حيث إنه تصرُّفٌ في ملكه، مع أنه -تعالى- قد وصف العباد بأنهم يظلمون أنفسهم. وأيضًا، فالمظلوم هو المالك الذي يقع التصرف في ملكه؛ فيلزم أن يكون تعالى هو المظلوم؛ لأنه وقع التصرف في ملكه تعالى. فيا عجباه ممن يذهب إلى ما يؤدي إلى هذا، مع مناقضته لمذهبه في نفي القبح العقلي -كما أشرنا إليه في ما مر-.

وبالجملة، فلا حاجة إلى تعليل الجواز -أي: جواز التعذيب بالمالكية-، بل لا صحة لذلك عندهم. لأن الإقرار بالفرق بين المالك وغيره = إقرارٌ بالحسن والقبح عقلًا، فإن المعتزلة إنما قالت بقبح الظلم؛ بناءً على مثل ذلك -أي: الفرق بين المالك وغيره-، حتى وهم الرازي أنه وجد الفرصة عليهم، حيث بنوا القبح العقلي -أي: في الظلم- على القبح السمعي؛ لأن المِلْك مأخوذ من الشرع. وما تنبّه على أنهم لا يريدون بالمِلْك: الذي ثبت بجميع خصوصياته من الشرع. إنما مرادُهم: مجرَّد

---

(201) كذا، ولعله أراد: أثبت التقبيح العقلي.

(202) أي: صفة المالكية (مصدر صناعي)، أي: كونه مالكًا.

اختصاص المظلوم بما هو تحت يده، كثوبه اللابس له ونحو ذلك، مما لا يُنكِر العقلُ أن الآخذَ له فاعلٌ لقُبحٍ مذمومٍ، من حيثُ كونُه مضرًا بالغير ضررًا ناجزًا، خاليًا عن نفع ودفع واستحقاق، جاء الشرع أم لا. وليس مرادهم أنه يُعرَف كونُه ظلمًا بمعرفة كونه قبيحًا؛ لما في ذلك من شائبة الدور. وإنما مرادهم: أن فِطَرَ العقولِ قاضيةٌ باختصاص بعض الناس ببعض الأمتعة -مثلًا- من دون نظرٍ إلى الشرع، وأن انتهاب ذلك البعض من البعض = قبيحٌ وظلمٌ. فقد أرادوا بالمِلْك: مجرد الاختصاص، لا ما كان مَدْرَكُه شرعيًا. وقد سبق هذا فلا تغفل.

قوله: «لكنه غير واقع» = يَرِدُ عليه سؤالان لا جواب عنهما إلا بالمراوغة:

الأول: أنه يقال: ما وجه الحُكم بعدم الوقوع؟ ثم ما وجه تمدُّحِه -تعالى- بأنه لا يأخذ العباد إلا بحُجَّة، وأنه لو أهلكهم وهم مصلحون؛ كان ظلمًا؟ كما قال: ﴿وَمَا كَانَ رَبُّكَ لِيُهْلِكَ ٱلْقُرَىٰ بِظُلْمٍ وَأَهْلُهَا مُصْلِحُونَ﴾ [هود: 117]، ﴿ذِكْرَىٰ وَمَا كُنَّا ظَٰلِمِينَ﴾ [الشعراء: 209]. وقد تقرر عندكم أن كل واقعٍ = عدلٌ، وأنه لا يُتصوَّر الظلمُ أصلًا؛ نفيًا للقبح عقلًا.

الثاني: أنكم قد قررتم أن كل قبيح -كالكفر-؛ ليس للعبد فيه أثر، وإنما المؤثِّر في وجوده هو الله تعالى. فإذا عذَّب -سبحانه- العبدَ على ما لا أثر له في وجوده، ولا يَدَ له في تحصيله، ولم يكن هذا ظلمًا؛ فما هو الظلم الذي تنزه تعالى عنه، وقلتم: «إنه ليس بواقع»؟ وما هي الحجة التي لزمت العبدَ في الواقع؟ ونحن لا نرضى منكم إلا بالجواب النافع، لا بمجرد الألفاظ التي هي سراب في بلاقع.

وهاهنا شيء آخر يدل على بطلان دعوى المعترض بأن الحجة لا تلزم قبل إرسال الرسل. وذلك لأن ما قبل إرسال الرسل = يشمل أدلة الربوبية ومنصوباتِها العقلية. فلو لم تلزم الحجة قبل إرسال الرسل؛ لم تلزم بعد الإرسال أيضًا؛ لأن أمر النبوَّة مبنيٌّ على أمر الربوبية. فإذا لم يثبُت حجةً بالأصل؛ لم يثبُت حجةً بالفرع.

وشيء آخر، وهو: أنه قد وقع الوعيد على التكذيب للأنبياء -عليهم السلام- اتفاقًا. ولا شبهة في أن وجوب تصديق النبي وحرمةَ تكذيبه = عقليٌّ محضٌ -باعتراف

مثلِ سعد الدين، كما مرَّ نقلُ كلامه في **التلويح**(203)-. ولا وعيد إلا على ما يُستَحَقُّ به العقابُ، وتقوم الحجة على مرتكِبه. وإذا ثبت ذلك؛ ثبت المطلوب من الاستحقاق -على التحقيق-، وبطل كلام المعترض إلى آخره. وبالله التوفيق.

[خلاصة ما قدّمه المعترض: أن نفي التعذيب في الآيتين: ﴿وَمَا كُنَّا مُعَذِّبِينَ﴾، ﴿ لَمْ يَكُنْ رَبُّكَ مُهْلِكَ الْقُرَى﴾، ونحوهما = يقتضي نفي الاستحقاق]

قال: «**فظهر: أن نفي التعذيب مطلقًا = مستلزمٌ لنفي الاستحقاق قطعًا. وهو دليل على أنه: لا حُكْم قبل الشرع. وهو المطلوب**».

أقـول: قد ترقى المعترض من الدعوى الأولى الباطلة، إلى هذه الدعوى العاطلة، أعني: دعواه الضرورة في محل النزاع، حيث قال: «قطعًا».

والعجب أنه ادعى الضرورة! وقد جزم محققو أصحابه بعدم صحة أصل الدعوى -كما سمعتَه من حكاية كلام العضد والسعد ومن قبلَهما كإمام الحرمين-. وأنا لا أعرف من أين جاء له هذا القطع الذي أبان به عُنُقَ الإنصاف، حتى قال: «وهو دليل على أنه: لا حكم قبل الشرع».

على أن قوله: «لا حكم قبل الشرع» = غيرُ وجيه؛ نظرًا إلى قِدَمِ الحكم عندهم -أعني: خطاب الشارع-. وكيف يصح نفي القديم؟ [160 ب] وقد سبق الكلام على هذا، وسيأتي للمعترض كلام في ذلك عند الخوض في النسخ من «بحث القرآن»، بعد ما قال: «إن خطاب الله تعالى كخطاب الشعراء لنسيم الصَّبا». وسنوضحه في محله، لتقضي عجبًا!

(203) قال: «وجوب التصديق وحرمة الكذب، بمعنى جزم العقل بأن صدقه ثابت، فكذبه ممتنع؛ لِما قامت عليه من الأدلة القطعية = مما لا نزاع في كونه عقليًا». ينظر: التفتازاني، **شرح التلويح**، ج 1، ص 355.

[استدلال المعترض على منع تجويز وقوع العقاب من الرب عقلًا، لمن لا يعرف الرب أصلًا، ورد المؤلف عليه]

قال: «وأما ثانيًا؛ فلأن حصول العلم باستحقاق العذاب عقلًا؛ إنما هو بعد معرفةِ أن ثمة من يعذِّب على القبائح العقلية بالضرورة. فلا معنى لقوله: 'حصل العلم ولم يُجزَم بالوقوع'، بعد معرفتهم بربهم. فإن من لا معرفة له بربه؛ كيف يحصل له العلم باستحقاق العذاب من ربه؟ والقياس على قاتل النفس على غفلة = قياسٌ مع الفارق؛ لأن عدم الاطلاع في صورة قاتل النفس = ممكن، فيمكن تجويزُه ذلك، ويمكن عدمُ الجزم بالقصاص. وأما حصول العلم باستحقاق العذاب من الرب، مع عدم المعرفة بالرب = فهو محالٌ».

أقول: انظر هذا الاعتراف من المعترض بأن حصول العلم باستحقاق العذاب عقلًا = لا يكون قبل معرفة الرب تعالى. بل قال آخرًا: «إنه محال». وفي ذلك اعتراف بأن إدخال الثواب والعقاب في المعنى المتنازع فيه من الحسن والقبح = مستلزمٌ لُمحالٍ، وأنهم يرمون المعتزلة بذلك بهتًا. وقد قال المعترض: «إن المعتزلة مدقِّقون»؛ فكيف ظن أنهم التزموا المُحالَ الظاهرَ، وأن كل عاقل عندهم يعلم الثواب والعقاب الآجلين من الرب بمجرد العقل الصرف، وأنهم في غُنيةٍ عن الكتب والرسل -عليهم الصلاة والسلام-؟ إن هذا لهو البلاء العظيم.

وإنما وقع المعترض في هذا الاعتراف؛ ليرتب على ذلك الاعتراضَ على المؤلف. لكنَّ الاعتراض ما قام بمفسدة الاعتراف؛ فإن للمؤلف أن يقول: «إنما تم لك هذا التشنيع بإضافةِ زيادةٍ منكَ في اللفظ، حيث قلتَ: 'كيف يحصل له العلم باستحقاق العذاب من ربه؟'. فزدت «العذابَ من ربه»، وليس في كلامنا هذا. إنما قلنا: 'حصل بالاستحقاق'، ولم نذكر الرب سبحانه وتعالى، بل لم نذكر العذاب؛ إيماءً إلى قصور العقول عن إدراك العذاب من الرب تعالى على الوجه الذي ورد به الشرع. وإنما نذكر مجرد الخشية واستشعار الخوف والمعاقبة المطلقة من مطلق الموجِد للنِّعم، أعمَّ من المعلوم كونُه ربًا أو لا -كما مر في بيان وجوب النظر، من الكلام على المسألة الثانية من مسألتي التنزيل، وسيأتي له ذكرٌ أيضًا، قريبًا-.

وبالجملة، فالذي نُثبته = أعمُّ من الذي قلتم: «إن حصول العلم باستحقاقه قبل معرفة الرب = محال». ولا يلزم من انتفاء الأخصِّ انتفاءُ الأعمِّ. فإن نفي الأخص = أعمُّ، ونفي الأعمِّ = أخصُّ -كما مر-. فزيادتك -أيها المعترض- التي زدتها لترتِّب عليها اعتراضك؛ مردودةٌ عليك، وراجعٌ سهمُها إليك، فإنك بها تؤخذ، حيث اعترفتَ بما يقضي بعدم مدخلية الثواب والعقاب الآجلين في الحسن والقبح العقليين. فقد أكذبتَ نفسك وأصحابك، كما سبق لك في سائر المواضع التي أولُها قولك: «فلو عكس الشارعُ القضيَّة». إلى آخرها مما مضى، وسيأتي إن شاء الله.

قوله: «والقياس على قاتل النفس... إلخ» = مدفوعٌ بما يقال: «لا مُشاحَّةَ في المثال»، لا سيما والمراد مجردُ التقريب. كيف وهو قياس مع الجامع؟ لأن المقايسة = بين تجويز عدم الاطلاع المذكور، وبين الشعور بالاستحقاق مع عدم معرفة رب العالمين، والعلم بعظيم شأنه عزّ وجلّ، وليس ذلك محالًا -كما عرفت-. بل ربما كان المحالُ خلافَهَ. وذلك لأنه لو لم يحصل الشعور بالاستحقاق، وتثبت الخشية والخوف من المعاقبة إلا بعد معرفة الرب؛ لزم الدور المحال؛ لأن النظر في معرفة الرب إنما يجب لدفع الخوف واستشعار المعاقبة وزوال النعم ونحو ذلك. فلو لم يثبت إلا بعد معرفة الرب؛ لزم دورٌ ظاهرٌ؛ إذ لا يجب النظر في معرفة الرب حتى تثبت معرفةُ الرب. لكنَّ معرفة الرب إنما تثبت بالنظر، فتدبر.

فقوله: «قياس مع الفارق» = لم يصدر عن معرفةٍ منه بالفرق بين إدراك استحقاق العذاب الآجل من الله تعالى، وبين استشعار مجرد المجازاة والمعاقبة المطلقة -كما مر-. وهذا المقام من مطارح النظر ومساقط الفِكَر. ومَزَلَّةُ قَدَم المعترض نشأت من ثلاثة أشياء:

أحدها: عدم معرفة ظاهر الآية، وإهمال ما تقرر من أن الحمل على الظاهر هو الأَوْلى.

ثانيها: عدمُ فهم مراد المؤلف.

ثالثها: الزيادة التي زادها من كيسه -حيث قال: «باستحقاق العذاب من ربه»، وقال: «باستحقاق العذاب من الرب»- فزاد قولَه: «من الرب»، وقد عرفت أنها لاغية. كيف والرب -على ما اعترف به هو في ما سيأتي- هو المُبلِغُ للمربوب إلى نهاية صلاحه وكماله تدريجًا؟

فقد زاد المعترض في غلطه وزيادته؛ لأن استشعار الخوف من المرتكب للقبيح العقلي -كالظلم-؛ لا يستلزم معرفة الله تعالى، فضلًا عن معرفة كونه هو الرب تعالى. والاستشعار المذكورُ = فرعُ الشعور بالاستحقاق المطلق، حتى إنه قد يحصل لعُبَّاد الأصنام الذين لا يعرفون الله، ويرون أن أربابهم هي الأصنام. بل قد يحصل هذا الشعور لخالي الذهن عن هذا وعن هذا -كما لا يخفى على أهل الأفهام-. فالمعترض يخبط في الظلام، وينبسط في الأوهام، ويرتبط بأهداب الثَّمام، ولا يعرف الزهور من الأكمام، ولا السحاب الممطر من الجهام، والله ولي الهداية والإلهام.

الكلام في وجوب النظر؛ هل بالعقل أو بالسمع أو بهما؟

ولما قال المؤلف -رحمه الله تعالى-: «والصحيح منه -أي: النظر-؛ واجب عقلًا وسمعًا، خلافًا للتعليمية(204)**. قلنا: جهلُ المنعِم يستلزم الإخلالَ بشكرِه على النِّعم. والعقلُ يقضي ضرورةً بوجوب شكر المنعم، وقُبحِ الإخلال به»**(205).

قال المعترض: «دعوى الضرورة في محل نزاع العقلاء = مكابرةٌ غيرُ مسموعة. كيف وقد وافقت المعتزلةُ الأشاعرةَ في أن وجوب النظر -على تقدير كونه واجبًا بالعقل- ليس إلا بالنظر، والاستدلال عليه بمقدمات مفتقرة إلى أنظارٍ دقيقةٍ، من أن المعرفة واجبةٌ، وأنها لا تتم إلا بالنظر، وأن ما لا يتم الواجب إلا به [161 أ] فهو واجب؟ واستدلوا على إثبات وجوب المعرفة عقلًا، بأنها دافعةٌ للخوف الحاصل من الاختلاف وغيره، كالنعم الظاهرة والباطنة. ودفعُ الضرر عن النفس واجب عقلًا. وردوا عليهم بأن أكثر الناس لا يخطر ببالهم أن هناك اختلافًا بين الناس، وأن لهذه النعم منعِمًا قد طلب منهم الشكر عليها، بل هم ذاهلون عن ذلك، فلا يحصل لهم خوف. فإذا كانت المعتزلة -مع تدقيقهم- ما ادَّعَوا الضرورةَ، وإنما أثبتوا بالدليل ولم يتم لهم أيضًا؛ كيف يدّعي مثل هؤلاء -الذين لم يفهموا كلامهم حق الفهم- الضرورةَ في ما اعترفوا بكونه نظريًا، وقد بذلوا جهدهم في إثباته وما تم لهم؟

(204) أي: الباطنية الذين ينفون الرأي والاجتهاد، وليس هناك إلا التعلّم من الإمام المعصوم.
(205) المنصور بالله، **الأساس**، ص 25-26.

نعـم، المضطرُّ العاجزُ عن إقامة الدليل؛ إذا تعصب يدّعي الضرورةَ».

أقـول: قد أبان هذا الخبط عن كمال الغفلة من قائله. ولنوضح ما فيه؛ ليتعجب الناظر من تعيير قُسٍّ من باقلِه(206).

قوله: «دعوى الضرورة في محل نزاع العقلاء... إلخ» = غير وجيه. لأن المؤلف لم يدّع الضرورة إلا في وجوب الشكر، لا في وجوب النظر الذي هو محل النزاع. فقد غفل المعترض.

قوله: «وقد وافقت المعتزلةُ الأشاعرةَ» = حيفٌ منه ظاهرٌ، أي: جعلُه الموافقةَ من طرف المعتزلة؛ لأنهم هم الأصل في الكلام، والأشاعرة عيال عليهم باتفاق المنصفين من المصنّفين الأولين والآخرين. وقد صرح بالاعتراف ابن جماعة وغيره من الأشاعرة. فكان الصواب أن يجعل فاعلَ الموافقة هم الأشاعرة. والأمر سهل. وما هذا بأول حيف من المعترض.

قوله: «إلى أنظار دقيقة» = غيرُ مسلَّم. فإن شيوخنا -رحمهم الله- إنما قالوا: «مَن شاهَد ما عليه من النِّعم والآلاء؛ خشيَ أن لها منعمًا قد أسداها؛ فلو لم يشكره -أي: يعترف بحقّه على ضرب من التعظيم كما مرّ-؛ لما أَمِن أن يزيلها عنه. وهذه الخشية ضررٌ ناجزٌ، وغمٌّ وارد على النفس. وكل ما كان كذلك؛ وجب دفعه؛ لِـما ثبت أن الدفع للضرر عن النفس = ضروريُّ الوجوب. ودفعه ليس إلا بالنظر». إلى آخر كلامهم.

وإذا عرفت هذا؛ علمتَ أن قول المعترض: «الحاصل من الاختلاف» = قولٌ مختلِفٌ، وترتيبٌ غير مؤتلف، بل مُتْلِف. وأن قوله: «ما لا يتم الواجب إلا به... إلخ» = فيه ما فيه.

أما أولًا؛ فلأن قاعدة: «ما لا يتم الوجب إلا به فهو واجب» = لا تخلو عن بحث، خصوصًا في هذا المقام.

---

(206) لعل المؤلف يومئ إلى بيت أبي العلاء المعرّي الذي يقول فيه:

إذا وصف الطائيَّ بالبخل مـادرٌ وعـيَّر قسًّـا بالفهاهـة باقـلُ

وأما ثانيًا؛ فلأن المعترض غلط منتقلًا من «وجوب الشكر» إلى «وجوب المعرفة». وأين أحدهما عن الآخر؟ فإن الأول ضروري، والثاني نظري، خلافًا للجاحظ ومن قال بقوله. فالواجبان مختلفان. وهما وإن كانا على ضرب من التلازم؛ فلا يشتبه أحدُهما بالآخر. إلا أنه قد تنكَّب عن كلام المعتزلة، وهو يظن أنه يعرفه ويفهمه حقَّ الفهم، كما أشار إلى ذلك بقوله: «كيف يدّعي مثلُ هؤلاء الذين لم يفهموا كلامهم... إلخ». وهو من تعيير باقلٍ لقُسٍّ ﴿أَلَآ إِنَّهُمْ هُمُ ٱلسُّفَهَآءُ وَلَٰكِن لَّا يَعْلَمُونَ﴾ [البقرة: 13].

قوله: «بأنها دافعة للخوف... إلخ» = ليس هذا في كلام المعتزلة. إنما هو في كلام بعض الإمامية، ووقع فيه بعض المتأخرين من أصحابنا. وأما جادّةُ مذهب المعتزلة؛ فهي ما أشرنا إليه أوّلًا.

كلام في وجوب المعرفة

فإن قلت: فكيف مذهب المعتزلة في وجوب المعرفة عقلًا؟

قلت: أما أبو علي؛ فقد حكوا عنه أنه ذهب إلى أن المعرفة إنما وجبت لأن الشكر الواجب بضرورة العقل = لا تتأتّى إضافته إلى المنعم قبل معرفته، بل ذلك محال. فلو لم تجب المعرفة؛ لم يجب الشكر للمنعم. لكن التالي باطل؛ فالمقدَّم مثله. وهذا المذهب هو الذي اختاره المؤلف وغيره.

وأما سائر المعتزلة وغيرهم من العدلية؛ فقد قالوا: «إنها واجبة؛ لكونها لطفًا». ثم أبانوا كونها لطفًا بأنه يُجوَّزُ مِن تَرْكِها ضررٌ، فينقدح عن هذا التجويز خشيةٌ وتخوُّفٌ. وقد ثبت أن التحرز عن المضار المعلومة والموهومة = واجبٌ عقلًا. هذا هو مذهبهم بطريق الإجمال، وحذفِ الخلاف في الأقوال.

ومنه يظهر لك حالُ ما جاء به المعترض بطريق الانتحال، وأن قوله: «وردُّوا عليهم... إلخ» = خارجٌ عن المجال. إنما وقع هذا السؤال في بحث وجوب النظر. وهم -أي: المعتزلة- هم الذين أوردوه على أنفسهم، وأجابوا بأن الخاطر لازمٌ. أما من قِبَل النفس؛ فلوضوح أسبابه وكثرة بواعثه. ولهذا لا يكاد ينكره إلا معاند. وأما من

قِبَل الله تعالى؛ لأن تعذيب الغافل ظلمٌ، والظلم قبيح، والله تعالى لا يفعل القبيح. وكونُ التكليف ليس في معرض المؤاخذة على الإخلال = عبثٌ لا يجوز أيضًا من الحكيم تعالى. هذا كلامهم.

وقد جاء الرازي وأنكر هذا الخاطر من صِغَرِه إلى كِبَرِه، مع أنه ابن خطيب مِصره، وواعظ عصره. ثم تلاحق الأشاعرة وراءه. وما زال الآخِر ينقل كلامَ الأوَّلِ. حتى خرجوا من شيء إلى شيء آخر، كما صنع المعترض.

وقد أقسم بعض المتأخرين من أصحابنا -رحمهم الله- بأن الرازي تعمّد الجحود؛ نصرةً للمذهب على الاعتزال، ومراعاةً لمركز الجدال؛ لأن خفاء مثل هذا الأمر الواضح على مثله = كالمُحال.

واعلم أن من ظن أن بين أبي علي وبين غيره من أهل هذا القول خلافًا في المعنى، وأن تصريح مثل أبي هاشم وغيره بأن المعرفة إنما وجبت لكونها لطفًا منهدمُ المبنى = فقد شطَّ عن وجه التوفيق، وأبعد عمّا هو التحقيق. وقد أشرنا هنا، وفي ما مضى، إلى ما هو المقصود المرتضى.

قوله: «وأن لهذه النعم منعِمًا قد طلب... إلخ» = من الفضائح التي أودعها هذا الكتاب. ومن ذا غيره يقول بأن الشكر الذي أوجبته المعتزلة بضرورة العقل؛ إنما وجب لأن الله تعالى طلبه؟ [161 ب] وما العجب إلا من تعريضه بأنه يعرف مذهب المعتزلة ويفهم كلامهم حق الفهم.

قوله: «وإذا كان المعتزلة مع تدقيقهم ما ادَّعَوا الضرورة»؛ يقال عليه: كذا المؤلف -يا أخا الأكراد- ما ادّعى الضرورة في ما اعترفت المعتزلة بأنه نظري -أي: وجوب المعرفة-. إنما ادعى الضرورة في وجوب الشكر عقلًا. فقد غلط المعترض على المؤلف وعلى المعتزلة.

ثم لا يخفى أن لقائلٍ أن يقول: يجوز أن يكون الشيء بديهيًا، ويكون العلم ببداهته كسبيًّا. فليس للمعترض أن يستدل بهذا النقل الذي وجده من مذهب أصحابنا، على أن وجوب النظر ليس ضروريًا عندهم؛ لجواز كون هذا الكلام = لبيان كون العلم

بوجوبه ضروريًا، لا لبيان حصول العلم بوجوبه. فلو فرضنا أن كلام المؤلف رحمه الله = في وجوب النظر؛ لم يتم للمعترض الاعتراضُ عليه أيضًا بأن المعتزلة اعترفوا بأن وجوب النظر نظري، إن كان اعترافهم ليس مأخوذًا إلا من مثل هذا النقل المختل.

لكنّ الحق أن المعتزلة مصرِّحون بأن وجوب النظر الموصل إلىٰ المعرفة = كسبي، كالمعرفة نفسها. حتىٰ قالوا: إن الواجبات العقلية كلها ضرورية إلا المعرفة، وإلا النظر الموصل إليها، وإنما يُعلم وجوبُها بالاستدلال.

وبهذا يُعلَم: أن ما يوهِمُه المعترض -في ما سبق- من أن شيئًا من الواجبات العقلية لا يتم العلم به إلا بعد المعرفة لله سبحانه وتعالىٰ = اتهام باطل، وكلام عن الطريق مائل.

معنى التدقيق

وأما قولُه: «مع تدقيقهم»؛ فاعتراف بدقة أنظار شيوخنا -رحمهم الله- لا كما يزعمه هو -في ما سيأتي من الاعتراضات في كتاب «المنزلة بين المنزلتين»- حيث تخيل أنهم لم يفهموا كلام الأشعري علىٰ وجهه، وإلا لما أنكروه -بزعمه-. فها هو الآن قد ناقض نفسه بنفسه. كيف وقد أشار بعض المحققين إلىٰ أن التدقيق هو: «إثبات المطلوب بدليلٍ آخرَ غيرِ دليلِ الظاهر»، وقال بعضهم: إن التدقيق هو: «إثباتُ المسألة بدليلها علىٰ وجهٍ فيه دِقَّة». ذكره ابن أبي شريف في **حاشيته على شرح النسفية**، وقد أشار سعد الدين إلىٰ المعنىٰ الأول في الشرح.

قلت: ومرجع المعنيين إلىٰ معنىٰ واحد في التحقيق، لأنه اعتُبِر في المعنىٰ الأول: أن يكون إثباتًا للمطلوب بدليل آخر غيرِ الدليل الظاهر، وذلك يستلزم دقة هذا الدليل الآخر، من حيث كونُه دليلًا آخر. لأنه لو لم يكن دقيقًا؛ لم يكن مجهولًا عند الأكثر، ومن حيث كونُه اعتُبِر فيه أن يكون غيرَ الظاهر، فلزِمَتْ دِقّتُه بلا خفاء. ولا فرق بين أن يكون دليلًا مستقلًا، ووجهًا ومسلكًا آخر للدليل الذي هو دليل المسألة المشهور، فافهم.

قوله: «وما تمّ لهم»؛ يقال عليه: قد تم لهم وأكلوا به خبزًا سميذًا. ولو اطلع المعترض علىٰ **شرح المحصل** للكاتبي، وتأمله حق التأمل؛ لعرف أنه قد تم لهم وانبرم،

ولكنه استسمن ذا ورم.

قوله: «المضطر العاجز عن إقامة الدليل... إلخ»؛ يقال عليه: وصف الاضطرار مُلغَى مع العجز عن إقامة الدليل. وكأنه جعل العجز فما بعده = بيانًا لمعنى المضطر الذي أراده، لأن الاضطرار شامل للكل، لا خصوص لأحدٍ دون أحدٍ؛ إذ قد عرفت أن الاختيار عنده باطل موهوم، والاضطرار حق معلوم، فالكل مضطرون عنده، ليس من الاختيار إلا مجرد الأوهام والخيالات الفاسدة. وقد سبقت هذه الفضيحة وتكررت في كلامه، وسيأتي في مواضع. وفي بعض النُّسَخ عطفُ العاجز على المضطر[207]، وهو تفسيريٌّ، إلا أنه لا يلائم مذهب الأشاعرة، حيث يقولون: «إن العجز صفةٌ وجوديةٌ»، وإن كان قد ردّه الرازي بمقالة مَرْضيَّة.

[احتجاج المعترض على المعتزلة بوجوب إيقاع العذاب، قبل بعثة الرسل، إذا كان العقل قادرًا على التحسين والتقبيح، ورد المؤلف عليه]

قال: «ومما يدل على بطلان ما ذكره المعتزلة: الدلائل التي ذكرناها، ومنها: قوله تعالى: ﴿وَمَا كُنَّا مُعَذِّبِينَ حَتَّىٰ نَبْعَثَ رَسُولًا﴾. فإن العقل لو استقل بإدراك وجوب شكر المنعم والحكم به، وبقبح الإخلال به؛ لوقع التعذيب لتاركه وجوبًا عندكم. وحيث إن الشّكورَ قليل؛ فالتارك كثير. وقد نفى الله التعذيب مطلقًا. وهو دليل على أنه لا وجوب عقليًا، وإلا لوجب العقاب على تاركه. لأن الغفلة موجودة، ودعوى أن الاستحقاق موجود، والعقابَ غيرُ واقع، قد مرَّ إبطالها، مع أنها -في الحقيقة- اعتراف بأنه لا وجوب إلا بالشرع، كما مرّ بيانه».

أقـول: قد مر بطلانه، وعرفت أن مبنى هذا الكلام الفاسد = على تينك المقدمتين الممنوعتين.

الأولى: أن العقل مستقل بإدراك جميع الأحكام، وأن العباد في غُنيَةٍ عن الشرع

(207) هذا يفيد أن المؤلف لم يكتف بنسخة واحدة من كتاب المعترِض، بل رجع إلى أكثر من نسخة.

بعقولهم. ومنعُ هذه [162 أ] الدعوى نارٌ على علم، كما اعترف بذلك سعد الدين في **التلويح**، وقد مر نقل كلامه حيث قال: «لا نزاع للمعتزلة في أن العقل لا يستقل بدرك كثير من الأحكام، ولا نزاع للأشاعرة في أن الشرع محتاجٌ إلى العقل، حتى صرّحوا بأن الدليل إما عقلي وإما مركب... إلخ»(208).

وقد نقل الإسنوي مثل هذا المعنى عن **مصباح** القاضي البيضاوي(209)، وهو غير قليل في كلام كثيرٍ منهم. وما العجب من افتراء المعترض على المعتزلة بأنهم يعتقدون أنهم بعقولهم غنيون عن الشرائع والرسل -عليهم السلام-، وإنما العجب من مناقضتهم لأنفسهم. فإنهم إذا جاءوا إلى النبوات قالوا: «إن المعتزلة يوجبون البعثة على الله تعالى» -أي: بعثة النبي-. فليت شعري: لماذا يوجبونها إذا كانوا -كما افتراه المعترض وأمثاله- في غنية عن النبي والرسول، بما عندهم من أحكام العقول؟ إن هذا لشيء عجاب! وبهتٌ يحيّر الألباب.

هـذا، وقد عرفت أن التخصيص بالعقل مجمَعٌ عليه بيننا وبينهم، وأن حُكم العقل بعدم دخول الصبي والمجنون في خطاب الإيجاب التكليفي = حُكمٌ بعد الوجوب عليهما. ولا فرق في الحكم بالوجوب، والحكم بعدم الوجوب عند تحقيقه. وحينئذ، فلا ينبغي أن يقال: «إن الأشاعرة نافون لحكم العقل»، إلا في مركز الكفاح والمكابرة.

وبالجملة، فدعوى المعترض على المعتزلة = من جنس دعواه على الأشاعرة بأنهم نافون لتحكيم العقل. وهذا سعد الدين قد أكذبه في هذا الكلام وفي غيره من المواضع. وقال السيد المحقق في **حاشيته** على **شرح العضد للمختصر الحاجبي**، ما نصه: «والذي يكشف عن حقيقة هذا الحال: أن الأحكام -بمعنى: التصديقات- قد تؤخذ من الشرع كالعقل»، ثم قال: «وفيه إشارة إلى أن الاعتقادات وإن استقل بإثباتها العقل؛ يجب أخذُها من الشرع ليُعتدَّ بها»(210). إلى آخر كلامه. فهذا هو قد صرح بتحكيم العقل، كما صرح بإمكان استقلاله في بعض الاعتقادات.

(208) التفتازاني، **شرح التلويح**، ج 2، ص 334-335.

(209) أي: كتابه **مصباح الأرواح في أصول الدين**.

(210) ينظر كلام الشريف الجرجاني، في: الإيجي، **شرح مختصر المنتهى**، ج 1، ص 69.

وقال الإمام الرازي في **المحصل**، ما نصه: «قد عرفت أن الأمور قسمان: منها ما يستقل العقل بإدراكه، ومنها ما لا يستقل». إلى آخر كلامه في «فوائد البعثة»، وقد مر نقلُه. فهذا هو والسيد والسعد؛ قد اعترفوا باستقلال العقل في بعض الأحكام. وفي هذا إكذاب لما يدعيه المعترض في مواضع. ثم إنه قد نقل عن جار الله سابقًا ما يقضي ببطلان دعواه هنا.

الثانية: دعواه وجوب العقاب عقلًا عند المعتزلة. ومنعُ هذه الدعوى -أيضًا- نارٌ على منار. وقد اعترف بذلك سعد الدين، في **حاشية الكشاف**، عند الكلام في تفسير قوله تعالى: ﴿إِن تُعَذِّبْهُمْ فَإِنَّهُمْ عِبَادُكَ﴾ [المائدة: 118]. واعترف به قبله إمام الحرمين في **الإرشاد** -كما مرَّ-، وحُكِي مثلُه عن العضد، وإن كان كلامه في **شرح المختصر الحاجبي** بخلافه.

ولو عقل المعترض وغيره من الخائضين خبطًا في مذهب المعتزلة؛ أنه لا يتهيَّأ الجزم بالعقاب الأخروي ووقوعه على صفته وحقيقته إلا بعد الإحاطة بمقدمات شرعية = لما قالوا بما قالوا، ولا اجترَوْا على ما افترَوا.

تحريرٌ لاستدلال الأشاعرة بقوله تعالى: ﴿وَمَا كُنَّا مُعَذِّبِينَ حَتَّى نَبْعَثَ رَسُولًا﴾، على نفي الحسن والقبح، مبنيّ على تسليم دعواهم الباطلة

ثم نقول: الذي ينبغي في تحرير النزاع بعد فرض تسليم تينك المقدمتين -على وفق ما أراده المعترض وإن كان باطلًا كما عرفت-، هو أن يقال: لو كان وجوب الشكر عقليًا؛ لوجب قبل بعثة الأنبياء. لكن التالي باطلٌ؛ فالمقدَّم مثلُه. إذ لو كان واجبًا لكان تركُه موجبًا للعذاب، والتالي منفيٌّ بقوله تعالى: ﴿وَمَا كُنَّا مُعَذِّبِينَ حَتَّىٰ نَبْعَثَ رَسُولًا﴾.

والجواب بتسليم مقتضى الشرطية الأولى، أي: إنه واجب قبل البعثة، ومنعِ استلزام انتفاء التالي من الشرطية الثانية؛ لانتفاء المقدَّم. وذلك بأن نقول: لا يلزم من انتفاء التعذيب انتفاءُ الوجوب. إذ الوجوب إنما يستلزم استحقاقَ الذمِّ على ترك التعذيب، لا أنه يستلزم التعذيبَ نفسه حتى يقال: إنه إذا انتفى التعذيب انتفى

الوجوب. فلم يتم اللزوم الذي أردتم -على فرض تسليم ما ادعيتم من وجوب التعذيب عندنا-. وقد أوضحنا بطلانه باعتراف رؤسائكم.

ثم نقول: لا متشبَّث لكم في الآية على أنه -تعالى- يترك ما يُستَحَقُّ الذمُّ على تركه. لأنها ممكنة التأويل.

جواب من طرف العدلية

وأما ما يقال في هذا المقام، من أن المنفي هو التعذيب المقيَّد بها قبل البعثة -كما دلت عليه الآية- لا مطلقُ التعذيب، واللازم من الوجوب هو المطلق الذي لا تعرُّض في الآية لنفيه، لا المقيد الذي وقع نفيه في الآية، فقد قيل: إنه خارج عن التحقيق؛ لأن المنفي -بالآية- هو مطلق التعذيب، لا نوعٌ من أنواعه. والتقييد بالزمان لا ينافيه.

قلتُ: في هذا الجواب نظر.

أما أولًا؛ فلأنا لا نسلّم أن التقييد بالزمان لا ينافيه في الإطلاق.

وأما ثانيًا؛ فلأن تسليم الوجوب لمطلق التعذيب = لا يقتضي تعيين وقت التعذيب بها قبل البعثة وغيره، حتى يقال: إن الآية قد اقتضت تأخير التعذيب إلى بعد البعثة، فيلزم ارتفاع وجوبه. فإن ذلك عن محل النزاع بمراحل -كما لا يخفى-.

وتوضيحه: أن القائلين بالاستحقاق للتعذيب، لو سلّموا الوجوب -كما ادعاه الخصم-؛ فليس في كلامهم أنه يجب التعذيب قبل البعثة. بل له -تعالى- أن يعذِّب في أي وقت شاء. فالآية اقتضت أنه -تعالى- يؤخِّر العذاب إلى بعد البعثة. ولا منافاة بين ذلك وبين ما سلّموه من وجوب التعذيب المطلق.

فإن قيل: إن مقتضى الآية أنه لا تعذيب قبل البعثة أصلًا، أي: إن التعذيب لا يقع، لا أنه يؤخر إلى بعد البعثة، لأن تأخيره يقتضي ثبوت سببه. وهو ممنوع.

قلنا: إن أردتم: أنه لا يقع التعذيب قبل البعثة، لأن الله تعالى لا يفعله = فذلك مسلَّمٌ؛ إذ لا جنة ولا نار ولا ثواب ولا عقاب فيهما إلا بعد الرسل والكتب بالاتفاق.

وإن أردتم: أنه لا يقع لعدم استحقاقه؛ فذلك عينُ مُدَّعاكم، فأين الدليل عليه؟

وأما ما نسبه بعض الناس إلى بعض المعتزلة، من أن المراد بالرسول في الآية هو العقل، وأن المعنى ﴿وَمَا كُنَّا مُعَذِّبِينَ حَتَّىٰ نَبْعَثَ رَسُولًا﴾ حتى يكمُل العقل = فمع كونه من بدع التفاسير [162 ب]؛ لا حاجة إليه، ولا مُعوَّل عليه، وإن كان يقال: مجرَّدُ الاحتمال يُسقِط الاستدلال. وقد استدل الكاتبي بالآية هكذا: «لو لم يبعث الله رسولًا؛ وجب أن لا يُعذِّبَ تاركَ الواجب العقلي». وقال: «هذه القضية هي مضمون الآية، والخصم لا يقول بها» -أي: المعتزلة-.

وجوابه: أن هذا فرضُ محالٍ -أعني قوله: «لو لم يبعث الله رسولًا»-. وقد تقرر بين الجمهور: أنه يجوز أن يستلزم المحال محالًا آخر. ولا محذور في ذلك، كما صرح به أبو الحسين البصري -رحمه الله- في جواب السؤال المشهور، وهو قولهم: «لو وُجِد ما علم اللهُ أنه لا يوجَد». وقد يُقَرَّرُ كونُه محالًا بأن يقال: فَرْضُ أن الله لم يبعث رسولًا ولم ينزل كتابًا، مع فرْضِ ثبوت هذا النص، أعني قوله تعالى: ﴿وَمَا كُنَّا مُعَذِّبِينَ﴾. الآية = فرْضُ محالٍ قطعًا.

هـذا، وفي قوله: «وجب أن لا يُعذِّب» = نظرٌ ظاهرٌ؛ إذ ليس هذا الوجوب من مذهب المعتزلة ولا أحد من العدلية.

وأما بعض الناس؛ فردَّ الاحتجاجَ بالآية على وجه آخر، وهو أن قال: إنها لا تدل إلا على نفي التعذيب قبل البعثة، ونحن لا نقول به؛ لأن من مذهبنا: أنه -تعالى- يعذب بعد البعثة على المخالفات العقلية الواقعة قبل البعثة. وقد ذكر الكاتبي مثل هذا.

وأنت خبير بأنه لا حاجة بنا إليه، وأنه من ضيق العطن -كما لا يخفى على أرباب الفِطن-.

وأما قول المعترض: «وحيث إن الشَّكور قليل؛ فالتارك كثير»؛ فمع كونه دخيلًا في الإلزام الذي يريده = مستغنًى عنه، غيرُ صحيح في نفسه؛ لأنه لا يلزم من كون الشكور قليلًا أن يكون التاركُ كثيرًا.

أما أولًا؛ فلأن قلة «الشَّكور» الموضوعِ لفظُه للمبالغة = لا تستلزم قلة الشاكر؛ إذ

قد يكون الشاكر كثيرًا مع كون الشكور قليلًا. وهو واضح يعرفه من يعرف متنًا من متون النحو.

وأما ثانيًا؛ فلأنا لو سلمنا كون اسم المبالغة لا يزيد معناه على معنى المجرّد = فلا يلزم من ذلك كثرةُ عدم الشاكر؛ لجواز كون الشاكر قليلًا مع كون من ليس بشاكر قليلًا أيضًا. فإن القلة والكثرة من الأمور الإضافية. وهو أيضًا واضح يعرفه من يعرف أوائل المعقولات.

قوله: «لأن الغفلة موجودة»؛ إن أراد به أن الغفلة موجودة -على مذهبه ومدّعاه- فلا يجديه. وإن أراد الغفلة التي يعترف بها الخصم؛ فهم لا يقولون بجواز تعذيب الغافل، لا قبل البعثة ولا بعدها، فضلًا عن كونهم يوجبونه. وقد وافقهم أكابر الأشاعرة على عدم جواز تكليف الغافل، حتى إن المعترض لم يقدر على إنكار ذلك -كما سيأتي له قريبًا-، وهو هنا يرمي المعتزلة وغيرهم من العدلية بما هم عنه مبرؤون. والتعذيب عندهم = من فروع التكليف، فقد خَبَطَ خَبْطَ غفلة.

وأما قوله: «قد مر إبطالها»؛ مع أنها في الحقيقة اعتراف؛ فاغترافٌ من بحر أوهامه الفاسدة التي بنى التكاليف عليها. وليت شعري من أين جاء له الاعتراف الذي زعمه؟ وهل معه إلا الأماني التي هي بضائع النَّوْكَى؟ ونحن نقول: قد مر وتقرر إبطالها أيضًا. وللغفلة منه عن مذهب المعتزلة، بل عن كلام بعض أصحابه الأشاعرة = جعل عدم الوقوع مستلزمًا لعدم الاستحقاق. وقد نبهناك على أنه لا يلزم ذلك أصلًا. فإن عدم الوقوع لا يستلزم عدم الاستحقاق، إلا على تقدير وجوب التعذيب عقلًا. وقد عرفت بطلان هذه الدعوى على المعتزلة، وأنها من المفتريات.

والعجب من غفلة المعترض عما في **شرح المقاصد** لسعد الدين، مع نقله عنه في آخر كتابه هذا، وإن كان النقل عنه نفسه. وأعجبُ من هذا: أنه استدل بما ذكر = على انتفاء الحسن والقبح العقليين -بزعمه-، وذلك غير تامٍّ على فرض صحة دعواه المفتراة. إذ لو سلّمنا استلزام انتفاء الوقوع لانتفاء الاستحقاق = لم يلزم انتفاءُ الحسن والقبح العقليين. ألا ترى أن أصحابنا المعتزلة قد صرَّحوا بأنه لو فُرِض أن الله تعالى سلب لطفه عن بعض عبيده حتى وقع في المعصية القبيحة عقلًا = لم يعاقَب عليها مع الحكم

بقبحها عقلًا وذمِّ العاصي، كما ذهب إليه القاضي عبد الجبار بن أحمد -رحمه الله-؟

وبالجملة، فقد يرتفع استحقاق العقاب لسبب، ولا يستلزم ارتفاعَ الحسن والقبح. كما أن ارتفاع وقوعِ العقاب لسبب = لا يستلزم ارتفاعَ [163 أ] استحقاقِه. ومرجع ذلك إلى قاعدة: أنَ ارتفاع الأخصّ لا يستلزم ارتفاعَ الأعمّ. وقد تكررت الإشارة إليها ولا منازع فيها.

وبهذا وأمثاله -مما تقدم لنا-؛ يُعلَم براءةُ المعنى المتنازع فيه -في مسألة الحسن والقبح- عن دخول الثواب والعقاب آجلًا.

ويتضح منه جوابٌ آخر عمّا ذكره المعترض، وهو: أن من قال من العدلية: «إن التكاليف الشرعية ألطافٌ في التكاليف العقلية»، وفرضْنا أن الله تعالى لم يرسل رسولًا، ولم ينزل كتابًا، مع الحكم بكون ذلك لطفًا = لم يجُز حينئذٍ تعذيبُ العباد على المخالفات؛ لِـما عرفتَ، فلا يبقى للمعترض متشبَّثٌ في قوله تعالى: ﴿وَمَا كُنَّا مُعَذِّبِينَ﴾. الآية، ولا في قوله تعالى: ﴿ذَٰلِكَ أَن لَّمْ يَكُن رَّبُّكَ مُهْلِكَ ٱلْقُرَىٰ بِظُلْمٍ﴾ على أحد تفسيري **الكشاف**، وعلى ما زعمه المعترض، ولا في قوله تعالى: ﴿لِئَلَّا يَكُونَ لِلنَّاسِ عَلَى ٱللَّهِ حُجَّةٌۢ﴾. وهو واضح لمن أنصف وتوجَّهَ. والله الهادي إلى أقوم محجَّة.

الكلام في وجوب النظر

ولما قال المؤلف: «المجبرة: لا يجب النظر إلا سمعًا. لنا: ما مرَّ. وإن سُلِّمَ لزم بطلانُه بالدَّور أو الكفر؛ لأن المكلفين إما أن يجب عليهم النظر في دعوة الأنبياء عليهم الصلاة والسلام، أو لا.

الأول: دور؛ لأنه لا يجب النظر إلا بالسمع، والسمع لا يثبت إلا بالنظر. والثاني: تصويبٌ لمن أعرض عن دعوة الأنبياء؛ إذ لا واجب عليه. وذلك كفر»(211).

قال المعترض: «والجواب: أنا نختار الشق الأول من الترديد، أعني: أن المكلف يجب عليه النظر في صحة دعوة الأنبياء؛ ليظهر له صدقُهم فيؤمن بهم، فلا دور.

(211) المنصور بالله، **الأساس**، ص 28.

قولكم: ’لأنه لا يجب النظر إلا بالسمع، والسمع لا يثبت إلا بالنظر‘.

قلنا: إن أردتم أن الوجوب على المكلف -بحسب نفس الأمر- موقوفٌ على علمه الوجوبَ عليه، المستفادَ من علمه بثبوت الشرع عنده = فهو باطل؛ لاستلزامه الدور. وذلك لأن العلم بالوجوب موقوفٌ على الوجوب؛ لأن العلمَ بثبوت الشيء فرعُ ثبوتِه في نفسه، فإنه إذا لم يثبت في نفسه كان اعتقاده جهلًا. فلو توقف الوجوب على العلم بالوجوب؛ لزم الدور، ولزم أيضًا أن لا يجب شيءٌ على الكافر.

وإن أردتم: أن الوجوب على المكلف في نفس الأمر، يتوقف على ثبوت الشرع في نفس الأمر؛ فهو مسلَّمٌ، ولا يضرنا؛ ضرورةَ أنه إذا ظهر النبي -صلى الله عليه وسلم- ودعا إلى الإيمان وأظهر المعجزة = فقد ثبت الشرع وتحقق في نفس الأمر، عَلم المكلفُ ثبوتَه أو لم يعلم، نظر أو لم ينظر، فاندفع الدور؛ لأن وجوب النظر موقوف على ثبوت الشرع في نفس الأمر، لا على ثبوته عنده. والموقوف على نظره هو ثبوته عنده، لا ثبوته في نفسه. فالدور مندفع بلا شبهة، فليُفهَم.

وليس هذا من تكليف الغافل؛ لأن الغافل = من لم يتصوَّر التكليف، لا من لم يصدِّق به. ولا شكّ أن من بلغه دعوةُ النبي -صلى الله عليه وسلم- وأَمَره بالإيمان به أو النظر في صدقه = قد تصور التكليف. وهو ظاهر».

أقـول: هذا مما نقله المعترض من **المواقف** وشرحِه للسيد. وهو أيضًا مأخوذ من كلام الرازي. وأتى به المعترض ظانًا أنه نافع في دفع الدور. ونحن نحرر حاصل كلام المؤلف -رحمه الله- على وجهٍ تبطُل معه هذه الملاوذة فنقول:

حاصلُه: أن النظر لو لم يجب إلا بالسمع -كما تقوله الأشاعرة ومن يجري مجراهم-؛ لزم: إما الدور، وإما تصويبُ الكافرِ المعرِضِ عن الإيمان والنظر. وذلك أنه لو قال له الرسول: «يجب عليك الإيمان وإلا فانظر في صحة دعوتي»، فإذا قال له: من أين يجب عليّ النظر؟ فقال له الرسول: «إنما يجب عليك ذلك لأنه من جملة الواجبات التي أنا مرسَلٌ بها»؛ فللكافر حينئذ أن يقول: إذًا، قد توقف وجوبُ تصديقِك على وجوب النظر، ووجوبُ النظرِ على وجوبِ تصديقِك. وله أن يقول: أنا لا أنظر؛ لأن النظر إنما

جاء وجوبه من جهتك، وأنا لم أصدِّقْك حتى أحكمَ بصحة ما جئت به. ولو صدَّقتُك؛ لم أحتج إلى واسطة النظر، فلم أمرتني به؟ فلا بد مع ذلك من لزوم الدور؛ إما بمرتبتين أو بمراتب، أو الإعراض عن المحاجّة، وترك الكافر على كفره. وكلاهما ظاهر الفساد.

والمعترض إنما راغَ ولَاذَ؛ تبعًا لغيره بـ«ما في نفس الأمر»؛ لعدم ظهور الدور فيه. لكنه ليس مُدّعانا.

سَلَّمْنا، لكنا نقول: كلُّ ما يُفرَض في الخارج من الدور = نفرضه في نفس الأمر؛ لأن وجوب النظر في نفس الأمر، وإن كان ثابتًا بالسمع -كما يدعيه الخصم-؛ لكن ثبوته مربوط بإثبات السمعيات في نفس الأمر، بالنسبة إلى أفراد المكلفين. وإلا فمن أين وجب؟ وعلى من وجب في نفس الأمر؟ فهذه الملاحظة والتوقف لازمٌ في نفس الأمر كما يُفرَض في الخارج سواءً سواءً.

ولمثل هذا اعترض الرازي على قولهم: «لا تمايز بين الأجناس والفصول في الأعيان بل في الأذهان»؛ بأنَّ حكم العقل إن طابق الخارجَ؛ ثبت المطلوبُ، وإلا كان جهلًا. وهذا مثلُه؛ فـ«ما في نفس الأمر» = إن طابق ما في الواقع والخارج؛ ثبت المطلوب، ولزم الدور، وإلا منعنا ثبوتَه في نفس الأمر، بمخالفة الواقع.

وتوضيحُـه: أن الذي في نفس الأمر ليس مطلقًا، بل مقيدًا بقيوده المعتبرة في الخارج، من كون المكلف عالِمًا ونحو ذلك. ولا معنى لكونه عالِمًا إلا ما اعترف به المعترض من العلم بالدعوة، والعلم بظهور المعجزة. وذلك لا يتم إلا بالنظر، وإلا فكيف يشعر بأن المعجزة معجزة، وأنها تستلزم صدق النبي؟ وحينئذ، فالدور كائن لا محالة.

هـذا، وأنت خبير بأنه لو قال الرسول -في ذلك المثال الذي ذكرناه-: «إن وجوب النظر عليك ثابت في نفس الأمر»؛ لكان كلامًا في غاية السقوط، مغسولًا [163 ب] عن رائحة الحجة، بل لا جواب له إلا السخرية. نعوذ بالله من لوازم الجهل.

ولو أجيب؛ لكان جوابه بمثل ما تقدم. لأن المكلف يقول: «وجوبه في نفس الأمر إنما جاء من طريقك، فلا يتم عندي إلا بتصديقك، ولا يتم تصديقك إلا بالنظر، وليس واجبًا إلا من جهتك؛ فقد حصل الدور الظاهر».

ولنا أن نقول: سلّمنا أن ثبوت الشرع في نفس الأمر غيرُ واقف على ثبوت النظر. لكنه لا كلام لنا في مجرد الثبوت؛ فالإتيان به مغالطة. فإن المطلوب من المكلف هو الإذعان بالثبوت. فإذا توقف إثبات الشرع عند المكلف -بإذعانه وإقراره بثبوته- على النظر، وتوقف إثبات النظر والإقرار بوجوبه على الشرع = جاء الدور بلا شبهة.

وهاهنا دور آخر وقع فيه المعترض بغير اختياره. وذلك أنه قال: «إن الشرع إذا ثبت في نفس الأمر؛ وجب النظر»، وقد قال: «إن الشرع لا يثبت ويتحقق في نفس الأمر، إلا بعد أن يدعو النبيُّ إلى الإيمان أو النظر»؛ فقد لزم الدور. لأنه لا يثبت الشرع إلا بعد وجوب النظر بأن يدعوَ النبي إليه، ولا يجب النظر على المكلف في نفس الأمر، إلا وقد وجب عليه بأن يُدعى إليه، فقد توقف ما في نفس الأمر على ما في الخارج، وما في الخارج على ما في نفس الأمر. وهذا أقبح من الدور الأول، فتدبر، فإن المعترض ضلَّ ضلالًا مبينًا؛ لأنه زاد هذه العبارة على ما وجده في **شرح المواقف**، وقد كان له معينًا، فغلط حيث انفرد بما أورد.

ونحن نورد عليه إشكالًا أيضًا، وهو: أنه لا يُعلَم وجوبُ الأمر الصادر عن الله إلا بعد معرفة الله تعالى؛ لامتناع العلم بالمفهوم المنسوب إلى شيء، دون العلم بذلك الشيء، وقد أقر بهذا الرازي في **المحصل**(212)، وقرره الكاتبي في **شرحه** -وإن كان في مادة أخرى-. ولهذا ذهب إلى أن شرط الوجوب ليس إلا التمكن من العلم بالوجوب ولو في الجملة، وهو التزامٌ لصحة تكليف الغافل، وجوازِ تكليف ما لا يطاق بل ما لا يُعلَم. وإنه مقتضى أصولهم. ونفيُ الحسن والقبح عقلًا = أساسُ هذه الأباطيل.

كلام في الغفلة، ومعنى «الغافل»

وأما قول المعترض: «وليس هذا من تكليف الغافل»؛ ففيه غفلة عن تصريحهم بأن الغافل هو: «من لا يعْلَمُ ما كُلِّفَ به». ولا شك أن مَنْ هذا حالُه = غافلٌ. فإنه إذا لم

---

(212) لعله يعني قوله: «سلّمنا إمكان الأمر بالعلم، لكن لا نسلم إمكان الأمر بمعرفة الله تعالى؛ لأن معرفة الإيجاب تتوقف على معرفة الموجِب، فقبل معرفة الموجِب؛ لا يمكن معرفة الإيجاب». ينظر: الرازي، **المحصل**، ص 41.

ينظر أصلًا، ولا عرف ماهية ما كُلِّف به؛ فمن أين يقال: «إنه عالم»؟ وهم -أي: الأشاعرة- قد علّلوا امتناع تكليف الغافل، بأن مقتضى التكليف بشيء: «الإتيانُ به امتثالًا»، وذلك يتوقف على العلم بالمكلَّفِ به. صرح بهذا جماعةٌ، منهم: القاضي زكريا في **شرح اللب**[213]. وفيه نظر؛ ففي قول المعترض: «علم المكلف ثبوتَه أو لم يعلم» = مخالفةٌ لما صرح به رؤساء أصحابه، بل مخالفةٌ لنفسه في قوله: «وليس هذا من تكليف الغافل».

لا يقال: إنه ما أجاز إلا نفيَ العلم بثبوت الشرع، لا مطلقَ العلم بنفس الشرع. والأول من قسم التصديق، والثاني من قسم التصور، بدليل قوله: «من لم يتصوَّر التكليف... إلخ».

لأنا نقول: لا معنى للعلم بالشرع إلا العلمُ بثبوته، أي: لا معنى لتصوره إلا تصورُ كونِه وثبوتِه. فإن أراد: أن هذا من قسم التصديقات = فممنوع. وإن أراد: أنهم أجازوا التكليف مع عدم مثل هذا التصور الساذج = فقد نسب إليهم المناقضة.

أو نقول: إن من لم يحصل له شعورٌ بقيام النبي وثبوت دعوته وظهور معجزته = فقد شملته الغفلة. ومن حصل هذا العلم والشعور[214] = فقد انتفت عنه الغفلة. وسواءٌ سمّى المعترض هذا «تصديقًا» أو «تصورًا». لكنه إذا سماه «تصديقًا»، وهو قد أجاز تكليفَ من انتفى عنه التصديق -كما قال: «لا من لم يصدق»- فقد أجاز تكليف الغافل وناقض نفسه بنفسه مناقضة صريحة.

وأما وجه النظر الذي في كلام أصحابه -أعني الذي ذكرناه أولًا- فلأن التكليف عندهم لا يستدعي غرضًا؛ سيّما الامتثال -كما صرح به البيضاوي في **منهاجه**[215]، وفي **مختصره** من **الكشاف**-، وهو الملائم لقاعدتهم في أفعال العباد، وفي أن عدم الامتثال ووقوعَ المخالفة للمأمور به والمنهي عنه = بإرادته تعالى بل بفعله وإيجاده سبحانه وتعالى عما يقول الظالمون علوًّا كبيرًا.

---

(213) زكريا الأنصاري، **غاية الوصول**، ص 8.
(214) يبدو أن في نظم الكلام خللًا، ولعل صوابه أن يكون هكذا: «ومن حصل له هذا العلم والشعور... إلخ».
(215) الإسنوي، **نهاية السول**، ص 70.

نعـم، هذا النظر لا يدفع ما لزم المعترِضَ من الشناعة -كما ترى-.

ثم نقول: قد اعترف بأنه لا بد من ثبوت الشرع من حصول الدعوة وظهور المعجزة. فإن أراد: أن مجرد حصول الدعوة وظهور المعجزة = كافٍ في ثبوت الشرع ولزوم التكليف -سواء علم المكلف حصول ذلك ووقوعه أم لم يعلمه-؛ فقد أجاز تكليف الغافل قطعًا، ووقع في المناقضة شاء أم أبى؛ لأن قوله: «أم لم يعلم» = يتناول التصور والتصديق، أعني أنه لا ينتفي عنه العلم رأسًا، إلا إذا انتفى التصوّر والتصديق معًا.

وإن أراد: أنه لا بدّ من علمِ المكلَّف بثبوت ذلك ووقوعه -ولو تصوُّرًا خاليًا عن الحكم-؛ فقد ناقض نفسه بنفسه أيضًا في قوله: «سواء علم المكلف ثبوته أو لم يعلم».

كلام في التصديق المعتبر في الإيمان

واعـلم أن من ذهب إلى أن التصديق المعتبر في الإيمان هو: «التصديق المنطقي»، كسعد الدين؛ اعتمادًا منه على كلام ابن سينا -كما صرّح به في **شرح مقاصده**-[216]؛ فقد لزمه أن يقول: إن الغافل هو: «من لا يتصور التكليف»، لا من [164 أ] لم يصدِّق به، وإلا لزمه أن لا يُكلَّف إلا من كان مؤمنًا أو مستيقنًا جاحدًا. لكن اللازم باطل؛ فالملزوم مثله. وهذا لازم للمعترض؛ لأنه قد صرّح في **شرح عقيدة ابن المؤلف** -قدَّس الله روحيهما- بما حاصله متابعةُ سعد الدين في ذلك.

لا يقال: هذا غير لازم، بل الإلزام باطل، لأن التصديق بوقوع التكليف غير التصديق المعتبر في الإيمان. وهذا الإلزام مبني على اتحادهما، وخلطِ أحدهما بالآخر.

لأنا نقول: إن التصديق بالتكليف مستلزمٌ للتصديق المعتبر في الإيمان. إذ لا معنى للتصديق بالتكليف مع عدم التصديق المعتبر في الإيمان. فإنه -على هذا الذي ذهب إليه سعد الدين- هو: «الإذعان بصدق النبي -عليه وعلى آله الصلاة والسلام- في جميع ما جاء به من جملة التكاليف». فلا يحصل التصديق بالتكليف حتى يحصل التصديق بالنبي -عليه وآله الصلاة والسلام-. فالإلزام صحيح، واللازم ثابت -كما لا يخفى-.

(216) التفتازاني، **شرح المقاصد**، ج 2، ص 252.

وأما على ما ذهب إليه بعض المحققين من الأشاعرة والماتريدية، من أن التصديق المنطقي غير التصديق اللغوي المعتبر في الإيمان = فلا يلزم شيء من ذلك.

ولقد كرر سعد الدين في كتبه دعواه أن الإذعان معتبر في التصديق المنطقي، وادّعى أيضًا أنه بعينه هو التصديق اللغوي المقابل للتكذيب، واستظهر على ذلك بأنه هو المعنى المعبَّرُ عنه بالفارسية بـ«كرويدن وحق داشتن». وهذا اللفظ يعطي الإذعان والاطمئنان. وقد بسط الكلام على ذلك في **شرح المقاصد**، وقال في **التلويح**: «إنه طال النزاع في هذا المعنى بين صدر الشريعة وبعض معاصريه»، ثم زعم هو أن التصديق المعتبر في الإيمان هو المنطقي المعبَّر عنه بالفارسية بـ«كرويدن»، وكذا ذكره في **شرح العقائد**.

وجزم بعض المحققين بخلافه، وأن الإذعان والاطمئنان أمرٌ وراء التصديق المنطقي. كيف ومعناه -على ما صرحوا به-: «إدراك النسبة، ووقوعها في القلب»؟ حتى صرّحوا بأنه يشمل العلم والظن. والإذعانُ أمرٌ آخر وراء ذلك.

ولذا، قد يعطفون عليه التسليمَ والقبولَ وسكونَ النفس، فلا يتناولُ التصديق الظني، بخلاف المنطقي فإنه يشمله -كما عرفت-. لكنه قد زعم سعد الدين في بعض مؤلفاته أن عطفهم لـ«التسليم» عليه = ليس على ظاهره، وإنما هو مجرد توضيح للمقصود الذي هو الإذعان المعتبر في التصديق المنطقي. وأنت خبير بأن شموله للظني يأبى ذلك.

وبالجملة، فكلام سعد الدين في هذا المقام غير مقبول، باعتراف بعضهم.

وكلامُ المعترض مبنيٌّ عليه، لكنه لم يورد ما أراده على وجهٍ سالمٍ من المناقضة، بل وقع في ما عرفته، وناقض نفسه بنفسه، وكفى الله المؤمنين القتال.

تحريرٌ لكلام العدلية

ثم اعلم أن الأَوْلى في تحرير كلام أصحابنا أن نقول: لو لم يجب النظرُ إلا بالسمع؛ لزم إفحامُ الرسل -عليهم الصلاة والسلام-. لكن التالي باطلٌ؛ فالمقدَّم مثلُه.

أما بيان الملازمة: فلأن الرسول إذا قال للمكلف: «صدِّق برسالتي وما جئت به»، فقال: لا أصدقك حتى أعرف صدقك، فقال: «انظر في صدقي حتى تعرفه»، فقال: لا

يجب النظر عندي إلا بإيجابك له، وإيجابك ليس مقبولًا عندي ولا حجة فيه؛ فإن كونه حجةً يتوقف على كونه صدقًا، ولا يثبت كونه صدقًا إلا بعد ثبوت صدقك في ما جئت به جميعًا = فقد حصل الدور المحال في هذا، بخلاف ما لو قال له: «وجوب النظر واجب عليك بالقضية العقلية؛ لأنك ترفع به الخشية والتخوف عن نفسك، وتدفع الغم الوارد على قلبك، وهو ضررٌ ناجزٌ، وكلُّ ما كان ضررًا؛ كان دفعه واجبًا عقلًا»؛ فإن المخاطب ينقطع، وتلزمه الحجة.

وأما بيان بطلان التالي: فلأن الله عزّ وجلّ إنما أرسل الرسل ليقيم بهم الحجة على العباد ويقطع معذرتهم، كما قاله تعالى في كتابه الذي لا يأتيه الباطل. فلا يصح إفحامُهم -عليهم الصلاة والسلام- من المعاندين وعبّاد الأصنام. فإن في ذلك عكسًا لقضية الإرسال.

وقد اعترف سعد الدين بقوة هذا، حتى قال في **شرح المقاصد**: «إنه إحدى الشبهتين اللتين بسببهما قالت الماتريدية بالحسن والقبح عقلًا»[217].

وأما الرازي فقال في **المحصل** ما نصه: «والجواب: أن هذا لازم عليكم أيضًا. لأن وجوب النظر، وإن كان عندكم عقليًا، لكنه غير معلوم بضرورة العقل؛ لِما أن العلم بوجوب النظر يتوقف على العلم بوجوب معرفة الله تعالى، وعلى العلم بأن النظر طريق لها، وأنْ لا طريق إليها سواه، وأنّ ما لا يتم الواجب إلا به فهو واجب. وكلُّ هذه المقدمات نظريٌّ، والموقوف على النظري نظريٌّ؛ فكان العلم -عندكم- بوجوب النظر نظريًا؛ فللمخاطب أن يقول: لا أنظر حتى لا أعرف وجوب النظر»[218]. انتهى.

جوابٌ إلزاميٌّ للرازي على العدلية

قلت: هذا الجواب الإلزامي = تشكيكٌ منه، لا يقدح في ما ذكرناه. لأنا إنما قلنا: «إنه يلزم إفحامُ الرسل بالحجة القوية» -كما بيناه-، وما قلنا: «إنه يلزم إفحامهم بالمعاندة والمغالبة». وهذا الذي يمتنع من النظر حتى لا يعلم بعقله وجوبَه عليه = لا

(217) التفتازاني، **شرح المقاصد**، ج 2، ص 153.
(218) الرازي، **المحصل**، ص 42.

يكون بامتناعه مفحِمًا لأحد من العقلاء، فضلًا عن أكمل العقلاء -وهم الرسل عليهم السلام-، وإنما يصير أضحوكَةً لكل عاقل، وينتظم في سلك أهل اللدد والمعاندة. فإنه لا فرق في المعاندة بين منع الاعتراف بالواجب، وبين منع ما يُعرَف به وجوبُ الواجب، كالنظَر.

وعلى الجملة، فمثلُ هذا التشكيكِ بضاعةٌ لا تنفَق إلا عند من عقلُه ركيك.

ثم لا نسلِّم توقف وجوب النظر على العلم بوجوب معرفة الله تعالى -كما يظهر بأدنى نظر في ما ذكرناه-. ولئن سلّمنا؛ فغايته أن نقول: إن الرسول ينبّه المخاطَب على ذلك أدنى تنبيه. كيف إذا اقترنت دعوته بالإيعاد والتخويف، فيتنبَّه المخاطَبُ على أن النظر دافع للخوف ومزيل للغم الوارد على النفس؟ وقد ذكرنا أنه ضررٌ ناجزٌ، وأن كلَّ ضررٍ معلومٍ أو موهومٍ = واجبُ الدفع عقلًا. ولا دافع لذلك إلا النظرُ. وهو أيضًا أقرب الأشياء إلى الناظر -كما اعترف بذلك الرازي في بعض المواضع-. وكلُّ من خشي على نفسه [164 ب] من أمرٍ = دَفَعَه بأقرب الأشياء إليه. ألا ترى إلى الصاعد إلى مكان عالٍ، إذا خشي السقوط تشبَّث بأقرب الأشياء إليه، واضطرّه العقلُ إلى الدفع عن نفسه؟ فظهر أنه لا يلزم -على هذا- إفحام الأنبياء -عليهم السلام- إلا على القول بأن النظر لا يجب إلا بالسمع.

وأما العضد؛ فنقل هذا الكلام -أعني كلام الرازي- وجعله في **المواقف** نقضًا لكلام أصحابنا، وجعل ما تطفّل عليه المعترض حلًّا لكلامهم. والمعترضُ أعرض عن النقض، وانتحل الحلَّ، واكتفى به؛ لأنه وجد السيد قد قال في **شرح المواقف**: «إن هذا الحل يدفع الإشكال بالنقض عن المعتزلة، فيقال: 'قولك: لا يجب عليّ النظر ما لم أنظر = باطل، لأن الوجوب ثابت عليكم بالعقل في نفس الأمر، لا بتوقفٍ على العلم بالوجوب والنظر فيه»(219). انتهى. وحينئذ، تبيّن أن المعترض ما أورد إلا ما هو مضرٌّ له ونافع لنا. والحمد لله رب العالمين.

---

(219) الجرجاني، **شرح المواقف**، ج 1، ص 275.

تتـــمّـــة

اعـلم أن الإمام الرازي ذكر في **المحصل** ما يلائم مذهب الأشاعرة في وجوب النظر وفي حصوله نفسه، فإنه قال ما لفظُه: «مسألة: المشهورُ في بيان وجوب النظر أن معرفة الله تعالىٰ واجبة، ولا يمكن تحصيلها إلا بالنظر. وما يتوقف عليه الواجب المطلق، وكان مقدورًا للمكلف؛ فهو واجب»(220). انتهىٰ.

وفيه تصريح وإشارة بأنه لا يمكن تحصيل المعرفة إلا بالنظر، وأن الناظر محصِّلٌ للمعرفة بالنظر، وأن إيجاب النظر إنما كان لأجل تحصيل المعرفة، وإلا فليس مقصودًا في نفسه. وهذه الثلاثة لا تلائم مذهب الأشعري.

أما الأول: وهو أنه لا يمكن تحصيل المعرفة إلا بالنظر؛ فظاهر من وجهين:

أحدهما: أن الأشعري قائل بأن المعرفة مكتسَبة للعبد بقدرته الحادثة -كما صرح به جماعة، ومنهم شارح **جمع الجوامع** وقد مر نقل كلامه-. وإذا كانت المعرفة مكتسَبةً بقُدرة، فيقال للأشعري: إما أن تزعم أن هذه القدرة هي القدرة التي يُكتَسَبُ بها النظرُ، أو أن تزعُم أنها قدرة أخرىٰ -كما هو الظاهر-.

لا سبيل إلىٰ الأول؛ لتأخر المعرفة عن النظر، ووجوبِ مقارنة القدرة عندك.

ولا سبيل إلىٰ الثاني أيضًا؛ لأنك تنازع في وجوب النظر، ولا تنازع في أنه ليس واجبًا لعينه بل لغيره وهو المعرفة. فالنظر غير مقصود بالذات بل بالعَرَض. ولا يخفىٰ علىٰ عاقل أن المعرفة إذا كانت مكتسَبَةً بقدرةٍ منفردةٍ غيرِ قدرةِ النظر = لم يكن النظر الصحيح بعد حصول مقدماته المنتجة للمعرفة؛ مستلزمًا للمعرفة ولا مفضيًا لها أصلًا. لأنه لا معنىٰ لكون المعرفة مكتسَبةً بقدرةٍ، إلا كونُ العبد الكاسب متمكنًا منها، وإلا لم يكن قادرًا، فلا يكون كاسبًا. وإذا كان قادرًا متمكنًا؛ فلا معنىٰ لتمكُّنه إلا تمكُّنُه من الفعل والترك. لكنه لا يتمكن من ترك المعرفة بعد النظر الصحيح الكامل -باعتراف الأستاذ أبي إسحاق الإسفراييني والإمام الرازي وغيرهما-. وإذا لم يكن متمكنًا من الترك؛ لم يكن له قدرةٌ علىٰ المعرفة غيرُ القدرة علىٰ النظر، والأشعري لا

(220) الرازي، **المحصل**، ص 41.

يقول بأن القدرة على النظر قدرة على المعرفة؛ لأنه لا يقول بتقدُّمها ولا يقول بالتوليد الذي يقول به أصحابنا -رحمهم الله تعالى-. وبهذا ظهر رسوخ كلامهم في التوليد، وظهر أيضًا أن الأشعري لا يجد دليلًا على وجوب النظر.

ثانيهما -أعني ثاني الوجهين المذكورين-: أن الأشعري قائل بأن المعرفة حاصلة بخلق الله وتحصيله تعالى؛ فكيف يقول: إنه لا يمكن حصولها إلا بالنظر؟ وهو ظاهر جدًا.

وأما الثاني -من الثلاثة التي لا تلائم مذهب الأشعري- فهو: أنه لا يقول بأن للعبد الناظر العارف أثرًا في تحصيل المعرفة، والله تعالى هو المحصِّل الموجِد للمعرفة والمؤثر في حصولها وثبوتها للعبد -كما أشرنا إليه آنفًا-؛ فكيف يقول الأشعري: إن الناظر محصِّلٌ للمعرفة -كما ذكره الرازي-؟ وهو ظاهر أيضًا.

وأما الثالث -أعني ما أشار إليه الرازي من أن إيجاب النظر ليس إلا لأجل تحصيل المعرفة-؛ فمع أنه مشعر بالعِلَّة والغرض -وهو لا يلائم مذهب الأشعري بل ينافيه-؛ قد أَشْعَرَ أيضًا بأن المعرفة لا تتم إلا بالنظر -كما هو قضية قول الرازي: «وما يتوقف عليه الواجب المطلق... إلخ»، و«بعضهم يقول: 'ما لا يتم الواجب إلا به... إلخ'»-. وإذا كانت المعرفة لا تتم إلا بالنظر؛ فلم قال: إنها مكتسبة بقدرة حادثة للعبد -كما مر-؟ فإن ذلك مؤذِنٌ بأنها واقعة باختيار العبد. وإذا كانت باختياره؛ كان كسبُها مستندًا إليه -أعني: يكون كسبها مستندًا إلى مجرد اختياره لا إلى النظر-. ولا سبيل إلى القول بأن النظر شرط في وقوع اختياره.

أما أولًا؛ فلأن هذا ليس من كلام الأشعري.

وأما ثانيًا؛ فلأن الاختيار إذا توقف على شيء = لم يكن اختيارًا حقيقةً. بل هو باسم «الوجوب» و«الاضطرار» أولى، وإن كان الأشعري لا يثبت من الاختيار إلا الاسم فقط -كما لا يخفى على من تأمل وما تألّم-، والله أحكم وأعلم.

كلام في التقليد

ولما قال المؤلف(221): «وهو فرض عين»(222) -يعني النظر الصحيح-. ثم قال: «وافترقوا في التقليد. فابن عياش -أي: إسحاق بن عياش بالياء المثناة من تحت والشين المعجمة وقد صحفه المعترض أو بعضُ الكُتَّاب بالمهملة وبالموحدة من تحت، وهو مشهور من كبار المعتزلة-، والعنبري كذلك منهم وغيرهما، وروايةٌ عن المؤيد بالله -أي: أحمد بن الحسين الهاروني من الزيدية، وكان أوّلًا إماميًا كما ذكره النصير الطوسي في كتابه المصنف في الرجال، وكذا ذكره غير الطوسي من الزيدية- قال: 'يجوز التقليد مطلقًا'. البلخي -أي: أبو القاسم البلخي وقد يظن بعض الناس أن البلخي غيرُ الكعبي، حتى وقع هذا الغلط في **شرح المواقف** وناهيك بمؤلفه، ووقع أيضًا من العضد في آخر **المواقف** من 'بحث الإرادة' فظنّ أن البلخي غيرُ الكعبي، وقد جرى قبله الآمدي في **أبكار الأفكار**، حيث قال في 'بحث الإرادة' أيضًا: 'منهم النظام والبلخي والكعبي'، وقد تنبه لهذا الفاضلُ أحمد جَنْد من المتأخرين، وذكره في حاشيته على **شرح العقائد النسفية**(223)، وهو: أبو القاسم عبد الله بن أحمد بن محمود البلخي الكعبي من أئمة معتزلة بغداد، ولم يُذكَر بعده فيهم مثلُه، حتى صار رأسًا لهم، وقد انفرد بمقالات، مات رحمه الله تعالى سنة تسع وعشرين وثلاثمئة كما ذكره الذهبي، وقال الحموي المتقدم: إنه مات سنة سبع وعشرين، وأما الإمام المهدي فقال: سنة تسع عشرة وثلاثمئة، ولعله رحمه الله تعالى نقله من كلام الحاكم والله أعلم-.

قال: 'يجوز تقليد المحق'. قلنا: لم يكن الله تعالى مطابقًا لكل اعتقادٍ؛ فالمخطئ جاهل، والجاهل كافر به إجماعًا. وتقليد الكافر في كفره كفرٌ إجماعًا. ولا يحصل العلم بالمحق إلا بعد معرفة الحق، ولا يُعرف الحق إلا بالنظر، فيمتنع التقليد حينئذ».

قال المعترض: «هذا الكلام فاسدٌ من وجوه:

---

(221) في هذا النص المقتبس أدخل العبدي تعريفًا بالأعلام داخل النص نفسه، وقد ميّزته بعلامات الترقيم ووضعته بين معترضتين كما تراه، فيرجى التنبه.

(222) المنصور بالله، **الأساس**، ص 29 وما بعدها.

(223) حاشية أحمد جند على شرح العقائد النسفية، وهو مخطوط. أما المؤلف، فلم أقف على ترجمته.

أما أولًا؛ فلأنه لا شك في اختلاف الأنظار ومناقضة بعضها بعضًا -كما هو واقع-. فإذا كان المخطئ جاهلًا به، والجاهلُ كافرٌ = كان الكفر مأمورًا به؛ لأنه ما أدّاه إليه إلا نظرُه الذي هو فرض عين، ومنحصرٌ فيه معرفةُ الحق. وإذا كان مأمورًا به؛ يلزم أن لا يكون عليه عقاب، بل يلزم أن يكون له ثواب؛ لأنه ما أتى إلا بالمأمور على حسب وُسعِه، ولا يكلف الله نفسًا إلا وسعها».

أقـول: أما تستحي -يا أخا الأكراد- من مثل هذا الإيراد؟ فإنك كررت الغلط بأن النظر مأمورٌ به وأنت قريب عهد بالرد -في زعمك- لقول المؤلف: «إنه واجب عقلًا» -على ما هو مذهب العدلية-.

فإن كان ذلك الرد منك بمحاذاة القول بوجوبِ مطلَق النظرِ أعمَّ من الصحيح والفاسد -كما هو الظاهر-؛ فالمؤلف لا يسلِّم أنه مأمورٌ به أصلًا. إنما المأمور به هو الصحيح. كيف وقد قال في صدر الكلام: «والصحيح منه واجب عقلًا وسمعًا»؟

وإن كان الرد والنقض بمحاذاة خصوص كلام المؤلف -رحمه الله-؛ فكلامه ليس مطلقًا -كما عرفتَ- بل مقيَّد. فإنه -رفع الله تعالى ذكره- قيّد كون النظر واجبًا ومأمورًا به، بكونه صحيحًا. والأمر بالنظر الصحيح ليس أمرًا بالكفر، ولا يستلزمه بوجهٍ ما؛ لأن الكفر إنما يتأدّى عن النظر الفاسد الذي لم يتناوله الأمرُ، ولا تعلَّق به الوجوب. وهو واضح.

ولكنها قد زلت قدم المعترض في ما تقدم، وتخبط في هذا المعنى ذلك التخبط الذي عرفته في ما مضى من اعتراضاته، وقد كشفناه وزيّفناه بما لا مزيد عليه. [165 أ]

ولنذكر هنا شيئًا آخر مما في هذا الكلام الباطل، فنقول:

قوله: «كان الكفر مأمورًا به» = باطلٌ من وجه آخر غير ما ذكرناه، وهو: أنا لو فرضنا أن الأمر وقع بمطلق النظر = لم ينصرف إلا إلى الصحيح منه لا الباطل -كما في سائر الأوامر-.

ثم نقول: قد اعترف المعترض -في ما سيأتي قريبًا إن شاء الله- أن كلام المؤلف ظاهرُه قبل البعثة وبعدها. ولا شك في امتناع كون النظر مأمورًا به قبل البعثة، فلا

يلزم أن يكون الكفرُ مأمورًا به مطلقًا؛ إذ لا شيء قبل البعثة من الأوامر.

ثم نقـول: هذا لازم لكم أيضًا. بل لزومه -على مذهبكم لو كان لازمًا- أظهر منه على مذهبنا. لأنكم إنما أوجبتم النظر بالسمع. ولا شك في اختلاف الأنظار -كما ذكرتم سواءً سواءً- فيلزمكم أن الكفر مأمور به. وما كان جوابكم فهو بعينه جواب المؤلف.

قوله: «لأنه ما أدّاه إليه إلا نظرُه الذي هو فرض عين» = باطل أيضًا. لأنه مبني على عدم الفرق بين أن يكون الشيء المأمور به مستلزمًا لشيء آخر، وبين أن يكون غير مستلزم له. والأمر بالشيء إنما يكون أمرًا بما يستلزمه كما هو المعنى الأول لا مطلقًا؛ وإلا لزم بأن الأمر بالجهاد أمرٌ بهلاك النفس، وأمرٌ أيضًا بإهلاك نفوس المؤمنين، واجتياح أموالهم، وإدخال السرور على الكفار. وذلك لأنه قد يؤدي الجهاد إلى ذلك جميعه -وقد وقع-. فالمعترض من الغافلين عن هذا الفرق الواضح للعارفين.

قوله: «ومنحصرٌ فيه معرفة الحق» = دعوى باطلةٌ إن أراد الانحصار في مطلق النظر، أعمَّ من الصحيح والفاسد. وإن أراد الانحصار في الصحيح منه؛ فلا ينفعه ولا يضر المؤلف.

قوله: «ما أتى إلا بالمأمور به على حسب وُسعه» = ممنوعُ الطرفين -على ما سلف-، أي: لا نسلم أنه مأمور به، ولا نسلِّم أنه هو الذي في وسعه.

قوله: «ولا يكلف الله نفسًا إلا وسعها»؛ إما أن يكون إلزاميًا أو اعترافًا بالحق.

وأما القول بأن كلام الأشاعرة في الجواز لا في الوقوع = فلا محصَّل له، بل ليس صحيحًا. لأن كل التكاليف عندهم من هذا القبيل، أي: مما لا يطاق -كما صرّح به جماعة منهم ومن غيرهم-. وأين الطاقة والوسع ممن لا يتمكن من فعلٍ ولا تركٍ إيجادًا ولا إعدامًا، ولا تأثير له في شيءٍ مَّا؟ وكيف يُتصوَّر التكليف بالوُسع ممن هو فاقد القدرة حال التكليف -كما ذكرنا ذلك سابقًا وسيأتي له ذكر إن شاء الله-؟ ويختص المعترض -من بين أصحابه- بأنه لم يُثبت للعبد من الطاقة والاختيار إلا الأوهامَ الفاسدةَ -باعترافه-، بل قد وقع -في ما سيأتي من خبطه- في ما هو أعظم من ذلك، حيث صرح بما محصَّلُه: أن التكليف بأسره واقعٌ بالمحال لذاته. نعوذ بالله من

الخذلان ومقتضياته.

قال: «وأما ثانيًا فلأن قوله: 'والجاهل به كافر به إجماعًا'، ظاهرُه: أن الجاهل به مطلقًا من قبل البعثة وبعدها. وهو باطل. لأن الكفر إما عدمُ الإيمان به، وإما عصيانٌ مخرِجٌ لمرتكبه من ملة الإسلام -على ما ذكره المؤلف في كتاب 'المنزلة بين المنزلتين'-. والإسلام قد فسره فيه أنه بمعنى الإيمان والاعتراف بالله ورسوله وما عُرِف من ضرورة الدين، والإقرار بذلك مع عدم ارتكاب معصية الكفر.

ولا شك أن من لم تبلغه دعوةُ نبيٍّ = لم يمكنه الاعتراف برسالته ونبوته وما عُرف من ضرورة دينه. وهو ظاهر. ومن لم يتحقق ذلك = لم يمكن له إسلام. ومن لا إسلام له = لا معنى لخروجه منه بعصيان؛ لأن الخروج منه فرعُ تحقُّقِه. ولم يتحقق قبل النبي -صلى الله عليه وسلم-، فلم يتحقق الخروج منه. فلا وجود للكفر قبل البعثة؛ فليس الجاهل بكافر على الإطلاق، بالإجماع».

أقـول: هنا يقال للمعترض: «مأرُبةٌ جاءت بك لا حفاوةٌ»(224)، فإنه قال هنا: «إن الكلام ظاهرُه: قبل البعثة وبعدها». وقد قال أوّلًا: «إن النظر مأمورٌ به»؛ ليرتِّب على ذلك دعواه: أن الكفر مأمور به.

فانظر كيف نكص على عقبيه، ورجع يضرب أصدريه. وكيف يكون النظر مأمورًا به قبل البعثة يا أخا الأكراد؟ يا عجباه من إنصافك ومعرفتك للمراد!

قوله: «باطل» = باطل؛ لِـمَا تسمعه الآن إن شاء الله.

قال: «وأما ثالثًا؛ فلأن تقليد الكافر في كفره؛ إنما يكون كفرًا -إجماعًا- إذا عُلِم أنه كافر. وأما إذا لم يُعلَم أنه كافر، بل عُلِم أنه مؤمن، وأنه عالم بدين الله، وأنه من علماء الإسلام، وأنه إمامٌ في دين الله -كالشيخ الأشعري الذي هو في زعمكم مخطئ في بعض المسائل خطأً مؤديًا إلى الجهل بالله الذي هو كفر-؛ فلا يكون كافرًا بالإجماع.

وقد زعمتَ -في زعمك الباطل الفاسد الذي ينادي على بطلانه العقلُ والنقل- أنه

(224) من الأمثال العربية، ويقصد به: ما أتى بك لزيارتي إلا حاجة تريدها، ولم تأتِ إكرامًا لي.

كافرٌ بالإجماع».

أقـول: ليس كلام المؤلف بصدد أحد بعينه -كما قال المعترض-، ولا كلامه -رحمه الله- في كافرٍ لا يُعلَم كفرُه. وكيف يصح الحكم بالكفر قبل العلم به؟ وإنما كلامه مطلَقٌ في بيان فساد التقليد وسوء مآله، أعمَّ من أن يكون التقليد لزيد أو لعمرو. فلا وجه لما أورده المعترض. وقد أبان هنا عن كونه قد انحرف مزاجُه، واغتلم اعوجاجُه. ولذا زاد ألفاظًا مستغنًى عنها في ما هو بصدده، بل هي مُضِرَّةٌ. ألا ترىٰ إلىٰ قوله: «بل عُلِم أنه مؤمن، وأنه عالم بدين الله، وأنه من علماء الإسلام، وأنه إمام... إلخ»؟ فإن هذا التوصيف مع عدم ملائمته للمقام = لا حاجة إليه جميعه؛ لأنه يكفي مجردُ عدمِ العلم بالكفر، والعلمُ بالإيمان. وظاهر كلام المعترض: أنه لا بد من العلم بهذه الأوصاف جميعها. وهو كلام من جنس الهذيان. ومن هذا القبيل قوله: «وقد زعمت في زعمك الباطل الفاسد... إلخ»؛ فإنّ كلّ لفظةٍ من هذه الألفاظ الأربع = يغني عنه ما قبله، فلا حاجة إلىٰ قوله: «في زعمك» [165 ب]، مع قوله: «قد زعمت»، ولا إلىٰ قوله: «الفاسد»، مع قوله: «الباطل»، بل ولا إلىٰ قوله: «الباطل»، مع قوله: «الذي ينادي علىٰ بطلانه العقل والنقل». بل وكان تقديم «الفاسد» علىٰ «الباطل» صوابًا، بالنظر إلىٰ مراده المخطئ لسَنَن الإنصاف، الصادر عن الشغف بالخلاف.

قال: **«وأما رابعًا؛ فلأن من أُمِر بجميع ما جاء به رسول الله -صلى الله عليه وسلم- علىٰ طبق مراده -صلى الله عليه وسلم-، من غير نظر ولا تصرُّفٍ ولا تأويل = كان محقًا لا محالة؛ ضرورةَ أنه ما قلَّد إلا محقًا على القطع عند كل مؤمِنٍ. فإذا كان كذلك؛ بطل حصرُ معرفة الحق على الإطلاق في النظر، والقولُ بامتناع التقليد. وفيه مفاسد أُخَرُ من المفاسد التي مر بيانها، فلا نعيدها»**.

أقـول: مبنَىٰ هذا الكلام مع فساده = علىٰ جواز المعرفة من دون نظرٍ. وهو مخالف لما عليه أكثر الأشاعرة، وعلىٰ أنه يسمَّىٰ «مقلِّدًا» من أخذ بجميع ما جاء به النبي -عليه الصلاة والسلام- من الأقوال والأفعال علمًا يقينًا، من دون تقليد لأحد من الناس.

وهاهنا نكتة، وهي: أن المعترض جعل مطابقة مراد الرسول -عليه الصلاة والسلام-حقًا -كما قال: «علىٰ طبق مراده... إلخ»-. ومن أصولهم المقررة: أن مطابقة

مراد الله تعالىٰ = قد تكون باطلًا، بل الباطل أكثر وقوعًا من الحق؛ لآيات وأحاديث كثيرة. وكلُّ واقعٍ = مرادٌ له عزّ وجلّ -كما قالوا-. فيلزم محذورات ومفاسد عظيمة. ومِن أظهرِها: أنَّ بعض ما يريده الرسول -عليه الصلاة والسلام- من الخير والحق = ليس مرادًا لله تعالىٰ. وبعض ما يكرهه -عليه الصلاة والسلام- من الشر والباطل، ويتبرأ منه ويذم مريدَه وفاعلَه = مرادٌ لله تعالىٰ. وهذا أمرٌ واضحُ البطلان. وقد مر لنا إشارات إليه في مواضع. ولسنا هنا بصدد تطويل الكلام فيه. ولنتوجّهْ إلىٰ إيضاح المقصود، فنقـول:

اعـلم أن المؤلف -رحمه الله- تكلّم أوّلًا في النظر الذي وقع فيه الخلاف بين الفريقين: هل وجوبه بالعقل أو بالسمع؟ وهذا النظر الذي اختلفوا فيه = لا يصح فرضه إلا بعد البعثة؛ لأنه لا خلاف للأشاعرة في طريق الوجوب لما قبل البعثة؛ إذ هم نافون للوجوب رأسًا قبل البعثة؛ فكيف يخالفون في طريق الوجوب ما هي؟ إذًا، لأثبتوا الوجوب قبل البعثة بالشرع. وإنه محال ظاهر.

ثم إن المؤلف تكلم في النظر الواجب مطلقًا، أعمَّ من أن يكون وجوبُه عقليًا أو سمعيًا، قبل البعثة أو بعدها.

ثم إنه استطرد التقليدَ والخلافَ فيه. وذلك مفروض في ما بعد البعثة قطعًا. وقد ترك -رحمه الله- بيانَ مثل هذا الواضح؛ لأنه من وظائف الشارح.

وإن كان في كلام المؤلِّف نوعُ إجمالٍ واشتباهٍ؛ فلا يكاد يخفىٰ المقصود علىٰ ذوي الإنصاف والانتباه.

وإذا عرفت ما ذكرناه؛ لاح لك ما في كلام المعترض من الاضطراب وعدم الإنصاف. فإنه قال: «إن كلام المؤلف فاسد من وجوه». وبنىٰ فساد الوجه الأول علىٰ أن الكلام برُمَّتِه = في ما بعد البعثة. ولذا قال: «إن النظر مأمورٌ به»؛ ليُلزِم المؤلِّفَ كونَ الكُفرِ مأمورًا به -بزعمه-. وبنىٰ فسادَ الوجه الثاني علىٰ أن الكلام في ما قبل البعثة. ولذا قال: «ولا شك أن من لم تبلغه دعوة نبي = لم يمكنه الاعتراف برسالته... إلخ».

وبنىٰ فساد الوجه الثالث علىٰ أن المؤلِّف أراد بـ«المخطئ»: الجاهلَ بعضًا معيّنًا. ولذا قال: «بل عُلِم أنه مؤمن، وأنه عالم بدين الله، وأنه من علماء الإسلام، وأنه إمام...

إلخ». وهذا بناءٌ منه على أن الكلام في ما بعد البعثة، بل في ما بعد بعثة من أُنزِل عليه: ﴿إِنَّ ٱلدِّينَ عِندَ ٱللَّهِ ٱلْإِسْلَٰمُ﴾ [آل عمران: 19]، عليه وعلى آله الصلاة والسلام.

وبنى فساد الوجه الرابع على أن المؤلف أراد مطلق التقليد لا لبعضٍ معيَّن. بل بناه على أن المؤلف أراد مجرد اسم التقليد، لا التقليد الاصطلاحي. ولذا قال: «من آمن بجميع ما جاء به رسول الله -صلى الله عليه وسلم-... إلخ»، أي: فإنه إنما قلد الرسول -عليه الصلاة والسلام- وهو محق بالقطع والاتفاق.

فقد حصل التناقض والتساقط في هذه الوجوه التي أبداها تشكيكًا على ذوي الألباب، وتساقطت من يديه، ولم يبق فيها إلا التراب، وحال دونه ودون الفضل حجاب. فإنه إذا سُلِّم الوجهُ الأول؛ سقط الوجه الثاني، وإذا سُلِّم الوجه الثاني؛ سقط الأول. وهو واضح.

وكذا الحال في الثالث والرابع. لأنه إذا سُلِّم الثالثُ؛ سقط الرابع، والعكس. وهكذا حال المشغوف بالاعتراض؛ يُعرِض عما لا يتم له معه الاعتراض(225)، فتخطئ سهامُه الأغراض. فلو أورد اعتراضَه بطريق الترديد؛ لكان له نوع وجاهة، وإن كان -بالنظر إلى ما ذكرناه أوّلًا- غيرُ وجيه. فقد أخطأ حيث أراد تمام ما يرجوه بتكثير الوجوه، وزاد في قبح خطابه إتيانُه أولًا بصيغة جمع الكثرة، حيث قال: «هذا الكلام فاسد من وجوه». ولو قال: «من أوجُه»، بل: «من وجهين»؛ لكان أقل قبحًا.

وفي قوله: «ولا تأويل» = ميلٌ إلى ما سيأتي له من اتّباعه لطريقة قدوة القائلين بوحدة الوجود؛ محيي الدين بن عربي، حيث ذهب إلى عدم التأويل، وإبقاء الظواهر على حالها، كآية: ﴿ٱلرَّحْمَٰنُ عَلَى ٱلْعَرْشِ ٱسْتَوَىٰ﴾ [طه: 5]، و﴿تَجْرِي بِأَعْيُنِنَا﴾ [القمر: 14]، و«بين أصبعين من أصابع الرحمن»(226)، و«وضع الجبار فيها قدمه»(227)، و«يكشف الرحمن عن ساقه»(228)، إلى غير ذلك مما هو واجب التأويل بلا مخالفة ممن له حياء

(225) لعل هنا خللًا في النظم، ولعل الصواب هو أن يقول: «يُعرضُ عمّا لا يتمّ إلا معه الاعتراض».

(226) ابن الأثير، **جامع الأصول**، ج 4، ص 342، حديث 2365.

(227) المرجع نفسه، ج 10، ص 522، حديث 8072.

(228) المرجع نفسه، ج 2، ص 412، حديث 859.

ومروءة، من الأشاعرة وغيرهم. بل قد صرّح كثير منهم بأن كلام ابن عربي وأضرابِه ضلالٌ وإلحاد. وأما المعترض فقد ثنَى الوسادة واتكأ في بحبوحة هذا المذهب. نسأل الله العافية.

وأما قوله: «وفيه مفاسد أُخَر من المفاسد التي مر بيانُها»؛ فقد مرّ بيانُ غلطِه، وأنها مفاسد [166 أ] عليه لا على المؤلف -رحمه الله-. فليت أن المعترض اقتصر على ما أسلف من الخطاء، وألقى على صحيفته من ستر الصمت غطاء.

[بحث في ذكر الدليل والاستدلال]

ولما أخذ المؤلف في ذكر الدليل وحقيقته؛ تكلم المعترض عليه بما لا حاجة بنا إلى رده وتوهينه؛ فإنه قد سلف الكلام برمته.

[في أن الاستدلال بالآيات إنما هو استدلال عقلي]

ثم لمّا قال المؤلف رحمه الله: «أئمتنا والجمهور: ويصح الاستدلال على ثبوت الباري تعالى بالآيات المثيرة لدفائن العقول»(229).

قال المعترض: «لا خفاء في أن الآيات لا تقوم حجةً إلا بعد الإيمان بصدقها، وهو موقوفٌ على تصديق الرسول، الموقوفِ على ثبوت الباري تعالى. فلا يمكن الاستدلال بها على ثبوت الباري؛ لاستلزامه الدور.

فإن أثارت دليلًا عقليًا على ثبوت الباري؛ كان هو الدليل، لا الآيات. وهو ظاهر. فالمثيرة كغير المثيرة؛ لا يصح الاستدلال بها على ثبوت الباري تعالى من حيث هي هي. ومن حيث إثارتُها دلائل العقول = لم تكن هي دلائل، بل ما أثارته من الدلائل العقلية.

وغاية ما سيذكره في رد أبي هاشم: أنها مذكِّرَةٌ لطُرُق الفكر. وهو عين الاعتراف بأنها ليست دلائل لذاتها، بل لكونها مذكِّرةً لطرق الفكر التي هي الدلائل. وهو مسلَّمٌ وغيرُ مضِرٍّ».

---

(229) المنصور بالله، **الأساس**، ص 31.

أقـول: لنا على هذا جوابان؛ إلزامي، وحقيقي:

أما الإلزامي؛ فهو أن نقول: لا شبهة ولا شك في أن ثبوت الباري تعالى متحقق في نفس الأمر، لا توقُّف له على الدليل، ولا على شيء آخر بالضرورة والاتفاق. وإنما المتوقف على ثبوت الدليل، هو: ثبوت الباري تعالى، وتحقُّقه عند المستدل.

وقد رضي المعترض لنفسه بهذا الجواب -أعني الدور في وجوب النظر بالسمع فقط-. فإن كان هذا الجواب حقًا؛ فقد سقط اعتراضه هنا. وإن كان باطلًا؛ فقد بطل جوابه هناك.

وأما الحقيقي؛ فهو: أن الذي أراده المؤلف -رحمه الله-: أن الاستدلال بالآيات على ثبوت الباري تعالى = قد يمكن؛ نظرًا إلى أن المتأمل فيها والمتدبر لمعانيها؛ قد ينقدح في خاطره أن هذا كلام لا يصدر عن بشر، لأنه مرتقٍ إلى أعلى طبقة من طبقات الفصاحة والبلاغة، منتهٍ إلى حد الإعجاز على ما فيه من الطلاوة والحلاوة، فيلوح له أنه صدر عن فاعل مختار، أنشأه بذلك التأليف العجيب، والترتيب الغريب، إلى غير ذلك مما هو عليه، كالإخبار بالمغيبات، فيجري الاستدلال بالآيات -على هذا- مجرى الآثار. والاستدلال بالأثر على المؤثر = مما لا يعتريه الإنكار، وإن قال بعض الفلاسفة: «إنه برهانٌ إنِّيٌّ»؛ لأنه استدل بالمعلول على العلة. ولسنا بصدد الخوض في هذا، ولا كونه إنِّيًّا أو لِمِّيًّا. إنما أردنا بيان أن المؤلف لا يريد أنها -أي: الآيات- تفيد الدلالة على ثبوت الباري تعالى لا بواسطة العقل، وإلا كان قوله: «المثيرة لدفائن العقول» = لغوًا. وإنما أراد: أنه يكون لها دخول في الدلالة، حتى كأنها مقدمة من مقدمات الدليل. وتسمية مثل هذا الذي ذكرناه «استدلالًا» = مما لا يسع المنصفَ منعُه. لا كما توهّمه المعترض.

قوله: «ومن حيث إثارتُها دلائل العقول = لم تكن هي دلائل، بل ما أثارته».

قلنا: نحن نختار هذا الشق، ونسلِّم أن الدليل العقلي هو الدليل لا هي. والمؤلف ما ادَّعى أنها نفسها هي الدليل، بل قال: «إنه قد يُستدَلُّ بها من حيث كونها مثيرةً لدفائن العقول». وليس كلُّ ما يُستدلُّ به يسمَّى دليلًا. ألا ترى أن إحدى مقدمتي

الدليل يحصل الاستدلال بها قطعًا، وإلا لم تكن مقدمة؟ ومع هذا لا تسمَّى دليلًا إلا مجازًا. وهذا كله غني عن البرهان، ومن ادَّعى خلافَه فعليه البيان.

وإذا ظهر لك ما ذكرناه؛ عرفتَ أن مبنى اعتراض المعترض = على أمرين ممنوعين:

أحدهما: ادعاءُ أن كل ما وقع به الاستدلال يسمَّى «دليلًا». وهو لا يلزم -كما عرفت آنفًا-.

الثاني: ادعاءُ أن المؤلِّف أراد الاستدلال بها من حيث كونُها نقلًا صادرًا عن الرسول الداعي إلى الله تعالى، وأنها متضمِّنةٌ لذكر وجوده عزّ وجلّ. وهذا عن مراد المؤلف بمراحل، وإلا لما ذكر أنها «مثيرةٌ لدفائن العقول».

ولا يخفى على أحدٍ أن الدليل النقلي -أي: المركب من مقدمتين؛ كلٌ منهما أو إحداهما ثبت بالنقل-؛ لا يمكن به إثبات الباري تعالى. وذلك لأن العلم بصدق النقل = يتوقف على العلم بصدق الرسول المبلِّغ له. والعلمُ بصدقه إنما يكون بواسطة العلم بأن الباري تعالى أظهر المعجزة على يده. والعلم بذلك يتوقف على العلم بوجود الباري تعالى. فلو استفدنا ثبوت الباري تعالى من الدليل النقلي [166 ب]؛ لزم الدور. وهو ظاهر، لا يخفى مثلُه على مثل المؤلف -رحمه الله-. إنما يخفى على من يقدح في العقل بالنقل، كبعض الناس.

ولك أن تقرر الجواب على وجه آخر، وهو أن تقول: إن لزوم الدور إنما جاء من جهة أن المعترض اعتبر الآيات، في كلام المؤلف، = بقيد الحيثية المذكورة، أي: كونها من عند الله تعالى، وكونها صادقةً وحجةً في نفسها. وليس هذا من كلام المؤلف ولا من مراده أيضًا. فإنه أراد: أن الآيات مثيرة لدفائن العقول، أعمَّ من ملاحظة الحيثية المذكورة. أولا يُرى أن كثيرًا من العرب كانوا يؤمنون إذا تُليت عليهم الآيات التي تثير دفائن عقولهم؟ ولا شبهة في أن ذلك قبل معرفتهم لربهم، وإلا كان التالي للآيات لقصد إيمانهم بربهم = عابثًا، أو أن يكونوا مؤمنين عارفين بالله، غير مؤمنين ولا عارفين به تعالى في حالٍ واحد. وهو بديهي البطلان.

واعلم أن الوصي -كرم الله وجهه في الجنة- قد ذكر دفائن العقول في بعض كلماته

المذكورة في **نهج البلاغة**. وظني أن المؤلف -قدس الله روحه في الجنة- أخذ هذا الكلام من هنالك واقتبسه منه. ولا خفاء في أن الكلام من باب الاستعارة. وكلامُ المعترض الذي رد به كلامَ المؤلف ينبئ عن جهله بهذا. فتأمل قوله: «المثيرة كغير المثيرة»، وميله إلى أن «دفائن العقول»: عبارة عن «أدلة العقول». وهذا خطأ ظاهر، فلا نطول ببيانه. ثم إن جَعْلَ الآيات أو غيرها مثيرةً لدليل العقل، وجعْلَه -أي: الدليل- مُثارًا = ظاهر البطلان.

هـذا، ولا يخفاك أن المعترض قد وقع هنا في الاعتراف ببطلان ما سبق له من الكلام على النظر، وأقرّ -من حيث لا يشعر- بأنه يلزم -على مذهبه من أن وجوب النظر ليس إلا سمعيًا- ما سبق لنا ذكرُه من إفحام الرسل -عليهم الصلاة والسلام-، وقيام حجة المعاندين. وذلك لأنه صرح بأن «الآيات لا تقوم حجةً إلا بعد الإيمان بصدقها، وهو موقوف على تصديق الرسول». وعلى هذا؛ فلا يقوم للرسول حجة على المكلف، بل الحجة له على الرسول -بمقتضى مذهب المعترض- لأنه يقول: «لا يجب عليّ النظر إلا على تقدير كونِ ما جئتَ به من الأوامر والنواهي حجةً. لكنه لا يقوم حجةً إلا بعد تصديقك في ما جئت به. وتصديقُك لا يكون إلا بعد العلم بصدقك. وهو لا يكون إلا بالنظر الذي ليس بواجب عليّ إلا من طريقك». وقد ذكرنا هذا في ما مر فتذكر. والمعترضُ غفل عن مذهبه، وإلا لعبس وبسر، وفكّر في غير هذا وقدّر، ثم أدبر واستكبر.

كلام في الاستدلال بالقياس العقلي

ولمّا قال المؤلف: «**ويصح -أي: الاستدلال- بالقياس العقلي. بعض أئمتنا وغيرهم: لا يصح. قلنا: موصِلٌ إلى العلم**». ثم قال -رحمه الله-: «**ولوروده في بعض السمع، كقوله تعالى: ﴿قُلۡ يُحۡيِيهَا ٱلَّذِيٓ أَنشَأَهَآ أَوَّلَ مَرَّةٖۖ﴾** [يس: 79]، **ونحوها**»(230).

قال المعترض: «**قد ردّ على بعض أئمتهم بالعقل والنقل. فذهابُهم إلى عدم**

(230) المنصور بالله، **الأساس**، ص 32.

الاستدلال بالقياس = ردٌّ لما ورد في القرآن من الآيات الدالة على صحته عنده. وقد كفّر الأشاعرةَ في قولهم بما يستلزم ردَّ آيةٍ -في زعمه-، مع أنه بمعزلٍ عنه -كما بيناه سابقًا-. فيلزم تكفيرُ هذا البعض من أئمتهم. لكنهم ليسوا بكفار اتفاقًا. فينقلب الكفر عليه. وكفى الله المؤمنين القتال. والحمد لله رب العالمين».

أقول: اعلم أنه لم يتحرّر النزاع بين المانعين للاستدلال بالقياس العقلي، وبين القائلين به؛ لأنه: إن أريد بالقياس العقلي: ما صُورَتُه صورةُ القياس في الجملة، أي: إنه -مثلًا-: «كما أحياها -تعالى- في النشأة الأولى = يحييها -عزّ وجلّ- في النشأة الأخرى»، ونحو ذلك من الأمثلة = فهذا لا مانع منه، لكنهم لا يسمونه «قياسًا»، بل هو عند المعتزلة من باب «إلحاق التفصيل بالجملة» -كما يذكرون مثل ذلك في كتبهم-.

وإن أُريد: أنه يُستدلُّ بالقياس العقلي، من حيث كونُه قياسًا جامعًا للشروط المعتبرة في أصول الفقه؛ فذلك مما لا ينبغي أن يقول به أحدٌ؛ لأنها لا تتحقق الشروط، ولأنه يفضي إلى قياس الغائب على الشاهد، وغايتُه: إفادة الظن إذا لم تكن عِلَّتُه قطعية. ولهذا كان قول الأشاعرة ونحوهم بقيام معنى العلم وسائر الصفات بالباري تعالى، نظرًا إلى اعتبار الغائب بالشاهد = في غاية الضعف. وقد حاول تقويتَه إمام الحرمين -كما في **شرح المقاصد**- فلم يأت بما يُعتَمَد عليه(231).

وأما قول المعترض: «إنه يلزم كفرُ المؤلف بتكفير البعض من أئمتهم» = فمردود عليه.

أما أولًا؛ فلأن المؤلف لا يدّعي أن كلَّ مخالِفٍ لمضمون آيةٍ، ظاهرًا كان أو مؤوَّلًا، عالمًا بوجه دلالتها أو جاهلًا = أنه يلزم كفرُه. وكيف يقول ذلك والاختلاف بين أهل البيت -رضي الله عنهم- وغيرهم لا يحصى؟ بل لو قال بذلك على إطلاقه؛ لزمه كفر الجمهور من الفريقين؛ لإطباقهم على مخالفة الظواهر التي يستلزم ظاهرُها التشبيهَ والجبرَ المحضَ. وكذلك أطبقوا على مخالفة ظاهر صيغة الأمر، المستعملة في التهديد، كقوله تعالى: ﴿ٱعۡمَلُواْ مَا شِئۡتُمۡ﴾، إلى غير ذلك مما لا يحصى.

إنما أراد -رحمه الله- أن المصادمة لصريح [167 أ] الآية = يلزم منه الكفر -كما وقع

---

(231) ينظر: التفتازاني، **شرح المقاصد**، ج 2، ص 73.

من المجبرة في تكليف ما لا يطاق-. وفي ذلك ردٌّ لصريح قوله تعالى: ﴿لَا يُكَلِّفُ ٱللَّهُ نَفْسًا إِلَّا وُسْعَهَاۚ﴾ [الآية: 286]، لا سيما على القول بأن التكاليف بأسرها واقعةٌ بما لا يطاق -كما هو تحقيق مذهب الشيخ الأشعري-.

وأما على ما سيأتي للمعترض مما يلزم عليه أن بعض التكاليف -بل جميعها- تكليفٌ بالمحال الذاتي؛ فالأمر أوضح، والباطل أقبح.

ولا يلزم من تكفير القائل بهذا القول الباطل تكفيرُ غيره ممن تأول بعض الآيات القابلة للتأويل، وكان غيرَ معتقد لما يلزم منه الكفر من وجهٍ آخر مثلًا.

وبالجملة، فالمعترض قد خلط معنى «الردّ» بمعنى «التأويل»، كما خلط المؤوّل بغيره.

ومحصَّل كلام المؤلف في إبطال تكليف ما لا يطاق وتكفير القائل به: قياسٌ حَمْليٌّ، هو قولنا: «هذا ردٌّ للقرآن. وكلُّ ردٍّ للقرآن كفرٌ بالإجماع». ولا يخفاك أن الصغرى غيرُ صادقةٍ في ما نحن فيه؛ إذ ليس الاستدلال بالقياس العقلي ردًّا للقرآن، بالاتفاق.

نعم، لو نطق القرآن بأن الاستدلال بالقياس صحيح؛ لكان المنع له ردًّا للقرآن.

وأما ثانيًا؛ فلِما ذكرناه من أن النزاع بين المانع والمستدل = لم يتحرّر. فكيف يترتب على ذلك كفر أو فسق؟ نسأل الله العافية.

[الجهل بالدليل لا يُبطِل كونه دليلًا]

ولما قال المؤلف: «والجهل بوجه الدليل لا يبطل كونَه دليلًا؛ لأن الجهل لا تأثير له في إبطال الأدلة، باتفاق العقلاء»[232].

قال المعترض: «أصبتَ فالزَم. فجهلك وجهل أمثالك بوجه دلالة قوله تعالى: ﴿وَٱللَّهُ خَلَقَكُمۡ وَمَا تَعۡمَلُونَ﴾ على خلق الأعمال كما بيناه = لا يُبطِل كونَه دليلًا. وكذلك سائر النصوص من الكتاب والسنة التي أوّلتموها على طِبْق أهوائكم؛ للجهل بوجه

(232) المنصور بالله، **الأساس**، ص 32.

الدلالة أو للتعصب والحمية الجاهلية. ولقد أحسن الشاعر في قوله:

إذا لم يكن للمرء عين صحيحةٌ فلا غرو أن يرتاب والصبحُ مسفرُ

وقال الآخر:

وكم من عائب قولًا صحيحًا وآفته من الفهم السقيم»

أقول: قد جعل المعترض أوهن الشُّبَه وأوهاها، وأقصرَها عن ساحة الإنصاف وأقصاها = دليلًا لا يُبطِله الجهل بوجه دلالته. ثم أخذ يرمي المؤلف ببغيه وسوء جهالته. كل ذلك حرصٌ منه على ترويج هذه الشبهة؛ إذ هي غاية ما عنده في الباب، وجلُّ ما في الكيس = من الأمور المشتبهة.

وأنت قد عرفت أن كونها دليلًا على خلق الله للأعمال = مما لا يركن إليه إلا مخذول، غافل عن المنقول والمعقول. بل كونُها شبهةً = لا يتم إلا بعد تلك الاعتبارات المزخرفة، والعبارات المموهة. وكلما تمت تلك العبارات والاعتبارات؛ لم تكن شبهةً إلا عند الغافلين عن مذهب الأشاعرة. وأما العارفون به؛ فإنهم يعلمون أنها كلما تمت انقلبت حجةً عليهم -كما مر-، وسنشير إليه هنا بما لا يخفى على عاقل عارف. وكذا المعترض ما أظنه يخفاه ذلك من كل وجه. ولذا ذُيِّل الكلام بقوله: «وكذلك سائر النصوص... إلخ»، فكيف يأخذ هذه الشبهة هنا لتقريع المؤلف، ويلتذ بزخرفها المختلف؟ كمن يستشهد بالكذب والأضاليل على إقامة الأباطيل، أو كما قيل:

كما يتداوى شاربُ الخمرِ بالخمرِ

أو كما قال الأعشى:

وكأسٍ شربتُ على لذَّةٍ وكأسٍ تداويتُ منها بها

أو كما قال أبو نواس:

وداوني بالتي كانت هي الداء

يا عجباه! بينما هذه الشبهة في ساحة المنع الفسيحة، ونحن نستهزئ ونستخفّ بالمتشبِّث بها، زاعمًا أن فكرته صالحة، وقريحتَه غيرُ قريحةٍ؛ إذ صارت دليلًا له على

دعواه الباطلة القبيحة، وهي نفسها في مناقضتها ظاهرة بل صريحة. ثم ها هو الآن يضرب لها مثلًا لِما يجهل الجاهل وجه دلالته الصحيحة، وضربَ لنا مثلًا ونسي خلقَه واختلاقَه، وطوىٰ كشحًا عما هو الإنصاف؛ وقاحةً منه أو حماقةً. ونحن قد نبهناك -في ما مر- علىٰ أن هذه الآية الكريمة لا تدل علىٰ مذهبهم في الجبر وخلق الأعمال، بل تناقضُه باعترافهم من حيث لا يشعرون.

أما علىٰ تقدير كون «ما» في قوله تعالىٰ: ﴿وَمَا تَعۡمَلُونَ﴾ موصولةً = فظاهرٌ؛ لأنها إذا كانت موصولة؛ فالمعترض قد قال: «إنها قد تكون عبارة عن نفس الأشكال، وقد تكون عبارة عن الأصنام التي هي مجموع الجواهر والأشكال». وعلىٰ هذين التقديرين؛ فالمراد من الآية -بزعمه-: أن الأشكال مخلوقة لله تعالىٰ. لكنه غفل عن كون الأشاعرة مصرِّحين بأن ما خرج عن محل الكسب، كالأشكال = لا يكون معمولًا للعباد أصلًا؛ لأنه ليس مكسوبًا. وكل ما لم يكن مكسوبًا = لم يكن إلىٰ العباد منسوبًا. وعلىٰ هذا؛ فالآية المذكورة مناقضة لمذهبهم؛ لأنها -باعترافهم- نطقت بأن الأشكال المذكورة معمولةٌ لأهل الأصنام، ونَسَبَتْها إليهم. فهي دليل للمعتزلة وسائر العدلية؛ لأنهم هم الذين يقولون بأن الخارج عن محل القدرة، إذا كان بواسطة فعلٍ في محل القدرة = فإنه يُنسَب إلىٰ العبد؛ بناءً علىٰ أن قدرته مؤثرة في أعماله -كما عرفت-.

وأما الأشاعرة؛ فإنهم لمّا نَفَوا تأثير قدرة العبد في أفعاله؛ لم يمكِنْهم أن يقولوا بأن شيئًا مما خرج عن المحل = معمولٌ للعبد، ولا أن شيئًا من أعماله واسطةٌ في فعلٍ آخَرَ خارجٍ عن المحل -كما صرحوا به-. فهذه الآية الكريمة حجةٌ عليهم علىٰ التقدير والترتيب الذي ذكره المعترض وعلىٰ ما صرح به الأشاعرة.

وأما علىٰ تقدير كون «ما» مصدريةً -كما مال إليه الرازي والبيضاوي وغيرهما من أذكياء الأشاعرة الذين عرفوا هذه المناقضة لمذهبهم-؛ فبيانه: أن المعترض معترفٌ بأن الحجةَ علىٰ عبّاد الأصنام لا تقوم علىٰ مذهبهم، إلا علىٰ تقدير أنهم إنما عبدوها لتميُّزِها بالأشكال؛ وبناءً منهم علىٰ أن تميزها بها ليس من آثار الله يوجِب استحقاقها لأن تُعبَد دونه تعالىٰ، وأن معنىٰ الآية -علىٰ هذا التقدير- هكذا: «والله خلقكم وخلق تشكيلكم الذي ترتَّبَت عليه الأشكال التي أوجبت التميز للأصنام من بين سائر الأجسام». وأنت تعلم

أن هذا مبني على الاعتراف بترتب الأشكال على التشكيل، وأنه هو الواسطة فيها.

وقد عرفتَ أن هذا ليس من مذهبهم -أي: الأشاعرة- بل هو نقيضه كما مر.

فالآية -على هذا أيضًا- حجةٌ عليهم، كما أنها على التقدير الأول -أعني تقدير «ما» موصولةً- حجةٌ عليهم.

وأما على تقدير كونها مصدرية، والمصدر مؤوَّلٌ باسم المفعول؛ فقد جاء الكلام عليه في التقدير الأول -الذي هو تقدير كونها موصولة-. وكل هذا ظاهر عند كل منصف. وما كان ينبغي للمعترض أن يجهلَه؛ لأنه ليس من البُلَداء، إلا أن العصبية قد ألحقته بهم ونظمته في سلكهم، حتى غفل عن صريح مذهب الأشاعرة، وعن مقتضى عباراته الظاهرة، وظن أنه قد بيّن دلالة هذه الآية على مذهبهم، وما جاء إلا بالمكابرة، وسيكر على هذا البيان كرّةً خاسرة، وهو في غفلته وترويجاته القاصرة.

فقـوله: «كما بيّنّاه» = أراد به ما سبق له من تلك الفضيحة.

وخلاصة ما هناك: أن عُبّاد الأصنام إنما عبدوها -بزعمه- وخصُّوها بالعبادة؛ لأنهم اعتقدوا أن نحتها وتشكيلها = من آثارهم، فاستحقت الاختصاص بعبادتهم لها -كما عرفت-، وغفل عن قولهم -كما حكاه الله تعالى في ما لا يأتيه الباطل من بين يديه ولا من خلفه-: ﴿مَا نَعْبُدُهُمْ إِلَّا لِيُقَرِّبُونَآ إِلَى ٱللَّهِ زُلْفَىٰٓ﴾ [الزمر:3]، وقالوا: ﴿هَٰٓؤُلَآءِ شُفَعَٰٓؤُنَا عِندَ ٱللَّهِۚ﴾ [يونس: 18]، وغيرهما. وحال الكفار في هذا المعنى واحد؛ لأنهم -خلفًا عن سلف- متهالكون على عبادة الأصنام وغيرها دون الحقيق بالعبادة سبحانه وتعالى. وقد حكى الله عنهم ما حكاه في القرآن الحكيم مما لم يوفّق المعترض لإصابة الصواب فيه، حتى ضل عن كونهم بمعزل عما افتراه عليهم ونسبه إليهم.

وفي الحكم القديمة: «إنما فُضِّل الناطق على الأخرس = بالمنطق، وزَيْنُ النُّطقِ الصِّدقُ، فالكاذب شرٌّ من الأخرس». انتهى. فلو ترك المعترض هذا الافتراء الذي افتراه على عبّاد الأصنام. لكنّه قد افترى على الملائكة والأنبياء عليهم السلام. وليت أنه نظر في معنى الآيتين اللتين ذكرناهما، وتأمل غيرهما مما دلّ على أن عبّاد الأصنام ونحوها قد عبد بعضُهم ما لا تأثير لهم فيه أصلًا. فإنهم قد عبدوا الملائكة ﴿وَقَالُواْ لَوۡ

﴿شَآءَ ٱلرَّحۡمَٰنُ مَا عَبَدۡنَٰهُمۗ﴾ [الزخرف:20]، ﴿بَلۡ كَانُواْ يَعۡبُدُونَ ٱلۡجِنَّۖ أَكۡثَرُهُم بِهِم مُّؤۡمِنُونَ﴾ [سبأ: 41]. وهم لم يروهم، فضلًا عن كونهم يؤثرون فيهم، فضلًا عن كونهم يعتقدون أن ما كان مختصًا بشيء من غير آثار الله = كان حقيقًا بالعبادة، بل هو أحق بها من الباري تعالى.

وبالجملة، فهم وإن كانوا ضالين؛ لكنّ ضلالهم ليس منشؤه ما ذكره المعترض، بل هو ما حكاه أصدق القائلين في الذكر المبين ﴿فَمَن شَآءَ فَلۡيُؤۡمِن وَمَن شَآءَ فَلۡيَكۡفُرۡۚ﴾.

وأين المعترض من قوله تعالى: ﴿لَوۡ شَآءَ ٱللَّهُ مَآ أَشۡرَكۡنَا﴾؟ ولو تعقَّلها لعلم أنهم يعتقدون أنهم مطابقون لمراد الله تعالى في عبادتهم لها؛ فكيف [167 ب] يزعم أنهم عبدوها لكونها ليست من آثاره تعالى بل من آثارهم، فهي نافعةٌ لهم وضارَّةٌ دونه عزّ وجلّ؟ إن هذا إلا إفك مبين.

وقد ذكرنا -في ما سبق لنا- أن هذا الكلام الذي افتراه على عبّاد الأصنام = مبنيٌّ على أنهم على طريقة المعتزلة في خلق الأفعال. ولو كانوا كذلك -كما زعمه-؛ لم يكن في قوله: ﴿أَتَعۡبُدُونَ مَا تَنۡحِتُونَ ٩٥ وَٱللَّهُ خَلَقَكُمۡ وَمَا تَعۡمَلُونَ﴾ حجةٌ عليهم أصلًا. لأنهم يقولون: إن أردت أن الله تعالى هو الخالق للأشكال التي قد اعتقدنا أنها بتأثيرنا دونه تعالى؛ فقد لزم محال عند الكل، وهو: اجتماعُ المؤثِّرين التامين على الأثر الواحد.

وإن أردت أن الله تعالى خلق تشكيلنا للأشكال؛ فكذلك يلزم المحالُ المذكورُ من بابِ أولى وأحرى؛ لأن تشكيلنا لها = نفسُ تأثيرنا فيها بلا واسطة. فيلزم من إسناده إلى الله اجتماعُ المؤثرين على الأثر الواحد، فلا حجة لك في هذا القول على كل تقدير، وبكل حال.

هـذا، وقد أوضحناه -في ما مر- بما فيه غنية للمميِّزين. والأمر كما قال بعض المُجيدين:

لا ترجع الأنفسُ عن غيِّها ... ما لم يكن منها لها زاجرُ

ولّما تكلم المؤلف في المؤثِّر، والعِلَّة، والشَّرط، والسَّبب، وغير ذلك = تكلم المعترض عليه بما لا حاجة بنا في التوجه إليه. فإن بعضه حقٌّ، لا كما زعمه المؤلف -

رحمه الله تعالى-، والحق أحق أن يُتَّبع.

وبعضه، وإن كان فيه ما فيه؛ فله كتب متداولة مبسوطة. وقد تكلموا فيه على كل بحث إيرادًا وردًّا، كـ**شرح المواقف** للسيد الجرجاني، و**شرح المقاصد** للسعد التفتازاني، وشروح **التجريد** الذي ألفه النصير الطوسي، وحواشي هذه الكتب وما قبلها، كـ**شرح المحصل** لنجم الدين الكاتبي صاحب **الشمسية**(233)، و**نقد المحصل** للنصير الطوسي، و**تلخيص المحصل** و**نهاية العقول** للرازي، و**المعارف والصحائف** للسمرقندي، و**حكمة العين** للكاتبي وشروحها، و**الطوالع** وشرحها. ولم يأت المعترض بشيء من عنده في هذا الباب أصلًا. ولولا التفادي عن الزيادة في التطويل، والخروج من قبيلٍ إلى قبيلٍ؛ لذكرنا ما أخذه ومن أين أخذه، وأوضحنا السبيل على الوجه الذي نقتدر عليه. والله حسبنا ونعم الوكيل.

ومن عجائب ما أورده في الكلام الذي حذفناه من البَيْن: إثباتُه للعلل الأربع التي تثبتها الفلاسفة، وهي التي رتبوا عليها قِدَمَ العالم، ولم ينبِّه على أن ذلك التقرير الذي قرره؛ إنما هو على أصولهم. بل جعله تقريرًا لكلام المعتزلة الذين تعرض لهم المؤلف مع الفلاسفة. وهل يقول أحد من المعتزلة: إن شيئًا من المادة والصورة يكون علة ناقصةً للمعلول المجتمع من الأربع، التي هي الفاعلية، وقد عرفها الفلاسفة بأنها: «ذاتٌ صدرت عنها ذاتٌ أخرى... إلخ»، وعرفها الرازي بأنها: «التي تؤثر في وجود الشيء». وهو حق، والمادية، وهي: «الجزء الذي به يحصل إمكان الشيء»، والصورية، وهي: «جزء الشيء الذي يجب عند حصوله الشيء، لكن لا به وحده بل به وبغيره»، والغائية، وهي: «التي لأجلها يكون الشيء، فلا تكون إلا في أفعال المختار لا الموجب»؛ إذ لا غرضَ للموجِب ولا قصدَ غايةٍ. ولهذا قلنا في مواضع: إن الأشاعرة النافين للأغراض -أي: الحِكَم في أفعال الباري تعالى-؛ نافون -في الحقيقة- للاختيار، ومتشبِّثون بأذيال الفلاسفة الأشرار، حتى إنهم إذا نوزعوا في ذلك؛ ما جاؤوا إلا بما جاءت به الفلاسفة من قولهم: «إنه -تعالى- لا يكون مستكملًا بالغير». وهذه الخرافة عينُ ما قالته الفلاسفة في نفي الحكمة في أفعاله عزّ وجلّ؛ تفريعًا على الإيجاب الذي اعترف رؤساء

(233) **الرسالة الشمسية في القواعد المنطقية** لنجم الدين الكاتبي. وهي مشهورة.

الأشاعرة بأنه يستلزم الكفر. والمراد هنا: بيانُ أن المعترض قرّر هذه العلل الأربع، ثم رتّب على ذلك جهالةَ المؤلف -بزعمه-، وأخذ يرميه بعدم الفهم. وهو من باب الرجم بالغيب. فسبحان من تعالى وتقدس عن النقص والعيب.

ومن عجائبه: أنه لم ينظر إلى أن قول المؤلف -قدس الله روحه-: «ولا مؤثر حقيقةً إلا الفاعل... إلخ»(234) = بحثٌ لغويٌ. لأن النفي في قوله: «ولا مؤثر حقيقةً... إلخ» = متوجه إلى القيد الذي هو قوله: «حقيقةً». فهو لا ينفي مطلق التأثير من غير الفاعل، وإنما ينفي تسميته -أي: غير الفاعل-: «مؤثرًا حقيقةً». وهذا -كما لا يخفى- راجع إلى العلم بالوضع، وهذا «المؤثِّر» موضوعٌ لِما هو أعمُّ من الفاعل، أو هو موضوع للفاعل فقط. وتحقيق ذلك لا يتم إلا مع تحقيق معنى «التأثير» في اللغة. فإن كان بمعنى «الإيقاع» و«تحصيل الأثر»؛ فالحق أنه لا يكون المؤثر حقيقةً إلا الفاعل الذي يوقِع أثرَه ويحصِّلُه. وإن كان بمعنى «توقف الشيء على الشيء في وجوده»؛ فالمؤثر: «اسم عامٌّ لكل ما كان وجود غيره متوقفًا على وجوده ولو بالرتبة دون الزمان». وظاهر كلام المؤلف -رحمه الله- يدلُّ على أنه لا يُطلَق «التأثير» إلا بالمعنى الأول. وهو لا يخالف في ترتُّب المسبَّبِ على سببه، والمعلولِ على علته، والمقتضَى على مقتضِيه، إلى غير ذلك. وإلا لم يصح له القياس، ولا كثير من الأحكام. والمعترض تاه عن هذا المرام، وخَبَط في الأوهام، وأتى بمذاهب الأقوام، وهو غني عن ذلك لو فهم الكلام، والله ولي الإلهام.

[في أن بعض الاصطلاحات ما هي إلا مجرد ألفاظ لا حقائق لها]

ثم لما قال المؤلف: «وقد اصطُلِح على إثبات أمورٍ لا تُعقَل -غير ما تقدم ذكره-، وهي: طبع الطبائعي، وكسب الأشعري». إلى أن قال -رحمه الله-: **«ما قيل:**

وبعض القول ليس له عناجٌ كمحض الماء ليس له إتاءُ»(235).

(234) المنصور بالله، **الأساس**، ص 33.
(235) المنصور بالله، **الأساس**، ص 36.

قال المعترض: «قال في القاموس: 'قولٌ لا عِناجَ له -بالكسر-: أُرسِل بلا رويّة، والإتاء: ما يقع في النهر من ورق أو خشب'.

وأقول: قد زعم المؤلف أن هذه الأمور التي عدَّها = كلُّها أمورٌ لا تُعقَل. ولا حاجة بنا إلى بيان أن ما زعمه باطل أو لا، إلا في ما ذهب إليه الشيخ الأشعري».

أقـول: قد نقل المعترض كلام صاحب **القاموس** واقتصر عليه، ثم ركن -في ما سيأتي- إليه، وهو ليس بمرضيٍّ في هذا المقام؛ لأن جار الله قال في **أساس البلاغة**(236) بأن عِناج الناقة: زمامُها -كما سيأتي إن شاء الله-. وقال -رحمه الله-: «إن قولهم هذا قولٌ لا عِناج له؛ من باب المستعار»، أي: فكأنه لا زِمام له. وهو واضح. ثم لا يخفى أنه لا يلزم أنه أُرسِل بلا رويّة -كما قال صاحب **القاموس**-، فقد يكون عن رويّة؛ لكنه لا زمامَ له ولا ضبطَ فيه. فكل ما لم يكن من الكلام معقولًا مضبوطًا؛ فلا عِناج له. ومثل هذا ما وقع منه -أي: صاحب **القاموس**- في تفسيره «الإتاء»؛ فإنه غير مرضيٍّ أيضًا. وذلك لأن الإتاء -في الحقيقة-: زُبْدُ اللَبَن. ولذا قال:

كمحــض المــاء لــيس لــه إتــاءُ

أي: لا زُبْدَ فيه. وهو واضح أيضًا.

وعلى فرض صحة كلام صاحب **القاموس** في نفسه؛ فهو لا يستقيم تفسيرًا لما في هذا البيت كما أورده المعترض. إذ لا معنى لقولك: «كمحض الماء لا خشب فيه ولا ورق»، لا سيما في مقام ذمِّ المشبَّه؛ لأن عدم الورق والخشب من الماء = صفةُ مدحٍ بلا شك. والبيت في مقام ذمِّ بعض الأقوال. ولذا أورده المؤلف. لكن المعترض مالَ عن الطريقة، كما أن صاحب **القاموس** بمعزِلٍ عن عزل المجاز عن الحقيقة -كما صنع جار الله في **الأساس** جزاه الله خيرًا-.

ومحضُ الماء؛ يجوز بالحاء المهملة، كما يجوز بالخاء المعجمة. فالأول ظاهر، والثاني معناه: أن الماء إذا مُخِض كما يُمْخَضُ اللَبَن لإخراج زبده = لم يُزبِد، وإنما يكون حظُّ الماخِضِ منه هو التعب. والعمدة على الرواية في البيت، وهو لعمرو بن الإطنابة كما

(236) من كتب الزمخشري الشهيرة.

أنشده له جار الله أول **الأساس**، في «الهمزة مع التاء». وقد يُروَى للحطيئة كما أنشده له جار الله في **الأساس** أيضًا، في «العين مع النون». وأظن أن ذلك سبقُ قلمٍ؛ بسبب انتقالٍ ذهنيٍّ. وذلك أن الحطيئة قد قال بيتًا ذكر فيه العِناجَ وهو قوله:

قومٌ إذا عَقَدوا عقدًا لجارِهِمُ شدُّوا العِناجَ وسَدُّوا فوقَه الكَرَبا

وقد أنشده جار الله في **الكشاف**، أول تفسير سورة المائدة. فمن هنا نَسَب البيتَ الذي في الكتاب = إليه. وإلا فعندي أنه لعمرو بن الإطنابة لا للحطيئة. وقد روي لغيرهما أيضًا، فأنشده بعض الناس لقيس بن الحطيم، وقال بعضهم إنه للربيع بن أبي الحقيق اليهودي من أبياتٍ. [168 أ]

وأما قول المعترض: «قد زعم المؤلف أن هذه الأمور التي عدَّها = كلُّها... إلخ»؛ فأراد به الإيماء إلى أنه يعرف بطلان بعضها وصحة بعضها، لا كما قال المؤلف.

ولعل المعترض إنما أعرض عمّا هو عادته من التعرض لمناقشة المؤلف في ما دقّ وجلّ؛ لأنه جاهل ببعضها، كـ«مزايا أبي الحسين»، و«عَرَضٍ لا محلَّ له». وذلك لأن مثل هذه الأشياء إنما تُعرَف على وجهها من كتب المعتزلة. وهو لا يعرف أسماءها فضلًا عن أن يحيط بمعانيها. بل قد رأيت نسخةً صحيحةً من **نبراسه**، قد صحَّف فيها بعضَ ما يتعلق بذكر المعتزلة، حتى رأيتُ اسمَ أبي الحسين البصري مكتوبًا بحذف الياء، فغيروا الحسين إلى الحسن. وابنَ عيّاشٍ مكتوبًا بالسين المهملة -كما مر- وغير ذلك. وله التخليط الذي عرفتَ سالفه وستعرف خالفه، على وجهٍ لا يبقى لك شكٌّ في أنه بمعزل عن معرفة مذهب المعتزلة، لا خصوص مثل هذه المسألة.

[تقرير صاحب الأساس أن كسب الأشعري غير معقول، وردّ المعترض عليه، وجواب المؤلِّف]

قال: «فلا بدَّ من بيان مذهب الشيخ فيها بيانًا واضحًا، حتى يصير معقولًا لمن عنده مُسكة عقل. فيظهر بطلانُ ما زعمه من أنه من الأمور التي لا تُعقَل. على أنه ما أتى إلا بمجرد الدعوى. وقد مرّ أن من ادّعى شيئًا ولم يذكر الدليل؛ فدعواه باطلةٌ». إلى آخر كلامه.

أقـول: قد تقرر أن المانِع لا يطالَب بسند المنع. وتقرر أيضًا أن النافي لا يُطالَب ببرهان النفي. وتقرر أيضًا أن الشهادة لا تصحّ على النفي المحض. كل ذلك معروف عند أهل البحث وأهل الأصول وأهل الفقه.

وهذا المعترض يطلب من المؤلف دليلًا على النفي، وسندًا للمنع، وشهادةً على صحة نفيه؛ مخالفًا في ذلك جميع الأولين والآخرين، متفردًا عنهم بمذهب جديد في كتابه المبين، وكأنه يقول:

وإني وإن كنت الأخير زمانـه ... لآتٍ بـما لم تسـتطعه الأوائـلُ

وأما ما ذكر من أن «من ادّعى شيئًا ولم يذكر الدليل؛ فدعواه باطلةٌ» = فالمراد به: من ادّعى إثبات شيء بغير دليل. لأن إثبات ما لا دليل عليه = يفتح باب الجهالات، ويُقِلُّ الثقةَ بالمُدْرَكات. وليس المراد: أن ما لا دليل عليه = يحتاج إلى دليل. لكن المعترض قد خلط الإثبات بالنفي، مع ما يلزمه من القباحة.

قال: «فنقول -وبالله التوفيق-: أما قوله بالكسب؛ فقد مرَّ طرف من بيانه عند الكلام على قوله تعالى: ﴿وَٱللَّهُ خَلَقَكُمۡ وَمَا تَعۡمَلُونَ﴾».

أقـول: أراد ذلك الطرف الجامع لتلك الفضائح والطُّرَف. وما أعجَبُ هنا إلا من تسميته له طرَفًا وقد سوّد به الصحائف وملأ به الصفائح، فيا لها من قبائح بل فضائح.

قال: «فنقول: لا شك أن الله قد كلّف العقلاء البالغين بأمور؛ آمرًا ببعضها وناهيًا عن بعضها. ومن المعلوم أنّ من لا قدرة له ولا إرادة أصلًا -كما يقول به الجبرية الخالصة كالجهمية ومن ذهب مذهبهم-؛ لا يُؤمَر ولا يُنهى. فالأمر والنهي دالّان على أن للعبد قدرةً وإرادةً».

أقـول: صدقتَ فالزم. فإن الصدق من أخلاق المؤمنين ﴿يَـٰٓأَيُّهَا ٱلَّذِينَ ءَامَنُواْ ٱتَّقُواْ ٱللَّهَ وَكُونُواْ مَعَ ٱلصَّـٰدِقِينَ﴾ [التوبة: 119]. فاحذر من المراوغة بالأقوال الزائغة، والرجوع على حافرتك. فإن رجوعك إلى غير هذا الذي اضطرك الحال إليه = مكابرةٌ لفطرتك، وشهادةٌ على نفسك بالتلوّن والمناقضة في مناظرتك. فدع عنك قولك: «إن

القدرة والاختيار ليسا إلا موهومين بالوهم الفاسد» -كما صرَّحْتَ به في ما قبل وبعد-. لأن ما اعترفت به هنا، من دلالة الأمر والنهي على القدرة والإرادة = منادٍ بأعلى صوته على كذب ما ادعيتَه من أن التكليف إنما دار على الأوهام الفاسدة، وأنه يكفي في صحة الأمر والنهي = أن العبد يتوهم توهمًا فاسدًا أن له قدرة وإرادة في أفعاله؛ لأن هذا التوهم الفاسد -بزعمك- لا يكون مصححًا للأمر والنهي من الحكيم العليم أصلًا؛ إذ لا يُحكَم بصحة الأمر والنهي إلا إذا علمنا أن المأمور والمنهيَّ قادرٌ على فعل ما أُمِر به ونُهي عنه. وليس مجردُ توهُّمِه الفاسدِ موجبًا لقادريته على فعل ما أُمر به ونُهي عنه.

وبالجملة، فالأمر والنهي إنما يدلّان على القدرة والإرادة الحقيقيتين لا الموهومتين، من دون تصوُّر خلاف أصلًا. بل نقول: إن الأمر والنهي إنما يدلّان على القدرة والإرادة المؤثرتين في المقدور والمراد؛ لأنهما هما اللتان يقال لهما: «قدرة» و«إرادة». فمن أثبت قدرة وإرادة لا أثر لهما = فقد شارك الجبريةَ الخالصةَ.

وتوضيح ذلك: ما أشرنا إليه سابقًا، من أن دلالة الأمر والنهي على القدرة والإرادة؛ إنما كانت من حيث إن الأمر والنهي = طلبٌ واستدعاءٌ للفعل والكف. ولا معنى لهذا الطلب والاستدعاء؛ إلا استدعاءُ الإيجاد والتحصيل لذلك، باعتراف الخصم وشهادةِ العقل بأنه لا معنى لاستدعاء المحلّيّة التي هي عبارة -عندهم- عن «الكسب». فإذا كان الطلب والاستدعاء للإيجاد والتحصيل؛ لم يتم الامتثال إلا بذلك. فمن لا تؤثر إرادته وقدرته في الإيجاد والتحصيل للفعل؛ كيف يصح أن يُطلب ويُستدعى منه؟

وإذا عرفت هذا؛ ظهر لك: أنك قد اعترفت في هذا الكلام بخلاف ما أنت ساعٍ ومجتهدٌ في إثباته، وتبيَّنَ عندك: أن ما اعتمدت عليه من الأوهام الفاسدة في صحة الأوامر والنواهي = باطلٌ بلا شك ولا شبهةٍ، باعترافك، وأن ما أثبته شيخك الأشعري من قدرة وإرادة لا أثر لهما أصلًا = باطلٌ أيضًا، ومنخرطٌ في سلك الجبر الخالص.

فإن قلتَ: إنا -أيها الأشاعرة(237)- لا نقول بأن المطلوب من العبد في أوامره

(237) أي: إنا نحن الأشاعرة. ولفظة «أيها» و«أيتها» تفيد الاختصاص عند البلاغيين، فيقال مثلًا: «اغفر لنا -أيتها العصابة-»، أي: اغفر لنا مخصوصين بذلك دون سائر العصائب.

ونواهيه هو التحصيل، بل هو الكسب. وكيف نقول بذلك وهو يستلزم أنه لا يقع امتثالٌ من أحد أصلًا؟ لأن من كان المطلوب منه هو التحصيل والتأثير = لا يكون ممتثلًا بالكسب. وليس للعبد في الفعل إلا مجرَّدُه -أي الكسب عندنا أيها الأشاعرة-. وإذا كان المطلوب عندنا هو الكسب لا غير؛ لم يتم ما ذكرتَ من دلالة الطلب في الأمر والنهي = على القدرة المؤثرة.

قلتُ: هذا سؤالٌ قد بيّنّا بطلانَه في ما سبق لنا. ولنزده هنا بيانًا فنقول: قد اعترفتم بأنكم إنما استدلَّيْتم على ثبوت الكسب = بالأمر والنهي. وهذا مبني على أن الكسب يُستفاد من الطلب في الأمر والنهي؛ نظرًا إلى أنّ من لا قدرة له ولا إرادة = لا يُطالَب بأمر ونهي -كما صرّحت به هنا يا أخا الأكراد-. وحينئذ، يستحيل العلم بأن المطلوب هو «الكسب»؛ لما مرّ، ولأنا -على هذا- ما علمنا الكسب إلا بالطلب في الأمر والنهي. فلو علمنا أن المطلوب هو نفسُ الكسب؛ وجب أن يكون علمُنا بالكسب متقدِّمًا على الطلب والأمر والنهي، وإلا لم نعلم أنه المطلوب. لأن عِلْمَنا بأنه المطلوب = فرعُ عِلْمِنا به نفسِه. فظهر: أن القول بأن المطلوب في الأمر والنهي هو الكسب = قولٌ بالمُحال الذي لا يُتصوَّرُ بحال، وبقي أن المطلوب في الأمر والنهي هو التحصيل، وسقط السؤال.

وأما لزوم عدم الامتثال من جميع المكلفين بالأعمال؛ فقد أخذ بأعناقكم أيها المجبرة. فانظروا لأنفسكم مذهبًا غير هذا المذهب المستلزم أن محمدًا -عليه وعلى آله الصلاة والسلام-؛ لم يمتثل شيئًا من أوامر الله ونواهيه تعالى، وكذا سائر الأنبياء والملائكة عليهم السلام.

وقد ظهر من هذا كله: أن الأمر والنهي لا يدلّان على قدرة وإرادة غير مؤثرتين. وإنما يدلان على القدرة والإرادة المؤثرتين. ومن نفى تأثيرهما؛ لم يمكنه الاستدلال عليهما بالأمر والنهي.

وظهر أيضًا: أنه لا يلزمنا ما لزم المجبرةَ من المحال؛ لأنا لم نستدل على القدرة والإرادة المؤثرتين بمجرد الأمر والنهي حتى يلزمنا الدور المحال كما لزمهم. بل أدلتُنا

على القدرة والإرادة المؤثرتين كثيرة جلية، عقلية ونقلية. وقد ذكرنا منها ما سنح لنا في هذا الكتاب، وكفانا في بطلان مذهبكم -يا أخا الأكراد- أنك لم ترجع في تصحيحه إلا على مجرد الأوهام الفاسدة -باعترافك في ما قبل وفي ما بعد-، وأنك قد زدت على شيخك الأشعري في كمال النفي للقدرة، وفصَّلت ما أجمله -بزعمك-؛ لأنه أراد التستُّر بإثبات قدرة لا أثر لها. وأنت كشفت القناع، وشنَّفت الأسماع مصرِّحًا بأنه ليس هناك إلا الأوهام الفاسدة.

وعلى هذا زعمت أنك أوضحت المقصود وأقمت القاعدة، وأخذت هذا من كلام السيد في **شرح المواقف**. لكنك إذا جزمت بأن القدرة والاختيار لا وجود لهما ولا ثبوت إلا في الوهم الفاسد؛ فقد نفيتهما بأصرح عبارة. فقولُك بعدُ: «إنكم إنما نفيتم التأثير» = مناقضةٌ ظاهرةٌ.

على أن نفي التأثير على القدرة = نفيٌ لها في التحقيق، وسلبٌ لمعناها بلا شبهة -كما مرّ-. فإن قولك: «لفلانٍ قدرةٌ لا أثر لها» = بمثابة قولك: «له قدرة، لكن ليست له قدرة». وقولك: «هذا قادر على الفعل، لكنه لا يقدر على التأثير فيه» = بمثابة قولك: «هذا الشيء ثابت لكنَّه منفيٌّ». ألا ترى أن صاحب **القاموس** المرضيَّ عندكم، قال: «إن معنى 'قَادَرْتُه': فعلتُ مثل فعلِه»؟

فانظر كيف صار التأثير داخلًا [168 ب] في مدلولها؛ إذ ليس معنى «فعلْتُ مثل فعله» = «كسبْتُ مثل كَسْبِه»؛ إذ العرب بمعزل عن هذا الشيء الحادث، ولا يفهمون من قولك: «فعلْتُ»: إلا أنك أوجدت الفعل وأثرت فيه. ثم قد ذكروا أن معنى «القدرة» و«القوة» متفِقٌ. وأنت إذا قلت: «لي قوة على هذا الفعل»؛ لم يفهم كلُّ عربيٍ سالمِ الفطرة إلا أنك متمكن من التأثير فيه.

وقد صرّح المعترض -في ما سيأتي قريبًا إن شاء الله- أنهم عرّفوا «القدرة» بـ: «صفةٍ تؤثّر على وفق الإرادة». لكنه إذا جاء إلى تقويم قاعدة الشيخ -بزعمه-؛ ما توقّف حيث تنتهي به قَدَمُ الحق والإنصاف، فيناقض كلامه بكلامه، ويصرِّح بمحض الجبر وخلاصة التجهم -كما ذكرناه مرارًا-.

فقوله: «كما تقول الجبرية الخالصة» = كلمةُ مُريبٍ بلا ريب. إذ هو يعلم أن من لم يُثبت من القدرة والاختيار إلا الوهم الفاسد = فليس بينه وبين الجهمي فرقٌ، بل هو الجهمي بلا مرية. فإن الجهمي لا يزاول شيئًا من أفعاله إلا وقد توهَّم القدرة والتأثير فيه، واعتقد أن له أن يقصد إليه، وإلا لم يزاوله. فثبت أن الوهم مما لا ينفيه الجهمية.

بل نقول: إنه قد زاد على الجهمية في ما لزمهم به مكابرةُ الضرورة. وإن شئنا قلنا: إن الأشاعرة الذين قالوا: «إن الكسب عبارة عن تعلق قدرة العبد وإرادته بالفعل، وإن ذلك التعلق مخلوق لله تعالىٰ» -كما سيأتي للمعترض-؛ قد وقعوا كلهم في الجبر الخالص والتجهم المحض من جهتين لا من جهة واحدة. ألا ترىٰ أن الجهمية لزمتهم مكابرةُ الضرورة، من حيث إنهم قالوا: «إن الفعل مخلوق لله تعالىٰ في العبد بدون قدرة منه ولا إرادة»؟ فلزمتهم مكابرةُ الضرورة من هذه الجهة. والأشاعرة قالوا: «إن الفعل مخلوق لله تعالىٰ في العبد»، فشاركوا الجهمية في هذه الجهة، ثم قالوا: «إن للعبد كسبًا» -وهو التعلق المذكور-، وزعموا أنه مخلوق لله فيه، وهذه هي الجهة الأخرىٰ.

فانظر -يا أخا الأكراد- في هذا الإيراد، سالكًا مسلك السداد؛ ليظهر لك أن الجبري الخالص، والجهمي المحض = جبريٌّ ذو وجه واحد في الجبر، وأنت جبري جهمي محض ذو وجهين. فلا تطلب أن يكون كلامك عندنا وجيهًا، ولا تظن أنه ينجيك من الله، ولا ممن يرىٰ أنه تلبيسًا وتمويهًا(238).

الاعتراف بدلالة الأمر والنهي على القدرة والإرادة؛ اعترافٌ بتأثيرهما في تحصيل المأمور به وإيجاده، وتجنُّب المنهيّ عنه

وقوله: «لا يؤمر ولا يُنهىٰ» = حقٌّ بلا شك. وذلك لأن الأمر: طلبٌ للفعل، والنهي: طلبٌ للكف. وكيف يُطلَبان ممن لا قدرة له أصلًا؟ لأن طلب الفعل والكف، ليس معناه إلا: طلبَ إيجادِهما -كما مر-. وقد أقرت بهذا الأشاعرة من حيث لا يشعرون تارة، ومن حيث يشعرون تارة أخرىٰ. فإن كثيرًا منهم قد قالوا: «إن

(238) كذا.

الأصح والمعتمد في الأمر: أنه لطلب الماهية، لا للتكرار، ولا لمرة. وإنما المرة ضروريةٌ؛ إذ لا توجد الماهية إلا بها». فهاهم قد عللوا كون المرة ضرورية = بكون الماهية لا توجد إلا بها. وهو اعتراف بأن المطلوب هو: وجود الماهية وإيجادها وتحصيلها من المأمور. فإذًا؛ لا يكون إلا قادرًا على إيجادها، متمكنًا منه -باعترافهم كما تراه-. بل قد صرح كثير منهم بأن المطلوب من العبد في الأمر هو: تحصيل الماهية، وفي النهي هو: تحصيل الكف عنها. وممن صرح بذلك القاضي زكريا في **شرح اللب**(239). ومن تتبع كلامهم في كتبهم اتضح عنده ما ذكرناه، وعلم اضطراب مذاهبهم، وتلوُّنَ أقوالهم. فاجتهد في نصح نفسك، وعامِلْ عَالِمَ الغيب والشهادة.

ثم إنك إذا حققت النظر هنا؛ علمت أن المعترض معترفٌ ببطلان مذهبهم، وصحةِ مذهب خصومهم. وذلك لأنه اعترف -بحمد الله- بأن من لا قدرة له ولا إرادة أصلًا = لا يُؤمر ولا يُنْهى، ثم صرح بأن الأمر والنهي دالّان على القدرة والإرادة.

وأنت خبير بأن الأول اعترافٌ بالحسن والقبح عقلًا، والثاني اعتراف بأن العبد موجِدٌ لأفعاله الاختيارية التي كُلِّف بها وطولب بفعلها أمرًا أو نهيًا. وذلك لأن دلالتهما على القدرة والإرادة؛ ليست إلا بالنظر إلى الإيجاد والتأثير في المطلوب، وإلا فلا دلالة لهما على القدرة والإرادة. فإنا لو فرضنا أن المصحِّح للأمر والنهي هو كونُ العبدِ مَحَلًّا للفعل -كما هو معنى الكسب-، أو متوهِّمًا للقدرة والإرادة -كما صرّح به المعترض مرارًا-؛ لم يصح قولُنا: إن الأمر والنهي دالّان على القدرة والإرادة -كما اعترف به المعترض-. فاعترافه به وبما رتبه عليه من قوله: «إن من لا قدرة له ولا إرادة لا يؤمر ولا يُنهى» = اعترافٌ بالمطلوب.

وتوضيح ذلك: أن العقل إنما حكم بأن من لا قدرة له ولا إرادة = لا يؤمر ولا ينهى؛ نظرًا إلى أن الأمر والنهي: طلبٌ لتحصيل الماهية أو الكفِّ عنها. وعادمُ القدرة والإرادة = غيرُ أهلٍ للمطالبة بالتحصيل. والمطالبة له بذلك = كالمطالبة للجماد،

---

(239) زكريا الأنصاري، **غاية الوصول**، ص 98.

بجامع كون كلٍّ منهما ليس أهلًا للتحصيل. فالقدرة والإرادة اللتان دل الأمر والنهي على ثبوتهما للعبد = مؤثرتان في أفعاله المأمور بها والمنهي عنها. ولو كان المطلوب من العبد في الأمر والنهي هو الكسب -الذي هو له عبارة عن كون العبد محلًا لما يخلقه الله تعالى بقدرته وإرادته تعالى-؛ لم يكن للأمر والنهي دلالة على قدرة العبد وإرادته أصلًا. وإذا نظرت إلى أن الكسب عندهم عبارة عن المحلّيّة المذكورة، مع كون العبد قادرًا مريدًا بقدرة وإرادة لا تأثير لهما في الفعل = زاد الكلام خللًا وفسادًا. إذ لا يصح أن يكون العبد مطالَبًا بأن يكون قادرًا مريدًا بقدرة وإرادة لا أثر لهما في ما طُلِب منه. [بل عدم صحة هذا أظهر من عدم صحة الأمر والنهي لمن لا قدرة له ولا إرادة، فمطلوبنا لازم على التقديرين]، والحمد لله رب العالمين.

فاتضح: أن هذا الكلام الذي جاء به المعترض؛ كما أنه اعتراف منه ببطلان مذهبه في الجبر من حيث لا يشعر = هو اعتراف أيضًا من حيث لا يشعر، ببطلان مذهبه في نفي الحسن والقبح عقلًا. وذلك لِـما أشرنا إليه، من أن عدم صحة الأمر والنهي لمن لا قدرة له ولا إرادة؛ إنما يترتب على قاعدة المثبتين القائلين: «هذا يجوز، وهذا لا يجوز». أما على قاعدة النفاة؛ فلا امتناع في ذلك، بل هو الواقع؛ نظرًا إلى ما هو التحقيق في مذهب الأشعري، من أن التكاليف كلها واقعة بما لا يُطاق.

وشيء آخر، وهو: أن هذا الكلام يستلزم أن يكون المأمور به مرادًا لله سبحانه وتعالى. إذ لو لم يكن مرادًا له -عزّ وجلّ-؛ لَما اعتُبِرَت القدرةُ عليه من المأمور؛ لأن اعتبار قدرته وإرادته = فرعُ كون الأمر استدعاءً للمأمور به. ولو لم يكن استدعاءً له؛ لَما كان لاعتبار القدرة والإرادة وجهٌ أصلًا.

ونحن إذا علمنا أن الآمِر استدعى بالأمر وقوعَ المأمور به؛ علمنا أنه مراد له، وأنه هو الغرض من الأمر. وإلا فأي وجهٍ لاستدعائه له؟ وهذا ليس من مذهب الأشاعرة بل من مذهب المعتزلة. ألا ترى أنهم لّما اعتبروا الإرادة في الأمر -أعني إرادة المأمور به-؛ قالوا: إنه -أي: الأمر-: «قولٌ يقتضي استدعاءَ الفعل بنفسه، لا على جهة التذلل»؟

قال أبو الحسين في **المعتمد** ما نصُّه: «وقد دخل في قولنا: 'يقتضي استدعاء الفعل':

الإرادةُ والغَرضُ. لأنا بيّنّا أنهما داخلان في تفصيل الاستدعاء»(240). انتهى، وهو حق. وقد اعترف به البيضاوي من حيث لا يريده. وذلك لأنه علل في **المنهاج** تجويزهم للتكليف بالمحال؛ بأن حكمه -تعالى- لا يستدعي غَرَضًا -أي: لا الفعل ولا غيره، كما لا يخفى-. ومعناه: أنه لو استدعاه؛ لزم كونُه مرادًا وغرضًا من الإتيان بصيغة الأمر. وأيضًا فقد قال في **المنهاج** بأن الإيجاب الشرعي لا يستدعي فائدةً بناءً على هذا(241).

فعلمنا أن الاستدعاء يستلزم الإرادة، وأن اعترافهم بأنه لا يجوز الأمر والنهي لمن لا قدرة له ولا إرادة أصلًا = اعترافٌ منهم بأن الأمرَ يدلُّ على إرادة المأمور به، والنهيَ يدلُّ على كراهيته، واعترافٌ منهم أيضًا بأن المطلوب بالأمر هو: إيجاد المأمور به وتحصيله، وكذا النهي المطلوب هو: تحصيلُ الانزجار والكف عنه والتأثير فيه.

وعلى هذا الأصل الصحيح؛ صحّ تفرع القول بأنه لا يجوز تكليفُ ما لا يطاق.

فقد تبين وظهر لمن سلمت فطرتُه من السُّكر بسُلاف الأسلاف، وثمرات الخلاف والاعتساف: أن اجتهاد المعترض إنما كان في هدم مذهبه، على ما في كلامه من الاختلاق والاختلاف.

قال: «ثم رأينا أن الله تعالى قد نص في كتابه وعلى لسان رسوله -صلى الله عليه وسلم- في غير ما موضع: أنه تعالى خالق لكل شيء، ومنها: أفعال العباد. بل نص -على الخصوص- على أنه خالقٌ لأعمال العباد في قوله تعالى: ﴿وَٱللَّهُ خَلَقَكُمْ وَمَا تَعْمَلُونَ﴾؛ لِـمَا مرّ بيانُه من أن 'ما': مصدريةٌ أو موصولةٌ.

فإن كان الأول؛ فهو نص صريح. وإن كان الثاني؛ فإما أن يُراد به: الأصنام أو الأعمال.

فإن كان الثاني؛ فهو نص أيضًا. وإن كان الأول؛ فكذلك. لأن الأصنام جواهر وأشكال. وهم ما عملوا إلا الأشكال بالاتفاق. وقد أوقع الله خلقَه على 'ما' العبارة عن الأصنام التي هي معمولُهُم، باعتبار أشكالها. فيكون الخلق واقعًا -في الحقيقة- على

---

(240) أبو الحسين البصري، **المعتمد**، ج 1، ص 49.

(241) الإسنوي، **نهاية السول**، ص 70.

الأشكال، وهي أثرُ التشكيل الصادر منهم بالاتفاق. فكونُها مخلوقةً لله تعالى = مستلزمٌ لأن يكون التشكيل مخلوقًا له تعالى، حتى يكون الله خالقًا لها بعين تشكيلهم، وإلا لزم المحال المذكور. وقد مر بيانه».

أقـول: قد أطال المعترض تكريره لهذه الشبهة؛ طمعًا في تقريب ورودها. ولله در ابن الرومي حيث قال:

لـو لم يقـدِّر فيـه بُعـد المسـتقى عند الورود، لما أطـال رِشـاءهُ

وهكذا حال المتلافي لأمر. لا تراه يفتر عن تكرير التسبب والتشبث في تلافيه بالحجر والشجر، ويرمي خصمه [169 أ] بالوبر والمدر. وقد قال تعالى لإبليس أبعده الله تعالى: ﴿وَأَجْلِبْ عَلَيْهِم بِخَيْلِكَ وَرَجِلِكَ﴾، إلى قوله عزّ وجلّ: ﴿إِنَّ عِبَادِى لَيْسَ لَكَ عَلَيْهِمْ سُلْطَـٰنٌ﴾ [الإسراء: 64-65]، فماذا ينفع المعترض مثل هذا الهذيان؟ وقد سبق لنا ما لا حاجة معه إلى مزيد بيان.

أما قوله: «وهم ما عملوا إلا الأشكال... إلخ»؛ فكونُه مسلَّمًا = لا يقتضي مطلوب المعترض. لأن الله سبحانه قد قال: ﴿يَعْمَلُونَ لَهُۥ مَا يَشَآءُ مِن مَّحَـٰرِيبَ وَتَمَـٰثِيلَ وَجِفَانٍ كَٱلْجَوَابِ وَقُدُورٍ رَّاسِيَـٰتٍ﴾ [سبأ: 13]. فجعل القدور والجفان وغيرها من هذه الجواهر المذكورة = معمولاتٍ لهم نصًا لا يقبل تأويلًا، ﴿وَمَنْ أَصْدَقُ مِنَ ٱللَّهِ قِيلًا﴾. وهم لم يعملوا إلا التشكيل اتفاقًا. فإن الجواهر لا تدخل تحت القدرة الحادثة بالاتفاق. وإذا كان كذلك؛ فالمعمول في الآية المذكورة هو مجرد الجواهر، أعني الأحجار ونحوها. وتسميتُها «معمولاتٍ» = مما لا ينكره عربي. فإنك تقول: «عمل لي الصانع خاتمًا، والزجَّاجُ قارورةً وقنديلًا، وعملتُ قطعةً من الفضة سوارًا، وعملت من الحجر الفلاني رحًى، ومن الخشب الفلاني قطبًا»، بل قد تقول: «هذا الخاتَم عملُ الصانع فلان». وكذلك سائرها؛ فتطلق اسم «العمل» على «المعمول» نفسه -كما مر-.

ثم لا يُشترَطُ في صحة الإطلاق أن نلاحظ الأشكال حتى يقال: «لا يصح أن يطلق اسم 'المعمول' إلا على المجموع من الجواهر والأعراض». بل لا نسلم أنه يصح إطلاق اسم «المعمول» على مجرد الأشكال، إلا بملاحظة ذات المعمول. وأما

نفس الأشكال؛ فليست معمولة -أي: ليست مما يصدق عليه حدُّ المفعول به-. وذلك لِـمَا عرفتَ من أن المفعول به هو: «ما وقع عليه فعل الفاعل»، أي: ما يكون مَحَلًّا لفعل الفاعل -كما صرح به أهل النحو-. وليست الأشكال مَحَلًا للعمل. إنما محل العمل هي الجواهر.

نعم، قد تُسمَّى الأشكال «عملًا» على ما مر بيانه مفصلًا. وقد أوضحنا هنالك: أن الأشكال -عند الأشاعرة- ليست معمولةً لهم؛ لأن القدرة الحادثة لا تتعدّى عن محلِّها، فليس المعمول -عندهم- إلا مجرد التشكيل الذي لا بقاء له في الخارج.

وأما الصور والأشكال؛ فهي من فعل الله -عندهم- بلا واسطةِ فعلِ العبد وكسبِه.

ولذا؛ احتاج المعترض إلى توسيط دعوى أخرى، وهي: أن كون الأشكال مخلوقةً لله تعالى = يستلزم كونَ التشكيل مخلوقًا له تعالى، وإلا لزم المحال -كما قال-.

فقد جعل الدعوى كافيةً في إثبات الدعوى. وكلُّها من وراء منعٍ أطولَ من رضوى(242)، وأوضح من الشمس في الضحى، وإن قال: «أَلَمْ نَشْرَحْ» -يزخرف المجادَلة-؛ فهو في «اللَّيْلِ إِذَا يَغْشَى».

تنبيه

قد مرت الإشارة إلى أنه لا يتم للأشاعرة القولُ بدلالة الآية المذكورة، على أن التشكيل الواقع في الأشكال = بخلق الله تعالى، وعدمُ تمامه -باعترافهم عند التحقيق، على ما قرروه-؛ لأن التشكيل -الذي هو عملهم حقيقة-؛ لا يكون عملًا لهم حقيقةً إلا إذا كان كسبًا لهم حقيقةً -على ما ذهبوا إليه في الكسب-. فإذا دلت هذه الآية على أن عملهم -الذي هو عملهم حقيقةً- مخلوقٌ لله؛ فقد لزم محالٌ اتفاقًا، وهو: أن الكسب يكون مخلوقًا بخلق الله تعالى وموجودًا بإيجاده تعالى، ولا يُتصوَّر تعلقُ الخلق والإيجاد بالكسب اتفاقًا -على ما فسروا به الكسب-. فاستدلالهم بهذه الآية على أن

---

(242) رضوى: جبل مشهور في الحجاز.

التشكيل خلق لله تعالى، وتقريرهم لذلك = تنقلب به الآية حجةً عليهم. لأنها تقتضي أن أعمال العباد -التي هي أعمالهم حقيقةً- موجودةٌ وحاصلةٌ حقيقةً. وهذا نفس مذهب المعتزلة. وتبقى دعوى الأشاعرة أن الله تعالى هو الذي أوجدها وحصلها = دعوى عاطلةً عن البرهان، بل البرهان قائم على خلافها؛ لأنها -أي: أعمال العباد حقيقةً- إذا كانت أعمالهم حقيقةً، وكانت أعمالًا لله تعالى حقيقةً = فقد لزم توارد المؤثِّرَين على الأثر الواحد، ولزم الذهاب إلى الحقيقة المشتركة، وهو خلاف الأصل.

وإن قالوا: إن الآية إنما تدل على خلق أعمال العباد مجازًا، أي: إنها لا تدل على خلق الله تعالى لما هو من أعمالهم حقيقةً = فهذا خلاف الأصل، وعدولٌ إلى ما لا دليل عليه إلا مجرد المذهب.

فظهر لك: أن هذه الآية -على الوجه الذي قرره المعترض وغيره- منقلبةٌ حجةً عليهم لا شبهةً لهم، سواء كان قوله: ﴿وَمَا تَعۡمَلُونَ﴾ متناولًا للأشكال كالأجسام، أو للأشكال فقط، أو للتشكيل الذي [هو من أعمالهم حقيقةً]. وكفى الله المؤمنين القتال، والحمد لله رب العالمين.

قال: «فإذا كان الله خالقًا لأعمال العباد بقدرته وإرادته؛ لم يكن لقدرتهم وإرادتهم تأثيرٌ في أعمالهم، وإلا لزم اجتماع المؤثِّرَين التامَّين على أثر واحد، وهو محال.

ومع هذا؛ رأينا أن الله تعالى قد أسند إليهم أعمالًا في غير ما موضع من القرآن، وعلى لسان رسول الله -صلى الله عليه وسلم- حتى في هذه الآية التي نص فيها على أنها مخلوقة له تعالى.

فحصل لنا من هذا المجموع: أن العبد له قدرة وإرادة، وإلا لما كُلِّف بشيء. لكنه قد كُلِّف. وأنه لا تأثير لقدرته وإرادته في أعماله وإلا لما كانت مخلوقة لله تعالى. لكنها مخلوقة له. ومع ذلك؛ رأينا أن الله تعالى قد قال: ﴿لَهَا مَا كَسَبَتۡ﴾، و﴿كُلُّ ٱمۡرِيِٕۭ بِمَا كَسَبَ رَهِينٞ﴾؛ فأسند إليها كسبًا، فعلمنا أن لقدرة العبد وإرادته مدخلًا بسببه صحَّ إسنادُ العمل إليه، وصحَّ تكليفُه وأمرُه ونهيُه. وهذا هو المعبَّرُ عنه بـ'الكسب' عند الشيخ الأشعري أخذًا من القرآن. وحقيقته: 'تعلُّقُ قدرةِ العبد وإرادتهِ -الذي هو سبب

عاديّ لخلق الله الفعل في العبد بالفعل، من غير تأثير لهما فيه-'. وهو أمر معقولٌ حتى عندك لو أنصفت. فإنك قد اعترفت في هذا الفصل بأن التأثير للفاعل ضرورةً، وأن السبب آلةٌ لا تأثير له. وقد ثبت النص أن الله هو الفاعل والمؤثر لا خالق سواه أصلًا. وتعلُّق القدرةِ والإرادة أسبابٌ عاديّة عند الشيخ الأشعري لا تأثير لهما. وقد اعترفت بأن السبب مع الفاعل = لا تأثير له. فهذا مثلُه. فصدِّق به تسعدْ، إن نصحت نفسك».

أقـول: الأمر كما قيل:

طبيـب يـداوي النـاس وهـو عليـلُ

ولقد أكثر في تقوية الاحتجاج لتقويم الاعوجاج؛ اجتهادًا في تصليح اصطلاح الشيخ أبي الحسن، فسوَّد الورق بما لا ثمرة له عند أرباب الفِطَن. ولَعَمْري، قد بذل مجهودَه في نصرة أسلافه، ولكنه سوّد -بما سوّد- وَجْه إِنصافِه:

كما سوّد القصّارُ في الشمس وجهَه ويجهَد في تبييض أثـوابِ غـيرِهِ

فإن الأشعري تورّط في مماراة من عاصره من كبار المعتزلة، كأبي عليٍّ وأمثالِه، فارتكب ما ارتكب من مزالق الجدال وأهواله، ولم يجد بدًا من الإصرار على قبيح ما عثر فيه من أقواله.

ولنتكلم على هذه القطعة وإن كانت ظاهرة العوار، مع ما فيها من إملال التكرار، فنقول:

قوله: «وإلا لزم اجتماع المؤثِّرَين» = دعوى ترشدك -أيها الناظر- إلى أنهم معترفون بالمصادرة من حيث لا يشعرون. لأن المعترض صرّح فيها بأنهم إنما قالوا بالكسب؛ لأنهم رأوا ما في القرآن من المواضع المتعددة من إسناد أعمال العباد إليهم.

وعلى هذا؛ فقولهم: «إن اللغة هي التي دلتهم على أن الفعل يُسنَد حقيقةً إلى من قام به -كالعبد-، لا إلى من أوجده -كالباري تعالى-» = قولٌ باطل، باعترافهم في مثل هذه الدعوى بأنه إنما ألجأهم إلى القول بالكسب؛ ما وجدوه في كلام الله تعالى وكلام رسوله -عليه وعلى آله الصلاة والسلام- من إسناد أعمال العباد إليهم. فاضطرهم ذلك إلى القول بأن للعبد كسبًا، وفسّروا الكسب بـ«القيام» و«الحلول» -أي: قيام

الفعل بالعبد وحلوله فيه-، فلزمتهم المصادرة المستلزِمةُ للدور المحال. لأنهم اعترفوا بأن علمهم بالكسب إنما استفادوه من القرآن وكلام الرسول -عليه وعلى آله الصلاة والسلام-؛ نظرًا إلى ما فيهما من إسناد أعمال العباد.

فقد توقف علمهم بالكسب على علمهم بهذه المواضع التي في كلام الله تعالى وكلام رسوله -عليه الصلاة والسلام-. لكنهم لا يعلمون أن الإسناد في هذه المواضع = ليس المراد به إلا إسناد الكسب حتى يعلموا الكسب. لكنهم لا يعلمونه ولا يستفيدونه إلا من هذه المواضع. فجاء الدور المحال، وهو ظاهر.

ثم نقول: إن ما ذكرته -يا أخا الأكراد-؛ دعوى على دعوى. فقد قال بعض أئمتكم بأن الفعل بمجموع القدرتين: قدرة الباري تعالى وقدرة العبد، فأثبتَ تأثير العبد، وأجاز اجتماع المؤثِّرَين.

وأما أصحابُنا المانعون لمقدورٍ بين قادرَين؛ فقد تقرر عندهم أن عين [169 ب] مقدور العبد = لا يجوز أن يكون عينَ مقدور الله تعالى؛ إذ لا يكلف الله عبده بأفعالِ نفسِه، وإلا لزم طلبُه تعالى لتحصيل الحاصل. وإنه محال.

وعلى فرض أنه لا يلزم طلب التحصيل للحاصل؛ فالمطالبة للعبد بالفعل الذي يعلم تعالى أنه لا يؤثر فيه العبد شيئًا ولا يستطيع له تحصيلًا = تكون جارية مجرى السخرية، لا سيّما إذا اقترنت بالتهديد والوعيد على الترك، فإنها تبلغ السخريةُ غايتَها.

هذا، وقد جرت عادة المعترض وعادة أسلافه المجبرة، بإطلاق اسم «الخلق» على أفعال العباد. كلُّ ذلك تتميم للتلبيس والتمويه على القاصرين. حتى إذا قالوا: «لا خالق إلا الله تعالى»؛ راج لهم هذا القول ونفق، وكان الأولى والأليق أن يتركوا هذا التلبيس المزوَّق، ويتكلموا في التأثير الذي وقع النزاع فيه.

وأما الخلق؛ فلا نزاع للمعتزلة في أنه لا يُطلَق إلا على أفعال الله. لكنا نجري على مقتضى تلبيس المعترض، ونجعلُ اسم «الخلق» بصدد مطلق التأثير. فالشأن كل الشأن؛ في ادعاء المعترض أنه يجب أن تكون أعمال العباد مخلوقة لله تعالى؛ لئلا يلزمَ اجتماعُ مؤثِّرَين تامَّين. ولم يلتفت إلى هذا المعنى، ولا إلى أن في الذهاب إلى جعل التأثير في أعمال

العباد = لهم، لا لله عزّ وجلّ؛ جمعًا بين الغرضين، أي: الفرار عن لزوم اجتماع مؤثِّرين على أثر واحد، والفرار عن لزوم بطلان التكاليف، وسقوط آيات الطلب والزجر في آيات الأمر والنهي، وركن إلى مجرد الدعوى الباطلة، أي: دعواه أن قوله تعالى: ﴿وَٱللَّهُ خَلَقَكُمۡ وَمَا تَعۡمَلُونَ﴾ = نصٌّ في أن التأثير لله تعالى في أعمال العباد. وقد عرفت أن كونه نصًا = من الأماني الأشعبية. بل قد أشرنا إلى أنه مستلزم للدور؛ إذ لا يصح كونُه نصًا حتى يصح تناول «الخلق» لعين أعمال العباد. لكنه لا يصح ذلك إلا بناءً على قاعدة الجبر. فإثبات الجبر به = دورٌ ظاهرٌ. وقد بيّنّا أن تناول «الخلق» لعين أعمال العباد = محالٌ. فلا ينصرف إليه أصلًا، بل ينصرف إلى الجواهر -كما سبق بما لا مزيد عليه في التوضيح-، وإذا تأمله المنصف أذعن بأن هذه الآية -أي: قوله تعالى: ﴿وَٱللَّهُ خَلَقَكُمۡ وَمَا تَعۡمَلُونَ﴾- حجةٌ لنا عليهم، لا شبهةٌ لهم في الجبر وخلق الأعمال. لأنها -أي هذه الآية الكريمة- قد أضافت إلى العباد أعمالًا خارجة عن محل قُدَرِهم بالاتفاق.

وهم معترفون أيضًا بأنه لا يضاف إلى العبد إلا ما كان مكسوبًا له -على ما زعموا في الكسب-، ومعترفون أيضًا بأن الخارج عن محل قدرته = ليس مكسوبًا له، ولا تتعلق به القدرة الكاسبة، وإنما تتعلق به القدرة المحصِّلة المؤثِّرة في الفعل.

فالآية قد دلت على أن للعباد قُدَرًا مؤثرة محصلة لأفعالهم. وهو عين مذهبنا وخلاف مذهبهم ﴿فَمَن شَآءَ فَلۡيُؤۡمِن وَمَن شَآءَ فَلۡيَكۡفُرۡ﴾.

واعلم أنا لو طلبنا من الله تعالى أن يُنزل آيةً تدل على صحة مذهبنا وفساد مذهبهم، واقترحنا آية بيِّنةً في ذلك؛ لَمَا اقترحنا إلا مثل قوله تعالى: ﴿ٱعۡمَلُواْ مَا شِئۡتُمۡ﴾، ﴿فَمَن شَآءَ فَلۡيُؤۡمِن وَمَن شَآءَ فَلۡيَكۡفُرۡ﴾. لكن علة الهوى والتعصب وعدم الإنصاف؛ ما فيها حيلة ولا علاج. وقد أصاب المعترضَ من ذلك جانبٌ عظيمٌ، أثمر له هذا اللدد واللجاج.

قوله: «التامِّين» = غير تام. لأن كثيرًا من أهل العدل قد يمنع أن يسمَّى العبدُ «مؤثرًا تامًّا»؛ لأن قدرته المؤثرة، وسائر آلات الفعل = من الله تعالى -كما صرح بذلك بعض الإمامية؛ لدفع إشكال أورده بعض الفلاسفة. وليس هذا موضعه-.

قوله: «ومع ذلك رأينا أن الله تعالىٰ قد أسند إليهم أعمالًا»؛ يقال عليه: عن هذا الإسناد نسأل، وبه نتمسك ولا نتحول. فإن الله عزّ وجلّ أحكمُ من أن يسند العمل إلىٰ المَحَلِّ؛ إذ لا يصحُّ الحكمُ بأن محلَّ الشيء عاملٌ له. وإنما ضل في ذلك من ضل.

قوله: «فحصل من هذا المجموع: أن للعبد قدرة وإرادة» = صحيح لا ريب فيه.

تقرير دلالة الأمر والنهي على القدرة والإرادة

قوله: «وإلا لَما كُلِّف» = لا وجه له علىٰ أصول الأشاعرة النافين للحسن والقبح. لأنهم يقولون: «إنه -تعالىٰ- مالكٌ، يفعل ما يشاء، فله أن يسند إلىٰ العبد ما لا دخل له فيه، ويكلفه بما لا قدرة له ولا إرادة». فقد اعترف المعترض هنا -من حيث لا يشعر- ببطلان القاعدتين اللتين أُسِّس عليهما مذهبُ المجبرة، أعني: قاعدة نفي الحسن والقبح عقلًا، وقاعدة أن العبد غير متمكن من التأثير في أعماله؛ لِـمَا عرفتَ سابقًا من أن دلالة التكليف والأمر والنهي، علىٰ أن له قدرة وإرادة = ليس إلا بالنظر إلىٰ التأثير والتحصيل، لا إلىٰ المحلية والتوهم الذي بنىٰ عليه المعترض مذهبه؛ إذ لا معنىٰ لقولك: «إن الأمر والنهي يدلّان علىٰ أن للعبد قدرة وإرادة في كونه محَلًا للعمل الذي يخلقه الله فيه، أو متوهمًا أن له قدرة وإرادة فيه». وكيف يكون الاقتدار والاختيار في كونه محلًا للآثار المستندة إلىٰ الغير -أي القادر المختار سبحانه وتعالىٰ-؟ إنما القدرة والإرادة في تحصيل العمل والتأثير فيه. وإلا فعن ماذا عجز العاجز؟ وعلىٰ ماذا قدر القادر؟

وتقريره: أن التكليف: «تحميل للكلفة والمشقة». وإنما كان تحميلًا للكلفة والمشقة؛ لأنه: «مطالَبَةٌ بالتحصيل» -أي: تحصيل الماهية أو تحصيل الكف عنها، كما صرح به الخصوم فضلًا عن العدلية-. وإذا كان مطالبةً بالتحصيل؛ فالعقل مانع من المطالبة بالتحصيل لمن لا قدرة له عليه ولا إرادة. فقد دل هذا علىٰ الحسن والقبح عقلًا، ودلّ علىٰ أن للعبد المكلف قدرة وإرادة مؤثرتين في التحصيل للمطلوب منه، وإلا لم يُكلّف -كما عرفتَ-.

وبهذا يلوح لك: أنه لا تكليف حقيقةً علىٰ مذهب المعترض وغيره من المجبرة القائلين بأن الله هو المحصِّل لما أمر العباد به، وهو -سبحانه- المحصِّل للكف عما

نهاهم عنه، فلا مشقة عليهم ولا كُلْفة.

وقد ظهر: أن التكليف لو لم يدل إلا على أن للعبد كسبًا في أعماله؛ لم يدل على أن له قدرة وإرادة. لكن التالي باطلٌ؛ فالمقدم مثله.

بيان اللزوم: أنه لا معنى للكسب إلا كون العبد محلًا للعمل -كما صرحوا به-. فلو لم يدل التكليف والأمر والنهي على أكثر من المحلية؛ لم يدل على القدرة والإرادة.

لا يقال: إنهم ما قالوا: «إن الكسب عبارة عن كون العبد محلًا فقط»، بل قالوا: «إنه عبارة عن كونه محلًا لما يخلقه الله تعالى فيه، مع كونه قادرًا مريدًا بقدرة وإرادة غير مؤثرتين في ذلك».

لأنا نقول: هذه القدرة والإرادة -على فرض وجودهما- إن كانتا مؤثرتين في ما كُلِّف العبد بتحصيله، وطولب به = فمرحبًا بالوفاق، وهذا هو مذهبنا بعينه.

وإن لم يكونا مؤثرتين في شيء من ذلك؛ فلا يقع بهما زيادةٌ على مجرّد المحلّيّة. فإن مدار الفرق = على ما يقع به تحصيل المطلوب من المكلف، لا على شيء غير ذلك.

فظهر: أن الفعل لو دل على الكسب؛ لما دل على أكثر من المحلية. وكلما كان كذلك؛ لم يدل على قدرة وإرادة لا تأثير لهما أصلًا. إذ لو دل على قدرة وإرادة كذلك؛ لزم أن كل ما كان الشيء محلًا للشيء = كان قادرًا عليه ومريدًا له. لكن التالي باطل قطعًا واتفاقًا؛ فالمقدم مثله. وذلك لأن دلالة الأمر والنهي على القدرة والإرادة؛ إنما عُلِمَت من حيث طلبُ الفعلِ أو الكفِّ. والمحلُّ المجرد عن التأثير؛ لا يستأهل أن يُطلَب منه الفعل أو الكف -باعتراف المعترض في ما أسلف، حيث زعم أن بينهم وبين الجهمية فرقًا-.

وأيضًا، فكونُ العبد محلًّا للفعل -الذي هو طاعة مثلًا- أمرٌ اعتباريٌّ عند قوم، وحالٌ من جملة الأحوال عند قوم. وكلما كان كذلك؛ امتنع أن يكون مطلوبًا للحكيم تعالى.

وأيضًا، فكون المحل محلًا للفعل عند خلق الفعل فيه = أمرٌ ضروريٌّ، لا يمكن أن تتعلق به القدرة والإرادة أصلًا. وهو ظاهر.

لا يقال: إنهم ما فسروا الكسب بمجرد المحلية، بل قالوا: «إنه عبارة عن كون العبد محلًا لما يخلقه الله تعالىٰ فيه، مع قدرة وإرادة للعبد غير مؤثرتين في الفعل» -كما مر-.

لأنا نقـول: هذا رجوع أيضًا إلىٰ المحلية. لأن القدرة والإرادة إذا لم يكونا مؤثرتين؛ لم يكن فيهما زيادة علىٰ المحل. وعلىٰ فرض تسليم ذلك؛ فالأمر أشنع وأفظع. لأنه يستلزم أن يكون العبد مطالَبًا من الله تعالىٰ بأن يكون قادرًا مريدًا بقدرة وإرادة لا تأثير لهما، وأن يكون مع ذلك محلًّا لما يخلقه. وهذا محال قطعًا وإجماعًا.

فاتضح: أن الأوامر والنواهي الشرعية؛ إنما تدل علىٰ أن للعبد المكلف قدرة وإرادة مؤثرة في ما طولب به، وهو: تحصيل الفعل لا اكتسابه؛ لاستحالة المطالبة بالكسب -كما عرفت وقد مر، وله تمام سيأتي إن شاء الله تعالىٰ-.

وإن شئت قلت: التكليف دالٌّ علىٰ القدرة والإرادة. وكلما كان دالًّا علىٰ القدرة والإرادة؛ كان دالًا علىٰ تأثير القادر المريد. ينتج: أن التكليف دالٌّ علىٰ تأثير العبد القادر المريد في أعماله. وهو المطلوب.

أما الصغرىٰ؛ فباعتراف المعترض. وأما الكبرىٰ؛ فلأنه لو لم يدل علىٰ كون العبد مؤثرًا في أعماله؛ لاستوىٰ العاجز والقادر، فانتفت دلالته علىٰ القدرة والإرادة، بل لم يبق فرق بين الجماد والمكلف. إذ ليس الفرق بينهما هو كون أحدهما محلًا للعمل دون الآخر. إذ المحلية ثابتة في العاجز كالقادر، فلم يبق فرق إلا من حيث إن هذا يُتصوَّر منه التحصيل للعمل والتأثير فيه دون الآخر.

وقد عرفت مما سبق لنا قريبًا أن قولهم: «إن الأمر لطلب الماهية»، وما ذكروه هناك من التعليل = اعتراف بأن المطلوب هو: الإيجاد والتحصيل، لا المحلية التي يستوي فيها العاجز والقادر.

لا يقال: إن الفرق بينهما هو: أن القادر يتوهم القدرة والإرادة دون العاجز.

لأنا نقـول: هذا فاسد.

أما أولًا؛ فلأن المعترض إنما قال هنا وفي ما سبق: إن التكليف يدل علىٰ [170 أ]

القدرة والإرادة، لا على توهُّمهما.

وأما ثانيًا؛ فلأن التكليف لو لم يدل إلا على التوهم المذكور؛ لصح تكليف العاجز؛ نظرًا إلى أنه قد يتوهم العاجز أن له قدرة. وكونُ توهُّمه فاسدًا = لا يقدح في ذلك. فإن المعترض قد صرح مرارًا بأن توهم القادر أيضًا توهم فاسد. فلم يبق فرق من هذه الحيثية.

نعم، يبقى الفرق بالوهم بين الجماد والمكلف؛ لثبوته في المكلف -بزعم المعترض- دون الجماد. ولكنك إذا رجعت إلى أن التوهم -عند المعترض- مخلوق لله تعالى؛ اضمحلّ الفرق بينهما. فتأمل.

فإن قلت: قد ظهر من هذا الكلام بطلانُ قاعدة الجبر، وامتناع تعطيل الأوامر والنواهي اللازم منه. لكن قاعدة نفي الحسن والقبح لم يظهر بطلانها من كل وجه؛ لأن قول الجبري -كالمعترض-: «إنه لو لم يكن للعبد قدرة ولا إرادة؛ لم يكلف بشيء» = ليس المراد منه: أنه لا يجوز على الحكيم تعالى أن يكلِّف من لا قدرة له ولا إرادة، حتى يلزمه الاعتراف بصريح التحسين والتقبيح، وتحكيم العقل. بل المراد: أنه لو قيل بأنه تعالى يكلف من لا قدرة له ولا إرادة؛ لزم الكذب في كلامه تعالى. لكنه ممتنع قطعًا واتفاقًا.

قلت: قد عرفتَ مرارًا أن الحكم منهم بامتناع الكذب في القرآن = اعترافٌ بالحسن والقبح، عقلًا شاؤوا أم أبوا.

أما بالنظر إلى الكلام اللفظي المتفق على حدوثه = فظاهر. لأنه داخل تحت المشيئة، وقد قالوا: «لا قبح ولا نقص في أفعاله تعالى لأنه مالك يفعل ما يشاء». فقولهم -بعد ذلك- بامتناع الكذب في هذا القرآن اللفظي الداخل تحت المشيئة = اعتراف صريح بالتحسين والتقبيح أيضًا؛ لأنه حكم بحسن تصرف المالك دون غيره -كما عرفته في ما مرّ-.

وأما بالنظر إلى ما ذهب إليه المعترض تقليدًا للقاضي العضد من قِدَم اللفظي كالنفسي، وكذا على ما قيل من أن الكذب في اللفظي يستلزم الكذب في النفسي = فيمتنع. لأن مرجع الكذب = إلى الصفة، وهو نقص، ولا نقص في صفاته تعالى.

فعلى فرض تسليم ذلك؛ فيه أيضًا اعتراف بالفرق بين الكمال والنقص في نفس الأمر. وهو عين الاعتراف بالحسن والقبح عقلًا. إذ لا معنى لهما إلا ما يُمدح ويُذم عليه، وسواءٌ سميته «كمالًا ونقصًا» أو «حسنًا وقبيحًا». ومن ادعى أن محل النزاع أمر وراء هذا المعنى؛ فقد أعظم الفرية بلا مرية -كما سبق موضحًا كافيًا للمنصف-.

قوله: «ومع ذلك رأينا أن الله تعالى قد قال: ﴿لَهَا مَا كَسَبَتْ﴾» = لا فائدة فيه، مع ظهور بطلانه مما ذكرناه آنفًا.

بل نقول: هذا منه اعتراف بمذهب خصمه من حيث لا يريده ولا يشعر به. لأنه إنما استدل على أن لها كسبًا إلا بالإسناد[243] -كما أفصح عن ذلك بقوله: «فأسنده إليها كسبًا، فعلمنا... إلخ»-. وحينئذ فقد شهد على نفسه بالمناقضة لما قاله سابقًا من أنه لا دلالة للعدلية في الإسناد، وشهد لهم هنا بأن ذلك كافٍ في مطلوبهم.

ونقول: إذا كنت -يا أخا الأكراد- لم تعلم الكسب إلا من مجرد الإسناد؛ فقد اعترفت بأنه لا يبقى لكم متشبث في قوله تعالى: ﴿وَٱللَّهُ خَلَقَكُمْ وَمَا تَعْمَلُونَ﴾، وفي العمومات التي ذكرتم، نحو قوله تعالى: ﴿ٱللَّهُ خَٰلِقُ كُلِّ شَيْءٍ﴾؛ لأن أفعال العباد غير مندرجة تحت ذلك، ولا يتناولها العموم. فإنها وإن كانت «أشياء»؛ لكنها مع كونها مخصوصة بالعقل = قد خرجت عن تناول العموم لها بإسنادها إليهم.

فإن قلت: إن مجرد الإسناد لا يكفي في خروجها عن ذلك.

قلنا: وكذلك الكسب الذي لم تستدلوا على أنه للعبد لا لله تعالى إلا بالإسناد فقط = يلزمكم عدمُ خروجه عن العموم المذكور، فيكون لله تعالى، لا للعبد.

وتوضيح ذلك: أنكم إما أن تقولوا بأن الكسب شيء أو أنه لا شيء. ولا ثالث لهذين القسمين.

فإن قلتم بالأول؛ لزمكم أنه مخلوق لله تعالى بمقتضى تشبُّثكم بنحو هذا العموم

(243) سيتكرر هذا الأسلوب في الحصر والقصر، وهو أسلوب ركيك، بل هو خطأ، ومقصده بهذا التعبير أن يقول: «لأنه ما استدل على أن لها كسبًا إلا بالإسناد».

المذكور، وقولِه تعالىٰ: ﴿وَٱللَّهُ خَلَقَكُمْ وَمَا تَعْمَلُونَ﴾. وحينئذ، يسقط الكسب من أيديكم، ولا يبقىٰ بينكم وبين الجهمية وخلص الجبرية فرق أصلًا. وأنتم قد اعترفتم بأن هذا المذهب يستلزم إنكار الضرورة وبطلان الأوامر والنواهي، وأنه يستلزم الكفر لا محالة.

وإن قلتم بالثاني؛ فقد شهدتم علىٰ أنفسكم بذلك أيضًا، واعترفتم بأنكم اعتمدتم في أمر دينكم علىٰ ما تعلمون أنه لا شيء. وكفىٰ بذلك ضلالًا.

فأي فائدة جاءت للمعترض في تعرضه لذكر الكسب المذكور في قول الله تعالىٰ: ﴿لَهَا مَا كَسَبَتْ﴾، وقوله تعالىٰ: ﴿كُلُّ ٱمْرِيٍٕ بِمَا كَسَبَ رَهِينٌ﴾؟ وكأنه أراد به الإرهاص لدعواه أن الكسب مذكورٌ بلفظه ومعناه في القرآن، وليس من مخترعات الأشعري ونحوه من المجبرة. وقد جاء بهذه الفضيحة بعضُ المتعصبين من متأخري الأشاعرة في تهامة اليمن، فقال: «إن كسب الأشعري مذكور في القرآن»، وذكر أمثال هاتين الآيتين. وما كنا نظن أن تجري هذا العثرة من المطلعين علىٰ كتبِ مثلِ الرازي وغيره. بل ما كنا نظن أن تجري هذه الدعوىٰ من عاقلٍ؛ لظهور باطلها.

فقوله: «وهو المعبّر به عن الكسب عند الشيخ الأشعري... إلخ»؛ إما أن يكون الضمير فيه إلىٰ الكسب المذكور في الآيتين المذكورتين، أو إلىٰ مجموع ما ذكره -أعني: قوله: «ومع هذا رأينا أن الله قد أسند إليهم أعمالهم... إلخ-، أو إلىٰ خصوص قوله: «مدخلًا».

إن كان الأول؛ فهو تصريح بأن معنىٰ الكسب المذكور في التنزيل من حكيم حميد؛ هو معنىٰ كسب الأشعري. وكفىٰ به بهتًا يحير العقول. ومع ذلك؛ فقد سلكه المعترض في ما زخرفه وكتبه سابقًا في الاحتجاج علىٰ مذهبه في خلق الله لأعمال العباد بقوله تعالىٰ: ﴿وَٱللَّهُ خَلَقَكُمْ وَمَا تَعْمَلُونَ﴾. وهي من فضائحه الفاضحة له حتىٰ عند أهل مذهبه.

أما أولًا؛ فلأن الله تعالىٰ جعل القرآن خطابًا للكل علىٰ حسب اللغة العربية. فلو كان الكسب المذكور في القرآن؛ ليس المراد به إلا كسب الأشعري؛ لوجب أن يشترك

في فهمه العدلي والأشعري بعد علمهما باللغة العربية. لكنه ليس كذلك قطعًا. بل لم يقل بهذا المعنى إلا المعترض ورجل آخر من متعصبي الشافعية؛ فإنه ادعى أن الكسب الذي في القرآن هو كسب الأشعري.

وأما ثانيًا؛ فلأن اسم «الكسب» الذي ذهب إليه الأشعري = اصطلاحي. فكيف ينزل القرآن بالاصطلاح الحادث الجديد؟

وإن كان الثاني؛ لم يظهر معناه، بل هو باطل -كما عرفت من أن الكسب عبارة عن المحلية الجارية في الزمان والمكان وسائر الآلات والجمادات-.

وإن كان الثالث؛ ففيه أنه جعل المدخلية المذكورة = سببًا لوقوع الاسم -أي: اسم «الكسب»-، فكيف يكون المدخل نفس الاسم؟ فليُتدبر.

وهاهنا بحث، وهو أن نقـول:

ما هذه المدخلية وفي ماذا هي؟ هل في التأثير والإيجاد للفعل؟ فأنتم لا تقولون به. أو في الاكتساب الذي أنتم بصدد إثباته؟ فيلزمكم الدور؛ إذ لا يُعرف الكسب حتى تُعرَف مدخليةُ الاكتساب. لكنها لا تُعرف مدخلية الاكتساب حتى يعرف الكسب. فماذا تريد بالداخل والمدخول فيه؟ لا بدّ من بيانه. فإنا لا نعتمد على مجرّد الألفاظ. فلا تثبتُ المدخلية حتى يُعرَف الداخلِ والمدخول فيه. لأن المدخلية نسبةٌ بين الداخل والمدخول، وتعلقُها يتوقف على تعلُّقِهما. وإلا فكيف يثبت الفرع قبل ثبوت الأصل؟

نعم، الذي يُفهم من كلامهم في غير موضع: أن العلم بأن لقدرة العبد مدخلًا = مستفادٌ بالدَّوَران والترتب المحض، كما في الإحراق بالنسبة إلى مسّ النار. والمفهوم هنا من كلام المعترض: أن العلم بالمدخلية سمعيٌّ، أي: إنه يثبت من حيث إسناد الكسب إلى العبد في القرآن الكريم.

ثم العجب أن المعترض -مع هذا التصريح بأن لقدرة العبد وإرادته مدخلًا- ما استحيى من أن يقول: «إنه لا حظ للعبد من العمل إلا الأوهام الفاسدة بأن له قدرة وإرادة في تحصيل أعماله»! وهي مناقضة واضحة وإن سترها بالألفاظ المزخرفة.

نعم، ربما كان هذا منه إنصافًا واعترافًا بأنهم لا يثبتون قدرة وإرادة للعبد حقيقةً، وإنما هي مجرد أسماء وأوسام، وألفاظ وأوهام، وليس هناك شيء يُعتمد عليه أولو الأفهام.

وحينئذ يقال: إن قولك: «فعلمنا أن لقدرة العبد وإرادته مدخلًا... إلخ» = إثباتٌ للنقش قبل العرش. لأن هذه القدرة والإرادة اللتين أثبتّموهما -بزعمكم- إما أن تقولوا: إنهما يتعلقان بالتأثير أو بالكسب.

لا سبيل إلى الأول؛ لأنه ليس من مذهبكم -كما مر-.

ولا إلى الثاني؛ لأن الكسب -عندكم- عبارة عن كون العبد قادرًا مريدًا بقدرة وإرادة مقارنتين لما يخلقه الله من فعله -كما صرَّحتم به في ما سيأتي لكم عند بيان المذاهب في الأفعال المتولدة، حيث صدّرته بمذهب الشيخ الأشعري-.

وعلى هذا؛ فلو قلتم: «إن العبد قادر على الكسب ومريد له»؛ للزمكم القول بأن العبد قادر على أن يكون قادرًا مريدًا. وهو ظاهر البطلان، وإن خفي على المعترض. [170 ب]

فقوله: «الذي هو سبب عادي لخلق الله الفعل» = عبارةٌ خاليةٌ عن التحصيل، مع أنه مخالف لما سيأتي له في الموضع المشار إليه آنفًا. وإنما قلنا: إنه قولٌ خالٍ عن التحصيل؛ لأنه مخلوق أيضًا -أعني: تعلق قدرة العبد وإرادته عندهم كما مر-، وسيأتي تصريح المعترض بذلك، حتى نقل الدّواني -في ما سيأتي أيضًا- أن المعتزلة يوافقون الأشاعرة في أن التعلق المذكور = مخلوق لله تعالى، وهو غلط من الدواني -كما ستقف عليه إن شاء الله-. فإذا كان هذا التعلق -الذي جعلوه سببًا عاديًا بزعمهم-؛ ليس من جهة العبد ولا من آثاره، بل ليس باختياره؛ كان هذا الكلام جميعه في حيِّز اللاغية، بل ربما لزم الدور أو التسلسل في ما إذا قيل: إن التعلق في نفسه مخلوق عندكم. فإن كان مترتبًا على سبب عادي مثله؛ نقلنا الكلام إليه، ثم كذلك إلى أن يدور ويتسلسل. وكلاهما ظاهر البطلان.

وإن لم يكن مترتبًا على سبب عادي؛ كان حكمكم بالترتب والتسبب العادي في

شيء دون شيء = محض التحكم. ولا معنى للاعتذار بأن التعلق أمر اعتباري، بعد التصريح بأنه في نفسه مخلوق لله تعالى.

هـذا، وقد عرفت أن من بنى مذهبه على العادات التي هي غير مأمونة التخلفات = يجعل العلم بهذا السبب العادي حاصلًا بمجرد العادة أيضًا -كما عرفت من أن العلم الحاصل عن النظر عند الأشعري = بالعادة-. فالقوم في ظُلَم العادات يعمهون، وفي حارات المحارات يتردّدون، وبالإقناعيات يقنعون، حتى رضوا لأنفسهم بالتشبث بالعادة في أشرف المطالب وإثبات الشرائع؛ اتباعًا للظن، وإن هم إلا يخرصون.

لا يقال: أنتم -أيها المعتزلة وسائر العدلية- توافقونهم في اعتبار العادات. ولا يمكنكم إنكار إفادتها للعلم -كما في المتواترات-. فما بالكم تشنّعون عليهم في اعتمادهم على العادات؟

لأنا نقول: قد مرّ لنا جوابُ هذا الإيراد في أوائل الكتاب، حيث بيّنّا فساد اعتمادهم على العادات في هذه المطالب الشريفة، وبيّنّا أيضًا انتفاء العادة إلا في خيالاتهم وأوهامهم السخيفة.

وأيضًا، فإنا وإن قلنا بالعادة في بعض المطالب، لكنا لم نتهم العقول في شيء في أحكامها التي من جملتها الأحكام العادية -أي: التي تُسند إلى العادة، ومرجعها إلى العقل-. فإن العادة على العقل بُنِيَتْ، وبه ثبتت وأفادت العلم.

وأما هم؛ فقد اتهموا العقول في كثير من أحكامها، فلا يصح لهم الجزم بالعادة. وإلا كانوا قد قبلوا شهادةَ مُتَّهَمٍ -أعني العقل-، وكانوا كمن قيل في حقهم: ﴿يُحِلُّونَهُۥ عَامًا وَيُحَرِّمُونَهُۥ عَامًا﴾ [التوبة: 37].

قوله: «الفعل في العبد» = فيه إيماء إلى أن العبد ليس إلا محلًا للعمل المخلوق فيه، كما تُشعِر بذلك «في» الظرفية. وقد مرّ مثله. ولو أراد أنّ له دخلًا في الصدور -أي صدور العمل-؛ لأتى بـ«من»؛ كأن يقول: «من العبد» أو نحو ذلك. لكن القول بأن العبد ليس إلا محلًا للعمل = صريحٌ في أقوالهم، وهو معنى قولهم أيضًا: «إن العمل إنما يُسنَد حقيقةً إلى من قام به، لا إلى من أوجده». فإن مرادهم بهذا القيام هو: الحلول،

صرّح به جماعةٌ، منهم: العضد في كتبه كـ**شرح المختصر الحاجبي** وغيره(244). وكثيرًا ما دار هذا المعنى في كلام سعد الدين. وكلُّ من نفى تأثير العبد مطلقًا؛ لم يبق معه إلا القول بأن العبد محل للفعل لا غير. وهو ظاهر.

بل قد جعل بعضُهم الصدورَ نفسَه أعمَّ من أن يكون اختياريًا وغيره. حتى جعل سعد الدين في **شرح التلخيص** نحوَ المرض والموت = صادرَيْن عن المريض والميت - كما عرفت في الكلام على الحقيقة العقلية- وهو غلط محض(245). فإن الصادر عن العبد إنما يكون شيئًا لقدرته فيه دخلٌ، وإلا لم يُطلَق عليه «الصدور عن العبد». وهو أيضًا ظاهر.

ولهذا اعترف السعد نفسه في موضع آخر من **المطول**، حيث قال في شرح قول صاحب **التلخيص**: «نحو: ﴿وَلَئِن سَأَلْتَهُم مَّنْ خَلَقَ السَّمَاوَاتِ وَالْأَرْضَ لَيَقُولُنَّ اللَّهُ﴾ [الزمر: 38]»، ما نصه: «وفيه نظر. لأنه إن أريد السؤال عن الفاعل الاصطلاحي = فممنوع، بل لا معنى له. وإن أريد السؤال عمّن فعل الفعل وصدر عنه؛ فتقديره مبتدأً يؤدي هذا المعنى... إلخ»(246). فانظر كيف جعل من صدر عنه الفعل = مقابلًا للفاعل الاصطلاحي، وهو الفاعل النحوي؛ بناءً على أنه -أي: الفاعل الاصطلاحي- لا يستلزم أن الفعل صادر عنه كالفاعل الكلامي -وهو الذي يصدر عنه الفعل بالقدرة-، فاعرفه؛ ليتضح لك: أنه إن جعل معنى صدوره عنه: أنه يكون على جهة قيامه به وحلوله فيه -كما هو مذهب الكسب-؛ لزم عدم الفرق بين من صدر عنه الفعل وبين الفاعل الاصطلاحي. فلا يصح هذا الترديد المذكور في كلام **المطول**. وهو ظاهر.

وإن جعل معنى صدوره: كونَه مؤثرًا في إيجاده وتحصيله -كما هو الحق والتحقيق الذي يأباه المجبرة-؛ بطل الكسب، وبطل أن يقال: «إن الفعل صدر عن العبد»، إذا لم يكن العبد إلا محلًا وظرفًا لما يخلقه الله فيه من الفعل -بزعمهم-، وبطل قولهم بأن

(244) ينظر هذا الموضع مثلًا: الإيجي، **شرح مختصر المنتهى**، ج 1، ص 640.
(245) ينظر: التفتازاني، **مختصر المعاني**، ص 37.
(246) التفتازاني، **المطوّل**، ص 306.

لقدرة العبد مدخلًا في الفعل، مع جزمهم بأنه ليس إلا محلًا وظرفًا. وإلا لزم أن للفاعل الاصطلاحي مدخلًا في صدور الفعل وحصوله، مع أنه قد يكون ذلك محالًا قطعًا وإجماعًا. وهو -أيضًا- ظاهر.

وهاهنا بحث، وهو: أنا نقول:

قد ذهبتم إلى أن العبد ليس إلا محلًا للفعل، وأنه -أي: الفعل المنسوب إليه- عبارة عن حصول الأثر الذي يخلقه الله فيه. فنسألكم: ما الفارق -على هذا- بين العبد وبين الجماد الذي يحصل فيه أثر من آثار الله تعالى؟

فإن قلتم: الفرق بينهما أن العبد من شأنه أن يؤثر؛ لأن له قدرة من شأنها التأثير لكنه عاق عنه عائق، وهو وقوع الأثر بقدرة الله تعالى، بخلاف الجماد فليس التأثير من شأنه.

قلنا: كلا الأمرين باطل، أعني قولكم: «إن كون العبد من شأنه التأثير يصلح فارقًا»، وقولكم: «إن له قدرة من شأنها التأثير لكنه عاقها عائق».

أما بطلان الثاني؛ فظاهر؛ لأنه مبني على المصادرة ودعوى العائق. وذلك مستلزم للمحال.

وأما بطلان الأول؛ فلأن الفعل إذا كان -عندكم- عبارة عن الحصول المذكور؛ فالفاعل حينئذٍ هو من ثبت له الحصول، لا الذي من شأنه التأثير. فلا يبقى فرق بين الجماد وبين العبد.

فإن قلت: هذا إلزام غيرُ لازمٍ ولا معهودٍ في كلام العلماء.

قلت: بل هذا الإمام الفخر الرازي قد أورد مثله على الفلاسفة في قولهم بالوجود الذهني، حيث قال: «إذا كان الإدراك هو نفس حصول الماهية في المدرِك؛ فهو -أي: المدرِك- هو الذي له الحصول، فيلزم الإدراك للحـ[...]». هذا كلامه(247).

(247) طمس في النسختين، والنص للرازي في **المحصّل** المطبوع هكذا: «إن كان الإدراك هو نفس الحصول، فالمدرَك هو الّذي له الحصول؛ فكان الجدار من شأنه أن يدرِك، لا من شأنه أن يكون له الحصول». الرازي، **المحصّل**، ص 79.

فإن قلت: كون العبد قادرًا مريدًا = كافٍ في الفرق بينه وبين الجماد، وإن كانت قدرته وإرادته غير مؤثرتين في الحصول.

قلت: [هذا باطل لأن كون العبد] متصفًا ببعض المعاني -كالقدرة والإرادة-؛ لا يقتضي الفرق بينه وبين الجماد. بل لو اتصف العبد بألف قدرة وألف إرادة لا دخل لشيء منها في الحصول = ما زاد على كونه محلًا، وإلا لزاد جدارٌ على المحلية باتصافه بالطول أو بكونه شديدًا قويًا أقوى من غيره من الجُدرات(248).

وبالجملة، فالذي ينبغي أن يدور عليه الفرق بين العبد والجماد هو المدخلية في الحصول.

وبهذا، يُعلَم أن القول بأن لقدرة العبد وإرادته مدخلًا = اعترافٌ ببطلان الجبر المحض، وكونِ العبد ليس إلا محلًا. بل اعتراف بتأثير العبد في أفعاله؛ لأن كل من قال بأن العبد ليس إلا محلًا؛ فقد نفى مدخلية قدرته وإرادته. ومن أثبت مدخلية قدرته وإرادته؛ لم يقل بأن العبد ليس إلا محلًا، بل قد أثبت له تأثيرًا ما. وهو المطلوب.

قوله: «وهو أمرٌ معقول، حتى عندك لو أنصفت» = من عجائب عدم الإنصاف. فإن حُكم المؤلف بأن التأثير للفاعل = بمعزل عن هذا. فدعوى الاعتراف = من عدم الإنصاف. إنما أراد المؤلف -رحمه الله تعالى- التعريضَ بسوء حال القائلين بأن المؤثر في فعل العبد = غيرُه -أي: الباري تعالى-، فأثبتوا التأثير لغير الفاعل، وجعلوا العبدَ الفاعلَ حقيقةً = بمثابة آلة الفعل. وفي جعله كالآلة = ما لا يخفى من الجهالة؛ للفرق الواضح بين العصا والضارب بها. ولو كان كالآلة؛ لما كُلِّف ولا أُمِر ولا نُهِي. وقد أقرّ المعترض بهذا -كما مضى وسيأتي-.

وحين حُوصروا في بيان مذهبهم؛ ما زادوا على كون العبد محلًا، وزعموا أن هذه المحلّيّة هي المصححةُ كونَه مأمورًا منهيًا، فناقضوا قولهم: «إن الجبر المحض والتجهم الخالص = باطل بالضرورة» -كما عرفت-. والمعترض زاد من عنده الأوهام، وزعم

(248) وردت هذه اللفظة أكثر من مرّة هكذا: «جدرات»، جمع الجمع لجدار، أي: يُجمَع جدار على جُدُر، ويُجمَع جُدُر على جُدُرات.

أن التوهم الفاسد للقدرة والإرادة هو المصحح للأوامر والنواهي من قِبَل الحكيم العليم -تعالى شأنه-. فيا عجباه ممن يترك المحجة البيضاء التي ليلُها كنهارها، ويعدل إلى هذه الخيالات المظلمة التي لا يفلح من عَشِيَ بصرُ بصيرته بغبارها، ووقعت قَدَمُ عصبيّتِه على نارها!

قوله [171 أ]: «وقد ثبت النص... إلخ» = من أوهامه الفاسدة ودعاويه الباردة. وثبوت النص على مُدَّعاه = أعزُّ من بَيْضِ الأَنُوقِ، وأبعد من لمس العيّوق.

هـذا، وأنت تعلم أن المحققين من الأشاعرة مصرِّحون بأن الباري تعالى لا يسمّى «فاعلًا لفعل العبد». فإن كان تعالى هو الموجِد له -عندهم-، والفاعلُ -عندهم- هو الكاسب للفعل لا الموجِدُ له -كما صرح به سعد الدين-؛ فرارًا منهم عن لوازم شنيعة، منها: لزومُ أن يكون تعالى هو القائم القاعد إذا قيل: «إنه تعالى الفاعل للقيام والقعود في العبد». إذ لا معنى لـ«القائم القاعد» إلا «فاعل القيام والقعود»، بخلاف إذا قيل: «إنه تعالى هو الموجد للقيام والقعود». فإنهم زعموا أنه لا يلزم أن يقال: «إنه القائم القاعد»؛ بناءً على أن اسم الفاعل لا يُشتَقُّ لمن أوجد الفعل، وإنما يُشتَق لمن قام به الفعل -كما افتروا ذلك على اللغة العربية والكتاب والسنة-. وما زعموه = مجردُ دعوى وافتراء، مع أنه باطل بالنصوص.

ومن أوضح ذلك: أن هذه الدعوى التي زعموها = تقتضي لزوم التناقض في التنزيل الذي لا يأتيه الباطل من بين يديه ولا من خلفه. وذلك لأنه لا تبديل لخلق الله بالنص. فلو كانت أفعال العباد من خلق الله تعالى؛ لم يقدروا على تبديلها. فإن قال المجبرة بأن العباد لا يوصَفون بأنهم «يقدرون على أن يبدلوا خلق الله»، ولا يقال: «إنهم مبدِّلون»، ولو كان التبديل مخلوقًا لله فيهم = قلنا: هذا يكذّبكم في قولكم: «إنه لا يُشتق اسم الفاعل إلا لمن قام به الفعل دون من أوجده». فما بالكم لا تصفون العباد بأنهم «مبدِّلون»؟ ثم إنه يلزمكم مناقضةُ ما لا يأتيه الباطل؛ فإنه تعالى قد وصف العباد بالتبديل في مثل قوله تعالى: ﴿بَدَّلُوا نِعْمَتَ اللَّهِ كُفْرًا﴾ [إبراهيم: 28]، ﴿فَمَنْ بَدَّلَهُ بَعْدَمَا سَمِعَهُ﴾ [البقرة: 181]، ﴿فَبَدَّلَ الَّذِينَ ظَلَمُوا قَوْلًا غَيْرَ الَّذِي قِيلَ لَهُمْ﴾ [البقرة: 59]، ﴿وَمَا بَدَّلُوا تَبْدِيلًا﴾ [الأحزاب: 23]، إلى غير ذلك من الآيات.

وإن قالوا: «بل العباد مبدلون، أي: كاسبون للأفعال التي هي تبديل»؛ قلنا: هذه أيضًا مناقضةٌ لما لا يأتيه الباطل، لازمةٌ على مذهبكم في أن أفعال العباد = من خلق الله؛ إذ لزم أن العباد مبدِّلون لخلق الله تعالى، وقادرون عليه -أي: التبديل-، وإن كانت قدرتهم كاسبة غير مؤثرة.

والمعترض غفل عن هذا كله. فقوله: «إن الله هو الفاعل» = جهلٌ وغفلةٌ كما حكيناه عنهم وذكرناه، من إلزامنا لهم.

وعلى هذا المنوال قولُه: «وقد اعترفت بأن السبب مع الفاعل... إلخ». على أن في هذا الكلام مناقضةً أيضًا لمذهبهم؛ لأن العبد إذا لم يكن له من الفاعلية نصيب أصلًا؛ فمن أين يستحق اسم «الفاعل»، كالقائم والقاعد؟ إذ لا يقال للسبب ولا لمحل السبب: «قائم» أو «قاعد». والمدعي لذلك، مثلًا = متلاعبٌ، جاهل باللغة والطريق المعقولة.

وأما قوله: «لا خالق سواه تعالى» = فمسلَّمٌ عند أصحابنا القائلين بأن «الخلق» خاصّةً = لا يوصف به فعلُ العبد؛ إذ لا اختراع في أفعال العباد.

وإلى هذا ذهب من ذهب من الأشاعرة القائلين بتأثير العبد في أفعاله، كإمام الحرمين -كما مرّ-. وقريبٌ منه مذهب الإمام الرازي؛ خلافًا لأبي الحسن الأشعري.

وأما من أجاز تسمية فعل العبد المقدَّر «خلقًا»؛ نظرًا إلى اللغة = فيَمنع هذه الكلية -أي: قولَه: «لا خالق سواه»- من حيث اللغة، ويسلِّمها من حيث الشرع. ولا جدوى تحت الخلاف والله الموفق.

[دعوى المعترض بالفرق بين مذهب الشيخ الأشعري، ومذهب الجبر الخالص، وإلزام المؤلف له بخلافه]

قال: «وبالجملةِ، ظهرَ الفرقُ بين الجبر المحض الخالص، وبين ما ذهب إليه الشيخ الأشعري. فإن الأول نفى القدرةَ والإرادة عن العبد بالكلية، لا مؤثِّرةً ولا كاسبةً. بل قالوا: 'هو بمنزلة الجماد' -صرّح به في شرح المواقف عن الجهمية أصحاب جهم بن صفوان الترمذي-. وما ذهب إليه الأشعري: نفيُ تأثيرِ قدرة العبد وإرادته، مع إثباته إياهما له».

أقول: هذه الدعوىٰ لظهور الفرق = لا تجديك نفعًا؛ لأنك ستعترف الآن ببطلانها، حيث تقول بما مؤدّاه: «إن القدرة التي أثبتها الشيخ الأشعري = خارجةٌ عن مطلق القدرة». وإذا كانت خارجة عن مطلق القدرة، باعترافك؛ فليست قدرةً أصلًا؛ لاستحالة أن يكون الخارج عن المطلق فردًا من أفراده. أَوَلَسْتَ معترفًا بأنهم عرّفوا القدرة بأنها «صفةٌ تؤثّر علىٰ وفق الإرادة»؟ وقلت: «إن هذا تعريف منهم لمطلق القدرة»، وإن الشيخ لا يقول بأن قدرته التي أثبتها من مطلق القدرة في شيء بل هي قسم آخر، وحينئذ فلا نسلم أنها قدرة بل شيء آخر، بل ليس الثابت منها إلا مجرد الاسم كالكسب؟

وعلىٰ هذا فنقول: إن أردتَ: أن الفرق ظهر بمجرد الأوهام التي اعتبرتها أنت في صحة التكاليف = فلا نعتمد علىٰ ظهور الفرق بها. بل هو من جملة أوهامك الفاسدة.

وإن أردت: ظهور الفرق بدعوىٰ قدرةٍ لا تأثير لها، وإرادة هي أشبه بالكراهة = فمنعُه أوضح من باطله.

وليت شعري، ما الفرق بين قولين؛ كلٌّ منهما صريح في أن العبد ليس إلا محلًا لما يخلقه الله فيه من الأعمال، وأنه لا أثر له في شيءٍ ما؟ نعم، بينهما فرقٌ مرجعُه إلىٰ الألفاظ والعبارات فقط.

حكىٰ بعض أهل البيت -رضي الله عنهم- أن بعض تلامذة الأشعري قال له يومًا(249): «هل اختيار العبد = بفعل الله تعالىٰ أو بفعله؟»، فقال: «يخلقه الله فيه». فقال له: «هذا يهدم ما أصّلت من القول بالجزء الاختياري، ويلزم منه محض الجبر الخالص»، فأنشد الأشعري:

إذا لم يكن إلا الأسنةَ مركبٌ فلا رأي للمضطر إلا ركوبها

وبهذا يُعلَم أن الأشعري معترفٌ بمحض الجبر. والمعترض يلفّق له ويرقّع. وهيهات، قد اتسع الخرق، واتضح أن الأشعري هو الجهمي بلا فرق، وأنه تكلم في الكسب بما لا يخرجه عن التجهم، ولعله كما قال معاوية في جده أبي موسىٰ الأشعري،

---

(249) أي: إن هذه القصة جرت بين أبي الحسن الأشعري وبعض تلامذته. ولا أرىٰ أمثال هذه القصص إلا من تزيّدات الطوائف بعضها علىٰ بعض؛ مبالغةً في التشنيع.

فإنه قال في حقه معاوية: «إنه طويل اللسان قصير الرأي». والأمر كما قال. ولذا؛ صار ضحكةً لعمرو بن العاص، ونشأ عن غفلته وقصور رأيه ضلالُ شطرٍ من الأمة. فإنا لله وإنا إليه راجعون.

ومما لا يخفى: أن الجهمية إنما نفوا القدرة؛ لأنهم أثبتوا أن التأثير في جميع أجزاء الفعل = لله تعالى، فتنزّهوا أن يدّعوا أن للعبد اسم «قدرة حادثة»، وهو بمعزل عن الاقتدار، وبنجوة عن الآثار. فكانوا أبعد عن المناقضة من الأشاعرة الضاربين في حديد بارد.

ثم إنهم -أعني الجهمية- لم يتكلموا صريحًا في نفي القدرة؛ لاعتقادهم أن نفي التأثير هو بعينه نفيٌ لها؛ لِـمَا عرفت من أنها صفةٌ تؤثِّر على وفق الإرادة -كما اعترف به الأشاعرة-. ومن زعم أن الجهمية تعرضوا لنفي قدرةٍ لا أثر لها؛ فقد ادّعى ما لا شاهد عليه إلا تصريحُهم بنفي تأثير العبد في أفعاله، وهو بعينه نفي للقدرة رأسًا. وقد نقل المعتزلةُ كلام جهمٍ على وجهه، بل ناظروه وأفحموه مرارًا، وما دار الكلام بينهم في غير التأثير.

ثم إن جميع شُبَه الجهمية التي في كتب الأشاعرة وغيرها = ليس فيها أكثرُ من نفي تأثير قدرة العبد. وقد وافقهم الأشاعرة على هذا، وأوردوا شُبَهَهُم بعينها على العدلية. ثم لما أرادوا الترفُّع عن الجهمية، والفرارَ عن مكابرة الضرورة؛ ما جاؤوا في ذلك إلا بما لا يتجاوز العبارات، ولم يخرج عن دائرة اللفظ إلا بالإيهامات والتخييلات، حتى ظن من ظن أن بين الجهمية والأشعرية فرقًا، وركن إلى مجرد الأقوال، ولو تحقق الأمرَ لطار فرَقًا. فقول المعترض: «قالوا: 'إنه بمنزلة الجماد'» = قولٌ أصاب قائلَه، و«إذا رميت يصيبني سهمي»(250)، وما أشبه الليلة بالبارحة.

وأما قوله: «وما ذهب إليه الشيخ: نفي تأثير... إلخ» = فمصادِمٌ لقضية العقل والنقل.

أما العقل؛ فلأن الفرق بين أفعالنا الاختيارية -كتحريك اليد-، والاضطرارية -

(250) شطر بيت للحارث بن وعلة، من شعراء الجاهلية.

كحركة النبض ونحوه-؛ ليس مرجعُه إلا إلىٰ التأثير وعدمه، أي: إنا نعلم بعقولنا أن العبد يؤثر في تحريك يده، ولا أثر له في حركة نبضها واختلاجها ونحوه. وليس مرجع الفرق إلىٰ أنه وُجِد في تحريك اليد اسم «قدرة»، وانتفىٰ عند حركة النبض ونحوه. يعلم هذا كل عاقل منصف.

وأما النقل؛ فما في الكتاب والسنة من الأوامر والنواهي. وقد اعترف الأشاعرة بأن المطالبة في الأوامر الشرعية؛ إنما هي مطالبة بتحصيل الأفعال المطلوبة. فإثبات قدرةٍ لا نصيب لها من التحصيل، ولا تشُمّ رائحة التأثير = غيرُ مصحح لتوجُّه المطالبة. ولا مخرج عن ورطة التجهم والجبر الخالص؛ لأن العباد علىٰ هذا المذهب، أي: مذهب الكسب وإثبات القدرة والإرادة اللتين لا تأثير لهما = يتعذر منهم الامتثال والإتيان بالمطلوب. فمطالبتهم كمطالبة الجماد. وهذا هو الذي شُنِّع به علىٰ الجهمية وخُلّص الجبرية، فيبطل ما في الكتاب والسنة من الأوامر والنواهي، وكذا الإسنادُ -أي: إسناد أعمال العباد إليهم-.

ولولا أن العبد مؤثر في أعماله؛ لما كُلِّف ولا أُمِر ولا نُهي. لأن التكليف بأفعال الغير؛ تكليفٌ بما لا يطاق، بل ربما كان تكليفًا بالمحال لذاته. وقد ادعىٰ الأشاعرة أنهم لا يقولون بوقوعه، وإن أجازه بعضهم.

وبالجملة، فقد اعترف المعترض -في ما مضىٰ وسيأتي- كغيره من الأشاعرة؛ أن الأمر والنهي يدلّان علىٰ أن لقدرة العبد وإرادته مدخلًا في الفعل، بسببه صح الإسناد إليه، وصح تكليفه وأمره ونهيه، وإلا لما كُلِّف بشيء ولا أُسنِد إليه شيء -كما صرح هو بذلك في ما مر قريبًا-. وقد أوضحنا هنالك أن نفي التأثير من العبد بالكلية = نفيٌ لقدرته، وانتفاء ما قد اعترفوا به من المدخلية، واعترفوا أيضًا بأن التأثير معتبَرٌ في معنىٰ القدرة. حتىٰ المعترض ما أمكنه جحد ذلك، ولكنه حاول التلفيق، وقد اتسع الخرق والتمزيق، فانظر ماذا أتىٰ به من التحقيق.

[هل التأثير داخلٌ في ماهية القدرة؟ أم هناك فرق بين القدرة المؤثرة والقدرة الكاسبة؟ وهل هو فرق صحيح؟]

قال: «لا يقال: التأثير معتبَرٌ في القدرة فإنهم عرفوها بـ'صفةٌ تؤثّر على وفق الإرادة'؛ لأنا نقول [171 ب]**: الشيخ الأشعري يقسم القدرة إلى: المؤثرة والكاسبة. وما ذكروه = تعريف للقسم الأول، لا لمطلق القدرة».**

أقول: الجواب هذا صريح في أن القول بقدرةٍ لا أثر لها = من مذاهب الشيخ الأشعري التي هي من محدثات الأمور. فهل سمعت بمن يعتمد في تصحيح المذهب على مجرد المذهب؟ وثبوت هذا التعريف للقدرة = قبل ولادة القدرة الكاسبة التي اخترعها الشيخ لدفع سهام التقريع بإنكار الضرورة كالجهمية. لكنها أشبه بالكسب من الماء بالماء. لأن كل واحد منهما ما تعدّى اللفظ والعبارة، وإنما اضطر إلى هذه الأقوال التي تحيَّر في تصحيح معانيها مَن بَعْدَه أحقابًا وأعصارًا؛ لأنه ابتُلي بمعاصرين صادفت ريحُه معهم إعصارًا. لكنه -كما قال ابن الأثير- في إباق غُلام: «قد ترك صدر العافية، وغدا يسأل عن الأسقام، وألقى الثروة من يده، ومضى في طلب الإعدام». ولسنا نقتصر هنا على مجرد هذا الكلام، فيزعم زاعم أنه لا يكفي في إبطال ما ذكره المعترض، وإلا كفته دعواه المجردة، ومقابلة الدعوى بالدعوى، فنقول: قد مضى لنا في إبطال الكسب ما لا يمتري فيه لبيب منصف. وإذا بطل الكسب؛ بطلت دعوى القدرة الكاسبة.

ثم نقـول: دعوى القدرة الكاسبة كاذبة من وجوه أُخَر.

الأول: أن اللغة والعقل يدلّان على بطلانها.

أما اللغة؛ فلأن الواضع ما وضع اسم «القدرة» إلا لصفةٍ تؤثّر على وفق الإرادة. فالتأثير معتبر في مطلق القدرة، ومأخوذ في حقيقتها. فقوله:

«الشيخ الأشعري يقسم القدرة إلى: المؤثرة والكاسبة» = باطلٌ، وهو من الحَوْر بعد الكَوْر.

أما إنه باطل؛ فلأنه تقسيم للشيء إلى نفسه وإلى غيره. فإن الكاسبة كاذبة، وليست

من مسمى «القدرة» في شيء؛ لِمَا عرفتَ من أن التأثير مأخوذٌ في حقيقة مطلق القدرة، لا في قسم من أقسامها.

فإذا قالوا: «مطلق القدرة» = فمرادهم بهذا المطلق: «صفة تؤثر على وفق الإرادة»، لا أنها شيء يعم هذه الصفة المؤثرة وغيرَها. فإن هذا من الافتراء على أهل اللغة. ولذا اعترف به الآمدي، وزعم أن قدرة العبد شأنها التأثير، لكنه عاقها عنه عائق، وهو تعلق القدرة القديمة بالفعل -بزعمه-. لكنك قد عرفت أنهم إذا قالوا: «شأن هذا الشيء كذا» = فمرادهم: أن ذلك من صفته وحاله، كما يقال: «إن الإنسان شأنُه أن يكون صالحًا مطيعًا لله». وقد يطلقون هذه العبارة في معنى الاستعداد، كما يقال: «إن الإنسان شأنه أن يكون متحركًا»، أي: إنه مستعد لذلك -كما نبه عليه صاحب **الحكايات** وسيأتي ذكر كلامه-. وحينئذ فهذه القدرة التي شأنها التأثير -على ما ذكره الآمدي-؛ إما أن تكون مستعدّة للتأثير، أو أنه من صفاتها وأحوالها.

وعلى التقديرين؛ فهي إذا تعلقت = وجب تأثيرها. لأن المستعد إذا تعلق بما هو مستعد له في نفسه؛ فقد خرج من القوة إلى الفعل. وهذا على تقدير أن إطلاق لفظ «الشأن» بمعنى «الاستعداد». وأما على المعنى الأول؛ فالأمر ظاهر.

وأما أن ما ذكره المعترض من قبيل «الحَوْر بعد الكور»؛ فلأنه اعترف أولًا بأن التأثير معتبَرٌ في القدرة، ثم رجع عن هذا الاعتراف زاعمًا أنه ليس معتبَرًا إلا في قسم من أقسام القدرة. وهذا من الحور بعد الكور.

ونحن إذا سألناه وقلنا له: هذا تعريفهم للقدرة التي اعتبروا التأثير فيها؛ فما تعريفك أنت والشيخ الأشعري للقدرة الكاسبة؟ ولن تجد إليه سبيلًا. وذلك لأن قولهم: «تؤثر على وفق الإرادة» = بمنزلة الفصل. وقولهم: «صفة» = بمنزلة الجنس. فحذفك للفصل إبطال للتعريف. فأنت مثلُ من سمعهم يقولون: «إن الإنسان حيوان ناطق»، فقال: «هذا تعريف لمطلق الإنسان، وهو منقسم إلى ناطق وغير ناطق». ومن لا يستحي من إيراد مثل هذه الخرافات؛ كان جديرًا بأن لا يلتفت إليه أدنى التفات. إلا أن كثيرًا من الناس لا يعرفون الخلل في الكلام إلا بالعبارات الواضحات، فقد ظهر أمر هذه القدرة الكاذبة من جهة اللغة.

وأما من جهة العقل؛ فالأمر أظهر. إذ العقل مانع من إثبات قدرة لا تأثير لها وإنما هي بمنزلة السواد والبياض والحُمرة في المحل.

الوجه الثاني مما يدل على أن القدرة الكاسبة = كاذبة: أنهم نقلوا عن الأشعري في كتبهم أنه يقول: «إن الكسب عبارة عن كون العبد محلًا لما يخلقه الله تعالى فيه من الأفعال، مع ثبوت قدرته وإرادته اللتين لا تأثير لهما». وعلى هذا؛ فالقدرة قد أُخِذت في معنى الكسب. فلو كانت كاسبةً؛ لثبت لها الكسب كما هو شأن اسم الفاعل. وإذا ثبت المجموع؛ فقد ثبتت الأجزاء، فيلزم أن تكون القدرةُ كاسبة لنفسها، ويلزم ثبوتُ الشيء لنفسه، والكل محال. وسيجيء لهذا تمام.

الثالث من الوجوه المذكورة: أنا نقول: قد عرفنا مرادكم بالكسب. فما مرادكم بالقدرة الكاسبة؟ أتريدون: أنها تكتسب الكسبَ للفعل؟ أم تريدون: أنها تؤثر في الكسب؟

إن كان الأول؛ لزم كسبُ الكسب، وهو مؤدٍّ إلى التسلسل أو الدور، وكلاهما محال.

وإن كان الثاني؛ لزمت محالات، منها: تأثير الشيء في نفسه؛ لِمَا عرفتَ من أنها مأخوذة في معنى الكسب، وداخلة في حقيقته.

ومنها: لزوم التأثير في الأمر الاعتباري، وهو محال.

ومنها: تأثيرُ ما يرجع إلى [مجرّد المحلية. وتأثير المحل في المحل محال].

ومنها -وهو مما يختص به الأشاعرة-: أن كونها مؤثرةً = مناقضٌ للحكم بأنها كاسبة، فيلزم خروج الشيء [عن صفته مع هذه المناقضة].

فتبين لكل منصف: أن القدرة الكاسبة = كاذبة، وأن إطلاق اسم «الفاعل» عليها = غيرُ صحيح، [سواء كان الإطلاق نظرًا إلى أنها تكتسِب]، أو أنها تؤثِّر، أو على مصطلح النحاة، فافهمه.

هـذا، ولمّا كان ما ذكرناه أولًا من أن مرجع الفرق بين أفعالنا الاختيارية

والاضطرارية إلىٰ التأثير = مركوزًا في العقول؛ فما تأتّىٰ للمعترض التغافلُ عن التنبُّه له، وحاول التفصّي عنه -بزعمه- فاسمعه.

[محاولة المعترض الخروج من الإلزام بعدم الفرق بين حركة المرتعش وحركة المختار، بناءً على إثبات قدرة لا تأثير لها]

قال: «ولا يرد عليه أنه لا يكون بين حركة المرتعش وحركة المختار فرق، وهو باطل بالضرورة؛ لأن القدر الضروري: ثبوت القدرة والإرادة للعبد.

وأما أنهما مؤثران في الفعل؛ فليس بضروري أصلًا؛ لجواز أن يكون من الأسباب العادية -كما يقول به الشيخ الأشعري-. ودعوى أن ذلك مكابرة = مكابرةٌ قطعًا».

أقول: ما أكثر ادعاء القطع في كلام هذا المعترض؛ تتميمًا منه للتلبيس علىٰ ضعفاء الناظرين، وقطعًا لرابطة الإنصاف من آحاد المميزين! ونحن نوضح المكابرة ممن هي؟ علىٰ الوجه الجليّ عند المنصفين، فنقول:

اعلم أن كل عاقل يفرّق بضرورة عقله بين أفعاله غيرِ الاختيارية -كحركة الارتعاش أو النبض والتردي والسقوط-، وبين أفعاله الاختيارية -كتحريكه ليده، ونزوله في الدرَج، والتدرج في الهبوط ونحو ذلك من الآثار الاختيارية-. ولا فارقَ أصلًا إلا القدرة المؤثرة. فمن نفىٰ القدرة والإرادة لفظًا ومعنًىٰ -كالجهمية، كما حكاه **شارح المواقف**-؛ فقد كفانا المؤنة في جداله وبيان ضلاله.

ومن ادعىٰ أن للعبد اسمَ «قدرة»، أي قال: «إن للعبد قدرة وإرادة لا تأثير لهما في طاعة ولا معصية ولا غير ذلك من الأعمال» = فهو شريك الأول في المكابرة. بل الجهمي أنسب حالًا وإن كان أوضح ضلالًا؛ لأنه ترفع عن اللِّواذ، وعلم أنه لا مَعَاذ، وأن اسم «القدرة» لا يدور عليه الفعل ثبوتًا ولا انتفاءً.

فلنتكلم مع هؤلاء الملاوِذين بما يحسم المادة ويوضح الجادة، وهو: أنا قد ادَّعينا أن الفارق بين الاضطرارية والاختيارية = ليس إلا القدرة المؤثرة، وأذعَنوا لنا بالموصوف دون وصفه المعتبر في مدلوله ومفهومه، أي: أقرُّوا بالقدرة، ولم يقرّوا بوصفها بالتأثير،

وعرَّفوها تارةً بأنها تؤثر على وفق الإرادة، واعترفوا أيضًا بأن إثباتها ضروري؛ للفرق بين الاختياري والاضطراري، وأقرّوا بأن من نفاها فقد ارتكب مكابرة الضرورة، وقال بباطل بالضرورة -كما صرح به المعترض هنا وفي ما سيأتي إن شاء الله؛ تبعًا لغيره منهم-.

ومما يتعجب منه اللبيب المنصف: أنهم إنما شنعوا على الجهمية وخُلَّص الجبرية بأن الأوامر والنواهي التكليفية = دالّةٌ على قدرة العبد المكلّف وإرادته دلالةً جليّةً. قالوا: «فالأمر والنهي يدلّان على قدرة العبد وإرادته»، أي: إنه لو لم يكن له قدرة وإرادة؛ لم يتوجه إليه الأمر والنهي كالجماد؛ لكونه يتعذر منه الامتثال. لكنهم قد صرحوا في فن أصول الفقه وغيره؛ بأن المطلوب من المكلف هو: تحصيل الماهية في الأمر، وتحصيل الكف عنها في النهي. فالمطلوب في الأمر والنهي هو التحصيل، وكلما كان كذلك؛ لم يحصل الامتثال إلا بالتحصيل لا بالكسب. فلزمهم -على القول بالكسب ونفيِهم للتحصيل عن العبد- عدمُ وقوع الامتثال مطلقًا من جميع المكلفين. بل لزمهم أنه -أي: الامتثال- متعذر منهم، بل ممتنع -كما صرحوا به-، فسقطت دلالة الأمر والنهي على قدرة العبد وإرادته -على مذهبهم-، ورجعوا إلى إخوانهم الجهمية وخلص الجبرية، ولم يبق فرق إلا بمجرد العبارات الخالية عن التحصيل، ولا يغتر بها إلا من لم يتفطن للمناقضة منهم.

ثم نقول: إن القدرة التي نفيتم عنها التأثير -بزعمكم- لا تغنيكم شيئًا، بل لم تثبتوا شيئًا يقتضي الفرق بينكم وبين أصحابكم الجهمية وخلص الجبرية. فإنكم إنما اعتمدتم على مجرد زيادةٍ لفظيةٍ، فقلتم: «نحن أثبتنا قدرة وإرادة، والجهمية والجبرية الخالصون نفوها». فالتمسنا ما أثبتّموه -بزعمكم-، فلم نجده متجاوزًا للَّفظ المَقُول، بل هو في دائرة العنقاء والغول.

ولا يخفى أن الأشاعرة إنما حاولوا الفرار من دفع الضرورة، وراموا النجاة من الشناعة الموفورة. فما بالهم لم يثبتوا أمرًا يقتضي الفرق بينهم وبين الجهمية في ما وقعت الشناعة فيه، وثبت به أنهم كابروا الضرورة العقلية والدينية؟ وإن ذلك لا يتم إلا بإثبات ما نفاه الجهمية، وكان سببًا لنسبة إنكار الضرورة إليهم، وليس السببُ إلا جعلَهم العبدَ بمعزِلٍ عن التأثير، وغيرَ أهلٍ لتقديم ولا لتأخير.

فلا بد للأشاعرة من إثبات التأثير إذا راموا التميُّز عن أصحابهم الجهمية، وإلا أثبتوا أمرًا آخر يُعتمَد عليه في الفرق بين الجبري الخالص والأشعري. وذلك لا يتم بمجرد اسم «قدرة»، مع التعطيل عن التأثير الذي لا يتم معنى القدرة إلا باعتباره. وإنما يتم بما يقوم وينفع في دفع ما يُورَد على أصحابهم الخلص من الجبرية في مخالفتهم الضرورة.

وأما إثبات اسم «قدرةٍ» عاطلةٍ = فلا يحصل به فرقٌ، ولا تتميز به [172 أ] حركة المختار عن حركة المرتعش. فإن القدرة التي لا تأثير لها؛ لو فرضنا تجاوزَها للاسم والعبارة؛ فهي كسائر أعضاء المرتعش التي لا دخل لها في صدور الحركة ولا عدمها. فقد سوّوا -كالجهمية- بين حركة المرتعش والمختار في جميع الأحوال. إذ كلٌّ منهما بريء عن سمة التأثير في الفعل. غاية الأمر: أنهم زادوا للمختار اسمًا لا معنى له، ولا فرق بينه وبين غيره مما هو حاصل للمرتعش من الأوصاف التي لا دخل لوجودها ولا لعدمها في وجود حركته ولا عدمها. وكل عاقل منصف؛ إذا أراد نفيَ اقتداره على الفعل = ما زاد على نفي تأثيره فيه. فإن نفي التأثير هو بعينه نفي للقدرة -كما مر-. ولا يعرف كل عربي سالم الفطرة إلا هذا. فالذين يثبتون القدرة بلا تأثير = قد أثبتوا ما نفوا، ونفوا ما أثبتوا.

هذا في جانب القدرة. وأما الإرادة؛ فلا يخفى على أحد أنه لا معنى لها إلا «المرجِّح لبعض ما يصح تعلُّق القدرة به دون البعض» -كما صرحوا به أنفسهم-. ولا يخفى أيضًا أنه لا فرق بين قولك: «هذا الشيء مرجِّح»، وبين قولك: «هذا الشي مؤثر في الترجيح». بل لا معنى لـ«المرجح» إلا «المؤثر في الترجيح»، لا سيما على مذهبهم في أن اسم الفاعل إنما يكون حقيقةً للمباشِر حال التلبس بالمعنى. فالإرادة التي لا تشم رائحةَ التأثير في الترجيح = ليست إرادةً حقيقةً، وإنما هي مجرد اسم كالكسب، وقد صرّح الإمام الرازي بأن المرجح هو المؤثر في الترجيح(251). وهذا مما لا يُتصوَّر فيه خلاف بغير مكابرة وعناد. وبالجملة، فقد نفوا من الإرادة أيضًا ما أثبتوا.

---

(251) الرازي، **المحصل**، ص 64.

ثم نقول: من أين علمتم أن للمختار قدرةً دون المرتعش مثلًا؟

فإن قلتم: «بالتأثير» = فليس من مذهبكم.

وإن قلتم: «بشيء آخر» = فأوضحوه لنتكلم عليه.

وإن قلتم: «بالضرورة» = فالضرورة إنما نشأت من حيث التأثير. فإنك لو تسأل الصبي عن الفرق بين المرتعش والمختار في الحركة؛ لأجابك بأن هذا هو الذي أوجد حركته وأثر فيها، وهذا لا أثر له في إيجاد حركته، بل المؤثر فيها غيره. فإن قلتَ له: «كلٌّ منهما حركتُهُ غيره بلا تأثير لأيّهما في شيء من الحركة»؛ لقال: «إذًا، قد سوّيت بينهما وكابرت عقلك».

والعجب من المعترض وأمثاله؛ كيف قالوا: «إن القدْر الضروريَّ ليس هو إلا ثبوت القدرة التي لا أثر لها»، وهي ليست إلا اسمًا مجردًا ولقبًا محضًا -كما عرفت-؟! وهل يقول منصف: إن ثبوت ما هذا شأنُه = قدْرٌ ضروريّ؟ وأي ضرورة تضطر العاقل إلى إثبات مجرد اسم «القدرة» التي هي أشبه بالعجز؟ وأي فرق يقع بها بين المختار والمضطر؟

لا يقال: قد ذهب الأشاعرة إلى أنها سبب عادي -كما مر في كلام المعترض-، وكلما كانت سببًا عاديًا = حصل بها الفرق بين المختار والمضطر؛ نظرًا إلى أن حركة المضطر -مثلًا- لا تتوقف على سببها في العادة، بخلاف المضطر(252).

لأنا نقول: هذا فاسد.

أما أولًا؛ فلما مر في إبطال القول بأنها سبب عادي.

وأما ثانيًا؛ فلأنه إن أراد بالـ«سبب العادي»: ما يزعمه الأشعري في مثل إحراق النار، حيث يقول بأن المؤثر في الإحراق هو الله تعالى، والنار سبب عادي = فهذه دعوى لتصحيح المذهب بمجرد المذهب، وحوالة بالمذهب على المذهب؛ إذ ليس هذا إلا من مذهبه، فأخذُه هنا مصادرةٌ باطلةٌ.

(252) في النظم سقط أدّى إلى خلل، ولعل الصواب أن يقول: «بخلاف غير المضطر».

وإن أراد به: أن قدرة العبد وإرادته من الأسباب العادية للتأثير، كما أن التواتر من الأسباب العادية لحصول العلم، بمعنى: أنه يحصل التأثير عند حصول القدرة والإرادة، كما يحصل العلم عند حصول التواتر، والمؤثر في الجميع هو الله تعالى = فقد عرفت في أوائل الكتاب ما يفيدك بطلانَ هذه الدعوى، وأن أفادة التواتر للعلم = ليس منشؤها إلا ما تقرر في العقول؛ أن الجمع الكثير يستحيل تواطؤهم على الكذب؛ نظرًا إلى ما تكرر من ذلك، وجرت به العادة، بحيث إنه لم يختلف. وما نحن فيه ليس من هذا الباب أصلًا؛ لأن القدرة التي لا تؤثر في الفعل، والإرادة التي لا تؤثر في الترجيح والتخصيص = غيرُ معلومتين، فضلًا عن العلم بأنهما من الأسباب العادية، فضلًا عن العلم بأن التأثير يقع عندهما عادةً.

وأيضًا، فالعادة لا تكون بالنسبة إلى مذهب واحد، فضلًا عن شخص واحد. فما هذه الدعوى للعادة التي تثبت عند الأشعري وحده؟ ما هذه إلا عجائب وغرائب.

وأما ثالثًا؛ فلأنا لو سلّمنا السببية في العادة؛ فلا نسلم الفرق بمجرد توقف حركة المختار على سبب عادي. لأن مثل حركة المرتعش أيضًا تتوقف على سبب في العادة كعروض البرد والخوف مثلًا.

فإن قيل: إن البرد والخوف أمران منشؤهما في غير المحل، وليس المراد إلا لسبب العادي الراجع إلى المحل.

قلنا: البرد يُحدِث أمرًا في المحل، فتنشأ عنه الرعشة. وكذا الخوف. فالمقارِن للرعشة = أمرٌ في المحل؛ فليكن من الأسباب العادية، كالقدرة والإرادة اللتين لا تأثير لهما. فظهر أن السؤال غيرُ متّجه لهذا. ولأن وقوع الارتعاش متوقف على ثبوت البنية المخصوصة في العادة. إذ لا يرتعش الحجر ونحوه.

فانتفى الفرق من حيث السببية العادية، والمحليّة. فلا تغترّ بلامع السراب، ودعهم فليرتقوا في الأسباب ﴿جُندٌ مَّا هُنَالِكَ مَهۡزُومٌ مِّنَ ٱلۡأَحۡزَابِ﴾ [ص: 11].

ومما يؤيد ما ذكرناه من أن مقتضى مذهبهم = عدمُ الفرق بين حركة المرتعش وحركة المختار: أنهم يفسّرون الكسب بالظهور والصدور من العبد -كما صرّح بذلك المعترض في ما سيجي إن شاء الله-. وهم قد جعلوا الصدور شاملًا لما صدر بغير

اختيارٍ إجماعًا وقطعًا، كالمرض والموت. فإن كلام التفتازاني في **شرحَي التلخيص**؛ مصرِّحٌ بأن المرض والموت صادران من العبد. واعترضه بعضهم، فزاد في الطنبور نغمةً. وذلك أنه قال: «إن الأولى أن يمثّل هنالك بحركة المرتعش؛ فإن المرض والموت ليسا صادرين من العبد» -كما مر-، أي: بخلاف حركة المرتعش؛ فإنه يصدق عليها أنها صادرة عن العبد. فانظر هذا الكلام الصريح في أن الفعل الذي لا مجال للاختيار فيه قطعًا وإجماعًا = صادر عن العبد، مع قولهم: إن الكسب الذي زعموه تسترًا منهم عن خالص الجبر: عبارة عن «صدور الفعل من العبد». وهل هذا إلا رفضٌ لدعوى الفرق بين حركة المرتعش وحركة المختار؟

ولذا، صرّح الإمام الرازي في **المحصّل** بأنه لا يتمّ الفرق المذكور على مذهبهم أصلًا(253). والأمر كما قال. وقد أخرب مذهبهم غايةَ الإخراب.

ويختص المعترض بشيء في هذا المقام، وهو: أنه لا يصح قولُه: «القدر الضروري ثبوت القدرة... إلخ»؛ نظرًا إلى أنه لا يقول بالقدرة والإرادة إلا في الوهم الفاسد -كما عرفت مرارًا-. وهذا منه نفي للقدرة لا لتأثيرها -كما مر-.

فإن قيل: إنه أراد ثبوتها في الوهم الفاسد لا في الواقع؛ فلا تناقض بين كلاميه.

قلنا: فساده واضح. لأن ثبوت القدرة في الوهم الفاسد = ليس قدرًا ضروريًا، بل ليس مما يصح أن يُعلم، فضلًا عن كونه قدرًا ضروريًا. فظهرت المكابرة ممن هي؟ ظهورًا جليًا.

[استمرار المعترض في إثبات قدرة لا تأثير لها، وقصة عن العلاف، وتعليق الدواني عليها، وتعقيب المؤلف]

قال: «وما أحسن قول أستاذنا العلامة الدواني -رحمه الله تعالى- في رسالة خلق الأعمال، ما نصُّه: 'وذلك مما لا يعلمه العلّاف، فضلًا عن حِمار بِشْرٍ'. وهو أنه قد نقل تشنيع أبي الهذيل العلاف أنه قال: 'حمار بشر أعقلُ من بشر؛ فإن حماره يفرق بين ما

(253) الرازي، **المحصل**، ص 81-82.

يقدر عليه وبين ما لا يقدر عليه، من حيث إنه إذا وصل إلى نهرٍ صغير يمكنه العبور عنه = يطؤه، وإن وصل إلى ما لا يقدر على العبور عنه = لا يخوض فيه وإن أُوجِع بالضرب، وهذا دليل على أنه يفرق بين المقدور وغير المقدور'.

ثم قال: 'وأنت تعلم أن هذه الشناعة إنما تلزم على من لا يثبت للعبد قدرة وإرادة أصلًا، كما يُنقَل عن الحشوية. وما أظن أن عاقلًا يقول به في المعنى وإن تفوه به بحسب اللغة.

وأما الذي يُثبت القدرة والإرادة للعبد، ويدّعي عدم تأثيرهما في الأفعال كالأشعري = فلا يرد عليه ذلك؛ إذ القدر الضروري = ثبوت القدرة والإرادة للعبد.

وأما أنهما مؤثران في الفعل؛ فليس بضروري أصلًا؛ لجواز أن تكون من الأسباب العادية [172 ب] -كما يقول به الأشعري-. ودعوى أن ذلك مكابرة = مكابرة. وذلك مما لا يعلمه العلاف فضلًا عن حمار بشر'. انتهى.

فإذا كان العلاف -مع كونه من رؤساء المعتزلة- لم يفهم مراد الشيخ(254)، والتبس عليه بالجبر المحض، مع أنه بمعزل عنه، بل لا تتراءى ناراهما؛ فزَعْمُ نحوِ المؤلِّف أنه مما لا يُعقل = ليس ببعيد، بمعنى: أنه لا يعقله هو وأمثاله، إما للعصبية أو لالتباسه عليهم بالجبر الخالص.

وقد اتضح الفرق بينهما اتضاحًا تامًا لمن لم تمنعه غشاوة العصبية عن فهمه، أو عن قبوله بعد فهمه.

ولعمرك، إن الرجوع إلى الحق خيرٌ من التمادي في الباطل. فإن نصحت نفسك فصدِّق به. فإنه مما قال الله ورسوله، وهو دين الله الذي جاء به الصادق الأمين. ولا تنظر إلى أنه بلغك عن الأشعري أو غيره من أتباعه، وهو عندك كما تعرف، فإن الحكمة ضالة الحكيم، فحيثما وجدها التقطها. وقد بذلنا النصح لمن قَبِل. والله الهادي. وهذا

(254) بِشرٌ ليس هو الشيخ الأشعري، فاسمه علي بن إسماعيل بن أبي بشر، وهو قد وُلد سنة 260هـ، وقيل: سنة 270هـ، وأبو الهذيل العلاف توفي سنة 225هـ وقيل 235هـ فكيف لم يفهم مراد الأشعري وهو ميت قبل أن يولَد الأشعري؟! وسيعلق المؤلف على هذا بعد قليل.

القدر من بيان قول الشيخ الأشعري وإيضاحه = كافٍ لمن أنصف، واعترف بالحق ناصحًا نفسه، فلنقتصر عليه هنا».

أقـول: ما كان أغنى المعترض عن التعرض للحمار والعلاف، وما أغنانا عن هذا النصح منه والاتصاف بالإنصاف. وقد جاء كلامنا السابق على ما في هذه القطعة ضمنًا وصريحًا. إلا أنا كما استوفينا كلامه برمّته فرارًا من غمزة جاهل ولمزة ذاهل = فلنتكلم عليه هنا بما سنح لنا، فنبدأ بنقض هذا الكلام إجمالًا، ثم نأتي على إبطاله تفصيلًا.

أما الإجمال؛ فاعـلم أن القدرة صفةٌ شأنُها التأثير على وفق الإرادة عقلًا واتفاقًا، أعني: أنها مستعِدَّةٌ للتأثير إجماعًا. فإذا تعلقت بالفعل على وفق الإرادة؛ صار لها التأثير بالفعل لا بالقوة، أي: إن ما كان ثابتًا لها بالاستعداد والقوة = يخرج من القوة إلى الفعل عند تعلقها بالفعل. ولا يُعقَل تعلُّقُها بالفعل بدون تأثير فيه؛ لأن القادر المختار الذي هو متصف بها = لا يُتصوَّر أنه يريد تعلُّقَها بالفعل إلا لإرادة الفعل. وحينئذٍ، فالفعل الذي يريده، والعمل الذي يختاره، إن كان عبارة عن «التأثير» و«التحصيل» = فقد تم المطلوب. وإن كان عبارة عن «الكسب»؛ لزم المحال، وهو أن يكون تعلق القدرة والإرادة = للكسب، مع أنه عبارة عن تعلقهما -كما صرح به المعترض-، فيلزم تقدُّم الشيء على نفسه. وهو محال ظاهر.

ثم اعـلم أن الحيوان الذي لا يعقل -كالحمار مثلًا- لا يجد الفرق في نفسه بين ما لا يقدر عليه وما لا يقدر عليه[255]، من إنه حيث يجد في نفسه معنى القدرة التي هي غير مؤثرة فإن ذلك باطل اتفاقًا. أما عند الأشاعرة؛ فلأنها -أي القدرة- مقارِنةٌ فلا تتقدم، فلا سبيل إلى وجدانها قبل الفعل -كما سيجيء-. وأما عندنا؛ فلأن الوجدان لقدرة لا تأثير لها = ممنوعٌ، بل نقول: كلُّ من وجد من نفسه القدرة = فقد وجد من نفسه أن له اقتدارًا على التأثير في أفعاله؛ لأن الوجدان الحاصل لمن لا يعقل، كالحمار = لا يتصور أن يكون بحسب المعاني كالقدرة والإرادة اللتين هما معنيان في الحي، وإنما يكون بحسب التأثير. وحينئذ، فالحمار الذي يجد القدرة على عبور النهر الصغير، ولا

---

(255) كذا في الأصل، ولعل في النظم خللًا، وبهذا يكون صواب الجملة هكذا: «ثم اعـلم أن الحيوان الذي لا يعقل، كالحمار مثلًا = يجد الفرق في نفسه بين ما يقدر عليه وما لا يقدر عليه».

يجد القدرة على عبور النهر الكبير = أعقلُ من بِشرٍ، الذي لا يجد القدرة على عبور النهر الصغير ولا الكبير. ولا وجدها في نفسه -عند عبور أيهما-؛ لزم مخالفة القول بأنها غير متقدمة، فيلزم من وجدانها متقدمةً على العبور = وجدانُ كونِها مؤثرةً. ولهذا كان القائل بتقدمها = قائلًا بتأثيرها، والعكس. ومن خالف هذا فقد كابر.

ثم نقول: لا يخفى أنهم قد اعترفوا -أعني الأشاعرة ومن يحذو حذوهم- بأن لقدرة العبد وإرادته مدخلًا في الفعل. ونحن نعلم أنهم قد يطلقون الفعل -الذي هو فعل العبد- ويريدون به الكسب. بل ليس فعل العبد حقيقةً -عندهم- إلا الكسب. وتارة يريدون بالفعل: الإيقاع والتأثير والإيجاد، كما إذا قالوا: «إن فعل العبد مخلوق لله تعالى»؛ فإنه لا يُتصوَّر أن يكون مرادهم هو الكسب؛ لأن «الخلق» لا يُتصوَّر أن يتعلق بالكسب قطعًا وإجماعًا -كما مر-، ولأنهم لو أرادوا: أن فعل العبد -الذي هو كسبه- مخلوق لله تعالى، ونصبوا أدلتهم وشُبَهَهُم بهذا الصدد = كان نصبًا لها في غير محل النزاع -كما مر-. وإذا تقرر هذا؛ فاعترافهم بأن لقدرة العبد وإرادته مدخلًا في الفعل -نظرًا إلى أنهما يتعلقان-؛ لا يصح أن يكون مرادهم به -أي: الفعل- كسب العبد؛ لأن هذا محال؛ لِما ذكرناه، ولأن القدرة والإرادة = من ماهية الكسب، فلا يُتصور تعلقهما به؛ لأنه يستلزم كسب الكسب، ولأنه يستلزم تعلقهما بأنفسهما. وإنما يكون مرادهم به: المعنى الثاني -الذي هو الإيقاع والتأثير والإيجاد-. وإذا كان لقدرة العبد وإرادته مدخلٌ في إيقاع الفعل وإيجاده -بمعنى أنهما يتعلقان به-؛ فإن كان تعلق القدرة نفسَ تأثيره أو مستلزمًا له، وكان تعلق الإرادة نفسَ ترجيحها للإيقاع والتأثير = فقد تم المطلوب، وحصل الاتفاق بينهم وبين المعتزلة، ولا يبقى خلافٌ يُعتدُّ به أصلًا. وإن لم يكن كذلك؛ فلا مدخل لقدرة العبد وإرادته في الفعل أصلًا. وهذا هو اللائق بطريقتهم ومذهبهم الفاسد. ألا ترى أنهم يستدلون -في مقابلة مذهب المعتزلة- بشُبَهِ الجهمية وخلص الجبرية، النافين لقدرة العبد وإرادته؟ وهم الذين قال الدواني: «إنهم حشوية»؟ فالكل حشوية باعترافهم لو عقلوا. ألست تسمعهم يستدلون بالآيات وأحاديث القدر التي لا ذكر فيها لكسب، ولا لقدرة العبد وإرادته، وإنما تقتضي -لو تمّت- محض الجبر والتجهم؟ ويستدلون من المعقول بالشبهة التي زخرفها الرازي، وهي: أن العبد لو كان موجِدًا لأفعاله؛ لكان عالِمًا بتفاصيلها؟ وبنى هذه الشبهة على

ما يستلزم انتفاء قصد العبد وإرادته -كما مر لنا-؟ وكما أنه يستلزم انتفاء قصد العبد وإرادته = فكذا يستلزم انتفاء قدرته؛ لعين ما ذكره في الشبهة المستلزمة لنفي قصده وعلمه. وذلك لأن القدرة على الشيء والتمكن منه = مشروط بالعلم به. فإذا لم يحصل العلم = لم يحصل القدرة والتمكن. فالرازي وسعد الدين وغيرهما، من الذين استدلوا بالشبهة المذكورة = قد تشبثوا بما يستلزم بتمامه انتفاءَ قدرة العبد وإرادته وقصده، وركنوا إلى هذه الشبهة التي لا تصلح إلا للجهمية والجبرية الخالصين والحشوية، [فالقوم من الجهالة على قول واحد، جهميهم وأشعريهم وحشويهم. وجوابنا على الكل منهم] في هذه الشُبَه الباردة، من الآيات وأحاديث القدر، وشبهة العلم، وهذه الشبهة التي بنوها على أن العبد لا يعلم أفعاله ولا يقصدها = جوابٌ واحد، وهو: أنها كلها منصوبة في مقابلة الضرورة، والمتمسّك بها حشوي مكابر إجماعًا بين العقلاء.

ولنرجع إلى كلام المعترض فنقول:

قوله: «أستاذنا العلّامة» = من التدليس. فإن بينه وبين الدواني مشايخ وأزمنة، والأمر سهل في مثل هذا. إنما البلاء: التدليس في ما يرجع إلى قلب الحقائق وعكس الشريعة ومخالفة النصوص. على أنه بلغني أن المعترض أخذ عمّن أخذ عن الجلال الدواني، وكذا أخذ عمّن أخذ عن ميرزا جان الشيرازي. وقد ذكر ذلك هو في بعض مؤلفاته التي رأيناها. ولهذا يقول له: «أستاذنا». وليس تحقيق الشيخ بنافع للتلميذ، ما لم يجعل الإنصافَ شعارًا، والتمسك بالحق دثارًا.

وفاة أبي الهذيل

قوله: «العلاف». هو أبو الهذيل محمد بن هذيل العلّاف -بتشديد اللام بعد المهملة- العبدي القيسي. وهو من موالي عبد القيس. أحد أئمة المعتزلة المشهورين من أهل البصرة. قال في مدحه المأمونُ بن الرشيد يصفه بمعرفة علم الكلام:

أطلّ[256] أبو الهذيل على الكلام ... كإطلال الغمام على الأنام

---

(256) كذا. وروي بالظاء.

وكان في لونه سُحمة. ولذا قال بعض الملاحدة في حقه: «لولا هذا الأَسْحَمُ؛ لخطبْنا بالإلحاد على المنابر». وكان بصيرًا بصنعة المناظرة والجدل. ما ناظر أحدًا إلا وغلبه. انفرد عن أصحابه المعتزلة بمذاهب في الإلهيات والطبيعيات والرياضيات. وكان قد علا شأنه عند المأمون وعظمت منزلته. وإنما خالطه بواسطة ثمامة بن الأشرس. ولما حضر عند المأمون مع ثمامة، كان المأمون يخاطب ثمامة بالكنية، فيقول له: «يا أبا معن»، وأبو الهذيل يخاطبه باسمه. فغضب ثمامة. قال ثمامة: «ولمّا وقعت المذاكرة هنالك؛ استشهد أبو الهذيل من شواهد كلام العرب بسبعمائة بيت، فقلت: إن شئت فسمِّني، وإن شئت فكنِّني». مات أبو الهذيل في سنة خمس وثلاثين ومئتين.

قوله: «حمارُ بِشْرٍ أعقلُ من بِشْرٍ». هذه الكلمة مشهورة في كتب المعتزلة، وبِشْرٌ اسمُ أبي الأشعري أو اسم جدّه -على روايتين-. وهو علي بن إسماعيل بن أبي بشر البصري كما في كتُبِ الذهبي، وعند غيره: علي بن أبي بشر، واسمه إسحاق بن سالم بن إسماعيل بن عبد الله بن موسى بن أبي بردة، واسمه عامر، بن أبي موسى الأشعري، واسمه عبد الله بن قيس؛ فهو من ذرية أبي موسى الأشعري، أحد الحَكَمَيْن. وفي كتب بعض المعتزلة: أن اسمه عمرو بن أبي بشر، وكان متتلمذًا لأبي علي الجبائي تابعًا له في العقيدة، متمذهبًا بمذهبه مدةً مديدة، وكان بينهما مصاهرة -كما قيل-، ثم وقع بينهما شيء اقتضى المنافرة والتضليل. فانحرف الأشعري عن أبي علي وخالفه في أكثر أقواله، وارتكب ما لا يرتكبه غيره من مزالق النظر وأهواله.

[أكذوبة مناظرة الأشعري مع أبي علي الجبائي في القول بالأصلح]

وأما ما ينقله الأشاعرة من أن وجه انحرافه عن مذهب المعتزلة، هو: أنه سأل أبا علي عن ثلاثة، كفَر أحدُهم، وآمن أحدُهم، ومات أحدهم صغيرًا = فمن الأكاذيب المكشوفة. وقد وضعها من وضعها مع غفلته عن مذهب أبي علي وكونِه بصريًا لا بغداذيا، فبنى جوابه على مذهب البغداذية. ومع ذلك، ما سلم من التخليط.

وبالجملة، فهي مناديةٌ بأعلى صوت، على أنها موضوعة، وإلى سلسلة الأباطيل

مرفوعة. وقد استغربت إيراد مثل سعد الدين لها في **شرح العقائد،** مع اطلاعه على أكثر مذاهب المعتزلة. ولولا خشية الإطالة؛ لأوضحت ما فيها من الجهالة [173 أ]. ولكني أشير إلى شيء من ذلك؛ فرارًا عن التهمة بالدعوى العاطلة، والأماني الباطلة فنقول:

إن واضع هذه القصة؛ ظن أن أبا علي -رحمه الله- يقول بوجوب الأصلح على الله تعالى، كما دل على ذلك ما ذكره سعد الدين في **شرح المقاصد،** وما ذكره الغزالي في بعض رسائله، وما ذكره الصفدي الشاعر المتأخر في **شرح لامية العجم**(257)، وما ذكره غير هؤلاء. فإنهم جعلوا أبا علي قائلًا بأنه يجب على الله تعالى ما هو الأصلح، وجهلوا أن هذا المذهب مما ينكره أبو علي وغيره من البصرية. فلهذا يقولون بأن التكليف تفضُّل محضٌ، فيجوز التفضل به على البعض دون البعض، وعلى من يُعلَم منه الإيمان، وعلى من يُعلَم منه الكفر.

ووجوب الأصلح على الله تعالى إنما هو مذهب أبي القاسم الكعبي وسائر أصحابه البغداذية. والذي يقول به أبو علي وسائر أصحابه البصرية، هو: وجوب الصلاح في باب الدين. وأين هذا من وجوب الأصلح في باب الدين والدنيا -كما هو مذهب أبي القاسم وسائر البغداذية- إلا من منع منهم وجوب الألطاف -كبشر بن المعتمر وأتباعه-؟

ثم إن واضع هذه القصة الكاذبة؛ وقع مع هذه الجهالة الظاهرة في جهالة أخرى، وهي: أنه لم يعلم أن البغداذية الذين يوجبون الأصلح؛ ما قالوا بوجوبه على الإطلاق، بل قالوا: إنه يُشتَرَطُ في كل مصلحة خلوُّها عن كل مفسدة، سواءٌ كانت تلك المفسدة في تلك المصلحة وفي متعلَّقها، أو في متعلَّقٍ آخر، كفسادِ مكلَّفٍ عند صلاح آخر، بل يكون ذلك خارجًا عن الأصلح في التحقيق.

وعلى هذا؛ فهُم يقولون: «إن الله تعالى كلَّف المؤمن؛ لأنه علم أنه يؤمن ويصل إلى الثواب، مع عدم المفسدة في تكليفه وبلوغه بالنظر إليه وبالنظر إلى غيره.

(257) مطبوع بعنوان **الغيث المسجَم في شرح لامية العجم.**

وأما الطفل المتوفَّى؛ فعلم تعالىٰ أنه لو بلغ وكلَّفه؛ لكان في ذلك مفسدة له أو لغيره. وحينئذ، لا يكون تكليفه من قبيل الأصلح الذي يوجبونه علىٰ الله تعالىٰ، بل من قبيل الفساد الممتنع في الحكمة.

وأما البالغ الذي كفر؛ فإن تكليفه كان تعريضًا للخير المحض، ولم يكن في تكليفه مفسدة له ولا لغيره، بل كان في تكليفه مصلحةٌ واعتبارٌ لبعض المكلفين والمُلتَطَفين، كالذين يدعونه إلىٰ الطاعة والإيمان، ويجاهدونه عليهما».

فظهر: أن لكل واحد من الثلاثة الإخوة الذين ذكروهم؛ شأنًا ليس لغيره، وأنه تعالىٰ لا يفعل إلا ما سبق به علمه من الحِكَم والمصالح، لا خبطًا وجزافًا كما توهّمت المجبرة، وأن واضع هذه القصة هو الذي تكلم خبطًا وجزافًا، وافتراءً وانجرافًا، وجَهِل مذهبَ المعتزلة، فأورد شيئًا سفسافًا، وفضحته هذه القصة بالوضع إقرارًا واعترافًا.

ولمثل هذا قال الذهبي: «إن الكذابين قد كفوا مؤنة الاختبار لما جاؤوا به»؛ لما يظهر في كلامهم من المناقضة والشهادة علىٰ وضعهم.

واعلم أن بعضًا من الناس قد ظن أن قول أبي الهذيل: «حمار بِشْرٍ أعقلُ من بِشْرٍ» = بصدد الأشعري، وذكَرَه باسم أبيه أو جدِّه تحقيرًا لشأنه وازدراءً له. وهذا وهمٌ باطلٌ؛ لما بين عصريهما من التفاوت -كما سيأتي قريبًا إن شاء الله، حيث بيّنّا أنه لاح من كلام المعترض كونُه علىٰ هذا الوهم-.

قوله -في ما نقله عن الدواني-: «وأنت تعلم... إلخ» = لا يفيد في رفع الشناعة، إلا ما يثبُت به الفرق بين الجهمي والأشعري، في ما لأجله وقع التشنيع، وهو: تعطيل العبد عن التأثير، والحكم بأنه كالخشبة المسنّدة. والجهمي والأشعري في هذا المعنىٰ شريكان، ولم يتميز الأشعري عن الجهمي إلا بالألفاظ التي ليس وراءها شيء من التحصيل -كما مر وتكرّر-.

وأنت تعلم أن مجرد اسم «القدرة» لا ينفع شيئًا في ما أورده أبو الهذيل، من أن الحمار يدرك الفرق بين المقدور وغير المقدور، فيقدم علىٰ عبور النهر المقدور، ويُحجِم

عن مرور غير المقدور. وليس فرق الحمار راجعًا إلى أن له في المقدور اسم «قدرة»، وفي غير المقدور لا شيء له من هذا الاسم. بل إنما يفرّق؛ لأنه يدرك أن له في المقدور قدرةً على التأثير والمباشرة، وطاقةً على تحصيل المرور والتأثير في قطع النهر مثلًا. ولا كذلك في غير المقدور؛ فإنه يدرك عجزه عن التأثير في المرور، وأنه لا يقتدر على تحصيل القطع المذكور؛ فيتقاعسُ ولو أوجع بالضرب. بل ربما رجع القهقرى.

وشـيء آخـر، وهو: أن القدرة -عند الأشعري- مقارِنةٌ للمقدور -كما عرفت-؛ فكيف كان الاعتراف منهم بإدراك الحمار للمقدور قبل الدخول فيه، وهو لا يدرِك كونَه مقدورًا إلا إذا أدرك القدرة عليه؟ لكن القدرةَ لا تُدرَكُ قبل الفعل؛ لأنها معدومة حينئذ، وإلا لزم إدراكُها قبل وجودها -كما مر-. وهو ظاهر البطلان.

وعلى هذا، فقد زاد تشنيع أبي الهذيل؛ لأن الحمار أدرك ما نفاه بِشْر وغيره من الأشاعرة القائلين بأنه لا قدرة قبل الفعل، لا للحمار ولا لغيره.

والدواني وإن كان له تحقيق في الحكمة وعِلْمِ ابن سينا؛ فلا تحقق له في مذاهب المتكلمين، وله خبطٌ في مذهب المعتزلة خاصةً، كما سيأتي من زعمه أن المعتزلة لا يخالفون الأشاعرة في أن الإرادة كالقدرة، وتعلُّقُها من خلق الله تعالى بلا دخل للعبد في ذلك.

وأما قوله: «وما أظن عاقلًا يقول به في المعنى» = فرميةٌ أصابت مفرق المعترض؛ فإنه من المشمرين في هذه المقالة، المتورطين في ما تستلزمه من ضلالة وجهالة. فهو الحشوي -بمقتضى هذا الذي قاله-. أوَلَا تراه قد أعلن -أوّلًا وآخرًا- بأن القدرة والاختيار ليس إلا في الأوهام الفاسدة؟ وهذا لعمرك نفيٌ للقدرة والإرادة، وأيُّ نفيٍ صريحٍ بلسان فصيح! وماذا عسى أن يتأول المتأوِّل لهذا القول القبيح؟

قوله: «ويدّعي عدم تأثيرهما... إلخ»؛ ربما كان فيه إيماءٌ إلى أن هذا القول مجرد دعوى، وإن كان يأباه السياق، وإن كان تدقيق الدواني يقتضيه. ألا تراه كيف قال: «إن القدر الضروري: ثبوت القدرة والإرادة»؟ فاعترف بأن ثبوتهما ضروري، وهو يعلم أن الذي قضت به الضرورة في القدرة شيء واحد لا شيئان؛ أحدهما مؤثر، والآخر كاسب. فتقسيم القدرة التي شهدت بها الضرورة إلى: كاسبة ومؤثرة = تقسيم لا دليل

عليه أصلًا إلا تصحيح المذهب. وحينئذ نقول:

قولك: «إن القدر الضروري: ثبوت القدرة... إلخ» = حقٌّ. لكن الشأن كل الشأن في حقيقة هذه القدرة التي قضت بها الضرورة، وشهدت بها الفطرة. فإن الضرورة ما نشأت إلا من جهة التأثير -كما في التمثيل بحركة المرتعش والمختار-. فإنا علمنا بالضرورة أن المرتعش غير مؤثر في رعشته وإن كان قادرًا على مثلها، والمختار مؤثر فيها؛ لأنها توقفت على دواعيه وجودًا وعدمًا. فإثبات اسم «قدرة» لا تأثير لها = لا تشهد بها الضرورة ولا يدل عليها دليل. بل الدليل قائم على نفيها. فإن نفي تأثيرها نفيٌ لها؛ لاستحالة أن تقوم الماهية بدون فصل. فأنت قد عرفت أن التأثير مأخوذ في حقيقتها، وأن قولهم في تعريفها: «صفة تؤثر على وفق الإرادة» = تعريف تامٌّ من جنسٍ -وهو قولهم: «صفة تؤثر»-، وفصل بل فصلين عند تحقيقه. فإن الإرادة مؤثرة في الترجيح والتخصيص. لكن ليس تأثيرها على وفق الإرادة؛ لاستحالة إرادة الإرادة. ولا أدري هل يزعم المعترض أن الإرادة قسمان أيضًا كالقدرة -كما هو ظاهر مذهبهم- أو لا.

قوله: «وذلك مما لا يعلمه العلاف فضلًا عن حمار بشر»؛ يجاب بالقول الموجِب، أي: إن العلاف لا يعلم أن في الوجود قدرةً لا تؤثر في مقدورها أصلًا، ويُجوِّز أنها من الأسباب العادية له. فإن ذلك إثباتُ ما لا حقيقة له، فلم يعلمه العلاف ولا غيره من المشايخ المدققين -باعتراف المعترض كما مر-.

ولو كان ما ذهب إليه الأشعري أمرًا معقولًا؛ لما تسلَّل عنه لواذًا أكابرُ أصحابه كإمام الحرمين، والأستاذ أبي إسحاق الإسفراييني، والإمام الرازي، وغيرهم كصاحب **التبصرة**(258)، وبعض الماتريدية، بعد بلوغهم الجهد في توجيهه وتقويمه، واختلافِهم الدالّ على كمال تحيّرهم، ثم اختار كل منهم مذهبًا ليس بينه وبين مذهب العلاف كبير خلاف. إذ كل منهم قائل بتأثير العبد في أعماله -كما مضى وسيأتي-.

قوله: «فإذا كان العلاف لم يفهم ما ذكره الشيخ» = غلطٌ واضحٌ. لأن أبا الهذيل متقدم بزمان على الأشعري. فإن وفاة أبي الهذيل سنة خمس وثلاثين ومائتين -كما مر-، وقيل سنة ست وعشرين ومائتين، وله نحو من مائة سنة -كما ذكره الذهبي وغيره-، ووفاة

(258) أي: الإمام النسفي.

الأشعري سنة أربع وعشرين وثلاثمائة، وله بضع وستون سنة -كما ذكره الذهبي أيضًا-. فعلى الروايتين معًا؛ ولادة الأشعري بعد وفاة أبي الهذيل. هذا إن أراد المعترض ما ذكره الأشعري بعينه. وإن أراد ما كان كلام أبي الهذيل بصدده، لا خصوص ما ذكره الشيخ الأشعري = فهو اعتراف منه بعدم الفرق بين مذهب جهم ومذهبه؛ لأن كلام أبي الهذيل = بهذا الصدد -أي: بصدد التشنيع على مثل مذهب جهم.

نعم، مؤدّى ما ذكره المعترض في تقرير مذهب الأشعري = هو مذهب جهم بعينه؛ لأنه نفى الاختيار والتمكن الحقيقي، ولم يثبت للعبد إلا مجردَ الوهم الفاسد، وزعم أن مدار التكليف عليه.

فالعجب من قوله: «بل لا تتراءى ناراهما»، مع علمه بأن جهمًا لا يكاد ينفي الأوهام الفاسدة التي ادعاها هو. وكيف ينفيها وهو في عناءٍ من مناظرة المعاصرين له من المعتزلة القائلين بأنها ليست أوهامًا بل حقائق ثابتة؟

وأما قوله: «أو لالتباسه عليهم بالجبر الخالص»؛ فيقال عليه ما قيل:

«كِلا جانبَي هَرْشَى لهنّ طريقُ»(259)، وما هما إلا رضيعا لبانِ ثديِ أُمٍّ، تحالفا وما تخالفا، وإلا فما قارب الشيءَ أُعطيَ حُكمَه. وكيف يلتبس ما ذكره الأشعري على جهابذة الاعتزال المشهود لهم بالتدقيق في كل مجال؟ حتى المعترض [173 ب] قد اعترف بذلك -كما سبق-.

وهب أنه التبس عليهم قرنًا بعد قرن مع مناظرات ومحاورات وطول بحث ومجادلات؛ فما باله لم يرتفع لبسُه وتنكشف حقيقته وحقِّيّتُه لمثل الأستاذ الإسفراييني، وإمام الحرمين الجويني، والإمام الرازي، ومن بعدهم من الجماعة المتحيرين في معناه، حتى أشار إمام الحرمين في **النظامية**، وفي مقدمات **البرهان** أيضًا، إلى أنه -أي الكسب- تمويهٌ وتدليسٌ؟ وكذلك أشار الرازي في **المحصل** إلى مثل ذلك. وهذان الإمامان فحلا الأشاعرة، لا سيما الرازي، وقد أفصح في مواضع من كلامه ببطلان معناه.

---

(259) شطر من بيت: خذا بطن هرشَى أو قَفاها فإنه .. كلا جانبي هرشَى لهنّ طريق.
وهرشى موضع، والبيت مذكور في كتب الأمثال، ومعناه استواء الأمرين في المأخذ.

نقل الشعراني عن الغزالي وابن عربي تصريحهما بالحيرة في الكسب

حتى حكى الشعراني في كتابه الذي سماه بـ**اليواقيت والجواهر في عقائد الأكابر**: أن الإمام الغزالي قال: «إن مسألة الكسب لا تُعرف لا في الدنيا ولا في الآخرة». هذا ما حكاه عن الغزالي. وقد رأيتُ هذا الكتاب المذكور في الحرم المكي، بخط مؤلفه عبد الوهاب الشعراني صاحب **الميزان**.

ومن تأمل كلام الغزالي في مؤلفه المسمَّى **قواعد العقائد**؛ ما استبعد هذه الرواية. والشعراني غير متَّهم عندهم؛ فإنه جامعٌ -في اعتقادهم- بين العلم والولاية.

وحكى -أي: الشعراني- عن الشيخ الأكبر محيي الدين بن عربي أنه قال: «مكثت ثلاثين سنة أبحث عنها» -أي: مسألة الكسب-، ثم اعترف بمحض الجبر -كما ذكره عنه في الكتاب المذكور آنفًا-.

وقد سبق لنا نقلٌ عن **طوالع** البيضاوي و**شرحه** للأصفهاني، يفيد تحيّرهم. وهو صريح في الاعتراف بصعوبة أمر الكسب ومذهب الأشعري. بل ربما كان اعترافًا بتحيُّرهم. ألا ترى إلى قوله -في الكلام المنقول سابقًا-: «وهذا أيضًا مشكلٌ»، إلى قوله: «ولصعوبة هذا المقام؛ أنكر السلف على المناظرين في هذا المقام؛ لأنه -بحسب الغالب- تؤدّي المناظرة فيه إلى رفع الأمر والنهي والشرك بالله تعالى»؟ هذا لفظه في ما سبق، حيث نقلنا اعتراف سعد الدين أيضًا بأن هذا المقام مضيق، يُحتاج إلى التفصّي عنه. على أنه لم يأتِ في التفصّي بأكثر من العبارة، كغيره من الأشاعرة.

وبالجملة، فهم -إلى تاريخنا- متحيِّرون في ما نقم المعترض على أبي الهذيل عدمَ فهمه -بزعمه-. وكيف لا يفهَم العلّاف وغيره من مشايخ المعتزلة كلام الأشعري، وهو لم يأخذ الكلام إلا عنهم؟ فلعلهم أدرى بكلامه ممن بعدهم وبعده من الأفراد والأكراد وأهل الجدال والجِلَاد، خصوصًا من كان -كالمعترض- لا يثمر له ما شجر في الأوراق من الخلاف، إلا عدمَ الإنصاف، وبَذْر الاعتساف. ومن كان حِمَارًا؛ لم يبعُد أن يدّعي التقصير من العلاّف.

فقوله: «بمعنى: أنه لا يعقله هو وأمثاله» = طعنٌ أصاب جماعةً من رؤساء الأشاعرة. بل لو قلت: «كلهم» = لم يبعُد، وإن كان الذين تظاهروا بالعدول عن مذهب الأشعري = جماعةً معدودين. ولا شبهة أنهم إنما عدلوا عنه؛ لمثل ما ذكره أبو الهذيل، فأغمدوا الذَّيْل، وخافوا من أن يسيل بهم السيل. وذلك فرعُ كونِ مذهب الأشعري -عندهم- ليس معقولًا، بل في غاية الاعوجاج والمَيْل. ولنذكر بيان ذلك فنقـول:

المذاهب في فعل العبد

المذاهب ستة:

الأول: مذهب المعتزلة وسائر العدلية: أن المؤثر في فعل العبد = قدرتُه التي خلقها الله له، بلا إيجاب ولا اضطرار.

الثاني: مذهب الأستاذ أبي إسحاق الإسفراييني، وهو: أن المؤثِّر فيه مجموع القدرتين -أي: قدرة الباري تعالى وقدرة العبد-.

الثالث: مذهب إمام الحرمين -وهو موافق لمذهب الفلاسفة-: أن المؤثِّر قدرةُ العبد وحدها، لكن بالإيجاب وامتناع التخلف؛ بناءً منه على أنها إذا حصلت القدرة والداعية = وجب الفعل. وهذا هو الفرق بين مذهبه ومذهب العدلية. وربما مال مذهب الإمام الرازي إليه، وإن كانت عبارته في **المحصل** تشير إلى فساده. فإنه قال: «وزعم إمام الحرمين أن الله تعالى يوجِب للعبد القدرة والإرادة، ثم هما يوجبان وجود المقدور. وهذا قول الفلاسفة، ومن المعتزلة أبي الحسين البصري»(260). هذا كلامه. وقد غلط فيه على أبي الحسين؛ مؤاخذةً بظاهر عبارةٍ من كلامه في وجوب الفعل عند توفر الدواعي وانتفاء الصوارف -كما عرفت-. وأبو الحسين لا يخالف سائر العدلية في أن إرادة العبد = من قِبَله لا من قِبَل الباري تعالى، وأن الداعي أمرٌ وراء الإرادة، وأنه لا يوجِب وقوع الفعل. ولعلنا ننبه على تحقيق مذهبه في ما سيجيء إن شاء الله تعالى.

---

(260) الرازي، **المحصل**، ص 146.

نعم، هذا المذهب الذي ذهب إليه إمام الحرمين، وذهب إليه العلامة ابن تيمية. إلا أنه زعم أن الأكوان التي تقع من قِبَلِ العبد أمور اعتبارية، وصفات إضافية، وليست من الموجودات الخارجية والأمور الحقيقية؛ بناءً منه على أنها لو كانت كذلك؛ للزم أن للعبد أثرًا في إخراج بعض الأشياء من العدم إلى الوجود، وذلك لا يكون إلا لله -بزعمه-(261). وإمام الحرمين يقول: إنها أمور حقيقية، وصفات موجودات خارجية. ولا يخفاك أن الخلاف بينهما يرجع إلى وفاق، أي: في كون الفعل واقعًا من قِبَل العبد لا من قبل الباري تعالى. ولهذا صح لنا ندعي أنهما -في التحقيق- من العدلية.

الرابع: مذهب القاضي أبي بكر الباقلاني: أن المؤثر قدرة العبد أيضًا. لكنّ تأثيرها ليس إلا في وصفه -أي: فعل العبد-، بأن يجعله موصوفًا بمثل كونه «طاعة» أو «معصية» أو نحو ذلك من الأوصاف. وإنما فر مما فر منه ابن تيمية، أعني: أنه فرّ من أن يكون العبد مؤثِّرًا في إيجاد شيء. لكنه فر عن الحق إلى الباطل؛ لاستحالة التأثير في صفة الفعل بدون التأثير في ذاته -أي: ذات الفعل-، وإلا لجاز أن يؤثر في جعل الكلام خبرًا أو أمرًا أو نهيًا = من لا يؤثِّر في ذات الكلام، فيكون زيدٌ جاعلًا لكلام عمرو خبرًا أو أمرًا أو نهيًا. وهو محال. ومع ذلك، قد اغتر بهذا المذهب مثلُ الشهرستاني وغيره، وظنوه متوسطًا، وهو من التوسط بنجوة.

الخامس: مذهب الشيخ الأشعري: أن المؤثر في أعمال العباد جميعِها: قدرةُ الله تعالى، ولا أثر لهم في طاعة ولا معصية ولا غير ذلك، إلا أنه يسميهم «كاسبين»، ويزعم أن لهم قدرة وإرادة لا أثر لهما أصلًا، وإنما هما مجرد اسم، لا سيما القدرة؛ فإن ما أثبته بمعزل عن مسمى القدرة التي هي: صفة تؤثر على وفق الإرادة. وحينئذ لا يصح له أن يسمَّى العبادُ

---

(261) لعله فهم هذا من قول ابن تيمية في هذا النص: «فإنهم [أي أهل السنة] متفقون على أن العاصي هو المتصف بالمعصية، المذموم عليها، المعاقب عليها، والأفعال يتصف بها من قامت به لا من خلقها، وإذا كان ما يتعلق بالإرادة كالطعوم والألوان، يوصف به محالُّها لا خالقُها في محالّها؛ فكيف تكون الأفعال الاختيارية؟ والله تعالى إذا خلق الفواسق: كالحية والعقرب والكلب العقور، وجعل هذه الفواسق فواسق، هل يكون هو سبحانه موصوفًا بذلك؟ وإذا خلق الخبائث: كالعذرة والدم والخمر، وجعل الخبيث خبيثًا، هل يكون متصفًا بذلك؟ وأين إضافة الصفة إلى الموصوف بها التي قامت به، من إضافة المخلوق إلى خالقه؟». ينظر: ابن تيمية، **منهاج السنة**، ج 3، ص 216. ومع هذا، فقد نقل المؤلف عن ابن تيمية أنه قائل بتأثير القدرة المحدثة، وأن الإنسان فاعل على الحقيقة.

«قادرين» ولا «كاسبين»؛ إن كان اسم «الكسب» مستفادًا من القدرة والإرادة الحقيقيتين. ولهذا رجعوا به -أي: الكسب- إلى مجرد المحلية، وألغَوْا القدرة والإرادة.

السادس: مذهب الجهمية وغيرهم من المجبرة الخلص، المجاهرين بالجبر المحض. وهذا هو الفرق بين مذهبهم وبين مذهب الأشعري، أي: إنهم لا يسمُّون العباد «كاسبين»، ولا يثبتون ما أثبته الأشعري من اسم «قدرة» واسم «إرادة» لا أثر لهما، وإنما هما كواو عمرٍو فقط. فمرجعه إلى الجبر المحض. ولأجل أن إثبات قدرة لا تؤثر في مقدورها = غير معقول ولا معلوم من اللغة، ولا دلّ عليه دليل، بل دلّ الدليل على خلافه؛ تسلّل هؤلاء الأشاعرة لِواذًا عن مذهب شيخهم؛ إذ علموا أنه غير معقول، وأنه أخو الجبر المحض.

وإذا عرفت هذا؛ ظهر لك أن المعترض أخذ في أعراض رؤساء الأشاعرة، ورمى جمهور الأذكياء بعدم الفهم.

وقد تكلم إمام الحرمين في **النظامية**، بما يقتضي تضليل الأشعري -كما مر-، وصحةَ فهْم من فَهِم أن مذهبَه مذهبُ جهمٍ بعينه، وأنه مذهبٌ غير معقول، لا لأبي الهذيل ولا لغيره من العقلاء. وكفاك إمام الحرمين في ذكائه وسعة علمه، وكذا الأستاذ أبو إسحاق، ناهيك به في دقّة أنظاره. والباقلاني قد اعترف بمطلق التأثير، وقد قالوا: «إنه الأشعري الصغير».

فإذا [174 أ] لم يعقل المؤلف مذهب الأشعري؛ فله أسوة بهؤلاء المذكورين، وقد أفنوا أعمارهم في الكشف والإفصاح عن حقيقته، واشتد حرصهم على تقويمه وتسويته، ثم لم يجدوا بدًّا من اطّراحه وتخليته، بل تخطئته. فما كان جواب المعترض عنهم؛ فهو بعينه جوابنا عن المؤلف -رحمه الله تعالى وأسكنه فسيح جنته-.

واعلم أن صاحب **الإيثار** -رحمه الله- جعل المذاهب في هذه المسألة أربعة عشر. وعندي أنه جازف في ذلك، واستنبط بعضها استنباطًا لا يساعده عليه من عزاه إليه. ولازم المذهب ليس بمذهب -كما عرفت-. والتحقيق هو ما ذكرناه من أنها ستة لا غير.

والعجب منه كيف ظن أن الجاحظ وثمامة ومن يجري مجراهم قائلون بما هو شرٌّ

من مقالة المجبرة والجهمية؟ وأنهم قائلون بأن أفعال العباد ليست أفعالهم أصلًا، مع علمه بأنهم من مشايخ الاعتزال -رحمهم الله وأسكنهم جنته-؟

ثم إنه -أي: صاحب **الإيثار**- نوه بالشهرستاني حيث مال إلى مثل مذهب الباقلاني، وزعم أنه أورد على المعتزلة مناقضات ومعارضات؛ لأنه عارف بمذاهبهم. ولو تأمله أدنى تأمل؛ لعلم أن ظنه كاذب. وقد بحثنا في ذلك سابقًا بما يقوم بحق الناظر والطالب. لكن كل غلط وخبط = يُستصغر ويقلّ، بالنظر إلى خبط المعترض.

قوله: «وقد اتضح الفرق بينهما اتضاحًا تامًّا» -أي: ما ذكره قريبًا من أن الأشعري يثبت قدرةً وإرادةً عاطلتين عن التأثير بالكلية-. لكنه قد اتضح اتضاحًا تامًا بأنّ من نفى التأثير عن القدرة، وسلب الترجيح عن الإرادة = فما أثبت منهما إلا مجرد اسم محض، ولقب بحت، لا يستلزم فرقًا بينهما -أي: الجبر المحض وما ذكره الأشعري-. بل ربما حقّق أنهما من واد واحد، بشهادة من مر ذكره من رؤساء الأشاعرة الذين كانوا للأشعري أنصارًا ﴿فَمَن شَآءَ فَلْيُؤْمِن وَمَن شَآءَ فَلْيَكْفُرْۚ إِنَّآ أَعْتَدْنَا لِلظَّٰلِمِينَ نَارًا﴾ [الكهف: 29]، ﴿وَلَا يَزِيدُ ٱلْكَٰفِرِينَ كُفْرُهُمْ عِندَ رَبِّهِمْ إِلَّا مَقْتًاۖ وَلَا يَزِيدُ ٱلْكَٰفِرِينَ كُفْرُهُمْ إِلَّا خَسَارًا﴾ [فاطر: 39].

قوله: «وقد بذلنا النصح لمن قَبِل»؛ ما أعجَبَه من نصحٍ لا غش فيه! وما أصدق هنا ما قيل: «قد ضلّ من كانت العميان تهديه».

وهل نَصَحَ من زعم أن العبد لا يؤثر في طاعة الله ولا معصيته عزّ وجلّ، وأرشد إلى قدرةٍ لا تأثير لها، وسبب عادي لا وجود له ولا تحقق، وكسبٍ لا مسمًّى له، وقال: «إن مدار صحة التكاليف على الأوهام الفاسدة»، إلى غير ذلك من تعذيبِ من لم توجد منه معصيةٌ، وتكليفِ العبد بالعمل الذي لا يؤثر فيه ولا يقتدر عليه أصلًا؟

أَوَبالنصح تشغلُ الحيِّزَ -يا أخا الأكراد-، وتترك ما أنت مطالبٌ به من بيان ما يتضح به الفرق الصحيح بين الأشعري والجهمي؟ ونحن أحوج إلى غير هذا النصح منك. فإن مرادك فيه = قد ظهر -في ما مر-، ولا تكن كما قيل: «أريها السُّهى وتريني القمر».

نعم، مثلُك بمثل هذا النصح ينصَح، «وكلُّ إناء بالذي فيه ينضح»، وقد تنصّح

قبلك إبليسُ لآدم وحوّا، فقال لهما: ﴿مَا نَهَىٰكُمَا رَبُّكُمَا عَنْ هَٰذِهِ ٱلشَّجَرَةِ إِلَّآ أَن تَكُونَا مَلَكَيْنِ﴾ [الأعراف: 20]، حتى أوقعهما في الغِوى. وهكذا قال فرعون: ﴿مَآ أُرِيكُمْ إِلَّا مَآ أَرَىٰ وَمَآ أَهْدِيكُمْ إِلَّا سَبِيلَ ٱلرَّشَادِ﴾ [غافر: 29].

أتُراك -أيها المعترض المعرِضُ عن منهج السداد- أحسنت إلينا بنصحك المستجاد، وأساء علينا مثل إمام الحرمين والإمام الرازي ومن قبلهما كالأستاذ أبي إسحاق الإسفراييني ومن قبله من الأفراد؟ أم ترى أنهم أحسنوا النصيحة وأسأت الفضيحة الفاضحة يوم يقوم الأشهاد؟

أتراكم وفيتم حين خانوا؟ أم تراكم أحسنتم إذ أساؤوا؟
بل تمادت على التجاهل آبا ءُ، تقفَّت آثارَها الأبناءُ

الكلام في: «لا هي هو، ولا غيرُه»

قال: «وأما قوله -أي: المؤلف-: 'بأن لله صفات لا هي هو ولا غيره تعالى'؛ فها هو ذا آتيك بيانه -إن شاء الله تعالى- فنقول -وبالله التوفيق-:

اعلم أولًا أن الصفة قد تطلق ويراد بها: المعنى القائم بالغير، وهي التي سمَّوها 'الصفة المعنوية'، وقد تُطلَق ويراد بها: 'تابعٌ يدل على معنًى في متبوعه غير الشمول'، وقد تطلق ويراد بها: 'ما دل على ذاتٍ باعتبار معنًى هو المقصود'.

والصفة في الأول يستعملها المتكلمون في مقابلة الذات، وبالمعنيين الأخيرين يستعملها النحويون؛ الأول للنعت في باب التوابع، والآخر في باب منع الصرف مقابلًا للاسم. والمعنى الأول هو الذي فيه كلام المتكلمين؛ فإن كلامهم في صفاتٍ هي مبادئ المحمولات، كالعلم والقدرة والإرادة، لا في المحمولات كالعالِمِ والقادِرِ والمريدِ. إذا تمهّد هذا فنقول:

قال السيد -قُدِّس سرُّه- في شرح المواقف: 'قال الآمدي: ذهب الشيخ أبو الحسن الأشعري وعامة الأصحاب، إلى أن من الصفات ما هو عينُ الموصوف، كالوجود. ومنها ما هو غيره، وهي: كل صفة أمكن مفارقتُها عن الموصوف، كصفات الأفعال،

من كونه خالقًا ورازقًا ونحوهما. ومنها ما يمتنع انفكاكُه بوجهٍ، كالعلم والقدرة والإرادة، وغير ذلك من الصفات النفسية؛ بناءً على أن معنى المتغايرَيْن: موجودان يجوز الانفكاك بينهما بوجه. وعلى هذا؛ فتلك الصفات النفسية، لمّا امتنع انفكاكُ بعضِها عن بعض؛ لم نقل: إن بعضها عينُ الصفة الأولى أو غيرها'. انتهى.

فإن قلت: القول بأنها لا هي هو ولا غيره = إثبات للواسطة بين النفي والإثبات -إذ الغيرية تساوي نفيَ العينية؛ فكل ما ليس بعين فهو غيرٌ، كما أن كل ما ليس بغيرٍ فهو عينٌ-، والعقل يجوّز الواسطة بين كل مفهومين متقابلين سوى النقيضين، فلا وجود لهذا القسم من الصفات.

قلت: الشيخ قد فسَّر الغيرين بما يعطي وجود هذا القسم، حيث قال: 'الغيران: موجودان، يصح عدمُ أحدهما مع وجود الآخر'».

أقول: هذا شروع منه في الاحتجاج على صحة ما ذهب إليه الأشعري، من أن صفات الباري تعالى التي سموها بالـ«صفات النفسية» و«صفات المعاني»: لا هي هو، ولا غيره = إبطالٌ لما ادعاه المؤلف من أن ذلك ليس أمرًا معقولًا. فلنتكلم عليه بما يفتقر المقام إليه، فنقول:

أما قوله: «إن الصفة قد تطلق ويراد بها: المعنى القائم بالغير» = فهو أول قدم زلّت بالمعترض في هذا الكلام؛ تقليدًا لسلفه في هذا الأمر الذي هو من مزالّ الأقدام، ومحارات العقول والأفهام. وإنما قلنا: «إنها زلت قدمُه»؛ لأن قولهم: «القائم بالغير» = مشعرٌ كمالَ الإشعارِ بأن الموصوف غيرُ الصفة، والصفة غير الموصوف. فإن «الغير» المذكور في كلامهم هذا: عبارة عن «الموصوف». وهو ظاهر مكشوف. وإنما غفل عنه المعترض؛ بسبب خذلانه المعروف، وكأنه ظن أن «الغير» المذكور في هذا الكلام = ليس هو إلا «الغير» بالنسبة إلى المتكلِّم -أي: المعنى القائم بغيرك». وهذا وهم باطل.

وفي قوله: «وهي التي سمَّوها 'الصفة المعنوية'» = نظرٌ؛ لِـمَا عرفت أول الكتاب من الفرق عندهم = بين «الصفات المعنوية» و«صفات المعاني». فلا يصح هذا الإطلاق [174 ب]؛ إذ لا تسمَّى هذه التي ذكرها هنا إلا «صفات معانٍ»، لا «صفات

معنوية». فراجع ما تقدم لنا، وإن كان الخطب يسيرًا.

كلامٌ للدواني والتفتازاني في أن كلامهم في مبادئ المحمولات، لا فيها نفسها

قوله: «المعنى الأول هو الذي فيه كلام المتكلمين» = كلامٌ في نفسه مصيب، لكن ليس للمعترض فيه نصيب، بل هو منادٍ بغلطه وغلط متبوعه.

قوله: «هي مبادئ المحمولات» = توضيحُه: أنك إذا قلت: «زيد قائم»؛ فهاهنا قضيةٌ حملية. ومحمولُها -الذي هو: «قائمٌ»- له مبدأ، وهو «القيام»، فإنه مأخذ اشتقاقه -أي: اشتقاقُ «قائم»-. فأراد المعترض: أن كلامهم = في العلم والقدرة والإرادة -التي هي مبادئ لـ«عالم» و«قادر» و«مريد»-، لا في ما هي مبادئ له كـ«عالم» و«قادر» و«مريد». هذا توضيح كلامه. وهو منقول بالمعنى من **شرح العضدية** للجلال الدواني. وذلك أنه لما قال صاحب **المواقف** -كما حكاه عنه الدواني- بأن المراد: «لا هي هو بحسب المفهوم، ولا غيره بحسب الوجود، لا في سائر المحمولات»؛ قال الدواني ما نصُّه: «قلت: وأنت تعلم أن هذا إنما يصح في المشتقات، مثل 'العالم' و'القادر'، لا في مباديها. والكلام إنما هو في مباديها؛ فإن الأشعري يثبتها، والمعتزلة ينفونها، ويزعمون أنه يلزم من إثباتها تعدُّد القدماء. والأشعري يجيب عن ذلك بنفي التعدد؛ بناءً على أنها لا هي هو ولا غيره»(262). انتهى.

ومثله ما في **شرح المقاصد**، حيث أورد سؤالًا من طرف المعتزلة، وجوابًا من طرف الأشاعرة، وصرَّح فيه بأن الكلام في مبادئ المحمولات، لا في نفس المحمولات.

فأخذه المعترض هنا. وهو -على فرض تسليمه- لا دخل لإيراده في مراده؛ فإنه بمعزلٍ عن أن يكون مقدّمة لما يحاوله من تصحيح كلام الأشعري، كما يوهمه قوله: «إذا تمهد هذا... إلخ».

نعم، يُحتاج إلى هذه المقدمة في دفع السؤال الذي أورده سعد الدين في **شرح**

(262) الأفغاني وعبده، **التعليقات على شرح العضدية**، ص 72.

المقاصد، وهو من طرف المعتزلة. وحاصله: أن التغاير بين الذات والصفات في المفهوم = كافٍ في صحة الحمل من قول القائل مثلًا: «الله تعالىٰ عالم». ولا يلزم أن يكون كقوله: «العالِم عالم»، كما ألزمتهم الأشاعرة؛ نظرًا إلىٰ أن الصفات عينُ الذات، إلىٰ غير ذلك من المحالات. فإن التغاير في المفهوم بين الذات والصفة = كافٍ في دفع هذا المحال وأمثاله. ولا يلزم التغاير بحسب الوجود أصلًا. فأجاب عن الأشاعرة بأن الكلام في مبادئ المحمولات، لا في المحمولات نفسها -كما مر-.

فهذا الكلام يُحتاج إليه في جواب هذا السؤال، أوْ لو أن قائلًا يقول: «كيف تذهبون -أيها الأشاعرة- إلىٰ أن من الصفات ما يمتنع انفكاكه عن الموصوف، ثم تقولون: 'كالعلم والقدرة والإرادة'؟ ونحن لا نتكلم إلا في الصفات التي هي عالم وقادر ومريد، لا في العلم والقدرة والإرادة، التي جعلتموها نظائر في امتناع الانفكاك». لكن هذا كلامٌ لم يقل به أحدٌ، فلا حاجة إلىٰ توسيط هذا الكلام الذي توهم المعترض أن له دخلًا في تصحيح كلام الأشعري.

ومما لا ريب فيه: أن الإذعان بأزلية العلم والقدرة والإرادة ونحوها، وعدمِ تجويز انفكاكها عن الباري تعالىٰ = لا يستلزم الإذعان بمذهب الشيخ الأشعري، ولا الميل إلىٰ صحّته، والقول بأنها لا هي هو تعالىٰ ولا غيره.

وبهذا يندفع ما عسىٰ أن يقال: إن المعترض قدّم هذا الكلام؛ ليرتِّب عليه عدمَ جواز الانفكاك الذي هو مذهب الأشعري. وذلك إنما يتضح بالنظر إلىٰ مبادئ المحمولات لا نفس المحمولات. فلا يتضح فيها القول بعدم جواز الانفكاك؛ لأمرين:

أحدهما: أنه قد تقرر أن الحملَ: اتّحادُ المتغايرين ذهنًا = في الخارج. والأشعري لا يقول بالتغاير، لا ذهنًا ولا خارجًا.

الثاني: أنه لا معنىٰ لقولنا -مثلًا-: «لا يجوز انفكاك 'عالم' و'قادر' و'مريد' عن الله تعالىٰ»، فليتأمل.

بقي شيء، وهو: أنه قال: «إن كلامهم = في مبادئ المحمولات». والظاهر أنه ليس علىٰ إطلاقه، بدليل أن الآمدي فسّر صفات الأفعال بكونه خالقًا ورازقًا...

إلخ»، كما نقله السيد عنه، ونقله المعترض أيضًا عن السيد. وهو واضح.

وقد سمعتَ -في ما مر قريبًا- ما حكاه الدواني عن صاحب **المواقف**، مما يشعر بأن الكلام = في ما هو أعم من المبادئ. إذ الحمل إنما يكون في المشتقّات.

وأما ما اعترض به الدواني عليه، ونقله المعترض عنه = ففيه بحث؛ لأن الأشاعرة قد مثّلوا تارةً بما لا يصح الحمل فيه، كالجزء والكل، مثل الواحد من العشرة. ومثّلوا تارةً بما يصح فيه الحمل -كما ذكره المعترض-؛ إذ لا جهة للقول بأن المراد ليس إلا في المبادئ فقط.

قوله: «فإن قلت... إلخ»؛ هذا سؤالٌ واردٌ. وأما جوابه ففاسد؛ لأن غايته الرجوع إلى الاصطلاح الجديد. وهو غير مقبول، فضلًا عن كونه يفيد. وذلك لأنه يردّ المناظرةَ إلى حيِّز المكابرة، كمن يقول بما يستلزم إثبات شريك الباري تعالى، أي: يلزمه القول بوجود إلهين جامعين لصفات الكمال، فإذا أُلزِم بهذا الإلزام الذي كفرُه أوضحُ من الواضح؛ قال: إني لا أسمِّي ما اعتقدتُ وجوده مع الباري تعالى باسم «الثاني»، فضلًا عن اسم «الشريك». فما تسمُّونه [175 أ] أنتم باسم «الاثنين»؛ أنا لا أطلق عليه إلا «الواحد». فإذا قيل له: «قد تقرر بين جميع الناس أن الواحد واحدٌ والاثنين اثنان»، أي: إن الواحد ليس عددًا؛ إذ ليس له إلا حاشية واحدة بخلاف الاثنين فإن لهما حاشيتين؛ حاشيةَ فوق، وحاشية تحت، بل ربما كان الفرق بين الواحد والاثنين ضروريًا لا حاجة فيه إلى أكثر من التنبيه، فقال: «إني قد اصطلحتُ هذا الاصطلاح، ولا مشاحّة في الاصطلاح»؛ فهل يقول أحدٌ إن هذا الاصطلاح الجديد ينفعه في دفع لزوم الكفر والعذاب الشديد؟

وقد تعبنا في توجيه كلام الشعري زمانًا طويلًا، فلم نجد إلى ذلك سبيلًا، وليس في كتبهم ما يشفي غليلًا ولا يبرئ عليلًا. وإنما حطَّ محطُّ مباحثهم المتعددة، وأقوالهم المتهافتة والمسدّدة = على أن هذا من اصطلاحات الشيخ المتجددة.

ومما يُقضى منه العجب: أنهم سخروا بالمعتزلة في مسألة ثبوت الذوات في العدم، حيث أثبتوا الواسطة بين الموجود والمعدوم. وهنا أثبتوا للشيخ واسطةً بين النفي

والإثبات، فزادوا على المعتزلة، وقالوا بما لا يقولون به، لا هم ولا غيرهم من العقلاء؛ لأن المعتزلة لا يجوّزون في نظر العقول إثباتَ واسطةٍ بين النفي والإثبات أصلًا، بل لا يقولون بالواسطة بين الوجود والعدم. فحينئذ، يقال لهم من طرف المعتزلة: ﴿إِن تَسْخَرُوا۟ مِنَّا فَإِنَّا نَسْخَرُ مِنكُمْ كَمَا تَسْخَرُونَ ﴿٣٨﴾ فَسَوْفَ تَعْلَمُونَ مَن يَأْتِيهِ عَذَابٌ يُخْزِيهِ وَيَحِلُّ عَلَيْهِ عَذَابٌ مُّقِيمٌ﴾ [هود: 38، 39].

أنواع التقابل

وأما قوله: «والعقل يجوّز الواسطة بين كل مفهومين... إلخ»؛ فالذي يوضحه: أن التقابل على أربعة أنواع: تقابل الضدين، وتقابل المتضايفين، وتقابل العُدْم والمَلَكة، وتقابل النقيضين. وهو أشدُّ أصناف التقابل.

ووجه الانحصار في هذه الأربعة: أن المتقابلين إن كانا وجوديين؛ فإن كان يُعقَل أحدُهما مع الذهول عن الآخر = فهما الضدان.

وإن لم يُعقَل أحدهما إلا مع الآخر = فهما المتضايقان.

وإن كان أحدُهما وجوديًا والآخرُ عدميًا. فإن اعتُبِر موضوعٌ من شأنه الاتصاف بالوجودي = فهما العُدم والملَكة. وإن لم يُعتبَر الموضوع = فهما النقيضان.

ومفهوم كلامهم: أن هذه الأنواع إنما تجري جميعها في الأعراض لا في الجواهر. ولذا قال سعد الدين في «الفصل والوصل» من **المطول**، ما نصه: «فإنه قد يُعَدُّ مثلُ الأسود والأبيض من المتضادين، باعتبار اشتمالهما على الوصفين المتضادين، وهما السواد والبياض. وإلا فهما لا يتواردان على المحل أصلًا، فكيف يتضادان؟ وذلك لأن الأسود -مثلًا- هو المحل مع السواد»(263). انتهى.

والتحقيق: أنه إن اعتُبِر الموضوع والمحل في المتقابلين؛ كانا في العَرَضيّات قطعًا. وإن لم يُعتبَر الموضوع والمحل؛ فقد يكون المتقابلان أو أحدهما = من الجوهريّات، كـ«إنسان» و«لا إنسان» في النقيضين. وفيه بحث يُعرف هو وجوابُه بالتأمل.

---

(263) التفتازاني، **المطول**، ص 459.

قيل: ولا يتأتّى تقابلُ العَدَمِيَّيْن؛ لأن السلب لا يخلو: إما أن يكون مطلقًا أو مضافًا. والسلب المطلق لا يقابل السلب المطلق؛ لأنه نفسه. ولا السلبَ المضافَ؛ لأنه مندرج تحته. وكذا السلبُ الخاص لا يقابل السلبَ المطلقَ لأنه كليٌّ له؛ فهو شاملٌ له ولأفراده. وكذا السلبُ الخاصّ لا يقابل السلبَ الخاصّ؛ لأنهما إن لم يتقابلا -أي: كان كلٌّ منهما بمعزل عن الآخر-؛ فظاهر. وإن تقابلا -أي: تواردا على محلٍّ-؛ فكذلك لا تقابُلَ؛ لأنهما يصدقان معًا -أي: يصدق كل منهما على عين الآخر-، وفيه نظرٌ قد تقدمت إشارة إليه في التنبيه الذي ذكرها في أوائل الكتاب، في ما يتعلق بمعرفة الوجودي والعدمي. فراجعه إن شئت.

المتكلمون لا يثبتون من أنواع التقابل إلا تقابل التضادّ؛ إذ لا يقولون بالوجود الذهني

وهاهنا مباحث تستدعي خروجًا عن ما نحن بصدده. وأيضًا، فلا نطول بما لا يجري على أصول المتكلمين. فإنهم لا يثبتون إلا تقابل التضاد، خلافًا لظاهر عبارة المعترض. وذلك لأنهم لا يقولون بالوجود الذهني -كما عرفت-، فلا يهمهم إلا بيانُ أحوال الموجودات الخارجية والكلام عليها. وليس ذلك لغير الضدين من هذه المتقابلات.

ولأجل هذا؛ ترك سعد الدين في **المطوّل** ما زاده الفلاسفة ومن حذا حذوهم من القيد المذكور أولًا، وهو الذي زادوه في تعريف التضاد، فقال في **المطول** -و**المختصر** أيضًا- في تعريف التضاد، من جملة الكلام على «الفصل والوصل»، ما نصه: «وهو التقابل بين أمرين وجوديّين يتعاقبان على محل واحد... إلخ»(264). فلم يعتبر القيد المشار إليه، وهو: أن لا يكون تعقُّل أحد الأمرين الوجوديين بالقياس إلى الآخر؛ ليخرُج بهذا القيد: المتضايفان -كما عرفتَ-؛ بناءً منه -أي: السعد- على مذهب المتكلمين من أن الإضافات ليست بموجودة، فلا حاجة إلى القيد المذكور لإخراج المتضايفين. وعلى هذا؛ فقد أراد بالوجوديّ: «الموجود في الخارج». نبّه على ذلك السيد

(264) التفتازاني، **المطول**، ص 459.

المحقق في **حاشية المطوّل**[265].

هذا، فالمتكلمون لا يقولون بغير «التضادّ»، ولا يثبتون سائر أنواع التقابل. أما العدميّات؛ فظاهر. وأما الإضافات؛ فلأنها عندهم منفية.

وبالجملة، فمثل هذا لا يجري كله إلا من مباحث الفلاسفة القائلين بأن الوجود: عينيٌّ وظِلِّيٌّ.

هـذا، وإنما امتَنَعت الواسطة بين النقيضين دون غيرهما من المتقابلات؛ لأنهما لا يجتمعان ولا يرتفعان. ولهذا أُثبِت الاستدلالُ به في المنطق، وسمَّوا ما يقصد إثباتَ المطلوب بإبطال نقيضِه بـ«برهان الخَلْف»[266]. وذلك لأنه إذا ارتفع أحد النقيضين ثبت الآخر -كما مرت إشارة إليه-. فعدم الارتفاع والاجتماع = لا يوجد في غيرهما من سائر المتقابلات؛ إذ المتقابلان تقابلَ التضادِّ قد يكذبان معًا بسبب عدمِ المحل أو خلوِّه عنهما، وكذا المتقابلان تقابلَ العُدْم والملَكة = قد يكذبان معًا بعدمِ الموضوع أو بعدمِ استعداده للمَلَكة -كما في العلم المقابل للجهل-، والمتضايفان قد يكذبان معًا بخلوِّ المحل عنهما أيضًا.

فالأشعري أثبت واسطة بين النقيضين، واعتمد على مجرد الاصطلاح.

حكاية مضحكة [عن الاصطلاحات التي بلا محصول]

وقد أذكرني هذا حكايةً مضحكةً، وهي أن بعض الظرفاء استشفع ببعض الأكابر إلى بعض الخلفاء. وكان الشفيع لا يريد التعرض للشفاعة له، فأكرهه على ذلك، فكتب له رقعة وختمها، وأودعها ما يقضي بحرمانه، فارتاب المستشفِع لختمها ولكثرة ما شاهده من امتناعه أولًا عن الشفاعة. ففك ختمها فإذا فيها: «إذا أتاك فلانٌ برقعتي هذه؛ فاجعل الخيبة مأواه، والحرمان مثواه؛ فإنه غير أهل للنوال»، إلى آخر ما قال. فلما رآها هكذا؛ علم أنه أصاب سهمُ ظنِه المقَرْطِس[267]، وحمد نفسه في فتح هذه الرقعة

(265) الجرجاني، **حاشية المطول**، ص 297.
(266) بفتح الخاء، وضمّها، وبالفتح أولى.
(267) يقال: «قرطس السهمُ»، إذا أصاب.

التي هي أخت صحيفة المتلمّس. ثم رجع إليه وقال له: «ما حملك على ما صنعت في الرقعة؟» فقال: «ذلك اصطلاح اصطلحنا عليه، أنا والمكتوب إليه. فإذا أردنا نفع أحدٍ وبِرَّه؛ كان الخطاب كما رأيته في الرقعة». فقال له: «قطع الله يديك وقلع عينيك»، إلى آخر ما دعا عليه. فقال له: [175 ب] «ما حملك على هذا؟» فقال: «هو اصطلاح اصطلحت عليه مع ربي تعالى، فإني إذا أردت الدعاء لأحد، وطلبَ بِرِّه منه عزّ وجلّ؛ كان دعائي هكذا». انتهى كما حُكي.

وهذا الذي وقع من المستشفع من الدعاء والجواب = نهايةٌ في الحذاقة. لأنه يتضمن أن الاصطلاح إن كان له دخل في قلب الحقائق ومعاكسة العقول = جاز أن الدعاء بالشر ينقلب دعاء بالخير؛ نظرًا إلى الاصطلاح. لكنه لا يكون كذلك قطعًا، فلا يكون للاصطلاح دخل في قلب الحقائق ومعاكسة العقول. والأمر كذلك في ما نحن فيه من اصطلاح الأشعري. وهو ظاهر.

قوله: «يصح عدمُ أحدهما مع وجود الآخر»؛ قد أُورِدَ على عكسه وعلى طرده، وأُجيب وعورِض، ورُدَّ ونوقض. ومن أعطى النظر حقه؛ لم يبق معه شك في فساد هذا القول. ولولا خوف الإطالة؛ لأوردت ما وقفت عليه، وأردفتُه بما انتهى نظري إليه. لكن من أراد أن يحيط بطرفٍ مما ادعيته؛ فليراجع **شرح المواقف** و**شرح سعد الدين على العقائد النسفية**، وحواشيه للكمال الخيالي، والكمال الشريفي، وأحمد جند، و**شرح العقائد العضدية** للفاضل الدواني، وغيرها من كتب المتأخرين، كـ**شرح اللقاني على الجوهرة**. وقد أورد المعترض من ذلك ما يقدر على دفعه. ولا بد لنا من الكلام عليه بما التزمناه من الوفاء بحق الغيرة على الحقائق من التحريف، والإعانة بالله الخبير اللطيف.

[سعي المعترض لإثبات مقولة: «لا هي هو، ولا هي غيره»]

قال: «فنحو 'الخلق' و'الرزق' من صفات الأفعال = يصح عدمها مع وجود الذات؛ لحدوث المخلوق والمرزوق؛ فهو 'غيرٌ' عنده[268]. ونحوُ 'العلمِ' و'القدرة'

(268) يعني أبا الحسن الأشعري.

من الصفات القديمة = لا يصح عدمُها مع وجود الذات؛ لأن تلك الصفات من مقتضيات الذات. وما كان مقتضى الذات = يمتنع مفارقته عن الذات ما دام الذات.

فهي لا هي هو؛ لأنها موجودة قائمة بذاته تعالى، ولا غيرُه؛ لامتناع عدمها مع وجود الذات. فلا يصدق كليةً -عنده- أن كل ما ليس بـ'عينٍ' فهو 'غيرٌ'، بل فيه تفصيل، وهو: أن كل ما ليس بـ'عينٍ'؛ إن صح عدمه مع وجود العين = فهو 'غيرٌ'. وإن لم يصح = فهو ليس بـ'غيرٍ' أيضًا. فحاصل التقسيم المثلث عنده:

أن كل صفة: إما أن يكون مدلولُها عينَ الذات، أو لا.

الأول: عين الموصوف. والثاني: إما أن يصح عدمُه مع وجود الموصوف، أو لا. الأول: غيره، والثاني: ليس غيره كما أنه ليس عينه.

فإن قلت: قد علمت أن إثبات الواسطة بين النفي والإثبات = خلافُ حكمِ العقل. فإثبات القسم الثالث -الذي هو الواسطة بينهما- بهذا التفسير = دليلٌ على أنه اصطلاح منه -كما صرح به الإمام الرازي في الاعتذار عنه-. والاصطلاحات وإن كانت لا مشاحة فيها؛ لكن ترك ما يشهد به صريح العقل إلى غيره، من غير ضرورة داعية إلى ذلك = غيرُ مستحسَن.

قلت: قد قالوا: الغرض من هذا التفسير: دفعُ إيراد المعتزلة من أن القول بزيادة الصفات القديمة = قولٌ بقدماء متعددة. وهو كفر. فيكون هذا ضرورةً داعيةً إلى هذا الاصطلاح.

فإن قلت: هذا لا يجديه نفعًا؛ إذ هذا الاصطلاح لا يمنع التعدد بحسب نفس الأمر. ونفسُ الأمر لا يتبع الاعتقاد إلا عند 'العندية' من السوفسطائية. فلا يدفع به اعتراض المعتزلة.

قلت: ما ذكرتموه إنما يتجه لو لم يكن هذا الاصطلاح مأخوذًا من الشرع صحيحًا فيه. وأما إذا كان كذلك؛ فلا؛ لأن الحاكم هو الشرع لا العقلُ -عنده-. فإذا كان الشرعُ لا يقول بالمغايرة، كما أنه لا يقول بالعينية؛ كان المؤمن بالله الموصوفِ بهذه

الصفات القديمة = مؤمنًا بالله وحده، لا مؤمنًا به وبغيره.

فإثبات تلك الصفات = ليس من قبيل إثبات النصارى الأقانيمَ الثلاثة. لأنهم قالوا: ‘إن الله ثالث ثلاثة‘. فآمنوا بالله تعالى وباثنين معه، فيكون إيمانهم = بالله تعالى وبغيره عقلًا وشرعًا، وكذا كفَّرهم الشرع فقال تعالى: ﴿لَّقَدْ كَفَرَ ٱلَّذِينَ قَالُوٓاْ إِنَّ ٱللَّهَ ثَالِثُ ثَلَٰثَةٍ﴾ [المائدة: 73].

بخلاف إثبات تلك الصفات، فإن المثبِتَ لها مؤمنٌ بالله الواحدِ المتصفِ بصفات قديمةٍ = لا يسمَّى ‘غيرًا‘ شرعًا -وإن سماها العقل غيرًا-. والحكم في الكفر والإسلام وغيرهما = للشرع لا للعقل. فافترقا. فليُفهَم».

أقـول: من كان ذا فهْمٍ، وتَأَمّل هذا الكلامَ حتى اتضح عنده وتبيَّن، وهو مع ذلك بريءٌ عن العصبية لمذهبٍ معيَّن = وجده مشحونًا بمساقط الأوهام، فكان غنيًا عن الإيضاح لما فيه وكشفِ اللثام. ومن كان على غير هذه الأوصاف؛ فليسمع ما جرى به قلمُ الإنصاف.

اعـلم أن المعترض قد جعل الحكمَ بأن هذه الصفات لا هي هو ولا غيره = مترتبًا على كونها من مقتضيات الذات، بدليل إتيانه بالـ«فاء» حيث قال: «فهي لا هو... إلخ»، بعد قوله: «لأن تلك الصفات من مقتضيات الذات... إلخ». ثم علّل كونَها «لا هي هو» = بوجودها وقيامها بذاته. وفي هذا جهالتان:

الأولى: أنه لا يلزم من كون الصفات من مقتضيات الذات = أن يترتب عليها أن تكون: لا هي الذات ولا غيرها -كما ذلك واضح-. ألا ترى أن أبا هاشمٍ جعل الصفات الأربعَ مقتضاةً عن الصفة الأخصّ، وهو لا يقول بأن الأربع لا هي الصفة الأخص ولا غيرها؟ بل سيصرح المعترض، في «فصل الفناء»، بأن وجوده تعالى مقتضًى عن ذاته. وهو لا يقول بأن الوجود لا عينٌ ولا غيرٌ. فإن الأشاعرة مصرِّحون بأن «الوجودَ = عينُه» -كما مر نقل شارح **المواقف** عن الآمدي-. والتحيزُ عند المعتزلة [176 أ] وغيرهم: صفةٌ مقتضاةٌ عن الجوهرية. ولا يلزمهم أن التحيُّز ليس عينًا ولا غيرًا. وبالجملة، فبطلان مثل هذا غني عن البيان.

الثانية: أنّ جَعْلَ وجودِها -أي: الصفات- وقيامِها بذاته تعالىٰ علةً للحكم عليها بأنها لا هي هو، كما زعم المعترض = باطل. من حيث إنه لا دخل لوجودها في هذا الحكم؛ إذ يجري في المعدومات الممكنة. فإن صفة الدّجّال -مثلًا- ليست عينَه، مع عدمها وعدمه قطعًا. وستقف قريبًا علىٰ أن الحكم بوجودها = منشأُ حيرتهم في أمرها. والمعترض في نومة غفلته يرتِّب الأحكام علىٰ وجودها. ثم لا دخل -أيضًا- لقيامها بذاته تعالىٰ؛ فإن القيام -عندهم هنا- هو: «الاختصاصُ الناعِتِيُّ»، علىٰ ما هو اصطلاح الفلاسفة -كما مر-. والقول بأن كون الصفات نعوتًا له تعالىٰ يقتضي أنها لا هي هو = كلامٌ في غاية السقوط.

وأما قوله: «فلا يصدق كليةً -عنده- أن كل ما ليس... إلخ»؛ فلا يلائمه ما أورده بعده في الحاصل؛ لأنه ملحوظٌ فيه خصوصُ المادّة التي نحن فيها -أعني الصفات المذكورة-. وهذا كلام مطلق -أي قوله: «ما ليس بـ'عين'»- لا اختصاص له بمادة معينة، فيكون أعمَّ من المدَّعىٰ. ولا يصح أن يكون ما في الحاصل مطلقًا؛ لعدم جريانه في صفات العبد من العلم والقدرة والإرادة، إلىٰ آخرها.

واعـلم أنه يَرِد بحثٌ علىٰ قوله: «لحدوث المخلوق... إلخ»؛ لأنه قد يقال: إن كان تعليلًا لصحة عدمِها -أي: صفات الأفعال-؛ فهو راجعٌ إلىٰ تعليل الشيء بنفسه -كما لا يخفىٰ بأدنىٰ تأمل-.

وإن كان تعليلًا لعدم كونها من مقتضيات الذات = فهو عين الدعوىٰ أيضًا عند مثلِ الماتريدية القائلين بصفة «التكوين». وقد صرّح ابن تيمية بمعنىٰ هذا المنع في كتابه المسمىٰ بـ**اقتضاء الصراط المستقيم مخالفة أصحاب الجحيم**(269). وإذا كان كذلك؛ فأين الدليل علىٰ ما ذكرتم؟ ولو ثبت؛ لجرىٰ في الصفات النفسية. لكنه لا يلزم من حدوث المعلوم والمقدور = حدوثُ العلم والقدرة، ولا عدمُ كونهما من مقتضيات الذات.

وأما ما يقال من أن تعلق العلم والقدرة حادثٌ، ولا يلزم من حدوثه حدوثُ الصفة ومفارقتُها الذات = فليس بمتجه عند التحقيق، لا سيما بالنظر إلى العلم؛ لأن

---

(269) ينظر: أحمد بن عبد الحليم بن عبد السلام بن تيمية، **اقتضاء الصراط المستقيم لمخالفة أصحاب الجحيم**، تحقيق ناصر عبد الكريم العقل (بيروت: دار عالم الكتب، 1999)، ج 2، ص 326-327.

القول بحصول العلم بلا تعلُّقٍ = قولٌ متناقضٌ في نفسه؛ إذ العلم ما لم يكن متعلقًا بالشيء = لم يكن ذلك الشيء معلومًا بالفعل، فيكون القول بحدوث تعلق العلم = قولًا بحدوث العلم نفسه، كما أن القول بِقِدَم العلم = قولٌ بِقِدَم تعلقه. وهذا مما لا يكاد ينكره منصف. وقد صرح بمعناه الجلال الدواني في **شرح العضدية**، حيث قال ما نصه: «واعلم أن المتكلمين ينفون الوجود الذهني، ويثبتون علم الله بالحوادث الغير المتناهية. ولمّا كان من أجلى البديهيات: أن التعلق بين العلم والمعدوم الصِّرف = محالٌ؛ التجأوا إلى القول بأن تعلق علم الله بالحوادث إنما يكون في وقت وجودها، وأن صفة العلم قديمةٌ، والتعلقَ حادثٌ. وأنت خبير بأن العلم ما لم يتعلق بشيء = لم يصر ذلك الشيء معلومًا بالفعل، فيلزم عليهم: أن لا يكون الله تعالى عالِمًا في الأزل بالحوادث. تعالى الله عن ذلك علوًا كبيرًا»(270). انتهى المراد من كلامه.

ولا يخفاك أنه لا يتوجه على من قال بثبوت الذوات في العدم؛ لأن المعدوم الصِّرف الذي ذكره = يسمَّى «منفيًّا» عندهم. وأما على غيرهم؛ فالإشكال كالجبل الراسي. وقد تفصّى عنه الدواني بما أمكنه. لكنه راجعٌ إلى مذهب الفلاسفة في العلم، فلا نطول بذكره.

هذا، وأما السؤال الذي أورده المعترض تبعًا لغيره ممن ذاق قوارع المعتزلة = فواقعٌ في محزِّه، غيرُ متزحزح عن مركزه، أعني: أن إثبات واسطة بين النفي والإثبات = خروجٌ عن أطوار العقول، وهدمٌ لأساس المنقول. والتمسك بعد ذلك بالاصطلاح = غيرُ صالح ولا معقول.

قوله: «وترك ما يشهد به صريح العقل»، إلى قوله: «غيرُ مستحسَن» = كلامٌ حسَنٌ، وحقٌّ مستحسَنٌ. إلا أنه قد يُستفسَر عن هذا الاستحسان المنفي بشهادة صريح العقل: هل مراده به: الاستحسان العقلي أو الشرعي؟

إن كان الأول؛ لزم تحكيمُ العقل على كل تقدير. إما من جهة أن نفي الاستحسان = معناه «الاستقباح»، وإما من جهة أن نفي الاستحسان = فرعُ إثباته في الجملة، وهو

(270) الأفغاني وعبده، **التعليقات على شرح العضدية**، ص 54-55.

معنى تحكيم العقل الذي يتبرَّأ عنه المعترض، ويضلِّل القائلَ به.

ثم يلزم عليه تناقضٌ بين حُكمَيِ العقل إن أراد: أن الاستحسان العقلي -أيضًا- يحصل، بالنظر إلى الجواب الذي أجاب به عن هذا السؤال.

وإن أراد أن الحاصل -بالنظر إلى الجواب- هو الاستحسان الشرعي لا العقليُّ = فلا يفيده شيئًا مع الخصم؛ لأن تأثير استحسان الشرع -حال كون العقل نافيًا للاستحسان رأسًا- إنما يصح عند من يؤْثِر القدحَ في العقل بالنقل. وهو مذهب باطل باتفاق العلماء من الفريقين. والراكنُ إليه معترفٌ بانهدام ما بناه عليه؛ لأن مبنى الشرع = على العقل؛ فهدمُه هدمٌ لهما.

وإن كان الثاني؛ ففيه اعتراف بأن الشرع مقرِّرٌ لحكم العقل، لا منافٍ له؛ إذ لا دليل في الشرع على نفي هذا الاستحسان بخصوصه، إلا أن الشارع احتج على العباد بعقولهم، كما يشهد به الكتاب والسنة في أكثر من ألف موضع. وهو فرعُ اعتباره لأحكام العقول والاعتداد بها.

وعلى هذا؛ فيكون الجواب باطلًا، بل مناقضًا لما يترتب عليه السؤال. ثم لا يخفى ما في نفي الاستحسان شرعًا، ثم دعوى ثبوته شرعًا من التناقض الصريح. والجواب الذي ذكره أقبح من هذا التناقض. فإنه -كما يقال- عذرٌ أقبح مما اعتُذِر به عنه، وفرارٌ إلى ما لا ينجي ولا يجدي، بل إنما يضحك منه المنتهي والمبتدي. فقوله: «قلت: قالوا» = لعله ميل إلى البراءة عن عهدة الجواب، كما جرت عادتهم في التعبير بهذه العبارة - أي: قوله: «قالوا»-، وكأنه ظهر له: أن الفرار عن الإكفار إلى مجرد الاصطلاح = غير مرضيٍّ عند ذوي الألباب، بل هو كالفرار من السحاب إلى الميزاب، والاستجارة [176 ب] من الرمضاء إلى الغضى ذي الالتهاب. فقوله: «هذا لا يجديه نفعًا»؛ ربما دل على تنبهه لهذا المعنى.

وأما قوله: «إنما يتجه» = ففضيحة؛ إذ لا يعلم في أي سورة أُنزِل أن الصفات المذكورة = لا هي هو ولا غيره، وأيّ شرع جاء بأن المعاني الموجودة المتعددة، التي يصح أن يكون كل واحد مرئيًا مسموعًا؛ ليست مغايرةً للواحد من جميع الجهات

والعبارات. سبحانك هذا بهتان عظيم. وأي حديث أو أثر ورد بهذا الصدد؟

وقد اعترف الغزالي بعدم جري هذا المعنى وما يقرب منه في صدر الإسلام، وإنما التخبط في الأباطيل والأوهام = فربما أفضى إلى الافتراء على الله ورسوله عليه الصلاة والسلام، وسيأتي تزييف ما توهمه المعترض مَدْرَكًا لهذا المرام.

وهاهنا نكتة، وهي: أن المعترض أعرض عن الجواب في ما هو مطلوبُ السؤال، من أن الاصطلاح لا يمنع التعدد بحسب نفس الأمر، إلا على ضرب من السفسطة. فلعله ما أعرض إلا لأنه تحيَّر، فإنه قال: «لا تعدُّدَ -كما حكوه عن الأشعري- خالف مقتضى ما صرّحوا به من أنها سبعٌ، وكذا كذا»، مما هو صريح في التعدد. وإن جاهر بالتعدد صريحًا؛ أثبت قدماء متعدِّدين قطعًا. وهو عين ما وقع عنه السؤال، بل هو أصل البحث. فحينئذٍ صار الجواب خاليًا عن المراد والمطلوب.

وأما قوله: «لأن الحاكم هو الشرع»؛ فبعد تسليم ما رتّبه عليه، وفرض كون هذه الدعوى مأخوذةً من الشرع = لا يتجه في نفسه.

أما أولًا؛ فلأن مبنى البحث على أن اعتقاد القدماء قبيحٌ عقلًا ونقلًا، وأن إثبات غيرَين موجودَين في الأزل = غايةٌ في القبح، بل كفر. فلو أجداه هذا نفعًا؛ لأجداه في زوال التقبيح، ورفعِ الكفر الصريح في حق مثل الفلاسفة القائلين بِقِدَم العالَم، بل كان يجديه نفعًا في حق من اعتقد الشريك وقال بالصاحبة والولد. فيرجع البحث إلى التحسين والتقبيح عقلًا، ويكون هذا منه راجعًا إلى القول بأنه لا قُبح في إثبات أنواع الكفر، إلا بعد تقبيح الأنبياء له، ومجيء الشرع بتحريمه -كما هو مذهب المجبرة-. فيصير القول بأن الشرع رَفَع المغايرة = لغوًا، والتطويل = حشوًا؛ إذ لا كفر ولا قبح بالنظر إلى قوله: «إن الحاكم هو الشرع»، لا مع المغايرة العقلية ولا مع عدمها. وأما المغايرة الشرعية -على ما زعموا-؛ فلا شك أنها لا تثبت حتى يثبت الشرع؛ فكيف يقال: إن الشرع رفعها؟ فليُفهَم؛ فإن كلامه يضرب بعضُه وجهَ بعضٍ.

وأما ثانيًا؛ فلأنه لو أفاد الأشعريَّ قولُه: «إن الشرع رفع المغايرة، وإنه هو الحاكم»؛ لم يفتقِر إلى تعريف الغيرين، ولم يبق معنى لنزاع العقلاء له في تعريفه اعتراضًا ونقضًا

بالنقوض العقلية، فأبطلوا تعريفه بوجود غيرين عقلًا لا يصدق عليهما تعريفُه، بل يقتضي أنهما ليسا بغيرين. فما بقي إلا أنه أراد أن يدفع عن نفسه إثبات الأغيار في الأزل، ولزوم الكفر؛ بإثبات القدماء المتعددين، وقد صرح المعترض بهذا، وقال: «إنه أراد الفرار عن إلزام المعتزلة». فظهر: أن الأشعري إنما عرّف الغيرين؛ لعلمه بأن دعواه أن الشرع رفع المغايرة بين الذات والصفات التي أثبتها، وأن الحاكم هو الشرع = لا تجديه نفعًا. بل قد صرح الكاتبي في **شرح المحصل** بأن الخلاف في الغيرين فائدتُه الحكم بعدم المغايرة بين الذات والصفات، وصحة إطلاق «الغيرية» عليها.

وأما ثالثًا؛ فلأن الرازي صرح في **المحصل**، بأن الخلاف في «الغيرين» لفظيٌّ محضٌ(271).

وعلى هذا؛ فلا يمكن دعوى رفع الشرع للمغايرة في نفسها كما قال المعترض: «إن الشرع قد نفى الغيرية»، وصرح به في ما سيأتي. وإنما يكاد يتأتى له دعوى رفع الشرع لاسم «الغيرية». لكن هذه الدعوى -مع بطلانها- لا تفيد شيئًا في دفع إلزام المعتزلة. لأن الإلزام والتكفير ليس من حيث الأسماء، بل من حيث المعاني، كما عرفت - وستعرف قريبًا- أن النصارى قالوا بأن الله تعالى جوهر واحد، وقالوا بتعدد الأقانيم -أي: الصفات-، فكفروا؛ لعدم التوحيد المعنوي لا اللفظي، فإنهم لم يذهبوا إليه، بل ذهبوا إلى أن الله واحدٌ -كما صرح به سعد الدين وسيأتي نقل كلامه-.

وأيضًا، فلو كان الشرع إنما رفع اسم «الغيرية»؛ لم يرد السؤال الذي ذكره المعترض، حيث قال: «الاصطلاح لا يمنع التعدد بحسب نفس الأمر» -كما لا يخفى-. ولم يصح جوابه أيضًا؛ لأنه ابتناه على أن الشرع رفع المغايرة نفسها.

وأيضًا، فهم إنما يقولون: «لا هي هو ولا غيره»؛ نظرًا إلى أن الواقع ونفس الأمر = كذلك، أي: إن «العينية» و«الغيرية» منتفيةٌ في حقيقة الأمر؛ فكيف تتم دعوى كون الشرع رَفَع اسم «المغايرة» فقط؟ وهل تصح أو تنفع هذه الدعوى الباطلة؟

وأما رابعًا؛ فلأن أعظم المقدمات التي رتب عليها المعترض هذه الدعوى الباطلة - أعني: دعواه أن الشرع رفع المغايرة المذكورة-؛ هي المقدمة القائلة: «إن الشيئية

(271) الرازي، **المحصل**، ص 106.

تساوق الوجود» -كما سيأتي قريبًا إن شاء الله تعالى-. والمعترض معترف ببطلان هذه المقدمة، كما سنبينه إن شاء الله تعالى بالنقل من صريح كلامه الذي لا يمكنه إنكاره، حتى إنه ذكر في شرحه لعقيدة ابن المؤلف -قدس الله روحهما- ردًا لكلام صاحب **المواقف**، وردًّا لكلام شارح **المقاصد**، وردًّا لكلام شارح **المواقف**، وأثبت أنه يُطلق لفظ «الشيء» على المعدوم، خلافًا لأمثال هؤلاء المذكورين.

وإذا ثبت هذا؛ بطل كون الشيئية مساوِقةً للوجود قطعًا. وكلما كان كذلك؛ بطلت الدعوى المذكورة -أعني: دعوى المعترض وأمثالِه أن الشرع رفع المغايرة المذكورة-؛ لابتناء هذه الدعوى على هذه المقدمة الباطلة -باعترافه-. والمبني على المنهدم = منهدم قطعًا. فالعجب من المعترض، كيف تغافل أو غفل عن هذا الذي قد خاض فيه مرارًا مع كمال وضوحه!

وأعجبُ من هذا: أنه في هذا الكلام الذي ذكره في شرح عقيدة ابن المؤلف = ردٌّ على صاحب **المواقف**، وعلى شارحه الذي هو السيد المحقق، قد بُنِيَ على أنهما يقولان بأن «الشيء» لا يُطلَق إلا على «الموجود» لا على «المعدوم». وقد قال في مؤلفه الذي سماه **تنبيه العقول**[272]: «إن ما ذكره صاحب **المواقف** وشارحه؛ دالّ على تسمية المعدوم شيئًا؛ لأنهم نقلوا أن القضاء عندهم: عبارة عن الإرادة المتعلقة بالأشياء... إلخ». وأراد: أن وصف «الإرادة» بـ«التعلق بالأشياء» = يستلزم ثبوت ما يسمى «أشياء» أزلًا. وسيأتي ذلك، وهو صريح في تسمية المعدوم «شيئًا» -بزعمه-، فقد زعم أن العضد والسيد المحقق والسعد التفتازاني = مناقضون، وغافلون عما فهمه هو وأمثاله. والمراد هنا: بيانُ اعترافه بانحرافه، وأن دعواه باطلة بإقراره الذي لا مراء في انكشافه.

وأما خامسًا؛ فلأن الأشاعرة يدّعون أنهم لا ينفون أحكام العقول مطلقًا، وإنما ينفونها في الخمسة، من الوجوب والحظر إلى آخرها. ولا شبهة أن المغايرة وعدمَها ليست من الخمسة. وليس مثل هذا مما يخفى على مثل المعترض، إلا لنتيجة الخذلان. فإنه في بعض المتون، فضلًا عن المبسوطات وما وُجِد في كلام بعضهم من نفي حكم العقل مطلقًا؛ فإنما هو للفرار عن شائبة الاعتزال، أو التسامح، كما وقع من العضد في

(272) **تنبيه العقول على تنزيه الصوفية عن اعتقاد التجسيم والعينية والاتحاد والحلول.**

أول شرحه **للمختصر الحاجبي**، حيث قال: «لأن العقل لا مدخل له في الأحكام عندنا»، فقال السيد المحقق في **حاشيته** عليه ما نصه: «في الأحكام الخمسة وما ينتمي إليها عند الأشاعرة؛ لابتنائه على قاعدة الحسن والقبح العقليين. ولم يُرِد أن العقل لا حكم له أصلًا. كيف وقد صرَّح بأن الأحكام قد تؤخذ لا من الشرع كالتماثل والاختلاف؟»(273). انتهى.

لا يقال: إن كون الصفات لا عينٌ ولا غيرٌ = مما ينتمي إلى الأحكام الخمسة، بمعنى: أنه يجب اعتقاد ذلك ويحرم اعتقاد «الغير» مع الله تعالى في الأزل، ولا شك في أن الوجوب والحرمة = من الخمسة.

لأنا نقـول: فساد هذا واضح.

أما أولًا؛ فلأنه ما من حكم من سائر الأحكام إلا ويمكن فيه بيان الانتماء إلى أحد الخمسة بهذا الاعتبار، حتى التماثل والاختلاف.

وأما ثانيًا: فلأنه إذا قيل: «هذا الحكم مما ينتمي إلى الأحكام الخمسة»؛ فالمراد هو: «معنى الانتساب»، كما نقل صاحب **القاموس** أن معنى «انتمى إليه: انتسب إليه». وهو لا يتأتى في قولك: «الصفات لا هي هو ولا غيره». بل بين ذلك وبين معنى الانتساب إلى أحد الخمسة = مراحل. ولا خفاء في أن انتساب الشيء إلى الشيء = لا بد في تحقق معناه من اشتراكٍ بينهما ولو في الجملة، حتى في النسبة اللفظية. ولذا لم يلتصق اسم «القدرية» بالعدلية -كما زعمت الجبرية-؛ لعدم التناسب بين النفي والإثبات -كما مر-.

ثم إنه يلزم -بمقتضى هذا السؤال- أن لا يصح الحكم بوجود الباري تعالى، فضلًا عن علمه وقدرته؛ إذ ما من حكم من هذه الأحكام إلا وهو يمكن إرجاعه إلى الخمسة، بمعنى أن يجب اعتقاده ويحرم جحوده -مثلًا-.

قوله: «ليس من قبيل إثبات النصارى الأقانيم» = كلمةُ مريبٍ. وقد سبقت إشارة

---

(273) الإيجي، **شرح مختصر المنتهى**، ج 1، ص 27.

إلى مضاهاتهم لهم، وأن النصارى ما قالوا بأكثر من تعدُّد واجب الوجود في المعنى، حتى صرّح بعض العلماء، بأن مرادهم «مجرَّد الصفات»، وهو معنى ما ذكره سعد الدين في **شرح المقاصد**، وسنورد كلامه قريبًا إن شاء الله تعالى، فنسبهم الله إلى «التثليث»؛ إذ ليس واجب الوجود إلا إياه تعالى.

واعلم أن «الأقنوم» في الأصل لغةٌ روميةٌ، وهو بالضم، وجمعه أقانيم. كذا في **القاموس**. وقال سعد الدين في **شرح المقاصد**: «إن الأقنوم في اللغة اليونانية بمعنى: 'الأصل'. فكأن الأقانيم الثلاثة أصولُ جميع الأشياء الموجودة». انتهى. ولا حاجة إلى بيان معتقد النصارى في ذلك. ومن أراد أن يعرفه على وجه؛ فعليه بالملل والنحل. وقد صنف فيه جماعة من الفريقين؛ منهم القاضي أبو بكر الباقلاني، وأبو منصور بن عبد القاهر البغدادي، وأبو المظفر طاهر بن محمد الإسفراييني، وأبو الفتح محمد بن عبد الكريم الشهرستاني، والعلامة أبو محمد علي بن أحمد بن حزم الظاهري، ولأبي عثمان الجاحظ، وأبي القاسم البلخي شيء من هذا الباب. وممن صنف فيه من متأخري العدلية؛ نشوان الحميري صاحب **شمس العلوم** في اللغة، وهو الذي ذكره المؤلف في هذا الكتاب، والإمام المهدي أحمد بن يحيى صاحب **الغايات** -رحمه الله-.

وأجود ما في الباب: كتاب الشهرستاني، وكتاب ابن حزم، وإن كان ابن السبكي قد قال في **طبقاته**: «إنه ما زال المحققون من علمائهم ينهون عن النظر في كتاب ابن حزم؛ لما فيه من الازدراء بأهل السنة، والحط من شأنهم» -كما قال-. قال: «وقد أفرط في النقص من أبي الحسن الأشعري، وصرح بنسبته إلى البدعة»(274). إلى هنا كلامه. والحق واضح لا تستره الأقوال.

هـذا، وجل اعتماد الإمام المهدي على كتاب الشهرستاني. وقد قال -رحمه الله-: «إن النصارى ما أرادوا إلا الصفات». وهو وإن كان معتزليًا لا يُقبَل نقله عند الأشاعرة في مثل هذا خاصةً؛ لما يؤول إليه من تضليلهم في إثبات صفات المعاني القديمة، ومضاهاتهم للنصارى في إثبات الأقانيم -التي هي الوجود والعلم والحياة-

(274) السبكي، **طبقات الشافعية**، ج 1، ص 90.

؛ فقد حاذَوهم حذوَ النعل بالنعل، والقذة بالقذة. فقد قال سعد الدين في **شرح المقاصد** أيضًا ما نصه: «أما النصارىٰ؛ فقد ذهبوا إلىٰ أن الله تعالىٰ جوهر واحد، له ثلاثة أقانيم [177 أ] هي: الوجود والعلم والحياة، المعبَّر عنها بـ'الأب'، و'الابن' و'روح القدس'، علىٰ ما يقولون: 'أبًا وابنًا روحًا قدسًا'، ويعنون بالجوهر: القائم بنفسه، وبالأقنوم: الصفة. وجعلُ الواحدِ ثلاثةً = جهالةٌ، وميلٌ إلىٰ أن الصفات = نفس الذات»(275). انتهىٰ كلامه. وهو موافق لما ذكره صاحب **الغايات**، بل فيه زيادةٌ تستلزم المشاركة بين معتَقَد النصارىٰ وبين ما قاله أرباب الصفات -أي: المعاني-.

ولمّا علم موقع هذا الكلام الذي لا يتأتىٰ جحدُه؛ لإطباق علماء الملل والنحل عليه؛ أخذ في التشفي بقوله: «وميلٌ إلىٰ أن الصفات = نفس الذات»؛ تعريضًا بالمعتزلة وغيرهم من العدلية، القائلين بأن الصفات عينُ الذات المقدس، وإرجاعًا للمضاهاة والمشابهة إليهم. وهذا من جنس ذلك الصنيع في إرجاع نبز القدرية بالعدلية، وقد عرفت حاله. بل هذا أبعد عن الإنصاف؛ لِـمَا بين إثبات المتعدد -كالثلاثة- ونفيه بالمرة من البعد. بل هو ما بين النفي والإثبات. فالقول بأنه «ليس في الأزل إلا واحد» = مناقضٌ للقول بأن هناك ثلاثة. بخلاف إثبات سبعة -مثلًا-؛ فإنه هو وهذا القول = من واد واحد. فالتذييل منه بهذه الكلمة الحمقاء لا يشفيه مما التحق بمذهبه من الداء. والله تعالىٰ يحب الإنصاف للأعداء والأوِدّاء.

وقد علم المنصفون أن الأشاعرة ومن يجري مجراهم؛ قد وقعوا في القول بتعدد القدماء، بل لزمهم القول بتعدد واجب الوجود، بل صرّح بعضهم بذلك. وهل هذا إلا مثل مذهب أهل الأقانيم عند كل منصف فهيم؟

واعـلم أنهم كما وقعوا في مثل مذهب النصارىٰ في الصفات = فكذلك قد وقعوا في مثل مذهبهم في الأفعال. فإن النصارىٰ لمّا استبعدوا تأثير قدرة عيسىٰ -عليه وعلىٰ نبينا الصلاة والسلام- في الأفعال التي صدرت عنه؛ قالوا: «إنها -أي: أفعاله الصادرة عنه- أفعال الله في الحقيقة»، فقالوا بالاتحاد، وزعموا أن الله تعالىٰ اتحد بعيسىٰ -عليه السلام-، فصارت أفعال عيسىٰ أفعالًا له عزّ وجلّ؛ إذ لم يمكنهم إنكارُ ظهورها من

(275) التفتازاني، **شرح المقاصد**، ج 2، ص 69.

عيسى، ولم يجدوا دليلًا على أن الله تعالى هو الفاعل لها بدون قولهم بالاتحاد الذي افتروه بين أيديهم وأرجلهم. وهذا يضاهي ما ذهب إليه الأشاعرة، حيث قالوا: «إن أفعال العباد أفعالٌ له تعالى»، وإن لم يقولوا بالاتحاد. لكنهم قد أنكروا ما أنكرته النصارى من كونه تعالى قادرًا على أن يخلق للعبد قدرةً مؤثرةً في أفعاله، وقالوا بمقالتهم في إسناد الفعل إلى غير من وقع منه في المشاهدة والحس. فالمذهبان ذاهبان إلى مستقر واحد في التحقيق. والمعترض يخبط في إلزام غيره بما هو به حقيق.

ومن العجب استرواحُه لذكر الاثنين، وعدم نظره إلى سبعة. وأما ذكر المعيّة وعدم ذكرها = فأمرٌ لفظيٌّ لا يترتب عليه حكمٌ معنويٌّ، ولا يجدي المنعُ من التلفظ به = في وقع لزوم التكفير اللازم، من جهة إثبات المتعددين في الأزل.

فقوله: «وباثنين معه»، إلى قوله: «عقلًا وشرعًا» = غيرُ نافع في مطلوبه أصلًا. أما بالنظر إلى الشرع؛ فلأنه يلزم الدور، حيث يقال: إن تثليثهم استُفيد من الشرع، أي: مثل قوله تعالى: ﴿لَّقَدۡ كَفَرَ ٱلَّذِينَ قَالُوٓاْ إِنَّ ٱللَّهَ ثَالِثُ ثَلَٰثَةٖۘ﴾. فإن تكفيرهم بهذه الآية ونحوها = إنما كان لإثباتهم التثليث. فإثبات الآية لتثليثهم = متوقفٌ على أنهم اعتقدوه، فلو لم يثبت إلا بالآية؛ لزم الدور المحال.

وأما بالنظر إلى العقل؛ فلأن التعدد عند العقل = أعمُّ من أن يكون في الجواهر والأعراض. فكيف على ما هو التحقيق من أن النصارى ما أرادوا إلا الصفات، ولا تعدُّد عندهم في الجوهر -كما اعترف به التفتازاني-؟ فقد زاد الأشاعرة عليهم، لا سيما من أجاز رؤيتها وسماعها، أعني صفات المعاني التي أثبتوها بناءً على تجويز الرؤية والسماع لكل موجود -كما أشار إليه في **شرح المقاصد** وغيره-. وسيأتي للمعترض في فصل «والله سميع بصير...إلخ» = اعتراف تام بمثل هذا على أصل الأشعري، أعني جواز رؤيتها. وهو جارٍ في جواز سماعها.

اضطراب الأشاعرة وتحيّرهم في صفات المعاني

وقد تحير كبار الأشاعرة في شأنها؛ لأنهم إن قالوا باشتراك وجوب الوجود لها وللذات = كان منافيًا للتوحيد؛ إذ لا يتم إلا مع الجزم بأن واجب الوجود واحد.

وأيضًا فالقول باشتراك الوجوب الذاتي؛ ربما كان مخالفًا للبرهان، وقد أورده الرازي في **المحصل** على قواعد الفلاسفة، وحاول إبطاله، فليراجع من شاء(276).

وإن قالوا بعدم الاشتراك في وجوب الوجود = لزمهم إمكانها؛ إذ لا واسطة بين وجوب الموجود وإمكانه، فإذا لم تكن واجبة الوجود = فهي ممكنة. وكلما كانت ممكنة؛ كانت حادثة؛ لِـمَا تقرر بينهم من أن كلَّ ممكن = حادثٌ، خلافًا للفلاسفة.

قال بعض المتأخرين منهم: «إن الالتجاء إلى مخالفة هذه الكلية -أعني المقدمة القائلة: إن كل ممكن حادث، ومنعها على ما جرى عليه الفلاسفة- أهونُ من الالتجاء إلى الحكم بوجوب هذه الصفات، وتشريك وجوب الوجود بينها وبين الذات؛ لأن موافقة القائلين بهذه المقدمة = ليس مما يتوقف عليه الإيمان، بخلاف اعتقاد انفراده تعالى بوجوب الوجود؛ فإنه معنى التوحيد وحقيقة الإيمان».

قلت: فيه نظر. لأن هذه القضية -أي: كل ممكن حادث-؛ ثابتةٌ بالبرهان. ولو جاز مخالفتُها؛ لجاز وصفه تعالى بالإمكان. فليتأمل.

وبما ذكرناه هنا، تبيَّن: أن الصعوبة في أمر الصفات؛ إنما نشأت من القول بوجودها في نفسها؛ لِـمَا عرفت من أن الحكم بوجوبه يستلزم المحذور الأول -أي: عدم صدق التوحيد-، والقول بإمكانه يستلزم حدوثها واتصافَه تعالى بالصفات الحادثة، على تسليم صدق الكلية التي ذكرنا أنها مما ثبت بالبرهان. وعلى منعها؛ يلزم إمكان صفاته تعالى. ولا شك في قبح ذلك. فهذه محذورات ثلاثة نشأت من الحكم بوجودها نفسِه، لا من الحكم بوجوبه. وهذا خلاف ما تعطيه عبارة سعد الدين في **شرح العقائد**، من أن الصعوبة المذكورة نشأت من القول باشتراك وجوب الوجود. فليُراجَع.

قوله: «بصفات قديمة». لعله أراد بهذا التوصيف بالقِدَم: الميلَ إلى ما يقوله بعضهم من قِدَمِ الصفات دون وجوب وجودها. لكنه لا يجديه نفعًا في دفع التشنيع. لأنه إما أن يقولَ بالتساوي في الصدق -أي: إن «واجب الوجود» و«القديم» = متساويان في ما صدق عليه كل منهما وإن اختلفا مفهومًا-، أو يقول بأن القديم أعمُّ مطلقًا -نظرًا

(276) ينظر: الرازي، **المحصل**، ص 58.

إلى أنه يصدق على بعض الممكنات كما هو مذهب الفلاسفة-. فالأول يلزم منه تعدد الواجب بحسب الصدق، والثاني يلزم منه إمكان الصفات.

كلامٌ في تقابل العقل والنقل

قوله: «لا يسمَّى 'غيرًا' شرعًا... إلخ» = فيه ما لا يخفى. فإنه قد صرح أوّلًا بأن تركَ ما يشهد به صريح العقل إلى غيره من غير ضرورة = غيرُ مستحسن. ثم لم يبين من الضرورة الداعية إلى ترك ما شهد به صريح العقل، إلا الفرارَ عن إلزام المعتزلة. وفي ذلك -مع أنه لا يجديه-؛ اعترافٌ بأنه هو وأصحابه يرتكبون [177 ب] مخالفة صريح العقل في منازل الجدال، ويلوذون بمجرد المذهب المخترَع عند تزاحم الأقدام ومعارك الأبطال. وكفى بهذه الفضيحة عند المنصفين الناظرين إلى «ما قال»، دون «مَنْ قال».

والمعترض معترف بأن القدح في العقل بالنقل = قدحٌ فيهما معًا، وإن كان تصرُّفُه على خلاف ما هو معترف به. فخلاصة ما يحوم هنا حوله، هو: القدح في صريح العقل بالنقل. كيف ولا نقل في التحقيق، وإنما هي أوهام فاسدة؟ ونحن قد نبهناك سابقًا على اعترافهم بأن التخصيص قد يكون بالعقل الصِّرف. وذلك فرعٌ من فروع إيثار العقل على النقل؛ لِـمَا تقرَّر عند الجمهور من الفريقين، من أنه إذا تقابل العقل والنقل؛ قُدِّم العقل. وأنا لا أعلم خلافًا في هذا ممن يُعتَدُّ به. وذلك لأنه: إما أن يُترَكا معًا -أي: العقل والنقل-، أو يُعمَلَ بهما معًا، أو يُعمَل بالنقل دون العقل، والعكس. ولا خامس لهذه الأربعة التقادير. وثلاثتها باطلة. والصحيح هو رابعها. إذ يلزم من الأول ارتفاع النقيضين، ومن الثاني اجتماعُهما، ومن الثالث بطلان العقل والنقل معًا؛ لأن ثبوتَ الشرع فرعٌ على ثبوت العقل، فإذا بطل العقلُ بطل الشرعُ برمّته؛ ضرورةَ بطلانِ الفرع ببطلان الأصل.

كلام الرازي والسعد في توقّف النقل على العقل، وعدم القدح في العقل بالنقل

فإن قلتَ: سلّمنا بطلان الفرع ببطلان أصله؛ فمن سلَّم كون العقل أصلًا للشرع وتوقف ثبوته عليه = لا بد من بيانه.

قلت: قد كررنا في ما سبق، أن ثبوت الشرع متوقف على صدق المبلِّغ -أي الرسول عليه الصلاة والسلام-. وصدقُه إنما يثبت بالعقل الصِّرف. وهذا معنى قول الرازي في **المحصل**: «إذ ترجيح النقل على العقل = يقتضي القدح في النقل؛ لافتقاره إليه»[277]. انتهى، ومعنى قول سعد الدين في **التلويح**: «ثبوت الشرع موقوفٌ على الإيمان بوجود الباري تعالى وعلمه وقدرته وكلامه، وعلى التصديق بنبوة النبي -عليه والسلام- بدلالة معجزاته. فلو توقف شيء من هذه على الشرع؛ لزم الدور»[278]. انتهى.

وبالجملة، فمن كان له بكتبهم المصنفة في أصول الفقه والكلام أدنى أُنسٍ وإلمام؛ كان غنيًا عن مزيد النقل في هذا المقام، فإنه مما أجمع عليه أرباب الأفهام.

فإن قلت: إن المعترض لم يقدح في جميع أحكام العقل حتى يتم التشنيع عليه، وإنما غاية ما في كلامه هنا: مخالفةُ حكمٍ خاصٍ من أحكام العقل، أي: نفي الواسطة بين النفي والإثبات، وثبوت التعدد والمغايرة بين الذات والصفات. والقدح في الحكم الخاص لا يستلزم القدح في جميع الأحكام؛ لِمَا تقرر وتكرَّرَ من أن بطلان الخاص لا يستلزم بطلان العام.

قلت: إنما أردنا أن القدح بالنقل في هذا الحكم الخاص = نتيجةُ اتهام العقل في حكمه، وعدمِ الثقة به، وهو معنى ارتفاع الأمان بقضاياه، وإيثار النقل عليها. فإن لهذا الحكم الخاص ما لسائر الأحكام؛ إذ لا تخصيص في الأحكام العقلية. كيف وهو من أجلى البديهيات؟ أعني: عدم الواسطة بين النفي والإثبات -كما صرّح به الرازي وغيره-.

وأيضًا، فالسؤال غير متوجِّهٍ؛ نظرًا إلى أن كلام المعترض في الأصل = عامٌّ. ألا تراه كيف قال: «وترك ما يشهد به صريح العقل... إلخ»؛ فأتى بـ«ما» -التي هي من أدوات العموم-؟ وهو ظاهر. كيف وهو مصرح في غير موضعٍ باطِّراح تحكيم العقل، أعمَّ مما هو في الحسن والقبح بالمعنى الذي زعموا أنه محل النزاع؟

---

(277) الرازي، **المحصل**، ص 45.
(278) التفتازاني، **التلويح**، ج 1، ص 22.

تنـــبـــيـــه

تصريح سعد الدين في الكلام المنقول آنفًا عن **التلويح**، بأن الإيمان بوجود الباري تعالىٰ وصفاته المذكورة = لا يستفاد من الشرع؛ لما يستلزم من الدور -وهو معنىٰ قول الإمام الرازي في **المحصل** ما نصه: «وكل ما يتوقف العلم بصدق الرسول علىٰ العلم به؛ لا يمكن إثباته بالنقل وإلا لزم الدور». انتهىٰ-؛ ليس معناه إلا أن العقل هو الحاكم المستقل بأن الباري تعالىٰ موجود متصف بصفاته علىٰ أصح الوجوه. وحينئذ فنقول:

لا يخلو: إما أن يحكم -أي: العقل- بكونها -أي: الصفات- عينًا، أو غيرًا. ولا ثالث لهذين في نظر العقل -باعتراف المعترض-. وأيهما كان؛ فهو خلاف مذهبه ومذهب سلفه المعترِفين بأن إثبات الصفات علىٰ الوجه الذي هي عليه = ليس إلا بمحض العقل، وإلا لزم الدور. ومع هذا؛ فلا يصح له أن يقول: «إن الشرع يحكم بأنها لا عينٌ ولا غيرٌ»؛ لأنه معزول عن إثباتها علىٰ ما هي عليه.

أما لو قيل: «إن العقل يدركها لا علىٰ ما هي عليه في نفس الأمر» = كان إدراكه كـ«لا إدراك». بل يكون جهلًا. [178 أ]

أو لو قيل بأن الحكم عليها بنفي العينية والغيرية = مستفاد من الشرع؛ فإنه كقول القائل: «إن ثبوت الصفات ليس إلا بالشرع». ومثله لو قيل: «إدراك كونها 'لا غير' = بالشرع، وكونها 'لا عين' = بالعقل» -كما يأتي تصريح المعترض به-. إذ لا معنىٰ لثبوتها عند الأشاعرة إلا ثبوت كونها «لا عين»، و«لا غير». وما عدا هذا الثبوت = لا حكم له عندهم، وإدراكه مجرد توهُّمٍ -بزعمهم-. فظهر بما ذكرناه: أن محصَّل كلام المعترض: إثباتٌ للصفات بمحض النقل، وهو خلاف ما صرح به رؤساء الأشاعرة، بل هو مستلزم للدور المحال -كما عرفت آنفًا من كلام الرازي والتفتازاني، وهو معنىٰ ما في **شرح التجريد** للفاضل الكوشجي وغيره من كتبهم-.

قوله: «وإن سماها العقل» = فيه ميلٌ إلىٰ أن العينية والغيرية وعدمهما = ليست راجعة إلا إلىٰ مجرد التسمية، وهي مستفادة من الشرع -بزعمه-. وهذا -مع أنه سيناقضه- نوعٌ من الملاوذة، يسلكه من لا يريد إلا مجرد التلبيس، لا كشف الحقائق.

بل هو سفسطة؛ لأنا لا نلتفت هنا إلى مجرد التسمية. ولا تعرُّض في حكم العقل لنفس التسمية اللفظية. وإنما الملاحظة في نظر العقل = إلى أن نفي العينية تساوي الغيرية. وإذا كان كذلك؛ فهما متقابلان. وتسمية هذا «عينًا» وهذا «غيرًا» = أمرٌ لغوي محض. وملاحظة العقل ليست في غير الحقائق. وإنما احتجنا نحن إلى التعبير عما أدركته العقول، فسمينا العين «عينًا» والغير «غيرًا»، إلا أن العقول هي التي سمّت العين والغير. ولا حاجة بالعقل إلى التسمية. فإنما الحاجة إليها للتخاطب والتفاهم، كما في سائر أسماء المسميات. وسواء قلنا إن الواضع هو الباري تعالى أو غيره؛ فقد راغ المعترض روغان الثعلب، واستخدع القاصرين ببرقِهِ الخُلَّب. لكنه أضاع كلامه دون بلوغ المطلب. فكان كما قاله بعض العرب: «لا ماءَكِ أبقيتِ، ولا حِرَكِ أنقيتِ».

[الحجج التي يعتمد عليها المعترض في ادعائه أن القول بأن الصفات لا هي عين الذات ولا غيرها؛ مأخوذ من الشرع، ورد المؤلف عليه]

قال: «فإن قلتَ: من أين يُعلم شهادة الشرع بذلك؟ فإنك إن بيَّنتَ أن الشرع ينفي المغايرة بين الصفات القديمة والذات = كان -لا جرم- مستنَدًا لقول الشيخ صحيحًا، وأن اصطلاحه -على ما ذكره من تفسير الغيرين- مأخوذٌ من الشرع، وأنه نافع في دفع اعتراض المعتزلة. فإن المعتزلة وإن قالوا: 'إن للعقل حكمًا في حسن الأشياء وقبحها قبل البعثة' = لا يقولون باستقلاله في التكفير والحكم بالإسلام لأحد قبل مجيء الشرع، ولا سيما إذا كان الشرع قد شهد بإسلامه.

قلت -وبالله التوفيق-: لا شك أن الشرع قد دل على اتصافه تعالى بهذه الصفات القديمة، حيث قال تعالى: ﴿ٱللَّهُ لَآ إِلَٰهَ إِلَّا هُوَ ٱلۡحَيُّ ٱلۡقَيُّومُۚ﴾ [البقرة: 255]. الآية. وقال تعالى: ﴿أَنَّ ٱللَّهَ بِكُلِّ شَيۡءٍ عَلِيمٌ﴾ [العنكبوت: 62]، وقال: ﴿إِنَّ ٱللَّهَ عَلَىٰ كُلِّ شَيۡءٖ قَدِيرٞ﴾ [البقرة: 20]، وقال: ﴿لَيۡسَ كَمِثۡلِهِۦ شَيۡءٞۖ وَهُوَ ٱلسَّمِيعُ ٱلۡبَصِيرُ﴾ [الشورى: 11]، إلى غير ذلك.

ولا شك أن الله تعالى قال في القرآن: ﴿إِنَّآ أَنزَلۡنَٰهُ قُرۡءَٰنًا عَرَبِيّٗا﴾ [يوسف: 2]، وقال عمومًا: ﴿وَمَآ أَرۡسَلۡنَا مِن رَّسُولٍ إِلَّا بِلِسَانِ قَوۡمِهِۦ لِيُبَيِّنَ لَهُمۡۖ﴾ [إبراهيم: 4]. ولا

شك أن القرآن لّما كان منزَّلًا بلغة العرب؛ لا بد -لفهم المراد منه- من فهْمِ لغة العرب. وطريقُ معرفتِها النقلُ تواترًا وآحادًا، واستنباطِ العقل من النقل، لا مجرد العقل؛ فلا تُعرف به؛ إذ لا مجال له في ذلك -كما هو مقرر في محله-. وقد انتدب جماعة من علماء السلف -شكر الله سعيهم- لاستقراء كلامهم، وفهْم محاورتهم، وضبط قواعد ذلك، وإثباتها في دواوينهم. ومن جملة ما دل عليه استقراء كَلامهم -بإجماع أئمة اللغة-: أن معنى 'المشتق': ذاتٌ ما ثبَت به المشتقُّ منه. فـ'العالِمُ' معناه في لغة العرب: من قام به العلم. و'القادر': من قام به القدرة، وعلى هذا القياس. فحصل لنا من ورود هذه الصفات في القرآن، ومن أن معناها في اللغة؛ ما ذُكِر أن لله تعالى صفاتٍ قائمةً بذاته تعالى. وبالاتفاق: أن علمه تعالى وقدرته وإرادته وسمعه وبصره، إلى غير ذلك من الصفات الحقيقية = ثابت له في الأزل، سواء قلنا بزيادتها أو لا.

فحصل لنا: أن لله تعالى صفاتٍ قديمةً قائمةً بذاته، لا هي عينه. ثم رأينا النبي -صلى الله عليه وسلم- قد قال: 'كان الله تعالى ولم يكن معه شيء'، أو: 'كان الله ولا شيء معه'، أو: 'كان ولا شيء معه'، على اختلاف الروايات. والشيءُ -لغةً- يُساوق الموجود عند الشيخ وأصحابه؛ لأن أهل اللغة في كل عصر؛ يطلقون لفظ 'الشيء' على الموجود. حتى لو قيل لهم: 'الموجود شيء'؛ لتلقوه بالقبول. ولو قيل: 'ليس بشيء'؛ قابلوه بالإنكار. ولا يفرقون بين أن يكون قديمًا أو حادثًا، جسمًا أو عَرَضًا. فمعنى الحديث -على هذا-: 'كان الله ولا موجود معه'.

فنقول: لو كانت تلك الصفات الموجودة القائمة بذاته تعالى، الكائنة معه أزلًا = أغيارًا له تعالى؛ لما صح نفي المعية عن كل شيء نفيًا كليًّا. فإن 'لا شيء معه' = سالبةٌ كليةٌ. وكذلك 'لم يكن معه شيء'؛ لورود موضوعه في سياق النفي، نكرةً. فدل أنه تعالى لم يكن معه في الأزل من الموجودات شيءٌ أصلًا. فثبت أن تلك الصفات لم تكن أغيارًا شرعًا.

والحاصل: قد دل الكتاب على اتصافه تعالى بتلك الصفات، بل قواعد لغة العرب المتوقفُ عليها فهمُ القرآن؛ أنها معانٍ قائمةٌ به تعالى بالاتفاق، وأنها قديمة.

فثبت عقلًا: أن مع الله تعالى أزلًا أشياءَ -أي: موجودات-. وهي أغيار عقلًا. فلو كانت تلك الموجودات القديمة -التي هي أغيار عقلًا- أغيارًا شرعًا أيضًا؛ لَما صحّ

نفيُ معية الأشياء له تعالى أزلًا نفيًا كليًّا شرعًا. لكنه قد نفاها الشرع؛ فدل على أنها ليست أغيارًا [178 ب]. وقد دل العقل على أنها ليست 'عين' الموصوف. فهي لا هو -عقلًا-، ولا غيره -شرعًا-. وهذا كلامٌ معقولٌ لا غبار عليه؛ لأنه موافق للعقل والشرع والعرف واللغة. وهو المطلوب».

أقـول: قد تصلف المعترض وتكلف، وصنّف عددًا من الباطل فألّف، ونحن نقول له بما قيل شعرًا:

إذا كنت لا تدري فتلك مصيبة وإن كنت تدري فالمصيبة أعظم

ولنـذكر ما في هذا الكلام من الأوهام، فنقول:

قد سبق من كلامه أن الغرض في هذا الاصطلاح الذي اصطلحه الأشعري؛ هو الفرار من الإكفار. ثم ادّعى الآن أن هذا الشأن مأخوذ من الشرع. وهكذا حال المبهوت المحتار؛ لا يكاد يقَرّ من اضطرابه على قرار. وذلك أن الأمر الشرعي لا يفتقر إلى الاصطلاح. فإن نوزع في كونه شرعيًا = أُثبِت بالدليل؛ لِـمَا تقرر -في أدب البحث- من أن الناقل إنما يطالَب بتصحيح النقل. فإذا كان هذا المأخذ شرعيًا -أي: كون هذه المعاني القديمة ليست أغيارًا للباري تعالى- مأخوذًا من الشرع = فلا حاجة حينئذ إلى أن يقال: «إنه أمر اصطلاحي، احتيج إليه للفرار من إلزام المعتزلة بالكفر لقائله». فقد اضطرب كلام المعترض اضطرابًا ظاهرًا.

كلامٌ للزمخشريّ في مذهب القائلين بالقدماء -كالمجبرة-، وما هم عليه مما يقضي بانتظامهم في سلك من تناولهم قوله تعالى: ﴿وَيَومَ القِيَامَةِ تَرَى الَّذِينَ كَذَبُوا عَلَى اللهِ وُجُوهُهُمْ مُسْوَدَّةٌ﴾ [الزمر: 60]

قوله: «وإنه نافع في دفع اعتراض المعتزلة... إلخ» = من سقطاته؛ لأن المعتزلة وإن قالوا بأنه لا تكفير إلا بدليل سمعي؛ فكفر المثبت لقدماء موجودين في الأزل = من أوضح الواضح عندهم. فكيف على القول بأنها يصحُّ أن تُرى وتُسمَع كما صرّح به

البعض من الأشاعرة؟

وأدلة الوحدانية متناولةٌ لنفي موجود في الأزل ليس إياه تعالى -عندهم-. ولذا قال جار الله في تفسير قوله تعالى: ﴿وَيَوْمَ ٱلْقِيَٰمَةِ تَرَى ٱلَّذِينَ كَذَبُواْ عَلَى ٱللَّهِ وُجُوهُهُم مُّسْوَدَّةٌ﴾ [الزمر: 60]، ما نصه: «وصفوه بما لا يجوز عليه وهو متعال عنه، فأضافوا إليه الولد والشريك، وقالوا: ﴿هَٰٓؤُلَآءِ شُفَعَٰٓؤُنَا﴾، ﴿وَقَالُواْ لَوْ شَآءَ ٱلرَّحْمَٰنُ مَا عَبَدْنَٰهُم﴾، وقالوا: ﴿وَٱللَّهُ أَمَرَنَا بِهَا﴾. ولا يبعد عنهم قومٌ يسفِّهونه بفعل القبائح، وتجويز أن يخلق خلقًا لا لغرض، ويؤلم لا لعِوَض، ويُظلِّمونه بتكليف ما لا يطاق، ويُجسِّمونه بكونه مرئيًا معايَنًا مدرَكًا بالحاسّة، ويثبتون له يدًا وقدمًا وجبينًا، متسترين بالبلكفة، ويجعلون له أندادًا بإثباتهم معه قدماء»(279). انتهى بلفظه في **الكشاف**.

فانظر كيف سمّى صفات المعاني التي ادّعوها = أندادًا لله تعالى. وكفرُ الذين جعلوا لله أندادًا؛ ثابتٌ بصريح القرآن. ولا ينفع عند المعتزلة ولا غيرهم من العقلاء مجردُ اصطلاح الأشعري، أو دعوى مَدْرَكٍ شرعي. ولو نفع؛ لَما كَفَرت طائفةٌ من الطوائف الضالة؛ لأن كلًا يدعي وصلًا لليلى، ويزعم قطعًا بَمَدْرَك شرعيٍّ قائمٍ على مطلوبه، ونحن نرى نهاره ليلًا.

[بحث في التكفير باللازم]

وقد نُبِّهتَ على أن مدار التكفير باللازم للكفر الصريح = على تحقق الملازمة وظهورها. فمن ذهب إلى ما يستلزم الكفر استلزامًا بيّنًا؛ لزمه الكفرُ، سواءٌ اعترف به أو لم يعترف. لأن العلم بثبوت الملزوم = يستلزم العلمَ بثبوت لازمه. والمنكِر مكابرٌ؛ فلا يُلتفت إليه عند جميع العقلاء.

وأيضًا، فدلالة الشرع على التكفير = أعمُّ من أن تكون بطريق المطابقة أو بطريق التضمن وطريق الالتزام. فافهمه واحفظه. فما أظن أنك تظفر به في غير هذا الموضع، ولا تعثر عليه في كتب هذا الفن ولا غيره، والله أعلم.

---

(279) الزمخشري، **الكشاف**، ص 945-946.

وقد توهم المعترض أن المعتزلة إذا سلّموا أنه لا تكفير إلا بدليل سمعي؛ لم يتم لهم تكفير القائل بمعانٍ قديمة؛ لأن الشرع -بزعمه- قد شهد بذلك -كما قال-، ولا سيما إذا كان الشرع قد شهد بإسلامه. وهذا وهم باطل -كما عرفت-. بل لو سلّموا أن الشرع شهد بعدم مغايرتها؛ لم يسلّموا كونها «معاني». بل تكون شهادته شهادةً لهم في قولهم بأن الصفات عينُ الذات، وكذبِ قول خصومهم بالمعاني التي يمنعون ثبوتها، فضلًا عن قِدمها، فضلًا عن كونها مذكورة في الشرع، فضلًا عن كونها لا هي هو تعالىٰ ولا غيره.

ثم لا أدري، كيف غفل المعترض عن كون المعتزلة قد أشاعوا وأذاعوا بتكفير من أثبت المعاني القديمة؟ بل هو الآن في محاولة ردِّ تكفيرهم لمثبتها في الأزل. وقد صرّح هنا بأنهم لا يكفِّرون أحدًا إلا بدليل سمعي؛ فهلّا تنبّه علىٰ أنهم ما كفّروا القائلين بها وأطبقوا علىٰ ذلك، إلا وقد قام عندهم الدليل السمعي؟ وإنه لا يغني في دفع التكفير قولُ القائل: «إن لي مَدْرَكًا شرعيًا في أن هذه المعاني -وإن كانت ليست إياه تعالىٰ- فهي ليست غيره»، بل لا يجيء الشرع عندهم بصحة الواسطة بين النفي والإثبات؛ لأنه لا يرد بمناقضة العقل الصرف.

وأيضًا، فإنهم لو قالوا: «نحن إنما كفّرْنا القائل بالمعاني؛ لقوله بأنها معانٍ ليست إياه تعالىٰ»؛ فإنه صريحٌ في إثبات القدماء، ولا ينفعه قوله: «ولا غيره تعالىٰ»، أي: لا ينفعه -بعد ذلك- نفيُ المغايرة للذات؛ لأنه كلام مناقض لقضية العقل؛ فهو لغوٌ. ولئن لم يكن لغوًا؛ كان بمنزلة الاستثناء المستغرِق. والرجوع عن مقتضىٰ المقدمة الأولىٰ، أي قوله -مثلًا-: «ليست إلا إياه تعالىٰ»، ومثله = في حكم اللغو. ألا ترىٰ أن الفقهاء قالوا -في حق من قال لامرأته: «أنت طالقٌ لا لسنّةٍ ولا لبدعة»-: إنها تطلق امرأته للبدعة، من دون تأثيرٍ لقوله: «ولا لبدعة»؟ ونظائره كثير.

نعم، لمّا كان للتكفير حكمٌ آخر؛ فلك أن تقول: «إن قول من قال: 'ولا غيره'، بعد قوله: 'لا هي هو' = كالرجوع عن مقتضىٰ هذا القول -أي: قوله: 'لا هي هو'-». فمن بقي علىٰ هذا الرجوع؛ لم يلتحق به التكفير. ومن أصرَّ علىٰ المقدمة الأولىٰ -أي

قوله: «ليست إياه»-؛ لزمه الكفر -عندهم- بأوضح السمع وأصدقِه -كما عرفت-. وقد طوّلنا الإيضاح لهذا المقام؛ حذرًا من التباسه على بعض الأوهام. والله ولي الهداية والإلهام. [179 أ]

[إثبات واسطة بين النفي والإثبات]

وهاهنا نكتة، وهي: أن من أثبت واسطةً بين النفي والإثبات، معتمدًا على محض الأوهام والخيالات = فلا فرق بينه وبين منكِر الضرورة التي تستلزم الكفرَ. لأن ذلك وإن لم يكن فيه جحدٌ للشريعة؛ لكنه يفضي إلى اتهام عقول المسلمين، بل العقلاء أجمعين. وذلك مما يسري إلى إبطال الشرائع. وقد سلف لهذا الإجمال تفصيلٌ في الكلام على التكفير والتضليل.

لا يقال: هذا لا يلزم مثلَ المعترض؛ لأنه قد صرّح هنا بأن العقل حاكمٌ بالمغايرة، كما أنه هو الحاكم بعدم العينية. فلا واسطة بين النفي والإثبات في حكم العقل عنده. إنما لزمت الواسطة من مجموع الحُكمَين -أي: حكم العقل بعدم العينية، وحكم الشرع بعدم الغيرية-.

لأنا نقول: هذا فاسد. لأن حكم الشرع الذي زعمه، إن كان مطابقًا لنفس الأمر؛ كان إثباتًا للواسطة بالضرورة، ويكون الاعتماد عليه مخالفةً لضرورة العقل، بل تضليلًا للعقول واتهامًا لها في الحكم المذكور وفي غيره -كما مر-.

وإن كان حكمُ الشرع غيرَ مطابقٍ لِما في نفس الأمر -نظرًا إلى أن الواسطة في نفس الأمر غير ثابتة-؛ كان ادّعاءُ كونه حكمًا للشرع = باطلًا، بل الاعتراف بأنه غير مطابق لما في نفس الأمر؛ اعترافًا بضلال المتوهِّم كونَه من أحكام الشرع، وفسادِ توهُّمِه.

قوله: «والحكم لأحد بالإسلام»؛ لم يظهر مرادُه به. وكأنّ الكاتب أسقط لفظة «عدم»، وكان الأصل: «والحكم بعدم الإسلام»، بدليل قوله: «ولا سيما إذا كان الشرع قد شهد بإسلامه».

هـذا، ولا يخفاك ما في هذا القول -أي: قوله: «إذا كان الشرع قد شهد بإسلامه»-؛

فإنه مصادرة ظاهرة.

قوله: «قلت -وبالله التوفيق-» إلى آخر كلامه العريض الطويل، الخارج مخرج التهويل = ممنوع المقدمات التي رتب عليها مطلوبه. ولنوضحه فنقول:

أما الآية الأولى وهي: ﴿ٱللَّهُ لَآ إِلَٰهَ إِلَّا هُوَ﴾، والآية الثانية وهي: ﴿أَنَّ ٱللَّهَ بِكُلِّ شَيْءٍ عَلِيمٌ﴾، فاستدلاله بهما = على العلم. وأما الآية الثالثة = فعلى القدرة. وأما الآية الرابعة = فعلى السمع والبصر. وهذا كله واضح لا تعرُّض لنا على صحته ولا فساده. إنما المراد: أنه احتوى هذا الكلام الذي طوّلَه على مقدمات غير مسلمة. ولو سُلِّمت لارتفع النزاع. لكنه قائم.

الأولى(280): قوله: «'العالِمُ': من قام به العلم... إلخ».

الثانية: ما بُنِيَتْ على هذه، وهي: أن قدرته تعالى وإرادته وسمعه وبصره -تعالى- وغيرها = مما ثبت في الأزل.

الثالثة: ما بُنِيَتْ على هاتين أيضًا، وهي: أن لله تعالى صفاتٍ قديمةً قائمةً بذاته... إلخ.

الرابعة: أن هذه الصفات القديمة موجودةٌ في الأزل وجودًا عينيًّا.

الخامسة: قوله: «لا هي عينه»؛ فإنها ممنوعة عند المؤلف وغيرِه من العدلية.

السادسة: أن «الشيء» يساوِق «الموجودَ». إلا أن هذه المقدمة لا يترتب عليها إثبات مطلوبه -عند التحقيق-. بل ربما عادت عليه بالنقض؛ لأن مساوَقَة الشيئية للوجود = أضرُّ على مثبِت صفات المعاني من عدم المساوقة بينهما؛ نظرًا إلى الحديث النافي لكل شيء غيرِه تعالى في الأزل. فإنه يكون نفيًا لكل موجود. وهو مستلزم لنفي هذه الصفات المذكورة. فإنهم قائلون بوجودها. وإنما ادعوا عدم مغايرتها، مع اعترافهم بعدم عينيتها. وهو مناقَضَةٌ شاؤوا أم أبوا.

نعم، يترتب عليها إثبات مطلوبه -بزعمه-، من حيث إن هذا الحديث، إذا عُلِم

(280) أي: المقدمة الأولى، وهكذا.

منه نفيُ كل موجود؛ عُلِم منه عدمُ مغايرتها، لأنه قد عُلِم وجودُها من خارجٍ. فيكون النفي = لمغايرتها، لا لوجودها -بزعمه-. وستعلم ما فيه من المصادرة.

السابعة: أن هذه الصفات المذكورة، مع كونها أشياء موجودة في نفسها = ليست أغيارًا، كما في الحديث الذي تشبث به.

الثامنة -وهي أساس مراده-: أن النفي في الحديث المشار إليه، إنما كان متوجهًا إلى «المعيّة»، لا إلى «الموجودية»؛ فهي ثابتة -بزعمه-. وهذا بناءٌ على توجُّه النفي إلى القيد فقط، وستسمع ما فيه.

التاسعة: أن الشرع هنا جاء بخلاف صريح العقل، فأثبت ما نفاه العقل -أي: الواسطة بين النفي والإثبات-، وهو افتراء منه على الشرع بمجرد توهُّمِه الفاسد، المشابه للأوهام التي اعتقد أن التكاليف إنما بنيت عليها.

ولننشر ما طويناه تحت هذه المقدمات المجموعة، ونوضح الكلام على وجهٍ يرفع الشك في كونها ممنوعة:

نقلٌ عن الإمام الرازي والجلال الدواني ببطلان دعوى الأشاعرة أن العالِم -مثلًا-: من قام به العلم؛ اعتماداً على ما زعموه من لغة العرب، أو القياس على الشاهد

أما الأولى -وهي قوله: «'العالِمُ': من قام به العلمُ»-؛ فقد صرّح الرازي ببطلانها في حق الباري تعالى؛ تبعًا لأبي الحسين البصري وغيره من أصحابنا. واعترف الفاضل الدواني في **شرح العضدية** ببطلان هذه الدعوى، وأن كلامهم فيها مبنيٌّ على قياس فقهي، مع وجود الفارق. وسنورد كلامه بلفظه قريبًا -إن شاء الله-.

والأمر كما قال. فإن بطلان الاستدلال بأن «العالِمَ: من قام به العلم»، على إثبات العلم في حقه تعالى بالمعنى الذي يعتقدونه = ظاهرٌ. ولِم لا، وكونُه تعالى عالمًا = واجبٌ؟ وكلُّ واجبٍ = لا يُعلَّلُ. فكونُه تعالى عالمًا = لا يُعلَّلُ بالمعنى القائم به -على ما قالوا-، بخلاف كونِنَا عالِمين؛ فإنه -لجوازِه- قابلٌ للتعليل.

وبهذا يلوح لك اختلال قياس الغائب على الشاهد، وتعلم أن قول الرازي في **المحصل** ما نصه: «وأما نحن؛ فلا نقول إلا بالتعلق. وأما العلم والعالِميّة؛ فمما لا يثبت إلا بدليل»(281). انتهى. قولٌ صَدَرَ عن علمٍ، واعترافٍ بأن ما ذهبوا إليه؛ مما لا دليل عليه. ولذا قال الكاتبي في **المفصل شرح المحصل**: «أي: لا أقف على دليلٍ يوجب اليقين والقطع بذلك». انتهى. وقد مر هذا بلفظه.

وأنت خبير بأن أبا علي وأبا هاشم، وغيرهما من كبار المعتزلة، وإن أثبتوا العالِمية -أي: كونه تعالى عالمًا- بدلالة العقل والنقل -كالآيتين اللتين ذكرهما المعترض-؛ فلم يقل أحد منهم، ولا من غيرهم من العقلاء المنصفين: إن لمثل هاتين الآيتين المذكورتين، أو غيرهما من الآيات والأحاديث = دلالةً على إثبات العلم بالمعنى الذي قال به الأشعري. وهو إنما زعم ذلك بتوسيط مقدمة أخرى، وهي قولهم: «إن 'العالِم': من ثبت له العلم». قالوا: «فثبوت المشتَقِّ يقتضي ثبوتَ مَأْخَذِ اشتقاقه». وهو معنى قول [179 ب] المعترض: «ذاتٌ ما، ثبت له المشتق(282)».

وهذه المقدمة أيضًا لا تقتضي صحة ما ذهبوا إليه. لأن ثبوت الاشتقاق المعلوم باستقراء لغة العرب -كما قال- لا تعرُّضَ له بكونه معنًى أو غيرَه. فمجرد ثبوت مأخذ الاشتقاق؛ لا يستلزم كونَه معنًى من المعاني -كما تزعمه الأشاعرة-؛ لأنه أعمُّ من ذلك. ولا يلزم من ثبوت الأعم ثبوتُ الأخص -كما مر وتكرر-.

ثم إنا لو فرضنا أن للغة العرب دخلًا في إثبات المعنى الذي يريده؛ لم يتم أيضًا. لأنه لو كان العالِم -مثلًا- من قام به العلم في الحقيقة ونفس الأمر؛ لم يكن ذلك مخصوصًا بلغة العرب، بل يجري في كل لغة، وعلى كل تقدير؛ لعدم توقف ثبوت الحقائق على اللغات -كما أشار إليه الجلال الدواني، وسيأتي نقل كلامه إن شاء الله-.

ثم إنه غير خافٍ عليك، أنها لو ثبتت هذه المقدمة؛ لصدقت في صفات الأفعال كـ«خالق» و«رازق» و«مصور»، ونحوها. فإنه تعالى وصف نفسه بها، كما وصف

---

(281) الرازي، **المحصل**، ص 79. إلا أن ما في المطبوع هكذا: «وأما نحن فلا نقول إلا بهذا التعلق، فأما العالمية والعلم فما لم يثبت بالدليل».

(282) هكذا يذكر «الذات» بالتذكير، ويبدو لي أن هذا من باب التأدب. والله أعلم.

نفسه بأنه «عالم» و«قدير» و«سميع» و«بصير». فيلزم أن يكون ذاته تعالىٰ محَلًّا للحوادث -أي: الخلق والرزق والتصوير ونحو ذلك-. فمن أين يلزم ثبوتُ مأخذ الاشتقاق في صفة دون صفة؟ ودعوىٰ الفرق = تحكُّمٌ محضٌ. فإن لغة العرب التي استدل بها = بمعزِل عن التفريق بين صفةٍ وأخرىٰ، كما أنها بمعزِلٍ عن كون مأخذ الاشتقاق معنًىٰ من المعاني التي ادّعتها الأشاعرة.

ومن الغرائب: أن المعترض قد نقل -في ما سيأتي من فصل «السميع البصير»- كلام شارح **المقاصد**، الصريح في أنه لا يلزم مغايرةُ كلٍّ من السمع والبصر لصفة العلم علىٰ قاعدة الأشعري.

وأنت خبير بأنه إذا كان كذلك؛ لم يبق للاستدلال بلغة العرب علىٰ ذلك وجهُ صحةٍ أصلًا؛ إذ ليس فيها أن السميع والبصير هو من قام به معنىٰ العلم. فلو جَرَوْا علىٰ لغة العرب؛ لقالوا: إنه يلزم -علىٰ قاعدة الأشعري في ذلك- أن يكون كلٌّ من صفتَي السمع والبصر معنًىٰ مغايرًا لمعنىٰ العلم. لأن معنىٰ «المشتق»: ذاتٌ ثبت له المعنىٰ المشتق منه، كالسمع والبصر في ما نحن فيه. لكنهم لم يقولوا بذلك؛ فسقط استدلالهم بلغة العرب. فاحفظه، وسنذكرك به في موضعه.

وهذا إنما يرد علىٰ مثل المعترض، حيث استدل بالآيات التي ذكرها علىٰ إثبات مطلوبه. وقد أُورِد علىٰ من قال بهذه المقدمة، مثلُ «الواجب» و«الموجود» و«الأول» و«الآخر»، ونحو ذلك. فإنه لا يقال فيها بإثبات مأخذ الاشتقاق، بالاتفاق.

[هل صفات الله الواجب الوجود كالعالِمية والقادِرية وغيرها؛ تُعلّل؟]

ثم إن مبنىٰ كلامهم = علىٰ تعليل العالِمِية بالعلم، وكذا القادرية وسائرها. وقد عرفت أن المُحوِجَ إلىٰ التعليل هو ثبوت الشيء علىٰ سبيل الصحة والجواز. وأما علىٰ سبيل الوجوب؛ فلا صحة للتعليل -كما مر قريبًا-. فمن اعترف منهم بوجوب الصفات المعنوية؛ لم يمكنه تعليلُها بالمعاني. ومن تجاسر علىٰ القول بإمكانها وافتقارها إلىٰ العلة؛ كفاه ما يلزمه من افتقار الواجب في ثبوت صفاته إلىٰ علة.

وبهـذا الذي ذكرناه: يُعلَم أن قول سعد الدين في **شرح المقاصد**: «إن الواجب يُعلَّل بالواجب، والجائز بالجائز»(283) = مما لا يسمن ولا يغني من جوع.

وأما المعترض؛ فقد زعم أن الأشعري يقول: «لا علة في الوجود إلا الله تعالىٰ» -كما سيجيء-. وعلىٰ هذا؛ فلا يُعلَّل بالواجب ولا بالجائز. وإنما يعلَّل بالله تعالىٰ. إن هذا لشيء عجاب، فاعتبروا يا أولي الألباب.

وشيء آخر، وهو: أن الأشاعرة فد فسّروا «القيام» بتفسير الفلاسفة -أعني: الاختصاص الناعتي، لا التبعية في التحيز-؛ فرارًا من لزوم «الجوهرية» في حقه تعالىٰ. وحينئذٍ، فيقال للمعترض: إما أن يجري علىٰ ما ادّعاه من مطابقة لغة العرب، أو لا.

إن جرىٰ علىٰ ذلك؛ لزمه إثباتُ الحيِّز في حقه عزّ وجلّ. وكلُّ متحيزٍ = جوهرٌ.

وإن جرىٰ علىٰ اصطلاح الفلاسفة؛ سقط استدلُاله بلغة العرب، وضاع تطويله الذي طوّله دون بلوغ المطلب.

علىٰ أن تفسير «القيام» بـ«الاختصاص الناعتي» = بمعزلٍ عما يريده المعترض من إثبات نعوت قديمة. فإن كون الشيء نعتًا لشيء = لا يستلزم كونَه معنًى، فضلًا عن كونِه معنًىٰ من المعاني الذاتية لذلك الشيء.

وأما الثانية(284)؛ فقد اشتملت علىٰ أمرين ممنوعين؛ أحدهما علىٰ مرتبة، والآخر علىٰ مرتبتين.

فالأول: ثبوت المعاني في الأزل. الثاني: ثبوت نفس الإرادة في الأزل؛ فإنها -عند المعتزلة ومن يجري مجراهم- من صفات الأفعال التي لم تشم رائحةَ الأزل -كما ذكرناه في ما سبق إشارة وتصريحًا، وسنزيده في ما سيأتي إن شاء الله تأكيدًا وتوضيحًا-.

وقد غلط نجم الدين الكاتبي في هذا المعنىٰ مرتين في شرح **المحصل**، مع تحقيقه

(283) قال التفتازاني: «وأجيب بأن الوجوب لا ينافي التعليل. غايتُه: أنه [أي: الواجب] لا يعلل إلا بالواجب، والجائز يعلل بالجائز». في: التفتازاني، **شرح المقاصد**، ج 2، ص 73.

(284) أي: المقدمة الثانية من مقدّمات المعترض.

وجلالته. فقول المعترض: «وبالاتفاق؛ إن علمه وقدرته وإرادته... إلخ» = مجازفةٌ وطمعٌ فارغٌ. وليت شعري، أين سمع بهذا الاتفاق، لا سيما في الإرادة؟ فلعله غره ما ذكره الكاتبي، فبنى عليه دعوى الاتفاق.

وأما السمع والبصر؛ فإن كان المراد بهما: العلم = فالكلامُ الكلامُ(285). وإلا فممنوع الثبوت بالكلية، كما جرى على ذلك جمهور أصحابنا، واعتمده المؤلف رحمه الله.

ثم نقول: دعوى ثبوت العلم في الأزل = لا يقتضي تسليمُها كونَه معنًى من المعاني، إن كان المراد: مجرد ثبوته. وكذا القدرة والحياة مثلًا. ففي الكلام مصادرة مستلزمة للدور المحال.

وأما الثالثة والرابعة = فمنعهما ظاهر.

وأما الخامسة؛ فإن القائلين من أصحابنا بزيادة الصفات وكونها أحوالًا، وإن سلموا أنها ليست عينه تعالى = فهم لا يثبتونها معانيَ، ولا غيرها من الأشياء المتصفة بالوجود. بل قد صرحوا بأنها لا موجودة ولا معدومة كما هو شأن الحال.

وأما نفاة الأحوال من أصحابنا؛ فمعنى الزيادة -عندهم- هو: أن مفهوم كونِه تعالى عالمًا، مثلًا = زائدٌ على مفهوم كونه واجب الوجود. وقس على ذلك. لا أن هناك أشياء زائدة على الذات الواجب الوجود. وربما آل إلى هذا كلامُ المثبتين للأحوال. وقد مر عن السيد المحقق إشارةٌ إلى مذهب المعتزلة.

وبالجملة، فنفي العينية = لا يستلزم مطلوبَ المعترض، على فرض الحكم بالزيادة، فضلًا مع عدمها. كيف وهم مصرحون بأن الصفات التي أثبتوها = غيرُ معلومة بمجردها، وإنما تُعلَم الذات عليها؟

كلامٌ للدواني في مذهبَي المعتزلة والفلاسفة في الصفات

ولمثل هذا قال الجلال الدواني: «إن الظاهر من كلامهم: أنها -عندهم- من

(285) أي: يقال فيهما ما سبق أن قيل في صفة العالمية.

الاعتبارات العقلية التي لا وجود لها في الخارج، بخلاف الفلاسفة؛ فإن محصول كلامهم نفيُ الصفات وإثباتُ نتائجها»(286). هذا كلامه. فأين الفرق بين قولهم بأنها موجودة قديمة متعددة، يصح أن تُرىٰ وتُسمَع في نفسها، وبين هذا القول الذي صرّح به المعتزلة، واعترف المدققون من الأشاعرة وغيرهم بأنه تحقيقُ مذهبهم، كما ذكره السيد المحقق والجلال الدواني، وقد أشار إليه الإمام الرازي، بل مال إلىٰ مثل مذهب أبي الحسين، وأشار إلىٰ بطلان كلام أصحابه الأشاعرة -كما مر في أوائل الكتاب، مع توضيح ما سنح هناك من المذاهب-.

وهاهنا [180 أ] نكتـة، وهي: أن قولهم: «لا هي عينه تعالىٰ» = نسبة. وكل نسبة = لا تكون إلا بين اثنين. وكل اثنين = عددٌ؛ فحصل التعدُّد. والأشعري لا يقول به -كما ستعرفه من كلام الجلال الدواني-.

وأما الجواب عن هذا بأن معنىٰ «عدم العينية»: نفيُ النسبة = فليس بشيء. إذ لا نسلِّم أن الحكم بأن الشيء الموجود ليس عينًا لشيء موجود = معناه: نفي النسبة، وإلا لارتفعت نسبة التباين بين كل متباينين. وهو واضح.

نعم، لو لم يقولوا بوجودها؛ لكان لهذا السؤال وجهٌ. وبما ذكرناه يظهر: أنه لا يَرِد علىٰ المعتزلة ما ورد هنا علىٰ الأشاعرة؛ لأنهم وإن قال من قال منهم بأن الصفات ليست عينًا = فهم -كما عرفتَ- لا يقولون بوجودها، بل صرّحوا بأنها ليست معلومةً في نفسها -كما ذكرناه آنفًا-.

وأما بعض الأشاعرة؛ فقد تحيّر في النسبة بين صفات المعاني وبين الباري تعالىٰ. فإنّ علىٰ كلٍّ من النسب الأربع -أعني: المساواة، والمباينة، والعموم المطلق، والعموم والخصوص من وجه- إشكالًا ظاهرًا. وقد أورد الجلال السيوطي في **حاشيته على تفسير البيضاوي**، نظمًا لبعض الأفاضل إلىٰ بعض المشايخ في السؤال عن هذا المعنىٰ، ولم يذكر جوابه. وهو موضع حيرة، ومقام وحشة. نسأل الله السلامة.

(286) الأفغاني وعبده، **التعليقات على شرح العضدية**، ص 67. لكن بتقديم وتأخير.

معنى المساوقة [وهل الشيء هو الموجود فقط؟]

وأما السادسة، وهي: أن «الشيء» يساوق «الموجود». فلا بدَّ أولًا من إيضاح معنى «المساوَقة»، ثم بيان مذهب الأشاعرة والمعتزلة؛ ليتضح المنع على وجهه، بحيث يستغني عن السند. فنقول:

اعلم أن المساوقة -عندهم- تُستَعملُ في ما هو أعمّ من «الإيجاد» في المفهوم، كالترادف والتساوي في الصدق. فإذا قيل: «هذا يساوق هذا»؛ فالمراد: أنه يساويه في الصدق أو يرادفه. وقد استعملها جار الله في **الكشاف** بمعنًى أعمَّ من هذا أيضًا. وهي مفاعَلَةٌ من «السَّوْق»، كأنّ كلًّا من الأمرين يسوق الآخر إلى موضعه الذي هو بصدده، ومدلوله، حتى لا يفارقه فيه. وقد اختلف المعتزلة والأشاعرة في مساوقة الوجود للشيئية. فقال بذلك أكثر الأشاعرة؛ تبعًا للفلاسفة. إلا أن كلام الفلاسفة مبنيٌّ في ذلك على مذهبهم في الوجود الذهني -كما سيأتي إن شاء الله تعالى-. ومنعت المعتزلة مطلق المساوقة. وهذا البحث من فروع القول بأن الوجود عين الموجود أو غيره. ولهذا خالف أبو الحسين البصري أصحابَه المعتزلة. وكذا غيره من بغداذية المعتزلة النافين لزيادة الوجود على الموجود. وجرى على ذلك النصير الطوسي في **التجريد** وغيره. وهو أصل عظيم يتفرع عليه كثير من المطالب. ولا يتمشى على مذهب من قال: «إن الوجود عينُ الموجود»، كالأشعري وغيره -كما نبهنا عليه-. فبين كلامَي المعترض في مؤلفاته = تناقضٌ ظاهرٌ. ولم لا وقد ذهب -تبعًا لمشايخه الأشاعرة- إلى أن الوجود عين الموجود؟ فكيف يزعم في **مطلع جوده** أنهم لا يخالفون المعتزلة في أن المعدوم: شيء ثابت في الخارج الذي هو نفس الأمر؛ تصحيحًا منه لمذهب ابن عربي وأهل وحدة الوجود؟ وهذا -في التحقيق- رفضٌ للقول بأن الوجودَ عينُ الموجود، وإن قد زعم في مؤلفه المذكور، أن ذلك ليس رفضًا له، بل هو جارٍ عليه -بزعمه الفاسد-.

فنحن قد أشرنا إلى أن هذا الأصل -الذي القول بأن الوجود عين الموجود أو غيره[287]-: أصلُ الخلاف في هذا الباب، بل هو الأساس الذي تبتني عليه مُهمّاتُ

(287) كذا في الأصل، ولعله كان الأصوب أن يقول: «الذي هو القول بأن الوجود عين الموجود».

المطالب.

وقد قال المعترض في **شرحه لعقيدة ابن المؤلف** ما لفظه: «وقد ورد إطلاق 'الشيء' في الكتاب والسنة على الموجود في العِلم، المعدوم في الخارج، في غير ما موضع. منها: قوله تعالى: ﴿إِنَّمَا قَوْلُنَا لِشَيْءٍ إِذَآ أَرَدْنَٰهُ أَن نَّقُولَ لَهُۥ كُن فَيَكُونُ﴾[يس:82]. والأصل في الإطلاق: الحقيقة، مع ما في **الكشاف** من النقل عن سيبويه، من أن 'الشيء' يقع على كل ما أخبر عنه الدالُّ على أنه حقيقةٌ في ما يصح أن يُعلَم ويُخبَرَ عنه(288). فهو مصدرُ 'شاء' في الأصل، أُطلِقَ على المفعول باعتبار تعلق المشيئة، من حيث العلم والإخبار فقط -كما ذكره صاحب **الإرشاد**-، فيعمُّ الموجودَ والمعدومَ والواجبَ والممكنَ»(289). إلى آخر كلامه الصريح في رده لما زعمه هنا، وردِّ مذهبِ شيخه الأشعري في أن الوجود عين الموجود.

وقد عرفت ما يبتني على هذا الأصل من المطالب، التي هي معارك الأفكار، ومدارك الأنظار. ومن أعظمها: ثبوتُ الذوات في العدم. فلولا القول بزيادة الوجود؛ لَما قال من قال بثبوت الذوات في العدم، وكونِ المعدوم شيئًا. فاحفظه.

نقل عن سعد الدين في أن البحث عن أن المعدوم شيء = راجعٌ إلى اللغة

وأما سعد الدين؛ فذكر في بعض مؤلفاته أن هذا المبحث لغوي -أي: القول بأن المعدوم شيء أو لا-، وكأنه حصل له سهوٌ عن حقيقة مذهب البصرية من المعتزلة المثبتين للجوهرية في العدم، أو اشتبه عليه بمذهب البغداذية؛ فإن مرجع نزاعهم = إلى نفس التسمية، والبحث معهم لفظي -كما أشار إليه-. ولهذا مزيد توضيح سيأتي في موضعه من كلام المؤلف.

والفلاسفة قد وافقوا كلًا من الفريقين باعتبارٍ. لأنهم وافقوا الأشاعرة في أن الشيئية تساوق الوجود، فلا يسمى «شيئًا» -عندهم- ما ليس بموجود. لكنهم

(288) الزمخشري، **الكشاف**، ص 55.
(289) إبراهيم الكوراني الشهرزوري، **شرح العقيدة الصحيحة**، ص 23-24.

يقولون: «أي: موجودٍ بأحد الوجودين»، بمعنى أنهم يفسرون «ما ليس بموجود»، بأعم من الموجود الخارجي؛ لانقسام الوجود عندهم إلى الوجودين(290).

وقد قال في شرحه لعقيدة ابن المؤلف: «إن الخلاف بين أهل السنة وبين الفلاسفة في الوجود الذهني = لفظيٌّ» -كما يعلم بذلك المطلعُ على شرحه-.

فمن عذيري من هذا الرجل الذي دأبُه التلوُّنُ بحسب ما يلوح له، لا بحسب النظر في الحقائق والمناظرة في الدين؟

هـذا، والفلاسفة قائلون بانقسام الوجود إلى وجودين -فقد خالفوا الأشاعرة قطعًا-: الخارجي والذهني. ووافقوا المعتزلة في أن كل ثابت = فهو شيء. لأن ما تسمّيه المعتزلة «ثابتًا في العدم»؛ فالفلاسفة يسمونه «موجودًا ذهنيًا»؛ لأنهم سلّموا المقدمات التي أَنتجَتْ للمعتزلة ثبوتَ الذوات في العدم -كما سبقت إشارةٌ إلى ذلك-.

وإذا عرفت هذا؛ ظهر لك أن قول المعترض: «حتى لو قيل لهم: 'الموجود شيء'؛ لتلقَّوه بالقبول، ولو قيل: 'ليس بشيءٍ'؛ قابلوه بالإنكار» = كلامٌ نازحٌ عن التوجيه، بل خارج عن المقصود. إذ المعتزلة لا ينازعون في أن الموجود شيء. كيف وقد قالوا بـ«شيئية المعدوم»؟ فلو قيل لهم: «الموجود ليس بشيء»؛ قابلوه بأشد الإنكار؟

نعم، لو أثبت إنكارَ أهل اللغة لـ«شيئية المعدوم»؛ لكان كلامُه على سَنَن التوجيه، واستقام حجةً على المعتزلة ونحوِهم. لكنه لا يجد إلى ذلك سبيلًا، ولا يلقى عليه دليلًا. بل قد اعترف -في مؤلفه الذي سماه **تنبيه العقول**، ومؤلَّفه الذي سمّاه **مطلع الجود**- بأن هذا الذي ارتضاه هنا = باطل -في تحقيقه- عند الكل من المعتزلة والأشاعرة والماتريدية. وصرَّح -في هذا المؤلَّف المذكور- بأن كلام المعتزلة صحيحٌ لا غبار عليه عقلًا ولا شرعًا ولا كشفًا -كما سيأتي نقله-، حتى إنه استدل على صحته بما في **المواقف** من قوله: «إن قضاء الله تعالى -عند الأشاعرة- هو: 'إرادته الأزلية المتعلقة بالأشياء'». إلى آخره. فقد سمَّوا المعدومَ «شيئًا»، وأنكره هنا تلوّنًا في الدين والمعاملةِ لواجب الوجود.

(290) أي: الخارجي والذهني.

الخلاف في اتحاد مفهوم «الوجود» و«الشيئية» متفرّعٌ عن الخلاف في أن الماهيّات مجعولةٌ أو لا

ثم إنه وقع الخلاف في اتحاد مفهوم «الوجود» و«الشيئية»، عند القائلين بالمساوقة بينهما. فمنهم من قال به؛ ذهابًا إلى أن الماهيات مجعولةٌ بجعل الجاعل. ومنهم من نفاه؛ ميلًا إلى أن الماهيات غنيَّةٌ عن الجَعْل، وقالوا: «إن الممكنات محتاجة في وجوداتها إلى الغير، وليست محتاجةً في شيئيتها إلى الغير أصلًا، فإن كل شيء في نفسه وحد ذاته = لا حاجة له في هذه الشيئية إلى غيره من الأشياء». وقد وقع المعترض في ذلك كما صرح به في **مطلع جوده** و**تنبيه عقول** أصحابه. وقالوا أيضًا: «إن الحمل لا يفيد في قولك: 'السواد شيء'، بخلاف قولك: 'السواد موجود'».

قيل: «ولم يختلف الأشاعرة في أن مفهوم الوجود والشيئية = متساويان».

قلت: القائل منهم بالواسطة بين الموجود والمعدوم -كإمام الحرمين والقاضي أبي بكر الباقلاني-؛ لا يسلِّمان هذا الإطلاق. فالحاصل من كلامهم: أن كُلَّ ما يُعلَم، إن كان ثابتًا في الخارج = فهو موجودٌ وشيءٌ، اتفاقًا بين متكلمي الفريقين والفلاسفة.

وإن كان غير موجود في الخارج -أي: في الأعيان دون الأذهان-؛ فهو المعدوم، اتفاقًا بين الفريقين، دون الفلاسفة -فإنه، عندهم، «موجودٌ ذهنيٌّ»-. وهل هو شيء عند غيرهم؟ فيه الخلاف بين الأشاعرة والمعتزلة. فالمعتزلة على أنه «شيءٌ»؛ لأنه متميز. وكلُّ متميز ثابتٌ وشيء. والأشاعرة على نفي ذلك. ولم يجيبوا عن هذا الدليل إلا بالمغالطة؛ لأنهم سلموا الصُّغرى -أي: إنه متميز-، وقالوا: إن الكبرى غير مسلَّمة -أي: ليس كلُّ متميِّز ثابتًا في الخارج، كما قالوا-، فزادوا لفظ [180 ب] «الخارج» من أكياسهم.

وسيأتي للمعترض: أن التمايز يستلزم التعدُّدَ. فليت شعري؛ ما هو المتعدّد؟ وهل الشيئية غير هذا؟ بل سيأتي اعترافه الواضح بأن المعتزلة لا يريدون إلا الثبوت في نفس الأمر -كما صرّح به عند قول المؤلف رحمه الله: «الإمام الحسن بن علي بن داود... إلخ»-. بل قد اعترف بالمقدمات التي أَنْتَجَت للمعتزلة ثبوتَ الذوات في العدم، لكنه رأى أن القول بالوجود الذهني = أسلمُ، فصرّح في شرحه لعقيدة ابن المؤلف رحمه الله

-وهو الإمام إسماعيل جزاه الله عنا خيرًا[291]- بأن الوجود الذهني ثابتٌ عقلًا ونقلًا -كما يأتي حكايةُ ذلك عنه-.

وعلى هذا؛ فالمعدوم في الخارج = شيءٌ عنده، أي: إنه: كلُّ ما كان متميزًا؛ كان شيئًا. فقد صدقت الشيئية على المعدوم في الخارج. وهو عين مذهب خصمه، لأنهم لا يقولون: «إن المعدوم في الخارج؛ ثابت في الخارج». وإنما زاد خصومهم: «الخارج»؛ ظنًّا منهم أن المعتزلة لمّا كانوا لا يقولون بالوجود الذهني؛ فلا بد لهم من القول بالثبوت في الخارج -بزعمهم-. ويا عجباه منهم! كيف يذهبون إلى هذا الباطل، ويفترونه عليهم، وهم يعلمون أن الأعيان الخارجية موجودةٌ بالوجود الخارجي اتفاقًا، وأن المعتزلة لو قالوا بالثبوت في الخارج، ثم قالوا: «إن ذلك الثابت في الخارج معدومٌ في الخارج»؛ لكان في غاية المناقضة، وهم أرباب التدقيق -باعتراف المعترض كما مر-؟

الخارج والذهن يُذكَرانِ لظرفيّة الموجود

ومما لا يخفى: أن الخارج والذهن إنما يُذكَران لظرفيّة الموجود، لا لظرفية المعدوم. ولا خارج في العدم. وقد نبَّهتُ على ذلك في ما كتبتُه على هامش **الصحائف** للسمرقندي، حيث جاء بهذه الغلطة. ومن نسبه إلى المعتزلة؛ فهو جاهل بمذهبهم. وربما غلط بعض المتأخرين، كما غلط الشيخ مختار من متأخري المعتزلة، وليس قوله بمختار، بل ولا مرضي عندهم في هذا، إلا إن أُريدَ بـ«الخارج»: ما هو نفس الأمر، فلا بأس بذلك -كما نبه على ذلك الفاضل كمال الدين بن الهمام في **المسايرة**؛ فإنه بعض اعتباراته-. وكذا إن أريد: «خارج الذهن» ولو في العدم. وإن كان هذا ليس من مصطلحهم.

وقد يُستدَلُّ لهم من النقل بمثل قوله تعالى: ﴿إِنَّمَآ أَمۡرُهُۥٓ إِذَآ أَرَادَ شَيۡـًٔا أَن يَقُولَ لَهُۥ كُن فَيَكُونُ﴾ [يس: 82]، وقوله تعالى: ﴿إِنَّمَا قَوۡلُنَا لِشَيۡءٍ إِذَآ أَرَدۡنَٰهُ أَن نَّقُولَ لَهُۥ كُن فَيَكُونُ﴾ [النحل: 40]، فسمّاه تعالى «شيئًا». والمعترض معترف بذلك -كما مر-.

والقول بأن هذا من المجاز بتسمية الشيء باسم ما يؤول إليه = ليس بشيء.

(291) إسماعيل (المتوكل) بن القاسم (المنصور بالله) بن محمد، وقد سبقت إشارة إليه.

أما أولًا؛ فلأن الأصل الحقيقة -كما اعترف به المعترض في ما مر-.

وأما ثانيًا؛ فلأن المانع نافٍ للشيئية. فكيف يقال: إنه من تسمية الشيء باسم ما يؤول إليه؟ فإن في ذلك إقرارًا بالشيئية، بل بأخصَّ من ذلك -أعني: الوصف بمآل الشيء إلى غيره-. وكيف يؤول شيءٌ لا ثبوت له ولا شيئية؟ فليُفهَم.

نعم، كونُ أمثال هاتين الآيتين بيانًا لسرعة نفوذ المراد بلا رادٍّ = لا يمنع المدَّعَى -أعني: الحكم بشيئية المعدوم-، بل يدلّ عليه كما ذكرنا، فتأمّل.

تصريح الزمخشري بأن المعدومَ ليس بشيء

وقد يتمسّك المانع بمثل قوله تعالى: ﴿وَقَدْ خَلَقْتُكَ مِن قَبْلُ وَلَمْ تَكُ شَيْـًٔا﴾[مريم: 9]. وفيه نظر. لأن جار الله -وهو من المانعين لشيئية المعدوم؛ تبعًا لأبي الحسين وغيره من المعتزلة-؛ قد أجاز كون المراد في هذه الآية شيئًا يُعتَدُّ به. وهو اعتراف منه بعدم دلالتها على نفي الشيئية رأسًا. فإنه قال في **الكشاف**: «﴿وَلَمْ تَكُ شَيْـًٔا﴾؛ لأن المعدوم ليس بشيء، أو شيئًا يُعتدُّ به، كقولهم: 'عجبتَ من لا شيءٍ'، وقوله: 'إذا رأى غير شيءٍ ظنّه رجلًا'»(292). انتهى.

فالتفسير الأول جارٍ على مذهبه. ولذا أكد النفي في قوله: «ليس بشيء». والتفسير الثاني جارٍ على مذهب المثبتين لشيئية المعدوم -كما أوضحه-، وإن كان هذا المصراع ليس من هذا القبيل؛ لأن المتنبي إنما أراد أن هارب القوم -أي: تميم-؛ تضيق به الأرض في توهُّمه، ويتخيل الخيالات الكاذبة من شدة خوفه من الممدوح -أي: سعيد بن كلاب الكلابي-، حتى إنه يتخيل ما ليس بشيءٍ = رجلًا من العدو -أي: قوم الممدوح المذكور-. وهذا لشدّة إحكام التخيل الكاذب، الممزوجِ بأشدِّ الخوف. فإنه تخيُّلُ ما ليس بشيءٍ = شيئًا خاصًّا، هو المخوفُ منه. وعلى هذا، فلا شاهد فيه -كما لا يخفى على متدبِّر-.

واعلم أن المعترض قد أخذ معنى كلام العلامة في **الكشاف**، وأورد هذا المعنى في

(292) الزمخشري، **الكشاف**، ص 633.

شرحه لعقيدة ابن المؤلف -قدس الله روحيهما-، وقال ما نصه: «فهو -أي: لفظ 'الشيء'- مصدر 'شاء' في الأصل، أُطلِق على المفعول باعتبار تعلق المشيئة من حيث العلم والإخبار فقط -كما ذكره صاحب **الإرشاد**-، فيعمّ الموجود والمعدومَ والواجبَ والممكنَ؛ لأن الكل مَشِيْءٌ[293] بهذا المعنى. ثم إنه تختلف إطلاقاته بحسب القرائن. فقد يُطلَق ويراد به جميعُ أفراده مثل قوله تعالى: ﴿وَٱللَّهُ بِكُلِّ شَىْءٍ عَلِيمٌ﴾ [الحجرات: 16]، وقد يطلَق ويراد به الممكن، كقوله تعالى: ﴿وَكَانَ ٱللَّهُ عَلَىٰ كُلِّ شَىْءٍ مُّقْتَدِرًا﴾ [الكهف: 45]، بقرينة القدرة التي لا تتعلق إلا بممكن. وقد يطلَق ويراد به المعدوم في الخارج فقط، كقوله تعالى: ﴿إِنَّمَا قَوْلُنَا لِشَىْءٍ إِذَآ أَرَدْنَٰهُ﴾ [يس: 82]، بقرينة تعلق إرادة الإيجاد؛ فإنه مختص بالمعدوم. وقد يطلَق ويراد به الموجود في الخارج فقط، كقوله تعالى: ﴿وَقَدْ خَلَقْتُكَ مِن قَبْلُ وَلَمْ تَكُ شَيْـًٔا﴾ [مريم: 9]». إلى آخر كلامه المنادي بالمناقضة وبالخطل، مع مخالفة أصحابه الأشاعرة، كما دل عليه كلام **المواقف** و**المقاصد**، وسائر كتب الأشاعرة. بل هو خلاف ما ذكره هنا عنهم واعتمده. فيا عجباه من هذا التلوُّن!

وأعجبُ منه: أنه رد -في الشرح المذكور- كلام صاحب **المواقف** وكلام شارحه، وكلام **المقاصد** وشرحه. وما زاد في ردّه لكلامهم على بيان هذه الإطلاقات التي قال: «إن لفظ 'الشيء' يُطلَق عليها». ثم قال: «إن بهذا البيان = يخرج الجواب عما ذكروه في الكتب المذكورة»؛ فليراجعه من شاء.

وأما السابعة؛ فقد انطوى الكلام على ما فيها. فإن تسمية الصفات «أشياء»، والحكم عليها بالوجود، مع أنه من جملة الدعاوى = لا معنى للغيرية سواه عند العقل -كما اعترف به المعترض وادّعى أن مَدْرَكَه شرعي-. ونحن قد بينا أن مَدْرَكَ الصفات هو العقل -باعتراف كبار الأشاعرة كسعد الدين ومن قَبْله كالرازي، بل باعتراف كلِّ من يعقل معنى الدور ومعنى لزومه، كما مر-.

وأما الثامنة؛ فتوجُّه النفيِ إلى القيد فقط = ظنيٌّ [181 أ] لا يُتمسَّكُ به في المطالب

(293) مشيءٌ كمهيض، أي: مراد.

اليقينية. فدعوى المعترض أن النفي متوجّهٌ إلى المعية = دعوى غير مرضيّة، بل هي مستلزمة للدور المحال. وبيانُه: أنهم استدلوا على انتفاء الغيرية بهذا الحديث ونحوه؛ بناءً على أن النفي متوجِّهٌ إلى القيد. وأنت خبير بأن النفي إنما يتوجه إلى القيد إذا كان القيد ثابتًا قبل النفي، ثم يَرِدُ عليه النفي. وقد صرَّح بهذا بعضُ الأشاعرة، وهو لا يشعر، في حواشي **شرح التلخيص**، عند قول المؤلف: «ولم أبالغ في اختصار لفظه تقريبًا... إلخ»، وذكره ابن حجر المكي في **شرح المنهاج** الفقهي -أعني: مؤلَّف النووي-(294). وكلامهم هنا على خلافه. وهو مصادرة على المطلوب؛ لأنه لا يتم انتفاء الغيرية بهذا الحديث(295)، إلا بعد أن يثبت أن في الوجود موجودات ليست أغيارًا للباري تعالى. لكنها لا تثبت إلا إذا ثبت قولهم: «إن الصفات المذكورة موجودات وليست أغيارًا له تعالى»، وهو إنما ثبت بهذا الحديث -كما استدلوا-، فظهر الدور المحال.

على أن استلزام المعية للمغايرة = لا يزيد على استلزام الموجودية والتعدد لها -أي: للمغايرة-. فما وجه الفرار عن الحُكم بالمعيَّة، بعد التصريح بأنها سبعٌ موجودةٌ أزلية؟

وأيضًا، فقد تقرر في علم الميزان: أن صدق السالبة لا يُعتبر فيه وجود الموضوع. فقولنا: «لا شيء مع الله في الأزل» = صادقةٌ. ولا يُشترط في صدقها وجودُ شيءٍ في الأزل ليس إياه تعالى حتى تُنفى عنه المعية.

وأيضًا، فهذا اللفظ لا بدَّ منه في صدق القضية؛ إذ قول القائل: «لا شيء في الأزل» = غيرُ صادقٍ، بل كفرٌ؛ لأنه تعالى شيء لا كالأشياء، فيتناوله النفي إن لم يبيَّن بهذا اللفظ، أي: قوله: «مع الله»، أو نحوه.

فإن قيل: كان يمكن أن يكون الاستثناء في الحديث بـ«إلا»، فيقال: «لا شيء إلا الله».

---

(294) يعني كتابه **منهاج الطالبين وعمدة المتقين**، وسمّاه المؤلف المنهاج الفقهي تمييزًا له عن **شرح النووي على صحيح مسلم** واسمه كذلك **المنهاج**، وأما شرح الهيتمي فمطبوع بعنوان **تحفة المحتاج في شرح المنهاج**.

(295) يعني حديث «كان الله ولا شيء معه».

قلنا: ولو كان كذلك؛ لأوّله الأشاعرة، كما أوّلوا قوله تعالىٰ: ﴿كُلُّ شَيْءٍ هَالِكٌ إِلَّا وَجْهَهُ﴾ [القصص: 88]، بأن المراد: «إلا ذاته وصفاته». فما الحيلة في مَن هذا حالُه؟ ولا حول ولا قوة إلا بالله.

ومن نتائج الخذلان: أن المعترض -في ما سيأتي من الكلام على قوله تعالىٰ: ﴿كُلُّ شَيْءٍ هَالِكٌ إِلَّا وَجْهَهُ﴾-؛ جاء بما يقتضي إثبات المعيّة، ونقل كلام **المواقف** الصريح في المعية. فاعتبروا يا ذوي الألمعية.

وعبارة صاحب **المواقف** الآتية؛ هي قوله: «فإن الباقي هو ذاته تعالىٰ مع مجموع صفاته، وما سواه هالكٌ»(296). انتهى. فانظر قوله: «مع مجموع صفاته».

وقد ذكرتُ عند بلوغ هذا المقام، ما ورد في الحديث الشريف عنه -عليه الصلاة والسلام-، من الثناء على كلمة لبيدٍ بالصدق، بل بأنها «أصدق كلمة قالتها العرب»، وهي قوله: «ألا كل شيء ما خلا اللهَ باطلُ»(297).

فإنه يستلزم بطلان المعاني التي قالوا: «إنها صفات موجودة»؛ لأنها مما خلا اللهَ تعالىٰ. والمعترض معترفٌ -في ما سيأتي- بما ذكرناه من كون النبي -عليه الصلاة والسلام- وصف كلمة لبيد هذه بأنها «أصدق كلمة قالتها العرب»، وهي دالّةٌ على ما ذكرناه. بل هذه الآية دالّة على مثل ذلك. وادعاء صاحب **المواقف** أنه تجوُّزٌ بـ«الوجه»، عن الذات مع مجموع الصفات؛ عدولٌ إلى مجرد المذهب بغير دليل، بل الدليل على خلافه. وأيضًا، فكلامه على فرض صحته إنما يكاد يتم لو لم يكن «الوجه» صفةً. لكنه -عند الأشعري- صفةٌ -كما حكاه الرازي والبيضاوي وغيرهما-، فليُفهم. فإن فيه نوع دقةٍ وخفاءٍ.

هــذا وقد ظهر بما ذكرناه: أن المعترض رتّب مذهبه على مذهبه، واستدل بما ثبوتُه متوقِّفٌ على ثبوت مطلبِه. والكل من وراء منعٍ ظاهرٍ عند طالب الحق ومُرتقِبه.

فإن قلتَ: إن المؤلف لا يقول بما ذكرتَه سابقًا من «شيئية المعدوم»، وإنما أنت

(296) الجرجاني، **شرح المواقف**، ج 8، ص 111.
(297) ابن الأثير، **جامع الأصول**، ج 5، ص 179، حديث 3233.

بصدد دفعِ الاعتراض عليه.

قلتُ: قد أوضحت في ديباجة الكتاب: أن الحامل لي على دفع هذه الاعتراضات؛ هو الغيرة على الحقائق، لا مجرد الدفع عن كلام المؤلف -رحمه الله-. فقد يقتضي بعضُ المباحث بسطًا وخروجًا عما يقول به المؤلف. لكنه ليس خارجًا عما يقول به أهل العدل. وقد أنبِّه على ذلك، وقد أتركه؛ اعتمادًا على ظهوره عند المتأهل للنظر في مثل هذه المباحث.

ثم إن المؤلف وإن كان نافيًا لشيئية المعدوم؛ فقد بيّنّا سابقًا أن صدق المقدمة القابلة بمساوقة الشيئية للوجود = أضرُّ على المعترض وأصحابه من عدم صدقها -في التحقيق-؛ لاعترافهم بأن الحديث دالٌّ على نفي كل موجود في الأزل ليس إلا إياه عزّ وجلّ. فيلزم منه انتفاءُ صفات المعاني الموجودة. ولا تنفعُ دعوى عدم مغايرتها له تعالى، بعد تسليمهم أنها ليست إياه سبحانه -كما مر-.

ولئن فرضنا أن للقول بمساوقة الوجود للشيئية دخلًا في إثبات مطلوبهم؛ فالمؤلف وإن لم يمنع هذه المقدمة بخصوصها؛ فمنعُ بقية المقدمات المذكورة كافٍ في بطلان كلام المعترض، بل هو -بدون هذا- منتقض.

[استمرار المعترض في الاستدلال على أن صفات الله لا هي الذات ولا هي غيرها]

قال: «وممّا ينصّ على ذلك: رواية البخاري في صحيحه في 'كتاب بدء الخلق'، عن عمران بن الحصين: 'كان الله ولم يكن شيء غيره'. فصرَّح بلفظ 'غيره'، ونفى كليًّا موجودًا يتصف بمغايرة الله تعالى. وليس ذلك إلا الصفات القديمة. فليست أغيارًا، بالنص الصريح، وهو المطلوب. وبالله التوفيق».

أقول: هذه الرواية حجةٌ عليه، لا شبهةٌ له. وقد رواها غير البخاري -كما سيأتي عن الدارمي-. فدعواه بأنها نصٌّ في مطلوبه = من جملة توهمُّاته الناشئة عن تعسفاته. فقوله: «ومما ينص... إلخ» = توهمٌ باطل، وخيال عاطل.

وأغربُ منه: إدخالُه «مِنْ» التبعيضيةِ، في قوله: «ومما ينص على ذلك... إلخ». فإنه يوهم به أن النصوص متعددة. يا عجباه! كم هذا الغش للقاصرين!

وإذا كانت النصوص على هذه الدعوى موجودةً؛ فهاتوا برهانكم إن كنتم صادقين.

وكأنه ممن لا يعرف معنى «النص». ونحن نقول: إن الإتيان بلفظ «الغير» في هذه الرواية = لِمزيدِ كمال النفي. والمراد: «أنه لا موجود هناك، ليس إياه تعالى». فلأن يكون لفظ «الغير» قاضيًا ببطلان دعوى المعترض = أحقُّ من أن يدل على صحتها، بل هذا هو الحق؛ للإجماع على أنه لا يجوز اشتراك وجوب الوجود بين الباري وبين ما ليس إياه سبحانه وتعالى.

وهاهنا حديثٌ أسنده البيهقي عن ابن السلماني -محمد بن عبد الرحمن-، عن أبيه، عن ابن عمر -رضي الله عنه- قال: كان من دعاء رسول الله -صلى الله عليه وسلم-: «يا كائنُ قبل أن يكون شيءٌ، والمكوِّنُ لكل شيء»(298). فهذا دليل على بطلان ما زعمه المعترض هنا. وسيأتي توضيحه إن شاء الله.

لا يقال: ابن السلماني ضعيفٌ -كما ذكره القرطبي في **شرح الأسماء الحسنى**-. وعلى تقدير سلامته من الضعف؛ لا دليل في هذا على فساد ما ذكره المعترض. لأن قوله: «قبل أن يكون شيء» = قرينةٌ على أن المراد هو: «ما يكون ويحدث بعد عدم». وليست صفاتُ المعاني كذلك.

لأنا نقول: ضعفُ ابن السلماني مجرد دعوى. ولا بدعة له في هذا. وأما القول بأن قوله: «قبل أن يكون شيء»؛ قرينةٌ على أن المراد هو: «ما يحدث بعد عدم» = فظاهرُ الفساد. لأن هذا الحديث دالٌّ على أن كل ما يُسمّى «شيئًا»؛ فالله تعالى كائنٌ قبل كونه -أي: قبل وجوده-، فيعمُّ الصفاتِ، ويدل على أنها إذا كانت أشياء -كما اعترف به المعترض-؛ كان وجودها متأخرًا عن وجوده تعالى، فلا تكون أزلية. بل يلزم

---

(298) البيهقي، **الأسماء والصفات**، ج 1، ص 43، حديث 17؛ قارن بـ: المتقي الهندي، **كنز العمّال**، ج 2، ص 656، حديث 4998.

حدوثُها، ويستحيل -حينئذ- قيامُها بذاته تعالى؛ لاستحالة قيام الحوادث بالذات المقدس عن سمة الحدوث.

وأيضًا، فقد أخرج ابن أبي الدنيا في كتاب **الفرج**، عن محمد بن الحنفية -رضي الله عنه وعن أبيه-، أن النبي -صلى الله عليه وآله وسلم- علَّم عليًّا -كرم الله وجهه- دعوةً يدعو بها عند كل ما أهمَّه. فكان عليّ -كرم الله وجهه- يعلمها ولدَه، وهي: «يا كائن قبل كل شيء، ويا مكوِّن كل شيء». الحديث الآتي ذكره إن شاء الله تعالى. وهو صريح في المقصود، وليس فيه رائحةٌ لما ادّعى أنه قرينة. وكونُه -أي: هذا الحديث- مرسَلًا = لا يقدح فيه.

أما أولًا؛ فلأن قوله: «فكان عليٌّ يعلمها ولده» = دليلٌ على أنه ما ترك ذكر عليٍّ في السند إلا اعتمادًا على هذا، ونظرًا إلى أنه يُعلَم منه أن عليًّا رواه عن النبي -عليه وعلى آله الصلاة والسلام-. وهكذا قوله: «علَّم عليًّا»؛ فإنه دالٌّ على سقوط دعوى الإرسال الحقيقي، فضلًا عن الانقطاع. فقد عرفت أن وجه تضعيفهم للمرسل هو جهالة الواسطة المتروك. وليس ذلك جاريًا في ما نحن فيه. فقد ظهر أن الواسطةَ أميرُ المؤمنين -كرم الله وجهه-.

وأما ثانيًا؛ فليس إلا شاهدًا لنا. ويكفي في شهادته كونُه بهذه الرواية وإن كان فيها إرسال -كما لا يخفى على العارف-. فحصلت المعارضة لما ادعاه المعترض، على تقدير دلالة حديث عمران بن الحصين على دعواه. وقد ظهر آنفًا: أنه -عند تحقيقه- دالٌّ على بطلان دعواه.

ولنزده توضيحًا، فنقول:

لا يخفى على عاقل عارف؛ أن حديث عمران بن الحصين، إنما تتم دلالته على ما زعمه المعترض، لو قد ثبت وجود صفات المعاني أزلًا مع قطع النظر عنه -أي: الحديث المذكور- حتى يمكن أن يقال: إنه قد ثبت وجودها في نفسها ودل هذا الحديث على نفي مغايرتها؛ بناءً على توجه النفي إلى القيد. لكن المعترض جعل هذا الحديث دليلًا على وجودها، ودليلًا على نفي مغايرتها. فلزمه الدور المحال. إذ لا يتم

نفي مغايرتها حتى يثبت وجودها؛ لكنه لا يثبت وجودها حتى يثبت انتفاءُ مغايرتها.

فعُلِم من هذا: أن دلالة هذا الحديث على ما زعمه المعترض = محال؛ لاستلزامه المحال. فقوله: «فصرَّح بلفظ 'الغير'... إلخ» = باطل.

هـذا، وأنت تعلم أيضًا أن هذه الدعوى مبنية على تلك الدعوى المشهور ضعفُها بين الفريقين، وهي: أن كون العالِم عالمًا -مثلًا- معلَّلٌ بقيام العلم به في الشاهد = فكذا في الغائب، وأن العالم والقادر: «من قام به العلم والقدرة»، وكذا سائرها. وقد مر طرف صالح من الكلام على بطلان هذه الدعوى -باعتراف بعض المدققين من الأشاعرة-. وبهذا يندفع ما يقال من أن المعترض إنما استدل على وجودها -أي: صفات المعاني- إلا بالرجوع إلى أن العالِم -في الشاهد-: إنما هو «من قام به العلم» = فكذا في الغائب؛ لعدم الفارق.

ولنـزده هنا إيضاحًا، فنقول:

كلام لإمام الحرمين في قياس الغائب على الشاهد، مع الكلام في الصفات التي أثبتوها

قال سعد الدين في **شرح المقاصد**، من بحث «الصفات الوجودية»، ما نصه [181 ب]: «لنا وجوه:

الأول: طريقة القدماء، وهو اعتبار الغائب بالشاهد. وتقريره -على ما ذكره إمام الحرمين-: أنه لا بد من جامعٍ؛ للقطع بأنه لا يصح في الغائب الحكمُ بكونه جسمًا؛ بناءً على أنا لا نشاهد الفاعل إلا كذلك.

والجوامع أربعةٌ: العلة، والشرط، والحقيقة، والدليل.

فإنه إذا ثبت -في الشاهد- كونُ الحُكم معلَّلًا بعلةٍ -كالعالِميّة بالعِلم-، أو مشروطًا بشرطٍ -كالعالِمية بالحياة-، أو تقررت حقيقةٌ في محَقَّقٍ -ككون العالِم: من قام به العلم-، أو دلَّ دليلٌ على مدلولٍ عقلًا -كدلالة الإحداث على محدِث-؛ لزم اطِّراد ذلك في الغائب.

وقد ثبت -في الشاهد- أن حقيقة العالِم: من قام به العلم، وأن الحُكم بكون العالِم عالمًا؛ معلَّلٌ بالعلم، فلزم القضاء بذلك في الغائب. وكذا الكلام في القدرة والحياة وغيرهما. وهذا احتجاج على المعتزلة القائلين بصحة قياس الغائب على الشاهد عند وجود شرائطه، وبكون هذه الأحكام في الشاهد معلَّلةً بالصفات -كالعالِميَّة بالعلم-، فلا يتوجه منعُ الأمرين.

نعم، يتوجه ما قيل: إن هذه الأحكام إنما تُعلل في الشاهد؛ لجوازها. فلا تُعلَّل في الغائب؛ لوجوبها، وإن من شرط القياس: أن يتماثل أمران، فيثبت لأحدهما ما يثبت للآخر. وهذه الأحكام مختلفةٌ شاهدًا وغائبًا بالقِدَم والحدوث والشمول واللاشمول وغير ذلك، وكذا الصفات التي أثبتوها عِلَلًا.

وأُجيبَ بأن الوجوب لا ينافي التعليل. غايته: أنه لا يُعلَّل إلا بالواجب، والجائز يعلل بالجائز. ولا اختلاف لهذه الأحكام في ما يتعلق بالمقصود. فإن العلم إنما يوجِب كونَ العالم عالمًا، من حيث كونُه عالمًا، لا من حيث كونُه عَرَضًا أو حادثًا أو نحو ذلك»(299). انتهى.

فقوله: «نعم، يتوجَّه» = مرشدٌ للبيب إلى المقصود.

[الفرق بين قياس الغائب على الشاهد، وبين إرجاع الجزئي إلى الكليّة]

وأما قوله: «وهذا احتجاج على المعتزلة... إلخ» = فظاهره يدل على أنهم -أي: المعتزلة- يعتبرون القياس للغائب على الشاهد مطلقًا. وهذا باطل؛ فإنهم لا يعتبرون بقياس الغائب على الشاهد في مثل هذا الأمر العظيم الذي لا يُكتفى فيه بالظنيات، فضلًا عن الخيالات.

ولعل منشأ هذا الذي وقع فيه، وتوهّم أنهم يقولون(300): أنه وجدهم يقولون

(299) التفتازاني، **شرح المقاصد**، ج 2، ص 73-74.
(300) كذا. ولعل مراده: وتوهّمَ أنهم يقولونه.

بالتحسين والتقبيح، وتوهم أنهم يعتمدون القياس للغائب على الشاهد، وأنه إنما قبح القبيح من الباري تعالى -عندهم- قياسًا على العبد. وهذا خطأ عظيم، وتوهُّمٌ لما لا يقولون به أصلًا. فإنهم يثبتون حسن الحسَن وقُبح القبيح بالعقل؛ اعتمادًا على كليَّاتٍ تشمل وتعمُّ الغائب والشاهد، كقولنا: «الظلم ضرَرٌ بالغير ناجزٌ، خالٍ عن الدفع والنفع والاستحقاق، وكل ما كان كذلك = كان قبيحًا من الفاعل العالِم القاصدِ له كائنًا من كان، بل كل ما كان الفاعل له أكثرَ علمًا به، وكان غنيًّا عنه = كان القبحُ في حقه أعظم وأشد من غيره». وعلى هذا؛ فالقبائح من الباري تعالى -لو فرضنا وقوعها عندهم-؛ أعظم وأقبح من القبائح الواقعة من العباد. فأين قياس الغائب على الشاهد؟

واعلم أن كثيرًا من الناس لا يدرون ما الفرق بين قياس الغائب على الشاهد، وبين الرجوع إلى الكلية التي يندرج تحتها الشاهد والغائب بدون قياس أصلًا. ونحن نشير هنا إشارة لطيفة ترشد إلى ذلك، فنقول:

لا عبرة بالألفاظ الموهِمة للقياس ولا بغيرها. وإنما المدار على الحكم الذي يثبُت في حق الشاهد والغائب. فإن كان مرجعه خارجًا عن ذات الغائب وعن ذات الشاهد، بل كان أمرًا لا يُلاحظ إلا من حيث هو هو = كان الرجوع فيه إلى كليّةٍ، وليس من باب قياس الغائب على الشاهد. إذ ليس القول بكون أحدهما أصلًا والآخر فرعًا = أولى من العكس.

وإن كان مرجع الحكم المذكور إلى الذات -كما في العلم والقدرة- فإنه قياس للغائب على الشاهد قطعًا، أي: إنا نثبت لذات الغائب نفسها أمرًا لم نعلمه من خارج، أو من حيث هو هو، نظرًا إلى قاعدة كلية. وإنما علمناه من حيث الرجوع إلى ذات الشاهد، والحكم بأنه لا يكون عالمًا إلا بعلم -أي: معنى من المعاني مثلًا- وقس على ذلك غيره. والله الموفق.

وأما قوله: «وأُجيبَ بأن الواجب لا ينافي التعليل» = ففيه بحث قد مرت إشارة إليه. لأن الواجب غنيٌّ عن العلة، فتعليلُه رجوعٌ إلى أنه ليس بواجب. وإنه مناقضة

صريحة. فإذا شئنا المعارضة؛ قلنا: قد ثبت أن واجب الوجود غنيٌّ عن العلة إجماعًا. وهو إنما استغنى عنها؛ لأجل وجوبه، اتفاقًا أيضًا بيننا وبينكم. فلزم القضاء بذلك في كونه عالمًا وقادرًا وحيًّا، وكذا سائرها. لأن الاشتراك في العلة؛ يوجِب الاشتراك في الحكم. وهي قد شاركت الباري تعالىٰ في الوجوب -الذي هو علّة الاستغناء-، فيجب أن تشاركَه في هذا الحكم -أي: الاستغناء-. وهذا كلام قوي -كما تراه-، ليس من قياس الغائب علىٰ الشاهد في شيء.

ويجري أيضًا علىٰ القول بإمكانها وإن كان باطلًا. إذ نقول: قد شاركت الباري تعالىٰ في القِدَم. وكلُّ قديمٍ غنيٌّ عن العلة. أما الصغرىٰ؛ فبالاتفاق. وأما الكبرىٰ؛ فلأن الرازي قال في **المحصل**: «اتفق المتكلمون علىٰ أن القديم يستحيل استنادُه إلىٰ الفاعل»(301). انتهىٰ. وهذا هو معنىٰ كون القديم غير معلَّلٍ لكونه قديمًا. والظاهر أنهم لم يُطبِقوا علىٰ هذا إلا لأنهم يجعلون تقدم العلة علىٰ المعلول، والمؤثر علىٰ الأثر = زمانيًا لا رُتْبيًّا -كما هو مذهب الفلاسفة-، ولا يُتصوَّر في القديم أن يكون متأخرًا بالزمان. والرازي زعم أن الخلاف بينهم وبين الفلاسفة لفظيٌّ، وأنهم لا يمنعون استناد القديم إلىٰ غيره في ما كان عن إيجاب. لكنه إنما تمسك بهذا الذي نحن فيه؛ فإنه قال: «ولذلك زعم مثبتو الحال منّا: أن عالِمية الله وعلمَه قديمان. مع أن العالِمية معلَّلةٌ بالعلم»(302). هذا كلامه. وهو استنادٌ إلىٰ المذهب المفتقر إلىٰ دليل. ولتمام البحث في هذا مجال طويل.

ولنذكر لك إشارة تغنيك عن التفصيل، وهي: أن المتكلمين لو أجازوا استناد القديم إلىٰ المؤثر الموجِب = لانسدّ عليهم باب البرهان في حدوث ما سواه تعالىٰ، ونفيِ قِدَم عالم المجرَّدات والهيولىٰ، وسائرِ ما أثبت الفلاسفةُ قِدَمَه. فإن التمسُّك بمجرد السمع في نزاعهم = غيرُ نافع.

وأما قوله -أي: سعد الدين-: «لا اختلاف لهذه الأحكام» = فعين الدعوىٰ. وهو -في المناظرة- منعٌ للمنع، ونزاعٌ في السند. لأن مانع التعليل في حق الباري تعالىٰ؛ قد

(301) الرازي، **المحصل**، ص 68.

(302) المرجع نفسه.

استند إلى مخالفة الغائب للشاهد -في كونه عالِمًا مثلًا- بقِدَمِه وشُمولِه في الغائب، وحدوثِه وعدمِ شموله في الغائب[303]. وكلّما كان كذلك؛ لم يبق مماثلة إلا في الاسم. ولم لا يجوز أن يكون تعليل عالِميّة الشاهد بالعلم = لحدوثه أو قصورِه أو غير ذلك -كعدم أبديته-، ولا يجري ذلك في الغائب؛ لقدمه وشموله وعدم قصوره وزوالِه. فالجواب على هذا بما ذكره = خارجٌ عن سَنَن التوجيه -كما لا يخفى على متأمل نبيه-.

تضعيف الدواني لما استدلّوا به في إثبات صفات المعاني

ومن هنا قال الجلال الدواني في **شرحه للعضدية**: «وضعفُه ظاهرٌ. فإن قياس الغائب على الشاهد قياسٌ فقهيٌ مع الفارق. ألا ترى أن القدرة قد تزول في الشاهد، وقد تُزاد وتُنقَص فيه، وليست مؤثرة عند الأشعري فيه -أي: في الشاهد-، وفي الغائب بخلاف ذلك كله؟ وليس معنى 'العالِمِ': من قام به العلم، وإن أوهم كلامُ أهلِ العربية ذلك. بل معناه ما يُعبَّر عنه بالفارسية بـ'دانا'[304] ومرادفاته في اللغات الأُخَر. وهو أعمُّ مِن أن يقوم به العلم أو لا»[305]. انتهى. وهو كلامٌ -كما تراه- لا غبار عليه. وإنما تعرّض للغة الفارسية؛ لأنه لا دلالة لهذا اللفظ -أي: لفظ «دانا»- على معنى المصدر حتى يقال: إنه لِمَن قام به معنى المصدر من هذا اللفظ، كما في «عالِم»؛ فإن معنى «دانا» -بالفارسية- هو معنى: «عالِم». وهو بالدال المهملة، والنونُ بعد ألِفٍ، قبلَ ألِفٍ.

ومحصَّل كلامه: أن دلالة اسم الفاعل -كعالم مثلًا- على معنى المصدر -كالعلم-؛ مخصوص باللغة العربية. ولا ينبغي أن يكون ثبوتُ الحقائق مخصوصًا بلغة دون أخرى، فضلًا عن أن يكون ثبوتها راجعًا إلى الألفاظ أو متفرعًا عنها. ولو كان معنى «عالِم» -مثلًا- لا يثبت في الواقع ونفس الأمر إلا لمن قام به معنى «العلم»، وأن للعالِمِ -مثلًا- دلالةً على معنى العلم = لجرى ذلك في لفظ «دانا» ومرادفاته من سائر اللغات من دون اختصاص بلغة، كما هو شأن سائر الحقائق. لكنه مخصوص بلغة العرب.

---

(303) كذا في الأصل، وهو وهمٌ. والصواب: « وحدوثِه وعدمِ شموله في الشاهد».
(304) دانا -بالفارسية-: عليم.
(305) الأفغاني وعبده، **التعليقات على شرح العضدية**، ص 69.

ولذا؛ طوّل المعترض ذلك الشقاق والاشتقاق. فهذا الكلام مما ينبهك على بطلان شقشقته باللغة العربية بالاتفاق. على أن لغة العرب -كما بينّاه- بمعزلٍ عن مطلوبه على الإطلاق.

فقوله: «فنفى كليًّا موجودًا... إلخ» = حجةٌ عليه -لو تعقَّلَه-؛ لاندراج صفات المعاني تحت هذا النفي. لأنها لو ثبتت -أزلًا-؛ لاتصفت بالوجود وبالمغايرة.

أما اتصافها بالوجود؛ فبالإجماع. وأما اتصافها بالمغايرة؛ فبالعقل والبرهان. ولا ينفع مجرد الاصطلاح في دفعه.

هـذا، وقد انقلب المراد على المعترض، حيث قال: «وليس ذلك إلا الصفات»؛ فإن مفهومَه: أن الموجود المتصف بالمغايرة = ليس إلا الصفات. وهذا مناقض لمطلوبه، باطل في نفسه. وكأنه أراد أن يقول: «وليس الموجود الذي لا يتصف بالمغايرة، إلا الصفات». فافهم؛ ليظهر لك أن قوله هنا: «وليس ذلك إلا الصفات... إلخ» = من البوارق الخُلَّبية، والطوارق الأشعبية بل من المناقضات الجلية.

فيا أخا الأكراد، أثبت -أولًا- وجود الصفات المذكورة، ثم طبِّق عليها معنى هذه الرواية المزبورة. أما هذا الذي فرغت منه -بزعمك-؛ فباطلٌ لفظًا ومعنى.

[أما اللفظ؛ فقد بينّاه. وأما المعنى]؛ فاعترافُ مثل الدّواني الذي اعترفت له بالتحقيق، بل زعمت أنه أستاذُك -كما تقدم-، وعددتَه من مشايخك -كما ذكرته في كتابك **الأَمَم لإيقاظ الهمم**-. وكذا الإمام الرازي، وغيره من الأشاعرة الباذلين جهدهم في تقويم مذهب الشيخ؛ قد أشاروا إلى بطلان ما اعتمدت عليه شئت أم أبيت. وكفى بما نقلناه آنفًا، فكن قابلًا آو آنفًا.

ثم نقـول: إن المانعين للقياس في أصول العبادات -كما حُكي في أصول الفقه عن الحنفية- يجب أن يمنعوا من هذا القياس للغائب على الشاهد في هذا الأصل العظيم. وكذا كل من منع من القياس في العقليات -كالظاهرية وغيرهم-.

بل نقول: قد قال في **شرح جمع الجوامع** -نقلًا عن **محصول** الرازي-، أن المشهور -عندكم- أنه لا يصح القياس في الأسباب، كجعل الزنا سببًا لإيجاب الحدّ، فلا يقاس

عليه اللواط. وقال: «إن الآمدي صحَّحه، وكذا ابن الحاجب. وجزم به البيضاوي»[306].

ومن المعلوم أن الأسباب والعلل = من وادٍ واحدٍ. فكيف يقال بأن علّة العالِمّية في الغائب؛ هو العلم كالشاهد؟ فإن هذا قياس في العلل. وينبغي أن هؤلاء يقولون به في دون هذا المطلب. فكيف يقولون به فيه؟

وإذا عرفت -يا أخا الأكراد- ما ذكرناه؛ علمتَ أن هذا الذي ذكرته = مما لا يرضاه أكثرُ أصحابك، وسائرُ العقلاء من غيرهم. فدع عنك التمسك بحديث عمران، وارجع إلى الرحمن. والله المستعان.

ثم نقـول: لهذا الحديث تمامٌ، وقد أخرجه الدارمي في كتابه **الرد على الجهمية**، فقال: «حدثنا محبوب بن موسى الأنطاكي، أخبرنا أبو إسحاق الفراري، عن جامع بن شداد، عن صفوان بن محرز، عن عمران بن حصين قال: أتيت رسول الله -صلى الله عليه وسلم-، فجاءه نفر من أهل اليمن فقالوا: أتيناك لنتفقه في الدين، ولنسألك عن أول هذا الأمر؛ كيف كان؟ قال: «كان الله ولم يك شيء غيرُه [182 أ]، وكان عرشه على الماء، ثم كتب في الذكر كل شيء، ثم خلق السماوات والأرض»[307]. انتهى، ومن تدبره عرف المراد بلا تعب.

ويقال للمعترض: إما أن يكون نصًّا في أن هناك قديمًا موجودًا لا يوصف بمغايرة الله تعالى -كما زعمت-، أو أن يكون نصًّا في أن كل ما ليس إياه تعالى = حادثٌ لا يشاركه في القدم والأوّليّة.

إن كان الثاني؛ فهو المطلوب. وإن كان الأول؛ لزم قِدَم العرش أيضًا، ولزم أنه لا يوصف بالمغايرة للباري تعالى. وكلاهما باطل اتفاقًا. فعُلِم: أن الحديث نصٌّ في أن كل ما ليس إياه تعالى = حادث، وأنه المتوحد المتفرد بالأولية، لا شريك له في وجوب

---

(306) قال السبكي عن مانعي القياس: «ومنعه قوم عقلًا، وابن حزم شرعًا، وداود غير الجليّ، وأبو حنيفة في الحدود والكفارات والرخص والتقديرات، وابن عبدان ما لم يُضطَرَّ إليه، وقوم في الأسباب والشروط والموانع... إلخ». ينظر: العطار، **حاشية العطار**، ج 2، ص 241-245.

(307) الدارمي، **نقض الإمام أبي سعيد**، ج 1، ص 461.

الوجود، وإلا لكان الجواب على أولئك النفر الذين جاؤوا ليتفقهوا في الدين = من المعمّيات؛ إذ لا يفهم أحدٌ أن الحديث بصدد صفات المعاني، فضلًا عن أنها لا عينٌ ولا غيرٌ. وسيأتي له مزيد توضيح. والأمر واضح، وإنما أحوجنا إلى هذا تمويهُ المعترض.

والذي يظهر لي: أنه أخذ هذا الاستظهار من **شرح المحصل** لنجم الدين الكاتبي. لكنه لم يجعله هناك بصدد ما حاوله المعترض هنا، بل ربما كان بخلافه؛ لأنه أورده في الاستدلال على نفي قديمٍ غير الله تعالى. وذلك لأن القاضي أبا بكر الباقلاني قال: «إنما الطريق إلى نفي قديم سواه تعالى = بالسمع، ولا سبيل إلى ذلك من طريق العقل كما قاله أكثر المتكلمين»، واحتج بالكتاب والسنة والإجماع.

أما الكتاب فقوله تعالى: ﴿ٱللَّهُ خَٰلِقُ كُلِّ شَيۡءٖ﴾؛ فلو كان قديمٌ[308]؛ لكان الباري خالقًا له، ولو كان خالقًا له؛ لكان حادثًا. إلى آخر ما حكاه عنه الكاتبي في الكتاب المذكور.

ثم قال: «وأما السنة فما روي عن النبي -صلى الله عليه وسلم- أنه قال لعمران بن الحصين حين سأله عن مبدأ هذا الأمر، فقال: ' كان الله ولم يكن معه شيء '... إلخ». فجعل المعترض هذا الحديث نصًا على أن صفات المعاني التي ادّعوا وجودَها، وعدمَ عينيِّتها للذات = ليست أغيارًا لها أيضًا. وهذا منه غايةٌ في الجزاف، ونهاية في الانحراف عن منهج الإنصاف. كيف وقد قال الباقلاني: «لو ثبت قديمٌ، أيُّ شيءٍ قديمٍ؛ لكان الباري خالقًا له»؟ وهذا يقتضي أنه لا موجودَ أصلًا. وهو معنى هذا الحديث. فلا يلائم مذهبَ من يجعل الصفات أشياء موجودة. وبعد هذا الاعتراف من الباقلاني؛ لا يضرنا مناقضته بإثباته للمعاني، فلا يعترض هذا بأنه عند الباقلاني منهدم المباني.

ولقد أنصف الإمام الغزالي، حيث قال في كتابه الموسوم بـ**التفرقة بين الإيمان والزندقة**، ما نصُّه: «فليت شعري، متى نُقل عن رسول الله -صلى الله عليه وسلم- أو عن الصحابة إحضارُه أعرابيًا أسلم، وقولُه له: 'الدليل على أن العالم حادث: أنه لا يخلو عن الأعراض، وما لا يخلو عن الحوادث فهو حادث، وأن الله عالم وقادر؛ بعلم

(308) كان هنا هي التامة، وليست الفعل الناقص، أي: فلو وُجِد قديمٌ، لكان الباري خالقًا له... إلخ.

وقدرة زائدة على الذات؛ لا هو هو، ولا هو غيره. إلى غير ذلك من رسوم المتكلمين؟ ولست أقول: لم تجر هذه الألفاظ، بل لم يجر أيضًا ما في معنى هذه الألفاظ»(309). انتهى. وهو كما قال. فلا صحة لما تمسك به المعترض، بشهادة من هو مرضيٌّ عنده. فإن لم يكن الإمام الغزالي مرضيًّا عندك -يا أخا الأكراد-؛ فمن المرْضيُّ؟

ولا شكّ أن أكثر رسوم المتكلمين قريبةُ الميلاد غريبةُ الإسناد. قال بعض أصحابنا: «كان الصحابة والتابعون يستدلون على وجود الباري بالتأليف في العالم، فيقولون: 'العالَمُ مؤلَّفٌ. وكلُّ مؤلَّفٍ فله مؤلِّفٌ'. إلى أن جاء الشيخ أبو الهذيل -رحمه الله-، وحرَّر دليلَ الأعراض». انتهى.

وأما صفات المعاني؛ فلم يقل أحد من الأولين والآخرين: إنها لا عينُه ولا غيرُه، إلا الأشعري ومن تبعه. فمن أين للمعترض تطبيق معنى الحديث على مذهبه بمجرد الدعوى؟ ولو تفطن لوجد ما استدل به قائمًا عليه، ومبطلًا لما جنح إليه.

وقد اعترف -في ما أسلف- أن العقل قاضٍ بخلاف ما يقضي به هذا النقلُ. فالاسترواح منه إلى المفهوم الذي فهمه هو من أمثال هذا الحديث = قدحٌ في العقل بالنقل، وهو غير مسموع -كما مر-. فما ظنُّك والنقل على ما توهمه غيرُ واقع؟

فالرجل قد أخذه الهيام في السراب. وما أعجَبُ إلا من ادعائه كونَ هذه الرواية نصًّا صريحًا. لقد طال في الخداع رِشاؤه، وبعد في النزاع شأوُه، حتى قطع -بقلة إنصافه- عروةَ المناظرة حتى صارت مخادَعَة، ولم تزل قلة الإنصاف قاطعة. والذي تدور عليه رحى إيهامه: أن النفي في هذا الحديث واردٌ على القيد -كما مر-، أعني لفظ «غيره»، في قوله -عليه الصلاة والسلام-: «ولم يكن شيء غيره». ومن ذا الذي يقول -غيرَه-: «إن صرف الشيء إلى القيد بمجرد الزعم = يصيِّر الكلامَ نصًّا صريحًا»؟ ومرجعُه إلى أن موضوع السالبة لا بد أن يكون موجودًا حتى يصح له أن الصفات موجودة ولا توصف بالمغايرة؛ نظرًا إلى هذا الحديث. وهذا مما لم يقل به أحد من المناطقة ولا من غيرهم. كيف وقد علمت أن توجُّه النفي إلى القيد -كـ«الغير» في ما

(309) الغزالي، **فيصل التفرقة**، ص 76-77.

نحن فيه-؛ لا يتم إلا بعد ثبوت موجودٍ لا يوصف بمغايرته تعالىٰ؟ لكنه لا يثبُت موجودٌ لا يوصف بالمغايرة إلا بهذا الحديث ونحوه. فهو مصادرة. وقد مر أيضًا.

وبالجملة، فمثل هذا العسف مما يتنزّه عنه آحاد الناظرين، فضلًا عن المؤلِّفين.

فإن قلتَ: فما فائدة القيد في هذا الحديث؟ فإنه -عليه الصلاة والسلام- ينبوع البلاغة المتناهية؛ فكلامه مصون عن الحشو واللاغية.

قلتُ: كونُه قيدًا = ممنوعٌ. بل هو لبيان مغايرته تعالىٰ لكل موجود، وأنّ كلَّ شيءٍ ليس إياه تعالىٰ = فهو غيرُه. ولئن سُلِّم كونُه قيدًا؛ فله فائدتان:

إحداهما: ما مرت الإشارة إليه، من أنه = لكمال النفي لموجودٍ ليسَ واجبَ الوجود تعالىٰ. لِـما في ذلك من كمال التوحيد. فإن من أثبت في الأزل أشياءَ متعدِّدةً واجبة الوجود = فما وحَّدَهُ. لا عقلًا ولا لغة ولا شرعًا. وكذا من قال [182 ب] بإمكانها، وصرح بأن الموجود في الأزل أشياء متعددة، معتمدًا علىٰ الأوهام المجردة، إلا أنه زاد شناعةَ افتقارِ الواجب إلىٰ الممكن -كما مر-.

الثانية: حراسةُ الكلام عن إيهام التناقض. فإنه -تعالىٰ- يوصف بـ«الشيئية» عند الجمهور، بدليل ﴿كُلُّ شَيۡءٍ هَالِكٌ إِلَّا وَجۡهَهُۥۚ﴾ [القصص: 88]. لكنه -تعالىٰ- شيء لا كالأشياء؛ فزيادة القيد -أي: لفظ «الغير»- في هذا الحديث = تُصيِّر الكلامَ في قوة قول القائل: «كان شيءٌ واحد في الأزل، ولم يكن هنالك غير ذلك الشيء». ولو تُرِك القيدُ لكان كقول القائل: «كان في الأزل شيء ولم يكن شيء»، وهو موهم للتناقض في الجملة. فليُفهَم.

ولنورد الحديثَ لنعلَم من صدْرِه أنه بمعزلٍ عما يخبط المعترضُ فيه من هذه الخرافات، ويتبينَ عند المنصف أن الرواية التي اعتمدها من بين الروايات = غيرُ مطابقة لما وقع فيه من التوهمات، بل هي حجةٌ عليه، لا تقدح فيها الشبهات؛ فنقول:

هو في البخاري عن عمران بن الحصين -رضي الله عنه- قال: دخلت علىٰ النبي -صلىٰ الله عليه وسلم-، وعقلت ناقتي بالباب، فأتىٰ ناس من بني تميم، فقال النبي صلىٰ الله عليه وسلم: «اقبلوا البُشرىٰ يا بني تميم»، فقالوا: بشَّرتَنا فأعطنا -مرّتين-.

فتغير وجه النبي -صلى الله عليه وسلم-. ثم دخل ناس من أهل اليمن، فقال: «اقبلوا البشرى إذ لم يقبلها بنو تميم»، فقالوا: قبلنا يا رسول الله، ثم قالوا: جئنا لنتفقه في الدين، ولنسألك عن أول هذا الأمر، فقال: «كان الله ولم يك شيءٌ غيرُه، وكان عرشه على الماء، ثم خلق السماوات والأرض، وكتب في الذكر كل شيء»(310). انتهى.

ومن له أدنى نظر؛ فإنه يعلم من هذا السياق بأن المراد: نفيُ كل ما ليس هو إياه -تعالى- في الأزل. لا أوليَّةَ لموجودٍ واجبٍ أو ممكنٍ دونَه -تعالى-. ومن قال: إن لهذا الحديث وأمثاله تعرضًا لصفات المعاني = فقد ركن في هيامه إلى السراب، ورضي عن العمران بالخراب، وظن بالنبي -عليه الصلاة والسلام- تأخير البيان في وقت الحاجة والاضطراب، والعدول عن الجواب الذي هو فصل الخطاب، إلى ما يُشك فيه ويُستراب.

ولعل المعترض إنما أعرض عن إيراد هذا الحديث؛ لأنه شمَّ منه مثل هذا أو انتشق المناقضةَ لمطلوبه، أو لأنه مُشعِرٌ بفضل أهل اليمن، وأنهم بصدد التفقه في الدين من أول الإسلام، وهو في هذا الكتاب إنما يصول عليهم؛ لأن أكثر ما ذكره المؤلف -رحمه الله- مذهبٌ لهم، كمسائل العدل والتوحيد. لكنه لا يقتدر على كتْم ما فضَّلهم الله به.

وقد جمع الشيخ المحدث عبد الرحمن الديبع أربعين حديثًا في فضل أهل اليمن(311)، وما استقصى ولا أحصى. فإن قديم فضلهم في الحديث جسيم. وذلك فضل الله يؤتيه من يشاء، والله ذو الفضل العظيم.

قال: «فإن قلتَ: قد تبين بشهادة الشرع ما ذكره الشيخ، وأن اصطلاحه مأخوذٌ من الشرع». إلى آخر كلامه.

أقول: ما أحسن هنا قول من قال:

ما أحسنَ الأطماعَ يُرجى نيلُها ... والصَّبُّ بين مصدِّق ومكذِّبِ

(310) **صحيح البخاري**، ج 4، ص 105، حديث 3191.

(311) في كتابه: **تحفة الزمن في فضائل أهل اليمن**، وقد توفي عبد الرحمن الديبع الزبيدي الشيباني المذكور سنة 944هـ.

فأين التبين؟ وأين الشهادة؟ لقد بالغت -يا أخا الأكراد- في الإفادة. لكن الأماني الأشعبية؛ لا تفيد في العادة، وما لكم مستنَدٌ في أمهات الأحكام إلا العادة، لا زيادة.

وهاهنا نكتـة، وهي: أن الأشاعرة لا يزالون يُرجفون في مواطن الجدال بينهم وبين العدلية في حكمة الله تعالى، فيقولون: «لو كان تعالى لا يفعل فعلًا إلا لغرض؛ لزم أن يكون مستكملًا بالغير» -كما سيأتي إن شاء الله-. ولا خفاء في أن المراد بـ«الغير» هو: المغاير، في نظر العقل لا في حكم الشرع؛ إذ لا معنى لذلك، لا سيما في مجادلة العدلية. وهو ظاهر. فما بالهم أعرضوا عن ذلك هنا، وهم يعلمون أنه قد لزم -على مذهبهم في الصفات- استكمالُه تعالى بالغير قطعًا؟ لأنهم معترفون بأن الصفات التي أثبتوها = أغيارٌ له تعالى في نظر العقل -كما صرح به المعترض سابقًا-، ولا يتمكنون من إنكار استكماله تعالى بصفاته التي أثبتوها، ولا ينفعهم دعوى أنها ليست أغيارًا شرعًا. على أنك قد عرفت أن الشرع لا يجيء بمناقضة صِرف العقل. فالمغايرة حاصلة بين الذات وبين ما أثبتوه من صفات المعاني في الشرع كالعقل، ولا مستند لاصطلاح الشيخ إلا الفرارُ عن إلزام المعتزلة -باعتراف بعض الأشاعرة-. وهل يجدي الفرار إلى غير مفرٍّ؟ كلا لا وزر ﴿بَلِ ٱلْإِنسَـٰنُ عَلَىٰ نَفْسِهِۦ بَصِيرَةٌ﴾ [القيامة: 14]. وقد اعترف المعترض -سابقًا أيضًا- بأن الشيخ أراد الفرار عن الإكفار، فاعتبروا يا أولي الأبصار.

فقوله هنا: «بشهادة الشرع» = من المفتريات. وهب أن المغايرة منتفية شرعًا، مع أن المدعي لذلك لا يجد له ناصرًا، لا عقلًا ولا سمعًا؛ فهل ينتفي الاستكمال بالغير عقلًا أو تجدي هذه الدعوى نفعًا؟

[نقض مذهب الأشعري في مفهوم «الغيرين»، ورد المعترض، وتعقيب المؤلف]

قال: «لكنهم اعترضوا على تعريف الشيخ = بأنه منقوضٌ بجسمين فُرِضا قديمين؛ فإنهما متغايران بالضرورة، مع أنه لا يجوز عدمُ أحدِهما مع وجود الآخر؛ لأن كل ما ثبت قِدَمُه = امتنع عدمه. ومن ثمة؛ غيّروا تعريف الشيخ إلى أن 'الغيرين': 'موجودان جازا انفكاكهما في حيِّزٍ أو عَدَمٍ'. وأُورِدُ على هذا التعريف المغيِّرِ إليه أيضًا اعتراضٌ،

وهو: أنه إذا جُوِّزَ الانفكاكُ من الجانبين؛ انتقض بالباري سبحانه وتعالى والعالَمِ [183 أ] -لامتناع عَدَم الباري تعالى-، وبالعَرَض والمحَلِّ، وبالعلة والمعلول مطلقًا -لاستحالة وجود المعلولِ من دون العلّة، والعرض بدون المحل-.

وإن أراد: من جانب واحد؛ فلا يكون مانعًا. لأن وجود الجزء بدون الكل، والموصوف بدون الصفة = جائز. فيلزم أن يكون الجزء والكل، والموصوف والصفة = متغايرين. مع أنهم لا يقولون به. وهو وارد على تفسير الشيخ أيضًا. وتقريرُ ورودِه على تعريف الشيخ، هو أن يقال: إن أحدهما -الذي يصحُّ عدمُه مع وجود الآخر-؛ إن جاز أن يكون كل واحد منهما مع وجود الآخر = فينتقض بالباري والعالَم، وبالعَرَض والمحل، إلى آخره. وإن لم يجز، بل اختص بواحد منهما؛ فتلزم المغايرة بين الجزء والكل، والصفة والموصوف.

قلت: أما النقض بجسمين فُرِضا قديمين؛ فقد أجيب عنه بأن مادة النقض لا يكفي فيها الفرْضُ؛ إذ الناقضُ مدَّعٍ، فلا بد من إثباتها، ولا قديم سوى الله وصفاته عند المتكلمين. فلا حاجة إلى تغيير التعريف.

ولئن تُنُزِّل عن هذا المقام؛ فلا نسلِّمُ أن ما ثبت قِدَمُه امتَنَع عَدَمَه. لِجواز أن يكون وجودُ القديم موقوفًا على عدمِ أمرٍ سيحدث، فيحدث ذلك الأمر المانعُ لوجوده، فينتفي القديمُ.

ولئن تُنُزِّلَ عن هذا المقام أيضًا؛ فالمراد: أنه يصحُّ عدمُ أحدِهما مع وجود الآخر؛ لعدم اقتضاءٍ بينهما، ولا اقتضاءٍ في المادة المفروضة. وإنما امتناعُ أحدِهما مع وجود الآخر = لمجرد قِدَمِهما. بخلاف الذات مع الصفات؛ فإن الصفات القديمة إنما امتنع عدمُها -مع وجود الذات-؛ لاقتضاء الذات إيّاها، لا لمجرد قِدَمِها. فاندفع النقض قطعًا».

أقول: هذا كله مما ينبه اللبيب على أن دعوى الأشاعرة أن الشرع رَفَع ما بين الذات والصفات من المغايرة = إنما هي من جملة الأباطيل الظاهرة. إذ لو جزموا بصحتها لاستغنوا عن أمثال هذا التعريف -كما مر-. فلا يخلو: إما أن يكون تعريفًا للغيرين

العقليين، أو الشرعيين -على ما زعموا-.

لا سبيل إلى الأول؛ لأنهم معترفون بمغايرة الذات والصفات عقلًا، ولا إلى الثاني؛ لأن الخصم لمّا أورد النقض بالجسمين المتغايرين بالضرورة العقلية = غيَّروا التعريف -كما اعترف به المعترض-. ما ذاك إلا لأنهم سلَّموا ورود النقض. وهو فرعُ تسليمِهم كونَ الشرع بمعزلٍ عمّا هم حوله. ولو كان مَدْرَكُه شرعيًّا -عندهم-؛ لم يسلِّموا النقض بالجسمين المفروضين، ولا بألف جسم ثابت. لأن الأمر الشرعي في هذا -عندهم- مقدوحٌ فيه بالعقل؛ نظرًا إلى ما زعموه أن الشرع قد أثبت الواسطةَ بين النفي والإثبات، مع أنها منتفيةٌ بضرورة العقل -كما صرح به المعترض-، ولأنه «لا يُسأل عمّا يفعَل وهُم يُسأَلون» -على ما يقولون-. فافهم.

ثم نقول: قد نقل المعترض كلامَ الجلال الدواني في **شرحه للعقائد العضدية** برمته، موهِمًا أنه من بنات فكرته. فلنأت بكلام الدواني، ونعقبه بما يوضح ما تحت ألفاظ المعترض من المعاني، حتى ينكشف بطلان مراده وما وراءه من المباني.

الكلام في تعريف الأشعري لـ«الغيرَين»

قال الدواني -شارحًا لقول **العضدية**: «متصفًا بجميع صفات الكمال»- ما لفظُه: «استدلَّ القائلون بأنها لا هو ولا غيره، بأن نفي العينية بديهةٌ، فلا يحتاج إلى الدليل. وأما على نفي الغيرية؛ فبأن الشرع والعرف واللغة = يشهدان بأن الصفة والموصوف ليسا بغيرين. وكذا الجزء والكل؛ فإن قولك: 'ليس في الدار غيرُ زيد'، و'ليس فيها غير عشرة رجال' = صحيحٌ. مع أن فيها أجزاء زيد وصفاته، وآحاد الرجال. وأنت تعلم ضعفَه؛ إذ المراد بهذه الأمثلة: نفيُ غيرِ المنفيِّ من نوعه، وإلا لزم عدمُ كون ثوب زيد، والأمتعة التي في الدار = غيرَه. ولا قائلَ به. وقد عرّف الأشعريُّ الغيرين بأنهما: 'موجودان يصح عدمُ أحدهما مع وجود الآخر'. واعتُرِضَ عليه بأنّا إذا فرضنا جسمين قديمين؛ كانا متغايرين بالضرورة. مع أنه لا يجوز عدمُ أحدهما مع وجود الآخر. ولذلك غيَّر بعضهم التعريف إلى أنهما: 'موجودان جاز انفكاكهما في حيِّزٍ أو عَدَمٍ'.

قلت: النقض غير واردٍ. لأن الجسمين المذكورين ليسا موجودين عند المتكلمين. إذ لا قديم عندهم سوى الله وصفاته. فيكفي في دفع هذا النقضِ: المنعُ. إذ الناقضُ مدَّعٍ، فلا بد له من إثبات مادة النقض، ولا يكفيه الاحتمال والفرض. فلا حاجة إلى تغيير التعريف.

ولئن تُنُزِّل عن هذا المقام؛ فيمكن أن يُمنَعَ عدمُ جواز وجود أحدهما مع عدم الآخر. لأن ما قيل من أن ما ثبت قِدَمُه امتنع عَدَمُه = غيرُ مسلَّم. إذ يجوز أن يكون وجود القديم متوقفًا على عدمِ مانعٍ، فيحدث المانعُ، وينتفي القديمُ. ولئن تُنُزِّل عن هذا المقام أيضًا؛ فالمراد: أنه يجوز عدمُ أحدهما مع وجود الآخر؛ لانتفاء علاقة بينهما تُوجب عدم الانفكاك.

وحاصلُه: نفي اللزوم. وفي المادة المفروضة؛ ليس امتناع عدمِ أحدهما مع وجود الآخر = لعلاقة بينهما، بل لقدمَهِما، فلا نقض فيه.

ولا شبهة في أن هذا المعنى هو المراد من التعريف. فإن علاقة اللزوم تنافي الغيرية؛ لقرب أحدهما من الآخر، لا مجرّد مصاحبتهما.

وأُورِدَ على هذا [183 ب] التعريف المختار؛ بأنه: إن أُريدَ جوازُ الانفكاك من الجانبين؛ انتقض بالباري تعالى والعالَـم، وبالعرض مع المحل، بل بالعلة والمعلول مطلقًا -لاستحالة وجود العرَض والمعلول، بدون المحل والعلة-.

وإن أُريد: من جانب واحد؛ فوجود الجزء بدون الكل، ووجود الموصوف بدون الصفة = جائزٌ. فيلزم أن يكون الجزء والكل، والموصوف والصفة = متغايرين.

وأجيب عنه؛ بأن المراد بالجواز: جواز الانفكاك من الطرفين ولو في التعقل؛ بأن يُتعقَّلَ وجودُ كلٍّ منهما بدون وجود الآخر. ولا يجوز مثل ذلك في الصفات بالنسبة إلى الموصوف، والجزء بالنسبة إلى الكل.

وقال الأستاذ -قُدِّسَ سِرُّه- في **شرح المواقف**: 'هذا الجواب صحيح، إذا لم يكن في التعريف قيدُ عدمٍ أو حيِّز. وأما مع هذا القيد؛ فلا صحة لهذا الجواب. إذ لا يجوز أن يُتعقَّل الباري تعالى معدومًا أو متحيزًا؛ بدون أن يُتعقَّل العالَـمُ كذلك، إلا إذا عُمِّم

التعقلُ، بحيث يكون شاملًا للمطابق وغيره، وحينئذ يلزم التغاير بين الصفة والموصوف، والجزء والكل؛ لِجواز تعقُّل وجود أحدهما بدون وجود الآخر، تعقُّلًا مطابقًا أو غير مطابق».

قلت: هذا الجواب غير صحيح على تقدير أن لا يكون هذا القيد أيضًا. لأن المراد بتعقُّل وجودِ أحدهما بدون الآخر: تجويزُ العقل وجودَ أحدهما بدون الآخر. والعقل لا يجوِّز وجود العالَـم بدون الصانع، بل المعلول مطلقًا بدون العلة.

وإن عُمِّمَ التعقُّل بحيث يشمل غير المطابق؛ لزم التغاير بين الصفة والموصوف، والجزء والكل -كما ذكره بعينه-»(312). انتهى المراد نقله من كلام الدواني. وإنما أتينا به كله؛ تتميمًا للبحث، وإكمالًا للفائدة. وإلا فالمراد منه: بيان أَخْذِ المعترض لما أورده هو بلفظه. ثم إنا نأخذ في المقصود، ولا نتعرض لغير ما نقله المعترض فنقول:

أما قوله: «بالضرورة»؛ فإن أراد به الضرورة العقلية -كما هو المراد لأهل الإيراد-؛ كان غير مطابق لما سبق له، من أنه لا كلام في المغايرة العقلية، وإنما الكلام في المغايرة الشرعية؛ نظرًا إلى أن الشارع لم يجعل الصفات أغيارًا للذات -كما زعم في ما مر-.

وإن أراد الضرورة الشرعية؛ فقد زعم الأشعري أن الغيرين شرعًا وعرفًا هما: «موجودان يصح عدمُ أحدهما مع وجود الآخر»، فالجسمان المفروضان ليسا بغيرين شرعًا وعرفًا -على ما هو مقتضى تعريفه-. فكيف يعترض عليه بأنهما غيران شرعًا وعرفًا بالضرورة؟ ومعلوم أن من ادعى مَدْرَكًا شرعيًا؛ فليس عليه إلا تصحيحُ كونه شرعيًا. وهو ظاهر.

نعم، هذا مما ينبهك على أن محاولتهم في إثبات عدم الغيرية عن الصفات عقلًا = لعلمهم بأن الاعتماد على الشرع في مثل هذا باطل، وأن قول المعترض: «بالضرورة» = رجوع إلى الكلام في الغيرين عقلًا. فقد سقط استدلاله بالشرع. فتدبر.

---

(312) الأفغاني وعبده، **التعليقات على شرح العضدية**، ص 69-71.

المفروضات لا تكفي في النقوضات

وأما قوله: «إذ الناقضُ مُدّعٍ؛ فلا بد له من إثبات مادة النقض» = فقد رضيه بعضُ الفحول، وتلقاه الآخرون بالقبول، حتى نقله الكمال الخيالي في **حاشية شرح العقائد** بلفظه [في «مباحث الأعراض»]. وعندي أن فيه نظرًا. وذلك لأنهم وإن صرّحوا بأن المفروضات لا تكفي في النقوضات، فلا تقدح في التعريفات؛ لكنهم لا يريدون إلا أن النقض إنما يثبت باختلاله في طرد الحدّ أو عكسِه، وذلك لا يتمّ بمجرّد الفرض. والأمر كما قالوا. لكن الكلام هنا في محض تسمية «الغيرين»، لا في نفس حقيقتهما، ولا في وجودهما حتى يقال: لا بد من إثباتهما بالفعل.

والذي يتم به النقضُ هو: أن الجسمين المفروضين يسميان «غيرين». وأيضًا، فإن قوله تعالى: ﴿لَوْ كَانَ فِيهِمَآ ءَالِهَةٌ إِلَّا ٱللَّهُ لَفَسَدَتَا﴾ [الأنبياء: 22] = جاء نقضًا لدعوى المشركين تعدُّدَ الآلهة. ولا شك أنه ليس إلا فرضًا لتعدد الآلهة القادرين -على ما يستلزم التمانع-. وكفى هذا الفرض في الاستدلال على نفي تعدد الصانع، وإن قد قالوا فيه: «إنه إقناعي».

وأيضًا، فإن المعترض سيصرّح في أول «كتاب التوحيد» بما يشعِر بخلاف كلامه هنا -كما سننبه عليه-. وقد أشعر كلام السيد المحقق في **شرح المواقف** بأن جميع الأشاعرة اختاروا هذا التعريف المغيَّر إليه، ولم يتكلفوا تصحيح الأول وترويجه -كما ذكره في الكلام على الغيرين-.

وأيضًا، فلا خصوص لدعوى الأشعري بالموجودين بالفعل، بل هي أعمُّ من ذلك، بحيث يشمل المعدومَيْن. وقد اعترف المعترض بهذا، حتى قال: «إنه إنما أخذ الموجودين في التعريف؛ لأنه الذي يهمّه». فعرفتَ أن مادة النقض المطلوب إثباتها من الناقض؛ هي: تجويز العقل لشيئين لا يجوز عدم أحدهما مع وجود الآخر. وذلك جارٍ في الجسمين المفروضين.

ثم لا يخفاك أن الفلاسفة قائلون بقِدَم الجسم -وسيأتي إشارة إلى هذا في موضعه-. فقول المعترض: «لا قديم سوى الله وصفاته... إلخ» = فيه ما فيه. وتخصيص البحث

بقومٍ دون قومٍ = غيرُ جارٍ على القانون في التوجيه، ولا مرضيٍّ للنبيل النبيه. وإلا لما احتيج إلى التأليف والمناظرة؛ لإمكان الجمود على الاعتقاد، والإصرار على المكابرة. كيف والكلام في التعريف الذي لا ينبغي أن يكون عرفانه مخصوصًا بقوم دون قوم؟ على أن المراد به هو رفع الشناعة من طرف الخصوم، فلا يصح أن يكون مبنيًا على ما لا يسلمه البعض، وإلا كانت الشناعة باقيةً بل زائدةً. ولو سُلِّم؛ فللناقض أن يتحول عن منصب النقض إلى منصب المنع، ويجعل الجسمين المفروضين سندًا لمنعه. وليس المراد أنه يورد المنعَ على نفس التعريف؛ فإن ذلك خبطٌ في المناظرة. لأن المنع لا يورَد على [184 أ] التعريفات؛ لأن حاصل المنع: طلبُ الدليل. والدليل إنما يورَد على التصديقات لا التصورات. والتعاريف = من الثاني. إنما المراد: أن حاصل كلام الأشعري: دعوى أن هذا هو مفهوم الغيرين لغةً وشرعًا وعرفًا، فيكون المنع بصدد هذه الدعوى، لا بصدد التعريف.

ولعل الدواني إنما قال: «ولئن تُنُزِّل عن هذا المقام أيضًا» = لمثل ما ذكرناه. وقد علمتَ سابقًا في كلام الجلال الدواني، أن بعضهم سلّموا النقض بالجسمين المفروضين، وعمَّموا الانفكاك، فقالوا: «سواء كان الانفكاك بينهما بحسب الوجود أو بحسب الحيز». وعلى هذا؛ يندفع النقض بالجسمين المفروضين؛ لإمكان الانفكاك في الحيز. فأورد عليه بعضُهم فرضَ إلهين. وحينئذٍ عاد النقض؛ لعدم إمكان الانفكاك، لا في الوجود للوجوب والقِدَم، ولا في الحيز -إذ لا حيز-. ولمّا علم الدواني نحو هذا؛ عدَل إلى منع النقض بالفرض. وقد عرفت ما فيه.

وأما قوله: «فلا نسلِّم أن ما ثبت قدمه امتنع عدمه» = فقد تتايعوا(313) فيه -أي: في هذا المنع- واستحسنوه. ونقله الكمال الخيالي في **حاشيته على شرح العقائد** أيضًا.

ولعل أول من قرر ذلك هو الرازي في **المحصل**، في خلال الرد على الكرامية المستدلين على وجوب أبدية العالم. لكن كلامه هنا بطريق آخر. والمعترض قد قال بمقتضى هذه المقدمة من حيث لا يشعر. وذلك في ما سيأتي على قول المؤلف رحمه الله

(313) التتايع في الشيء وعلى الشيء: التهافت فيه والإسراع إليه.

تعالى: «والعالَمُ مُحدَثٌ... إلخ»، حيث ذكر أن الإمكان إذا كان ثابتًا أزلًا؛ لم ينقلب -في ما لا يزال- إلى الامتناع. وهذا لا يتم إلا إذا سُلِّمت المقدمة المذكورة -أي: ما ثبت قدمه امتنع عدمُه-، بل لا يتم على قاعدة المتكلمين القائلين بأن الإمكان اعتباري. إلا إذا كان الثبوت المذكور في هذه المقدمة = أعمَّ من الثبوت في الأعيان. وفيه ما فيه، فليتأمل.

دعوى توقّف القديم الموجود على عدمِ حادثٍ سيحدث = لا تصحّ

وأنا أقول بأن دعوى توقف القديم على عدمِ حادِثٍ سيحدث = مما لا يصح أصلًا، وأنّ منْعَ المقدمة القائلة بأن كل موجود ثبت قدمُه امتنع عدمُه = مما لا يجري إلا على طريق المكابرة، في التحقيق.

أما توقُّفُ القديم على عدمِ حادثٍ سيحدُث؛ فلأن القديم لا يكون قديمًا إلا لذاته، أي: إن ذاته تستقل باقتضاء قِدَمَه، ولا يكون لغيره دخل في كونه قديمًا. لأن الغير ليس إلا الفاعل المختار أو العلة القديمة. ولا سبيل إلى أن يكون القديم مستندًا إلى الفاعل المختار قطعًا وإجماعًا بين جميع العقلاء. فإن استناد القديم إلى الاختيار = محالٌ -كما مر-.

ولا سبيل أيضًا إلى القول بأنه يستند القديم إلى العلة القديمة. لأن الكلام في قِدَمِها كالكلام في قِدَمِه، فلا يخلو: إما أن تكون قديمة بفعل القادر المختار، أو لعلة. وكلاهما محال. أما الأول؛ فلِما عرفتَه. وأما الثاني؛ فلاستلزامه الدور أو التسلسل. وكلاهما محال. وسيأتي له مزيد تحقيق.

فما بقي إلا أن القديم لا يستند في قِدَمِه إلا إلى ذاته القديمة، فلا يُتصوَّر عدمُه ما دامت ذاته ذاتًا، ولا يؤثر في إخراجها عن ذاتيتها أمرٌ حادثٌ كوجود المانع -على ما ذكره الجلال الدواني-.

لا يقال: هذا مبني على ثبوت الذوات في العدم وهو من مذاهب جمهور المعتزلة. وعلى تسليم أنه ليس مبنيًّا على مذهبهم؛ لا نسلِّم أنه تام. لأنه لا أقل من أن يكون مبنيًا

على أن الوجود زائد على ذات الموجود، وفيه خلاف مشهور.

وعلى تسليم أنه ليس مبنيًا على ذلك؛ لم لا يجوز أن يكون الذات -أي: ذات القديم- مقتضِيةً لوجوده في الأزل بشرط عدم المانع؟ فإذا وُجِد المانع؛ عُدِم ذلك القديم؛ لأن وجودَه في الأزل وقِدَمَه = ما كان مطلقًا، بل كان متوقفًا على عدم ذلك المانع، وقد زال ذلك بوجود المانع.

لأنا نقول في الجواب على المنع الأول: قد وهم بعض الناس أن هذا متوقف على القول بثبوت الذوات في العدم، وليس كذلك. لأن كل موجود من الممكنات = فله ذات لا يُتصوَّر وجوده بدونها. فالممكن إذا كان قديمًا؛ كانت ذاته قديمة بالضرورة. فلا حاجة إلى دعوى ثبوت الذوات في العدم.

ونقول في الجواب على المنع الثاني: بأنا إذا قلنا: إن ذات القديم تقتضي وجوده في الأزل = لَمْ يستلزم ذلك أن وجوده زائد على ذاته. ألا ترى أن المعترض قد اعترف -في فصل «المؤثرات»- بأنهم إذا قالوا: «واجب الوجود = ذاتُه مقتضية لوجوده؛ فليس معناه أن ثمة مقتضِيًا ومقتَضًى واقتضاءً»، إلى آخر كلامه هنالك؟

ونقول في الجواب عن المنع الثالث: بأن القديم لو توقف على عدم الحادث؛ لم يكن مستندًا إلى ذاته. وعلى تسليم جواز استناده إلى ذاته؛ لا بدّ من سابقية العدم لذاته. لأن الشيء إذا توقف وجودُه أو عدمُه على وجود شيء أو عدمه = استلزم أن يكون ذلك المتوقف عليه؛ سابقًا لذلك الشيء الذي توقف عليه؛ لاستحالة اقترانهما مع توقف ثبوت أحدهما على الآخر. فإن المتوقف وجودُه على غيره = لا يوجد قبل ذلك الغير، وإلا لم يكن متوقفًا عليه. فعُلِم: أنه لا بد من تقدُّم عدم المانع المذكور على وجود القديم -الذي يتوقف وجوده عليه-، فيكون ذلك القديم مسبوقًا بغيره. وكلُّ مسبوقٍ بغيره = فلا يكون قديمًا، بل مسبوقًا بعدمه.

وأيضًا، فلو جاز توقف القديم على عدم الحادث؛ لجاز استناد عدم القديم إلى الفاعل المختار. وهو محال. ولذا؛ لم يجز أن الله تعالى يؤثر في عدم شيء من صفاته. وإنما قلنا بهذه الملازمة؛ لأن للمختار أن يوجِد الحادثَ الذي توقّف وجودُ القديم على عدمه.

وأيضًا، فإن وجود الحادث في الأزل محال. والتوقف على عدمِ المُحال = مما لا

معنى له. فإن المحال يكفيه نفيًا كونُه محالًا في نفسه؛ فكيف يكون يتوقف القديم على عدم المحال؟

لا يقال: إن الذي عليه التوقف ليس هو عدم وجوده في الأزل -فإنه محال-. وإنما هو عدمُ وجوده في ما لا يزال. والمراد هو: عدم وجوده الحادث.

لأنا نقـول: هذا قول بأن القديم يتوقف على عدمِ حادثٍ، [وتوقف القديم على الحادث -لا سيما العدم- مما لا يقول به أحد. كيف وقد عرفت أن توقف الشيء على غيره يستدعي سابقية ذلك الغير؟ فتأمل].

وأيضًا، فقد صرح الدواني نفسه في **شرح العضدية** من بحث «حدوث العالم» بما يقتضي أن عدم الحادث = لا يكون علةً لعدم القديم. ولا شك أن حصول الشروط وارتفاع الموانع = من العلل الناقصة، حيث قال: «ومن البيّن أن ما لا يكون وجوده علةً لوجود شيء = لا يكون عدمُه علة لعدمه»(314). انتهى بلفظه. ولا شبهة في أن وجود الحادث = لا يجوز أن يكون علةً لوجود القديم. فكيف يكون وجوده علةً لعدمه؟

وأيضًا، فقد تقرر أن كل ما يتوقف عليه القديمُ = قديمٌ -كما مرت الإشارة إليه-. وتوقُّفُ القديم أعمُّ من أن يكون توقفًا بالقياس إلى الوجود، أو بالقياس إلى العدم، أي: لا فرق في ذلك بين وجود ذلك المتوقَّف عليه أو عدمِه. وصدقُ هذه الكلية يقتضي أن يكون الحادث قديمًا، وإلا لم يكن القديم متوقِّفًا عليه. ولو سُلِّم؛ فتوقُّفُ ذلك القديمِ = ليس على العدم المطلق، بل على العدم المضاف إلى الحادث. وذلك يقتضي مدخلية الحدوث في ذلك التوقف، فيرجعُ إلى توقف القديم على الحادث. وإنه باطل -كما مر-.

الكلام في أن ما ثبت قِدَمُه امتنع عدَمُه

وأما كونُ المنع لتلك المقدمة مكابرةً في ظني؛ فلأنها جارية على أصول المتكلمين والفلاسفة.

---

(314) الأفغاني وعبده، **التعليقات على شرح العضدية**، ص 47.

أما المتكلمون؛ فالأشاعرة منهم على أنه لا قديم إلا الله تعالى وصفاته، ولا يجوز العدم على الباري تعالى وصفاته. ولو جاز عدمُ القديم؛ لم يقتصر بعضهم على وصف الصفات بالقِدَم دون وجوب الوجود. ما ذلك إلا لأن عدم القديم -عندهم- كعدم الواجب في الامتناع. بل قد ذهب بعضهم إلى أن «الواجب» و«القديم» = مترادفان. واعتُرِض عليه بأن المفهومين متغايران. وأُجيبَ بأن أوائل المتكلمين يريدون بالـ«ترادف»: «التساوي في الصدق»، كما صنعه المؤلف رحمه الله في ما سيأتي، حيث قال: «إن الحقيقة والماهية يرادفان الحدَّ»، واعترضه المعترض هنالك على غير بصيرة، وكأنه لم يطّلع على ما في **حواشي العقائد النسفية** للكمال الخيالي، والكمال الشريفي، وغيرهما.

والمراد هنا هو: أن «القديم» و«الواجب» متساويان صدقًا، حتى حكى سعد الدين عن الإمام حميد الدين الضرير[315] ومن تبعه، بأنهم استدلوا بأن كل ما هو قديم = فهو واجب لذاته، فقالوا: «إن واجب الوجود هو الله وصفاته».

وقال الغزالي في **قواعد العقائد** ما نصه: «الأصل الثالث: العلم بأنه تعالى -مع كونه أزليًّا أبديًّا، أي: ليس لوجوده آخر-؛ فهو الأول والآخر والظاهر والباطن. لأن ما ثبت قدمُه استحال عدمُه. وبرهانه: أنه لو انعدم؛ لكان لا يخلو إما ينعدم من نفسه، أو بمُعْدِم يضادُّه. ولو جاز أن ينعدم شيءٌ يُتصوَّر دوامُه بنفسه؛ لجاز أن يوجد شيءٌ بنفسه. فكما يحتاج طَرَيَانُ الوجود إلى سبب = فكذلك يحتاج طَرَيَانُ العدم إلى سبب. وباطلٌ أن يُعدَم بمُعدِمٍ يضادُّه. لأن ذلك المُعدِم لو كان قديمًا؛ لما تُصوِّرَ الوجود معه.

وقد ظهر بالأصلين السابقين وجوده وقدمُه؛ فكيف كان وجوده في القدم ومعه ضدٌّ؟ وإن كان الضدُّ المعدِم حادثًا = كان محالًا. إذ ليس الحادث بمضادَّتِه للقديم -حتى يقطع وجودَه- بأولى من القديم في مضادّته الحادثَ حتى يدفع وجودَه. بل الدفع أهون من القطع. والقديم أقوى من الحادث»[316]. انتهى.

وقال الرازي في **المحصَّل** ما نصه: «القديم إن كان واجبًا لذاته؛ امتنع عَدَمُه. وإن لم

---

(315) علي بن محمد بن علي الرامشي (ت. نحو 666هـ).

(316) أبو حامد الغزالي، **قواعد العقائد**، تحقيق موسى محمد علي، ط 2 (بيروت: عالم الكتب، 1985)، ص 157.

يكن واجبًا لذاته؛ افتقر إلى مؤثِّر. ولا بد من الانتهاء إلى الواجب لذاته؛ قطعًا للتسلسل -على ما سيأتي إن شاء الله تعالى-»[317]. انتهى. وقد كان أحال على هذا البرهان في ما سبق له من الكتاب المذكور؛ لاعتماده عليه. وكذا سعد الدين، وغيرهم من الأشاعرة والماتريدية أيضًا والمعتزلة = على هذه الكليّة، أي: إن كل ما هو قديم؛ فهو واجب لذاته. لأن المراد بـ«القديم» في هذه الكلية هو: «الموجود» -كما مرت الإشارة إليه-. فالموجود القديم -عندهم- ليس إلا واجب الوجود فقط.

لا يلزم كون الذوات الثابتة في العدم واجبةً؛ نظرًا إلى كونها قديمة الثبوت

لكن بعضهم يعمّم القديم، بحيث يشمل [184 ب] المعدوم؛ بناءً على ثبوت الذوات في العدم. وهذا التعميم غلط محض؛ لأن القِدَم عبارة عن «وجودٍ لا ابتداء له». فالقديم والحادث = من أقسام «الموجود»، لا من أقسام «الثابت». فلو صح وصفُ المعدوم بالقِدَم؛ لصح وصفه بالحدوث. واللازم باطل قطعًا وإجماعًا. وسيأتي تذكير بهذا المعنى.

وعلى الجملة، فلا يصحّ -على هذا التعميم- أن يقال: «كلُّ ما كان قديمًا؛ كان واجب الوجود»، وإلا ورد عليه لزومُ الحكم بوجوب الوجود للذوات في العدم. وكيف يكون المعدوم واجب الوجود؟ هذا محالٌ.

وقال بعضهم -أي: المعتزلة- في الاستدلال على هذا الأصل ما حاصله: «لو لم يكن القديم قديمًا لذاته؛ لكان قديمًا لغيره. لكنّ التالي باطلٌ؛ فالمقدّم مثله».

بيانُ بطلان التالي: أنّه لو كان قديمًا لغيره؛ لكان ذلك الغير إما مؤثِّرًا على سبيل الصحة والاختيار، أو على سبيل الإيجاب.

ليس الأوّل؛ لأن أثر المختار حادثٌ بالاتفاق -كما مرّ-، فيلزم أن يكون القديم حادثًا. وهو باطل بالضرورة.

(317) الرازي، **المحصل**، ص 93.

ولا الثاني؛ لأنه يتسلسل. وقد مرّ هذا بتقرير آخر.

وقد يقال: لا يلزم التسلسل لو قيل بأن القديم = قديم لغيره، أي: مستنِدٌ إلى علة موجِبةٍ هي الواجب تعالى -كما هو مذهب الفلاسفة-، فالأولى أن يقال: إن استناد القديم إلى غيره ينافي الحكمَ بقِدَمه؛ لأن مقتضى الحكم بقِدَمه أن يكون غنيًّا بذاته عن غيره؛ لأن المحوج إلى العلة هو ثبوت الشيء على سبيل الجواز. والثابت في القدم غنيٌّ -كما مرّ-. فلو فرضناه محتاجًا؛ كان كفرض حدوثه في حال قِدَمِه.

لا يقال: هذا مصادرةٌ على المطلوب؛ لأنه مبنيّ على كون القديم غنيًا، وهو عين المتنازَع فيه بالنظر إلى الفلاسفة. إذ هم قائلون بحاجة القديم.

لأنا نقول: هم يسلّمون أن حاجته إلى غيره إنما هي في وجوده -أي: في أن يخرجه من العدم إلى الوجود-. لكن القديم لم يزل موجودًا، وهذا معنى كونه غنيًا عن الإيجاد، بل هو تحصيل الحاصل، وهو محال قطعًا واتفاقًا.

فإذا عرفت هذا؛ فعدَمُه -الذي هو محتاج فيه إلى علة تخرجه منه إلى الوجود- إن كان سابقًا على وجوده سبقًا حقيقيًا؛ لزم حدوثه؛ لأن القديم لا يكون مسبوقًا بعدمه.

وإن لم يكن سابقًا على وجوده سبقًا حقيقيًا؛ فأيُّ حاجةٍ له إلى علة تخرجه عن عدمه؟ وهذا في غاية الوضوح، لولا تلبيس الفلاسفة بتقسيم السبق إلى السبق الذاتي، والسبق [الزماني]. فيزعمون أن العالم قديمٌ، مسبوق بعدمِه، لكن سبقًا ذاتيًا، لا سبقًا زمانيًا، وهو السبق الحقيقي. فقد نفوا السبق حقيقةً وزادوا التلبيس.

واعلم أن هذا الذي ذكرناه = غايةُ ما يمكن في توجيه كلام المعتزلة وغيرهم من المتكلمين في هذا المقام. وهو -بعدُ- محلُّ تأمل. وهم يقولون: «كل ما ثبت قدمه؛ كانت صفة القدم ذاتيةً له، وخروجُ الموصوف عن صفته الذاتية = محال». ولهم في بيان كونه محالًا كلام يطول.

هذا، وأنت تعلم بأن من يقول: «إن علة احتياج الممكن هي الحدوث» = ينفي القديم الممكن. وقد صرّح بذلك الجلال الدواني في **شرح العضدية**. وأكثر المعتزلة على ذلك -أي: إن علة الاحتياج هي الحدوث-. والمقصود هنا: أنهم قائلون بأن كل ما

ثبت قدمه امتنع عدمه. إذ لا يثبت قِدَمُ الوجود لغير واجب الوجود -عندهم-. ومن ادّعى قِدَمَ غيره تعالى؛ فعليه البيان. فظهر: أن هذه المقدمة مسلَّمةٌ عند فريقَي الأشاعرة والمعتزلة. وهاتان الفرقتان أعظم فرق المتكلمين.

وأما الماتريدية؛ فهم تارة مع المعتزلة -كما في الحسن والقبح- وإن أبى بعضهم. وتارات مع الأشاعرة -كما في سائر المسائل-.

وأما الفلاسفة؛ فلأن القديم -عندهم- قديم بالذات، وقديم بالغير. فالقديم الذاتي؛ امتناعُ عَدَمِه = مقتضى ذاته؛ فلا يجوز عدمُه قطعًا واتفاقًا، فهو واجب الوجود. وأما القديم بالغير؛ فعدمه مع بقاء علته التامة محال -عندهم-. فعدم ذلك الحادث الذي وقع في سند المنع -كما أورده الدواني وتبعه المعترض- إما أن تكون علته قديمة بالذات، أو لا.

إن كان الأول؛ امتنع عدمه معها. وإن كان الثاني؛ نقلنا الكلام إلى علة العلة حتى ينتهي إلى العلة القديمة بالذات؛ لاستحالة الدور والتسلسل، فلا يجوز عدمه أصلًا.

وبهذا يُعلم: أن هذه المقدمة -أي: قولهم: «كل ما ثبت قدمه امتنع عدمه»- ليست صادقة، إلا إذا كان المراد بـ«الثبوت» فيها هو: «الوجود»، لا إذا عُمِّم. وذلك لأن التسلسل في العدمات والاعتباريات = غيرُ ممتنع.

وأيضًا، فقد علمت أنه يجوز زوال الأعدام القديمة. فلو صدقت كليةً على سبيل التعميم؛ لم يوجد حادث؛ نظرًا إلى أن عدمه قديم. فظهر: أن عدم القديم ممتنعٌ -عند الفلاسفة- بقسميه كليهما؛ أي: الذاتي والزماني.

كلام في امتناع تخلُّل العدم بين المعلول وعلّته التامّة

لا يقال: هذا يجري في الحادث أيضًا؛ نظرًا إلى أنه مستنِدٌ إلى علة قديمة بالذات، فيمتنع عدمُه معها.

لأنا نقول: إن الحادث جاز أن يستند إلى علة حادثة لا تكون علة لبقائه، وإنما هي علة لوجوده فقط. فيجوز عدمُه مع بقائها، بخلاف القديم؛ فإنه لا يمضي آنٌ من آنات

الزمان، إلا وهو مشاركٌ لعلته فيه، وإلا لم يكن قديمًا.

وإذا كان كذلك؛ فلا يطرقه العدم أصلًا قبل وجوده ولا بعده. إذ لو جاز ذلك؛ لجاز أن يتخلل العدمُ بينه وبين علته، بل ليس معنى عدمه دون علته؛ إلا تخلُّلُ العدم بينه وبينها. وتخلُّل العدم بين المعلول وعلته التامة = محالٌ -عندهم- لإفضائه إلى وجود العلة التامة بدون المعلول، وسبقِ العلة التامة بالزمان عليه. وفي ذلك إخراج لها عن كونها تامة. لأن تخلل العدم يقتضي أنه -أي: العدم المتخلل- [185 أ] من تمام العلة التامة. بل والزمان المتخلل بينهما -أيضًا- يجب أن يكون من تمامها. وقد فرضناها تامة بدون ذلك. هذا خلْفٌ.

كلام في إبطال دعوى الفلاسفة للعلّة التامّة البسيطة، وهو أيضًا مبطِل لتقسيمهم الحدوث إلى الذاتي والزماني

ولمثله قال الجلال الدواني: «إن كلام الفلاسفة ليس تامًّا»، حيث اصطلحوا على إطلاق الحدوث على مسبوقية العدم بالذات، أي: إن الحادث -عندهم-: هو «ما كان مسبوقًا بوجود الفاعل سبقًا ذاتيًا، يستلزم تقدمَ عدمه على وجوده بالذات». وذلك لأنه إذا كان العدم سابقًا بالذات على وجود الممكن؛ كان العدم جزءًا من علته التامة قطعًا؛ لأنه مشارك في السبق الذاتي -الذي هو شأن العلة التامة-، فلا تتحقق العلة التامة البسيطة أصلًا؛ لِـما عرفت من أن العدم صار جزءًا منها، فلا تكون بسيطة. وهو خلاف المعلوم من مذهبهم وصرائحهم.

وهذا وإن لم يكن من مرادنا الأصلي؛ ففيه ما لا غنية عنه للناظر النبيه. بل البحث من أصله في أن «ما ثبت قِدَمُه امتنع عدمُه»؛ إنما أطنبنا فيه لأنه من مقاصد الألبَّاء ومراصدِ النجبَاء.

العالَم عند الفلاسفة ثابتُ القِدَمِ ممتنعُ العَدَمِ

هـذا، والمعترض معترفٌ -كغيره- في «فصل الفناء»، بأن الفلاسفة قائلون بأن ما ثبت قِدمه امتنع عدمه. ثم لا يخفى أن «القديم بالغير»، أي: القديم الزماني -عندهم-، إنما

يكون من عالم المجرَّدات أو مادّيًّا.

إن كان من المجردات؛ فامتناعُ عدمِه ظاهرٌ -على أصولهم-. وإن كان ماديًّا؛ فكذلك. لأنه لو عُدِمَ بمادَّته وصورته؛ لزم أن يكون الإمكان = بغير محلٍّ يقوم به، وهم قد قرروا أنه -أي: الإمكان- أمر ثبوتي -أي: من الأعراض-، فيستدعي مادّةً يقوم بها؛ لاستحالة قيام العَرَضِ بنفسه، ولأنه لا بد له من النسبة إلى ما هو إمكانٌ له. وثبوت الشيء للشيء = يقتضي ثبوتَ المثبَتِ له اتفاقًا. فيثبت عندهم -لذلك- قِدَمُ المادّة -أي: الهيولى-، فتكون أزلية أبديّة. ولهذا منعوا عَدَمَ العالَمِ؛ لأن قِدَم الإمكان يقتضي قِدَمَ الهيولى؛ لِما عرفتَ. وقِدمُ الهيولى يقتضي قِدَم الجسم؛ لأن الهيولى -عندهم- لا تنفكُّ عن الصورة الجسمية. وإذا وجب وجودُ المادَّةِ والصورة -نظرًا إلى ذلك أزلًا وأبدًا-؛ فالعالم ثابِتُ القِدَم ممتنِعُ العَدَم. لكن كلامهم في هذا المطلوب؛ ليس بهذا الأسلوب.

واعلم أن الذي استدلوا به على هذه المقدمة المذكورة آنفًا -أي: كل ما ثبت قدمه امتنع عدمُه- هو ما ذكره في **حكمة العين**[318] وشروحها، من أن الموجود في الأزل = لا يتوقف على شرطٍ حادثٍ وإلا كان حادثًا. وإذا كان جملةُ ما يتوقف عليه وجودُه حاصلًا في الأزل؛ امتنع زواله؛ لوجوب وجوده بعلته. وزاد بعض المحققين على ذلك قولَه: «وكلُّ موجود أزلي = يمتنع زواله». وإنما زاده؛ لدفع احتمال زوال المعلول بزوال علته، فأراد أنّ زوال العلة ممتنعٌ؛ لكونها أزلية.

وأُورِد عليه: أنه يستلزم المصادرة -إن كان ثبوت هذه المقدمة من هذا الدليل-.

وإن كانت ثابتة بدليل آخر؛ لزم الاستدراك. إذ يكفي أن يقال: «كل موجود أزلي = يمتنع زواله»، فلا حاجة إلى ما ذكره أولًا.

قلت: الحق أن هذه المقدمة ثابتةٌ؛ لمثل ما ذكرناه في كلام المعتزلة. ثم لا يلزم المصادرة ولا الاستدراك. لأن الثابت من هذا الدليل -أي: إن جملة «ما يتوقف عليه الموجود في الأزل؛ حاصلٌ في الأزل»-؛ تكون صغرى القياس. وقول ذلك المحقِّقِ: «وكل موجود أزلي = يمتنع زواله» = كبراه. فيتم المطلوب. لأن المنع لعدم زوال

(318) كتاب **حكمة العين** لنجم الدين الكاتبي.

القديم؛ إنما تطرق من طريق التوقف على الحادث فقط، ولم يكن للمنع سبيل من غير هذه الطريق. فليُفهَم.

وقد طال الكلام في هذا المقام. لكنه من مدارك الأفكار ومعارك الأنظار.

ثم على فرض استقامة المنع للمقدمة المذكورة -أعني: قولَنا: «ما ثبت قدمه امتنع عدمه»؛ يبقى إيراد الإلهين المفروضين = على حاله.

وأما قول المعترض: «فالمراد به: أنه يصح عدمُ أحدهما مع وجود الآخر؛ لعدم اقتضاء... إلخ»؛ فكأنه ظن أن التعبير بـ«الاقتضاء»؛ أولى من التعبير بـ«العلاقة» -كما في عبارة الدواني-. والعبارتان متقاربتان. غاية الأمر: أن التعلق أعمُّ من الاقتضاء. وأقول: لا صحة لهذا الاعتذار؛ لوجوه:

أحدها: أنه لا مَدْرَك لهذا الاقتضاء في كلام الشيخ الأشعري، فهو من تحميل اللفظ ما ليس في طوقه. ألا ترى أنهم قالوا في الاعتراض عليه: «لا يخلو: إما أن يكون عدم الانفكاك من جانب، أو من الجانبين»؟ ولو فهموا هذا الاقتضاء؛ لما ساغ لهم الترديد بين الجانب والجانبين؛ لأن الشيء لا يكون مقتضيًا الشيء ومقتضًى عنه؛ لِما تقرر من استحالة كون الشيء الواحد فاعلًا وقابلًا. فالترديد منهم = دليل واضح على أنهم لم يفهموا هذا الاقتضاء من كلام الشيخ قرنًا بعد قرن.

وأما قول الدواني: «ولا شبهة في أن هذا المعنى هو المراد من التعريف؛ فإن علاقة اللزوم تنافي الغيرية» = فقريب من المصادرة إن كان المراد بالعلاقة: ما يكون بين الموصوف والصفة -مثلًا-. وإن أراد مطلق العلاقة بنوع من اللزوم = فذلك جارٍ في القِدَمِ، فيكون الجسمان القديمان = من هذا الباب؛ لأنهما متلازمان في القدم. فالقدم نفسه علاقة ورابطة بينهما؛ فإن اشتراكهما فيه = يقتضي أن العقل لا يجوِّز عدمَ أحدهما مع وجود [185 ب] الآخر. وهذا كافٍ في اللزوم، فيكفي في النقض.

ثانيها: أنه لو كان الحكم بالغيرية وعدمها راجعًا إلى عدم الاقتضاء ووجوده؛ لتقوّى الاعتراض بالعالَم والباري تعالى، وبالمعلول والعلة، وبطل ما جاء به المعترض من ذلك الجواب؛ لعدم الاقتضاء في الأزل، وإمكانه في ما لا يزال. وعدمُه في الأزل =

غيرُ قادح؛ لأنه لم يكن لأمر راجع إليه تعالى أو إلى العالم، ولا إلى العلة والمعلول، بل لأن الأزلية تنافي وجود العالَم.

وأما في ما لا يزال؛ فقد يُمنعُ عدمُ الاقتضاء. أما بين العلة والمعلول؛ فظاهر. والعلة أعمُّ من المؤثرة والعادية -التي يسلمها الأشاعرة-. والمراد هو: استحالة التعقل المذكور في كلام الدواني؛ لا استحالة الوجود نفسه.

وأما بين الباري تعالى والعالَم؛ فلأن العالم الموجود في ما لا يزال = يقتضي أن يكون له صانعٌ، وإلا كان اتفاقيًّا. وهو باطل عند المتكلمين والفلاسفة، إلا من شذَّ منهم. وهو مغمور بالنظر إلى الجمهور. والصانع -من حيث كونه صانعًا في ما لا يزال-؛ يقتضي أن يكون له مصنوع. فثبت الاقتضاء في ذلك، فيلزم عدم المغايرة بين العالم والباري عزّ وجلّ، وبين العلة والمعلول.

ثالثها: أن الاقتضاء في نفسه = مختلِفٌ؛ ضرورةَ كونِ اقتضاء الذات الأزلية للصفات العَلِيَّة = ليس كاقتضاء الحادثة للحادثة. فإذا اختلفت ماهية الاقتضاء؛ لم ينعكس الحد إذا أُخِذَ الاقتضاءُ بمعنًى من معانيه، فليُفهَم.

وأما الاعتراض على التعريف الثاني المغيَّر إليه؛ فقد اعترف بوروده جميع الأولين والآخرين من الأشاعرة وغيرهم، حتى إن الدواني -وكفاك بتدقيقه في أمثال هذه المطالب-؛ لم يتكلف جوابًا، بل أورد ما تقدم على ما زَعَمَه بعضُهم من أن المراد: جوازُ الانفكاك من الطرفين ولو في التعقل -كما عرفت أولًا-. وقد كان أُورِدَ الاعتراضُ أوّلًا بالعالَم مع الصانع، والعَرَضِ مع المَحَلّ، فاختار الآمدي جواز الانفكاك من جانب واحد، فاعترضوا أيضًا على ما اختاره الآمدي، بمثل ما ذكره المعترض نقلًا عن كتبهم المتداولة. وعبارةُ **المواقف وشرحه** ما نصه: «لكن يرد عليه الباري مع العالَم»، إلى أن قال: «لا يُقال: يجوز انفكاك الباري عن العالم في الوجود، بأن يوجد الباري ويُعدَمَ العالم، وحينئذٍ، فقد انفك أحدهما عن الآخر في العدم، ويجوز انفكاك العالَم عن الباري في الحيّز، فإن العالَم متحيّز، ويستحيل ذلك على الباري. فقد انفكّ أحدهما عن الآخر في الحيّز أيضًا.

والحاصل: أن العالَم يجوز عدمُه وتحيُّزه، ولا يجوز شيء منهما على الباري. فقد جاز

الانفكاك بينهما من أحد الجانبين، في كل واحد من العدم والحيّز. مع أن جواز الانفكاك في العدم فقط والحيّز فقط كان كافيًا في دخولهما في الحدّ.

لأنا نقول: لو كفى الانفكاك من طرف في الاتصاف بالغيرية؛ لجاز انفكاك الموصوف عن صفته، والجزء عن الكل في الوجود، أي: لكان جواز انفكاك الموصوف عن صفته في الوجود -بأن يوجَد الموصوف وتُعدَم الصفة-؛ كافيًا في تغايرهما. لأنه جاز حنيئذ انفكاكُ أحدهما عن الآخر في العدم. وكذا الحال إذا وُجِد الجُزْءُ وعُدِمَ الكل؛ فإنه قد انفك الكل حينئذ عن الجزء في العدم. فيكون الصفة والموصوف -وكذا الجزء والكل- متغايرين. وحيث كان الجواب السابق -الذي ذكره الآمدي-؛ مردودًا بما ذكرناه، فقيل في الجواب: المراد جواز الانفكاك تعقلًا، ومنهم من صرّح به»(319). إلى آخر كلامه. وقد عرفته من كلام الدواني.

والحاصل: أنه ثبت عند جميع المحققين من الأشاعرة؛ توجُّهُ ما ورد من الاعتراض المذكور -على ما عرفناه من كتبهم المتداولة-؛ فلم ينتصب لرفع هذا الاعتراض جوابٌ يُنظَر إليه، فضلًا عن أن يعوِّل فاضلٌ عليه. وإنما قيل: إن المراد: جواز الانفكاك من الطرفين ولو في التعقل -كما في **شرح المواقف**، وفيه ما ذكره السيد المحقق والجلال الدواني-، ثم جاء هذا المعترض بما لم تستطعه الأوائل، وسحب ذيلًا من بلاغة سحبان وائل. فاسمع ما أتى به من الحقائق والدلائل.

[جواب المعترض على الاعتراضات حول مفهوم «الغيرين» عند الأشعري، وردّ المؤلف]

قال: «وأمَّا النقض الثاني؛ فجوابه ما أقول:

إن المراد: لا هذا ولا ذاك. فالغيران: موجودان يصح عدمُ كل واحد منهما مع وجود الآخر -كجسمين-، أو عدمُ واحد مخصوص منهما مع وجود الآخر -كالعَرَض المفارق مع المحل-. وذلك أن الشيخ إنما نفى الغيرية بين الذات والصفات اللازمة لها، لا بين الذات ومطلق الصفة -على ما سبق من نقل السيّد عن الآمدي-. كيف لا،

(319) الجرجاني، **شرح المواقف**، ج 4، ص 54-55.

والشيخ قائلٌ بمغايرة صفات الأفعال -كما صرحوا به-؟ ولا شك أن الصفات اللازمة = لا يصح عدمها مع وجود الذات، ولا عدم الذات مع وجودها؛ تحقيقًا لمعنى اللزوم. فكل موجودين ليسا بهذه الصفة = فهما غيران -عنده-. فالغيران -على هذا-: موجودان يصح عدم أحدهما في الجملة مع وجود الآخر. وهذا المفهوم كما يتحقق في موجودين يصح عدمُ واحدٍ مخصوصٍ مع وجود الآخر = كذلك يصح في موجودين يصح عدمُ كل واحد منهما مع وجود الآخر.

فاندفع النقض بالباري والعالَم؛ لأن العالم حادث؛ والحادث معدوم في الأزل؛ فصح عدمه مع وجود الباري تعالى، فهما غيران قطعًا.

وكذا اندفع النقض بالعلة والمعلول مطلقًا؛ إذ لا علة في الوجود -عند الشيخ- إلا الله تعالى؛ لأن الممكنات بأسرها مستندةٌ إليه ابتداءً -عنده-، وهي كلها حادثة، والحادث معدوم في الأزل؛ فصح عدمها مع وجوده تعالى، فهما غيران قطعًا.

وكذا اندفع النقض بالعَرَضِ والمحَلِّ؛ لأنه إن كان مفارقًا للمحل؛ فيصدق عليه حدُّ 'الغيرين'؛ لأن المراد هو: الانفكاك مطلقًا، أعمَّ من أن يكون من الجانبين، أو من جانب.

وإن كان لازمًا للمحل -ما دام المحلُّ-؛ لكون المحل مقتضيًا له = فهو كالصفة اللازمة له -عنده-.

وكذا لا يدخل في التعريف الصفة والموصوف مطلقًا، والجزء والكل. لأن الصفة إن لم تكن لازمة للذات -ما دامت الذات-؛ فلا يصدق عليها حدُّ 'الغيرين'.

وأما الجزء؛ فلأن الجزء والكل متضايفان. وقد صرحوا بأن المتضايقين متكافئان في الوجود والعدم بحسب الذهن والخارج. فكلما وُجِد أحدُهما في الذهن أو في الخارج = وُجِد الآخرُ. وكلما عُدِمَ = عُدِمَ الآخر فيه. فلا يصح عدمُ الجزء مع بقاء الكل المركب منه ومن غيره، ولا عَدَمُ [186 أ] الكل مع وجود الجزء المركب منه ومن باقي الأجزاء الأُخَر الكلُّ(320)، من حيث إنه مركب منه ومن باقي الأجزاء؛ تحقيقًا لمعنى التضايف

(320) كان في إمكانه أن يصوغ هذه العبارة على نحوٍ أوضح، بأن يقول: «ولا عدمُ الكل، مع وجود الجزء المركّبِ منهُ -أي: الكلُّ-، ومن باقي الأجزاء الأُخر». -مثلًا-. والأمر يسير.

والتكافؤ ذهنًا وخارجًا.

نعم، يصحُّ عدمُ بعض الأجزاء مع وجود البعض الآخر. وهذا لا كلامَ فيه؛ لأن ذوات الأجزاء = من الأمور المتغايرة -عند الشيخ-؛ لصحة عدمِ بعضها مع وجود البعض الآخر.

وأما من حيث إنها أجزاءُ الكل؛ فلا يصدق عليها التعريف أصلًا. وذلك لأن الكل -ما دام باقيًا-؛ فالأجزاء كلها باقية. فلا انفكاك أصلًا. وإذا انتفى الكل بانتفاء جزءٍ من الأجزاء = انتفت تلك الحيثية من الأجزاء، فانتفى جميع الأجزاء من حيث إنها كانت أجزاءً قبل انعدام ذاتِ جزءٍ منها. فلم يبق الكل ولا جزء من أجزائه، من حيث إنها كانت أجزاءً قبل انعدام ذاتِ جزءٍ منها. والباقي إنما هو ذاتُ بعضِ الأجزاء، لا من تلك الحيثية. وذواتُها متغايرةٌ بالاتفاق».

أقول: هذا الجواب مع كونه مشحونًا باللاغية؛ قد اشتمل على أشياء سخيفة واهية. ومن جملة ما اشتمل عليه: نسبةُ الجهل الفاضح إلى جميع الأشاعرة الذين أوردوا الاعتراض بالجزء والكل -كالعضد والسعد والسيد المحقق وأضرابهم من الأولين والآخرين-، فكأنهم لا يعرفون أن المتضايفين متكافئان -وهو مذكور في بعض المتون المختصرة-. فهذه قباحة من المعترض منكرة، وإن كانت ليست منه مبتكرة.

ولنوضح فساد ما جاء به وقرره، فنقول:

إذا لاحظنا الحيثية، كما لاحظها هو في الجزء والكل اعتبارًا لوصف الإضافة بينهما = لم يتم ما أراده من تقرير كلام الشيخ. لأن للسائل أن يقول: لا نسلِّم أن العالَمَ -من حيث كونه عالمًا مصنوعًا- يصحُّ عدمه مع وجود الباري تعالى -من حيث كونه صانعًا له-؛ كما أنه لا يصح وجوده مع عدم صانعه. وكذا العلة والمعلول؛ لاستحالة تخلف المعلول عن علته التامة، فلا يوجد بدونها ولا توجد بدونه. وليس هذا من الأشياء الخفية؛ فإنه مذكور في بعض المختصرات كـ**شرح النسفية**، قال فيه سعد الدين -بعد أن أشار إلى التشكيك بمثل ما وقع فيه المعترض- ما نصه: «ولو اعتُبِر وصفُ الإضافة؛ لزم عدم المغايرة بين كل متضايفين كالأب والابن، والأخوين، وكالعلة

والمعلول، بل بين الغيرين؛ لأن 'الغير' من الأسماء الإضافية. ولا قائل بذلك»[321]. انتهى. ومنه يُعلَم: أن مقتضى كلام المعترض: ارتفاع المغايرة بين هذه الأشياء بل بين الغيرين. فيا عجباه من تصنيف المعترض بهذا النظر المقلوب، والتقلب في الجهل الفاضح بين أرباب الألباب والقلوب!

والدعوى بأن الباري تعالى علةٌ لجميع الكائنات = من جملة صور النزاع. ولو سُلِّم؛ لنُقِل الكلام إلى العلل العادية التي لا ينازع فيها الأشاعرة، ولا ينكرون ما فيها من اللزوم العادي، وعدم حصول الانفكاك عادةً، وإن كان التأثير عندهم = بمحض خلق الله تعالى.

كلامٌ للدواني في أن الأشعري لا ينكر أن بين بعض الأشياء مع بعضٍ لزومًا عقليًا

قال الجلال الدواني في **شرح العضدية**، على «بحث النظر» ما نصه: «ومن البيِّن: أن الأشعري لا ينكر أن بين بعض الأشياء لزومًا عقليًا مع بعضٍ، مع أن الكل مستنِدةٌ إلى الله تعالى ابتداءً عنده»[322]. إلى آخر ما قال. فقد زاد على ما ادعيناه، وصرح بأن شيئًا من اللزوم العقلي ثابتٌ عند الأشعري؛ لعلمه بأن إنكارَه في بعض الموارد = سفسطةٌ.

وقد نُبِّهتَ -في ما سبق لنا- على أن الكلام = في جواز التعقل وعدمه، أعني: أن الغيرين -على ما قالوا- يجوز تعقُّلُ وجودِ أحدهما بدون الآخر. فإن لم يجز التعقل لوجود أحدهما إلا مع تعقل وجود الآخر = فليسا بغيرين. وحينئذ، فلا محيص للمعترض عن لزوم عدم المغايرة بين المعلولات والعلل، وإن سماها عللًا عادية.

ولا يذهب عنك ما في قوله: «إذ لا علة في الوجود -عند الأشعري- إلا الله»؛ فإنه خطأ من حيث اللفظ ومن حيث المعنى.

أما من حيث اللفظ؛ فتسميته -تعالى- «علةً». وفي ذلك قباحة، لا سيما على مذهبهم من كون الأسماء توقيفية. وهذا مما لا يقدر المعترض أن ينكره؛ لأنه قد

(321) التفتازاني، **شرح العقائد النسفية**، ص 40.

(322) الأفغاني وعبده، **التعليقات على شرح العضدية**، ص 62.

استدل -في ما سيأتي- على أن الله تعالى يسمَّى «شيئًا»، بقوله تعالى: ﴿كُلُّ شَيۡءٍ هَالِكٌ إِلَّا وَجۡهَهُۥۚ﴾، وبقول لبيد: «ألا كل شيء ما خلا اللهَ باطلُ».

وقال: «إن الأصل في الاستثناء هو الاتصال»، فوقع هنا في حفرته التي حفرها ﴿وَلَا يَظۡلِمُ رَبُّكَ أَحَدٗا﴾.

وأما من حيث المعنى؛ فإن شأن البحث مع العقلاء = تركُ الاعتماد على مجرد الاعتقاد. كيف والمراد بهذا التعريف هو التفصّي عن الفساد، ورفع التشنيع من المخالفين الأضداد؟ فهل يصح أن يُبنَى على ما لا يسلمونه يا أخا الأكراد؟

هـذا، وقد اشتهر عن القاضي أبي بكر الباقلاني أنه قائلٌ بتأثير العلل في معلولاتها، مع أنه أعرفُ بمذهب الأشعري، حتى قالوا: «لولاه لا ندرس مذهب الأشعري». بل نقول: إن هذا الكلام الذي قال به المعترض -أعني قوله: «لا علة في الوجود -عند الأشعري- إلا الله تعالى»؛ لو صح = لهدم ما هو ساعٍ في تأسيسه. وذلك لأنهم قد قالوا في إثبات ما ادّعوه من المعاني القديمة -التي سموها «صفات المعاني»-، ما حاصله: إن العالِمية -مثلًا- في الشاهد = معلَّلةٌ بالعلم. فليكن كذلك في الغائب. وهكذا القادرية وسائرها. فالصفات المعنوية -كالعالمية والقادرية وغيرهما- معلَّلةٌ بصفات المعاني، وهي العلم والقدرة وسائرها. وهذا إثبات منهم للعلل؛ فكيف يقول المعترض: «لا علَّة في الوجود -عند الأشعري- إلا الله تعالى»؟

فلو فرضنا أنه يقول: «إن الله تعالى هو العلة حقيقةً في الشاهد. لا العلم ولا القدرة القائمان بالعبد» -مثلًا-؛ فهل يتم له ذلك في حق الله تعالى؟ وهل يصح له أن يقول: «إن عالِمية الله تعالى معلَّلةٌ في الحقيقة بذاته لا بالعلم»؟ إذًا؛ لخرج إلى مذهب المعتزلة، وهدم ما هو ساعٍ في بنائه وتشييده.

ثم ليت شعري، ماذا يقول في العلل الشرعية كما في خبر الأعرابي الذي قال للنبي -صلى الله عليه وآله وسلم-: واقعتُ أهلي في نهار رمضان، فقال له النبي -صلى الله عليه وآله وسلم-: «أعتق رقبة»؟[323] الحديث. أخرجه ابن ماجه، وأصلُه في البخاري ومسلم.

---

(323) أبو عبد الله محمد بن يزيد القزويني (ابن ماجه)، **سنن ابن ماجه**، تحقيق محمد فؤاد عبد الباقي (القاهرة: دار إحياء الكتاب العربي، [د. ت])، ج 1، ص 534، حديث 1671.

وقد قالوا: «إن أمره له بالإعتاق عند ذكر الوقاع في رمضان = يدل على أنه علة له» -كما في أصول الفقه-.

فهل يقول المعترض إن العلة هنا حقيقةً هو الله تعالى، لا الوقاع في رمضان؟

ولعمري، إن هذه خرافات تدل على فساد كل كلام نشَأَتْ عنه، ومذهبٍ بُنِيْتَ عليه. نسأل الله السلامة. ولعمري، إن الوجود مشحونٌ بالعلل والمعلولات في العادة والاستناد.

ويا عجباه ثم يا عجباه منك! كيف جئت بما يقتضي ضلال جميع أصحابك الأشاعرة من حيث لا تشعر؟ إذ هم مصرحون في القياس بالعلل، بل قائلون بأن عِلِّيَّة بعض الأشياء = ثابتةٌ، بالإجماع تارةً، وبالنص أخرى، كالإجماع على أن العلة في خبر الصحيحين «لا يحكم أحد بين اثنين وهو غضبان»؛ هي: تشويش الغضب للفكر والخاطر. وكالنص الظاهر في قوله تعالى: ﴿لِتُخْرِجَ ٱلنَّاسَ مِنَ ٱلظُّلُمَـٰتِ إِلَى ٱلنُّورِ﴾ [إبراهيم: 1]. وقد صرح بهذا جمهور علمائهم، وفحول أئمتهم. فأين أنت -يا أخا الأكراد- عنه؟ بل أين أنت عن العلل العادية والعلل النحوية وغيرها مما لا مجال للخلاف في أن ثمّة عِلّيّةً ومعلوليّةً؟ وكأنه ذهب فكرك ووهمُك الفاسد إلى العلل المؤثرة في وجود الذوات. وهذا خبط؛ لأن الكلام = ليس إلا في مجرد العلية والمعلولية، لا في حقيقة العلة والمعلول، ولا في كون العلة مؤثرة في وجوده أو غير مؤثرة. فمالك ولكلامٍ ليس له استناد؟

وأما قوله: «فاندفع النقضُ بالعرَضِ... إلخ» = ففيه التزامٌ لعدم المغايرة بين الجوهر والعَرَضِ اللازم. ولا يكاد يتجاسر أحدٌ ممن يعرف ماهية الجوهر وماهية العَرَضِ أن يقول: «لا مغايرة بينهما». أيرضى عاقل أن يلتزم هذا الباطل الظاهر بالعقل والنقل والعرف الدائر، ولا يرضى بالاقتصار على مجرد الإيمان بأنه تعالى موجود حي عالم قادر؟

وسفيهٌ من ساءه المنُّ والسلـــوى، وأرضاه الفومُ والقثّاءُ

هـذا، وأنت تعلم أنه أراد عدمَ تصوُّرِ مطلق العَرَض منفكًا عن مطلق المحَلِّ =

فمنعُه ظاهر؛ لأن العَرَض الكُلِّيَّ ممكنُ التصور بدون المحل الكُلِّي -كما نبه عليه الخيالي-.

وإن أراد عدم تصور هذا العَرَض بدون هذا المَحَلِّ -أي: الجزئيين-؛ بناءً على أن الكليين ليسا من الموجودات الخارجية التي كلامُ المتكلمين فيها = انتقض كلامه في الجزء والكل؛ لأنه مبني على عدم الفرق بين الموجود الذهني والموجود الخارجي. وهو ظاهر.

ثم ليت شعري، هل يذهب المعترض في الجوهر والعَرَض إلى نفي العينية والغيرية معًا -كما في الصفات اللازمة-؟ فليس بغريب من خزعبلاته، ولا بعجيب من جهالاته؛ فإنه قد صرح بذلك في الجزء والكل -كما سيأتي- حيث قال: «إن الخمسة ليست عينًا للعشرة ولا غيرًا لها»، مع أن الدواني قد صرح بأنه لا بأس في دخول الجزء والكل في تعريف «الغيرين»؛ لأن الغرض منه الاحتراز عن تعدد القدماء، ولا مدخل في ذلك للجزء [186 ب] والكل.

كلامٌ للدواني في أن ما يذكرونه من اختلاف المعتزلة في التغاير بين الجزء والكل، وأن القول بعدم تغايرهما معدودٌ من جهالات جعفر بن حرب رحمه الله = لا يصح التعويل عليه، وقد ذكره في شرح النسفية

قال: «وما نُقِل من أن القول بمغايرة الكل للجزء مخصوصٌ بجعفر بن حرب، وقد خالف في ذلك جميع المعتزلة، وعُدَّ ذلك من جهالاته = لا يصح التعويل عليه. كيف والمعتزلة لا يقولون بعدم التغاير بين الصفة والموصوف؟ ولذلك يشنعون على الأشعري؛ فكيف يقولون بعدم التغاير بين الجزء والكل؟ وما الباعث لهم على ذلك؟»(324). انتهى بلفظه في **شرح العضدية**.

(324) الأفغاني وعبده، **التعليقات على شرح العضدية**، ص 71.

ومنه تعرف: أن التزام عدم المغايرة بين الجوهر والعَرَض، وكذا الجزء والكل = إنما نشأ من هذا التعريف الذي أريد به الفرارُ عن تعدد القدماء، لا أن القول بعدم المغايرة بينهما = شيء مَرْضِيٌّ عند العقلاء. ففساد اللوازم يُنبئ عن فساد الملزومات، وبطلانُ الفرع يدل على أن مبناه على غير صحيح، والقبيحُ يجرُّ إلى القبيح.

وهب أن للشرع دخلًا في الحكم على الصفات بكونها لا عينَ ولا غيرَ؛ فأيُّ دخل له في أن العَرَض ليس عينًا ولا غيرًا للجوهر، وكذا الجزء والكل؟ وفي أي كتاب أُنزل؟ وبلسان أي رسول أُرسِل؟ وفي أي حديث نُقِل؟

وهاهنا شيء آخر، وهو: أن كلام الشيخ الأشعري إذا كان مبنيًا على أصله -كما قال المعترض في العلة والمعلول-؛ فلم لا يجوز هنا أيضًا أن يكون مبنيًّا على أصله في العَرَض؟ إذ هو قائل بعدم بقاء الأعراض مطلقًا -كما مرّ-، ولا حاجة إلى تطويل مسافة الجواب. فلو كان الحال كما ذكره المعترض؛ لأمكن الجواب عنه بأن العَرَض غيرُ باقٍ عنده، وكلامُه = في الموجودين الباقيين، لا في ما لا بقاء له -كالعَرَض-، فلا يتم به النقض. فجَعْلُ المعترض بعضًا من كلام الأشعري مبنيًّا على أصله دون بعض = تحكُّمٌ صِرف. وإذا بُنِيَ المذهبُ على المذهبِ، واطُّرِحت الحقائق، وانكسر ميزان البحث من مراعاة ما يسلِّمه الخصمُ في إثبات المطلوب = فأيُّ حاجة إلى بيان النقض والانتقاض، والمعارضة والاعتراض؟ وكان يقال: «نحن بما عندنا وأنت بما عندك راضٍ».

وأما قوله: «وكذا لا يدخل في التعريف الصفةُ والموصوفُ مطلقًا»؛ فهو أيضًا من جملة الدعاوى. فإن كل صفةٍ = لا يجوز عدمُها مع وجود الموصوف بها، من حيث كونه موصوفًا بها، كما سلف للمعترض من مراعاة الحيثية، بل قد اعتبر الاقتضاء كما مضى أيضًا.

فلقائلٍ أن يقول: لا نسلِّم جوازَ انعدام صفات الأفعال حالَ اقتضاء الذات لها. وأما عدمُها قبل الاقتضاء؛ فلا يضرنا -على ما قررتم من أن الاقتضاء مراد في التعريف-. فاعتبار ذلك الاقتضاء قد انقلب لنا هنا على مُوقِدِ **النبراس**.

فيا موقِدًا نارًا لغيرك ضوؤها ... ويا حاطبًا في حبل غيرك تحطب

كلامٌ لابن تيمية في صفة الفعل

وقد سبق لنا التنبيهُ على أن الماتريدية وبعضَ الحنابلة = قائلون بِقِدَم صفة الفعل في حقه عزّ وجلّ، وعدم انفكاك الذات عنها. وقد جاؤوا ببرهانٍ على ذلك، حتى إن ابن تيمية لّما تعرّض في كتابه **اقتضاء الصراط المستقيم** لما أوردته المعتزلة على الأشاعرة، من أنه يلزمهم أنْ لا يُسمَّى -تعالى- «عادلًا» ولا «محسنًا» بعدلٍ وإحسانٍ خَلَقَه في غيره -إذ قاعدتهم: أنه لا يعود حكمُ الصفة إلا على من قام به الفعل-؛ قال -أي: ابن تيمية-: «إنه يشكل ذلك على من يقول: ليس لله تعالى فعلٌ قائمٌ به، بل فعلُه هو المفعول المنفصل عنه، وليس خلقُه إلا مخلوقَه. وأما من طرد القاعدة، وقال: إن الأفعال قائمةٌ به، ولكن المفعولات المخلوقة هي المنفصلة عنه، وفرّق بين الخلق والمخلوق = فاطّرد دليله واستقام»(325). هذا كلامه بحروفه. ولعلنا نذكرك به في موضع آخر لمأربة أخرى.

وبالجملة، فهم لا يسلِّمون هذا التفصيل في الصفات أصلًا، بل ينكرونه.

تحقيق معنى «التضايف» بين الجزئية والكلية، وأنه لا تضايف بين نفس الجزء والكل

وأما قوله: «فلأن الجزء والكل متضايفان... إلخ» = فغلطٌ منشَؤه عدمُ الفرق بين العارض والمعروض، وعدمُ التمييز بين المفهوم ومَا صَدَقَ عليه. وقد نقمه على المؤلف في ما سيأتي -إن شاء الله- عند الكلام في الحد والحقيقة.

وبيان هذا الغلط: أن «المتضايفين» -أعني: الجزئية والكلية في ما نحن فيه- يعرضان لذاتَي الجزءِ والكُلّ، فيجب التكافؤ في هذين المفهومين العارضين، لا في الذاتين المعروضتين، فإنه لا تضايف بينهما فضلًا عن التكافؤ.

ولمثل هذا؛ اعترض سعد الدين في **المطول** على العلامة شارح **المفتاح**، حيث ذكر في «الفصل والوصل» أنه زعم أن السكاكي إنما مثّل للتضايف بمثالين؛ الأول: بين العلة والمعلول، والثاني: بين الأقل والأكثر. لأن الأول مثالٌ للتضايف بين الأمور المعقولة،

(325) ابن تيمية، **اقتضاء الصراط المستقيم**، ج 2، 326.

والثاني للتضايف بين ما يعم المحسوسات والمعقولات، فقال السعد ما نصه: «لأن التضايف إنما هو بين مفهومَي العلة والمعلول، ومفهومَي الأقل والأكثر، لا بين الذاتين. ألا ترى أن تعقُّل ذات الواجب تعالى = ليس بالقياس إلى تعقل مخلوقاته وبالعكس، وتعقُّل خمسة من الرجال = ليس بالقياس إلى تعقل ستة وبالعكس؟ والمعقولات صور معقولة، لا محسوسة»(326). انتهى. ولا يخفى مثل هذا على الشارح العلامة، بل لم يرده -كما نبه السيد في **حاشية المطول**-.

وأما المعترض؛ ففي ظني أنه لفرط شغفه بتصحيح مذهب الشيخ وتوجيه كلامه؛ اشتبه عليه المحسوس بالمعقول، كما اشتبه عليه العارض بالمعروض، حتى توهم التضايف بين ذاتي الجزء والكلّ. وهو غلط فاحش. وكأنه أيضًا لم يتأمل معنى التكافؤ. ولو تأمله لعَلِم أن ذاتي الجزء والكل بنجوةٍ عن التكافؤ.

نعم، بينهما تضايف لو اعتُبِر قيدُ الكلية والجزئية، حتى يكون النظر إلى المجموع المركب من العارض والمعروض. وهذا هو التضايف المشهوريّ في اصطلاحهم.

وأما التضايف الحقيقي؛ فليس إلا بين الكلية والجزئية -كما في **شرح حكمة العين** وغيره-. والمعترض نظر إلى العارض أو إلى المجموع المركب من العارض والمعروض. وهو خطأ -كما ستعرفه الآن-.

واعتراضُ القوم إنما كان نظرًا إلى الثاني دون الأول، وإلا لما ساغ لسعد الدين -وهو أعلم من المعترض- أن يقطع بجواز وجود الجزء مع عدم الكل، حيث قال في **شرح العقائد النسفية**: «لِلقطع [187 أ] بجواز وجود الجزء بدون الكل»(327). انتهى. فالمعترض قد خلط العارض بالمعروض، والمفهوم بالماصدق. فحاصل كلامه: قياسٌ حمليٌّ؛ صغرَى مقدمتيه: أن الجزء والكل متضايفان، وكبراهما: أن كل متضايفين متكافئان وجودًا وعدمًا. والصغرى غيرُ صادقة، إلا إذا أريد بـ«الجزء» و«الكل»: المجموع الاعتباري -أي: مجموع العارض والمعروض من ذاتي الجزء والكل مع

(326) التفتازاني، **المطول**، ص 458.
(327) التفتازاني، **شرح العقائد النسفية**، ص 39.

الجزئية والكلية- حتى ذلك من «التضايف المشهوريّ»[328] -على ما هو معروف في مظانّه من كتب الحكمة والكلام-.

وهاهنا نكــتــة توضح غلط المعترض الغلط الفاحش، وهي: أن المجموع المركب من العارض والمعروض = ليس تركيبه إلا عقليًّا. فغاية أمره: أن يكون موجودًا ذهنيًّا عند من يقول بالوجود الذهني، كالفلاسفة، وهم القائلون بالمتضايفين. وأما المتكلمون؛ فلا يثبتون «تقابل التضايف» -كما مر-، بل قد استدلوا على بطلان ما زعمته الفلاسفة من مقولة «الإضافة»، بأدلة مذكورة في مظانها، ومنها: أن الإضافة لو كانت موجودة ولم تكن من الأمور الاعتبارية؛ لكانت عَرَضًا مفتقرًا إلى محل. وحلولُها فيه = إضافةٌ بينها وبينه أيضًا، فتعرض لها إضافةٌ أخرى، وهلمّ جرًّا، إلى أن يتسلسل لا إلى نهاية.

وأُجيبَ بأن زيدًا -مثلًا- محتاجٌ في كونه مضافًا إلى الأبوة العارضة له، وكذا الجزء محتاجٌ -في كونه مضافًا- إلى الجزئية العارضة له. وأما نفس «الأبوة» و«الجزئية»؛ فلا يحتاجان -في كونهما مضافتين- إلى إضافة أخرى تعرض لهما مرة ثانية. فلا يلزم التسلسل المحال.

واعتُرِض بأن لزوم التسلسل المحال = ليس من هذه الحيثية، بل من حيث إن الأبوَّة والجزئية -مثلًا- عَرَضان يفتقران إلى المحل. فلا بد أن يعرض لهما إضافة أخرى بالنسبة إلى ذلك المحل. وهكذا الكلام في هذه الإضافة العارضة. فلا بد من لزوم التسلسل من هذه الحيثية.

واعلم أن كثيرًا من الفلاسفة ذهبوا إلى أنها -أي: الإضافة- من الأمور الاعتبارية، وليست من الأمور الموجودة، لا خارجًا ولا ذهنًا. والذي قال منهم بوجودها في الذهن جماعةٌ كابن سينا وأتباعه، ومن تقدَّمه بالزمان. ولم يقل أحد من أوائل المتكلمين بوجودها -كسائر الأعراض النسبية كما مر-. وهذا الدليل الذي حكيناه عن المتكلمين في نفي الإضافة = جارٍ في سائر تلك الأمور النسبية.

---

(328) لعل في النظم سقطًا، وصوابه أن يقال -مثلًا-: «حتى عُدَّ ذلك من التضايف المشهوريّ... إلخ».

وإذا عرفتَ هذا؛ عرفتَ أن الكلام في «المتضايفين»، وإدخاله في تعريف «الغيرين» = لا يطابق قواعد المتكلمين، ولا يجري على اصطلاحهم، ولا يتم به غَرَضُ الأشعري أصلًا؛ لأنه من مذاهب الفلاسفة.

فقد خبط المعترض وخلط، وارتكب غلطًا على غلط. أَوَلَا ترى أن المتقدم والمتأخر بقيد التقدُّمِ والتأخُّر = من المتضايفين قطعًا، مع أنه لا يجتمع المتقدم بالزمان مع المتأخر به، وإلا لم يكونا متضايفين؟ فأين التكافؤ في الوجود الخارجي الذي كلام المتكلمين بصدده؟ بل التكافؤ هنا يقتضي عدم التضايف، وقد كان التضايف مقتضيًا له. هذا خلْفٌ. إنما هما متكافئان في الوجود الذهني -عندهم-.

فظهـر: أن المعترض لم يعرف جليّة الحال، وأن اعتراض القوم = قويمٌ؛ لأنه ليس إلا بالنظر إلى ذاتَي الجزء والكل اللذين يوجَدان في الخارج، ولأن كلامَ الأشعري في ذلك التعريف، وكلامَ المتكلمين عليه = كلُّه بمعزل عن الوجود الذهني، فإنهم ينفونه -كما مرّ-.

ومن العجائب: أن المعترض لما بلغ إلى آخر الكلام؛ غفل عما وقع له في هذا المقام، فاعترف بما ذكرناه وهو لا يشعر، حيث قال: «إن المتضافين من النِّسَب، والنَّسَب والإضافات لا وجود لها عندهم. فكيف ذهب عنه ما قاله هنا من أن الجزء والكل متضايفان، وأن الإضافات لا وجود لها إلا عند من يقول بالوجود في الأذهان؟ وما هذه الغفلة عن مثل هذا الشان، وعن كونه كلامه هنا غير مستقيم -باعترافه- بل ظاهر البطلان؟ والذي يظهر لي من حاله: أنه ناقلٌ غيرُ ناقِد. فلذا؛ تجد كلامه متلونًا مضطربًا بحسب اختلاف المنقولات وتبايُن المقاصد. والله أعلم.

ما وقع من ذكر الوجود الذهني في كلام بعض المتكلمين؛ فالمراد به: التميّز العقليّ

فقـوله: «كلَّما وُجِد أحدهما في الذهن... إلخ»؛ مع كونه لا صحة له بالنظر إلى ذاتي الجزء والكل = كذلك لا صحة له بالنظر إلى مراد القوم والأشعري، مع أنه مُشعِرٌ بأن المعترض يقول بالوجود الذهني -خلافًا لسائر المتكلمين-، وهو معذور في ما وقع؛

لأنه نقل كلامه هذا من كتبٍ قد خلطوا فيها مذاهب الفلاسفة بأصول أرباب الكلام من أهل الإسلام، واعتمدوا على أن العارف المتأهل للنظر = يُرجِعُ لكلٍّ ما يليق بقاعدته، أو كما قال حسن الـچلبي الفناري صاحب **حاشية المطول في حاشيته على التلويح**، حاكيًا عن **شرح المقاصد**: «إن المراد بالوجود الذهني الواقع في كلام بعض المتأخرين من المتكلمين = ليس المراد منه إلا التميُّز العقليُّ»(329)؛ نظرًا إلى أنهم لا ينكرون تعقل بعض الأشياء المعدومة في الخارج، كالكليات والاعتباريات، بل والممتنعات وغيرها مما لا كلام في تعقله، مع القطع بعدم وجوده في الخارج. إلا أن المعترض قد صرّح بالقول بالوجود الذهني في **شرحه لعقيدة ولد المؤلف** -رحمهما الله تعالى-، وهو -كما يقال- «جرْحٌ وليس بشرْح». وعلى هذا؛ فهو غير مبالٍ بمخالفة جميع الأولين والآخرين من المتكلمين.

وأما قوله: «نعم، عدمُ بعضِ الأجزاء... إلخ» = فهادمٌ لما ادعاه أولًا. لأن عدم بعض الأجزاء = عدمٌ للكل، وعدمُ الكل = عدمٌ للأجزاء جميعًا؛ نظرًا إلى اعتبار الحيثية التي اعتبرها هو، فلم يصحّ عدمُ بعض الأجزاء مع وجود البعض الآخر أصلًا، إذا قيل بأنه يجوز عدمُ الكل مع بقاء الجزء؛ نظرًا إلى الذاتين -أي: ذاتَي الكل والجزء، كما هو المقصود-. وذلك خلاف مراد المعترض، بل هدمٌ لدعواه -كما ذكرناه-؛ لأن حُكمَهُ بجواز عدمِ بعضِ الأجزاء مع وجود الآخر = حكمٌ بجواز عدمِ الكلِّ مع وجود الجزء. واعتبار الحيثية في هذا دون ذاك = تحكُّمٌ محضٌ.

ويَرِدُ على قوله: «من حيث كانت أجزاءً» = مناقَشَةٌ. لأن زيادة لفظ «كانت» = مخلةٌ بمراده. فإنه يصدق على ذوات الأجزاء أنها كانت أجزاءً وهي باقية من هذه الحيثية -أي: حيثية الكون في ما مضى-، فكان الصواب في مقصوده حذف لفظ «كانت»؛ ليفيد أنها معدومةٌ من حيث إنها أجزاء. وأما من حيث إنها «كانت» أجزاءً = فهي موجودةٌ لا معدومةٌ، فتدبّره، وإن كان الأمر فيه سهلًا؛ لأنه مناقشة لفظية. وقد أغمضنا على كثير من أمثالها في كلامه. إلا أن حاله هنا ودعواه = دَعَانا إلى كمال التتبع لكلامه في هذا الموضع.

---

(329) منقول بالمعنى، ينظر مثلًا: التفتازاني، **شرح المقاصد**، ج 1، ص 79، ص 91.

وإذا عرف ما ذكرناه أولًا؛ تبيَّن عندك بطلانُ كلامه الذي أورده بيانًا لوجه اندفاع ذلك الاعتراض. فاعلم أن قوله: «فالغيران -على هذا- موجودان يصحُّ عدمُ أحدهما في الجملة مع وجود الآخر» = لا يصح أيضًا. لأن حاصل قوله: «في الجملة» = جزئيةٌ. وحاصل قولك: «يصح عدم كل واحد منهما» = كليَّةٌ. وإرادة كلٍّ من الجزئية والكلية في لفظ واحد = مما لا صحة له. فالمفهوم من قوله: «في الجملة» = لا يتحقق عند صحة عدم كل واحد من الموجودين؛ إذ لم يصح في الجملة، بل صح على كل تقدير، فتأمل.

ولنختم هذه الجملة بأشياء وقعت في كلام المعترض، فنقول: [187 ب]

قد ذكر أولًا أن صفات الباري تعالى -الذاتيةَ خاصَّةً- إنما استُنبِط عدمُ غيريَّتها من الشرع. واعترف بأن العقل يحكم بكونها أغيارًا، ثمّ تجاوز عن هذه الدعوى في الصفات الذاتية القديمة، إلى الدعوى في كل صفةٍ لازمةٍ، سواءٌ كانت قديمة أو حادثة. وقد صرح بأن وجه الحكم بعدم مغايرة القديمة للذات هو: أنها موجودة في الأزل؛ للنصوص الواردة بأنه تعالى عالم وقادر إلى آخرها، وأن العالم -مثلًا- في لغة العرب: من قام به العلم. ثم ذكر أن كلام الشيخ = في صفات الذوات، دون صفات الأفعال، مع أن النصوص القرآنية، كما نطقت بكونه تعالى عالمًا -مثلًا-؛ قد نطقت بكونه خالقًا -كما ذكرناه سابقًا-. فمن أين الفرق في الشرع بين العالم والخالق -مثلًا-؟ وقد ذكر أن الشيخ إنما التجأ إلى الحكم بنفي المغايرة في الصفات الذاتية؛ فرارًا من إلزام المعتزلة، فقال بما قال؛ مخالفًا لقضايا العقول. ثم أخذ في الجدال تحريرًا وتقريرًا، ودفعًا ومنعًا لما يورده أهل العقول، بمقتضى حكم العقل، حتى اضطرَّ إلى نفي المغايرة بين الصفة اللازمة والموصوف؛ أعمَّ من الحادث والقديم. بل قد وقع في عدم المغايرة بين الجوهر والعرض اللازم؛ غوصًا منه في بحر حقائق الشرع -كما قال في حق الشيخ الأشعري-.

تصريح الأشعري بمغايرة الجوهر لأعراضه

وقد ذكر سعد الدين في **شرح المقاصد** تصريح الأشعري بمغايرة الجوهر لأعراضه. وذلك عند الحاجة إلى التفصّي عما ورد عليه من لزوم قيام المعنى بالمعنى، حيث يقول: «إن البقاء معنى. وإن الصفات معانٍ باقية». فأجاب بأن «الصفات باقية ببقاءٍ، هو بقاءُ الذات.

لأنها ليست غير الذات، بخلاف الجوهر؛ فإنه لا يكون بقاؤه بقاءَ أعراضه؛ لأنها مغايرة له. والبقاء القائم بالشيء لا يكون بقاءً لما هو غيره». قال -أي سعد الدين-: «وبهذا صرّح الأشعري». انتهى كما ذكره في «بحث الصفات»[330]. وهو مكذِّب للمعترض في دعوى عدم المغايرة بين الجوهر والعرض على أصل الأشعري.

فانظر تخليطك -يا أخا الأكراد-، ونفخك في الرماد. فقد أكذبك من هو مرضيٌّ عندك بلا عناد. ولله در المعري -إذ صدق فيك ما قال وأجاد-:

ولم تحظ من ذاك النزاع بطائل   من الأمر إلا أن تُعَدَّ سفيها

ثم ادعى أن كلام الشيخ مبنيٌّ على صله في العلة والمعلول، ولم يتعرض لكونه مبنيًّا على أصله في العَرَض -كما ذكرناه في ما مضى لنا؛ بيانًا لتحكم المعترض-. وقد ذكر أن الجزء ليس غيرًا للكل عند الشيخ، مع أنه قد صرح بأن غرض الشيخ هو الفرار عن إلزام المعتزلة، ولا مدخل في ذلك للجزء والكل قطعًا -كما صرح به الدواني في ما حكيناه عنه سابقًا أيضًا-، ولا الجوهر ولا العرض -كما نقل سعد الدين تصريح الشيخ الأشعري بذلك في الكلام المنقول عنه آنفًا-، وكذا الصفات الحادثة؛ لا دخل لها -كما اعترف بذلك المعترض نفسه من حيث لا يدري، وذلك في قوله: «وكيف لا، والشيخ قائلٌ بمغايرة صفات الأفعال للذات. وأنت خبير بأن الشيخ إنما كان قائلًا بمغايرة صفات الأفعال للذات؛ لأنه لا دخل لها في الفرار عن تعدد القدماء».

وإذا عرفت هذا؛ علمتَ أن المعترض قد ارتكب ظلمات بعضها فوق بعض، وليس له فيها يدٌ حتى نقول: «إذا أخرج يده لم يكد يراها، ومن لم يجعل الله له نورًا فما له من نور».

[حجج إضافية من المعترض لإثبات مذهب الأشعري في مفهوم «الغَيرين»، ورد المؤلف]

قال: «ومن هاهنا يتضح معنى قولهم: 'إنك إذا قلت: ليس له عليّ غيرُ عشرةٍ=

---

(330) التفتازاني، **شرح المقاصد**، ج 2، ص 77-78.

يُحكَم عليك بلزوم خمسة، فلو كان الجزء غير الكل؛ لما كان كذلك'. انتهى. فإن معناه: 'ليس له عليّ عددٌ موصوف بمغايرة العشرة'. ولا شك أن الخمسة عددٌ متميز من العشرة بخصوص المادة، فلا يكون غير العشرة. ولمّا كان العشرةُ مركَّبةً من عشرِ وَحداتٍ؛ كان الخمسة المركب منها ومن الخمسة الأخرى العشرةُ(331)؛ لا توجد بدون العشرة أصلًا، فلا تكون غيرها أيضًا؛ لعدم الانفكاك بينهما، فلا يصدق أحد الغيرين عليهما، فلا يرد عليهم ما ذكره السيد -قُدِّس سرُّه- في شرح المواقف، حيث قال: 'وَرُدَّ عليه بأن المراد: إما الخمسة فقط -فلا نسلم الحكم بلزومها-، وإما مع تمام آحاد العشرات -فذلك هو العشرة نفسها-، وبأن الغير هنا محمولٌ على عدد آخر فوق العشرة'. انتهى.

أما الأول؛ فلأن المراد لا هذا ولا ذاك، بل المراد هو الخمسة، من حيث إنها مركَّبٌ منها ومن الخمسة الأخرى؛ العشرة. وهي من هذه الحيثية ليست عين العشرة -وهو ظاهر-. ولا غيرها؛ لعدم الانفكاك عنها.

وأما الثاني؛ فلأن حمل الغير على عدد آخر فوق العشرة = ليس إلا لأنه لا يصح حمله على عدد دون العشرة. وذلك ليس إلا لأنه لا يتصف بالمغايرة. وهذا هو المطلوب».

أقــول: لا اتضاح لما ذكره في توجيه كلامهم إلا في أوهامه المعروفة. بل لا نسلِّم أن أحدًا خصص الخمسة باللزوم في قول القائل: «ليس له عندي غيرُ عشرة».

نعم، الخمسة وما تحتها وما فوقها إلى العشرة = لازمةٌ للمُقِرِّ؛ لأنها داخلة تحت صريح إقراره، لا لهذه المقدمات الباردة، والتطويلات الفاسدة، من كونها جزءًا، وكون الجزء ليس غيرًا، وكونها ملحوظةً من حيث إنها تركَّب منها ومن خمسة أخرى = عشرةٌ -كما قال-. فدفعُه لإيراد السيد المحقق = مدفوعٌ في وجهه [188 أ]. هذا بالنظر إلى الأول.

وأما الثاني؛ فالذي أراده السيد: أن «الغير» إذا كان محمولًا على ما فوق العشرة -جريًا على مقتضى لغة العرب-؛ كان معنى الكلام ليس إلا إثبات العشرة ونفي ما

---

(331) أي: كان الخمسة والخمسة الأخرى التي العشرة مركبة منها.

فوقها، ولم يبق حينئذٍ تعرُّضٌ لما تحت العشرة، لا بالعينية ولا بالغيرية، فضلًا عن ملاحظة الجزئية والحيثية التي أبداها المعترض. فإن العالمِ بلغة العرب إذا سمع قول القائل: «ما في الدار غيري» = لم يفهم منه إلا أن المراد: «ما غب الدار أحدٌ من الناس غيري»، ويعلم أن المقصود: نفيُ غيرِ المتكلم من نوعه الإنساني -كما نبّه عليه الجلال الدواني-، لا أنه كل ما كان في الدار؛ فإنه لا يوصَف بمغايرته. كيف وهذا كلامٌ يجري ممن معه سيفٌ وأتْراسٌ، وسهامٌ وأقواس، وجِمالٌ وأفراس، وأشياءُ توصف بمغايرته قطعًا كالنبراس والمهراس، فضلًا عن أجزائه من اليد والرِّجل والراس؟ فلو صح كلام موقِد **النبراس**، ودفعُه لإيراد السيد المحقق؛ للزم أن تلك الأشياء لا توصف بالمغايرة للمتكلم بهذا الكلام.

وإذا شئنا مجاراته في ما جاء به من مسألة الإقرار، على سبيل العكس لمراده؛ قلنا: لو أن قائلًا قال: «له عليَّ عشرة إلا خمسة»؛ صح الاستثناء. بخلاف ما لو قال: «له عليّ عشرة إلا عشرة». فلو لم يكن بين الخمسة والعشرة مغايرةٌ؛ لَما افترق الحال، فصحَّ التقدير الأول، ولم يصح في الثاني.

ومما لا يخفى: أن قائلًا لو قال: «ليس له عليّ إلا عشرة دراهم»؛ كان المراد: نفي ما فوق العشرة الدراهم -كما قاله السيد المحقق من أن الكلام محمول على ما فوق العشرة-. فلو ثبت ما قاله المعترض من أنه إنما حُمِل الكلامُ على نفي ما فوق العشرة دون ما تحتها -لأنه لا توصف بالمغايرة-؛ للزم أن الخمسة الثياب -مثلًا- ليست غيرًا للعشرة المذكورة. وذلك لأنه قال: «إنه إنما حُمِل على ما فوق العشرة؛ لأنها غيرٌ»، فيفيد أن ما تحت العشرة، لو كان غيرًا؛ لحُمِل عليه. فيلزمه أن الخمسة الثياب ليست غيرًا. وهو واضح.

لا يقال: إن مغايرة الخمسة الثياب للعشرة الدراهم -مثلًا-؛ معلومة من التمييز المذكور في قول القائل: «ليس له عليّ إلا عشرة دراهم»، فلا يرد الاعتراض.

لأنا نقـول: كلام المعترض مطلقٌ على أنه قد جعل المغايرة وعدمها = راجعةً إلى كون العدد فوق المذكور أو تحته؛ أعمَّ من أن يكون مميَّزًا أولًا. ثم إنا لو فرضنا خلوّ الكلام عن التمييز؛ كان الاعتراض على المعترض باقيًا بحاله، فليُدرَك.

وقد أَعْجَبَ[332] بالتصريح هنا بأن الحكم بـ«لا عين ولا غير» = جارٍ في صفات الله تعالىٰ -كما قال-، فهي ليست عين العشرة -وهو ظاهر-، ولا غيرها. فكشف عن وميض النبراس، ووقف تحت تعريض أبي نواس:

**فبُح باسم من تأتي ودعني من الكنَى		فلا خير في اللذات من دونها سِتْرُ**

مع أنه قد قال: «إنما استفيد ذلك الحكم من الشرع»، على ذلك الوجه الذي استدل به في حديث: «كان الله ولا شيء معه» ونحوه. بل كلامه هناك = في تسميتها «أغيارًا» للذات، لا في نفس كونها أغيارًا. وكلامُه = هنا في المغايرة نفسها. ألا تراه كيف رتّبُ عليها الحُكمَ الشرعيَّ المشار إليه بقوله: «فلو كان الجزء غير الكل؛ لما كان كذلك»؟ وستعلم آخر البحث وجه تخصيصه الخمسة بالذكر؛ فتزداد عجبًا من صنيعه، ومما في قوله من المناقضة، حيث قال: «وإن العشرة مركبة من الخمستين»، بعد قوله: «إنها مركبة من عشر وحدات»!

ولقد كان في غنًى عن الاعتراض والتصنيف بهذا التخبُّط والنظر السخيف. ولعله أثرٌ من آثار البغي، وعدم الوقوف عند حدود الشرع الشريف، وميزان العقل الذي لا يقبل التغيير والتحريف.

قال: «**فقد اتضح أن تعريف الشيخ = سالمٌ عن جميع تلك الاعتراضات والنقوض. فلا حاجة إلى تغييره إلى ما غيَّروه إليه**».

أقـول: بل اتضح أن المعترض ضل، وأن ذلك التعريف مختل، وأن ما غيروه إليه = مما لا صحة له ولا يعوَّل عليه.

على أن المعترض تارة يسميه «تعريفًا»، وتارة يسميه «تفسيرًا» -كما مر-. وفي عبارته قلق ورِكَّة، تركنا التعرض لها؛ لأنها ظاهرة لكل متأهل للبحث، بل من له أدنى مُسكة.

---

(332) أي: أتى بشيء عجيب.

[بحث في تمايز الأعدام، وعلاقة ذلك بالوجود الذهني وثبوت الأشياء في العدم]

قال: «ومما ينبغي أن ينبَّه عليه: أن الأعدام متمايزة عند المتكلمين النافين للوجود الذهني، كما أنها متمايزة عند القائلين به -على ما صرّح به في شرح المواقف-. وكل متمايزينِ = أمران، لأن التعدد لازِمُ التمايز -كما صرّح به أيضًا-. وكل اثنين = غيرانِ. خلا أن الشيخ لمّا احتاج إلى التفصيل في الموجودين، ونفيِ الاعتراض الوارد على مذهبه من القول بوجود الصفات القديمة = استنبط من الشرع تعريفًا للـ'غيرين'، وترك القسمين الآخرين. لأن الاعتراض عليه إنما جاء من قِبَل 'الموجودَيْن'، فهو الذي يهمه تعريفهما لدفع الاعتراض.

وأما القسمان الآخران؛ فلعدم تعلُّقِ العرض بهما = لا اهتمام له بهما حتى يعرّفهما. فأخذ 'الموجود' في التعريف؛ لأنه إنما أراد أن يعرِّف قسمًا مخصوصًا من مطلَق 'الغيرين'؛ لأن 'الغيرين' -عنده- مختصان بالـ'موجودَين'. وذلك لأن الشيخ قائلٌ بتثليث القسمة في الصفات، وبأن ما ينفكّ عن الذات = 'غيرٌ'، كالخلق ونحوه من صفات الأفعال. ولا شك أن العالَمَ حادثٌ باتفاق المتكلمين. والحادث معدوم في الأزل = فكذلك ما تعلق بنفي الإحداث. فالقول بمغايرة الذات والإحداث المعدوم أزلًا = قولٌ بمغايرة الوجود والعدم. وإذا جاز اتصاف الوجود مع العدم بالمغايرة؛ جاز اتصاف عَدَمين بها أيضًا؛ إذ لا علة للاتصاف إلا التعدد اللازم، وهو ثابت بين عدمين أيضًا -كما مر-. فكل اثنين = غيران قطعًا واتفاقًا، إلا الصفة الموجودة اللازمة للذات -ما دام الذات-، والجزءُ والكلُّ -عند الشيخ الأشعري ومن تبعه في ذلك اصطلاحًا منهم؛ أخذًا من الشرع كما مر بيانه، على وجه غير مسبوق إليه في ظني-. والله أعلم». [188 ب]

أقـول: قد صرّح العضد في **المواقف**، في «بحث القدرة»: أن «مذهب أهل الحق -يعني الأشاعرة ونحوهم-: أن المعدوم ليس بشيء، وإنما هو نفيٌ محضٌ، لا امتياز فيه أصلًا، ولا تخصيص قطعًا»(333). كذا ذكره بلفظه. وهو الحق بالنظر إلى أصولهم،

(333) الجرجاني، **شرح المواقف**، ج 8، ص 60.

وإن كان العضد قد ناقضه، كما يشهد به التأمّل لكلامه في **المواقف**. لكنه كلام في المعدومات لا في نفس الأعدام.

فقول المعترض: «إن الأعدام متمايزةٌ عند المتكلمين» = كلامٌ لا تحقيق له أصلًا، ولا يطابق الواقع. إنما هو مذهب الفلاسفة.

ولعل مراد السيد: أن العدم المضاف إلى شيء = متميِّزٌ عن العدم المضاف إلى شيء آخر؛ نظرًا إلى ذينك الشيئين لا إلى مجرد المعدمين، كما يقولون: «إن عدم العِلّة متميِّزٌ عن عدم المعلول». وهذا هو الذي فهمناه من **المواقف وشرحه**، في المقصد المتعلق بهذا المبحث، وهو المقصد الخامس في موقف الأمور العامة. اللهم إلا إذا كان ما نقله المعترض عن السيد = في نسخة لم نقف عليها من **شرح المواقف**.

وإن كان مستندُه في نقله = ما ذكره السيد في «مقصد الغيرين»، من النسخة المعروفة بين الناس؛ فقد حرَّف المعترض، وانحرف عن سواء السبيل. فلننقل كلام العضد والسيد في **المواقف وشرحه**؛ ليُعلمَ خبطُ المعترض.

قالا فيه ما نصه: «قال مشايخنا: 'ليس كلُّ اثنين بغيرين، بل الغيران موجودان جاز انفكاكهما في 'حيِّزٍ' أو 'عَدَمٍ'. فخرج بقيد 'الوجود': الأعدامُ. فإنها لا توصف بالتغاير -عندهم-؛ بناءً على أن الغيرية = من الصفات الثبوتية، فلا يتصف بها عَدَمَانِ ولا عدمٌ ووجودٌ. وهذا أعمُّ من قوله: 'إذ لا تمايز بينهما، ولا بد في الغيرين من التمايز'.

فإن قلت: أليس قد مرّ أن الأعدام متمايزة عند المتكلمين النافين للوجود الذهني؟

قلت: أجيب عن ذلك بأن التمايز بينهما إنما هو بحسب مفهوماتها دون ما صدقت هي عليه. ولا بد في الغيرين من التمايز بحسب ما صدقا عليه، فتدبر»(334). انتهى. فانظر كيف قد نطق بعكس مطلوب المعترض.

فإن قلت: وما الذي أحوج المعترض إلى هذه الدعوى وزعمه بأن الأعدام متمايزة؟

(334) الجرجاني، **شرح المواقف**، ج 4، ص 49-50.

قلت: أحوجه إلى ذلك مخالفةُ ما صرّح به في **المواقف وشرحه**، من أن المضافين كالأبوة والبنوة، والعلية والمعلولية؛ لمّا كانا غير موجودين -لأن النِّسَب والإضافات أمور اعتبارية لا وجود لها عندهم- كان إيرادهما خارجًا عن قانون التوجيه. لأن كلامهم = في 'المتميِّز'. ولا تميُّز لغير الموجود. وكل ما لا تميُّز له = لا مغايرة له -كما عرفت-. والمعترض أثبت التمايز للأعدام. ومع ذلك نفى المغايرة بين المتضايفين -كما مر-. فالكلام يضرب بعضُه وجهَ بعضٍ. ومع ذلك قد اشتمل على نسبة الجهل إلى فضلاء الأشاعرة.

فإن قلت: علام أحال السيد في قوله: «أليس قد مرّ» إلى آخره؟ ومن أين هذا الحكم بأن الأعدام متمايزة عند المتكلمين، وهو خلاف المشهور عنهم؟

قلت: أحال على ما ذكره العضد في «المقصد الخامس» من «موقف الأمور العامة»، وهو قوله: «والحق فيه -أي: في خلاف تمايز المعدوم- أنه فرعُ الخلاف في الوجود الذهني». إلى آخر كلامه الذي سنورده بلفظه في ما سيجيء لنا. وستعلم أنه ليس نصًّا في أن الأعدام متمايزة عند المتكلمين، بل هو -في التحقيق- إيرادُ إشكالٍ على الفلاسفة. ولم لا، وقد ذكر في صدر هذا المقصد: أن المعدومات والعدمات = نفيٌ صِرفٌ، لا إشارة إليها أصلًا؟ وهذا هو الملائم لمذهبهم، سيما نفاة ثبوت الذوات في العدم. نعم، في كلام العضد نوع اضطراب لا يخفى على المتدرب المتدبر الفطن.

واعـلم أن «التميُّز» صفةٌ ثبوتيةٌ. فلا بدَّ أن يكون الموصوف بها ثبوتيًا ولو في الجملة. وكلا هاتين المقدمتين = مما لا يصح فيه نزاع لأحد من العقلاء. إلا أن الناس افترقوا في معنى «الثبوت»، فقال شيوخ الاعتزال بأنه «أعمُّ من الوجود»؛ فقد يكون الشيء -عندهم- ثابتًا وهو ليس بموجود، كما قالوا بثبوت الذوات في العدم. فتمايُز الذوات المعدومات = مما لا تأباه أصولهم، بل تقتضيه.

وقالت الفلاسفة وجمهور الأشاعرة وغيرهم -كبعض المعتزلة مثل أبي الحسين البصري، ومحمود الخوارزمي، وجار الله محمود الزمخشري-: «إن الثبوت رديف الوجود. فكل موجود = ثابتٌ، والعكس». لكن الفلاسفة لمّا رأوا أن بعض الأشياء التي لا وجود

لها في الأعيان = قد توصف بالأوصاف الثبوتية؛ قالوا بـ«الوجود الذهني»، وأثبتوا لها وجودًا في الأذهان؛ حذرًا من المناقضة اللازمة لغيرهم من النافين للوجود الذهني، المسلِّمين لكلية الكبرى من المقدمتين المذكورتين، مع القول بترادف «الثبوت» و«الوجود»، كجمهور المتكلمين من الأشاعرة. وعلى هذا؛ فالمعدوم المتميز من كل الوجوه -عند الفلاسفة-: موجود ذهني، وعند المعتزلة: ثابت في العدم -كما مر-.

وأما النافون للوجود الذهني من الأشاعرة، القائلون بأن الثبوت رديف الوجود؛ فقد شملتهم الحيرة في هذا المقام، فهم يقدِّمون رجلًا -نظرًا إلى عقولهم-، ويؤخرون أخرى -نظرًا إلى تأصيلهم-. والمعترض لم يزد إلا نغمةً في طنبور عويلهم. على أنه ليس محافظًا على أصولهم؛ لأنه لا يبالي بلزوم مذهب الفلاسفة في الوجود الذهني -كما صرح به في **شرحه لعقيدة ولد المؤلف** رحمهما الله تعالى، وقد مر ذكره-، وصرّح فيه أيضًا بمقتضى المقدمة الأولى من هاتين المقدمتين المذكورتين. فإن كان على هذا الذي صرح به = فهو فلسفي المذهب، أو مذبذب. وإن كان على ما صرّح به المتكلمون؛ لم يصح على إطلاقه قولُه: «إن الأعدام متمايزة في نفسها».

وأما ما يقال من أن تمايز الأعدام ليس متفرعًا على القول بالوجود الذهني، كما أنه ليس مبنيًّا على ثبوت الذوات في العدم = فلا وجه لجعل القول به ميلًا إلى مذهب الفلاسفة. كيف والأعدام نفسها ليست من الموجودات الذهنية -عندهم- مع تصريحهم بتمايزها؟

وأيضًا، فإن الخلاف بينهم وبين غيرهم من المتكلمين في تميز المعدوم = مشهور منشور. ولو كان الكلام على ما ذَكَرْتَ؛ لارتفع الخلاف معهم؛ لأنه إذا كان كلامهم في الموجود الذهني؛ لم يبق النزاع في تميز المعدوم على إطلاقه، بل يصير نزاعًا في وجوده لا في تميزه. وحينئذٍ لا يبقى النزاع في تميز المعدوم. وصرفُ محلِّ النزاع إلى المعدوم في الخارج = ليس بمرضيٍّ -كما لا يخفى-.

فجوابه: أن تميُّز ما لا يطرقه ثبوتٌ في الذهن أصلًا = محالٌ عندهم. غايةُ الأمر: أن بعض المتميزات التي ليست من الموجودات الذهنية بالأصالة -كالعدمات والمعدوم

المطلق-؛ لا بد لها من ثبوت في الذهن، ريثما ينصبُّ عليها الحكم، وتستوفي ما هو لها من النسبة. فلها ثبوت ذهني في الجملة.

فإن قيل: إن الحكم بتميز المعدوم يستلزم أن يكون -حالةَ الحكم بتميزه-؛ معدومًا. وذلك ينافي قولكم: «لا بد له من ثبوتٍ ريثما ينصبُّ عليه الحكم».

قلت: هذا وهم منشؤه عدمُ الفرق بين الحكم بتميز المعدوم -الذي هو المدَّعى- وبين الحكم عليه بالتميز عن غيره -أي: نفس إيقاع الحكم-. والمستلزم لعدمه -حالَ الحكم-؛ هو الأول، لا الثاني. فإنه مستلزم لثبوته في الجملة. فليُفهَم.

وإذا تبين ما ذكرناه؛ عُلِمَ أنه لا بدّ من تميُّز المعدومات حالةَ إيقاع الأحكام عليها. وأما أنها لا تشم رائحة الوجود هنا، والثبوت بوجه ما، مع الحكم عليها بالتميز التام = فخارج عن طور العقل. ولهذا اعترف نفاةُ ثبوت الذوات في العدم من المعتزلة = بصحة العلم بها والإخبار عنها، حتى إن الفاضل اليمني[335]، لمّا نظر إلى بعض المواضع من **الكشاف** يقضي بشيئية المعدوم، مع تصريح جار الله في **المنهاج** و**الكشاف** أيضًا بأن المعدوم ليس بشيء -كما سبق لنا-؛ تأوَّلَه بأن مراد جار الله بما ذكره في بعض المواضع من **الكشاف** من شيئية المعدوم: هو صحة العلم به والإخبار عنه.

وأنت خبير بأن القول بثبوت الذوات في العدم = لا يَؤُول إلى أكثر من هذا. إذ لا يريدون بأن في الأزل ذواتًا مرصوصة، وجواهر مركوزة. وإنما اضطرهم الدليل إلى إثباتها في العدم؛ كما اضطر الفلاسفة إلى القول بوجودها [189 أ] في الذهن، حتى في القِدَم -على ما هو معروف من أصولهم-. وسيأتي لهذا مزيد توضيح في موضعه إن شاء الله تعالى.

وقد علمتَ -في ما سبق لنا- أن العلم ما لم يكن متعلقًا بالشيء؛ لم يصر الشيء معلومًا بالفعل -كما اعترف به الدواني-. فما هو الذي تعلق به العلم؟ وما هو الذي حُكِم عليه بالتميز؟ ولولا ما أشرنا إليه؛ لما اضطرب المتكلمون في متعلَّق العلم بنفي

---

(335) هو الفاضل العلوي، يحيى بن القاسم العلوي (ت. بعد 750هـ). وقد سبق التعريف به. له كتاب بعنوان **تحفة الأشراف في كشف غوامض الكشاف**. لا يزال مخطوطًا.

ثاني الباري تعالىٰ. وتردد أبو علي ابن سينا في الممتنع مطلقًا؛ هل يُتصوَّرُ واقعًا أو لا؟ فقيل: يتصوره علىٰ سبيل التشبيه والتمثيل -كما سيأتي أيضًا-، وقيل: يُتصوَّرُ واقعًا. إذ لو لم يُتصوَّر؛ لم يصح الحكم بامتناع تصوره. وهذا مما يدلك علىٰ ما ذكرناه آنفًا. وقد أشرنا أيضًا إلىٰ أن تميُّزَ عدمِ العلة، عن عدم المعلول -مثلًا-؛ راجعٌ إلىٰ تميز العلة عن المعلول، وكذلك سائر الأعدام المتمايزة. ألا ترىٰ أنه يزداد التميُّز قوةً وضعفًا بين العَدَمَيْن، بحسب قوته وضعفه بين المعدومَيْن؟ فتمايز عدم بعض المعلولات عن بعض = ليس له قوة التميز الذي بين عدم العلة وعدم المعلول. ما ذاك إلا لقوة التمايز بين العلة والمعلول. فعرفتَ أن مرجع تمايز العَدَمات = إلىٰ المعدومات نفسها، وأن ابتناءه = علىٰ إحدىٰ قاعدتَي «الوجود الذهني»، و«ثبوت الذوات في العدم»، والأشاعرة غير قائلين بشيء من القاعدتين. فقد زلَّ قدم المعترض إن كان ساعيًا في توجيه كلامهم.

واعـلم أن الرازي مصرِّح في كتبه بأنه لا تمايز في الأعدام؛ لِمَا عُلِم من ابتنائه علىٰ أصولٍ مخالفةٍ لأصول الأشاعرة، وأن الحكم بالتميز علىٰ العدم الصِّرف = غير معقول. وذلك لأن ثبوت التميز للشيء = فرعُ ثبوت ذلك الشيء في نفسه. ولا نعلم منازعًا في المقدمة المعروفة بين القوم، من أن ثبوت الشيء للشيء = يقتضي ثبوتَ المثبَتِ له. وإنما نازع الجلال الدواني في فرعيَّتِهِ له. وكلامُه بإزاء المقدمة القائلة بأن ثبوت الشيء للشيء = فرعٌ لثبوت ذلك الشيء في نفسه. ولا شك أن كونه فرعًا = مما يتوجه عليه المنعُ. أما كونُه يقتضي ثبوتَه؛ فمما لا يصح النزاع فيه لعاقل، وإن كان بعضُ معاصرينا من الماتريدية، لَمّا شاهد أن الأشاعرة -القائلين بترادف الثبوت والوجود، النافين للثبوت الذهني- يشتد عليهم الإشكال من طرف الفلاسفة القائلين بالوجود الذهني، والمعتزلة القائلين بثبوت الذوات في العدم = قال: «إن الأَوْلىٰ بأصول الأشاعرة = منعُ هذه المقدمة القائلة بأن ثبوت الشيء للشيء يقتضي ثبوت المثبَت له». وضعفُه ظاهر.

ولا كلام في قوة الإشكال علىٰ الأشاعرة ومن يجري مجراهم -كالماتريدية-. فإن الحكم بتميز ما لا ثبوت له أصلًا = مما لا يجترئ عليه مميِّز. فمن قال بتمايز المعدومات -وهي عنده منفية بالنفي الصرف في الخارج-؛ فلا بد له من القول بالوجود الذهني. ولهذا قال في **المواقف** وشرحه: «والحق -أي: في الخلاف في تمايز المعدومات- أنه فرع الخلاف

في الوجود الذهني. وذلك لأنه لا تمايز بين المعدومات إلا في العقل. فإن تلك الأحكام إنما تتصف بها المعدومات بحسب نفس الأمر في العقل، لا في الخارج. إذ لا ثبوت للمعدوم الخارجي في الخارج حتى يمكن اتصافه فيه بشيء. فلا تمايز بينها إلا في العقل.

فإن كان ذلك التمايز الحاصل لها في العقل = لوجودٍ لها في الذهن؛ لم يُتصَوَّر معدومٌ مطلقًا، بل كل ما يُتصوَّر من المعدومات والعَدَمَات. ومفهوم المعدوم المطلق والعدم المطلق، إن كان موجودًا في الذهن؛ فالامتياز الحاصل هناك = ثابت للموجود، لا للمعدوم المطلق الذي لا وجود له أصلًا. وإلا لتُصُوِّرَ ما هو معدوم مطلقًا لا وجود له خارجًا ولا ذهنًا، مع أنه متصف بالامتياز. فالمعدومات متمايزة»(336). انتهى. ومنه يُعلَم: أن ما حكاه المعترض = ليس هو الحق. وإنما الحق ما قلناه.

وقد أراد صاحب **المواقف** وشارحُه الإيماءَ إلى إشكالٍ يرِدُ على القائلين بالوجود الذهني، وأصلُه = من عند الإمام الرازي -كما ستعرفه قريبًا-، وهو: أنه لا يُتصَوَّرُ -على كلامهم- معدومٌ مطلقٌ أصلًا. وذلك لأنهم قالوا بأن المعدوم المطلق = متميِّزٌ، وقد سلّموا المقدمة القائلة بأن كل متميز = ثابتٌ، وهم قائلون بأن ذلك الثبوت؛ إن لم يكن في الخارج؛ فهو في الذهن. فعلى هذا؛ المعدومُ المطلقُ موجودٌ ذهنيٌّ، فلم يكن معدومًا مطلقًا، فلا يُتصوَّر معدوم مطلق -على مذهبهم- مع أنهم قائلون به -أي: بالمعدوم المطلق-.

وأنت قد عرفت جوابه مما بيناه قريبًا. ولنزدْه وضوحًا، فنقول:

قد قالوا: إن المعدوم المطلق، وإن حصل في الذهن حصولًا مختطَفًا بالاعتبار العقلي = فذلك لا ينافي الحكم بكونه معدومًا مطلقًا. وهم قد صرحوا بأن العدم الذاتي = لا ينافيه الوجود الاعتباري. وأوضحوا ذلك بمسائل قد ذكر بعضَها في **شرح المقاصد**، فلا حاجة إلى التطويل.

وقد توهم سعد الدين أن صاحب **المواقف** عكس الأمر في هذا [189 ب]. فإنه بناه على أن من قال بالوجود الذهني = لم يقل بتمايز المعدومات، ومن نفاه = قال بذلك، مع أن الأمر بالعكس -كما قال في **شرح المقاصد**(337)- أي: إن من قال بالوجود

(336) الجرجاني، **شرح المواقف**، ج 2، ص 187-189.
(337) التفتازاني، **شرح المقاصد**، ج 1، ص 71.

الذهني = قال بتمايز المعدومات، ومن نفاه = نفاه.

قلت: مثل هذا لا يكاد يخفى على من هو دون العضد. وإنما أراد ما قدمناه، والتنبيهَ على إشكالٍ يَرِد على القائلين بالوجود الذهني، وإن قصرت عبارته عن أداء هذا المعنى.

وأصلُ البحث: أن الرازي قال في **المحصل** ما نصه: «مسألةٌ: منهم من قال: المعدوم غير معلوم؛ لأن كل معلومٍ متميزٌ، وكل متميزٍ ثابتٌ؛ فكل معلومٍ ثابتٌ. فما ليس بثابت = لا يكون معلومًا. فعورض بأن تخصيصه بإدراك عدمِ معلوميته = يستدعي تصوُّرَه؛ لأن ما لا يُتَصوَّرُ = لا يصح الحكم عليه. ثم أجابوا عن كلام الأولين بأن المعدوم في الخارج = ثابت في الذهن. فقيل عليه: الثابتُ في الذهن = أخصُّ من الثابت، فيكون المعدوم هنا ثابتًا. وليس كلامنا فيه، وإنما الكلام في العلم بغير الثابت»(338). هذا كلامه الذي أخذ منه العضد ما ذكره، وفيه شهادة لنا على ما ذكرناه، من أن تميز المعدوم الصِّرف = مما يقهقر العقلُ دون إثباته.

ولهذا جزم أبو إسحاق الإسفراييني بأن المعدوم = غير معلوم، واستدل بمثل ما ذكره الرازي في الكلام المنقول آنفًا، وتقريره -على ما في **المفصل** للكاتبي-: «أن المعدوم لو كان معلومًا؛ لكان متميزًا عن غيره. وكل متميز عن غيره؛ فهو موجود -بناءً على ترادف الثبوت والوجود-، فينتج: لو كان المعدوم معلومًا؛ لكان موجودًا، وينعكس بعكس النقيض، إلى قولك: 'كلما لم يكن المعدوم موجودًا؛ لم يكن معلومًا'. لكن المعدوم ليس بموجود؛ فلا يكون معلومًا». قال الكاتبي: «وإن شئت تركتَ أخذَ عكس النقيض، واستثنيت نقيض تالي النتيجة؛ ليلزم نقيض المقدم الذي هو المطلوب»(339). ثم إنه -أي: الكاتبي- أشار إلى ضعفه؛ ميلًا منه إلى القول بالثبوت الذهني.

فقد ظهر مما ذكرناه أولًا وآخرًا: أن القول بتمايز المعدومات = مبنيٌّ على ثبوت المتميز، إما بالوجود الذهني وإما بالثبوت في العدم -كما يقول به القائلون بأن الثبوت

(338) الرازي، **المحصل**، ص 80-81.
(339) الكاتبي، **المفصل**، ورقة 92 ب؛ قارن بـ: الكاتبي، **شرح المحصل**، ص 506.

أعمُّ من الوجود كالمعتزلة ومن تبعهم-، وأن المعترض مال عن سواء الصراط، بشهادة هؤلاء المذكورين من أهل مذهبه، بل بشهادته على نفسه، كما صرح به في مؤلفه الذي وسمه بـ**مطلع الجود**، حتى زعم أن هذا المذهب مذهبُ أهل سنته وجماعته، واستشهد على ذلك بما نقله عن بعضهم. ومن جملة ما نقله: كلامٌ لشارح **المواقف**، وسيأتي لنا إن شاء الله نقلُ ذلك عن **مطلع جوده**، وبيان مناقضته فيه لمذهبه.

وظهر أيضًا: أن لقول الشيخ أبي هاشم -رحمه الله- بأن العلم بالنفي: علمٌ لا معلوم له، كالعلم بانتفاء شريك الباري تعالى = وجهًا صحيحًا، فافهمه.

وإنما طوّلنا في هذا البحث الخارج عما نحن بصدده؛ لأنه من المهمات، ولاشتماله على ما يرشد إلى موضع غلط المعترض في هذه الكلمات. فإنه ما كفاه ما وجّه به كلام الأشعري من تلك الخرافات التي أوردها على أنحاء من الاعتسافات، وضروب من المجازفات، حتى جاء بهذا الكلام الذي مؤدّاه: إثبات التمايز للعدم البحت، والمنفيِّ الصِّرف عند المتكلمين؛ افتراءً عليهم. مع أن العقل والنقل قاضيان بخلافه.

أما العقل؛ فلِما عرفتَ من أن امتياز أحد الأمرين عن الآخر = يستلزم أن يكون له نوعُ ثبوتٍ وخصوصيةٍ. وإلا فما الموصوف بالتميُّز؟ فإن التميز يستدعي أن تكون ذاتُ المتميز متقرِّرةً ليكون محاطًا بها، حتى إن بعض المتكلمين زعموا أن تميُّز ما لا يتناهى = محالٌ. فأشكل عليهم علمُ الله تعالى بما لا يتناهى. وأجاب الإمام الرازي بأن المعلوم هو: كل فرد مما لا يتناهى. والفردُ متناهٍ، وكل متناهٍ متميِّزٌ؛ لعدم تناهيه. ولا يكفي تناهي الفرد وتميُّزُه.

وأجيب عن أصل الإشكال بأن التميز إنما يُشتَرَطُ عند ملاحظة الغير، ولا يُتصوَّرُ ملاحظةُ الغير في ما لا يتناهى. ولا يخفى سقوطه.

واعلم أنهم قد حكوا عن أبي الهذيل أنه قال: «إن حركات أهل الجنة تنتهي إلى سكونٍ». ولم أعلم أن أحدًا نبّه على أن هذا الإشكال = سببُ هذا القول منه، وهو: أنه لما اضطره الدليل إلى القول بأن الله تعالى عالمٌ بما كان وما سيكون أزلًا وأبدًا، ولاح له أن العلم لا بدّ فيه من التميز، وأن تميُّزَ ما لا يتناهى = محالٌ؛ فذهب إلى تناهي حركات

أهل الجنة مع وصول اللذات إليهم في حال سكونهم؛ فرارًا منه عن لزوم انتفاء علمه تعالى بما لا يتناهى من حركاتهم، ورأى أن ذلك أعظم في القبح من القول بعدم تناهي حركاتهم. وقد شددوا عليه النكير من دون تحقيقٍ لما ذكرناه، حتى زعم عبّاد بن سليمان الصيمري، وهشام الفوطي؛ أن هذه المقالة كفر.

هـذا، والحق أن تميز ما لا يتناهى = غيرُ ممتنع، لا سيما على القول بثبوت الذوات في العدم.

بل أقول: لا يتأتى إلا على ذلك، لا على قول من نفى شيئية المعدوم. فإنّا لو فرضنا تمايز أمرين غير ثابتين أصلًا بل ليسا بشيئين -على ما هو مذهبهم-؛ لكان ذلك مناقضًا لقضية العقل. ولو رُمتَ من عقلك أن يقبله؛ لرأيته ينقبض عنه غاية الانقباض؛ إذ لا ذاتَ -عند الأشاعرة- لما لم يكن موجودًا في الخارج ولا شيئية؛ لِما سبق من أن الوجود يساوق الشيئية -عندهم-، ولا خصوصية أيضًا؛ لأن العدم مَقْطَعَةُ الاختصاص، فانتفت الذاتية والشيئية والخصوصية. فبأي ذات تمايزا؟ وكيف يتميز «لا شيء» عن «لا شيء»؟ وعلى أي خصوصية تمايزا؟ فضلًا عما لا يتناهى. وليس كلامنا في المفاهيم. وبالجملة، فتمايُزُ ما ليس بشيء = ليس من المعقول في شيء.

وأما النقل؛ فقال جار الله في **أساس البلاغة** ما لفظه: «تمايز القومُ: تفرّقوا». انتهى. فجعل -رحمه الله- التمايزَ حقيقةً في التفرق. وكيف يكون تفرُّقٌ حقيقيٌ في ما هو نفيٌ صِرفٌ وعدمٌ محضٌ؟

وهاهنا شيء آخـر بالنظر إلى هذا البحث -وإن كان مرجعه إلى أصل الكلام في الصفات-، وهو: أن المعترض قد زعم أن «الأعدامَ متمايزةٌ عند المتكلمين، ولا شكّ ولا شبهة في الأعدام الأزلية»، وهي -على قود كلامه- متمايزة في ما بينها، ومغايِرةٌ للباري تعالى قطعًا واتفاقًا. لكن أصحابه قد صرّحوا بأن الصفات غير متغايرة في ما بينها. وممن صرح به سعدُ الدين في **شرح المقاصد**، وغيره[340]. ما ذاك إلا لكونها أزلية -كما ذكره في **شرح النسفية**-، فيلزم أن لا تكون الأعدام الأزلية متغايرة في ما

(340) التفتازاني، **شرح المقاصد**، ج 1، ص 144.

بينها، بل ولا مغايرة للباري تعالىٰ. وإنه باطل قطعًا واتفاقًا.

لا يقال: إنهم لم يحكموا بأن عدم التغاير في ما بين الصفات = لأجل كونها أزليةً، بل لأنها لو تغايرت في ما بينها؛ لزم مغايرتها للباري تعالىٰ؛ لأن مغايرة الشيء للشيء = تستلزم مغايرته لما ليس غيرًا لذلك [190 أ] الشيء.

لأنا نقـول: ما ذكرتم -علىٰ فرض صحته-؛ مستلزمٌ للدور المحال. لأن مقتضاه: أن عدم مغايرتها في ما بينها = قد توقف الحكم به علىٰ عدم مغايرتها للباري تعالىٰ؛ لكنّ عدم مغايرتها للباري، إنما يثبت إلا إذا ثبت عدمُ مغايرتها في ما بينها. وهو دور ظاهر. وكلُّ من لم يسلِّم عدمَ مغايرتها للباري عزّ وجلّ = يجعل تغايرها في ما بينها إشكالًا علىٰ من قال بعدم مغايرتها للباري تعالىٰ؛ لِـما ذكرتم من أن مغايرتها في ما بينها = مستلزِمةٌ لمغايرتها له تعالىٰ.

وأما ما يقال من أن الحكم بعدم تغايرها؛ ليس علتُه هي مجرد كونها أزليةً حتىٰ تشاركَها الأعدامُ الأزليةُ في عدمِ التغاير وعدمِ مغايرتها للباري تعالىٰ، لِمَ لا يجوز أن علة الحكم المذكور؛ هي كونها صفات، أو كونها موجودة، أو كونها غير مفارقة للذات -كما أشار إليه المعترض في ما مضىٰ-؟ = فليس بشيء.

أما كونها صفات؛ فلأنه لو كان هو العلة = لزم أن يجري ذلك في كل صفة، أعمَّ من صفات النفس والفعل. لكنهم قد فرّقوا بين صفات النفس وصفات الأفعال -كما حكاه الآمدي عن الأشعري ونقله شارح **المواقف** كما مر-.

وأما كونها موجودة؛ فلأنه يجري فيه مثل ما ذكرناه. إذ لا كلام في أنه يُحكَم بالوجود علىٰ صفات الأفعال ولو في ما لا يزال، ولأن الوجودَ نفسَه لا يصلح أن يكون بمجرده مناطًا لعدم التغاير، وإلا لم يثبت التغايرُ بين العَدَم والوجودِ. لكنهما متغايران اتفاقًا.

وأما كونها ليست مفارقة للذات في الأزل؛ فإنما يقرِّر ما ادعيناه ويحققه. لأن الأعدام الأزلية = لم تفارق الذات في الأزل.

فإن قيل: ليس عدم مفارقتها للذات في الأزل هو العلة بمجرده حتىٰ تشاركها

الأعدام الأزلية في الحكم المذكور، بل العلة هي كونُها صفاتٍ غيرَ مفارقةٍ للذات. وذلك غيرُ جارٍ في الأعدام الأزلية.

قلنا: لا دلالة في الحديث الذي زعموا أنه دلّ على عدم مغايرتها للذات = أن علة هذا الحكم هي كونها صفات غير مفارقة للذات أزلًا. إنما زعم المعترض دلالته على عدم مغايرتها لها؛ من حيث إنه نصٌّ في نفي كل موجودٍ سواه تعالى في الأزل. وقد ثبت وجودها -بزعمه-. فلو كانت أغيارًا له تعالى؛ لم يصح نفيُ كلِّ أزليٍّ موجودٍ غيره تعالى. وهذا مما لا مماسة له بهذه الحيثية -أي: حيثية كونها صفات غير مفارقة للذات-، حتى إنا لو فرضنا موجودًا في الأزل -كالعقول التي تثبتها الفلاسفة-؛ لجرى هذا الحكم فيها -أي: عدم مغايرتها له عزّ وجلّ-، على أن فرض كون العلة في عدم مغايرتها للذات؛ هي كونها صفات غير مفارقة للذات = لا يجري في الحكم بارتفاع المغايرة في ما بينها، كما بين العلم والقدرة -مثلًا-. والإيراد كان منوطًا بذلك، فتدبر. وعوراتُ الباطل كثيرة، فلنقتصر على هذا القدر الذي ذكرناه، ففيه تنبيه للّبيب وغُنيةٌ للمنصف.

وقد وضح به ما في قول المعترض: «فالقول بمغايرة الذات والإحداث المعدوم = قولٌ بمغايرة الوجود والعدم... إلخ». وهو أيضًا مبنيٌّ على مقدمتين؛ يَرِدُ المنعُ على كل واحدة منهما:

الأولى: أن عدم المفعول في الأزل = يستلزم عدم صفة الفعل. وأنت قد عرفت منعَه عند الماتريدية وبعض الحنابلة.

وأما ما يقال من أنه يستحيل وجود صفة الفعل بدون المفعول -كالتكوين بدون المكوَّن-؛ فيلزم إما قدمُ العالم، وإلا حدوثُ صفة التكوين، وهو المطلوب = فقد أجابوا عنه بالمنع، وقالوا: إنما يلزم ما ذُكِر إلا على فرض كون «التكوين» صفةً إضافيةً كالضرب(341)؛ فإنه لا يُتصوَّر بدون المضروب؛ لأنه صفة إضافية. لكن التكوين صفة حقيقية، هي مبدأ الإضافة التي هي: إخراج الممكن من العدم إلى الوجود؛ لأنه

(341) سبق أن نبّهتُ على ركاكة هذا التعبير، فالمفترض إذا أراد القصر أن يقول: «وقالوا: إنما يلزم ما ذُكِرَ على فرض كذا وكذا»، أو أن يقول: «لا يلزم ما ذُكِر إلا على فرض كذا وكذا».

عين تلك الإضافة. كذا قالوه.

الثانية: أن الأشعري قائل بمغايرة الذات وصفات الأفعال في الأزل. وأنت خبير بأن إثبات المغايرة لها، إن لم يكن فرعَ ثبوتها في نفسها = فلا أقل من أن يكون مستلزمًا له، كما مرَّ من أن ثبوت الشيء للشيء = يقتضي ثبوت الشيء المثبَت له، فيلزم ثبوتُ صفات الأفعال في الأزل عند الأشعري. لكنه لا يقول به -كما مر، باعتراف المعترض-. فما ردَّ به على صاحب **المواقف** = مردودٌ عليه. وليس بوجيهٍ هذا الوجهُ الذي قال إنه -في ظنه- غيرُ مسبوق إليه. مع أن كلام صاحب **المواقف** صريحٌ في أن المراد: إخراج الأعدام في خصوص ذلك التعريف؛ لأن قيد الوجود مأخوذ فيه. بل قد صرح المعترض بذلك حيث قال: «فإخراج الأعدام من التعريف... إلخ». فقد رد على نفسه بنفسه. لأن هذا الكلام من صاحب **المواقف** منادٍ بأن التعريف غيرُ شاملٍ للأعدام والأحوال التي بموجودة ولا معدومة، لا دعوى أن الأشعري لا يقول بتغايرها حتى يقول المعترض: «لأن الأعدام متمايزة، والمتمايزة متعددة، والمتعددة متغايرة... إلخ».

ويا عجباه ممن يزعم أن الأعدام غيرُ خارجة من تعريف «الموجودَين»، وقد أخذ قيد الوجود فيه -باعترافه-! وهل هذا من صنيع العقلاء في شيء؟

ثم إنه -أعني المعترض- قد اعترف بأن الأشعري إنما عرّف «الغيرين الموجودين»؛ لأن الذي يهمه هو تعريفهما. فكيف تجاسر هنا على قوله: «إن إخراج الأعدام من هذا التعريف = قولٌ بما لا يرتضيه الشيخ»؟ فليت شعري، كيف يرتضي الشيخ إدخال الأعدام في تعريف الموجودين المشتمل على قيد الوجود؟

وأما قوله: «إذ لا علة للاتصاف إلا التعدد»؛ فمع كونه سهمًا أصاب قرن الأشعري، وكلِّ من أثبت ثمانية قدماء أو أكثر، ثم ادعى عدم التغاير في ما بينها = يَرِدُ عليه [190 ب]: أن عدم زيدٍ في الأزل متميزٌ عن عدم عمرو، وعدمُ الإحداث متميزٌ عن عدم الرزق، وكذلك سائر الأعدام الأزلية متمايزة -كما اعترف به-. وهذه الأعدام -بل والمعدومات بها- نفيٌ صِرفٌ -على أصل الأشعري-. فيلزم التعدد في النفي الصرف -باعترافه أيضًا من أن المتمايزة متعددة-، فيلزمه أزلياتٌ متعددةٌ كثيرةٌ، بل لا تحصى.

ويلزمه أيضًا أن التمايز ليس في الموجودات والمعدومات فقط، بل هو جارٍ في المنفيّات التي لا ثبوت لها بوجه من الوجوه. وقد عرفتَ مخالفته لقضية العقل واللغة.

وأما قوله: «والمتعددة متغايرة إلا ما استثناه الشرع» = فغير خافٍ على الناظر ما فيه. فإن الجلال الدواني قد ذكر ما يقضي بأن الأشعري ينفي التعدد؛ بناءً على أنها لا هو ولا غيره. وهذا النقل هو الموافق لقاعدة الأشعري. ولا شك في جلالة الجلال الدواني عند المعترض وغيره. وقد أثنى عليه المعترض، بل أشار إلى أنه فرد كامل كما قال في فصل «حدوث العالم»، كما سيأتي إن شاء الله: إنه -أي: الجلال الدواني- تصدى للرد على الفلاسفة، وأشبع الكلام، مع كونه -أي: المعترض في ما سيأتي أيضًا من فصل «استحقاق محدث العالم للوجود»- قد قال: «إنه لا يمكن الرد عليهم في ما غلطوا فيه، إلا المتبحر في علمهم، بالغ رتبة الكمال فيها، فائق عليهم»، إلى أن قال: «ومثل هذا النحرير كان عزيزًا في الزمن الأول». إلى آخر كلامه.

فهذا الجلال الدواني المرضيُّ -عنده- قد ناقضه شاء أم أبى. وليس الدواني منفردًا بهذا. فإنه قد أشار إليه النسفي في عقائده، كما نبه عليه الخيالي في قوله: «أشار إلى أن التعدد فرع التغاير». انتهى. فليراجَع كلامُه في **حاشيته** على شرح السعد، بل قد حام السعد نفسُه حول هذا المعنى -أي: إن الأشعري لا يرى التعدد-. ألا ترى إلى قوله في الشرح المشار إليه: «ولقائل أن يمنع توقف التعدد والتكثُّر على التغاير، بمعنى جواز الانفكاك»؟(342) إلى آخر كلامه.

نعم، قد صرحّ آخِرًا بأنه لا يُتصوَّرُ النزاع من أهل السنة في كثرة الصفات وتعددها.

وأنت خبير بأن مثل هذا إنما يصلح أن يكون اعتراضًا على الأشعري في قوله: «إنها لا عينٌ ولا غيرٌ»؛ فرارًا منه عن القول بتعدد القدماء.

فإن كان المعترض قد جرى على هذا؛ فقد خرج عن توجيه كلام الأشعري، لا سيما بعد إذعانه بأن كل متعددٍ متغايرٌ.

---

(342) التفتازاني، **شرح العقائد النسفية**، ص 37-38.

ومن المجازفات قوله: «إلا ما استثناه الشرع». وليت شعري، من ذا غيرُه يسمي ذلك المفهوم -الذي فهمه من مثل: «كان الله ولا شيء معه»- «استثناءً»؟ وكيف يَنسب الاستثناءَ إلى الشرع افتراء واجتراءً؟ على أن في ضمن هذه الدعوى تصريحًا بما ذكرناه أوّلًا من أن الحكم بـ«لا عين ولا غير» = مخصوصٌ بالصفات -أي: صفات المعاني التي أثبتوها-، وفيه مناقضَةٌ لما قدَّمه من أن الخمسة ليست عينًا للعشرة ولا غيرًا. وبالجملة، فدليلُه بمعزل عن دعواه تارةً، وأعمُّ منها أخرى.

واعلم أن التمايز إنما كان مستلزمًا للتعدد -كما في **شرح المواقف** وغيره-؛ لما فيه من معنى «الافتراق»، كما في **أساس البلاغة** لجار الله -رحمه الله-. وقد سبق. وتوضيحُه: أن التمايزَ: تَفَاعُلٌ من التميُّز. وأما التميُّز نفسُه؛ فلا يلزم فيه التعدد؛ إذ لا يفترق الشيء عن نفسه. وإنما يستلزم التعددَ إذا عُدِّيَ بحرف الجر، كقولك: «تميز كذا عن كذا»، وقد يُستعمَل بمعنى التمايز مجازًا، فقوله: ﴿تَكَادُ تَمَيَّزُ مِنَ ٱلْغَيْظِ﴾ [الملك: 8] = من المجاز -كما صرح به جار الله في **الأساس** أيضًا-. فالمعنى: «تكاد تتفرق من الغيظ».

وإذا عرفت هذا؛ فالمتعدد لا بد أن يكون ثابتًا، ولا يصلح أن يكون أمرًا اعتباريًا محضًا، إلا إذا كان التعدُّدُ اعتباريًا. لكنه غيرُ مقصود هنا. وإذا كان المتعدد ثابتًا لا محالة؛ كان ثبوتُه إما في الذهن -وهي مقالة الفلاسفة-، أو في العدم -وهي مقالة المعتزلة القائلين بأن الثبوت أعمُّ من الوجود كما مر مرارًا-.

وإنما قلنا: إنه لا بد وأن يكون ثابتًا؛ لِـما مرَّ مرارًا أيضًا من أن ثبوت شيء لشيء = يقتضي ثبوتَه في نفسه. لأنه ما لم يكن ثابتًا في نفسه؛ فليس بأهلٍ لأن يثبت له شيءٌ من الأشياء الثبوتية. فثبوت التعدد يقتضي ثبوت المتعدد، كثبوت الافتراق يقتضي ثبوت المفترق المتعدد. ومن هنا؛ لم يجد المعترض بدًا من الاعتراف بأن التعدد لازِمُ التمايز، وصرّح به في هذا الكلام مرتين؛ الأولى: قوله: «لأن التعدد لازم التمايز»، الثانية قوله: «والمتمايزة متعددة». وهذه القضية كليةٌ وإن لم تكن مسوَّرَةً بـ«كل». لأن الألف واللام في «التمايز» = جارٍ مجرى السور؛ لِـما فيه من معنى الاستغراق -كما صرح بمعناه ابن سينا وغيره-. فالمعترض بهذا الكلام إنما يردُّ على شيخه الأشعري من حيث لا يشعر؛ لأنه أثبت أشياء في الأزل متمايزةً، ثم قال: «لا تعدد فيها ولا تغاير بينها»؛ بناء على

قاعدة «لا عينٌ ولا غيرٌ».

وهب أن الشرع استثناها -كما قال المعترض-؛ فمن استثنى الجزء والكل، والجوهر والعرض اللازم، حتى قال ما قال -في ما أسلف-، وزعم أن الخمسة ليست غير العشرة، وقال هنا: «والجزء والكل عند الشيخ الأشعري ومن تبعه كذلك»؟

ولا يخفى أن الكلام في الجزء والكل، والكلام في الخمسة والعشرة = من وادٍ واحدٍ؛ بناء على ما زعمه المعترض من أن العشرة متركبة من خمستين. فكان الكلام في الجزء والكل مغنيًا له عن الكلام في الخمسة والعشرة أو العكس. ففي ذكرهما معًا تطويلٌ بلا طائل، وتهويلٌ بلا حاصل.

ولنبين صدق هذه الدعوى. وذلك يستدعي تمهيدًا تسمعه، وهو: أنهم قد نقلوا عن أرسطو أنه قال: «إن العشرة ليست متقومة من خمستين، ولا من سبعة وثلاثة، ولا من ستة وأربعة، ولا من ثمانية واثنين، ولا من تسعة وواحد. وإنما هي متقومة من الوحدات» -كما في **شرح حكمة العين**-.

وأما الخيالي فقال: «قد اتفقوا على أن كلًّا من المراتب؛ لا يتألف إلا من وحداتٍ؛ مبلغُها تلك المرتبة. فأجزاء العشرة عشر وحدات، لا خمستان». إلى آخر ما قال. فادعى الاتفاق. والمعترض جعل العشرة خمستين [191 أ]، بعدما قال: «إن العشرة مركبة من عشر وحدات».

فإن أراد أن العشرة مركبة أيضًا من الخمستين، نظرًا إلى أن لكل خمسة وحدة - وهذا هو وجه تخصيصه الخمسة بالذكر-، فتكون العشرة متركبة من وحدتين، ومتركبة من عشر وحدات أيضًا = فمخالف لما اتفقوا عليه -كما حكاه الكمال الخيالي-، بل مخالف لجميع العقلاء، ومتناقض في نفسه، لأن القول بتركُّبِ العشرة من وحدتَيِ الخمستين = يناقض القول بأنها متركبة من عشر وحدات. إذ لا يكون الشيء متركبًا ومتقومًا مرتين، وإلا لزم أن يكون تامًا حال كونه غير تام، وأن يكون الجزء المعتبر في تقوُّمه غيرَ معتبر فيه، وأن يكون غيرُ المعتبر معتبرًا. وكل ذلك بديهيُّ البطلان.

وإن أراد: أن العشرة متركبة من الخمستين فقط، من دون أن يقول بأنها متركبة من

عشر وحدات = فمخالفٌ أيضًا لما اتفقوا عليه -كما عرفتَ-، بل مخالفٌ لنفسه؛ إذ صرّح -تبعًا لهم- بأن العشرة متركبة من عشر وحدات. وهو تناقض صريح. ويلزم منه أيضًا الترجيحُ بلا مرجِّح؛ إذ ليس الحكم بتركب العشرة من الخمستين = أرجحَ من الحكم بتركبها من ستة وأربعة -مثلًا-، فضلًا عن كونه أرجحَ من تركبها من عشر وحدات -كما اتفقوا عليه-.

وإن أراد: أن العشرة متركبة من عشر وحدات فقط، وليست متركبة من الخمستين = فقد ناقض نفسه بنفسه، وأبطل تطويله وتهويله بعشرته وخمسته.

كلام أرسطو في أن العشرة -مثلًا- ليست متقوّمةً من الخمستين، وهو مذكور في شرح حكمة العين

وبهـذا الذي ذكرناه: يظهر وجهُ ما اشتهر عن أرسطو ومن تبعه من الفلاسفة وغيرهم، من أن العشرة ليست متقومة من خمستين، ولا من غيرها، ما عدا العشر الوحدات -كما مر-. وذلك لما يستلزم من الفساد، حيث يحكم بتركب العشرة من مرتبتين مما تحتها من المراتب المذكورة، وتقومها منهما دون غيرهما، أو يحكم بتقومها من جميع ما تحتها من المراتب. وقد عرفت ما في كلٍّ من التقديرين. فلم يبق إلا تركُّبُها من العشر الوحدات -على ما قالوا-.

كلامٌ مفيد للدواني

قال الدواني: «وهذا إنما يتمشى إذا كان لكل عددٍ صورةٌ نوعية مغايرة لوحداته. وأما إذا كان نفس الآحاد؛ فلا يُتصوَّر ذلك»، قال: «والعجب أن بعضًا من المتأخرين، مع تصريحه بأن العدد محض الوحدات، وليس فيه صورة نوعية = نفى تركُّبَه من الأعداد»(343). كذا قاله في **شرح العضدية**.

لكنه قد ذكر هو في بحث «حدوث العالم»: أن المتعدد الأقل؛ جزءٌ من المتعدد

(343) الأفغاني وعبده، **التعليقات على شرح العضدية**، ص 53.

الأكثر. قال: «وما يُتوهَّم من أنه ليس هناك إلا الآحاد؛ وهمٌ فاسدٌ مخالفٌ لحكم العقل»(344). هذا كلامه.

وتوضيح قوله: «إنما يتمشى... إلخ»، هو: أن لزوم الفساد على تقدير أن تكون العشرة -مثلًا- متقومة من جميع ما تحتها؛ إنما كان لأجل ما أشرنا إليه أولًا من لزوم كون الشيء متقومًا تامًّا بأجزائه، ومتقومًّا أيضًا بما هو مغاير لها. وهذا لا يكون إلا مع القول بأن لكل عدد صورة نوعية مغايرة لوحداته، لا على القول بأن العدد محض الوحدات وليس له صورة نوعية مغايرة لوحداته. فإنه لا يمتنع أن تكون العشرة متركبة من جميع ما تحتها من المراتب؛ إذ ليس هناك مغايرة، وإنما الجميع محض الآحاد. فلا يلزم شيء من الفساد. فتأمل ليظهر لك وجه قوله: «وهمٌ فاسدٌ مخالف لحكم العقل».

فإن كان كلام المعترض المذكور آنفًا؛ ميلًا منه إلى هذا الوهم = فمخالفٌ أيضًا لحكم العقل بشهادة أستاذه الدواني، بل مخالف لنفسه، ومناقض لكلامه في الجزء والكل وما ترتب عليه من المباني؛ لأن كون المتعدد الأقل جزءًا من الأكثر = لا يتم على فرض كونه محض الآحاد -كما أشار إليه الدواني-. وكلام السكاكي في **المفتاح** يحتمله، كما أشار إليه السيد الجرجاني في **شرحه**، وذلك في الكلام على «الحقيقة»، حيث قال السكاكي: «كما إذا وقعت العشرة -مثلًا- في الوضع؛ فإنها تكون واقعة لخمسة وخمسة، إلا أنها في وقوعها لخمسة وخمسة = تستند إلى غير الوضع، وهو العقل»(345). انتهى.

قال السيد في **الشرح**: «إن أراد به وقوع العشرة لكل واحد من الخمستين على الانفراد؛ فالأمر ظاهر، والدلالةُ تضمُّن.

وإن أراد وقوعها لمجموعها؛ كان الأمر مبنيًا على ما قيل من أن العدد لا يتركب من الأعداد التي تحته، وكانت الدلالة التزامًا». انتهى.

وإن كان ذهابًا من المعترض إلى ما لا يُعرف له مستنَدٌ = فهو من الأضاليل

(344) المرجع نفسه، ص 54.

(345) أبو يعقوب يوسف بن أبي بكر السكاكي، **مفتاح العلوم**، تحقيق نعيم زرزور، ط 2 (بيروت: دار الكتب العلمية، 1987)، ص 361.

والأماني. وكفاه في مناقضة نفسه بنفسه قولُه: «إن كل اثنين غيران قطعًا واتفاقًا»؛ فإنه جارٍ في الأجزاء والكل.

وأما زعمُه بأن الشرع استثنى هذا المعنى كما استثنى صفات المعاني والجوهر والعرض اللازم؛ فمع كونه افتراء على الشرع = غيرُ تامّ أيضًا. لأنه لا يخلو: إما أن يزعم أن هذا المَدْرَكَ الشرعي ظنيٌّ أو قطعيٌّ. إن كان ظنيًا؛ فكيف يزاحم القطعي الذي اعترف به في قوله: «قطعًا»؟ وإن كان قطعيًا -بزعمه-؛ فكيف يتعارض القطعيان؟ وعلى فرض وقوع المعارضة؛ كيف يُؤْثِرُ النقلَ على صِرف العقل؟ وقد عرفت ما فيه سابقًا من دون تصور منازع في ذلك من الفريقين، ولا من سائر العقلاء. وهذا مما ينبهك على أن النقل لا يجيء بمخالفة صريح العقل.

كلام إمام الحرمين في أن إيضاح معنى «الغيرين» لا دلالة عليه قاطعة، لا سمعًا ولا عقلًا

ولما علم هذا إمامُ الحرمين قال: «إن إيضاح معنى 'الغيرين' مما لا يدل عليه قضيةٌ عقليةٌ، ولا دلالةٌ قاطعةٌ سمعيةٌ، فلا يُقطَع ببطلان قول من قال: 'كل شيئين غيران'. نعم نقطع بالمنع من إطلاق 'الغيرية' في صفات الباري تعالى وذاته؛ لاتفاق الأمة على ذلك»[346]. انتهى. كما حكاه عنه اللقاني في **العمدة** له وارتضاه، وقال: «إنه هو الحق». ولا يخفاك ما فيه. وأين اتفاق الأمة؟ وكأنه ظن أن الأشاعرة والماتريدية هم الأمة دون من عداهم. إنا لله وإنا إليه راجعون.

نعم، فيه شهادةٌ على أن المعترض قد زلت قدمه، حيث اعترف بالقطع في أن «كل اثنين غيران»، ثم زعم [191 ب] استثناء الشرع -على ما مر-، فصار يضرب في حديد بارد، ويتخبط في أنواع الأباطيل غيرَ مبالٍ بالقواعد، لكنه قد ألطف وتلطف، حيث قال: «إنه غير مسبوق في ظنه»؛ فَصَدَقَكَ سِنَّ بَكْرِهِ[347]، كما ظهر لك كذب دعواه ومكرِه، بفضل الله ويسره.

(346) الجويني، **الإرشاد**، ص 138.
(347) من أمثال العرب المضروبة في الصدق، وله قصة تراجع في مظانّها من كتب الأمثال.

كلامٌ في ما حكَوْه على تعريف المعتزلة للغيرَيْن

وفي هـذا الكلام المنقول عن إمام الحرمين = إيماءٌ إلى أنه لا يتوجَّه ما أورده الأشاعرة على تعريف المعتزلة للغيرين -كما حكوه عنهم-. وذلك أنهم حَكَوْا عن المعتزلة أنهم قالوا: «الغيران هما الشيئان»، وأنهم احتجوا على صحة هذا التعريف بكونه مطَّرِدًا ومنعكسًا؛ فإن كل شيئين غيران، وكل غيرين شيئان. ثم أوردوا عليهم اعتراضًا فقالوا: «لو كان الغيران هما الشيئين؛ لَمَا كان الوجودُ غيرَ العدم -لأن العدم ليس بشيء-، ولَمَا كان المحالُ غيرَ الجائز. ثم إن الغيرين من الأمور الإضافية. وتعريف المضاف بغير المضاف = خطأ في التعريفات. هذا ما أوردوه. فقول إمام الحرمين: «لا يُقطَع ببطلان قول من قال: 'كلُّ شيئين غيران'» = إيماءٌ إلى عدم توجُّه مثل هذا.

أما الاعتراض بأن العدم ليس بشيء = فليس بشيء؛ لأنه مبني على أن «الشيء» لا يُطلَق إلا على الموجود في الخارج، وهو باطل.

وأيضًا، فكل ما يصحّ أن يتعلق به العلم = فهو شيء. حتى إن جار الله -رحمه الله- مع مخالفته لكثير من المعتزلة في ثبوت المعدوم = لم يمنع من إطلاق «الشيئية» عليه، بل على المستحيل. قال في تفسير قوله تعالى: ﴿وَقَالَتِ ٱلْيَهُودُ لَيْسَتِ ٱلنَّصَٰرَىٰ عَلَىٰ شَىْءٍ﴾ [البقرة: 113]، ما نصُّه: «لأن المحال والمعدوم؛ يقع عليهما اسم 'الشيء'. فإذا نُفِيَ إطلاقُ اسم 'الشيء' عليه؛ فقد بولِغَ في ترك الاعتداد به»[348]. انتهى. ومنه يُعلَم أيضًا: اندفاعُ الاعتراض بالمحال والجائز.

وأما الاعتراض بأن المضاف لا يُعرَّف بغير المضاف؛ فلا يتجه هنا. لأن هذا التعريف ليس تعريفًا للغيرين من حيث الإضافة؛ لِما عرفته سابقًا من أن اعتبار الإضافة بين المتضايفين، وملاحظةَ المجموع من العارض والمعروض = خروج عمّا نحن فيه من الكلام على الموجودات الخارجية. فارجع إلى ما ذكرناه في الجزء والكل؛ لتزول عنك الشبهة.

---

(348) الزمخشري، **الكشاف**، ص 92.

وأيضًا، فهذا الاعتراض مبنيٌّ على أن الحدَّ عينُ المحدود. لكن الغزالي وغيرَه قد ذكروا فيه قولين. فقيل: «إنه عينه»، وقيل: «غيره».

وأيضًا، فالخصم قد عرَّف «الغيرين» بأنهما: «موجودان... إلخ». ولا شك أنه ليس كل موجودين = إضافيين، بل يجوز أن يكون أحدهما إضافيًا والآخر ليس بإضافي. فإما أن تقولوا: إن اعتبار الإضافة يخرجنا عما نحن بصدده من الكلام على الموجودات الخارجية، أو لا يخرجنا عن ذلك.

إن قلتم بالأول؛ فقد سقط اعتراضكم علينا. وإن قلتم بالثاني؛ فما كان جوابكم فهو جوابنا، وتختصون بشيء آخر، وهو: أنكم إذا اعتبرتم الإضافة = حصل التناقض بين التعريف والمعرَّف. لأن اعتبار الإضافة في المعرّف = ينافي الانفكاكَ، والتعريفُ بخلافه. وحينئذ فلا يكون الغيران غيرين -كما مرّ في كلام سعد الدين-، فالتعريف لا يكون تعريفًا.

واعلم أن الذي صرح به أصحابنا -رحمهم الله- في تعريف الغيرين هو قولهم: «الغيران: كلُّ معلومَيْن ليس أحدُهما نفسَ الآخر ولا بعضَه». هذا كلامهم. وأنت إذا تأملته؛ زاد عندك غلط المعترض وضوحًا.

ثم اعلم أن النِّسَب إنما تكون بين المفاهيم -أي: مفاهيم الألفاظ التي يتعلق بها الإدراك والعلم-. وحينئذٍ، فلا وجه لأخذ «الوجود» في تعريف «الغيرين». بل التعريف بـ«الشيئين» أو «المعلومين» هو الصواب، وإلا لم يحكم العقل بتغايرهما حتى يكونا موجودين، واللازم باطل.

نعم، لا شك في أن كلام المتكلمين = بصدد الموجودات الخارجية -لنفيهم للموجودات الذهنية-. لكنْ فرقٌ بين اعتبار الوجود مأخوذًا في التعريف، وبين اعتباره في نفس الأمر؛ نظرًا إلى كون الكلام = بصدده. لأن الكلام في «الغيرين» إنما كان لأجل صفات المعاني التي أثبتها الأشاعرة ونحوهم من الصفاتية القائلين بأن تلك المعاني أشياء موجودة في الأزل. وليس مرادهم بوجودها إلا الوجود الخارجي الواجب لكل قديم. ولذا؛ لزمهم القول بتعدد واجب الوجود. وهو ظاهر. فأي شيء

ينفعهم زعمُهم ارتفاعَ المغايرة بينها وبين الباري، بعد اعترافهم بتعددها وقِدَمَها، وكونها أشياء واجبة الوجود، جائزة الرؤية والسماع؟

وقد أورد عليهم بعض أصحابنا -رحمهم الله- ما لا محيص عنه، فقال ما حاصله: «إن عبّاد الأصنام والأوثان قد خرجوا عن التوحيد قطعًا وإجماعًا. وإنما خرجوا عنه؛ لزعمهم استحقاق الأصنام والأوثان للعبادة. فليكن خروج القائلين بهذه المعاني القديمة = أولى وأحرى. لأن استحقاق العبادة راجعٌ إلى 'الفعل'، وهو: كونه - تعالى- منعِمًا بأصول النِّعَم، بخلاف استحقاق 'القِدَم'، فإن مرجعه إلى نفس الذات المقدس. وفرْقٌ بين ما يُستَحَقُّ لأجل الذات القديمة، وما يُسْتَحَقُّ لأجل الفعل الحادث. كيف وكمال الذات إنما يكون بما يرجع إلى مجرد كونها ذاتًا = من الكمالات الذاتية، بخلاف الصفات التي مرجعها إلى الأفعال الحادثة، فإن كمالاتها لا ترجع على الذات بشيء من الكمالات الذاتية -التي هي المعتبرة في الكمالات الإلهية-؟ ولهذا كان قول الفلاسفة والأشاعرة: 'إنه تعالى لو كان يفعل فعلًا لغرض وحكمة؛ لكان مستكملًا بالغير' = من فضائحهم ودلْسِهم» -أي: الفلاسفة والأشاعرة ونحوهم-.

هـــذا، وقد خرجنا عما نحن بصدده من كلام المعترض فلنرجع إليه.

[ردُّ المعترض على من قدح في تعريف الأشعري لمفهوم الغيرين، بالمضافين، وإثبات المؤلف صحة ذلك القدح]

قال: «**ثم المضافان -كالأبوة والبنوة- لا يَرِدان اعتراضًا على تعريف الشيخ؛ لأن الغيرين مختصان بالموجودَيْن. والمضافان من النِّسَب. والنِّسَبُ والإضافات أمور اعتبارية، لا وجود لها عندهم -كما في المواقف وشرحه-؛ لأن التعريف المذكور مختصٌّ بقسم 'الموجودين' من أقسام 'الغيرين' الثلاثة، كما بيّنّا وجه اختصاصه بهما، وهما ليسا بموجودين؛ فلا يدخلان في الجنس حتى يلزم اتصافهما بالفصل. هذا، وبالله التوفيق**».

أقــول: أصبت -يا أخا الأكراد-، فالزم نهج السداد. فإنك هنا اهتديت إلى أن المضافين من النِّسب والإضافات الخارجة عن الأعيان الموجودات. لكنك قد ضَلَّيْت في ما أسلفتَ عن هذا الشيء الواضح، وخلطت الكلام في الجزء والكل ذلك التخليط

الفاضح، ولم تنظر إلى أن الكلام فيهما: لو كان باعتبار وصف الإضافة الذي اعتبرت، والحيثية التي فكرت فيها وقدّرت = لكان خارجًا عن كلام المتكلمين، فضلًا عن ذلك التعريف. ولو تفطنت لمثل هذا؛ لاستحييت من إظهار ذلك الجواب السخيف.

واعلم أن من أورد ما أشار إليه المعترض = ما أراد الأبوة والبنوة -كما ذكره هنا-؛ إذ لا يخفى على أحدٍ أن مثل الأبوة والبنوة = غيرُ موجودة إلا في الذهن -عند الفلاسفة-؛ فهي بمعزل عن كلام أرباب الكلام، فضلًا عن شمول التعريف لها. وإنما أراد الأب والابن والأخوين ونحو ذلك. وإطلاقُ اسم «الإضافة» على مثل هذا جريًا على ما اشتهر بين كثير من المتكلمين، وإن لم يكن نفس الأب والابن مثلًا = تضايفٌ حقيقةً. لكن لا يخفى عليك أن نَوْطَ الحكم بالمشتق = يقتضي عِلِّيَّة مأخذ اشتقاقه، فيلزم اعتبار وصف الإضافة التي هي مأخذ اشتقاق المضاف. وفي ذلك [192 أ] ملاحظةٌ للمجموع المركب من العارض -أعني الأبوة والبنوّة-، والمعروض -أي: الأب والابن-، مثلما مر في الجزء والكل.

وأنت قد عرفت أن المجموع المركب من العارض والمعروض = اعتباري. وهو -عند الفلاسفة- موجود ذهني. ولا وجود له عند المتكلمين أصلًا -كالإضافة المحضة-، فلا يَرِدُ به الاعتراضُ، ولا ينبغي صدورُه من متكلم حاذق. لكن كثيرًا ما يشتبه على كثير، فيظنون أنه موجود خارجي -نظرًا إلى المعروض-، ولا يتفطنون إلى أن اعتبار العارض، وملاحظة وصف الإضافة = ينافي ذلك. فإن تركيب العارض والمعروض = بمحض الاعتبار. فكيف يكون المركب منهما موجودًا في الخارج؟

وأما المعترض؛ فظن أن الإيراد = للعارض -أي: الأبوة والبنوة في ما نحن فيه-، ولم يتعرض للمعروض -أي: الأب والابن-، فخفي عليه محلُّ الاشتباه في كلام المُورِد للاعتراض على تعريف الشيخ. وقد جرت عادة المعترض بعدم الفرق بين العارض والمعروض، ولا يليق ذلك بمن يتصدى للتصنيف والنقوض.

قال: «**فقد اتضح صحة مذهب الشيخ، وأنه أمر معقول على طبق الشرع والعرف والمعقول**».

أقـول: بل اتضح أنه أمر غير مطابق لا للعقل ولا للعرف ولا للشرع.

أما العقل؛ فباعتراف المعترض، حيث صرح -في ما أسلف- أن العقل حاكم بمغايرة صفات المعاني، لكنه معزول عن الحكم -كما قال-.

وأما العرف؛ فلأنهم يطلقون «الغير» على «المغاير من النوع»، كما تقول: «ما في الدار غيري» -أي: من النوع الإنساني كما مر عن الجلال الدواني-، وقد يطلقونه على «المغاير العقلي»، كما تقول: «الواحد غير الثاني»؛ فما ظنك بالسبعة المعاني؟

وأما الشرع؛ فقد عرفتَ أنه ليس عندهم منه في ذلك إلا الأماني. والمعترض معترف بأنه ليس في الشرع لا ما صرفوه إلى مذهبهم من ذلك الحديث، فهو من التقوُّل على الله تعالى ورسوله عليه الصلاة والسلام. ونحن قد بينا بالنقل عن بعضهم: أن النصارى ما أثبتوا إلا الصفات، فنسبهم الله تعالى إلى التثليث. فما بال من أثبتوا فوق ذلك؟ وكيف تكون مطابقتهم للشرع؟ سبحانك هذا بهتان عظيم.

وقد سبق اعتراف إمام الحرمين بانتفاء الدلالة القاطعة على مذهب الأشعري عقلًا وسمعًا. فظهر أنهم كما قال تعالى: ﴿إِن يَتَّبِعُونَ إِلَّا ٱلظَّنَّ وَمَا تَهْوَى ٱلْأَنفُسُ وَلَقَدْ جَآءَهُم مِّن رَّبِّهِمُ ٱلْهُدَىٰٓ﴾ [النجم: 23].

وأدل دليل على عدم مطابقة قول الأشعري للعقل والعرف والشرع: ما تراه من عدم قبول المحققين منهم لتعريفه، وما غيّروه إليه، كما مر عن المحقق السيد شارح **المواقف**، والجلال الدواني، ومثل ذلك في كلام التفتازاني وغيرهم، قد رمزوا إلى ما ذكرناه، وقاربوا وسددوا في كلماتٍ نقلها الناقلون، وما يعقلها إلا العالمون.

ثم إنهم إذا جاؤوا إلى الكلام في تعليل أفعال الله وأحكامه تعالى بالحكمة والغرض الصحيح؛ قالوا: «لو ثبت التعليل؛ لزم استكماله تعالى بالغير» -أي: يلزم أن يكون مستكملًا بغيره-.

ولا خفاء في أن مرجع التعليل = إلى الحكمة -كما اعترف به العضد وغيره منهم، حتى المعترض كما سيأتي-. فإذا كانوا قد جعلوا الاستكمال بالحكمة استكمالًا بالغير؛ لزم أن الاستكمال بالعلم والقدرة وغيرها = استكمال بالغير. كيف ومرجع الحكمة = إلى العلم -كما سيجيء إن شاء الله نقلًا عنهم-؟ فيلزم مغايرة العلم له تعالى، وكذا سائر صفات

المعاني التي زعموها. وهو ظاهر. ولا فرق إلا لمجرد الزعم والوهم الفاسد.

وإذا عرفت هذا؛ فقد اتضح عندك: أنهم كما خالفوا العقل والنقل والعرف = كذلك خالفوا أنفسهم في موضع، بل مواضع أُخَرَ، وهم لا يشعرون بحالهم الذميم. والمعترض من خلفهم في تقليدٍ وخيمٍ، وخبطٍ عظيمٍ.

ثم العجب من قول المعترض هنا: «إن مذهب الشيخ أمر معقول»، مع قوله -في ما أسلف-: «إن العقل معزول»! فحتام يرفع عقيرته بالمناقضة والخطأ المرذول؟

قال: «**وظهر عند المنصف: أن الحقيق بإنشاد قول الشاعر فيه:**

وبعض القول ليس له عناج كمخضِ الماء ليس له إتـاءُ

أيٌّ من القولين». إلى آخره.

أقـول: أجل قد ظهر -يا أخا الأكراد- أيُّ القولين حقيق بهذا الإنشاد. لولا أن قول الأشعري = مما ليس له عِناجٌ؛ لَمَا استشعر منه الإمام الرازي ما فيه من الاعوجاج، فعدل عنه، مع حرصه على مذهب الأشعري، وتصليح ما فيه من الخروج عن المنهاج.

حكايةُ سعد الدين ميلَ الإمام الرازي إلى الاعتزال في الصفات

حكى سعد الدين في **شرح المقاصد** عن **المطالب العالية** للإمام الرازي: أنه مال إلى الاعتزال في الصفات(349)، وقد سبقت إشارة إلى ذلك، ولعلنا نورد له تمامًا في مقام آخر، مع نقل لفظه. وقد لوَّح بالطَّنْز بالأشاعرة في **المحصل** في مواضع، وقال في بعض المواضع ما نصه: «أهل السنة اتفقوا على إثبات القدماء، وهي ذات الله وصفاته»(350). هذا كلامه. ثم قال عقبه بلا فاصل: «وأما الحرنانيون فقد أثبتوا خمسة من القدماء»(351). انتهى. والحرنانيون: فرقة من قدماء الفلاسفة، منسوبون إلى

(349) قال التفتازاني: «وكلام الإمام الرازي في تحقيق إثبات الصفات وتحرير محل النزاع = ربما يميل إلى الاعتزال»، ثم نقل عنه كلامًا من **المطالب العالية**. ينظر: التفتازاني، **شرح المقاصد**، ج 2، ص 73.

(350) الرازي، **المحصل**، ص 68.

(351) المرجع نفسه.

رئيس لهم اسمه «حرنان»[352]، والقدماء الخمسة التي قالوا بها هي: الباري تعالىٰ، والنفس، والهيولىٰ، والدهر، والخلاء.

قال محمد بن زكريا الرازي[353] -كما نقلوا عنه-: «هذا هو مذهب جملة الفلاسفة الذين كانوا قبل المعلم الأول»، واختار هذا المذهب لنفسه -أعني محمد بن زكريا-، وكان طريقةً له، وهو الذي حكىٰ عنه الإمام المهدي ما حكاه في آخر **الرياضة**[354] من الخلاف في الدهر. فهو من الملاحدة المتفلسفين. والمراد هنا: بيان ما صنعه الرازي من نظم المذهبين في قَرَن، وجعْلِهما على سَنَن، فاعتبروا يا ذوي الفِطن.

وقد أشرنا -في ما سبق لنا- إلىٰ ما يبطل كلامهم في الصفات بأيسر شيء، وهو أن يقال: لا يخلو: إما أن تكون واجبةً أو ممكنةً، ولا ثالث.

إن كان الأول؛ لزم تعدُّد الواجب -وهو مناف للتوحيد، ويلزمُ احتياجُ الواجب أيضًا-. وإن كان الثاني؛ كانت حادثةً؛ لِمَا ثبت بين المتكلمين، من أن كل ممكنٍ حادثٌ، وكلَّ حادثٍ فهو من آثاره تعالىٰ -عند الأشاعرة-، والأثر غير المؤثر قطعًا واتفاقًا، فيلزم محذورات:

الأول: حدوثُها.

والثاني: قيامُ الحادث بذاته.

والثالث: كون صفات [192 ب] الباري تعالىٰ = من آثاره.

والرابع: حاجته -تعالىٰ- إلىٰ ما هو من آثاره.

والخامس: كونها أغيارًا له، ومتغايرة في ما بينها. إلىٰ غير ذلك مما لا يخفىٰ بأدنىٰ التفات، من عارفٍ بأصولهم، واقفٍ علىٰ محصولهم.

قال: «وهل الذي يتصدى للتصنيف والرد على مثل هذا الإمام الخائض بحر حقائق

---

(352) وقيل إنهم منسوبون إلىٰ حرّان، والنسبة إليها حرناني (علىٰ غير قياس)، كما في **معجم البلدان**.

(353) الطبيب والفيلسوف الشهير.

(354) أي: رسالته بعنوان **رياضة الأفهام** لابن المرتضىٰ.

الشرع ودقائقه، المستنبط منها بنور البصيرة الطالبة للحق عن صدقٍ، السالمة عن العصبية = دُرَرَ العقائد الصحيحة؛ يكتفي بمجرد الدعوى في الرد، ويقول: 'لا يُعقَلُ'، ويسكت؟ ...إلخ».

أقـول: كل حزب بما لديهم فرحون. فإن عظمة المؤلف وجلالته عند أصحابه = كعظمة الأشعري وجلالته في صدر المعترض وغيره من المجبرة. بل قد ردّوا عليه وغلّطوه، وضلّلوا كثيرًا من أقواله وغمطوه، كما صنع إمام الحرمين في **النظامية**، والإمام الرازي في مواضع، وعدل الأستاذ أبو إسحاق الإسفراييني عن بعض مذاهبه -كمسألة الجبر-، وأومأ الإمام الغزالي في **التفرقة** إلى أنه من جملة من يُرَدُّ عليه، بل أشار إلى خطئه في الصفات، وذكره صدر الشريعة في **التنقيح والتوضيح** بذلك الذكر القبيح، وأشار ابن حزم إلى ابتداعه بل صرّح به -كما مر-، ورمز الذهبي إلى مثل ذلك.

وبالجملة، فأمرُه دون ما ذكره المعترض حتى عند أكابر أصحابه، كما يعترف بذلك من له أدنى اطلاع وإنصاف.

وأما الاكتفاء بمجرد الدعوى في الرد عليه؛ فاعتمادٌ على سلامة الفِطَر، بل على ما في كتب الأشاعرة، فضلًا عن غيرهم.

أما ما في كتب الأشاعرة؛ فقد مرَّ طرف منه، وبقي أطراف يعترف بها صاحب الإنصاف.

وأما كتب غيرهم؛ فقد طفحت بنسبته إلى الضلال المبين. فماذا عسى أن يقول في رد قولٍ قد حيَّر الألبّا، وفرق آراءهم أيدي سَبَا؟

فالحق أن اقتصار المؤلف -رحمه الله- عن تطويل الرد لمثل هذا المذهب = غيرُ عجبٍ. وما الخوض في مذهبٍ قد جفَّت الأقلام بإبطاله، وأشار أكابر أهله إلى اختلاله؟ والمتعصب المكابر لا ينقطع في جداله، ولا يرتدع عن ضلاله.

هذا المعترض يقول: «وإن زدتم زدنا، وإن عدتم عدنا» -كما سيأتي-. فأبان عن نفسه بأنه مصرٌّ على المكابرة، باذلٌ جهدَه في نصرة مذهب الأشاعرة. وكثير من الناس حق عليه الضلال، فلا تجده يرضى إلا أن تكون له الكرَّة الآخِرة، ولو بمجرد

الخيالات الظاهرة ﴿تِلْكَ إِذًا كَرَّةٌ خَاسِرَةٌ﴾ [النازعات: 12].

وكيف يستقيم ميزان المناظرة عند من يزعم أن في الوجود صفةً ليست غيرًا لموصوفها ولا عينًا له؟ وهل هذا إلا رفع للنقيضين، بل جمعٌ بينهما؟ لأن نفي «العينية» مستلزم لـ«الغيرية»؛ ضرورةَ عدمِ الواسطة بين النفي والإثبات. ونفي «الغيرية» مستلزم لـ«العينية»؛ لذلك. فإذا نفيتَ الغيريةَ والعينيةَ معًا؛ اجتمع النقيضان -في التحقيق-، كما ارتفعا في الظاهر.

وقد اعترف بهذا سعد الدين، وأورده في **شرح العقائد**، وليس له جواب يعوَّل عليه. فأيُّ لومٍ على المؤلف في عدم تطويل الرد لمثل هذا المذهب؟ والعلماء الذين هم بصدد محض النصح = يعرضون عن إيضاح ما هو أخفى من هذا الباطل، ويكتفون بالإشارة إلى تسفيه القائل.

وأعجب من هذا الباطل وأغرب: ما زعمه المعترض من أن الأشعري استفاد هذا الرفع للنقيضين من الشرع الشريف، كما افتراه على حديث عمران بن الحصين، وبينه وبين رفع النقيضين = بُعدُ ما بين الخافقين. ولكنَّ العمى عمى القلب لا عمى العين.

ولما كان المعترض يعلم أن الأشعري قائلٌ بأن حكم العقول غير مقبول، وأن المعقول معزول؛ قال: «الخائض بحر حقائق الشرع»، ولم يتعرض للعقل. لكنه غفل أو تغافل عن أن الأشعري ليس معدودًا في العلماء المعروفين بحفظ الشريعة، فضلًا عن الغوص في بحر حقائقها. والرجل معروفٌ -بحمد الله-؛ فليس له في علم الأثر أثرٌ، ولا في علم التفسير خَبَرٌ، وإنما انتحل الكلام من الشيخ أبي علي الجبائي، ثم أَبَقَ عنه وفرَّ، واشتغل بمناقضته حين أدبر واستكبر.

وإذا ما خلا الجبانُ بأرضٍ طلب الطعن وحده والنزالا

وقولُهم بأفواههم: «إنه سأله عن ثلاثة إخوة» = من الأكاذيب -كما مر-. وقد نادى على جهل واضعها = ما فيها من التخليط في مذهب المعتزلة الذي لا يجهله بعض تلاميذ أبي علي. وهكذا الوضع يكشف صاحبَه بالوجه الجليّ، فهي كذب صُراح، وباطلٌ بواح.

كما أن الأشعري ليس من هذا القبيل، ولا حاجة في بيان حاله إلى التطويل. وتصنيفُ ابنِ عساكر في مناقبه مجلدًا = تجلُّدٌ في نصرة ما له من الأباطيل. وتعظيمُ كلِّ طائفة لإمامها وقائدِ زمامِها = مضى عليه الأولون والآخرون، جيلًا بعد جيل. وأما نحن؛ فلا ننظر إلا إلى «ما قال» [193 أ]، لا إلى «من قال». والله حسبنا ونعم الوكيل.

والذي استوجب وصفَ المعترض للأشعري بـ«الغوص في بحر حقائق الشرع»؛ هو ما توهَّمه -بناءً على مذهبه- من أن قوله -عليه الصلاة والسلام-: «كان الله ولا شيء معه» = دالٌّ على عدم مغايرة صفات المعاني للذات. هذا جملة غوصه. يا عجباه من هذه الخيالات!

ولقد أكثر من قلة الحياء؛ إذ زاد في انتقاص المؤلف ورَفْعِ شأن الأشعري، حتى جعل المؤلفَ -رحمه الله- كالخمر المحكوم بنجاستها، والأشعريَّ كالعقل المحكوم بأنه من أشرف الكائنات وأفضل المخلوقات. لكنه قد ضلَّله وازدراه، وعزله عن التحكيم وأقصاه، فلا يناسب ما تمثّل به هنا. فانظره لتعرف هواه ومهْواه.

[هجوم المعترض على صاحب الأساس، وهجاؤه إياه من طرف خفي]

قال: «ولنعم ما قيل:

لا تضع من عظيم قدْرٍ، وإن كنـ ... ـتَ مشارًا إليه بالتعظيم
فالجليلُ العظيمُ ينقص قدرًا ... بالتجرّي على الجليل العظيم
وَلَعُ الخمر بالعقول رمى الخمـ ... ـرَ بتنجيسها وبالتحريم»

أقول: لا شك أن المؤلف -رحمه الله- لم يتعرض هنا لعِرْض الأشعري -كما أشعر به تمثل المعترض بهذه الأبيات-. وإنما غاية الأمر: أنه قال: «إن قول الأشعري = من القول الذي ليس له عِناجٌ»، أي: لا زمام له، على جهة المجاز، كما قال جار الله في **الأساس** ما نصه: «وعناج الناقة: زمامها. لأنها تُعنَج به، أي: تُجذَبُ، ومن المستعار هذا: 'قولٌ لا عناج له'. قال الحطيئة:

وبعض القول ليس له عناج كمخض الماء ليس له إتـاءُ

انتهى(355).

فما لك -يا أخا الأكراد- وللتعريض برفع قدر الأشعري على قدر المؤلف، وهو من الذرية النبوية، وأهل الطريقة العدلية؟ ولكنْ لا لوم عليك؛ لأنك عدلت عن الشموس إلى النبراس، وبذلت جهدك في إطفاء نور الله، ويأبى الله إلا أن يتم نوره على رغم كثير من الناس.

والشمس لولا أنها محجوبـة عن ناظريك لما أضاء الفرقد

فلو تركت ما أنت عليه؛ لأضاءت لك شموس الحق من أنوار بيت النبوّة، واختفت عنك فراقد الأشاعرة، ولوامع الخيالات والأوهام الخائبة المخبوّة.

وماذا على المؤلف في تعريضه بأنه لا زمام لهذا القول ولا إتاء -أي: لا زبدة فيه-؟ وقد قال كثير من الأشاعرة وغيرهم في هذا المذهب بأكثر مما قاله المؤلف. لكن بعضه بالرمز والإيماء، وبعضه بالظاهر الصريح الذي لا يخفى إلا على الأعمى، ومن لا يفرق بين النار والماء.

وكل ناظر منصف = يعلم أن بعض رؤساء الأشاعرة قد قالوا فيه -صريحًا- بما مقتضاه فوقَ القول بأنه «لا عناج له ولا إتاء». لكن عين الرضى عن كل عيب كليلة.

قال في **المواقف** وشرحِه ما نصه: «واعلم أن قولهم -أي: مشايخنا- في الصفة مع الموصوف، وفي الجزء مع الكل: 'لا هو هو ولا غيره' = مما استبعده الجمهور جدًا. فإنه إثباتٌ للواسطة بين النفي والإثبات. إذ 'الغيرية' تساوي نفي 'العينية'. فكل ما ليس بـ'عينٍ' = هو 'غيرٌ'، كما أن كل ما هو 'غيرٌ' = فليس بـ'عينٍ'.

ومنهم من اعتذر بأنه نزاع لفظيٌّ، لا تعلُّق له بأمر معنوي. وذلك أن هؤلاء خصصوا لفظ 'الغير' بأن اصطلحوا على أن 'الغيرين': ما يجوز الانفكاك بينهما. وعلى هذا؛ فالشيء -بالقياس إلى آخر-؛ قد لا يكون عينًا ولا غيرًا. وإذا أُجرِي لفظ

---

(355) ينظر: مادة «ع ن ج»، من كتاب **أساس البلاغة** للزمخشري.

'الغير' على معناه المشهور بلا تخصيص = فكل شيء -بالقياس إلى آخر- إما 'عينٌ' وإما 'غيرٌ'. ولا شك أنه لا يمتنع التسمية. بل لكل أحد أن يسمي أيَّ معنًى شاء بأيِّ اسمٍ شاء.

وهذا الاعتذار ليس بمرضيٍّ. لأنهم ذكروا ذلك في الاعتقادات المتعلقة بذات الله وصفاته. فكيف يكون أمرًا لفظيًا محضًا متعلقًا بمجرد الاصطلاح؟ مع أن بعضهم قد تصدّى للاستدلال عليه.

والحق أنه معنوي، وأن مرادهم أنه: 'لا هو' = بحسب المفهوم، و'لا غيره' = بحسب الهوية. ومعناه: أنهما متغايران مفهومًا، ومتحدان هويةً، كما يجب أن يكون الحال كذلك في الحمل.

ولّما لم يكونوا قائلين بالوجود الذهني؛ لم يصرِّحوا بكون التغاير في الذهن، والاتحاد في الخارج.

نعم، المعلومُ المتحققُ الثبوتِ في ما بين الموضوع والمحمول؛ هو الاتحاد من وجهٍ، والاختلاف من وجهٍ آخر. فعبّروا عن هذا المعلوم بتلك العبارة التي لا إشعار لها بالوجود الذي اختُلِف فيه. وهذا كلام لا غبار عليه. وفيه بحث. لأن كلام المشايخ = في أجزاء غير محمولة -كالواحد من العشرة واليد من زيدٍ، كما أوردوها في تمثيلاتهم-، وفي صفاتٍ هي مبادئ المحمولات، كالعلم والقدرة. لا في المحمولات، كالعالم والقادر والمريد.

والظاهر أنهم فهموا من التغاير: جوازَ الانفكاك من الجانبين، فأقدموا على ما قالوا.

وأيضًا، لما أثبتوا صفات موجودة قديمة، زائدة على ذاته تعالى؛ لزمهم كونُ القِدَم صفةً لغير الله، فدفعوه بذلك.

وأيضًا، لزمهم أن تكون تلك الصفات مستندةً إلى الذات، إما بالاختيار -فيلزم التسلسل في العلم والقدرة والحياة والإرادة، ويلزم أيضًا كون الصفات حادثة-، وإما بالإيجاب -فيلزم كونه تعالى موجِبًا بالذات، ولو في بعض الأشياء-. فتستّروا عن هذا

بأنها إنما تكون محتاجةً مستنِدةً إلى علةٍ، إذا كانت مغايرة للذات»(356). انتهى.

وهذا البحث من السيد المحقق؛ قد نطق بالحق، وأفصح بأنهم تستّروا تسترًا. ومع ذلك لم ينستروا؛ لأنهم ما جاءوا في نفي المغايرة بشيء يعوَّل عليه، بل اضطربوا في المقامين.

وإذا نظرت إلى هذا الكلام المنقول عن **المواقف وشرحه**، وتفكرت فيه مليًّا؛ علمت أن المؤلف -رحمه الله- ما جاء ببِدْعٍ، فضلًا عن أن يكون ما جاء به شيئًا فريًّا. وإنما خصَّيْنا هذا الكتاب بنقل ألفاظه؛ لأن المعترض وأمثاله يعتمدونه، ويرونه مرضيًّا، وبتحقيق مقاصد الأشعري حريًّا وفيًّا.

ولو استكمل المعترض ما في كتب القوم؛ لأقصر في اللوم، ولرأى أنه هو الحقيق بالتعريض الذي في هذه الأبيات، لا سيما بعد أن أعلن باستقصار العقول، ورفض أحكامها حتى في النفي والإثبات. ولكنه اشتغل بمقراض الأعراض، وافتراض الاعتراض. فلهذا غفل عن كونه هو الحقيق بما أنشده من هذا الشعر المقول. وكيف لا وهو الذي رمى العقل بالأوهام وانتقصه وحقَّرَه، وقال: «إنه معزول»، وأقلَّ الثقةَ به في الفروع والأصول، وقابل أحكامه الصريحة بعدم القبول؟ فها أنا أنتصف للمؤلف وأذكر المعترض بما فيه، فأقول:

أيها المنشدُ البديعَ من الشـ ... ـعر، على جهل سرِّه المكتوم
إن فيه رمزًا إلى أن حكم العقـ ... ـل مما ارتضاهُ حُكمُ الحكيم
فلِصَوْن العقول حُرِّمت الخمـ ... ـرُ، وصارت كالرجس في التحريم
فإذا ما رميت عقلك بالأو ... هام في كل حادث وقديم
وجعلت اليقين وهمًا وأصـ ... ـبحت لوزن العقول غيرَ مقيم
فأخو الخمر أنت؛ إذ كنت كالخمـ ... ـر بنقضِ العقولِ والتأثيمِ

(356) الجرجاني، **شرح المواقف**، ج 4، ص 57-59.

ولمّا تكلم المؤلف في الحدِّ، وبيان عدم صحته في حق من لا تحويه الحدود -عز شأنه وجنابه المقصود-، وجاء -رحمه الله- بكلام مقبول، وبعضُه مردودٌ = تكلم المعترض بما قدر عليه، وبلغ علمُه إليه، وتبجّح بمعرفة الفرق بين مفهوم «الشيء» و«ما صدق عليه»، وزعم أنها مزلة أقدام، وهو قد وقع فيها وزلّ -كما تقدم-. وإنما سمعهم يقولون: «إنها مزلة أقدام»، وإلا فثمرة العلم: العملُ.

كلامٌ في حدِّ العلم، وما يرِدُ عليه

هـذا، ولا حاجة بنا إلى بيان مثل هذا المقام، خصوصًا مع طول الكلام، وخشية الإملال والإسآم، بما في كلام المعترض من الأوهام، ومن أين أخذه؟ وكيف أخذه من كلام الأقوام؟ حتى نقم على المؤلف قوله -رحمه الله-: «**إن الحد يرادفه الحقيقة والماهية**»[357]، فقال -أي: المعترض-: «لا ترادفَ، وإن حصل التساوي [193 ب] في الصدق»، وما تنبه -لعصبيته- على كون المؤلف جرى على ما جرى عليه قدماء المتكلمين، من إطلاق «الترادف» على «التساوي في الصدق»، كما قال الخيالي في **حاشية شرح العقائد**: «قال صاحب **التبصرة**: 'الإيمان والإسلام من قبيل الأسماء المترادفة. فكل مؤمنٍ مسلمٌ، وبالعكس'». ثم بين لكل واحد منهما مفهومًا على حدة، ومثلَه ذكر الكمال الشريفي في **حاشية الشرح** المذكور أيضًا.

[كلامٌ في صفة «العالِم»]

والأمر في هذا -مع وضوحه- سهلٌ. إلا أن في البَيْن شيئًا مما يتعلق به الأَرَب، وصدورُ مثلِه من مثل المعترض = مستغرَبٌ، وهو: أن المؤلف لمّا قال ما نصه: «**وقولهم: 'العالِمُ: من يمكنه إيجاد الفعل المحكم'؛ لا يصح بالمعنيين، ولدخول نحو النَّحلة؛ لأنه يمكنها إيجادُ الفعل المحكم**»[358]. إلى آخره.

قال المعترض: «والجواب: أنّا لا نسلّم أن النَّحلةَ ليست من أفراد المحدود، أي: لا

(357) المنصور بالله، **الأساس**، ص 36.
(358) المنصور بالله، **الأساس**، ص 36-37.

نسلِّم عَدمَ علمِ النحلة لما تفعله؛ لجواز أن يخلق الله فيها علمًا لذلك الفعل الصادر عنها، أو يلهمها حالًا ما هو مبدأٌ لذلك الفعل. قال تعالى: ﴿وَأَوْحَىٰ رَبُّكَ إِلَى ٱلنَّحْلِ أَنِ ٱتَّخِذِى مِنَ ٱلْجِبَالِ بُيُوتًا﴾ [النحل: 68]. **الآية. وقد فُسِّر بالإلهام الشبيه بالوحي والتعليم. وأما على أصل الشيخ الأشعري؛ فلا إشكال. لأن جميع الممكنات يخلقه تعالى ابتداءً، ولا تأثير لقدرةٍ سواهُ فيها أصلًا».**

أقول: قد أثبت المعترض علمًا للنَّحلة بما تفعله، وقال: «إنها من أفراد المحدود»، مع أن «الإيجاد» و«التمكن» = مأخوذان في الحدِّ. والأشاعرة قد قالوا: «إن العبد لو كان موجِدًا لأفعاله؛ لكان عالمًا بتفاصيلها»، أي: ولا علمَ = فلا إيجادَ -بزعمهم- كما ذكره الرازي في **المحصل**، وذكره سعد الدين في **شرح العقائد**. وقد ذكره جماعة. وهو تهافتٌ لا يخفى على عارف.

ولو كان مجرد الإيجاد مستلزمًا لعالِميَّة الموجِد؛ لما احتاجوا إلى الاستدلال بالإحكام على عالِميَّتِه تعالى، ولكان الدليل على قادريّته تعالى؛ هو الدليل على عالميته بعينه.

وأيضًا، فلو كان إيجاد الشيء يستلزم العلم تفصيلًا؛ لضاع الوصف في قوله تعالى: **﴿أَلَا يَعْلَمُ مَنْ خَلَقَ وَهُوَ ٱللَّطِيفُ ٱلْخَبِيرُ﴾** [الملك: 14]، أعني: لا يبقى فائدة لقوله: **﴿وَهُوَ ٱللَّطِيفُ ٱلْخَبِيرُ﴾**، على هذا الفرض والتقدير، في ما إذا قلنا: إن الموصول -وهو **﴿مَنْ خَلَقَ﴾** في قوله: **﴿أَلَا يَعْلَمُ مَنْ خَلَقَ﴾**-؛ فاعلُ قوله: **﴿يَعْلَمُ﴾**.

وأما إذا قلنا: إنه -أي: الموصول المذكور- مفعولٌ -كما مر-؛ فالآية حجة على المجبرة من الأشاعرة وغيرهم؛ لأنه تعالى ما قال: «ألا يعلم ما خلق»، بل قال: **﴿مَنْ خَلَقَ﴾**. ولو كانت أفعالهم بخلقه تعالى؛ لقال: «ألا يعلم ما خلق» -أي: أفعالهم التي خلقها فيهم-.

والقرآن مشحون بهذا المعنى -أعني: التمدح بأنه تعالى خلق العباد؛ فهو عليم بهم-، وليس فيه آية واحدة، فيها تمدُّحٌ بأنه تعالى خلق أفعال العباد، وأنه يلزم من ذلك أن يعلمها.

وأيضًا، فإنه -تعالىٰ- يخاطب العباد المجرمين علىٰ العموم؛ عدليِّهم ومُجبِرِهم، وسائر الفرق، فيقول -عند الاستشهاد عليهم بجوارحهم وجلودهم-: ﴿وَمَا كُنتُمْ تَسْتَتِرُونَ أَن يَشْهَدَ عَلَيْكُمْ سَمْعُكُمْ وَلَآ أَبْصَٰرُكُمْ وَلَا جُلُودُكُمْ وَلَٰكِن ظَنَنتُمْ أَنَّ ٱللَّهَ لَا يَعْلَمُ كَثِيرًا مِّمَّا تَعْمَلُونَ﴾ [فصلت: 22]. فلو كان تعالىٰ هو المُوجِد لأعمالهم -كما يقوله هؤلاء الأشاعرة-؛ لم يُتصَوَّر أنهم يظنون أنه تعالىٰ لا يعلم كثيرًا مما يعملون، فيلزم كذب الآية المذكورة. لكن اللازم باطل قطعًا وإجماعًا؛ فالملزوم مثله.

ومن هذا القبيل قوله تعالىٰ: ﴿أَمْ يَحْسَبُونَ أَنَّا لَا نَسْمَعُ سِرَّهُمْ وَنَجْوَىٰهُم ۚ بَلَىٰ وَرُسُلُنَا لَدَيْهِمْ يَكْتُبُونَ﴾ [الزخرف: 80]. وفي الكتاب والسنة من هذا القبيل كثيرٌ جليلٌ.

ومع ذلك كله؛ فهؤلاء المجبرة مصرُّون علىٰ دعواهم أن العبد لو كان موجدًا لأفعاله؛ لكان عالمًا بتفاصيلها. وهم لا يقدرون علىٰ إثبات هذه المقدمة بالبرهان -ولو علىٰ إثبات وجوب العلم بالعلم والشعور بالشعور-، بل لا يقدرون علىٰ إثبات كون العبد غير عالم بتفصيل بعض أفعاله. وإذا كان عالمًا عِلْمَه بتفصيل بعض أفعاله؛ كان موجدًا له، باعترافهم. ولا قائل بأن العبد يوجد بعضًا من أفعاله دون بعض. فمن اعترف بالبعض؛ لزمه البعض الآخر بلا كلام. ولذا؛ أطبقوا علىٰ دعوىٰ انتفاء علمه بتفصيل أفعاله كلها، وجزموا بأنه لا يعلم شيئًا منها.

فإن قلت: كيف تزعم أنهم لا يقدرون علىٰ إثبات هذه المقدمة بالبرهان، وقد أشار الإمام الرازي إلىٰ برهانها في **المحصل**؟ حيث قال -ما معناه-: «إنه لو لم يجب كون الموجد للفعل عالمًا بتفاصيله؛ لم يمكن إثبات كون الباري تعالىٰ عالمًا؛ لجواز أن يصدر عنه هذا العالَمُ برمَّته مع عدم علمه بشيء من تفاصيله. واللازم باطل؛ فالملزوم مثله»(359).

وقال أيضًا ما معناه: «إن إيجاد الفعل الجزئي = لا بد له من القصد الجزئي؛ لأن القصد الكلي لا يُتصوَّر تعلُّقُه ببعض الجزئيات دون بعض؛ لأن نسبته إلىٰ جميع الجزئيات = علىٰ السوية. فيلزم من تعلقه بالبعض منها دون البعض = تخصيصٌ بلا

(359) ينظر: الرازي، **المحصل**، ص 146.

مخصص. فثبت: أنه لا بد للفعل الجزئي من القصد الجزئي. والقصد الجزئي لا يُتصوَّرُ بدون العلم الجزئي؛ إذ هو مشروط به. ولا معنى للعلم الجزئي المذكور، إلا العلم بتفاصيل الفعل على الوجه الجزئي. وهو المطلوب»(360).

قلت: في كليهما نظر ظاهر.

أما الأول؛ فلأن إثبات كون الباري سبحانه تعالى عالمًا = ما حصل لنا إلا من جهة إحكامه لأفعاله تعالى، لا من جهة مجرّد إيجاده لها؛ فإنه لا يدل على علمه تعالى، وإلا لأغنى دليلُ كونه تعالى قادرًا، عن دليل كونه عالمًا -كما مر-، ولَوَرَدَ على استدلالهم على عالميته كلُّ فعلٍ من غيره تعالى، بدون اختصاص للنَّحلة أو لغيرها من ذوات الأفعال المحكمة.

وأما الثاني؛ فلأن الرازي نفسه قد مال عنه؛ لأنه قد أثبت إيجاد العبد لأفعاله الاختيارية -كما حكاه عنه السعد وغيره، وقد مر ذلك، وسيأتي التذكير به-. فلو كانت هذه الشبهة تامَّةً؛ لما عَدَل(361) إلى ما يخالف مقتضاها.

ثم نقول: قولك: «إنه لا بد من القصد الجزئي» = ممنوع. وقولك: «إن القصد الكلي: نسبته إلى الكل = على السوية»؛ لو سلّمناه = فلا ينفعك؛ لأنا نقول: إن القصد الكلي؛ لمّا كانت نسبته [إلى جميع جزئيات الأفعال = على السوية؛ كان تعلقه بها على الوجه الكلي كافيًا في وقوعها وحصولها] المستنِدِ إليه. وما المانع من ذلك وعندنا ما يدل على جوازه بل على وقوعه؟ فإن الماشي في الرمل والتراب الليِّن = يمشي بالقصد اتفاقًا، ومعلومٌ أنه قد لا يقصد انخساف الرمل والتراب بالوطء. وهكذا الماشي بين دِقاق الحصى، قد لا يقصد تحريكها بوطئه عليها، بل قد يكرهه إذا أراد أن يُخفِي مشيه.

ثم نقول: لو تمت لكم هذه الشبهة؛ للزم منها باطلٌ بالاتفاق بيننا وبينكم، وهو: أنها تستلزم أن أفعال العباد كلَّها بدون قصد منهم أصلًا؛ لما مرّ من أن القصدَ = شرطُه العلمُ.

---

(360) المرجع نفسه.
(361) أي: الرازي.

فظهر: أن هذه الشبهة لا تصلح للأشاعرة بل للجهمية وخلص الجبرية النافين للقصد والإرادة من العباد في جميع أفعالهم. ولنرجع إلى ما في الكتاب، فنقول:

إنه -هاهنا- قال المعترض بما لا يساعده عليه مذهبُه، ولا يجري على كلامهم الذي أوردوه على المعتزلة. فإما أن يعترف بأن العبد لا يكون أقلَّ من النَّحلة؛ فيبطل ذلك القول الذي قالوه من أن العبد ليس عالمًا بأفعاله. وإما أن يقول: إن إحكام الفعل وإتقانه -أي: إيجاده على الوجه المحكَم المُتقَن-؛ لا يستلزم العلم بتفاصيله -كالإدراك لحركات الأعصاب والعضلات وغير ذلك من الأشياء المحجوبة عن الفاعل-. فذلك وإن كان هو مطلوبنا = فليس من مذهبه؛ لأنه نافٍ للإيجاد من العبد، وقائلٌ بأنه لا بد من العلم من الموجِد بالتفاصيل؛ جريًا على ذلك التأصيل. وإما أن يقول: إن النَّحلة متمكِّنة من الإيجاد، كما قال: إنها من أفراد المحدود، وإنها عالمة بالتفاصيل دون العبد؛ فإنه غير متمكِّنٍ من الإيجاد، ولا عالمٍ بالتفاصيل. فمع كونه مخالفًا للأولين والآخرين -من أهل مذهبه وغيرهم-؛ قد شهد به على نفسه بأنه لا همَّ له إلا المكابرة التي غايتُها تعظيمُ الذَّرَّة على الجَمَل، والحصاةِ على الجَبَل. وليس في وُسْع المكابرة أوسعُ من هذا الباب، ولا أضيقُ من هذا الانقلاب.

وإما أن يقول: إنه لا يُشترَط العلمُ بالتفاصيل في النحلة والعبد معًا؛ لأن فعلهما = اكتسابٌ، لا تأثيرٌ وإيجادٌ؛ فلا يلائم كلام المؤلفِ وأهلِ هذا الحدّ؛ لأنه صريح في الإيجاد.

وإما أن يقول: إن هذا منه انتصارٌ لقائل هذا القول، وتوضيحٌ لمراده، لا أنه على أصول المجبرة، بدليل قوله -في ما بعد-: «وأما على أصل الشيخ؛ فلا إشكال...إلخ»؛ فلا يلائم كلام ذلك القائل؛ لأن القائل به -أوّلًا- بعضُ الفلاسفة النافين لعالِميَّتِه تعالى -نظرًا إلى أن الأفعال المحكمة = جاز صدورها ممن لا شعور له ولا عالِمية، كالنحلة والعنكبوت-؛ فهم نافون لعلم النحلة، وجاعلون لإحكامها للفعل = سندًا لمنع عالِميّته -عزّ وجلّ-. فإثبات علم النحلة = عكسُ مطلوبهم.

والقائلون به -ثانيًا- بعضُ المعتزلة؛ إيرادًا على الحدّ، لا تشكيكًا في العالِمية. وذلك -أيضًا- لا يلائم مذهبهم؛ لأنه قال المعترض: «لجواز أن يخلق الله تعالى فيها

علمًا». وهذه التجويزاتُ = طريقة الأشاعرة؛ بناءً على أن الإيجاد والتأثير من الله تعالى = عند الأسباب، لا بالأسباب، كما تسمعهم يقولون: «يجوز أن يخلق الله الإحراق عند ملامسة النار، ويجوز أن لا يخلقه، ويجوز أن يخلق الله الفعل في العبد عند تعلق قدرته وإرادته، ويجوز أن لا يخلق. لكنه جرت العادة بذلك»، وكما قالوا: «إن العلم بالنتيجة عن المقدمتين الصادقتين = مما يجوز أن يخلقه الله تعالى وأن لا يخلقه»، وهو معنى قولهم: «إن استلزام المقدمتين للنتيجة = عاديٌّ»، أي: لمحض العادة -كما مر-.

فكلام المعترض هنا إنما يناسب هذا لا غيره. وأنت خبير بأنه لا فرق بين هذا التجويز، وبين قول القائل: «يجوز أن يخلق الله تعالى علمًا في الأحجار والأشجار فتفعل أفعالًا محكمة»، فَيَرِد بها نقضُ الحد على هذا، من دون [194 أ] اختصاص النحلة.

ومن العجائب: أنهم قد حكوا عن الشيخ الأشعري ما يناقض هذه التجويزات التي لا يدل عليها دليل. قال الأستاذ أبو إسحاق الإسفراييني: «إن إبليس جاء إلى إدريس -على نبينا وعليه الصلاة والسلام- وهو يخيط، ويقول في كل ضربةٍ: 'سبحان الله والحمد لله'، فقال: 'يقدر الله أن يجعل الدنيا في هذه القشرة؟'، فقال: 'الله تعالى قادر على أن يجعل الدنيا في سَمِّ هذه الإبرة'، ونخس بالإبرة إحدى عينيه». قال: «فأخذ الأشعري من جواب إدريس أجوبةً في مسائل كثيرة من هذا الجنس، وأوضح الجواب فقال: 'إن أراد السائل: أن الدنيا على ما هي عليه، والقشرة على ما هي عليه؛ فلم يقل ما يُعقَلُ؛ فإن الأجسام الكثيرة يستحيل أن تكون في مكان واحد.

وإن أراد: أنه يصغِّر الدنيا قدرَ القشرة، ويجعلها في القشرة؛ فلعمري إن الله قادر على ذلك وعلى أكثر منه'.

قال بعضهم: 'وإنما لم يفصِّل إدريسُ الجوابَ هكذا؛ لأنه -أي: إبليس- معاندٌ. ولهذا عاقبه على هذا السؤال بنخس العين، وهو عقوبة كل سائل مثله»(362). انتهى. فليكن هذا الفعل عقوبةً لكل من يسأل معتمدًا على التجويزات التي لم يقم عليها دليل. وأنت قد عرفت من أحقُّ الناس بهذا، وأن المعترض وأمثاله قد اقتدوا بإبليس

(362) القصة برمّتها في: اللقاني، **عمدة المريد**، ج 2، ص 509-510.

في كثير من أقوالهم -كما سيأتي عليه في مسألة الرؤية-.

ومن العجائب -أيضًا-: أنه قد قال -في ما أسلف-: «إن النقض لا يكفي فيه الفرضُ»؛ أخذًا من كلام الجلال الدواني، واتباعًا للكمال الخيالي. فما باله هنا اكتفى بالفرض المجرد؟ وهلّا أتى بغير هذا الذي لا يجري على ما أسلفه، كما لا يجري على مذهبه ولا على مذهب أولئك المذكورين من الفلاسفة، ولا على أصل المعتزلة؟

وأما قوله: «وأما على أصل الشيخ؛ فلا إشكال... إلخ»؛ فمعناه: أن إيجاد الفعل لا يكون من غير الباري تعالى. فالنحلة -وغيرُها- خارجةٌ عن الحد، بقيْدِ إمكان الإيجاد. وهو اعتراف منه بأن اعتراضه = ليس بالنظر إلى أصل الشيخ الأشعري وغيره من المجبرة، وإنما هو بالنظر إلى مذهب غيرهم. لكنا قد بيّنّا: أنه لا يجري أيضًا على مذهب غيرهم، بل هو عكسُه؛ كما لا يجري على مذهبهم، بل هو عكسه -كما مر-.

فانظر -يا أخا الأكراد- كيف استحقَّيْت أن تُلَبَّس على هذا التلبيس في الحدِّ = أثوابَ الحِداد، وتأمّل ما هذه الظلمة التي وقعتَ فيها وبيدك **النبراس**، وأي شيءٍ أفادك قدحُك في **الأساس**، والتعرض لأعراض الأكياس. ولعمري ما وقعت من سوء النِّحلة إلا على إبرة هذه النَّحلة، وأنت تظن أنك قد ظفرت بشَهْدِ التحقيق، على حين فترةٍ وغفلةٍ.

تريدين لقياكِ المعالي رخيصةً ولا بد دون الشهد من إبر النحل

منعُ الفلاسفة لدلالة الإحكام في الفعل= على أن الفاعل عالِمٌ، وذكرُ مستنَدِهِم

ولنأخذ في توضيح ما سبقت الإشارة إليه، من أن أصلَ المنع = جاء أولًا من عند الفلاسفة النافين لعالِميَّة الباري تعالى، ثم أورده بعض المعتزلة، فنقول:

إن المتكلمين لمّا استدلّوا على عالِميّة الله تعالى بأنه فَعَلَ أفعالًا مُحْكَمةً، وكلُّ من فعل أفعالًا محكمةً فهو عالم؛ ينتج: أنه -تعالى- عالِمٌ = فقال نفاة العالِمية من قدماء الفلاسفة: «لا نسلِّم صدق الصغرى، وإن ادعيتم أنها ضرورية. فإن دعوى الضرورة

في محل النزاع بين العقلاء = غيرُ مسموعةٍ اتفاقًا». وقالوا في سند هذا المنع: «لم لا يجوز أن الله تعالىٰ أوجب لذاته جوهرًا ليس بجسم ولا جسماني، وأن ذلك الجسم هو الذي خلق العالم وصوَّرَه؟ ولئن سلمنا أنها ضرورية محسوسةٌ -نظرًا إلىٰ أنه تعالىٰ هو الذي أوجد العالم وخلقه وصوّرَه-؛ لكن لا بد من بيان معنىٰ الإحكام الذي يدل علىٰ العالِميَّة». قالوا: «ونحن نسأل عنه؛ ليُعلَم وجهُ دلالته علىٰ ذلك؛ ليُعلمَ صحتُه وفسادُه». وقد بينوا مستندهم في منع الإحكام المستلزم لعالميته تعالىٰ. ثم قالوا: «ولا نسلم أيضًا كليةَ الكبرىٰ من هذا القياس». ثم ذكروا في سند هذا المنع أشياء يطول ذكرها. ومن جملة ما ذكروه: أمران. أحدهما: جارٍ علىٰ أصولهم وأصول الأطباء أيضًا. والثاني: متفَقٌ عليه. فالأول: ما قالوه من أن جمهور الفلاسفة والأطباء متفقون علىٰ أن تكوُّنات أعضاء الحيوانات وترتيبها علىٰ الوجه المخصوص = مستنِدَةٌ إلىٰ قوة جسمانية عديمة الشعور والإدراك -وهي التي يسمونها بـ«القوَّة المصوِّرة»، بكسر الواو-. قالوا: «فإذا جاز من الجاهل أن يفعل فعلًا مُحكَمًا مرةً واحدةً = جاز مرارًا كثيرة».

الثاني: أن النَّحلة تفعل أفعالًا في غاية الإحكام والإتقان؛ لأنها تبني البيوت المسدَّسة، مع كثرة ما فيها من الحُكْم والصنعة التي لا يعرفها إلا أذكياءُ المهندسين. وكذلك العنكبوت تبني بيتًا في غاية الإحكام، وكذلك سائر الحيوانات، وهي عادمة الإدراك والشعور -كما قالوا-.

قدحُ الرازي في ما قالوه

فاعترض الإمام الرازي علىٰ الأول، بالفرق البديهي، أي: إن جواز صدور الفعل المحكم من الجاهل مرةً واحدةً -كما في تلك القوة التي زعموها-؛ لا يلزم منه جواز صدوره منه مطلقًا؛ فإن البديهة والاستقراء يشهدان بخلافه.

وأجاب عن الثاني، بتسليم عِلْمِ النَّحلة بذلك الفعل الخاص، وكذا العنكبوت. وكلُّ من فعل فعلًا محكمًا = فهو عالم به -كما قال-(363).

---

(363) الرازي، **المحصل**، ص 123-124.

وأما بعض المعتزلة؛ فإنه ذكر مسألة النَّحلة؛ إيرادًا على كلية الكبرى أيضًا؛ لكنْ لإبطال هذا التعريف نفسه -أي: تعريفِ العالِمِ كما مرَّ-، لا لإبطال عالِميته تعالى -كما صنع الفلاسفة المذكورون-. فجاء المؤلف -رحمه الله-، ونقل كلام ذلك البعض من المعتزلة، وجاء المعترض فاعترضه -لشغفه بالاعتراض-؛ فلم يُتِمَّ كلامَه، لا بالنظر إلى مذهب الفلاسفة، ولا بالنظر إلى كلام المعتزلة، ولا بالنظر إلى كلام الأشاعرة.

فإن قلتَ: إذا قد خرج بك البيانُ لغلط المعترض = إلى ذكر كلام الفلاسفة في نفي عالمية الله تعالى وتقرير منعهم، وشيء من مستَنَده؛ فكيف الجواب الصحيح عندك إذا لم ترض بجواب الإمام الرازي؟ ثم ما الذي دعاهم إلى نفي عالِميَّتِه -تعالى-، مع أن إثبات العلم؛ لا ينقض -في الظاهر- شيئًا من مذهبهم في الإيجاد وقِدَمِ العالم، ولذا، خالفهم المتأخرون منهم؟

قلتُ: أما الجواب الصحيح عندي، فهو: أن الإحكام في الفعل = ليس المراد به: مجرد الترتيب العجيب، والتأليف اللطيف -كما قالوا- حتى يلزم منه علم النحلة والعنكبوت. بل الإحكام هو: ذلك؛ مع زيادة المطابقة لقصد الفاعل وغرضِه، ونظرِه إلى غايته. فهو -في الحقيقة- مستلزِم للغرض في الفعل، والقصد إلى غايته المناسِبة. ولذا، نفته الفلاسفة القدماء. فافهم.

وبهذا يظهر لك: أنهم أحذق من المتأخرين منهم، وأن إحكام أفعال الله تعالى = يشهد بالغرض فيها، والقصد إلى غاياتها الحميدة، وإلا لم يُتصوَّر الإحكام في ما لا قصد فيه إلى غايةٍ؛ هو نهاية الفعل، وهي الغَرَضُ منه.

فإن قلت: إنا لو اعتبرنا هذه المطابقة لقصد الفاعل وغرضه؛ لم يتم لنا الاستدلال بالإحكام على العالِميّة؛ لأنه لا يكون بنفسه دليلًا حتى تحصل المطابقة المذكورة. ولا طريق لنا إلى العلم بها؛ فلا يتم الاستدلال.

قلتُ: بل يتم على كل حال. لأنا قد علمنا ضرورةً؛ أن التأثير من أفعاله تعالى = في غاية الإحكام والإتقان، كخلق الإنسان وسائر الحيوان -على ما يشهد به علماء التشريح-. ويُمنَع أن يكون ذلك غيرَ مطابق لقصد الفاعل له والمؤثر فيه؛ لأنه لو لم

يطابق؛ كان خبطًا وجزافًا وفعلًا اتفاقيًا. والفعل الاتفاقي ليس [جاريًا عن تخصيص وترجيح. وتركيب الإنسان -مثلًا- يشهد على أن فاعله قادر مختار، قد وضع كل شيء في موضعه]، على وجوه مخصوصة، وحكمة باهرة.

ولذا؛ اعترف بعض الفلاسفة بالقادر المختار عند النظر في علم التشريح. فإذا كان الأمر كذلك؛ علمنا أن جميع أفعاله تعالى مطابقةٌ للقصد [والإرادة، واقعةٌ على الغرض] الملحوظ للفاعل في ابتداء فعله، وأنه عالم تعالى، عالمٌ بغايات أفعاله الحميدة، وناظرٌ إليها قبل وجودها. فتأمل.

وقد تبين لك أولًا؛ أن بين العلم الذي يدل عليه الإحكام في الأفعال، وبين الإيجاب الذي قالت به الفلاسفة = ما بين الضب والنون، والجمعَ بينهما كالجمع بين الأروى والنعام، وأن فرارهم من إثبات علمه تعالى = حذرًا من لزوم الغرض. ولولا أني بصدد بيان علة المعترض؛ لزدت هذا المقام ما يجلو صدى الأفهام. ولكن المراد هو: أنه قد خالف الكل من الفلاسفة والمعتزلة والأشاعرة.

فإن قلتَ: إن هذا الذي وقع للمعترض = قد وقع أيضًا من الإمام الرازي -كما ذكرته آنفًا-؛ فإنه سلّم عِلْمَ النَّحلة.

قلت: هذا وهم فاسد. فإن كلام الرازي كان في معرض ما أورده هو في **محصّله**. فإنه قال فيه ما نصه: «اتفق جمهور العقلاء على أنه -تعالى- عالِمٌ، إلا قدماء الفلاسفة.

لنا: إن أفعالَه مُحكَمَةٌ متقَنةٌ. وكل من كان كذلك؛ كان عالمًا. والمقدمة الأولى حِسِّيَّةٌ. والثانية بديهيةٌ»(364). هذا كلامه. ولا يخفى عدمُ تعرُّضه للإيجاد المأخوذ في الحدّ الذي كان الكلام بصدده. وكذا التمكن المذكور في كلام المؤلف؛ فإنه قال فيه: «العالِمُ: من يُمكنه إيجادُ الفعل المُحْكَمِ». فأين هذا من ذاك؟

نعم، تسليمُ هذه المقدمة الكبرى في كلام الرازي = ينافي دعاواهم بأن العبد غيرُ عالم بأفعاله، أي: فلا يكون هو الموجِدَ لها -إن كان المراد بالفاعلية فيها -أي: في معنى

(364) المرجع نفسه.

هذه المقدمة- أعمَّ من الإيجاد [194 ب] -على ما يزعمون-. وإن كان المراد هو معنى «الإيجاد»؛ فهو اعتراف بأن العبد موجِدٌ لأفعاله. إذ لا يقصُر عن النحلة والعنكبوت التي سلموا عِلْمَها بأفعالها، كما اعترفوا بالكلية في القياس المذكور.

والإمام الرازي لا يبالي بهذا؛ بالنظر إلى ما اختاره لنفسه من أن قدرة العبد وداعيته = مؤثران في فعله، خلافًا للأشعري وسائر المجبرة. لكنه في هذا الكتاب -أعني **المحصل**- كسائر كتبه = لا يخرج عن قواعد الأصحاب. وإن اختار خلافهم = بَيَّنَهُ، ولا يهمل ما يترتب عليه مثل هذا، ولا يليق بذكائه الغفلةُ عن أن تسليم هذه المقدمة -مع حمل الفاعلية على معنى الإيجاد-؛ يهدم جرثومة مذهب المجبرة من الأشاعرة وغيرهم. فما هو إلا قد جنح إلى ما أشرنا إليه من حمل الفاعلية -في ذلك القياس- على ما هو أعمُّ من معنى الإيجاد، بناءً على قاعدة المجبرة، وإن كان فيه ما فيه -كما عرفتَ-، بخلاف كلام المعترض؛ فإنه خبْطٌ خارجٌ عن هذا وهذا وذاك -كما بيناه بلا مزيد عليه-. ولم نورد إلا ما هو ثابتٌ لديه، فاشدُدْ يدك بما ذهب عن عينيه، والله الهادي، لا نرجع في طلب التوفيق إلا إليه، وهو الواحد، والخير كله بيديه.

تتمة تشتمل على أمرين

الأول: أن الكلام الذي حكاه المؤلف بقوله: «العالِمُ من يمكنه إيجادُ الفعل المُحكم» = لا يجدي نفعًا للأشاعرة القائلين بأن العبد لمّا لم يكن عالمًا بتفاصيل أفعاله؛ علمنا أنه ليس موجِدًا لها. وذلك لأن هذا القول -المذكور الذي هو قولهم: «العالِمُ: من يمكنه إيجادُ الفعل» = لا يقتضي إلا أن العالِم: من تمكَّن من الفعل المُحكَم، ولا يقتضي أن العالِم هو: من أَوْجد الفعلَ المُحكمَ. وحينئذٍ، فالعبد إن كان متمكنًا من إيجاد الفعل المحكم؛ فهو عالِمٌ به وإن كان الموجِد له هو الله تعالى -كما هو مذهب الجبر وخلق الأعمال-؛ لأن تمكن العبد من إيجاد الفعل = لا ينافيه -بزعمهم- أن الله هو الذي يوجده في العبد. ولهذا قالوا: إنهم مفارقون للجهمية وخلص الجبرية، وقالوا: إنهم أثبتوا للعبد قدرةً شأنُها التأثير في الفعل والإيجاد له، لكنه عاقها عن تحصيله عائقٌ، وهو: تعلق القدرة القديمة -كما صرَّح به الآمدي وغيره-.

وعلىٰ هذا؛ فهم مثبتون -بزعمهم- لتمكُّن العبد من إيجاد الفعل -الذي أوجده الله وأحكمه تعالىٰ-.

وأما إن أَبَوْا هذا، وقالوا: إن العبد غير متمكن من إيجاد الفعل أصلًا = فقد انخرطوا في سلك الجهمية والجبرية الخالصين المكابرين للضرورة العقلية والشرعية؛ إذ لا يمكنهم أن يقولوا: إن العبد متمكن من «الكسب» وإن لم يكن متمكنًا من «الإيجاد».

وإنما قلنا: «إنه لا يمكنهم ذلك»؛ لأن الكسب أمرٌ اعتباريٌّ؛ فلا معنىٰ للقول بالتمكن منه، ولأنه عبارة عن كون العبد محلًا لما يخلقه الله من الفعل، مع كونه -أي: العبد- قادرًا مريدًا بقدرة وإرادة لا تأثير لهما -كما صرحوا به-. فيلزم من إثبات التمكن من الكسب: إثباتُ التمكن من القدرة والإرادة المذكورتين. وهو محال. لأن ذلك يستلزم إما الدورَ أو التسلسلَ. ولأن التمكن -عندهم- من ماهية الكسب؛ لأنه عبارة عن المحلية مع التمكن -كما عرفت-، فيلزم كسبُ الكسبِ؛ لأن التمكن كسبٌ، من حيث إنه جزءُ الكسب، فظهر لزوم كسب الكسب. وهو محال. لأنه يستلزم التسلسل المحال أو الدور المحال. وما استلزم المحال = محال. ولأن قدرة العبد وإرادته يستحيل أن يتعلقا بقدرة وإرادة أخرىٰ؛ لأن فعل القدرة وتحصيلها = لا يكون إلا اختراعًا -وهو مختص بأفعال الباري تعالىٰ-. وأما العبد؛ فلا يُتصوَّر منه أن يفعل قدرةً لنفسه ولا لغيره؛ لأنه بمعزلٍ عن الاختراع -كما مرّ-. ولذا؛ منع كثيرٌ من المعتزلة تسمية أفعاله باسم «الخلق»، ولا يجوّزون أن يقال: «إن العبد خالق لأفعاله»، وإن كان عندهم هو الموجِدَ لها -كما مرَّ-.

واعلم أن من أوضح الأدلة علىٰ بطلان ما يزعمه كثير من الأشاعرة وسائر المجبرة، من أن العبد لو كان مؤثرًا في أفعاله لكان عالمًا بتفاصيلها بزعمهم = ما كرّره الله تعالىٰ في القرآن من أنه عليم بما يفعله العباد، وأنه خبير بما يعملون وما يصنعون، وأنه لا تخفىٰ عليه من أعمالهم خافية -كما مر-، وقد تكرر هذا المعنىٰ، وكثُر في الكتاب والسنة كثرةً لا يوازيها إلا كثرةُ ذكر البعث والنشور والجنة والنار. فلو كان تعالىٰ هو المؤثر في أعمالهم وهو الموجد لها -كما يزعمه هؤلاء-؛ لكان إخباره تعالىٰ بأنه يعلمها وأنه خبير بها = مما

لا معنى له، بل يكون بمثابة قولك: «السماء فوقنا والأرض تحتنا». لكن كلامه تعالى لا يأتيه الباطل من بين يديه ولا من خلفه؛ لأنه تنزيل من حكيم حميد.

الثاني من الأمرين المذكورين: أن بعض المتكلمين من المعتزلة = يذكرون في هذا الموضع -أعني: موضع الكلام على الاستدلال بالإحكام على العالِميَّةِ- سؤالًا، وهو: أنه لو كان الإحكام هو الدليل على العالِمِيَّة؛ لزم جوازُ عدمِ عِلْمِه وكونه تعالى جاهلًا. لكن اللازم باطل قطعًا وإجماعًا؛ فالملزوم مثله.

[أما الملازمة فبيانها: أن كثيرًا من] أفعاله تعالى غيرُ مُحْكَمَةٍ؛ لعدم التأليف اللطيف والتركيب العجيب -كالجواهر الفردة-. [وقد علمنا أن الدليل لازمٌ للمدلول، وأنه إذا انتفى اللازم؛ انتفى الملزوم -وهو كونه تعالى عالِمًا-. وإذا انتفى العلم؛ لزم الجهل -لعدم الواسطة بينهما-]. فظهرت الملازمة المذكورة. وأما بطلان اللازم قطعًا وإجماعًا؛ فظاهر.

وأجابوا عن هذا بأجوبة:

منها: أن الاستدلال على عالِميَّته تعالى = ليس إلا بصحة الإحكام، لا بالإحكام بالفعل، حتى يلزم من انتفائه انتفاءُ العلم. وصحةُ الإحكام قد ثبتت بما نشاهده في أفعاله المحكمة بالضرورة والإجماع. وهذا الجواب منعٌ لمقدَّم الملازمة.

ومنها -أي: أجوبتهم المشار إليها-: ما أجابوا به في الإكليل والغايات وغيرهما، من أن عدم الإحكام في بعض أفعاله تعالى = لا يدلُّ على الجهل، إلا على تقدير أنها توفَّرت دواعيه إلى إحكامه، وخلصت عن الصوارف، وارتفعت الموانع وما يجري مجراها وهو قادر عليه، ولم يُحكِمه؛ فإن ذلك يدل على أنه غير عالمٍ بالإحكام. وهذا لا سبيل إلى معرفته من حاله تعالى؛ لما نعلمه بالضرورة من محسوسات أفعاله المحكمة التي حيرت العقول والألباب. وهذا الجواب منعٌ للملازمة المذكورة، وبه يظهر لك صحةُ ما ذكرناه، من أن الإحكام ليس هو مجرد «التأليف اللطيف والتركيب العجيب»، بل لا بدّ فيه من اعتبار «قصد الفاعل وغرضه الملحوظ في غاية فعله» -كما مرّ-؛ إذ لو فرضنا عدم مطابقته لذلك = لم يدل على علمه؛ لأنا إنما نستدل به على العلم، من حيث إنا نعلم

أن الفاعل علم كيف يؤلفه ويرتبه على الوجوه المخصوصة. فعدمُ المطابق لقصده = داخلٌ في قبيل الخبط والجزاف، ولا دليل فيه على العلم. فافهم.

ومنها -أي: الأجوبة-: ما قال النجري في **شرح القلائد**، من أنه لا يلزم من أنه إذا دل دليل على شيء؛ أن يدل نقيضُه على نقيضه. وهذا الجواب ضعيف -كما بينه في هامش الشرح المذكور-، وإن كان مستنده فيه صحيحًا. وقد طال المجال وكثر المقال في هذا المقام، فلنقبض عنان البنان والبيان، ونأخذ في التوحيد؛ مستعينًا بالواحد الأحد، إنه الكريم المنّان.